Principios de gestión financiera
de la empresa

Alianza Universidad Textos

A. y J. Pérez-Carballo y E. Vela Sastre

Principios de gestión financiera de la empresa

Segunda edición revisada y ampliada

Alianza
Editorial

Primera edición en «Alianza Universidad Textos»: 1986
Tercera reimpresión en «Alianza Universidad Textos»: 1991
Segunda edición en «Alianza Universidad Textos»: 1992

Calle Milán, 38; 28043 Madrid; teléf. 300 00 45
ISBN: 84-206-8113-X
Depósito legal: M. 30.146-1992
Compuesto en EFCA, S. A.
Avda. Federico Rubio y Galí, 16; 28039 Madrid
Impreso en Lavel. Los Llanos, nave 6. Humanes (Madrid)
Printed in Spain

INDICE

Prólogo 17

Introducción, por Rafael Bermejo 19

PARTE I. LA FUNCION FINANCIERA

Capítulo 1. *La función financiera en la empresa* 29

1.1. Introducción 29

1.2. Objetivo de la empresa 29

1.2.1. La maximización del beneficio, 30.—1.2.2. Críticas a la maximización del beneficio, 31.—1.2.3. La maximización del valor de la empresa, 33.—1.2.4. El riesgo empresarial, 34.

1.3. Los objetivos como instrumentos de la gestión y de la planificación estratégica 35

1.4. Los objetivos financieros 37

1.4.1. Crecimiento del beneficio neto, 38.—1.4.2. La disponibilidad de fondos, 38.—1.4.3. Rentabilidad financiera, 35.—1.4.4. Margen sobre ventas, 39.—1.4.5. Valor de la empresa, 40.

1.5. La función financiera 41

1.5.1. Perspectiva histórica, 41.—1.5.2. Evolución de las finanzas, 42.—1.5.3. La función financiera hoy, 45.

1.6. Organización del departamento financiero 45

1.6.1. El director financiero, 45.—1.6.2. Plan de la organización formal, 46.—1.6.3. Sección de auditoría interna, 47.—1.6.4. Sección de control, 47.—1.6.5. Sección fiscal, 47.—1.6.6. Sección de tesorería, 47.—1.6.7. Sección de servicios auxiliares y generales, 47.

Parte II. EL SISTEMA CONTABLE DE INFORMACION Y EL ANALISIS ECONOMICO-FINANCIERO DE LA EMPRESA

Capítulo 2. *Introducción a la contabilidad financiera* 53

2.1. La información contable en la empresa 53

2.2. Fundamentos de la contabilidad 54

2.2.1. Desarrollo histórico de la contabilidad, 54.—2.2.2. ¿Qué es la contabilidad?, 55.—2.2.3. ¿Para qué sirve y a quién sirve la contabilidad?, 56.—2.2.4. Clases de contabilidad, 57.

2.3. Estructura de la contabilidad 58

2.3.1. Los postulados contables, 58.—2.3.2. Los principios de contabilidad, 62.

2.4. Las cuentas. Elementos de contabilidad general 64

2.4.1. Las cuentas, 64.—2.4.2. La contabilidad en la práctica teneduría de libros, 69.—2.4.3. El Plan de Cuentas, 71.—2.4.4. Verificación de las Cuentas: la auditoría contable, 71.

2.5. Nociones básicas del Plan General de Contabilidad (PGC) 73

Capítulo 3. *Las cuentas anuales* 79

3.1. Introducción 79

3.2. El Balance 80

3.2.1. Introducción, 80.—3.2.2. Clases de Balances, 80.—3.2.3. Fines de Balance, 81.—3.2.4. Estructura del activo, 81.—3.2.5. Estructura del pasivo, 87.—3.2.6. El Balance abreviado, 92.—3.2.7. Otras consideraciones sobre el Balance, 93.

3.3. La Cuenta de Pérdidas y Ganancias 95

3.3.1. Introducción, 95.—3.3.2. Estructura de la cuenta de Pérdidas y Ganancias, 97.—3.3.3. La Cuenta de Pérdidas y Ganancias analítica, 99.—3.3.4. La Cuenta de Pérdidas y Ganancias abreviada, 104.

3.4. La Memoria 104

3.5. El cuadro de financiación 110

3.5.1. Descripción y método de elaboración del cuadro de financiación o estado de origen y aplicación de fondos, 110.—3.5.2. Utilidad de los cuadros de financiación, 116.

3.6. El informe de gestión 116

3.7. El estado de equilibrio financiero 117

Apéndice

Anexo 1. Caso de aplicación: JUGASA II 120

Capítulo 4. *Valoración de activos, correcciones valorativas y recursos propios* 125

4.1. Introducción 125

4.2. La valoración del activo circulante y de las cuentas financieras 127

4.2.1. Valoración de las cuentas de clientes y deudores, 127.—4.2.2. Valoración de las existencias, 128.—4.2.3. Valoración de las cuentas financieras, 130.—4.2.4. Valoración de los créditos, 131.

4.3. La valoración del inmovilizado no financiero 131
4.3.1. La valoración del inmovilizado material, 132.—4.3.2. Valoración del inmovilizado inmaterial, 132.—4.3.3. Valoración de los gastos de establecimiento, 133.

4.4. Conceptos y métodos de amortización 133
4.4.1. Elementos básicos de la política de amortizaciones en la empresa, 134.—4.4.2. Métodos de amortización, 134.—4.4.3. La base de la amortización: las leyes de actualización de balances, 138.—4.4.4. Amortización y Cash-flow, 140.

4.5. Los recursos propios 141
4.5.1. El capital social, 141.—4.5.2. Las ampliaciones de capital, 142.—4.5.3. Las reservas, 147.

4.6. La contabilidad y la realidad empresarial 148

Capítulo 5. *Análisis económico-financiero de la empresa* 153

5.1. Introducción 153

5.2. Los ratios: concepto y utilización 155

5.3. Equilibrio financiero 157
5.3.1. Concepto de equilibrio financiero, 157.—5.3.2. El ciclo de explotación, 158.

5.4. Estructura del Balance y de la cuenta de resultados de la empresa española 159

5.5. El análisis financiero por ratios 167
5.5.1. Ratios de liquidez, 167.—5.5.2. Ratios de solvencia, 173.—5.5.3. Ratios de estructura, 173.—5.5.4. Ratios de cobertura del inmovilizado, 175.—5.5.5. Política de Amortizaciones, 176.

5.6. El análisis económico por ratios 177
5.6.1. Concepto de rentabilidad, 177.—5.6.2. La rentabilidad económica, 179.—5.6.3. La rentabilidad financiera, 184.—5.6.4. La capacidad de crecimiento interno (ICI), 188.—5.6.5. Productividad y otros ratios económicos, 192.

5.7. El análisis económico financiero de la empresa manufacturera: una comparación internacional 193

5.8. Ratios bursátiles 195

5.9. Limitaciones y capacidad predictiva de los ratios para el análisis de la empresa 199

Apéndice

Anexo 1. Elementos de Contabilidad con Inflación 201

Bibliografía 209

PARTE III. COSTES Y PUNTO DE EQUILIBRIO

Capítulo 6. *El punto de equilibrio en la empresa: análisis de la relación coste-volumen-beneficio* 215

6.1. Introducción 215

6.2. Clasificación de los costes 216

6.3. Análisis del punto de equilibrio en la producción simple 217
6.4. Otras formas de representación del punto de equilibrio.................. 220
6.5. El análisis de la relación coste-volumen-beneficio como instrumento de gestión empresarial 223
6.5.1. Disminución de los costes fijos, 223.—6.5.2. Reducción de los costes variables, 223.—6.5.3. Aumento del precio de venta, 224.—6.5.4. Otras consideraciones, 224.—6.5.5. Utilidad y limitaciones del análisis del punto de equilibrio de la producción simple, 227.
6.6. El apalancamiento operativo 229
6.7. El análisis del punto de equilibrio en condiciones de incertidumbre 230
6.8. El punto de equilibrio financiero.. 232

Capítulo 7. *Contabilidad analítica* 235
7.1. Introducción.. 235
7.2. Elementos de los costes de producción...................................... 236
7.3. Sistemas de costes 239
7.3.1. Costes por proceso, 241.—7.3.2. Costes por pedido, 241.
7.4. Costes fijos y costes variables... 244
7.5. Centros de coste 248
7.6. Costes estándares 249
7.6.1. Materias primas directas, 249.—7.6.2. Mano de obra directa, 250.—7.6.3. Cortes generales de producción, 252.
7.7. Sistemas de costes variables 253
Bibliografía 257

PARTE IV. PLANIFICACION FINANCIERA

Capítulo 8. *Previsiones financieras* 261
8.1. Introducción.. 251
8.2. Presupuestos de Caja 264
8.2.1. Elaboración de un Presupuesto de caja, 265.—8.2.2. Utilidad y limitaciones de los Presupuestos de Caja, 269.
8.3. El Balance previsional... 271
8.4. La Cuenta de Resultados previsional 275
8.5. Relación entre el Presupuesto de Caja y los estados financieros previsionales 276

Capítulo 9. *El plan financiero a largo plazo* 279
9.1. Introducción.. 279

9.2. La planificación en la empresa 279
9.2.1. El proceso de planificación, 280.—9.2.2. Evolución de la planificación, 283.

9.3. Funciones, objetivos y naturaleza del plan financiero a largo plazo 284

9.4. Contenido formal y estructura del plan financiero a largo plazo 286

9.5. Modelos de planificación financiera 289

9.6. La planificación estratégica en la práctica 290

Apéndice

Anexo 1. Elaboración práctica del plan financiero: caso de aplicación 293

Anexo 2. Simulador para el análisis financiero con ordenador (SAFO). Aplicación al caso Bunosa 300

Bibliografía 307

PARTE V. LA DECISION DE INVERTIR

Capítulo 10. *El proyecto de inversión* 313

10.1. Introducción 313

10.2. Tipos de proyectos de inversión 313
10.2.1. Nuevos productos o servicios, 313.—10.2.2. Expansión, 314.—10.2.3. Mejora, 314.—10.2.4. Mantenimiento, 314.—10.2.5. Gestión, 314.—10.2.6. Financieros, 315.—10.2.7. Otros proyectos necesarios, 315.

10.3. Planteamiento de la evaluación 315
10.3.1. El horizonte temporal *(HT)*, 316.—10.3.2. La dimensión del proyecto *(DM)*, 317.—10.3.3. Cash-flow del proyecto *(CF)*, 317.

10.4. Amortizaciones 323

10.5. Metodología para el análisis de viabilidad de un proyecto 324
10.5.1. Análisis del mercado, 325.—10.5.2. Análisis de la ingeniería y organización de la producción, 326.—10.5.3. Análisis económico-financiero, 326.

Capítulo 11. *Criterios de evaluación económica de proyectos de inversión: liquidez, rentabilidad y riesgo* 329

11.1. Introducción 329

11.2. Evaluación de la liquidez y período de recuperación 330

11.3. Rentabilidad 331
11.3.1. Rentabilidad media *(RM)*, 332.—11.3.2. Tasa interna de rentabilidad *(TIR)*, 333.—11.3.3. Valor actual neto *(VAN)*, 338.—11.3.4. Comparación entre *TIR* y *VAN*, 339.—11.3.5. Indice coste beneficio *(ICB)*, 342.

11.4. Comparación de la rentabilidad de proyectos 343
11.4.1. Análisis de la rentabilidad de proyectos con diferente dimensión, pero igual horizonte temporal, 343.—11.4.2. Análisis de la rentabilidad de proyectos con diferente horizonte temporal, pero igual dimensión, 344.—11.4.3. Análisis de la rentabilidad de proyectos con diferente dimensión y horizonte temporal, 345.

11.5. Riesgo del proyecto de inversión ... 346
11.6. Conceptos y medidas del riesgo ... 349
11.7. Selección económica de proyectos de inversión ... 351
Apéndice
Anexo 1. Tablas financieras ... 354

Capítulo 12. *La financiación del proyecto y la función de invertir* ... 357
12.1. La financiación del proyecto ... 357
12.2. Efecto de la financiación sobre la liquidez ... 358
12.3. Financiación y rentabilidad ... 359
12.4. Impacto de la financiación sobre el riesgo ... 362
12.5. Liquidez, rentabilidad, riesgo y financiación ... 364
12.6. La función de invertir: objetivos y tareas ... 365
12.7. Generación de proyectos: la lógica financiera de la innovación ... 367
12.8. Evaluación económica y evaluación estratégica ... 367
12.9. Sistema de gestión de inversiones ... 371
12.10. La organización del flujo de fondos y el coste de capital ... 371
12.11. La desinversión ... 375
12.11.1. Planteamiento y aspectos organizativos, 375.—12.11.2. Interés económico de la desinversión, 376.
12.12. La teoría y la práctica de la función de invertir: situación actual y perspectivas ... 378
Bibliografía ... 380

PARTE VI. POLITICA DE FINANCIACION

Capítulo 13. *El coste de capital* ... 385
13.1. Introducción ... 385
13.2. Concepto de coste de capital ... 386
13.3. Coste de las fuentes de capital ... 388
13.3.1. Capital social, 391.—13.3.2. Reservas, 395.—13.3.3. Deuda, 395.
13.4. Coste medio del capital ... 397
13.5. El coste de capital en la decisión de invertir ... 398
Apéndice
Anexo 1. Gastos de una ampliación de capital con cargo a Reservas ... 400
Anexo 2. Deducción de la fórmula que expresa el coste del capital social . 401

Anexo 3. Cálculo del coste efectivo de emisión de obligaciones 402

Capítulo 14. *Estructura de la financiación* 403

14.1. Introducción 403

14.2. Endeudamiento y objetivos financieros 404

14.2.1. Rentabilidad financiera, 404.—14.2.2. Crecimiento interno, 407.

14.3. Análisis de la relación deuda/recursos propios 408

14.3.1. Coste de capital mínimo, 409.—14.3.2. Coste de capital constante, 412.

14.4. Determinación de la estructura de financiación 415

14.5. Capacidad de endeudamiento 420

14.6. Plazo del endeudamiento 424

14.7. Endeudamiento e inflación 426

Apéndice

Anexo 1. Determinación de los tipos de interés a los que la deuda es preferible a los recursos propios 428

Capítulo 15. *Gestión de los riesgos de interés y de cambio* 431

15.1. Introducción 431

15.2. El riesgo por tipo de interés 431

15.3. Entidad del riesgo de interés 433

15.4. Cuantificación del riesgo de interés 433

15.5. Instrumentos de cobertura del riesgo de interés 435

15.5.1. Acuerdo de interés mútuo *(FRA)*, 436.—15.5.2. Permuta de interés *(SWAP)*, 437.—15.5.3. Opciones sobre tipos de interés, 439.

15.6. Incidencia del tipo de cambio sobre los resultados 441

15.7. Instrumentos de cobertura interna 446

15.8. Instrumentos de cobertura externa 446

15.8.1. Contratos a plazo, 446.—15.8.2. Inversión y financiación en divisas, 449.—15.8.3. SWAP de divisas, 450.—15.8.4. Opciones en divisa, 450.

15.9. Criterios de gestión del riesgo 451

Capítulo 16. *Autofinanciación y distribución de dividendos* 453

16.1. Naturaleza de las decisiones sobre dividendos 453

16.2. Planteamiento de la decisión 454

16.2.1. Decisión de financiación a largo plazo, 454.—16.2.2. Decisión de política financiera, 455.—16.2.3. Relación entre el dividendo y el precio de mercado, 456.

16.3. Relevancia de la política de dividendos 456

16.4. Factores que condicionan las decisiones de dividendos 458

16.5. Variables a considerar para la definición de una política de dividendos 459
16.6. Tipos de políticas de dividendos aplicadas 462
16.7. Instrumentos alternativos a los dividendos 463
Bibliografía 464

PARTE VII. GESTION DE CAPITAL CIRCULANTE

Capítulo 17. *El capital circulante y la gestión de los activos líquidos* 467
17.1. Introducción 467
17.2. Activo y pasivos circulantes: concepto y entidad 467
17.3. Evolución temporal del capital circulante 469
17.4. Gestión del capital circulante 470
17.4.1. Nivel de eficiencia en la gestión de los activos circulantes, 471.—17.4.2. Cobertura financiera, 471.—17.4.3. Elección de instrumentos y medios financieros a corto plazo, 472.
17.5. Inflación y capital circulante 473
17.6. Aspectos organizativos de la gestión del capital circulante 474
17.7. Gestión de los activos líquidos 474
17.7.1. Concepto de activos líquidos, 475.—17.7.2. Naturaleza del problema, 475.
17.8. Gestión de cobros y pagos 476
17.8.1. Planteamiento, 476.—17.8.2. Instrumentos, 478.
17.9. Presupuesto de caja y coste de los recursos ociosos 480
17.9.1. Presupuesto de caja, 480.—17.9.2. Gestión de tesorería, 480.—17.9.3. Coste de los recursos ociosos, 481.
17.10. Factores que perfilan la política de caja 481
17.10.1. Motivo de precaución, 482.—17.10.2. Motivo de especulación o previsión de oportunidades, 482.—17.10.3. Motivo de política de imagen y saldos de compensación, 482.
17.11. Empleo de recursos en valores inmediatamente realizables 483
Apéndice
Anexo 1. Período de maduración 484

Capítulo 18. *Políticas de crédito y cobro* 489
18.1. Modalidades de venta 489
18.2. La inversión en cuentas a cobrar 492
18.3. Elementos de una política de crédito 492
18.3.1. Extensión y cuantía del crédito, 493.—18.3.2. Definición de las normas de crédito, 495.—18.3.3. Plazo concedido, 495.—18.3.4. Descuentos por pronto pago, 496.—18.3.5. Recursos asignados para cobrar, 496.
18.4. Política de crédito 497

18.5. Organización y administración del departamento de crédito 499
18.5.1. Posición del departamento de crédito, 499.—18.5.2. Objetivos y funciones del departamento de crédito, 499.

18.6. La concesión de créditos 500

18.7. Facturación y cobro 501
18.7.1. Facturación, 501.—18.7.2. Cobro, 502.

18.8. Control 502
18.8.1. Curva ABC de clientes, 502.—18.8.2. Control de la antigüedad de las cuentas a cobrar, 503.—18.8.3. Ratios de control, 504.

Capítulo 19. *Gestión de las existencias* 505

19.1. Las existencias como elemento de flexibilidad de la actividad empresarial 505

19.2. Definición de las partidas que integran el apartado de existencias 506

19.3. Factores técnicos y económicos determinantes de los niveles de los diferentes inventarios 509
19.3.1. Ventas uniformes a lo largo del ejercicio, 509.—19.3.2. Ventas estacionales, 510.—19.3.3. Influencia de la política de productos y comercial sobre los stocks, 511.

19.4. Valoración de mercaderías 514

19.5. Cálculo del coste de las ventas en empresas industriales 515

Apéndice

Anexo 1. Planteamiento de los modelos de gestión de stocks 517

Anexo 2. Dimensión económica de los pedidos 520

Capítulo 20. *Financiación a corto* 523

20.1. Necesidad e interés de la financiación a corto plazo 523

20.2. Crédito de proveedores y otras fuentes espontáneas de fondos 524
20.2.1. Consideraciones económicas, 526.—20.2.2. Aspectos formales, 526.—20.2.3. Evaluación del crédito comercial, 527.—20.2.4. Otras fuentes espontáneas de crédito, 528.

20.3. Préstamos bancarios a corto 528
20.3.1. Planteamiento táctico de la negociación de un préstamo bancario, 528.—20.3.2. Tácticas y prácticas bancarias, 530.—20.3.3. Balances de compensación, tarifas y pagos a plazos, 530.

20.4. Modalidades de los préstamos bancarios a corto 531
20.4.1. Tipos generales, 531.—20.4.2. Modalidades en España, 532.—20.4.3. Garantías y avales, 532.

20.5. Las financieras 533

20.6. Financiación de cuentas a cobrar: factoring 533

Apéndice

Anexo 1. Sociedades de ventas a plazos 535

Bibliografía 536

PARTE VIII. CONTROL FINANCIERO

Capítulo 21. *El control económico-financiero* 541

21.1. La función de control 541

21.2. El sistema de control de gestión 543

21.3. Los factores críticos de gestión 546

21.4. Niveles de control 548

21.5. Control presupuestario 548

21.5.1. Desarrollo del sistema, 548.—21.5.2. La elaboración del presupuesto, 549.—21.5.3. El presupuesto de operaciones, 550.—21.5.4. El presupuesto de inversiones, 552.—21.5.5. El presupuesto financiero, 552.—21.5.6. Calendario de elaboración del presupuesto, 552.—21.5.7. Ventajas de la gestión presupuestaria, 553.

21.6. Análisis de desviaciones 554

21.7. El control integrado de la rentabilidad 556

21.8. Control financiero y comportamiento de la organización 559

Bibliografía 562

Glosario de términos contables y financieros 563

PROLOGO

El presente volumen constituye la segunda edición, totalmente revisada y actualizada, del libro *Principios de gestión financiera de la empresa,* cuya primera edición vio la luz en 1986 y ha tenido desde entonces varias reimpresiones. A su vez, la edición de 1986 tuvo su antecedente en el libro *Gestión financiera de la empresa,* publicado en esta misma colección en 1981.

En esta segunda edición, además de la revisión completa del texto, se han efectuado modificaciones significativas y se ha actualizado completamente el contenido, manteniendo invariable, sin embargo, el propósito general de la obra y su estructura básica.

Las modificaciones más importantes afectan a las partes II («El sistema contable de información y el análisis económico-financiero de la empresa», capítulos 2 a 5) y VII («Control financiero», capítulo 21), que se han reescrito en su totalidad.

La parte II se ha adaptado al Plan General de Contabilidad español de 1990 y a los profundos cambios de la legislación mercantil en materia de sociedades, que han venido produciéndose a partir de 1989. En la parte VI, además de una revisión a fondo, se ha añadido un nuevo capítulo (el 15, bajo el título «Gestión de los riesgos de interés y de cambio») que trata de la nueva problemática de la financiación internacional de la empresa española.

El libro aborda los diversos temas que comprenden la gestión financiera de la empresa moderna, tratando de combinar el rigor académico con un enfoque empresarial, y por tanto deliberadamente práctico, de los problemas.

Su objetivo reside, fundamentalmente, en proporcionar una panorámica amplia, aunque articulada, de las principales cuestiones financieras que afectan a la empresa española, presentándolas con una visión orientada a la solución de los problemas y a la toma de decisiones.

El conjunto del libro constituye lo que se suele calificar actualmente como el contenido estándar de un manual básico sobre gestión financiera de la empresa, aunque enraizado en el entorno institucional español y en la experiencia de funcionamiento real de las empresas españolas.

Se ha tratado de acentuar el carácter polivalente del libro y su adecuación a diferentes utilizaciones, en función de los intereses y formación previa de cada lector. Así, se ha puesto el máximo interés en conseguir un texto ameno, dentro de lo posible, de fácil lectura y frecuentemente apoyado en cuadros y gráficos, para hacerlo más accesible. Por otra parte, se ha procurado sortear los temas con especiales dificultades o los tratamientos matemáticos engorrosos. Finalmente, se han utilizado, con carácter sistemático, ejemplos y casos prácticos para ayudar a comprender las diversas cuestiones desde un enfoque más decisional que académico. Lo anterior no puede hacer olvidar, sin embargo, que se trata de un libro cuyo estudio exige, en general, sosiego, rigor y reflexión.

El texto, cuya lectura requiere únicamente conocimientos elementales de matemáticas, está dirigido a un amplio espectro de lectores potenciales que, fundamentalmente, se pueden agrupar en tres tipos:

En primer lugar, aquellos que, teniendo una experiencia práctica de la vida empresarial en áreas no financieras, deseen sistematizar conceptos, formalizar criterios y tecnificar prácticas y, en general, conocer integralmente los temas habituales que conforman la gestión financiera de las empresas. Es, por tanto, un libro para los profesionales no financieros de las empresas.

En segundo lugar, el libro es un texto de nivel universitario, adecuado tanto para estudios empresariales o de economía, como para las áreas económica y empresarial de estudios técnicos, de ingeniería y de especialización post-universitaria.

En tercer lugar, a los profesionales financieros les puede ser útil el texto o parte de él, como instrumento de consulta y de contraste de criterios, así como de revisión de cuestiones o prácticas concretas.

Para los autores es especialmente grato expresar su agradecimiento a las personas que han colaborado, muchas veces indirectamente, a hacer posible este trabajo. Entre ellas, queremos destacar a los numerosos alumnos que, con diversas procedencias y en muy diversas situaciones y lugares, nos han hecho reflexionar, y casi siempre aprender, sobre la problemática de la gestión de las empresas españolas, especialmente en su vertiente financiera.

LOS AUTORES

Madrid, mayo de 1992.

INTRODUCCION

Después de cuatro impresiones de *Principios de Gestión Financiera de la Empresa,* que acreditan el éxito alcanzado por la obra, sus autores han abordado su segunda edición, para la que me piden unas líneas de prólogo.

El presente texto representa un esfuerzo considerable de puesta al día de un libro que se ha convertido en una herramienta indispensable para los profesionales de las finanzas en nuestro país. Desde la publicación de la primera versión, que, bajo el título *Gestión Financiera de la Empresa,* vio la luz en 1981, se han producido notables cambios en el entorno económico en el que operan nuestras empresas y, con mayor intensidad y rapidez, en el propio sistema financiero, con la creación de nuevos instrumentos y mercados y la transformación de las instituciones que lo componen. Todo ello ha supuesto modificaciones importantes en la función financiera de la empresa: existen nuevas oportunidades y alternativas a considerar, pero también nuevos riesgos que han de evaluarse con cuidado, y en definitiva una mayor complejidad de gestión.

Quisiera en el texto que sigue hacer un breve repaso de tales cambios y una reflexión sobre las consecuencias que tienen en las decisiones financieras de la empresa.

* * *

En cuanto al entorno exterior hay que destacar que la década de los ochenta se ha caracterizado por su inestabilidad. Los desequilibrios de la economía de los Estados Unidos, con enormes déficits de la balanza de pagos y de su sector público, generaron unos flujos de capital de magnitud hasta entonces no conocida para financiarlos desde los países excedentarios, principalmente Japón y Alemania. La fuerte subida del dólar hasta 1985 y su posterior caída, las elevadas tasas de interés de la moneda norteamericana para bajar hasta el nivel actual, mínimo histórico de los últimos cuarenta años, han marcado la situación monetaria internacional con el signo de la volatilidad. Estas tensiones persisten actualmente, si bien en menor medida, gracias a los esfuerzos de concertación llevados a cabo por las autoridades de las mayores economías del mundo, el llamado «Grupo de los 7» y dentro de éste por sus miembros más importantes: Estados Unidos, Japón y Alemania.

Dentro de este marco se ha movido la economía española, afectada a la vez por sus propios desequilibrios de precios, balanza de pagos y sector público. Asimismo, a lo largo de la década se ha acentudo su internacionalización y el impacto del entorno exterior se ha hecho más patente. En primer lugar, como consecuencia de nuestra integración en la Comunidad Europea en 1986. Después, por la incorporación de la peseta al Sistema Monetario Europeo (EMS) en 1989, en la llamada «banda ancha» del mismo. Todo ello ha reducido los grados de libertad de nuestra política económica, limitándola en función de las decisiones de los otros miembros del Sistema, en particular en cuanto al tipo de cambio de la peseta y a las tasas de interés internas.

Estas dos variables vienen condicionadas por nuestros desequilibrios de precios, de balanza de pagos y del sector público. El control de la inflación ha obligado a aplicar una política monetaria restrictiva, con tasas de interés elevadas, que a su vez estimulan las entradas de capitales y ejercen una presión alcista sobre el tipo de cambio. Por otra parte, la magnitud del déficit del sector público y la consiguiente necesidad de financiarlo mediante grandes emisiones de deuda, exige también mantener tasas altas. En resumen, aun a riesgo de simplificar, podemos decir que la estabilidad de nuestra economía ha tenido como consecuencia mantener una peseta fuerte y unas tasas de interés altas.

Estas han sido las constantes de nuestra política económica en los últimos años y, a la vista de los datos actuales, no parece vislumbrarse un cambio sustancial en un próximo futuro, más allá de una lenta aproximación al comportamiento de las otras monedas del EMS. Aunque no es este el lugar de extenderse sobre este punto, que nos alejaría de nuestro objetivo, cabría añadir que solamente el empleo decidido de políticas de rentas y fiscal podría atenuar en el futuro el protagonismo, a todas luces excesivo, de la política monetaria. De este modo podría lograrse una moderación de las tasas de interés y facilitar una baja del tipo de cambio de la peseta a un nivel más realista, acelerando la convergencia con las demás economías de la Comunidad Europea. Pero la formulación de la política económica es la que es, y en ese marco han de operar nuestras empresas.

* * *

Paralelamente a la evolución de nuestra economía, el sistema financiero ha sufrido cambios muy importantes en la década de los ochenta. Hagamos un rápido análisis de los mismos.

1.—Cambios operados en el ahorro: Se ha producido un crecimiento importante del volumen de ahorro de las familias, impulsado por el aumento de la renta disponible, al tiempo que se han manifestado cambios significativos de comportamiento. Entre éstos hay que destacar una mayor exigencia de rentabilidad, medida en términos reales para protegerse de la inflación, y una preocupación creciente de los ahorradores por el impacto fiscal, a medida que ha ido aumentando la presión tributaria directa. Todo ello ha obligado a las instituciones a reconsiderar los instrumentos de captación del ahorro. A través de cuentas corrientes de alta remuneración, primero vinculadas a la compra de activos monetarios, cuando las tasas de interés estaban intervenidas; después, al liberalizarse éstas, mediante la fórmula de «supercuentas». Seguidamente, en forma de participaciones en fondos de inversión mobiliaria en renta fija o variable y en activos monetarios, debido a sus importantes ventajas fiscales. Al tiempo, el desarrollo de un mercado de deuda pública accesible a los inversores minoristas ha supuesto una fuerte competencia para los instrumentos tradicionales de captación de recursos de las instituciones de depósito. Asimismo se han creado fórmulas de previsión como los planes de pensiones y otros productos mixtos de ahorro y seguro, que han conseguido una apreciable cuota de mercado, gracias a su favorable trato fiscal. En definitiva se ha ampliado de modo sustancial la oferta de activos financieros puesta a disposición de los ahorradores.

Las instituciones financieras han tenido que adaptarse a un mercado cada vez más competitivo en un doble frente: mediante la creación de productos propios para la captación de fondos, o intermediando en la negociación de activos emitidos por terceros.

Varios de los instrumentos anteriores se canalizan a través de la inversión colectiva, sean fondos de inversión o de pensiones, compañís de seguros, o sociedades de administración de patrimonios. En consecuencia, las decisiones de inversión en los distintos tipos de activos están pasando progresivamente de los ahorradores individuales a gestores profesionales.

2.—Desarrollo del mercado monetario: Desde los primeros años ochenta se ha producido una ampliación considerable de este mercado. Lo que en un principio era mecanismo de ajuste de liquidez de los bancos, con fondos prácticamente a la vista, se ha transformado en un mercado muy grande en volumen y, lo que es más importante, se ha producido una extensión considerable de los plazos de las operaciones, que llegan habitualmente hasta un año. Los tipos de interés del mercado interbancario (Mibor) se han convertido en precios de referencia de una parte sustancial de las operaciones de activo, y también de pasivo, de los bancos con su clientela. Una importante consecuencia de lo anterior ha sido la ampliación de la oferta de financiación a plazo medio y largo mediante la contratación de operaciones a tipos de interés flotante.

3.—Creación de un mercado de pagarés de empresa: La desintermediación de los flujos financieros que se inició con la colocación de activos monetarios en el público ha permitido el desarrollo paralelo de un mercado de activos financieros a corto plazo emitidos por las empresas y ofrecidos a los inversores. Como estos toman directamente el riesgo del emisor, se trata de un mecanismo limitado a las firmas más solventes y conocidas por el público. No obstante, el mercado de pagarés de empresa ha tenido un desarrollo muy rápido. Los motivos son varios: por una parte, la gran demanda de activos financieros. También, la existencia de diferenciales altos entre los tipos de interés activos y pasivos de la banca, debidos en gran parte a los coeficientes obligatorios que ésta debe cumplir.

La financiación mediante pagarés de empresas se ha convertido así en un mecanismo eficaz en competencia directa con el circuito clásico de depósitos-préstamos, propio de las entidades crediticias. Para éstas, el auge de este tipo de instrumentos ha significado una mayor actividad de aseguramiento y colocación de las emisiones —formando parte de las llamadas operaciones «fuera de balance»— en detrimento de su negocio típico de margen financiero.

Aunque el mercado de pagarés de empresa es hoy muy importante, hay algunos aspectos importantes que limitan su aceptación. En primer lugar, convendría mejorar la calidad y fiabilidad de la información que se facilita a los inversores potenciales y establecer un sistema objetivo de calificación («rating») de las emisiones. Por otra parte, la liquidez de estos activos es todavía limitada, a pesar de los esfuerzos emprendidos por desarrollar un mercado secundario.

4.—Creación de un mercado de títulos de

renta fija: En el período analizado se han dado pasos sustanciales para desarrollar este mercado, que era prácticamente inexistente. Los principales suscriptores de las emisiones eran entidades de crédito —cajas de ahorro— para la cobertura de sus coeficientes obligatorios. En menor medida también se colocaban a inversores particulares debido a las ventajas fiscales, que se mantuvieron hasta 1986. No había un mercado secundario para estos activos, que en su mayor parte permanecían en las carteras de los primeros suscriptores hasta su vencimiento. En los últimos años, en paralelo con el desarrollo del mercado de Deuda pública, se ha ido manifestando una demanda creciente de títulos de renta fija privada por parte de los particulares, y sobre todo de las instituciones de inversión colectiva como fondos de inversión y de pensiones. Se han creado nuevos tipos de instrumentos, como los títulos con rendimiento implícito o de «cupón cero», que han crecido rápidamente debido a su mejor trato fiscal. Se ha establecido un mercado secundario organizado que incluye, además de las emisiones de renta fija, las de pagarés de empresa y de títulos hipotecarios, orientado a inversores mayoristas, con entidades creadoras de mercado y su propio sistema de liquidación. Por su parte, las Bolsas han desarrollado también la contratación informatizada de títulos de renta fija. Entre los nuevos activos debe también señalarse la aparición de los bonos «matador», denominados en pesetas y emitidos por entidades extranjeras, destinados principalmente a inversores no residentes, que no tienen retención fiscal.

Aunque los pasos dados son sin duda importantes, el mercado de renta fija en España tiene todavía un desarrollo incipiente. Es previsible que el creciente auge de la inversión colectiva contribuirá a ampliar su volumen y profundidad en los próximos años. Entre los aspectos pendientes hay que mencionar la necesidad de crear un sistema de «rating» de las emisiones.

5.—Desarrollo de la titulización de carteras de crédito: En los últimos años los Bancos han comenzado a impulsar este proceso, movidos por una parte por su interés en aligerar sus necesidades de capital y por otra, por ampliar la gama de instrumentos a ofrecer a los ahorradores. La titulización («securitization») de las carteras de crédito consiste en transformar un grupo de préstamos en una emisión de activos financieros negociables para su colocación a los inversores, que de este modo compran una fracción de esa cartera, sin la garantía de la Entidad originadora, que se limita a administrar la operación por cuenta de los inversores. Al descansar el riesgo solamente sobre la cartera titulizada, es habitual establecer algún sistema de mejora de calidad del crédito, a fin de que los títulos emitidos con su respaldo tengan la mejor solvencia y puedan competir con otros activos. Las entidades financieras, al vender estos préstamos, consiguen liquidez, al tiempo que reducen su riesgo, con el consiguiente ahorro de recursos propios.

La titulización se inició en Estados Unidos en los primeros años setenta con la transformación de hipotecas en títulos a largo plazo. Actualmente se ha extendido a otros tipos de activos bancarios, como créditos para la compra de automóviles o las cuentas a cobrar procedentes de las tarjetas de crédito. Su introducción en España es muy reciente y existen todavía algunas dificultades de tipo normativo. Sin embargo, es de esperar que esta fórmula se desarrolle rápidamente en nuestro sistema financiero.

6.—Creación de instrumentos de cobertura de riesgo: La generalización de las operaciones financieras con interés flotante, o denominadas en diferentes monedas, ha creado la necesidad de cubrir los riesgos de fluctuación. Para ello existen varios mecanismos, que se han desarrollado de forma muy importante en los últimos años. El más habitual es el mercado de permutas financieras («swaps») sobre tasas de interés y sobre tipos de cambio, en el que un operador contrata con otro, generalmente una entidad financiera, el intercambio de un flujo de fondos en una modalidad, por otro de evolución contraria. De este modo, una empresa que ha tomado un préstamo a medio plazo a tipo variable puede cubrir el riesgo de una futura subida de tipos de interés, contratando un «swap» que le asegura una tasa fija durante toda la vida de la operación. También, si ha recibido un crédito en moneda extranjera, puede protegerse de una posible apreciación de ésta mediante un «swap» de divisa, o alternativamente contratando la compra de esa divisa en el mercado de plazo.

Desde 1989 se han iniciado en España mercados de nuevos instrumentos de cobertura como opciones y futuros financieros, en los que, mediante el pago de una prima, un operador tiene el derecho de adquirir (o vender) un activo financiero a un precio establecido. Las opciones sobre tasas de interés permiten proteger a los tomadores de préstamos —y a los inversores en activos financieros— de fluctuaciones adversas de tasas. De forma similar actúan las opciones de moneda extranjera, que dan derecho a compar o vender una determinada divisa en un plazo dado a un cambio determinado. Paralelamente se ha creado un mercado de opciones sobre índices de Bolsa, que permite cubrir los riesgos de fluctuaciones de la inversión en acciones.

7.—Internacionalización del sistema financiero: En la década de los ochenta se ha producido una progresiva integración de nuestros mercados e instituciones en el sistema financiero internacional. La presencia desde 1979 de un gran número de entidades financieras extranjeras en España, operando en el segmento de Banca corporativa y en el mercado de capitales y después, en medida creciente, también en el negocio minorista, ha contribuido a ello, al tiempo que ha impulsado la modernización de nuestro sistema financiero. Con el ingreso de España en la Comunidad Europea en 1986 y la incorporación de la peseta al SME en 1989 ha aumentado la interrelación de nuestra economía con el resto de Europa. La liberalización de los movimientos de capitales en el seno de la CE y los pasos dados hacia la creación de un mercado único, por encima de las dificultades que implican, significan para nuestro sistema financiero su integración irreversible en los mercados internacionales. Desde diciembre de 1991, todas las operaciones financieras de los residentes con no residentes han quedado liberalizadas, con la sola obligación de declararlas, por razones fiscales y de registro estadístico. Con ello, las empresas y personas físicas españolas pueden tomar préstamos, constituir depósitos, adquirir valores y otros activos en el exterior sin necesitar autorización administrativa.

8.—Modernización del mercado bursátil: La entrada en vigor de la ley del mercado de valores en 1988 ha puesto en marcha la creación de firmas de intermediación y la reforma de las Bolsas. En éstas se ha sustituido la contratación tradicional de corros por un mercado continuo informatizado, que ha producido una mejora sensible de la transparencia de las operaciones. Cabe destacar también el peso creciente de la inversión colectiva en nuestras Bolsas, lo que ha contribuido a aumentar su volumen y a profesionalizar el mercado bursátil. Una vez transcurrido el período de transición de la reforma, se han liberalizado las comisiones de negociación de las operaciones. Por otra parte en este momento se está iniciando la transformación de los títulos en anotaciones en cuenta y la implantación de un nuevo sistema de compensación y liquidación de las operaciones, más rápido y seguro. Con todo ello se ha logrado una importante modernización del mercado de valores, que es hoy más amplio, profundo y transparente.

Sin embargo, existen aspectos claramente mejorables en esta materia. Entre otros, hay que destacar que el número de valores admitidos a cotización, o más bien aquellos que tienen un mercado secundario activo, sigue siendo reducido. Por otro lado, las introducciones de nuevos valores en Bolsa, con pocas excepciones, no han tenido el éxito esperado. También es necesario insistir en que la información al mercado sobre las sociedades cotizadas dista todavía de tener la amplitud, fiabilidad y frecuencia que serían deseables.

9.—Desarrollo de servicios financieros: La creación de nuevos mercados e instrumentos ha producido una ampliación importante de los servicios profesionales ofrecidos a las empresas por Bancos y otras instituciones, agrupados bajo el nombre de «Corporate Finance». Entre ellos se encuentran, además de actividades puras de consultoría, el diseño de operaciones «a la medida», que con frecuencia incluyen la negociación y la financiación de las mismas. En los últimos años ha proliferado la oferta de servicios en este campo, relacionados principalmente con operaciones tales como fusiones y adquisiciones de Sociedades, desinversiones, creación de empresas conjuntas («joint-ventures»), introducción de Sociedades en Bolsa —o salida del mercado bursátil—, búsqueda de nuevos socios, etc. Aunque estas actividades se orientaron al principio a grandes empresas e instituciones, se han ido extendiendo a firmas de tamaño medio en los últimos años.

* * *

Todos estos cambios, vistos desde la perspectiva de la gestión financiera de la empresa, representan una auténtica revolución. Muchos de los nuevos instrumentos y mercados simplemente no existían, o estaban en fase embrionaria; otros, siendo conocidos, estaban reservados a un pequeño número de empresas, en general las más grandes. Es en la década de los ochenta cuando se ha generalizado su uso. La innovación financiera ha sido realmente impresionante y operaciones consideradas como sofisticadas hace unos pocos años, se han convertido hoy en práctica corriente.

El director financiero de una Sociedad tiene hoy a su alcance múltiples alternativas de captación de fondos ajenos en plazos, monedas, modalidades de tasas de interés, coberturas de riesgos, régimen fiscal, etc., para financiar los activos fijos y el circulante. También dispone de un gran número de instrumentos financieros para gestionar eficazmente la liquidez de la empresa en las entidades financieras y en los mercados de capitales. A la vez cuenta con una oferta importante de medios para realizar las transacciones de pago y cobro. Dispone también de una información cada vez más amplia, fiable y frecuente sobre los diferentes mercados financieros. Tiene acceso creciente a los mercados financieros internacionales, en los que puede operar sin trabas administrativas, bien directamente o a través de los Bancos españoles o extranjeros que operan en nuestro país.

En definitiva, la innovación financiera de los años ochenta ha supuesto ventajas considerables desde el punto de vista de la gestión financiera profesional. Los nuevos instrumentos y mercados han permitido ampliar la gama de alternativas de financiación, reducir su coste o su riesgo, mejorar la rentabilidad de los fondos empleados. Pero también ha dado lugar a algunos excesos, porque los nuevos productos exigen prudencia en su manejo, tanto por parte de las empresas que los emplean, como de las entidades financieras que los ofrecen. Por otro lado, junto a fórmulas eficaces, se han creado también algunas de dudosa utilidad y, más allá de un límite, de muy alto riesgo. Citaré un solo ejemplo: las operaciones de adquisición de empresas mediante algo apalancamiento («leveraged buy-outs»), tal vez el símbolo más representativo de la innovación financiera de los ochenta, en donde se han cometido excesos evidentes, al financiar casi exclusivamente con deuda la compra de sociedades de baja o nula rentabilidad.

Mirando hacia el futuro, parece apuntar cierta moderación del ritmo de cambio de los años pasados, que sería muy beneficiosa, ya que permitiría consolidar y digerir los rápidos avances de una década marcada por la innovación, la liberalización de los mercados financieros y su creciente globalización. Cabe incluso pensar en una posible vuelta a algún grado de regulación (de «reregulación»), no en el sentido intervencionista vigente en casi todos los países hasta bien avanzados los años setenta, pero sí orientada a reforzar la estabilidad de los sistemas financieros, endureciendo los criterios de solvencia de las instituciones y su supervisión, y a mejorar la transparencia de los mercados, con una mayor protección de los ahorradores.

* * *

Para terminar, quisiera añadir una última reflexión que, pese a su obviedad, algunas veces tiende a olvidarse. Por parte de las empresas, tener presente que la función financiera está al servicio de los objetivos de la firma, no al revés, y que los instrumentos empleados carecen de valor en sí mismos, sólo son un medio de optimizar la gestión. En cuanto al sistema financiero, no perder de vista que su finalidad es facilitar la asignación de recursos de capital entre la oferta y la demanda de fondos del modo más amplio, eficiente y seguro, y que su evolución será positiva en la medida que sus productos y servicios contribuyan al mejor cumplimiento de este objetivo. En un entorno incierto y volátil, y con unos mercados financieros sujetos a un proceso rápido de transformación, me parece conveniente subrayar estos criterios básicos a la hora de tomar decisiones.

RAFAEL BERMEJO

Madrid, 18 de abril de 1992.

Parte I

LA FUNCION FINANCIERA

CAPITULO 1

LA FUNCION FINANCIERA EN LA EMPRESA

SUMARIO: 1.1. Introducción.—1.2. Objetivos de la empresa: 1.2.1. La maximización del beneficio. 1.2.2. Críticas a la maximización del beneficio. 1.2.3. La maximización del valor de la empresa. 1.2.4. El riesgo empresarial.—1.3. Los objetivos como instrumentos de la gestión y de la planificación estratégica.—1.4. Los objetivos financieros: 1.4.1. Crecimiento del beneficio neto. 1.4.2. La disponibilidad de fondos. 1.4.3. Rentabilidad financiera. 1.4.4. Margen sobre ventas. 1.4.5. Valor de la empresa.—1.5. La función financiera. 1.5.1. Perspectiva histórica. 1.5.2. Evolución de las finanzas. 1.5.3. La función financiera hoy.—1.6. Organización del departamento financiero. 1.6.1. El director financiero. 1.6.2. Plan de la organización formal. 1.6.3. Sección de auditoría interna. 1.6.4. Sección de control. 1.6.5. Sección fiscal. 1.6.6. Sección de tesorería. 1.6.7. Sección de servicios auxiliares y generales.

1.1. INTRODUCCION

Las empresas son unidades de producción y comercialización de bienes y servicios que organizan los diversos factores económicos con la perspectiva de alcanzar determinados objetivos.

Existen múltiples formas jurídicas de constituir empresas, desde el empresario individual a las sociedades mercantiles, con muy diferentes niveles de responsabilidad de los propietarios y con muy diversas relaciones entre ellos. La mayor parte de las consideraciones que se hacen a lo largo de éste y de los siguientes capítulos resultan de aplicación general a todos los tipos e incluso son de utilidad para instituciones sin fines de lucro. Sin embargo, estas consideraciones cobran todo su vigor cuando el modelo de referencia es la sociedad anónima, prototipo de sociedad capitalista, con su capital dividido y representado en acciones suscritas por los socios, cuya responsabilidad en la empresa se limita al importe del valor nominal de las acciones que poseen.

Este libro trata fundamentalmente de la gestión financiera de la empresa cuya responsabilidad comparten, básicamente y en distinto grado según los casos, el empresario —individual o colectivo—, los partícipes y los directivos —especialmente los del área financiera—, pues todos ellos personifican a la empresa en la toma de decisiones en este área de gestión.

La gestión financiera se orienta y organiza de acuerdo con los objetivos de la empresa, cuyo estudio abre este capítulo y sirve de base para el análisis de la función y organización del departamento financiero, protagonista natural de una gran parte de la actividad financiera de la empresa.

1.2. OBJETIVOS DE LA EMPRESA

La formulación de objetivos constituye un elemento fundamental del proceso de dirección, pues son la base para la toma de decisiones consistentes. Sin embargo, esta tarea es siempre difícil, sobre todo considerando que no existe acuerdo sobre cuáles deben ser los objetivos que debe seguir la empresa. A continuación se comentan y discuten dos de los objetivos que tradicionalmente se asocian con la actividad empresarial: la maximización del beneficio y la del valor de la empresa.

Estos dos objetivos han sido objeto de una larga polémica, aún hoy no resuelta, en la que se han barajado consideraciones de carácter económico, sociológico y de teoría de la organización [1].

1.2.1. La maximización del beneficio

Según la teoría económica tradicional, en su versión más elemental, la empresa es la unidad de decisión básica de producción (oferta), del mismo modo que las economías domésticas lo son del consumo (demanda), mientras que el Estado juega un papel de árbitro que pretende garantizar el buen funcionamiento del sistema de oferta-demanda para la formación de los precios en el mercado.

Por tanto, la empresa toma decisiones en cuanto al empleo de factores productivos —básicamente trabajo, capital y recursos—, su combinación y organización, con el fin de producir bienes y servicios, determinando cuáles y cuántos, según lo que espere vender en el mercado.

En esencia, se supone que la empresa toma decisiones consistentes con un cierto objetivo básico, con independencia de cuál sea el proceso de decisión y de quién sea el que las adopte.

Para la teoría económica tradicional el objetivo de las empresas era, indiscutiblemente, la maximización del beneficio [2]. Este supuesto de comportamiento ha sobrevivido largamente porque permitió construir una teoría clásica de la empresa, con un cierto poder de predicción, y por la buena dosis de sentido común que incorporaba; en la medida en que el beneficio fuera una expresión de la eficacia de la empresa parecía razonable querer maximizarlo; en tanto que las figuras del empresario-propietario-

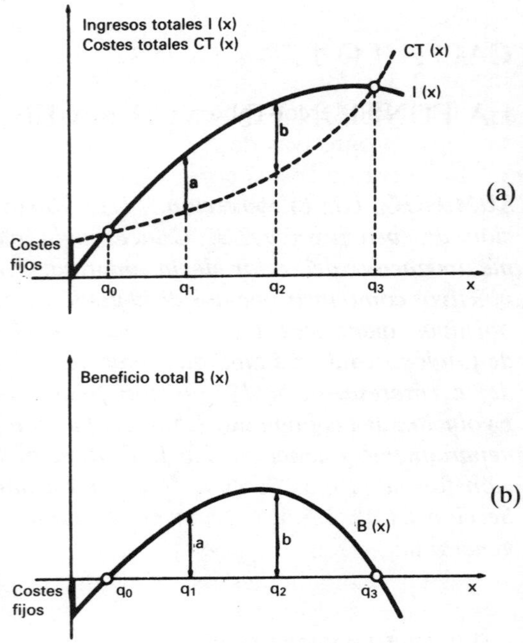

FIGURA 1.1. *Evolución de los ingresos, costes y beneficios del período en función del número* x *de unidades producidas y vendidas.*

gerente se identificaban parecía lógico que éste dirigiera la empresa tratando de que el excedente —su excedente— fuera lo mayor posible.

En la figura 1.1 (a) se representan las curvas hipotéticas de ingresos y de costes totales de producción de una empresa genérica. La curva de ingresos I (x) crece primero de forma aproximadamente lineal con las unidades producidas —unidades que se su-

[1] Para una discusión crítica sobre las diversas corrientes de pensamiento en torno a los objetivos de la empresa moderna, puede consultarse a Paul A. Baran y Paul M. Sweezy *El capital monopolista* (especialmente el capítulo II, «La corporación gigante»). Siglo XXI, México, 1971.

[2] De momento se hace abstracción de las dificultades contables que encierra una determinación objetiva y razonable del beneficio obtenido en un período.

ponen también vendidas en ese ejercicio— para flexionar en un cierto punto, a partir del cual los incrementos de las unidades vendidas sólo se consiguen mediante disminuciones progresivas de los precios de venta. La curva de costes totales CT (x), cuya intersección con el eje de ordenadas define un segmento que representa los costes fijos de producción, crece con las unidades producidas como consecuencia de los costes variables de producción que éstas incorporan; los patrones de crecimiento de las curvas de costes totales CT (x) son muy diversos, según las condiciones técnicas y económicas de producción.

Para una cantidad q_1 de unidades producidas y vendidas el beneficio viene representado por la diferencia entre los ingresos y los costes correspondientes a esa cantidad, es decir, por el segmento *a* de las figuras 1.1 (a) y 1.1 (b). La figura 1.1 (b) representa la evolución del beneficio según varía x, o sea, el número de unidades producidas y vendidas; puede comprobarse que sólo para cantidades comprendidas entre q_0 y q_3 se obtienen beneficios. Si el empresario pretende maximizar el beneficio producirá y, supuestamente, venderá q_2 unidades, cantidad para la cual la diferencia *b* entre ingresos y costes resulta máxima [3].

En definitiva, conocidos los patrones que siguen los ingresos y los costes se obtiene una previsión concluyente sobre el comportamiento del empresario. Sin embargo, pocas hipótesis de teoría económica —de existir alguna— han sido tan repetidamente cuestionadas.

1.2.2. CRÍTICAS A LA MAXIMIZACIÓN DEL BENEFICIO

Una primera línea de ataque señala que la información de que dispone el decisor no es la suficiente ni la adecuada para comportarse de tal manera: el empresario querría maximizar sus beneficios, pero no puede [4].

Además, habría que distinguir entre la total racionalidad que asigna la economía clásica al decisor y su racionalidad real, que es limitada. En efecto, tradicionalmente se ha supuesto que el decisor, dotado de una racionalidad objetiva que le hace posible maximizar su utilidad, conoce todas las alternativas de acción viables, así como sus resultados respectivos, lo que le permite escoger aquella que le resulta más favorable. Sin embargo, en la práctica esto parece difícilmente alcanzable, pues aunque el decisor dispusiese de toda la información relevante, sería, en general, improbable que optase por la alternativa óptima por ser su racionalidad relativa [5].

Una alternativa crítica, menos benigna, contra la maximización del beneficio señala que los empresarios no intentan maximizar sus beneficios, sino alcanzar un cierto nivel «satisfactorio», a partir del cual son otros los objetivos que se persiguen, entre ellos, la maximización de las ventas o el crecimiento de la empresa. Se supone que se prefiere que las empresas sean lo más grandes posibles y que en la elección entre beneficios y ventas prevalecerán estas últimas.

El argumento básico sobre el que se apoya la hipótesis de maximización de las ventas es la separación que se da, en la empresa moderna, entre la dirección y la

---

[3] Como es natural, las condiciones técnicas, económicas y de mercado pueden variar la forma de las curvas y la relación de unas con otras, pero no el planteamiento de base que determina el comportamiento del decisor.

[4] Según una gran parte de quienes así argumentan, los empresarios no fijan los precios que maximizarán sus beneficios, pues se limitan a calcular los costes totales unitarios a los que añaden una cierta cantidad absoluta o porcentual, en concepto de margen («mark-up»).

[5] HERBERT A. SIMON, *El comportamiento administrativo,* Aguilar, Buenos Aires, 1978.

propiedad. Conseguidos unos beneficios, que satisfagan razonablemente a los accionistas, la dirección deseará una mayor cuota de mercado y unos mayores activos para su empresa y tanto más cuanto que su sueldo, poder y prestigio dependan más del tamaño de la empresa que de su rentabilidad.

Es más, la empresa no quiere maximizar el beneficio porque en su seno confluyen numerosos y diversos intereses que, si bien no son antagónicos, sí que asignan prioridades diferentes a los distintos objetivos potenciales. Además, la empresa no puede maximizar el beneficio porque las decisiones o bien se toman en comités, donde los intereses anteriores convergen, o bien, se aplican, en muchos casos, procedimientos estándares que agilizan la gestión, pero que no optimizan el beneficio.

Es preciso señalar que en las reuniones de comités coinciden una serie de intereses y opiniones de personas y grupos, incubados durante un período previo a la reunión y que son incorporados a la misma, consciente o inconscientemente, por los que en ella participan [6].

El mundo de la empresa no sería lineal, sino más parecido al recogido en la figura 1.2, que muestra, sintéticamente, un esquema de la interrelación en la toma de decisiones y cómo éstas se ven afectadas tanto por el diferente carácter de los decisores como por las distintas presiones e influencias que se articulan sobre ellos.

Los grandes y los pequeños accionistas, los miembros del consejo de administración, los grandes prestamistas, los proveedores y los empleados de la entidad pueden y suelen entrar en conflicto al considerar qué objetivos deben maximizarse, para cuáles basta conseguir un nivel satisfactorio y cuáles deben posponerse.

Un modelo sencillo y esquemático de este conflicto a corto plazo se recoge gráficamente en la figura 1.3, en la que se indican algunas opciones hipotéticas de producción y ventas, según la parte de la empresa que predomine.

Por consiguiente, cuando se rompe con la hipótesis de comportamiento según la cual la empresa maximiza los beneficios, se proponen numerosos objetivos para la empresa tales como cuota de mercado, innovación, productividad, crecimiento, supervivencia, estabilidad y responsabilidad pública.

1.2.3. La maximización del valor de la empresa

A pesar de las críticas contra la hipótesis de la maximización del beneficio, lo que prácticamente ninguno de los supuestos alternativos de comportamiento niega es la importancia del elemento beneficio, ya sea como restricción a satisfacer, entre otras, o bien como objetivo central de la gestión.

Sin embargo, planteándose la actividad empresarial con un horizonte de varios ejercicios, ¿por qué referir la maximización del beneficio a un período y no contemplarlo para un intervalo de tiempo de varios ejercicios contables, es decir, a largo plazo?

Sólo si los beneficios obtenidos en cada período fueran totalmente independientes de los obtenidos en períodos anteriores y no condicionaran, de una u otra manera, los correspondientes a períodos sucesivos, podría afirmarse que el máximo beneficio global a largo plazo se obtiene por la maximización, ejercicio a ejercicio, del beneficio.

[6] El análisis del proceso decisional en las grandes compañías ha sido objeto preferente de atención por J. K. Galbraith, que ha acuñado el término tecnoestructura para expresar al «grupo, mucho más amplio que el management, que participa en la elaboración de decisiones» y que abarca a todos los que aportan conocimiento especializado, talento o experiencia al proceso de toma de decisiones en la empresa. Este grupo sería la inteligencia que guía a la empresa, su cerebro.

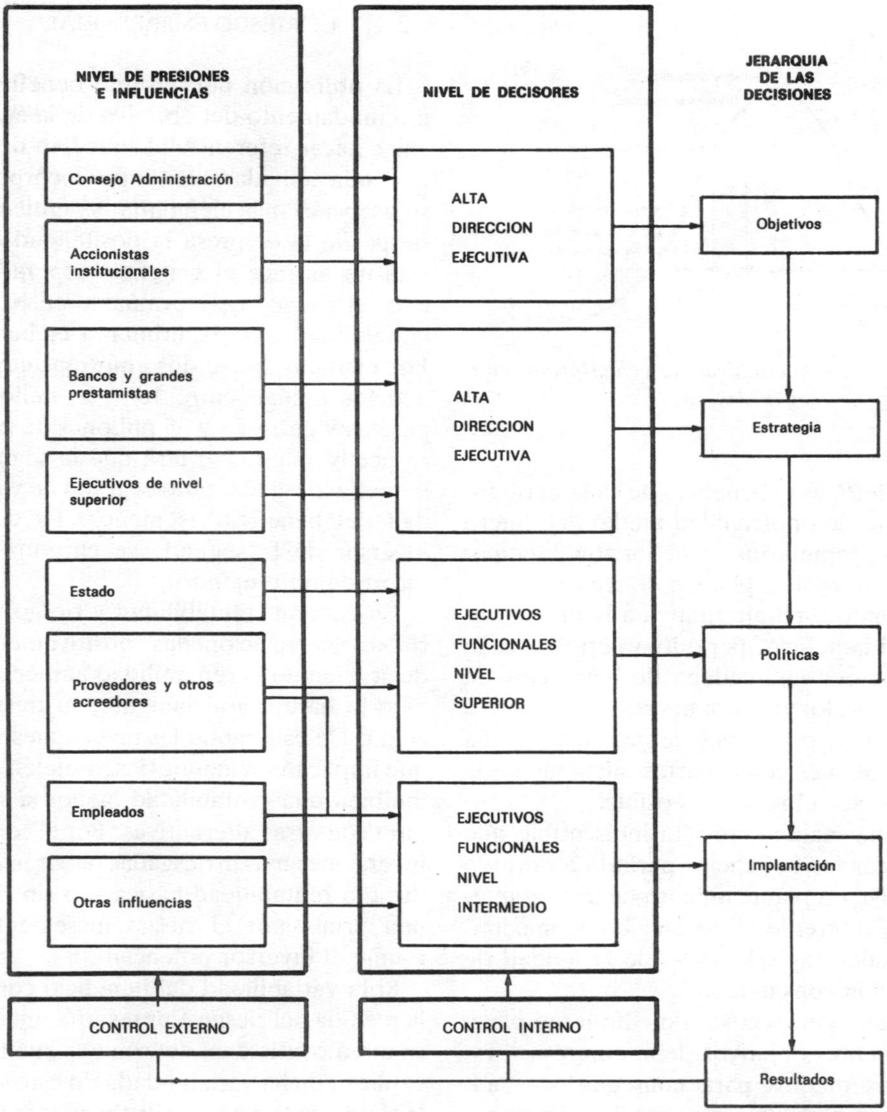

FIGURA 1.2. *Diagrama de las influencias dominantes que determinan la toma de decisiones en la empresa.*

Una hipótesis como ésta es muy restrictiva y resulta, en la práctica, inaceptable, pues la influencia de cualquier decisión estratégica, incluso táctica, se extiende a lo largo de un lapso de tiempo de varios períodos.

En consecuencia, un planteamiento más realista debería proponerse maximizar la suma de los beneficios futuros actualizados, según la expresión siguiente:

$$V = \sum_{i=1}^{n} \frac{B_i}{(1 + r)^i} \qquad [1]$$

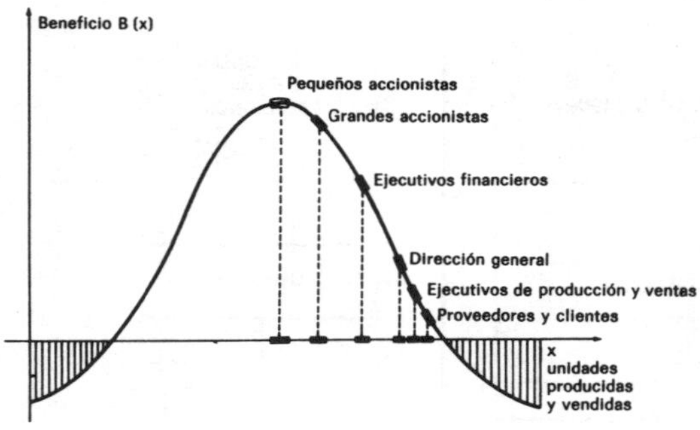

FIGURA 1.3. *Alternativas de ventas/producción según decisor.*

en donde B_i es el beneficio de cada período, r el coste de oportunidad medio del dinero para los propietarios y n el horizonte temporal para el cual se plantea el análisis [7].

Por tanto, una alternativa a la maximización del beneficio, período a período, es la de optar por una cadena de beneficios tal que V —valor de la empresa como activo financiero y, por consiguiente, de cada una de las acciones como partes alícuotas de la misma— sea el máximo posible.

De esta manera, resulta indiscutible que maximizar los beneficios período a período constituye un planteamiento táctico de interés muy diferente al estratégico de maximizar el valor capital —V— de la unidad de producción considerada.

Con una perspectiva a medio-largo plazo los diferentes objetivos de la empresa —incluso los medios para conseguirlos— adquieren coherencia compatibilizándose entre sí, y, en estas circunstancias, cabe esperar que la maximización del beneficio a largo plazo suponga, si no la optimización del resto de los objetivos, al menos la consecución de niveles muy satisfactorios. Esta propiedad del objetivo beneficio resulta diferencial respecto al resto, lo que hace de este objetivo un elemento valioso para orientar y evaluar la trayectoria de la empresa.

1.2.4. EL RIESGO EMPRESARIAL

La utilización del término beneficio, como fundamento del objetivo de la empresa, exige hacer referencia al concepto de riesgo que toda actividad económica incorpora. En su acepción más elemental, se entiende por riesgo de la empresa la posibilidad de que ésta no alcance el beneficio esperado. Por ello, el riesgo suele evaluarse en base a la variabilidad que experimenta el beneficio. Por ejemplo, entre dos empresas cuyos beneficios oscilan entre 10 y 50 millones de pesetas y entre 25 y 35 millones de pesetas, respectivamente, se dirá que la segunda es menos arriesgada, pues el grado de variabilidad del beneficio es menor. Es decir, el inversor de la segunda se enfrenta a una incertidumbre menor.

En general, rentabilidad y riesgo son variables correlacionadas positivamente, es decir, cuando la rentabilidad aumenta, también lo hará, paralelamente, su riesgo asociado. De este modo las inversiones seguras que implican un menor riesgo suelen ofrecer también una rentabilidad menor si se compara con otras alternativas. Por el contrario, inversiones más arriesgadas deberán de añadir a la rentabilidad básica —o sin riesgo— una prima por el riesgo incremental que asume el inversor potencial.

Si la variabilidad del beneficio constituye la medida del riesgo empresarial, una primera tarea consiste en determinar qué factores explican dicha variabilidad. En este sentido, la teoría de la empresa distingue dos tipos de riesgo —riesgo económico y riesgo financiero—, clasificando de esta forma las causas del riesgo en dos grandes grupos:

---

[7] Por coste de oportunidad se entiende el valor de la mejor alternativa desechada. Por ejemplo, si los propietarios pueden colocar su dinero al 10 por 100 en A o al 12 por 100 en B, se dirá que el coste de oportunidad de situar el dinero en C es del 12 por 100.

— *Riesgo económico.* Se origina como consecuencia de la naturaleza de las operaciones que desarrolla la empresa en el marco de su sector de actividad. Se expresa en función de la variabilidad de los beneficios generados por las inversiones, sin considerar los costes de la financiación. Los factores que explican las fluctuaciones del beneficio se relacionan, pues, con temas tales como:

- Producto que se comercializa: cuando la demanda de la empresa es muy sensible a la situación económica del entorno, el riesgo económico será mayor que en el caso contrario.
- Estructura de costes: cuanto mayor sea la proporción de los costes fijos mayor será el riesgo económico de la empresa. En efecto, los beneficios oscilarán más cuanto mayores sean los costes fijos, pues en el corto plazo sólo los costes variables pueden adaptarse al nivel de producción: empresas que tengan una alta participación de costes fijos no podrán adaptarse con flexibilidad a las oscilaciones de la demanda.
- Distribución de clientes: empresas que dependen de pocos clientes soportan un riesgo económico mayor que las que tienen un número mayor de clientes.
- Suministro de materias primas: la incertidumbre en el suministro de materias primas, necesarias para la producción, constituye otro elemento de riesgo económico, en la medida en que se reducirá el nivel de beneficios en los períodos de aprovisionamiento insuficiente.

El riesgo económico, sin embargo, puede atenuarse mediante el instrumento de la diversificación. Esta consiste en invertir en actividades independientes entre sí, de modo que los riesgos económicos de cada una de ellas pueden compensarse, atenuándose, por este procedimiento, el riesgo conjunto de la empresa.

— *Riesgo financiero.* A diferencia del económico, el riesgo financiero se debe a la forma en que la empresa financia sus inversiones y, en concreto, a la cantidad de fondos ajenos de que dispone. La deuda exige el pago de unos intereses, en concepto de remuneración al prestamista, y la devolución del principal. En este sentido, aunque las inversiones de una empresa sean rentables, puede resultar imposible hacer frente a las obligaciones que exige el endeudamiento.

Entre dos empresas semejantes en todo menos en su estructura de financiación, se admite que incorpora un riesgo financiero mayor aquella que tiene más recursos ajenos o que, a igualdad de deuda, ésta vence antes.

1.3. LOS OBJETIVOS COMO INSTRUMENTOS DE LA GESTION Y DE LA PLANIFICACION ESTRATEGICA

Los objetivos de la empresa constituyen una elección respecto a la orientación que ha de seguir la organización en el futuro. En este sentido, definen criterios para la toma de decisiones y proporcionan indicadores para evaluar los resultados de las mismas. Son estas dos misiones de los objetivos las que hacen imprescindible su formulación como un elemento necesario para la gestión de la empresa.

La definición de objetivos se integra dentro de la estrategia general de la empresa, pues fundamentan la elaboración de sus planes y configuran su desarrollo en el tiempo. Para establecer los objetivos empresariales ha de huirse de extrapolar el pasado y, por el contrario, se partirá de los análisis previos indicados en la figura 1.4. En primer lugar, ha de evaluarse la situación interna de la empresa, identificando sus puntos fuertes y débiles, y los recursos de que dispone o puede disponer. En segundo lugar, se estu-

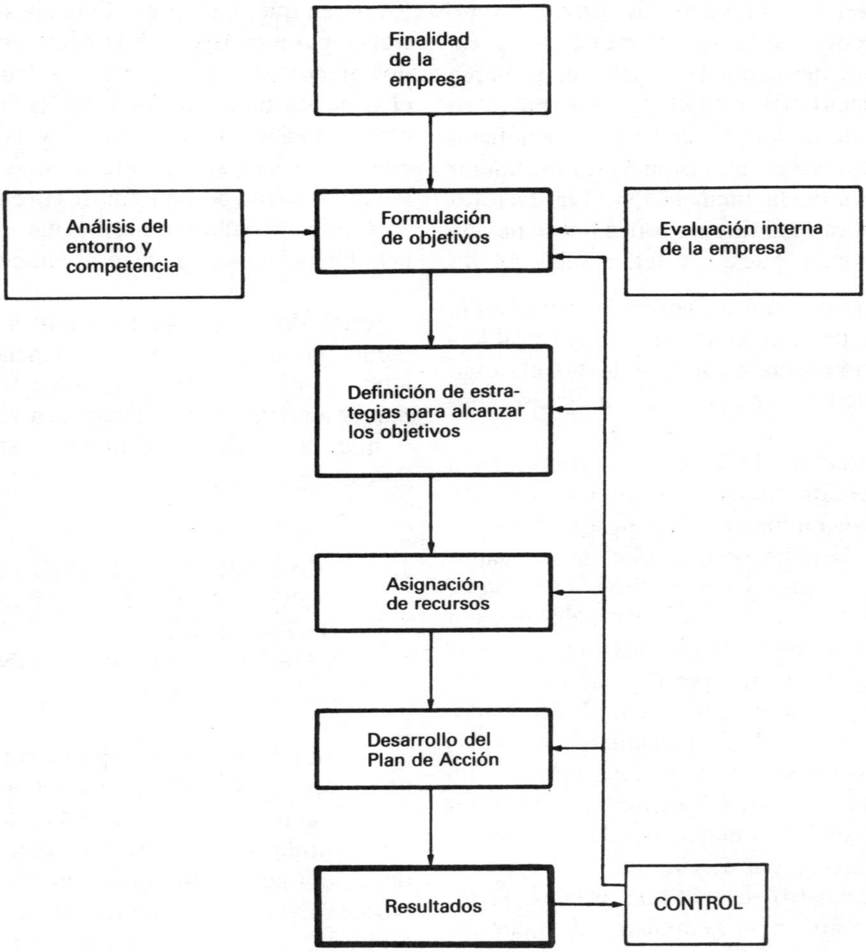

FIGURA 1.4. *Posición de los objetivos en el proceso de gestión.*

diará la posición de la empresa en el entorno en el que opera, de modo que se aíslen las oportunidades y las amenazas que éste le plentea. Así se sentarán las bases para que los objetivos fijados sean realistas y consistentes con las posibilidades de la empresa, lo que es condición indispensable para que sean operativos, es decir, adecuados para la toma de decisiones y su control.

Aunque, como ha sido expuesto, existen planteamientos diferentes respecto a qué tipos de objetivos ha de establecer una empresa, los principales enfoques pueden sintetizarse en dos grandes grupos.

Una primera corriente de opinión considera que el objetivo único o final es la obtención de beneficios o rentabilizar los recursos utilizados. Según este criterio, se interpreta que elementos tales como dimensión, crecimiento o innovación son medios que posibilitan la obtención de una determinada rentabilidad.

Por el contrario, el otro punto de vista considera que un único objetivo no puede sintetizar satisfactoriamente todas las aspiraciones de la empresa. Por ello plantea la necesidad de definir una serie de áreas para las cuales es preciso alcanzar determinados resultados.

Siguiendo este último enfoque de objetivos múltiples, se pueden señalar las siguientes áreas de gestión para las cuales se han de formular objetivos:

Comercial
Producción
Investigación y desarrollo
Finanzas
Recursos humanos
Relaciones con la comunidad

En el siguiente cuadro 1.1 se recogen algunos aspectos que pueden incluirse en cada uno de los puntos anteriores.

Es importante señalar que la formulación y actualización de los objetivos empresariales ha de contemplarse como un proceso continuo, puesto que la situación interna de la empresa y de su entorno evolucionan constantemente.

Finalmente, hay que subrayar que la fijación de objetivos es una tarea de la alta dirección. Sin embargo, es conveniente que todas las personas involucradas en la toma de decisiones que comprometen el desarrollo de la empresa participen de una forma activa en el proceso y, lo que es más importante, entiendan y acepten los objetivos fijados.

CUADRO 1.1. *Ambito de los objetivos empresariales.*

AREAS DE GESTION	OBJETIVOS
Comercial	Cuota de mercado Tasa de expansión Precios Nuevos productos Diversificación Especialización
Producción	Productividad Costes Nivel de utilización de la capacidad Calidad
Investigación y desarrollo	Tecnología de productos Tecnología de procesos Innovación
Finanzas	Liquidez Rentabilidad Composición de la financiación Seguridad financiera
Recursos humanos	Retribuciones Motivación Promoción Formación Desarrollo de la organización Clima social en la empresa
Relaciones con la comunidad	Imagen de la empresa Información a terceros Responsabilidades públicas

1.4. LOS OBJETIVOS FINANCIEROS

El área financiera tiene sus propios objetivos funcionales, de los que suele decirse que son los que más se acercan a los objetivos finales de la empresa, particularmente por la frecuente expresión monetaria de estos últimos.

En el marco del área financiera se reproduce, a la hora de fijar objetivos y a escala reducida, el conflicto que ha sido descrito entre los diferentes intereses y puntos de vista que conviven en la empresa.

Así, en el seno mismo de la propiedad, los partícipes mayores pueden estar más interesados que los pequeños en el crecimiento de la empresa que en el dividendo y más interesados en la autofinanciación, manteniendo el control, que en la financiación ajena.

La dirección, por su parte, puede adoptar actitudes muy diferentes, según se identifique, más o menos, con alguna de las posiciones anteriores o actúe como un árbitro de la situación creada por los diversos intereses en presencia, dando prioridad a la empresa en su conjunto, asegurando su continuidad y crecimiento y neutralizando a las partes al proporcionar niveles de satisfacción para todos.

Para el director financiero la relevancia de estas divergencias resulta importante no por su interés —psicológico o sociológico—, sino porque unas u otras prioridades implican políticas financieras muy diferentes.

Por ejemplo, la dirección requiere flexibilidad operativa y, por consiguiente, demandará recursos financieros abundantes: más cash-flow y más liquidez. Por el contrario, el accionista desea un mayor dividendo y una más alta cotización de la acción y exige, por tanto, beneficios. Cabe esperar, pues, discrepancias cuando se jerarquicen inversiones; las más líquidas, con cortos períodos de recuperación, serán preferidas por la dirección, siempre que den un nivel mínimo de rentabilidad; las más rentables serán las preferidas por los accionistas siempre que aseguren un mínimo de liquidez.

Un conflicto semejante, accionista-dirección, puede aflorar en el momento de amortizar, pues unos optarán, en muchos casos, por acelerarla con perjuicio de los beneficios contables, base del dividendo, buscando un mejor cash-flow, mientras que otros preferirán ofrecer una imagen más optimista de los resultados de la gestión. Genéricamente, suele admitirse que los objetivos financieros básicos de una empresa son los de liquidez, rentabilidad y supervivencia. Estos objetivos, por lo general, tienen una expresión más concreta y, por consiguiente, más operativa. Así, los resultados de una encuesta [8] sobre objetivos financieros, realizada entre ejecutivos financieros de cinco países desarrollados, condujo a la definición de los siguientes objetivos como financieramente más importantes:

— Crecimiento del beneficio.
— Disponibilidad de fondos.
— Rentabilidad financiera.
— Maximización del margen sobre ventas.
— Maximización del valor de la empresa.

En los siguientes apartados se especifica el contenido concreto de las expresiones anteriores.

1.4.1. Crecimiento del beneficio neto

Pueden definirse diferentes medidas para este objetivo. Una de ellas se establece relacionando el beneficio del año de referencia —año 0— con el obtenido en el año corriente —año n— de la siguiente manera:

$$B_n = B_0 (1 + t)^n$$

en donde t representa la tasa de crecimiento anual, en tanto por uno, que aplicada en términos compuestos sobre B_0 conduce al beneficio final B_n. Esta medida presenta el inconveniente que se ilustra en la figura 1.5, en la cual las tres sendas de crecimiento del beneficio —tan diferentes para la empresa y los accionistas— tienen la misma tasa t.

1.4.2. La disponibilidad de fondos

Este objetivo pretende garantizar que siempre haya fondos disponibles cuando éstos sean necesarios. La dificultad que presenta este objetivo, que resulta ser funcionalmente clave para el director financiero, es el de su medición.

Un enfoque habitual consiste en medir la disponibilidad de fondos mediante algún ratio de referencia, como es el denominado ratio de liquidez, calculado como cociente entre activo circulante y pasivo a corto pla-

[8] «Objetivos financieros y factores determinantes del ratio de endeudamiento: encuesta de la práctica en cinco países», Arthur Stonehill y otros. *Financial Management*, otoño 1975.

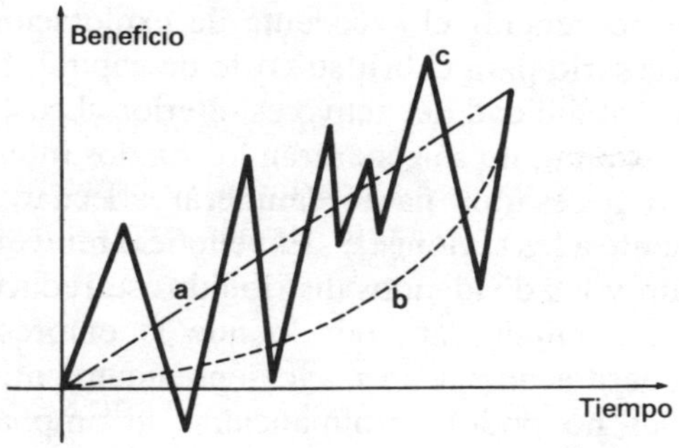

FIGURA 1.5. *Tres sendas diferentes de crecimiento de los beneficios.*

zo. Sin embargo, no parece ser apropiado este planteamiento, pues este ratio así calculado es una medida estática, realizada en un momento temporal determinado que no contempla el flujo de entradas y salidas de fondos en la empresa. Por ello resulta más conveniente para abordar el análisis de la liquidez realizar previsiones del flujo de tesorería que contemplen todos los ingresos y desembolsos previstos y planifiquen el mantenimiento de un remanente.

1.4.3. RENTABILIDAD FINANCIERA

Si de la rentabilidad se ha dicho que constituye el propósito fundamental de la empresa, de la rentabilidad financiera, al referirse a los rendimientos sobre recursos propios, puede decirse que centra toda su actividad.

La rentabilidad financiera se calcula a partir del cociente:

$$\text{Rentabilidad financiera} = \frac{\text{Beneficio neto después de impuestos}}{\text{Recursos propios}}$$

La rentabilidad calculada mediante la fórmula anterior ha de entenderse sólo como una aproximación a su verdadero valor. En primer lugar, por la relatividad del beneficio. El cálculo contable del mismo, además de estar condicionado por el criterio de imputación de costes que se realice, especialmente en el concepto de amortización, ignora aspectos tan importantes como la evolución temporal del beneficio. Así, por ejemplo, si se opera una maquinaria sin el mantenimiento adecuado, el beneficio del ejercicio se verá favorecido a costa del de años posteriores, cuando dicha maquinaria no sea capaz de funcionar en las condiciones normales.

También es relativo el valor del denominador del cociente que determina la rentabilidad. El valor contable de los recursos propios sólo constituye una estimación grosera. Y ello no sólo porque se sumen pesetas de años distintos, sino también porque se ignora el verdadero valor que a los activos asigna el mercado. Una alternativa consiste en evaluar el coste de reposición de la empresa, es decir, la inversión necesaria para reproducir sus instalaciones actuales. Sin embargo, la dificultad de este método resulta evidente, pues de montarse de nuevo la empresa es muy dudoso que se hiciese utilizando la misma tecnología o con la misma dimensión.

1.4.4. MARGEN SOBRE VENTAS

La relación definida por el margen, calculada como cociente entre beneficio antes de intereses e impuestos y ventas, constituye un elemento importante para evaluar la gestión. Incorpora, sin embargo, las deficiencias ya descritas a la hora de medir el beneficio, tanto en su dimensión absoluta como en el valor temporal del mismo. Olvida, además, un aspecto importante de la gestión financiera, como es la utilización eficaz de los recursos utilizados. Por ello, si bien constituye un indicador valioso en el caso de una actividad que exija poca inversión, resulta incompleto cuando se trata de una empresa que exige una inmovilización de fondos considerable.

1.4.5. VALOR DE LA EMPRESA

En este caso el objetivo financiero de la empresa consiste en maximizar su valor en función de los rendimientos futuros de explotación. Como se ha indicado previamente, constituye una alternativa a la maximización del beneficio período a período. La fórmula [1] permite estimar el valor actual de la empresa; si se supone que el beneficio futuro permanecerá estable en términos de pesetas constantes, el valor actual de la empresa se calcula capitalizando dicho beneficio a la tasa de rentabilidad esperada por el inversor, es decir,

$$V = \frac{B}{r}$$

Sin embargo, alcanzar este objetivo, en particular cuando el beneficio esperado es variable, depende de otros factores, tales como la tasa esperada de crecimiento del beneficio, el riesgo que incorpora su desarrollo y el dividendo con que remunera a sus accionistas.

Una alternativa a estos enfoques plantea como objetivo financiero de la empresa el ganar lo necesario para cubrir todos sus costes, incluyendo el coste de la financiación o coste de capital. Este puede definirse, en una primera aproximación, como la rentabilidad mínima que exigen los inversores para ceder sus fondos a la empresa en forma de préstamos o como aportaciones de capital. Formulado de este modo, el coste de capital incluye dos elementos: la rentabilidad propiamente dicha y el premio que exige el inversor por el riesgo que asume al inmovilizar sus fondos en la empresa en vez de hacerlo en otra aplicación menos arriesgada [9]. Parece razonable exigir que la rentabilidad de las inversiones sea superior al coste de los recursos con que se financian.

En la figura 1.6 se muestran, esquemáticamente, las consecuencias para la empresa de no generar el excedente de explotación necesario para cubrir su coste de capital. Si la rentabilidad del activo es inferior al coste de capital, no se generarán los fondos internos necesarios para remunerar adecuadamente a los accionistas. El beneficio reinvertido y los dividendos distribuidos se reducirán o eliminarán, por lo que la empresa deberá acudir a un mayor endeudamiento, pues no podrá autofinanciarse ni ampliar capital en condiciones satisfactorias. La baja rentabilidad de la empresa, junto a su mayor riesgo financiero le obligarán a ofrecer una remuneración superior a los nuevos fondos externos que capte y en consecuencia aumentará su coste de capital. Si la rentabilidad económica permanece constante, el ciclo anterior se repetirá nuevamente, pero afrontándose ahora una brecha mayor entre rentabilidad y coste de capital, lo que agravará la situación. El mecanismo que se indica en dicha figura ha de contemplarse, pues, como un proceso continuo y degenerativo que conduce, a más o menos largo plazo, a la inviabilidad económica de la empresa.

En realidad, este objetivo puede entenderse más bien como una condición para el mantenimiento de la empresa: un negocio que no es capaz de generar la ganancia necesaria para satisfacer el coste de su financiación, es una empresa amenazada y en situación de decadencia.

Finalmente y como síntesis de los diversos planteamientos hasta aquí expuestos, podría formularse el objetivo financiero de la empresa en términos de una expansión rentable financieramente saneada. Es decir, la empresa deberá crecer, obteniendo un beneficio proporcional a su inversión y financiando ésta de modo que exista una relación razonable entre las distintas fuentes de financiación disponibles y sin que se produzcan tensiones de liquidez.

[9] Véase el capítulo 13 sobre Coste de capital.

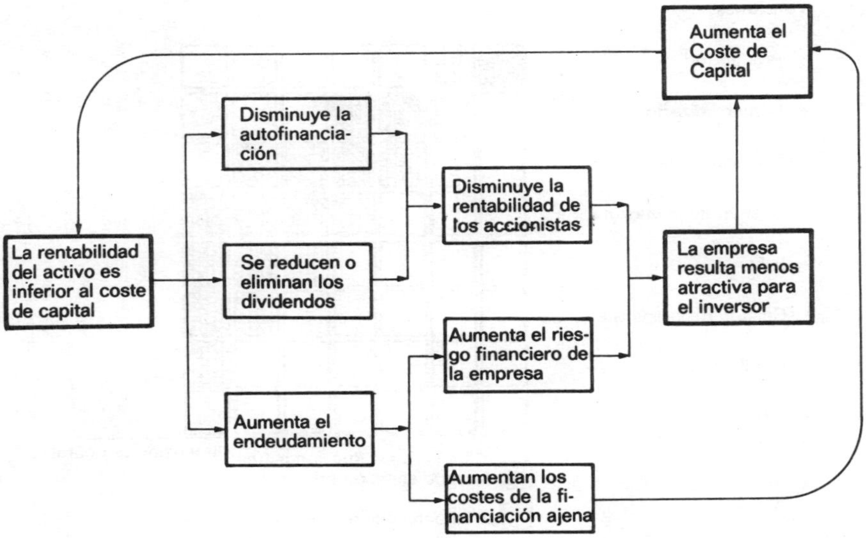

FIGURA 1.6. *Consecuencias de no cubrir el coste de capital.*

1.5. LA FUNCION FINANCIERA

1.5.1. PERSPECTIVA HISTÓRICA

Está aún por escribir la historia de la dirección de empresas como disciplina científica, pero un simple e hipotético ensayo de su desarrollo podría ser el que ofrece la figura 1.7.

Sobre la base de una cronología meramente indicativa, el esquema propone que el área inicial de partida, que ocupó la máxima atención de la dirección general, fue la de producción que hubo de evolucionar desde la manufactura artesana, propia de una economía parcelada, hasta los procesos de fabricación en gran escala orientados al consumo en masa. Naturalmente, aunque con menor veteranía, las otras funciones estaban ya vivas y, más o menos, evolucionadas, pero no condicionaban ni tanto ni tan generalmente el desarrollo o la supervivencia de la empresa como sistema.

Resuelto, básicamente, el problema de producir, la dirección hubo de implantar la distribución y comercialización de los productos. La función comercial propiciaría el salto desde la venta local y selectiva hasta la venta internacional y masiva.

El interés por la función financiera se hizo crítico cuando fue crucial el generar, ordenar, planificar y distribuir los recursos necesarios para mantener en movimiento los subsistemas de producción y venta, y cuando las rutinas contables de información y análisis, en términos monetarios, del conjunto de transacciones y actividades de la empresa, resultaron insuficientes.

Como es natural, este esquema general habría que matizarlo, y mucho, según los sectores de actividad, pues las características genéricas de éstos pueden llegar a ser determinantes, hasta el punto de que en ciertos tipos de empresas serán los problemas de producción, o los de marketing o los financieros u otros, el centro de atención de los directivos, orientándose toda la actividad de la empresa hacia esa función.

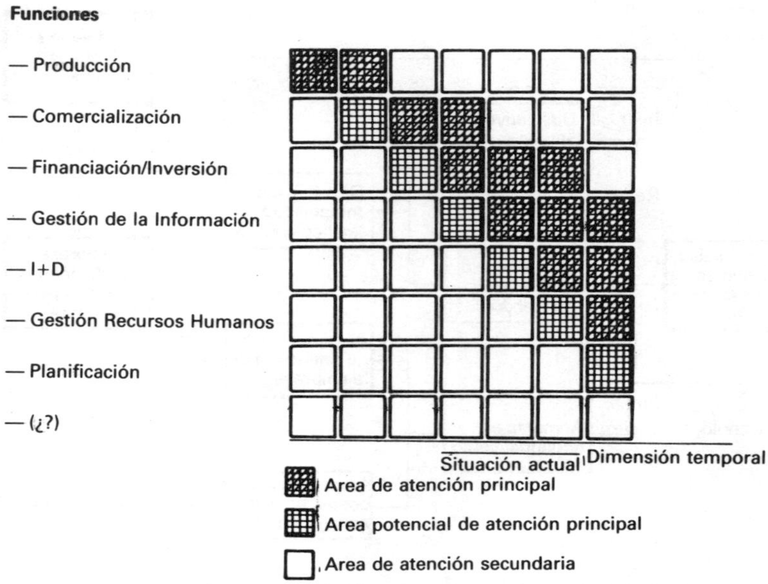

FIGURA 1.7. *Areas de máxima atención de la Dirección General.*

Con el transcurso del tiempo otras funciones, nuevas o no, irán ocupando, en términos generales, la atención de la dirección general, compartiendo primero y apagando después el interés estratégico que hoy, en cierto modo, tiene la función financiera.

1.5.2. EVOLUCIÓN DE LAS FINANZAS

La función financiera tiene un origen contable, pues nace asociada al registro monetario de las actividades de la empresa que se remonta a finales del siglo XIV.

Ahora bien, realmente las finanzas como disciplina autónoma de la economía y orientada hacia la empresa es relativamente reciente y arranca, en los países capitalistas, a comienzos del siglo XX.

La evolución temporal de la función financiera durante su etapa de desarrollo a lo largo del siglo sigue de cerca las circunstancias ambientales de la historia económica. Esto resulta especialmente claro si se repasa, como intenta el cuadro 1.2, el calendario de temas financieros que fueron en su momento de mayor actualidad para un país como los Estados Unidos, donde la práctica de la gestión financiera tiene, hoy en día, más solera.

La adaptación a la situación española de la evolución descrita en dicho cuadro exige incorporar, entre otras, las siguientes consideraciones:

— Mercado de capitales menos desarrollados: en lo que se refiere a la Bolsa, el mercado español ha sido y es más reducido y está más controlado por grupos e instituciones.

En cuanto a las fuentes de financiación ajenas, es de señalar la menor variedad de instrumentos disponibles, lo que ha hecho a las empresas más dependientes de las instituciones de crédito.

— Menor control fiscal: las peculiaridades del proceso de desarrollo industrial español han permitido a la empresa relajar sus

CUADRO 1.2. *Intereses financieros predominantes en los EE. UU. durante el período 1900-1990.*

PERIODO	INTERES CENTRADO EN:
Hasta 1900	Instituciones, instrumentos y procedimientos existentes en el mercado de capitales. Registro de operaciones y gestión de la tesorería.
1901-1920 Concentración industrial	Combinación y fusión de empresas. Publicación de informes financieros por exigencias legales.
1921-1929 Innovación tecnológica/crecimiento de nuevas empresas	Financiación externa vía acciones ordinarias y captación de recursos ajenos.
1930-1939 Crisis económica	Mantenimiento de la liquidez. Quiebras y liquidaciones. Reorganizaciones. Garantías para recursos ajenos (prestamistas). Reglamentaciones y controles gubernamentales. Desarrollo del análisis y de la información financiera.
1940-1950 Economía de guerra	Análisis de inversiones desde la perspectiva de prestamistas o inversores potenciales. Planificación y control.
1951-1960 Fase de expansión económica (I)	Evaluación, selección y planificación de proyectos de inversión. Administración de activos. Criterios de valoración de empresas. Política de dividendos.
1961-1973 Fase de expansión económica (II)	Introducción de los métodos cuantitativos. Aplicación de la informática y la investigación operativa. Operaciones internacionales. Toma de decisiones financieras.
1973-1980 Crisis de la Energía	Relaciones con el entorno económico: inflación y recesión. Internacionalización de la economía.
Década de los 80	Reducción costes financieros. Gestión del riesgo financiero derivado de la volatilidad de los mercados.

Fuente: Elaboración propia sobre estudio base de J. Van Horne, publicado en *Administración Financiera.* Ediciones Contabilidad Moderna. Buenos Aires, 1977.

obligaciones en cuanto al pago de impuestos. Sin embargo, esta situación cambia en 1977, con la promulgación de las Leyes de Reforma Fiscal, haciendo del experto fiscal un elemento imprescindible en la gestión de la empresa moderna.

— Inflación más acusada: si, en general, ha cabido a autores de los Estados Unidos el mayor protagonismo en las diversas áreas que integran la función financiera, no sucede así en lo que se refiere al estudio de las implicaciones de la inflación sobre la empresa. En este tema han sido superados por países con mayores tasas de inflación, como Inglaterra o algunos países sudamericanos. En España ha sido y es ésta una cuestión de suma importancia que, sin embargo, todavía no ha recibido la suficiente atención por parte de la administración.

— Aislamiento de la economía española: debido al modelo de desarrollo económico seguido, las empresas españolas se han relacionado menos y más tarde que las de los Estados Unidos con otros países.

De una manera general, la función financiera surge con la orientación de dar respuesta a los problemas económicos más inmediatos de la compañía: captar los fondos necesarios para el funcionamiento de la empresa, controlar su uso, de cara a rendir cuentas ante los propietarios y el Estado, y gestionar la tesorería.

En efecto, a iniciativa de los directivos comerciales y de producción, las empresas crecían, lanzaban nuevos productos y abrían nuevos mercados. Estas decisiones exigían nuevos fondos y era el director financiero el responsable de su captación y devolución a su vencimiento, so pena de que los acreedores actuaran legalmente contra la empresa poniendo en cuestión su solvencia económica e incluso su supervivencia. En este sentido, se ha relacionado tradicionalmente la función financiera con la columna derecha del balance; cuánto invertir y en qué invertir eran temas que trascendían, inicialmente, la competencia del financiero.

Por otra parte, la necesidad de controlar el uso de los fondos se cubrió mediante el registro de todas las operaciones económicas de la empresa, es decir, mediante la implantación de un sistema de información contable. La información generada por la contabilidad, aún hoy, constituye uno de los elementos básicos de trabajo para la elaboración de la política financiera de la empresa.

Finalmente, la gestión de tesorería, es decir, de los recursos necesarios o generados por la operación diaria de la empresa, cerraba la trilogía inicial de funciones típicas del financiero.

1.5.3. La función financiera hoy

En la actualidad se considera que la responsabilidad del financiero se extiende a todo el ámbito de la organización. La actividad financiera no puede limitarse a las funciones tradicionales, ha de controlar el uso de los fondos y estar presente en casi todas las decisiones que se tomen, aunque aparentemente no sean financieras, ya que la empresa es un sistema cuya situación financiera puede verse deteriorada por decisiones que, en principio, competen a otros departamentos. Así, decisiones asociadas a otras áreas funcionales, tales como la política de precios, condiciones de crédito a clientes o volumen de la producción, influirán antes o después sobre el balance, la cuenta de resultados, la liquidez o el riesgo de la compañía.

El protagonismo de la función financiera en la gestión empresarial se ha visto reforzado, entre otros, por los siguientes cambios del entorno:

1. Muchas empresas han experimentado un fuerte crecimiento de su actividad. Han diversificado su gama de productos y han invertido en otros lugares geográficos, lo cual ha exigido descentralizar funciones para tener en cuenta las peculiaridades de cada rama de actividad o de cada país. Pero la descentralización hace imprescindible planificar y controlar las operaciones de cada unidad por separado e integrarlas en el contexto de la empresa, al objeto de maximizar la eficacia de la utilización de los recursos.
2. El mayor grado de competencia en los diferentes mercados ha reducido paulatinamente los márgenes de beneficio. Ha pasado la época en que bastaba con vender. Ahora hay que vigilar cuidadosamente la rentabilidad de las inversiones.
3. La complejidad del entorno hace necesario estudiar con mayor detalle y rigor las nuevas oportunidades de inversión. También las características del sistema financiero actual exigen un cuidadoso análisis de las fórmulas de financiación de los nuevos proyectos.
4. El papel del Estado en la economía tiende a tener mayor peso. Es el mayor ente económico y ha de tomar una serie de decisiones de inversión, consumo y política económica que influyen sobre el área financiera.
5. La inflación es un elemento de incertidumbre que plantea numerosos problemas financieros a la empresa y le exige reformu-

lar su política en este campo. El control de la inflación obliga al Estado a limitar la oferta monetaria y, en consecuencia, a controlar el crédito. Escasez y encarecimiento del dinero son dos consecuencias inmediatas de esta política. Pero además los costes se «inflan» como consecuencia de la inflación, lo que supone una constante necesidad de nuevos recursos para financiar las inversiones de reposición, tanto en circulante como en activo fijo.

6. Finalmente, la crisis económica plantea dificultades adicionales a la empresa. El financiero es el responsable de estudiar las complicaciones derivadas de la inestabilidad económica. Debe prever qué hacer frente a acontecimientos inesperados. Es necesario que el financiero explore distintos escenarios y formule políticas alternativas para cada uno de ellos, anticipándose a situaciones extremas. No puede limitarse a registrar lo que ha sucedido en el pasado, ha de intentar vislumbrar el futuro y definir la política financiera incorporada la incertidumbre del entorno.

En consecuencia, las áreas que suelen asignarse a la función financiera y que en la actualidad conservan toda su vigencia son las siguientes [10].

1. Perfilar qué dimensión ha de tener la compañía y cuál ha de ser su crecimiento.
2. Determinar en qué activos debe invertir sus fondos.
3. Formular cuál ha de ser la composición de su financiación.

Estos tres aspectos, que incorporan de una forma u otra casi toda la problemática de la empresa, están íntimamente relacionados entre sí. La dimensión actual y futura vendrá condicionada por las alternativas de inversión disponibles, así como por las características de la financiación, tales como coste, plazo y riesgo. También es cierto que las condiciones en que la empresa pueda financiarse dependerán del tipo de inversiones que acometa. Además, la formulación de la composición apropiada de la financiación de la empresa exige definir una política de dividendos que permita retribuir a los accionistas de acuerdo con sus expectativas y, a la vez, retener en la empresa los fondos necesarios para financiar equilibradamente el crecimiento.

1.6. ORGANIZACION DEL DEPARTAMENTO FINANCIERO [11]

La estructura y organización adecuada del departamento financiero constituye una exigencia básica para poder desarrollar satisfactoriamente la función financiera en los términos descritos anteriormente.

Estas tareas han de garantizar un correcto funcionamiento interno del departamento, así como una apropiada coordinación con el resto de las áreas funcionales de la empresa. Si la información financiera no es correcta, difícilmente se podrá optar entre alternativas distintas de desarrollo del negocio. Si faltan datos financieros o son inadecuados los que se utilizan, será difícil detectar los problemas a tiempo y en consecuencia no se podrán aplicar las medidas correctoras necesarias.

1.6.1. EL DIRECTOR FINANCIERO

El director financiero tiene como misiones fundamentales la tradicional de dirigir a sus subordinados del departamento y la de actuar como asesor e instrumento funcional

---

[10] EZRA SOLOMON, *The theory of financial management,* New York, 1963, Columbia University Press.

[11] Como es natural, todo lo que sigue a continuación ha de matizarse con el sector, tipo y dimensión de la empresa, características de su organización general —como la existencia o no de filiales o divisiones— y estrategia que siga.

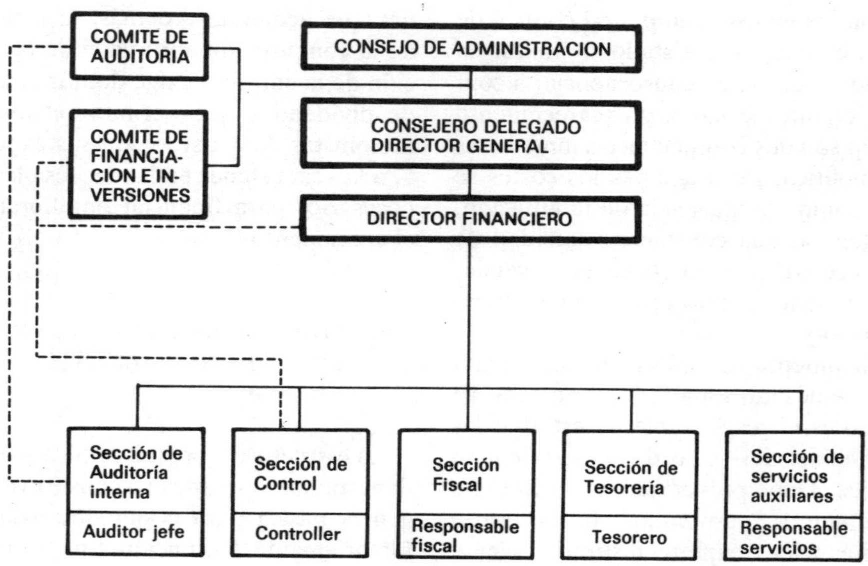

FIGURA 1.8. *Organigrama de un departamento financiero tipo de una empresa mediana/grande* [12].

—en materia financiera— del director general de quien dependa. Una y otra responsabilidad exigen de él que establezca las políticas y procedimientos financieros que hayan de aplicarse en la empresa.

Básicamente, la función financiera puede descomponerse en cuatro áreas de responsabilidad:

1. Funciones de control y planificación, identificadas usualmente con las del «controller» de la empresa.
2. Funciones derivadas del manejo, control y protección de la tesorería y otros activos líquidos, identificadas usualmente con las del tesorero.
3. Funciones financieras diversas o de carácter atípico.
4. Funciones derivadas de servicios auxiliares establecidos bajo la responsabilidad del departamento financiero.

1.6.2. PLAN DE LA ORGANIZACIÓN FORMAL

La figura 1.8 describe los puestos básicos así como las líneas de autoridad y responsabilidad correspondientes a la organización formal del departamento financiero. Como es lógico, la denominación de los puestos puede cambiar de unas a otras empresas, manteniéndose, no obstante, la función que desempeñan. A continuación se describe el contenido de cada una de estas funciones de forma sucinta.

---

[12] Este organigrama corresponde a una empresa sin divisiones; las empresas divisionalizadas requieren un tratamiento organizativo específico que aquí ha sido omitido por razones de brevedad. Sin embargo, las cinco secciones señaladas pueden aparecer como un staff corporativo, común a todas las divisiones.

1.6.3. SECCIÓN DE AUDITORÍA INTERNA

Esta sección tiene por objetivo mejorar el funcionamiento de la organización consiguiendo mejoras incrementales en los beneficios. El auditor ha de ir más allá de la mera comprobación de que los procedimientos establecidos se siguen; ha de detectar las posibles mejoras a introducir oportunamente. Esta sección complementa la labor de los auditores externos y proporciona información y elementos de juicio al comité de auditoría de la empresa.

1.6.4. SECCIÓN DE CONTROL

La figura 1.9 describe la organización y subfunciones típicas que dependen del controller. Este, en general, se responsabiliza de todas las tareas relacionadas con la gestión y control de los activos de la empresa. Resulta imprescindible llamar la atención sobre el departamento de proceso de datos, frecuentemente asignado al departamento financiero por dos razones fundamentales:

1. Porque las finanzas sirven a todas las partes de la organización.
2. Porque una gran parte de los datos que el sistema trata son financieros.

1.6.5. SECCIÓN FISCAL

A partir de una cierta dimensión se justifica la existencia de una o varias personas que presten atención específica al tema fiscal. La responsabilidad de la sección no se limita al cálculo de los impuestos, sino a la elaboración de un auténtico plan fiscal que aproveche activamente todas las oportunidades que la legislación general y particular del sector pudieran ofrecer.

1.6.6. SECCIÓN DE TESORERÍA

La función del tesorero es una de las más generalmente diferenciadas en el seno de la organización de la empresa. En términos generales, el tesorero asume las funciones relacionadas con el suministro y gestión de fondos monetarios. De manera semejante a la figura 1.9, la figura 1.10 describe la estructura y subfunciones típicas de la sección de tesoreía.

1.6.7. SECCIÓN DE SERVICIOS AUXILIARES Y GENERALES

De naturaleza muy variable según la empresa, esta sección suele circunscribirse a

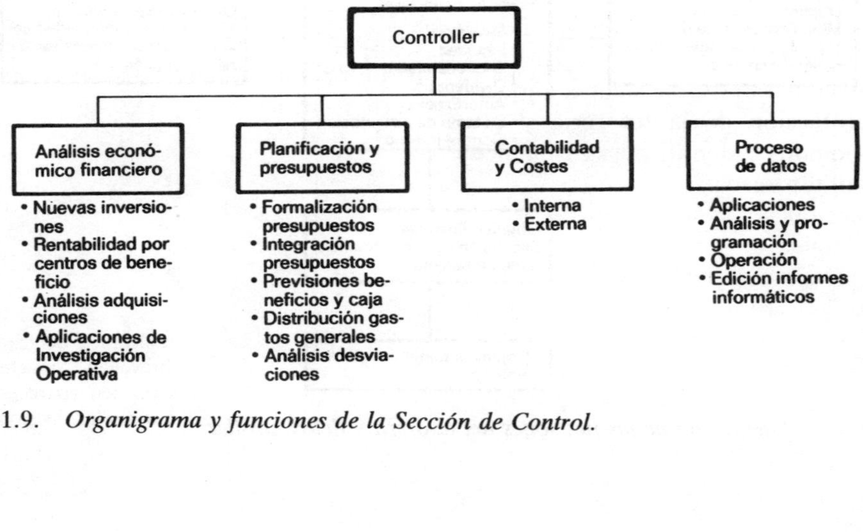

FIGURA 1.9. *Organigrama y funciones de la Sección de Control.*

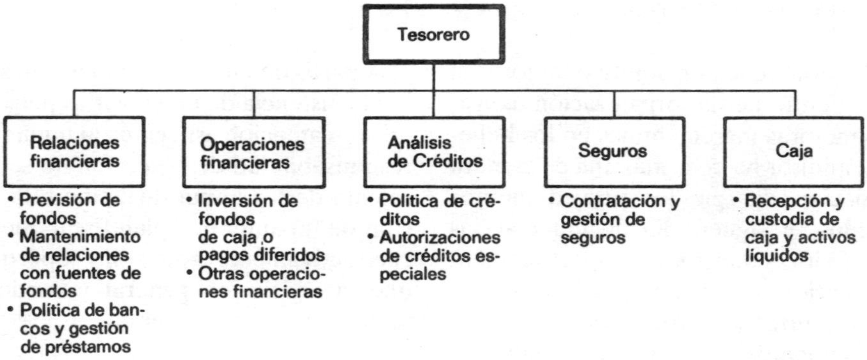

FIGURA 1.10. *Organigrama y funciones de la Sección de Tesorería.*

subfunciones de carácter administrativo y de servicios generales, vinculadas históricamente al departamento financiero —departamento de administración y finanzas— y que aseguran el funcionamiento de las oficinas, tales como la selección de equipo de oficina y mobiliario y otros.

Finalmente, las funciones del controller y del tesorero se integran dentro del sistema de objetivos de la empresa del modo que se representa en la figura 1.11. En ella se asignan objetivos específicos para cada una de las dos funciones, los cuales permiten fijar políticas financieras que posibiliten alcanzar los objetivos financieros y generales de la empresa.

Es precisamente el contenido de estas políticas y los criterios que posibilitan su formulación el objeto de los siguientes capítulos de este trabajo.

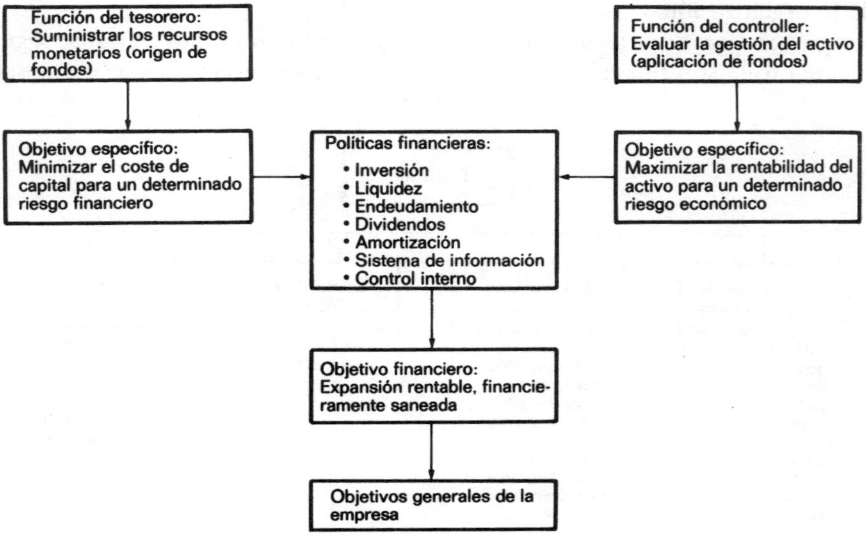

FIGURA 1.11. *Integración de las funciones del tesorero y del controller.*

Respecto a dichos objetivos específicos, ha de señalarse que el tesorero puede ser responsable de controlar el riesgo financiero de la empresa, entendiendo por riesgo financiero la posible incapacidad de hacer frente a las obligaciones que tiene contraídas debido al endeudamiento que mantiene en su pasivo. El controller, por el contrario, ha de evaluar el riesgo económico del negocio, es decir, la posibilidad de que las inversiones no generen el excedente esperado. El riesgo financiero se relaciona, pues, con la estructura de financiación, mientras que el económico se asocia con la composición de los activos.

Parte II

EL SISTEMA CONTABLE DE INFORMACION Y EL ANALISIS ECONOMICO-FINANCIERO DE LA EMPRESA

CAPITULO 2

INTRODUCCION A LA CONTABILIDAD FINANCIERA

SUMARIO: 2.1. La información contable en la empresa.—2.2. Fundamentos de la contabilidad: 2.2.1. Desarrollo histórico de la contabilidad. 2.2.2. ¿Qué es la contabilidad? 2.2.3. ¿Para qué sirve y a quién sirve la contabilidad? 2.2.4. Clases de contabilidad. 2.2.5. Principios de contabilidad generalmente aceptados.—2.3. Estructura de la contabilidad: 2.3.1. Los postulados contables. 2.3.2. Los principios de contabilidad.—2.4. Las cuentas. Elementos de Contabilidad general: 2.4.1. Las cuentas. 2.4.2. La contabilidad en la práctica: teneduría de libros. 2.4.3. El plan de cuentas. 2.4.4. Verificación de las cuentas: la auditoría contable.—2.5. Nociones básicas sobre el Plan General de Contabilidad (PGC).

2.1. LA INFORMACION CONTABLE EN LA EMPRESA

El proceso de toma de decisiones en una empresa u organización requiere la existencia de un sistema de información apropiado. En general, cada decisión exige un tipo de información especial, y las decisiones importantes, además, requieren la realización de estudios específicos en base a información relevante previamente seleccionada y elaborada mediante la aplicación de los métodos y técnicas de análisis pertinentes.

Sin embargo, una empresa tiene habitualmente que tomar un gran número de decisiones rutinarias, aunque no por eso menos importantes, y para ello necesita instrumentar un sistema de información permanente que le suministre las informaciones necesarias con homogeneidad, regularidad y exactitud. Este sistema de información se basa, con bastante generalidad, en el sistema de contabilidad. Es difícil encontrar alguna decisión con repercusiones económico-financieras sobre la empresa que no esté basada, directa o indirectamente, en información procedente de la contabilidad.

El propósito de esta parte II es presentar de una manera sintética y sencilla los «productos» normales del sistema contable de una empresa, esto es, los estados financieros: el balance, la cuenta de resultados (o de pérdidas y ganancias) y el estado de origen y aplicación de fondos. Estos se describirán en el capítulo 3. Ahora bien, para su mejor comprensión resulta conveniente explicar, por una parte, los fundamentos básicos de la contabilidad y el proceso elemental de obtención de los estados financieros a partir de las operaciones básicas de la empresa (denominadas transacciones) y, por otra, algunos problemas ligados a la valoración y contabilización de los elementos patrimoniales de la empresa. A estos temas se dedicarán, respectivamente, el actual capítulo y el capítulo 4. Al final del presente capítulo se incluye, además, algunas nociones sobre auditoría y censura de cuentas, temas de creciente importancia en España.

En el capítulo 5, que trata del «Análisis económico, y financiero de la empresa», se estudiará cómo a partir de la información contenida en los estados financieros tradicionales y, en ocasiones, de otros datos relativamente públicos procedentes del exterior, la empresa puede obtener una información más elaborada y más útil para su funcionamiento y gestión [1].

Los capítulos 2 a 5 resultan imprescindibles para profundizar en las cuestiones, problemas y técnicas financieras que se exponen en este libro.

2.2. FUNDAMENTOS DE LA CONTABILIDAD

2.2.1. DESARROLLO DE LA CONTABILIDAD

La contabilidad, como tantas otras ramas del conocimiento humano, ha nacido de la práctica, fundamentalmente de la práctica mercantil. En su origen, desconocido pero consustancial con todas las civilizaciones y culturas, fue una práctica simple y empírica que respondía a la necesidad de registrar numéricamente las transacciones, los movimientos de bienes o mercancías y los derechos, propiedades y posesiones.

La historia de la contabilidad es, así, una historia del desarrollo de los registros necesarios para responder a un entorno mercantil cambiante. En el transcurso del tiempo, la contabilidad progresó adaptándose gradualmente a las nuevas necesidades. Dado que no existió ninguna revolución puntual de carácter mercantil, en ningún momento, al menos durante los últimos quinientos años, fue reconsiderado desde su raíz la totalidad del proceso contable. No ha existido ninguna razón fundamental para que el método básico de la contabilidad tradicional —la contabilidad por partida doble [2]— tuviera que sustituirse por otro. Dada su flexibilidad y capacidad de adaptación a muy diferentes circunstancias, el método tenía a su favor, además de proporcionar exactitud en los registros, su progresiva aceptación general.

Esta «general aceptación» constituye un punto clave de la contabilidad, dado que ésta no se basa en leyes naturales o reglas universales, sino en un conjunto de convenios o reglas de funcionamiento, muchas de ellas arbitrarias, aunque razonables, llamadas «principios contables», que consisten en normas y prácticas sobre su contenido y desarrollo. Estos «principios contables» adquieren su validez y funcionalidad debido a que, a pesar de su arbitrariedad, son aceptados con generalidad y por eso frecuentemente se denominan «principios contables generalmente aceptados».

La historia detallada del desarrollo de la contabilidad por partida doble es oscura. Sin duda alguna parece haber surgido, de manera dispersa, antes de la publicación, en 1494 del primer tratado sobre la materia, ya que su autor, un fraile italiano llamado Lucca Paccioli, se refiere en él a un manuscrito que circulaba privadamente, del cual afirma tomar las ideas para su libro. De hecho, existen razones suficientes para pensar que, al menos durante los doscientos años anteriores, los mercaderes, sobre todo genoveses, florentinos y venecianos, utilizaban en la práctica la partida doble. Parece probable que el método evolucionase debido a las aportaciones de diversos autores independientemente, como producto final de una serie de refinamientos de sistemas más primitivos de registro, y no que una única persona desarrollase de una sola vez la totalidad del sistema transmitiéndolo a los demás [3].

La obra de Paccioli es considerada por los

---

[1] Estos capítulos, y fundamentalmente del 2 al 4, van dirigidos a personas bien sin conocimientos previos en el área financiera, bien sin experiencia suficiente para manejar con soltura los conceptos financieros usuales en la gestión de las empresas.

[2] Basada en el llamado principio de dualidad, del que se tratará más adelante en este capítulo.

[3] B. CARSBERG: *Teoría económica de las decisiones empresariales,* Madrid, 1977, pág. 266.

historiadores como el primer tratado de contabilidad publicado en el mundo [4]. Su autor fue un monje franciscano, matemático, amigo de Leonardo da Vinci y discípulo de Piero della Francesca, nacido en un pueblecito de Arezzo (Toscana). Su *Summa de arithmética, geometría, proportioni et proporcionalitá* constituye un voluminoso compendio del saber matemático de su tiempo, con más de 600 páginas, del que sólo una parte, el Tractatus XI, está dedicada a la contabilidad bajo el título de «Particularis de computis e scripturis». En esencia, Paccioli se limita a exponer cómo los comerciantes venecianos llevaban sus libros de cuenta y razón, basado con toda probabilidad en su propia experiencia.

Resulta lógico que el primer desarrollo importante de la contabilidad surgiese de la práctica mercantil de los mercaderes italianos en los albores del Renacimiento.

Estos, que comerciaban con todos los territorios del mundo entonces conocido, necesitaban algún sistema de registro que les asegurase que sus administradores llevaban honestamente las cuentas de los negocios a su cargo y, además, que posibilitase el conocimiento, en cada momento, de su situación patrimonial. Así, se ideó una forma de control contable entre propietario y administrador, denominado de «cargo y data». Una cuenta registraba el dinero o bienes que el administrador ingresaba por cuenta de su representado (cargos), así como los envíos hacia éste del administrador (data). Las anotaciones en la cuenta podían controlarse documentalmente y la cuenta señalaba en cada momento el estado contable entre administrador y propietario, poniendo de manifiesto cualquier partida anotada o no anotada.

A lo largo de su desarrollo histórico, la contabilidad se ha utilizado para satisfacer diversos propósitos: de tipo patrimonial, económico, financiero, fiscal y de gestión.

Todos estos propósitos se tratan de conseguir mediante la utilización de la información suministrada por un sistema contable básico y uniforme. Dado que dichos propósitos son, en algunos casos, excluyentes, resulta lógico que la contabilidad no provea de información totalmente suficiente para ninguno de ellos, aunque sea necesaria para todos.

2.2.2. ¿QUÉ ES LA CONTABILIDAD?

Concebida como sistema de información, la contabilidad es un medio, un instrumento, una herramienta imprescindible para la toma de decisiones de cualquier actividad económica o empresarial.

Desde el punto de vista de la empresa y a efectos prácticos, puede definirse la contabilidad como un procedimiento para recoger, sistematizar, valorar y resumir los acontecimientos de la vida de la empresa susceptibles de ser expresados en términos económicos.

Con el fin de que dichos acontecimientos sean inteligibles a personas externas a la vida de la empresa, la contabilidad, como tantas otras disciplinas, ha desarrollado un lenguaje propio, a veces oscuro para el no iniciado —que no entiende, por ejemplo, términos tales como activo ficticio, fondo de comercio o cash-flow—, sujeto a reglas o convenios aceptados con generalidad.

Sin embargo, esta terminología contable ni es universalmente aceptada ni unívocamente definida. Por eso, muchas veces se utilizan dos palabras diferentes para expresar el mismo concepto, o la misma palabra para conceptos distintos. Pero, en realidad,

[4] En realidad, en 1458, Benedetto Contangli, cónsul de Ragusa en Nápoles escribió un manuscrito sobre la materia con el título *Della mercatura o del Mercante perfetto* que no fue publicado impreso hasta 1573. Citado por MANUEL ORTIGUEIRA *Contabilidad de los recursos humanos*, Sevilla, 1977, de quien también proceden los datos siguientes sobre la obra de Paccioli.

el léxico contable necesario para la interpretación de los documentos financieros tampoco es excesivo. Unas pocas decenas de palabras, comprendidas con claridad, resultan suficientes. Por eso es conveniente siempre atender más a los conceptos que a las palabras. En este caso, a efectos de aprendizaje, se ha intentado agrupar los diversos nombres de cada concepto, tratando de utilizar los términos contables más usuales en España y, en especial, los que figuran en el Plan General de Contabilidad.

2.2.3. ¿PARA QUÉ SIRVE Y A QUIÉN SIRVE LA CONTABILIDAD?

La función de la contabilidad es acumular y transmitir información económica y financiera concerniente a la actividad empresarial. Su principal objetivo, al menos a lo largo de su evolución histórica, es la medición y determinación de los resultados económicos. La contabilidad analiza e informa sobre la situación económica, determinando las ganancias o pérdidas de cada ejercicio y sus repercusiones sobre la situación patrimonial. Sin embargo, abarca también, y a veces de modo preferente, la situación financiera, debido a la necesidad que tiene la empresa de mantener el equilibrio financiero, a fin de evitar una mala administración que pueda derivar hacia una situación de suspensión de pagos o quiebra, o una mala asignación de los recursos que repercuta negativamente sobre la situación económica. Es importante advertir que, aunque las situaciones económica y financiera de una empresa normalmente están estrechamente relacionadas, a veces una situación económica boyante puede ocultar una situación financiera desastrosa, y viceversa.

La contabilidad se traduce, en último término, en información sobre la actividad empresarial. ¿A quién interesa esta información? Es conveniente distinguir dos casos, que determinan otras tantas clases de contabilidad, cada una con una serie de subdivisiones, aunque la frontera entre ambas no está claramente definida [5]:

A) Personas físicas o jurídicas ajenas a la empresa que, aun cuando puedan tener un interés perfectamente legítimo en conocer lo que en ella ocurre, no son los responsables de su gestión. Entre éstas están:

a) Los accionistas de la empresa, propietarios de su capital, a los que el conocimiento de la marcha de la empresa resulta imprescindible para decidir sobre si han de vender, comprar o retener las participaciones en la empresa. Asimismo, la información contable les puede resultar útil para enjuiciar la labor de la dirección e intentar encauzarla (o cambiarla).

b) Los proveedores y prestamistas (a corto o largo plazo) para decidir la conveniencia de conceder nuevos créditos y en qué condiciones.

c) El Estado, que recauda una parte importante de sus ingresos fiscales a partir de los datos aportados por la contabilidad tales como los impuestos sobre beneficios y sobre el valor añadido.

Además, el interés del Estado por la información contable de las empresas resulta imprescindible para la elaboración de su política económica. La agregación de los datos contables por actividades, por sectores o por zonas geográficas permite obtener la base estadística global que sirva de soporte a la actividad reguladora del Estado en orden a la consecución de objetivos de política económica.

Asimismo, el Estado elabora informes contables de su actividad (cuentas del Esta-

---

[5] Véase F. PEREIRA y otros. *Contabilidad para dirección*. 12.ª edición. EUNSA, Pamplona, 1991.

do), de sus organismos y de la totalidad de la nación (Contabilidad Nacional).

d) Los empleados de la empresa, individualmente o a través de sus representantes sindicales y laborales. Esta clase de interesados tiene cada vez más importancia debido a la creciente incidencia del factor humano en la empresa y por el desarrollo de fórmulas efectivas de participación de los trabajadores en la gestión empresarial.

e) El público en general, como accionista o prestamista potencial, o como ciudadanos interesados en la evolución económica general del país y de sus empresas en particular.

B) Personas responsables de la gestión directa de la empresa, que utilizan la contabilidad como instrumento de gestión al proporcionar información sobre la marcha de la empresa o de algún aspecto de la misma, lo que ayuda a dirigirla adecuadamente.

2.2.4. CLASES DE LA CONTABILIDAD

La pregunta ¿a quién sirve la contabilidad? ha conducido a perfilar dos grandes grupos de personas o instituciones con intereses distintos (aunque no necesariamente contrapuestos): las personas ajenas a la empresa y las responsables de su gestión.

Esta división delimita, aunque no perfectamente [6], dos clases de contabilidad: la contabilidad financiera y la contabilidad de dirección.

La primera está dirigida a informar al exterior sobre la empresa y, por tanto, debe estar formulada de forma que sea inteligible y útil al público financiero en general. Por tanto, debe ajustarse a reglas y convenios generalmente aceptados en el lenguaje contable (e incluso preceptivamente señalados por las leyes).

La contabilidad de dirección, al estar dirigida al interior de la empresa, no está sometida a ninguna restricción terminológica o legal, sino únicamente a la conveniencia y utilidad de los que van a emplearla.

Otra clasificación tradicional de la contabilidad, y no incompatible con la anterior, es la que distingue entre contabilidad externa o general y contabilidad interna, también llamada contabilidad analítica o contabilidad de costes [7].

La contabilidad externa registra, clasifica, resume y valora los datos relativos a las transacciones efectuadas por la empresa con el exterior, a las variaciones patrimoniales y a los resultados de su actividad económica, con el fin de informar a personas exteriores a la empresa. Esta información es relativamente pública e incluye balances, cuentas de pérdidas y ganancias y cuadros de financiamiento dentro de las memorias. A veces se añaden otras informaciones más detalladas, así como comparaciones, ratios o gráficos que completen y hagan más comprensible la situación.

La contabilidad analítica, es un instrumento de gestión interna y comprende básicamente la información relativa a la identificación detallada de ingresos, gastos, costes, beneficios e inversiones, así como su asignación a los centros operativos o actividades que los hayan producido. Esta información es vital para realizar el control interno en la empresa: vigilancia y reducción de costes, cumplimiento de objetivos, marcha del presupuesto, verificación de que los datos aportados son fiables, consistentes y veraces, etc.

Esta información interna, que rara vez trasciende al exterior, constituye el contenido básico de la contabilidad. La información contable que se publica no es más que un compendio resumido de toda la contabilidad

---

[6] F. PEREIRA *Contabilidad para Dirección, op. cit.*, 12.ª edición, 1991.

[7] La contabilidad analítica o contabilidad de costes se aborda en el capítulo 7 de este libro.

interna, preparado desde un punto de vista externo a la gestión de la empresa [8].

2.3. ESTRUCTURA DE LA CONTABILIDAD

Los elementos básicos que integran una estructura de la contabilidad son (fig. 2.1) [9].

1. Una enunciación de los objetivos de la contabilidad o de los estados financieros, cuya elaboración constituyen el fin último de aquélla.
2. Una relación de los postulados contables que constituyen axiomas o proporciones evidentes, conformes con los objetivos de los estados financieros y que se adecúan al entorno económico, político, sociológico y legal en el que se desarrolla la contabilidad.
3. Los principios contables, que son reglas de decisión generales que orientan el desarrollo de las técnicas contables.
4. Las técnicas contables, reglas específicas obtenidas de la aplicación de los principios contables a las transacciones y hechos contables.

2.3.1. LOS POSTULADOS CONTABLES

Los postulados o «principios de contabilidad generalmente aceptados» que se describen a continuación constituyen la base fundamental para entender lo que es la contabilidad. Debe recalcarse, sin embargo, que existen otras muchas «normas generalmente aceptadas», pero que, al ser demasiado específicas, interesan más a los profesionales de la contabilidad que a las personas que tienen que entender y saber analizar con profundidad la información que suministra la contabilidad.

a) *El postulado de la entidad: la empresa es una unidad económica*

Este postulado sostiene que cada empresa es una unidad contable separada y distinta de sus propietarios o sus socios y accionistas, acreedores o empleados, así como de las otras empresas.

Los registros contables de una empresa tan sólo deben reflejar lo que sucede dentro de la misma y no las transacciones de tipo personal que puedan realizar los propietarios, directivos o trabajadores, ajenas al negocio o a la actividad empresarial.

A través de este postulado se limita el ámbito de aplicación de la contabilidad a los hechos patrimoniales, únicos susceptibles de tratamiento contable.

b) *El postulado de la unidad de medida: la contabilidad se expresa en términos monetarios*

Para valorar las transacciones empresariales de manera uniforme es necesario disponer de una unidad de cambio y de medida que se denomina unidad monetaria (en España, obviamente, la peseta).

Este postulado contiene implícitas dos de las más importantes limitaciones de la contabilidad:

— Que la contabilidad registra únicamente aquellos acontecimientos susceptibles de ser expresados en términos monetarios, como son, por ejemplo, la compra de un local o la adquisición de materias primas. La venta al contado o a crédito de productos terminados también se puede registrar en térmi-

---

[8] Para una clasificación más completa de la contabilidad, véase J. RIVERO, *Contabilidad Financiera,* Madrid, 1990.

[9] Véase J. L. IGLESIAS SÁNCHEZ, *Esquemas de Contabilidad,* cap. 18 de *Cómo aplicar el Plan de Contabilidad. Area Editorial, Madrid, 1991.*

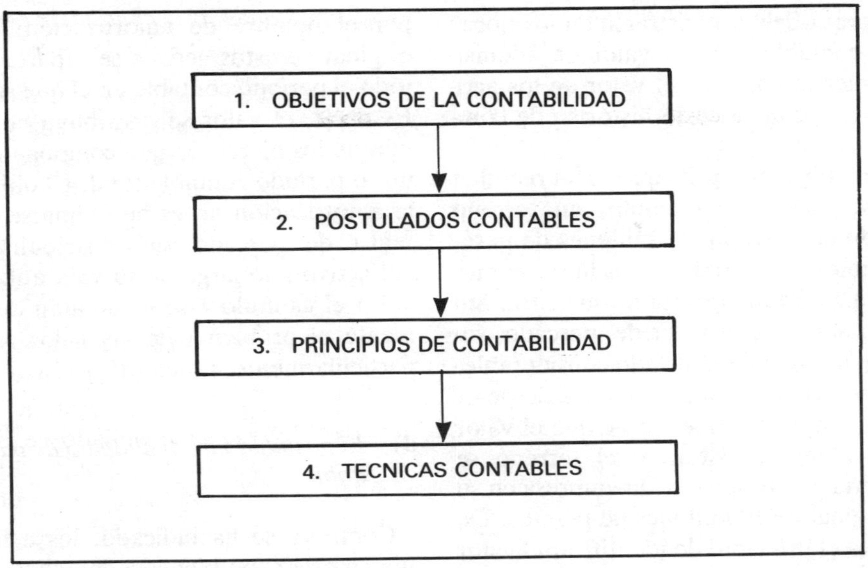

FIGURA 2.1. *Elementos de la estructura de la contabilidad.*

nos monetarios y, por tanto, se incluye en el sistema contable. Por el contrario, la formación, la capacidad de trabajo o las ventajas competitivas de una empresa difícilmente se pueden expresar en términos económicos, por lo que los sistemas contables no consideran estos factores. Tampoco pueden las empresas recoger en su contabilidad lo que está haciendo la competencia o los puntos débiles o fuertes de sus productos respecto de los demás. Por tanto, la contabilidad de una empresa no muestra todos los factores, quizá ni siquiera los más importantes, acerca del futuro del negocio; solamente incluye aquellos acontecimientos que han tenido lugar y que pueden ser expresados en términos monetarios.

— Que la unidad de medida es estable y mantiene su valor en el tiempo. Dado que habitualmente la unidad monetaria varía su poder de compra o capacidad adquisitiva en el tiempo, este criterio ha sido objeto de una crítica permanente. La profesión contable se enfrenta así a la paradoja de utilizar usualmente unidades monetarias constantes (cuyo poder de compra permanece invariable en el tiempo) y tener que adaptar la contabilidad a la variación del poder adquisitivo de la unidad monetaria [10].

c) *El postulado de gestión continuada: la contabilidad supone la continuidad de la empresa y la valoración de unos activos al precio de adquisición*

Este postulado sostiene que la empresa continuará sus operaciones y unas actividades por tiempo indefinido. En consecuencia, la valoración del patrimonio empresarial debe realizarse sobre bases distintas de las de liquidación.

Los bienes y derechos propiedad de la empresa y que sean susceptibles de ser valorados se denominan activos. Los activos de

---

[10] En el apéndice el capítulo 5 se trata ampliamente de este problema, en el marco de la adaptación de la contabilidad a la inflación.

una empresa deben registrarse en los documentos contables por su valor de adquisición, indicando así que el valor de los activos coincide con su coste histórico de compra.

Sin embargo, este principio es en realidad muy discutible. Por ejemplo, un terreno comprado en 1988 por 10 millones de pesetas se hubiese registrado en los libros contables de la empresa por esta misma cifra. Sin embargo, en 1992 su valor de mercado, sin duda alguna, se habrá elevado considerablemente, por ejemplo, a 20 millones de pesetas. Si se acepta el principio de que el valor es igual al coste histórico, el terreno se mantendría en los libros de la empresa en su coste original de 10 millones de pesetas. De este modo el principio de identificar el valor con el coste puede conducir a una sobrevaloración o infravaloración de los activos. Algunos activos, como los terrenos, suelen aparecer infravalorados ya que su valor actual de mercado suele ser mayor que el coste al que se adquirieron, reflejando el hecho frecuente de que los inmuebles aumentan su valor con el paso del tiempo. Existen activos cuyo valor contable coincide con su valor de realización como, por ejemplo, la cuenta de caja que aparece siempre con su valor actual verdadero. En otros activos, por el contrario, su valor real es inferior a su coste original. El factor tiempo es la causa fundamental de discrepancia entre las valoraciones contables de los activos y los valores reales de los mismos. Generalmente, se puede afirmar que cuanto mayor sea la antigüedad de un activo, menor es la relación que hay entre su valor contable y su valor de mercado. Este hecho se observa mucho mejor en los activos denominados fijos, como terrenos, edificios y maquinaria.

Con excepción de los terrenos, los activos fijos tienen una vida limitada. Con el uso, o simplemente con el paso del tiempo, estos activos van perdiendo valor, esto es, se deprecian. Bajo el proceso contable conocido por el nombre de amortización, el coste original de estos activos se reparte durante todo el período contable en el que se utiliza. Es decir, el valor se distribuye entre cada uno de los ejercicios que componen su vida útil o período contable total. El objetivo de la amortización no es aproximarse al valor real o de mercado, sino distribuir el coste del activo a lo largo de su vida útil.

En el capítulo 4 se estudiarán detalladamente el problema de las valoraciones y, particularmente, la amortización.

d) *El postulado de dualidad o de partida doble*

Como ya se ha indicado, los activos de una empresa son bienes y derechos que posee para llevar a cabo su actividad. A la suma de todos ellos en un momento dado se le llama ACTIVO TOTAL o simplemente ACTIVO. Por otro lado, existen deudas y obligaciones que la empresa ha contraído, bien con los propietarios de la misma, bien con sus acreedores. A la suma de estas obligaciones se le denomina PASIVO. La proporción del Pasivo que pertenece a los propietarios se denomina recursos propios, y la que se debe a los acreedores se denomina «exigible» o recursos ajenos. Puesto que todos los pasivos son reclamados por los acredores o por los propietarios, y como la suma de las demandas de ambos grupos no puede ser superior ni inferior al valor de los activos, es evidente que, en cada momento:

ACTIVO = PASIVO

Desde otro punto de vista, el Pasivo representa de dónde proceden los recursos que la empresa tiene en su determinado momento. Esta procedencia puede tener un doble origen:

— Aportación de terceros en forma de dinero (préstamos y créditos), en forma de mercancías (proveedores), o en forma de trabajo realizado para la empresa (salarios a pagar).

— Aportación de los accionistas o propietarios de la empresa como capital social o como ganancias generadas por las operaciones y no repartidas (reservas).

La utilización de estos recursos disponibles está contenida en el Activo, que representa, por tanto, dónde están invertidos los recursos de que la empresa dispone en un determinado momento. Una parte de dichos recursos están invertidos en instalaciones, maquinaria y equipos (inmovilizado), otra en mercancías disponibles para su transformación o venta (stocks) y otra en dinero (caja o bancos) o deudas a su favor (clientes).

En cualquier caso, los fondos que maneja la empresa son unívocos y el Pasivo y Activo solo representan, en cada momento, respectivamente, de dónde proceden y dónde están utilizados, por lo que el Activo y Pasivo tienen que ser siempre idénticos en cuantía.

Los sistemas contables se diseñan de forma que cada operación se registre desde dos puntos de vista. Por ejemplo, si el señor A crea una empresa e ingresa como aportación de capital 10 millones de pesetas en caja, el tratamiento dual de este hecho exige registrar 10 millones de pesetas como patrimonio del señor A que expresa su derecho sobre los 10 millones de pesetas. Esta operación puede registrarse como sigue:

Caja: 10 millones pesetas = Patrimonio del señor A: 10 millones pesetas.

Si ahora la empresa compra 500.000 pesetas en materias primas, el principio dual reducirá el valor de la «caja» en 500.000 y, simultáneamente creará una partida nueva de «existencias» valorada en 500.000 pesetas. El patrimonio de los propietarios permanece inalterado, pues sólo ha cambiado la composición del activo. La situación contable de la empresa será la siguiente (en miles de ptas.):

Caja............	9.500	Patrimonio del	
Existencias	500	Sr. A.........	10.000
Total activo ...	10.000	Total pasivo...	10.000

Si se sigue el criterio dual, todo hecho afecta simultáneamente, por lo menos a dos partidas: tanto si se sustituye un activo por otro, como si se captan nuevos recursos financieros que deberán materializarse en algún bien o derecho de la empresa o si se modifica una deuda u obligación por otra, siempre se alteran partidas de Activo o del Pasivo, o de ambos, pero de modo que se equilibran el Activo y el Pasivo totales. Este criterio se analizará más detenidamente en el epígrafe 3 de este capítulo.

e) *El postulado de la periodificación contable: el concepto de beneficio*

El postulado del período contable mantiene que los informes financieros que constituyen la síntesis de la contabilidad y que reflejan los cambios de la situación patrimonial y los resultados obtenidos en la gestión deben suministrarse periódicamente. El período de tiempo normal es el año natural.

Este quinto postulado establece que el beneficio neto de la empresa depende, no del movimiento de tesorería, sino de los cambios experimentados por el patrimonio de los propietarios como consecuencia de las operaciones de la empresa. Este implica que los ingresos por ventas, o por otros conceptos, aumentan el patrimonio de los propietarios, mientras los costes y gastos lo disminuyen. La diferencia en cada período, entre la facturación y los costes totales es, en sentido amplio, el beneficio de la empresa.

Sin embargo, existen operaciones que implican movimientos de caja pero no afectan al beneficio. Por ejemplo, la obtención de un préstamo bancario no incrementa el beneficio, pues no aumenta el patrimonio de los propietarios, dado que a la vez que se ingresa el dinero en caja, se contrae una obligación con el banco. Análogamente, la compra de materias primas con dinero en metálico supone una salida de caja pero no repercute en los beneficios ya que no representa un coste al no afectar al patrimonio de los propietarios ya que la cuenta de caja disminuye mientras que la de existencias aumenta. Evidentemente las existencias sí representan un coste cuando se venden incorporadas al producto final.

Algunas partidas se consideran como facturación aún antes de que se ingresen en caja. Por ejemplo, una venta a crédito incrementa el beneficio aun cuando el cliente no pague hasta pasado algún tiempo. Igualmente, algunos conceptos se consideran como costes antes deque la empresa pague por ellos. Tal es el caso de los proveedores que se contabilizan como costes al venderse el producto al que van incorporados independientemente de cuando se pague a los suministradores.

Esta concepción del beneficio puede resultar quizá algo extraña pero obedece al principio contable más general del «devengo», que significa que los ingresos, costes y gastos deben imputarse, en general, al período en que se han efectuado las operaciones, en las fechas en que han ocurrido y no en el que se ha cobrado o pagado.

Este principio tiene diversas implicaciones no evidentes inicialmente. Quizá la más importante es que el sistema contable opera en términos de fondos o transacciones, que no siempre implican movimientos de caja [11]. Esto implica que una empresa con beneficios contables puede tener dificultades de caja; y, viceversa, una empresa con pérdidas contables puede presentar una tesorería holgada, especialmente considerando períodos de tiempo cortos. A largo plazo, existe, evidentemente, una fuerte interrelación que conecta ambos problemas en la medida que el beneficio acaba generando un excedente monetario y las pérdidas suponen un drenaje de recursos. Sin embargo, conviene recalcar que esta distinción entre fondos contables y caja o tesorería es vital para adentrarse en la comprensión de la contabilidad y la información financiera en general.

2.3.2. Los principios de Contabilidad

Los principios contables son las normas generales que presiden y guían la aplicación de los procesos contables operativos. Estos principios no indican cómo debe ser registrada, presentada o valorada una transacción específica, pero sí orientan y ayudan a razonar la forma más idónea de hacerlo. En consecuecia, los principios contables constituyen las normas generales que definen el marco referencial de la contabilidad. De estos principios contables se derivan las normas concretas que, en cada caso, deben seguirse en la contabilización de las transacciones empresariales o en la preparación de sus cuentas anuales.

Naturalmente, existen muchos Principios de Contabilidad [12], pero en España, el Plan

[11] En cambio, los métodos eficientes de evaluación de inversiones exigen determinar los flujos de caja que se generarán. Estos métodos se tratan en la parte VI —La decisión de invertir— y, particularmente, en el capítulo 11.

[12] En el ámbito internacional es preciso mencionar la norma internacional de contabilidad n.º 1, «Información sobre prácticas contables» (1975) y el «marco conceptual para la preparación y presentación de los estados financieros» (1989). En España, la Asociación Española de Contabilidad y Administración Empresarial (AECA) publicó en 1980 una recopilación de «Principios y Normas de Contabilidad en España» que suscitaron un amplio respaldo profesional y que, sin duda, han sido la base de los principios contables aplicados a partir de la fecha.

General de Contabilidad (PGC) [13] de 1990 declara como obligatorios los siguientes:

1. *Principio de prudencia.* Unicamente se contabilizarán los beneficios realizados a la fecha de cierre del ejercicio. Por el contrario, los riesgos previsibles y las pérdidas eventuales con origen en el ejercicio o en otro anterior deberán contabilizarse tan pronto sean conocidas; a estos efectos se distinguirán las reversibles o potenciales de las realizadas o irreversibles.

En consecuencia, al realizar dicho cierre se tendrán presentes todos los riesgos y pérdidas previsibles, cualquiera que sea su origen. Cuando tales riesgos y pérdidas fuesen conocidos entre la fecha del cierre del ejercicio y aquella en que se establecen las cuentas anuales, sin perjuicio de su reflejo en el balance y cuenta de pérdidas y ganancias, deberá facilitarse cumplida información de todos ellos en la memoria.

Igualmente, se tendrá presente toda clase de depreciaciones, tanto si el resultado del ejercicio fuese positivo como negativo.

2. *Principio de empresa en funcionamiento.* Se considerará que la gestión de la empresa tiene prácticamente una duración ilimitada. En consecuencia, la aplicación de los principios contables no irá encaminada a determinar el valor del patrimonio a efectos de su enajenación global o parcial ni el importe resultante en caso de liquidación.

3. *Principio del registro.* Los hechos económicos deben registrarse cuando nazcan los derechos u obligaciones que los mismos originen.

4. *Principio del precio de adquisición.* Como norma general, todos los bienes y derechos se contabilizarán por su precio de adquisición o coste de producción.

El principio del precio de adquisición deberá respetarse siempre, salvo cuando se autoricen, por disposición legal, rectificaciones al mismo; en este caso, deberá facilitarse cumplida información en la memoria.

5. *Principio del devengo.* La imputación de ingresos y gastos deberá hacerse en función de la corriente real de bienes y servicios que los mismos representan y con independencia del momento en que se produzca la corriente monetaria o financiera derivada de ellos.

6. *Principio de correlación de ingresos y gastos.* El resultado del ejercicio estará constituido por los ingresos de dicho período menos los gastos del mismo realizados para la obtención de aquéllos, así como los beneficios y quebrantos no relacionados claramente con la actividad de la empresa.

7. *Principio de no compensación.* En ningún caso podrán compensarse las partidas del activo y del pasivo del balance ni las de gastos e ingresos que integran la cuenta de pérdidas y ganancias, establecidos en los modelos de las cuentas anuales. Se valorarán separadamente los elementos integrantes de las distintas partidas del activo y del pasivo.

8. *Principio de uniformidad.* Adoptado un criterio en la aplicación de los principios contables dentro de las alternativas que, en su caso, éstos permitan, deberá mantenerse en el tiempo y aplicarse a todos los elementos patrimoniales que tengan las mismas características en tanto no se alteren los supuestos que motivaron la elección de dicho criterio.

De alterarse estos supuestos, podrá modificarse el criterio adoptado en su día; pero en tal caso, estas circunstancias se harán constar en la memoria, indicando la incidencia cuantitativa y cualitativa de la variación sobre las cuentas anuales.

---

[13] Real Decreto 1643/1990 (*B.O.E.* del 27 de diciembre de 1990).

9. *Principio de importancia relativa.* Podrá admitirse la no aplicación estricta de algunos de los principios contables siempre y cuando la importancia relativa en términos cuantitativos de la variación que tal hecho produzca sea escasamente significativa, y, en consecuencia, no altere las cuentas anuales como expresión de la imagen fiel.

La aplicación de los principios anteriores deberá conducir a que las cuentas anuales expresen la imagen fiel del patrimonio, de la situación financiera y de los resultados de la empresa.

Para la correcta aplicación de los principios contables, el PGC enuncia las siguientes reglas de jerarquización:

a) El principio de prudencia tiene carácter preferencial sobre los demás.

b) En caso de conflicto entre los principios contables obligatorios debe prevalecer el que mejor conduzca a que las cuentas contables expresen la imagen fiel de la empresa.

c) En aquellos casos excepcionales en que la aplicación de un principio contable sea incompatible con la imagen fiel que deben mostrar las cuentas anuales, puede no aplicarse, con la correspondiente explicación y la indicación de su impacto sobre el patrimonio, la situación financiera y los resultados de la empresa.

d) Pueden aplicarse otros principios o normas contables que no sean contrarios a los definidos como obligatorios en el PGC.

2.4. LAS CUENTAS. ELEMENTOS DE CONTABILIDAD GENERAL

2.4.1. LAS CUENTAS

El balance, la cuenta de resultados y el estado de origen y aplicación de fondos, que se estudiarán en el próximo capítulo, son los resultados o «productos» estandarizados del sistema de contabilidad de la empresa. Su obtención se consigue mediante la aplicación de una serie de procedimientos y técnicas contables, sancionadas por la práctica, la experiencia histórica y, en algunos casos, la legislación vigente, a las transacciones que la empresa va realizando a lo largo del tiempo.

En general, el detalle de estas técnicas y procedimientos no interesa al directivo no financiero ni incluso, en ocasiones, al financiero no especialista en cuestiones de contabilidad. Sin embargo, un conocimiento somero del proceso mediante el cual la contabilidad obtiene el balance y la cuenta de pérdidas y ganancias, junto a otra gran cantidad de información utilizable para otros fines, puede resultar útil, y a veces incluso imprescindible, para profundizar en los estados financieros y entender sus posibilidades como instrumentos de información empresarial.

En teoría, la contabilidad de una empresa podría llevarse exclusivamente a través del balance, anotando directamente en el mismo la traducción monetaria de los acontecimientos que le vayan sucediendo [14], ya que la cuenta de pérdidas y ganancias no es más que una partida del balance que se separa de él por su especial importancia para la empresa. Si en la práctica la contabilidad de las empresas no se lleva así es debido a que cuando el número de acontecimientos, y por tanto de anotaciones contables, es muy elevado, lo que es habitual, es mucho más sencillo, más económico en trabajo y tiempo y mucho más seguro, adoptar otros sistemas aparentemente más complicados.

Para demostrar las ventajas de estos sistemas, que son los utilizados en la vida real, se desarrolla a continuación un caso hipotético sumamente simplificado: el de la empresa Juan García, S. A. (JUGASA) [15].

---

[14] F. PEREIRA, *op. cit., 12.ª edición, 1991.*

[15] Basado en el caso John Barlett (I), de la Harvard Business School.

Imagínese que el ingeniero Juan García, tras largos años y denodados esfuerzos dedicados a la investigación, ha conseguido diseñar y patentar un nuevo amortiguador para motocicletas. Convencido de sus posibilidades de comercialización, pero no disponiendo de medios financieros suficientes, se decide finalmente a buscar el capital necesario. Su proyecto consiste en constituir una sociedad, Juan García, S. A. (JUGASA), con un capital de diez millones de pesetas, cantidad que considera suficiente para iniciar las actividades de fabricación y comercialización.

Tras ofrecer participación en el negocio a varias personas, la más interesada resulta ser un antiguo amigo, el señor Fernández. Este, funcionario jubilado y hombre prudente, insiste, previamente a dar su consentimiento y después de asesorarse sobre la situación del sector y las condiciones del mercado, en que el señor García le proporcione datos fiables sobre la viabilidad financiera del proyecto. Para ello sugiere la preparación de un balance estimativo de la sociedad al iniciar sus operaciones.

Al señor García le parece razonable esta petición y, a pesar de su escasa preparación financiera, se dispone a reunir la información necesaria. Para ello, lo primero que trata de hacer es una lista de los acontecimientos probables relacionados con las transacciones durante el período de constitución de la sociedad hasta el inicio de sus actividades:

a) El capital de la sociedad, denominada JUGASA, sería de 10.000.000 de pesetas, dividido en acciones de 1.000 pesetas cada una. El señor Fernández aportaría en metálico la mitad de este capital (5.000.000 de pesetas). El resto de las acciones correspondería al señor García a cambio de la patente del amortiguador, que pasaría a propiedad de la sociedad.

b) Los gastos probables de constitución de la sociedad ascenderían a unas 500.000 pesetas, que se pagarían al contado.

c) Se compraría una pequeña máquina con sus correspondientes equipos auxiliares por un importe total de 2.500.000 pesetas, que se pagaría también al contado.

d) Los gastos del primer establecimiento, que incluyen alquiler de un local industrial, pruebas de puesta a punto del amortiguador, sueldos y otros varios, supondría 1.250.000 pesetas, pagado al contado.

Una vez completada esta información, se puede ordenar de la forma que aparece en el cuadro 2.2, que evidentemente es un balance estimativo de la situación de la empresa al empezar a operar.

Cualquier empresa, como ya se ha indicado, podría utilizar este procedimiento de

CUADRO 2.1. *JUGASA.*

SITUACION ESTIMADA AL EMPEZAR A OPERAR

En qué están empleados los recursos		De dónde proceden los recursos	
Caja y Bancos	5.000.000 (a)	Capital	10.000.000 (a)
	− 500.000 (b)		
	−2.500.000 (c)		
	−1.250.000 (d)		
Patente	5.000.000 (a)		
Gastos constitución	500.000 (b)		
Maquinaria	2.500.000 (c)		
Gastos primer establecimiento	1.250.000 (d)		

CUADRO 2.2. *JUGASA*.

BALANCE ESTIMATIVO AL EMPEZAR A OPERAR

Activo		Pasivo	
Caja	750.000	Capital	10.000.000
Patente	5.000.000		
Maquinaria	2.500.000		
Gastos constitución	500.000		
Gastos primer establecimiento	1.250.000		
TOTAL	10.000.000	TOTAL	10.000.000

llevar su contabilidad únicamente a través del balance.

Sin embargo, ningún contable utiliza este sistema, sencillamente porque tiene un gran riesgo de errores y porque es poco operativo.

Lo que con absoluta generalidad se hace es abrir apartados (cuentas) para cada clase de operación, mercancía o elemento patrimonial susceptible de transacción (como compras, patentes, maquinaria, capital, caja, ventas, etc.) y anotar, siguiendo un criterio preestablecido, en dichas cuentas (que usualmente se representan mediante un esquema en forma de T) los acontecimientos o sucesos que producen transacciones.

El criterio usualmente utilizado es la anotación de cada hecho contable en dos cuentas (y de aquí la denominación «contabilidad por partida doble») de acuerdo con el siguiente convenio:

CUENTAS DE ACTIVO		CUENTAS DE PASIVO	
Izqda.	Dcha.	Izqda.	Dcha.
+ Aumentos	– Disminuc.	– Disminuc.	+ Aumentos

Este convenio implica que todo aumento de una cuenta de activo se escribe en la columna izquierda de la cuenta y toda disminución en la columna derecha, e inversamente para las cuentas de pasivo.

La aplicación de este criterio, puramente arbitrario, pero «de general aceptación», conduce, debido a la identidad fundamental de la contabilidad de que el activo es igual al pasivo, a los siguientes resultados:

1. Para cada hecho contable (transacción), la suma de las cantidades anotadas en las columnas izquierdas de las cuentas ha de ser igual a la de las anotadas en las columnas derechas.
2. Para cualquier conjunto de hechos contables (transacciones), la suma total de las cantidades anotadas en las columnas izquierdas de las cuentas es igual a la suma de las anotadas en las columnas derechas.
3. Para cualquier conjunto de hechos contables (transacciones), la suma de los saldos deudores (es decir, cuando la columna izquierda suma más que la derecha) es igual a la suma de los saldos acreedores (es decir, cuando la columna derecha suma más que la izquierda).

En el cuadro 2.3 figuran las anotaciones contables en el caso de la empresa JUGASA, donde se pueden comprobar los puntos anteriores. Por ejemplo, el acontecimiento b) origina un aumento de la cuenta de «gastos de constitución», que es de activo y por eso se anota en la columna izquierda, y una disminución de la cuenta de caja, también del activo, por lo que se anota en la columna

CUADRO 2.3. *Anotaciones contables de JUGASA durante el período anterior a empezar a operar* *

CUENTAS DE ACTIVO

Caja y Bancos	
(a) 5.000.000	
	500.000 (b)
	2.500.000 (c)
	1.250.000 (d)
	Saldo deudor: 750.000

Patentes	
(a) 5.000.000	
	Saldo deudor: 5.000.000

Gastos de constitución	
(b) 500.000	
	Saldo deudor: 500.000

Maquinaria	
(c) 2.500.000	
	Saldo deudor: 2.500.000

Gastos de 1.er establec.	
(d) 1.250.000	
	Saldo deudor: 1.250.000

CUENTAS DE PASIVO

Capital	
	10.000.000 (a)
Saldo acreedor: 10.000.000	

* Entre paréntesis figuran los acontecimientos que ocasionan la anotación contable.

derecha. Los importes anotados en ambas cuentas son idénticos ya que el acontecimiento que las origina es el mismo.

Una vez efectuadas todas las anotaciones se calculan los saldos de cada cuenta (diferencias entre las sumas de ambas columnas) y estos saldos se ordenan en forma de balance, como figura exactamente en el cuadro 2.2.

Evidentemente, los métodos de llevar la contabilidad, bien a través del balance, bien a través del paso intermedio de las cuentas, conducen a los mismos resultados. Sin embargo, es el segundo, aparentemente más complicado, el universalmente utilizado desde hace más de cinco siglos debido a que proporciona una condición necesaria, aunque no suficiente, de que los hechos contables (asientos) están correctamente registrados, permitiendo al contable profesional verificar y comprobar la existencia de errores en las anotaciones y saber dónde se han producido éstos.

La verificación de que las cantidades registradas en la columna izquierda de las cuentas coincide exactamente con las anotadas a la derecha se denomina efectuar un «balance de comprobación».

Los elementos que componen las cuentas, su situación y las operaciones que se realizan entre ellos tienen en el argot contable una serie de vocablos técnicos que, al tener significados distintos que en el lenguaje corriente, pueden inducir a confusión. A continuación se facilita esquemáticamente la traducción entre los términos contables más usuales y los conceptos anteriormente utilizados:

PARA CUALQUIER CUENTA

Izquierda	Derecha
DEBE	HABER
Cargar, debitar o adeudar	Abonar o acreditar

Debe: significa columna izquierda.
Haber: significa columna derecha.
Abrir una cuenta: es escribir en la parte superior su nombre o título (por ejemplo, acreedor Z, mercancías tipo B, etc.).
Asiento: es escribir una anotación en una de las columnas de la cuenta.
Cargar (adeudar o debitar) una cuenta: es escribir una cantidad en el Haber (es decir, en la columna izquierda) de cualquier cuenta.
Abonar (acreditar o descargar) una cuenta: es escribir una cantidad en el Haber (es decir, en la columna derecha) de cualquier cuenta.
Saldo de una cuenta: es la diferencia entre la suma de las cantidades del Debe y del Haber. Se dice que el saldo es deudor cuando suma más el Debe que el Haber y acreedor en caso contrario.
Liquidar una cuenta: es determinar su saldo.

La estructura o disposición gráfica de una cuenta, que se ha representado esquemáticamente por una T, puede ser muy variada en la práctica. Una de las formas más utilizadas se muestra en el cuadro 2.4. A título indicativo se incluye también la cuenta de maquinaria de JUGASA, después de haber efectuado la anotación correspondiente al acontecimiento c).

Los conceptos acreedor y deudor quizá necesitan una explicación más detallada. En el lenguaje corriente se llama deudor a toda persona que debe y acreedor a toda persona a quien se debe. En contabilidad estas palabras tienen mayor alcance debido a que no sólo se busca establecer la situación periódica de la empresa respecto a si es acreedora o deudora, sino registrar continuamente las variaciones que afectan a esta situación. Para ello se acude a una ficción contable, establecida como principio básico, llamado de «personificación de las cuentas», mediante la cual se supone que todas las cuentas tienen carácter personal, es decir, pueden entregar o recibir, y por tanto, ser acreedores o deudores.

La consecuencia es que todos los elementos que integran el activo o pasivo de la empresa pueden recibir el calificativo de deudores o acreedores, aunque no se trate de personas físicas o jurídicas, sino valores o bienes, gastos, actos o contratos y, en general, derechos u obligaciones. Por otra parte, esta ficción no es más que un corolario de la teoría de las personas jurídicas, de modo que en la persona jurídica que posee un patrimonio, éste se convierte en la personificación de la sociedad. Admitido este criterio no hace falta un gran esfuerzo para admitir la personificación de las partes de ese patrimonio, que en definitiva son los elementos de que trata la contabilidad.

CUADRO 2.4. *Cuenta de maquinaria.*

DEBE			HABER		
Fecha	Concepto	Importe	Fecha	Concepto	Importe
	Compra a X, S. A., máquina marca A, modelo B................	500.000			

CUADRO 2.5. *Esquema del Libro Diario*

DEBE					HABER
Importe	Número de asiento	Número de cuenta	Fecha	Número de cuenta	Importe
			Cuenta DEUDORA a cuenta ACREEDORA.		
			Concepto		
Por ejemplo:			9-4-92		
500.000	254	438	MAQUINARIA a CAJA	100	500.000
			Compra a X, S. A., máquina marca A, modelo B, pagado en metálico, comprobante número 314		

2.4.2. LA CONTABILIDAD EN LA PRÁCTICA. TENEDURÍA DE LIBROS

Para llevar la contabilidad en España, el Código de Comercio exige tres libros fundamentales [16]:

— El Libro de Inventarios y Cuentas Anuales.
— El Libro Diario.
— El Libro de Actas.

Además, las empresas suelen llevar otros libros intermedios como el Mayor.

El Libro Diario registra día a día, por orden cronológico, todas las operaciones efectuadas por la empresa, siempre a la vista de los comprobantes y datos que identifican cada operación y que se archivan. En el Libro Mayor cada página corresponde sólo a una cuenta determinada; la página con cada cuenta se divide en dos mitades: la mitad izquierda es el Debe y la mitad derecha el Haber. Todas las anotaciones que se hacen en el Diario se transcriben seguidamente, y por el mismo importe, a las cuentas correspondientes del Mayor que tiene por objeto registrar las cuentas agrupadas.

El esquema de la anotación de una transacción cualquiera en el Libro Diario se llama asiento y puede obedecer al que figura en el cuadro 2.5.

En el ejemplo del cuadro anterior, existe un aumento de activo (adquisición de maquinaria) que, por tanto, va al Debe, y una disminución también de activo (salida de caja) que va al Haber. Para la empresa en cuestión es la operación número 254 que realiza en lo que va de ejercicio. Con arreglo al Plan de Cuentas que la empresa haya adoptado, la cuenta de caja se designa por el número 100 y la de maquinaria por el 438, habiendo efectuado la operación con fecha 9 de abril de 1992.

El Libro de Inventarios y Cuentas Anuales se abrirá con el balance inicial detallado de la empresa. Al menos trimestralmente se transcribirán con sumas y saldos los balances de comprobación. Se transcribirá también el inventario de cierre de ejercicio y las Cuentas Anuales.

Las sociedades mercantiles deben llevar

[16] Véanse los artículos 25 a 33 de la Ley 19/1989, de 25 julio, de reforma parcial y adaptación de la legislación mercantil a las Directivas de la CEE en materia de sociedades.

también un Libro de Actas en el que consten, al menos, todos los acuerdos adoptados por las juntas generales y especiales y los demás órganos colegiados de la sociedad.

Los Libros obligatorios anteriores deben legalizarse en el Registro Mercantil. Las anotaciones contables deben expresarse en pesetas. Dichos Libros deben conservarse, junto a la documentación y justificantes correspondientes, durante seis años, a partir del último asiento realizado.

Los principios fundamentales de la Partida Doble son los siguientes:

— En todo hecho económico hay un elemento (cuenta) que entrega un valor y otro que lo recibe.

— El que los recibe (cuenta deudora) es deudor, y acreedor (cuenta acreedora) quien lo entrega.

— Los valores adeudados y acreditados son iguales.

El encabezamiento típico de una hoja o ficha del Libro Mayor puede ser el siguiente:

Cuenta: .... Núm.: ....

Fecha	Núm. asiento Diario	Concepto	Contrapartida	Debe	Haber	Saldo

El esquema operativo del ciclo contable elemental podría resumirse del siguiente modo:

a) Asiento de apertura en el Diario de 1 de enero como consecuencia del balance de situación de 31 de diciembre anterior. Apertura de las cuentas del Mayor pasando a él estas cantidades de apertura.

b) A lo largo del año o ciclo económico, en base a los documentos contables, se realizan los asientos normales en el Diario y se van anotando las cuentas en el Mayor.

c) Durante el ejercicio, entre otras cosas, se determinará el reparto y distribución de beneficios obtenidos en el ejercicio anterior y pendiente de decidir.

d) Periódicamente durante el ejercicio, al menos trimestralmente, se deben realizar balances de comprobación de sumas y saldos.

e) A fin de año se deduce el último balance de comprobación de sumas y saldos que está sin regularizar.

f) Se determinan los ajustes y regularizaciones oportunas; se realiza un inventario extracontable por conteo físico de todas las mercancías; se determinan amortizaciones, reajustes, etc. Se anotan en el Diario y a continuación se transcriben al Mayor.

g) Se obtiene así el balance de comprobación de sumas y saldos regularizado.

h) Se desdobla dicho balance obteniendo el balance de situación regularizado y la cuenta de pérdidas y ganancias determinándose entonces el beneficio o pérdida obtenido en el ejercicio.

i) Se transcribe al Diario como asiento el balance de comprobación regularizado y posteriormente al Mayor, debiendo quedar todas las cuentas a cero y acabando, por tanto, el ciclo contable.

En la práctica el esquema contable anterior se complica, especialmente al aparecer la cuenta de explotación.

2.4.3. El Plan de Cuentas

Otro elemento importante del sistema contable es el Plan de Cuentas.

Un plan de cuentas es una lista de cuentas para llevar el control y libros de contabilidad clasificados en un orden y con una función de acuerdo con las características propias de cada empresa, dentro de la legalidad vigente.

A cada empresa, al organizar su estructura contable, se le pueden presentar distintos modelos de cuentas a elegir, en función de diversos criterios. Para seleccionar el más conveniente, debe elegirse el que ofrezca mayor claridad y facilidad de gestión, teniendo en cuenta las actividades y objetivos de la empresa.

En España, todas las empresas, cualquiera que sea su forma jurídica, individual o societaria, están obligadas a aplicar el Plan General de Contabilidad (PGC), aprobado por el Real Decreto 1643/1990, de 20 de diciembre.

2.4.4. Verificación de las cuentas: la auditoría contable

Se entiende por auditoría el examen sistemático, realizado por profesionales independientes de acuerdo con normas generalmente aceptadas, de las cuentas anuales o estados financieros de una sociedad, con el fin de expresar una opinión independiente sobre:

— Si dichos estados financieros presentan adecuadamente la situación económico-financiera de la sociedad en un momento dado.

— Los resultados y cambios en su situación financiera.

— Si las transacciones y registros contables han sido realizados siguiendo principios de contabilidad generalmente aceptados.

Nacida originalmente como un método de análisis para la detección de fraudes o errores en la contabilidad empresarial, la auditoría ha ido extendiendo su campo de actividad de modo que en la actualidad pueden distinguirse tres niveles de auditoría:

a) La auditoría contable y financiera, dirigida a comprobar la situación de la empresa mediante la contrastación entre la información suministrada por sus estados financieros y la realidad de su situación patrimonial. Esta clase de auditoría, sin duda la más extendida en la comunidad financiera, se encuentra regulada legalmente en muchos países y constituye un cauce fundamental de comunicación de la empresa con el exterior.

El esquema básico de una auditoría contable o financiera consiste fundamentalmente en:

— Un examen del sistema de control interno de la empresa.

— Una comprobación de la contabilización de las transacciones, de su soporte documental y de su adecuación a las políticas y procedimientos establecidos por la empresa.

— Una investigación de fluctuaciones anormales identificadas en la revisión analítica de los estados financieros.

— La revisión de los aspectos legales, estatuarios y fiscales de la sociedad, y de sus consecuencias.

— El examen de los activos y pasivos incluidos en el balance, mediante la comprobación física, la confirmación a través de los bancos, deudores y acreedores, la revisión de valoraciones, provisiones y depreciaciones, etc.

— La preparación de un informe explicativo del examen realizado y la opinión del auditor sobre eventuales infracciones de las normas legales o estatutarias que hubieran comprobado en la contabilidad y sobre cualquier hecho que pudiera suponer un riesgo para la situación financiera de la empresa.

— Una carta comunicando las deficiencias observadas en el sistema de control interno con recomendaciones para mejorar la eficacia de la sociedad.

b) La auditoría de gestión, consistente en la evaluación de los sistemas de gestión de la empresa, en el análisis de las políticas de la dirección y en la valoración de los objetivos empresariales establecidos y su grado de cumplimiento.

Esta clase de auditoría excede el marco contable y financiero y, por tanto, en su realización intervienen especialistas en otras áreas de la empresa, como organización, producción, marketing y financiación, con énfasis especial en el binomio producto-mercado en que opera la empresa.

c) La auditoría prospectiva o previsional, consistente en el análisis objetivo e independiente, realizado por expertos, de la evolución probable de la empresa en el entorno macroeconómico previsible, así como la evaluación de sus estrategias de actuación.

Una clasificación más nítida de la auditoría se establece no en función de los fines o métodos sino en quién la hace; así se distingue entre auditoría interna, si se efectúa por alguien que forma parte de la empresa a examinar, o externa, si el examen es realizado por profesionales que no forman parte de la empresa. Cuando coexisten en una misma empresa, lo que es crecientemente frecuente, ambos tipos de auditoría se complementan, ya que el trabajo del auditor externo se basa parcialmente en el ya realizado por los auditores internos.

La conveniencia de que existan simultáneamente ambas clases de auditoría se debe a que para terceros la fiabilidad de un informe realizado por un auditor interno es relativa ya que puede cuestionarse la independencia de opinión de alguien vinculado a la empresa sobre la que opina. Por otra parte, para la propia empresa el informe de una auditoría externa puede ser, en ocasiones, menos valioso que el de un auditor interno, debido al desconocimiento comparativo de aquél de la realidad de la empresa. Además, la labor del auditor interno puede ser más constante, minuciosa y profunda de lo que sería razonable esperar de una auditoría externa.

En España, la obligación de someter las cuentas anuales a una auditoría externa viene recogida en la Ley 19/1989, de 25 de julio [17]. Estos auditores deben ser nombrados por la Junta General por un período no inferior a tres años ni superior a nueve y no podrán ser reelegidos hasta que hayan transcurrido tres ejercicios desde la terminación del período anterior.

Esta Ley define como auditoría de cuentas la actividad consistente en la revisión y verificación de documentos contables, siempre que tenga por objeto la emisión de un informe que pueda tener efectos frente a terceros.

Los auditores de cuentas, actuando de conformidad con el Código de Comercio y demás legislación aplicable, así como con las normas técnicas de auditoría, deben verificar y dictaminar si las cuentas anuales expresan la imagen fiel del patrimonio y de la situación financiera de la entidad auditada, así como el resultado de sus operaciones, los recursos obtenidos y aplicados y la concordancia del informe de gestión con las cuentas anuales del período examinado.

El Informe de Auditoría de las cuentas

[17] Se exceptúa de esta obligación a las sociedades que puedan presentar balance abreviado, que son aquellas en las que durante dos años consecutivos concurran al menos dos de las circunstancias siguientes:

a) Que el total del Activo no supere los 230 millones de pesetas.

b) Que el importe neto de su cifra anual de negocios sea inferior a 480 millones de pesetas.

c) Que el número medio de trabajadores durante el ejercicio sea inferior a 50.

anuales constituye un documento mercantil que debe contener una serie de datos y opiniones, entre los que tienen que figurar los siguientes:

a) Si las cuentas anuales examinadas expresan la imagen fiel del patrimonio, de la situación financiera y de los resultados de la empresa o, en su caso, las razones por las que no lo expresan.

b) Si se han preparado de conformidad con los principios y normas contables establecidos por el Instituto de Contabilidad y Auditoría de Cuentas (ICAC).

c) Si dichos principios y normas se han aplicado de manera uniforme respecto a los ejercicios precedentes.

Asimismo, el Informe de Auditoría deberá reflejar las eventuales infracciones de las normas legales o estatutarias detectadas en la contabilidad, así como las observaciones sobre cualquier hecho comprobado que pudiera suponer un riesgo para la situación financiera de la sociedad.

El plazo de presentación del Informe de Auditoría es de un mes a partir de la entrega de las cuentas anuales firmadas por los administradores de la sociedad.

2.5. NOCIONES BASICAS DEL PLAN GENERAL DE CONTABILIDAD (PGC)

El Plan General de Contabilidad (PGC), aprobado por el Real Decreto 1643/1990, de 20 de diciembre (*B.O.E.* del 27 de diciembre), constituye el desarrollo en materia contable de la legislación mercantil. Su aplicación es obligatoria para todas las empresas, con independencia de su forma jurídica, individual o societaria, a partir de los ejercicios iniciados en 1991.

El Plan, que persigue la armonización de la contabilidad española con la comunitaria (cuarta y séptima Directrices), sustituye al vigente desde 1973 y se estructura en cinco partes:

A) Principios contables.
B) Cuadro de Cuentas.
C) Definiciones y relaciones contables.
D) Cuentas anuales.
E) Normas de valoración.

Quedan pendientes varios trabajos a desarrollar posteriormente por el Instituto de Contabilidad y Auditoría de Cuentas, tales como:

— Metodología de las cuentas de los grupos de sociedades.
— Nuevas normas de adaptación sectoriales.
— Normas contables sobre gestiones y adquisiciones.
— Criterios de valoración específicos y normas contables relativas a nuevos instrumentos financieros.

A) *Principios contables*

Se han enumerado en el epígrafe 2.3.2 de este capítulo.

Es de destacar la prevalencia explícita del principio de prudencia sobre los demás, aunque subordinado a la imagen fiel que deben proporcionar las cuentas anuales.

La imagen fiel es el resultado de aplicar los principios contables, entendiendo éstos como el mecanismo capaz de expresar la realidad económica de las transacciones realizadas. El concepto de imagen fiel trata de transmitir la doble noción de imparcialidad y objetividad que deben presidir las cuentas anuales.

B) *Cuadro de cuentas*

Siguiendo la clasificación decimal, las cuentas se ordenan en los siete grupos principales (una cifra) (siguientes fig. 2.2):

— Los grupos 1 a 5 contienen las cuentas

del balance, que incluye la cuenta 129, de Pérdidas y Ganancias.

— Los grupos 6 y 7 se refieren a las cuentas Gestión, Compras y Gastos y Ventas e Ingresos, respectivamente.

En cuanto a los restantes grupos de una cifra:

— Los grupos 8 y 0, destinados antiguamente a Resultados y Cuentas de Orden, respectivamente, se suprimen, pudiéndose utilizar, si se estima conveniente, para cuentas de gestión intenra, o para reflejar contablemente datos de la memoria o de la cuenta de Pérdidas y Ganancias.

— El grupo 9, que en el Plan de 1973 se reservaba a la contabilidad interna o analítica, queda también sin desarrollar y puede ser utilizado por las empresas del modo más conveniente para su gestión.

Cada grupo se desarrolla en subgrupos (dos cifras) y éstas, a su vez, en cuentas principales de la contabilidad de la empresa (tres cifras). El esquema contable permite descender, con la ordenación decimal, hasta el grado de detalle deseado (cuatro cifras o más).

En el cuadro 2.6 figura el Cuadro de Cuentas del PGC con los siete grupos y los subgrupos de dos cifras.

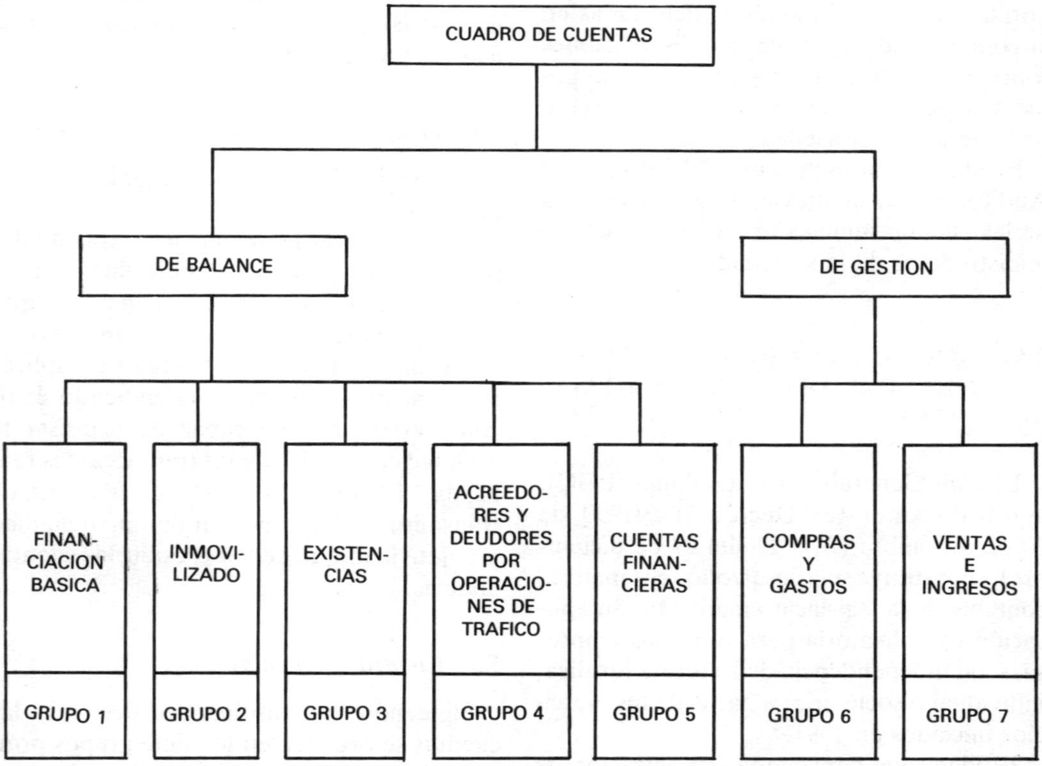

FIGURA 2.2. *Esquema del Cuadro de Cuenta del PGC.*

CUADRO 2.6. *Cuadro de Cuentas del PGC.*

GRUPO 1. FINANCIACION BASICA	GRUPO 2. INMOVILIZADO	GRUPO 3. EXISTENCIAS	GRUPO 4. AGREEDORES Y DEUDORES POR OPERACIONES DE TRAFICO
10. Capital.	20. Gastos de establecimiento.	30. Comerciales.	40. Proveedores.
11. Reservas.	21. Inmovilizaciones inmateriales.	31. Materias primas.	41. Acreedores varios.
12. Resultados pendientes de aplicación.	22. Inmovilizaciones materiales.	32. Otros aprovisionamientos.	43. Clientes.
13. Ingresos a distribuir entre varios ejercicios.	23. Inmovilizaciones materiales en curso.	33. Productos en curso.	44. Deudores varios.
14. Provisiones para riesgos y gastos.	24. Inversiones financieras en empresas del grupo y asociados.	34. Productos semiterminados.	46. Personal.
15. Empréstitos y otras emisiones análogas.	25. Otras inversiones financieras permanentes.	35. Productos terminados.	47. Administraciones Públicas.
16. Deudas a largo plazo con empresas del grupo y asociados.	26. Fianzas y depósitos constituidos a largo plazo.	36. Subproductos, residuos y materiales recuperados.	48. Ajustes por periodificación.
17. Deudas a largo plazo por préstamos recibidos y otros conceptos.	27. Gastos a distribuir entre varios ejercicios.	37. Provisiones para depreciación de existencias.	49. Provisiones por operaciones de tráfico.
18. Fianzas y depósitos recibidos a largo plazo.	28. Amortización acumulada del inmovilizado.		
19. Situaciones transitorias de financiación.	29. Provisiones de inmovilizado.		

CUADRO 2.6. *Cuadro de Cuentas del PGC* (continuación).

GRUPO 5. CUENTAS FINANCIERAS	GRUPO 6. COMPRAS Y GASTOS	GRUPO 7. VENTAS E INGRESOS
50. Empréstitos y otras emisiones análogas a corto plazo.	60. Compras.	70. Ventas de mercaderías.
51. Deudas a corto plazo con empresas del grupo y asociados.	61. Variaciones de existencias.	71. Variación de existencias.
52. Deudas a corto plazo por préstamos recibidos.	62. Servicios exteriores.	73. Trabajos realizados para la empresa.
53. Inversiones financieras a corto plazo en empresas del grupo y asociados.	63. Tributos.	74. Subvenciones a la explotación.
54. Otras inversiones financieras temporales.	64. Gastos de personal.	75. Otros ingresos de gestión.
55. Otras cuentas no bancarias.	65. Otros gastos de gestión.	76. Ingresos financieros.
56. Fianzas o depósitos recibidos y constituidos a corto plazo.	66. Gastos financieros.	77. Beneficios procedentes del inmovilizado e ingresos excepcionales.
57. Tesorería.	67. Pérdidas procedentes del inmovilizado y gastos excepcionales.	79. Excesos y aplicaciones de provisiones.
58. Ajustes por periodificación.	68. Dotaciones para amortizaciones.	
59. Provisiones financieras.	69. Dotaciones a las provisiones.	

C) *Definiciones y relaciones contables*

Cada uno de los grupos, subgrupos y cuentas principales del cuadro de cuentas del PGC son objeto de una definición en la que se recoge el contenido y las características más sobresalientes de las operaciones de las cuentas integradas en ellos. Estas definiciones permiten comprender mejor la concepción del Plan, aclarar el sentido del lenguaje técnico utilizado y facilitar la solución de los problemas contables a que den lugar las operaciones cuya contabilización no figura expresamente en el texto del Plan.

Las relaciones contables describen los motivos más comunes o generales de cargo y abono de las cuentas de tres cifras.

D) *Cuentas Anuales*

Constituyen la culminación del desarrollo contable del ejercicio y el instrumento transmisor de la información contable a los distintos agentes económicos y sociales. Comprenden:

— El balance.
— La cuenta de pérdidas y ganancias.
— La memoria, que integra el cuadro de financiación.

Todos los documentos citados se adaptan a los modelos incorporados en el Plan y que son objeto del capítulo 3 de este libro.

E) *Normas de valoración*

Las normas de valoración del PGC están ajustadas a las reglas contenidas en el Código de Comercio y en el texto refundido de la Ley de Sociedades Anónimas y constituyen un desarrollo de los principios contables del Plan.

Las normas de valoración se refieren a:

— El inmovilizado material.
— El inmovilizado inmaterial.
— Los gastos de establecimiento y los gastos a distribuir entre varios ejercicios.
— Los valores negociables.

— Los créditos y deudas no comerciales.
— Las acciones u obligaciones propias.
— Los clientes, proveedores, deudores y acreedores de tráfico.
— Las existencias.
— Las diferencias sobre valor añadido y sobre sociedades.
— Las compras y otros gastos.
— Las dotaciones a la provisión para funciones y obligaciones similares.
— Las subvenciones de capital.

Las principales normas de valoración se describen en el capítulo 4, epígrafe 2, de este libro.

CAPITULO 3

LAS CUENTAS ANUALES

SUMARIO: 3.1. Introducción.—3.2. El Balance: 3.2.1. Introducción. 3.2.2. Clases de Balance. 3.2.3. Fines de Balance. 3.2.4. Estructura del activo. 3.2.5. Estructura del pasivo. 3.2.6. El balance abreviado. 3.2.7. Otras consideraciones sobre el Balance.—3.3. La Cuenta de Pérdidas y Ganancias: 3.3.1. Introducción. 3.3.2. Estructura de la cuenta según el PGC. 3.3.3. La Cuenta de Pérdidas y Ganancias analítica. 3.3.4. La Cuenta de Pérdidas y Ganancias abreviada.—3.4. La Memoria.—3.5. El Cuadro de Financiación: 3.5.1. Descripción y elaboración de los estados de origen y aplicación de fondos. 3.5.2. Estructura del Cuadro de financiación según el Plan General de Contabilidad. 3.5.3. Utilidad de los cuadros de financiación.—3.6. El Informe de Gestión.—3.7. El estado de equilibrio financiero.—Anexo 1. Caso de aplicación: JUGASA II.

3.1. INTRODUCCION

Según el vigente Plan General de Contabilidad (PGC) español de 1990, las cuentas anuales «constituyen la información que necesariamente debe ser accesible a la pluralidad de agentes económicos y sociales», entre los cuales se encuentran los accionistas, acreedores, trabajadores, Administración Pública y competidores, interesados en la situación presente y futura de la empresa. El texto del Plan es categórico al afirmar que «la comunidad de intereses en que se basa la empresa moderna se apoya en la transparencia y fiabilidad de la información económico-financiera que proporciona».

Las cuentas anuales comprenden:

- El balance.
- La cuenta de pérdidas y ganancias.
- La memoria, que incluye el cuadro de financiación.

Además, la vigente Ley de Sociedades Anónimas obliga a todas las sociedades de capital a presentar, conjuntamente con las cuentas anuales, un Informe de Gestión.

En consecuencia, este capítulo está dedicado a la descripción de los documentos contables básicos en la legislación mercantil española: las cuentas anuales y el informe de gestión. Estos documentos son fundamentales para adentrarse en la comprensión de la realidad económico-financiera de la empresa. Además, el último epígrafe trata del estado de equilibrio financiero, que es un documento derivado del balance, sumamente util para evaluar la financiación de la empresa en conexión con sus inversiones. Este documento es el utilizado por el Banco de España en sus valoraciones anuales de la situación económico-financiera de las empresas españolas.

De acuerdo con el PGC, la información contenida en las cuentas anuales debe ser:

— Comprensible, es decir, fácil de entender por los usuarios.
— Relevante.
— Fiable.
— Comparable: consistente y uniforme en el tiempo y entre las distintas empresas.
— Oportuna.

3.2. EL BALANCE

3.2.1. INTRODUCCIÓN

El balance es un documento contable que refleja la situación económico-financiera de la empresa en un momento determinado, en la medida en que dicha situación es expresable en términos monetarios.

El balance es uno de los estados financieros básicos de la empresa, pudiéndose llegar a decir que la contabilidad de la empresa tiene por finalidad fundamental la elaboración del balance.

El balance constituye un resumen o fotografía instantánea de la situación de la empresa, teniendo, por tanto, un carácter estático, frente al sentido dinámico de la cuenta de pérdidas y ganancias y del cuadro de financiación.

La palabra «balance», como algunas otras expresiones procedentes de la contabilidad, se suele emplear en el lenguaje corriente con un significado más amplio que el contable, en frases como «balance del año económico», «balance de un año de Gobierno», «balance de las relaciones entre países», «balance energético», etc. En este sentido, «hacer balance» significa especificar los pros y los contras, enfrentar los factores favorables a los adversos [1].

Sin embargo, en sentido contable, el balance es algo, por una parte, más estricto, ya que su elaboración se efectúa de acuerdo con unos principios y prácticas contables de general aceptación, previamente especificados, y, por otra, más limitado, ya que el balance no refleja la totalidad de la situación de la empresa, sino solamente aquella que es expresable en términos monetarios. Además, el balance contable sólo recoge «hechos» o «sucesos» ciertos, ocurridos a la empresa y no previsiones o posibilidades latentes y futuras.

Desde un punto de vista patrimonialista o jurídico, se considera el balance como la representación integral del patrimonio de una empresa en un determinado momento, es decir, la representación por separado del conjunto de bienes y derechos poseídos por la empresa (activo) y del conjunto de obligaciones que tiene contraídas, frente a los propietarios y frente a terceros (pasivo).

Desde un punto de vista económico-financiero, la función de la empresa consiste en atraer recursos o captar fondos con el fin de emplearlos en la adquisición de los elementos necesarios para la consecución de los fines específicos para la que fue constituida. Así, los recursos totales que posee una empresa en un momento determinado se pueden ordenar según su procedencia u origen (pasivo) y según la utilización que se ha hecho de ellos (activo).

Por tanto, el activo y el pasivo no son más que clasificaciones diferentes de una misma cantidad: los recursos totales. Esto implica el cumplimiento de la identidad fundamental de la contabilidad:

ACTIVO TOTAL = PASIVO TOTAL

En realidad, no existe oposición verdadera entre los puntos de vista expuestos. Tan sólo depende de lo que se quiera ver a través del balance, si exclusivamente una entidad jurídica con capacidad de exigir unos derechos y cumplir unas obligaciones, o como algo más, una entidad económica operativa, capaz de producir bienes y servicios y generar rentas [2].

3.2.2. CLASES DE BALANCES

Atendiendo al momento en que se efectúan y a la finalidad para la que se hacen, los balances pueden clasificarse en:

---

[1] E. BALLESTERO. *El Balance: una introducción a las Finanzas*. Alianza Editorial, Madrid, 1974.

[2] Véase el epígrafe 2.5 del capítulo 2, en lo referente al «principio de dualidad».

a) Balance inicial: cuando se constituye la empresa o cuando, estando ya constituida, pero sin contabilidad, se inicia ésta. Refleja las aportaciones efectuadas y la forma de financiación al crear la empresa.

b) Balance de ejercicio o gestión: el que se formula periódicamente al cierre del ejercicio contable. Permite conocer la situación patrimonial de la empresa, su solvencia y los resultados obtenidos; este es el balance habitual cuando no se especifica nada más, y de él se tratará normalmente en este libro.

c) Balance provisional: balance finalizado en la fecha normal de cierre, pendiente todavía de determinados ajustes y, por tanto, susceptible de ser modificado.

d) Balance terminal o de liquidación definitiva: al que se realiza al final de la vida de la empresa.

e) Balance de intervención: el que se efectúa en situaciones anormales, como suspensión de pagos, quiebras, etc.

f) Balance de fusión o transformación: el que se realiza cuando la empresa cambia de propietarios o pasa a formar parte de una entidad jurídica distinta por fusión o integración en la misma.

g) Balance previsional: es la prospección, con fines presupuestarios y de planificación, de la situación económico-financiera futura de las empresas [3].

3.2.3. Fines del balance

Los fines más importantes que cumple el balance son:

a) Contable o patrimonial: representar en forma ordenada, y siguiendo los principios y reglas de la contabilidad, la situación del patrimonio de la empresa.

b) Económico-financiero: mostrar por una parte la estructura económica, desglosando las inversiones a corto y largo plazo, y, por otra, la estructura de sus fuentes de financiación, separando las fuentes propias y las ajenas, y éstas en a corto y a largo plazo.

c) Instrumento para el análisis de la empresa: mediante el análisis de balances sucesivos, complementados con otros documentos contables, se puede extraer una visión dinámica de la empresa que permita una evaluación de su situación económico-financiera, así como realizar proyecciones al futuro y analizar la incidencia de determinadas políticas sobre la situación empresarial [4].

d) Legal: hacer partícipes a todos los interesados en la marcha de la empresa de la situación de ésta: accionistas, acreedores efectivos, acreedores potenciales, personal propio y mercados financieros. En ciertos casos, el fin jurídico incluye el cumplir con las obligaciones legales que establecen la confección y publicación de información económico-financiera sobre la empresa.

e) Fiscal: servir como base para el cálculo del impuesto sobre sociedades cumpliendo con las obligaciones tributarias.

3.2.4. Estructura del activo

El activo de un balance muestra el conjunto de bienes y derechos que la empresa posee en un determinado momento expresado en unidades monetarias. También muestra, desde un punto de vista económico-financiero, la utilización que la empresa ha dado en ese momento a la totalidad de sus recursos.

Los recursos obtenidos por la empresa son invertidos en la compra de los bienes

---

[3] Este tipo de balances se analizará en la parte IV —Planificación financiera de la empresa—, y, particularmente, en el capítulo 8 —Previsiones financieras— de este libro.

[4] Véase el capítulo 5, dedicado al análisis económico-financiero de la empresa.

necesarios para la consecución de sus fines específicos: inmuebles, maquinaria, materias primas, etc. Al activo del balance se le suele calificar también como «inversión», «estructura económica» y «capital de funcionamiento o económico».

Las diversas partidas que integran el activo se suelen agrupar según diferentes criterios. La ordenación más común y tradicional y, a la vez, una de las más lógicas, es la que divide al activo según el grado de liquidez (esto es, según la capacidad de conversión en dinero, medio de pago y cambio de todos los bienes) en dos grupos principales:

- Activo circulante: compuesto por los elementos que se estima que van a ser convertidos en dinero en un plazo inferior a un año.
- Activo inmovilizado: integrado por las partidas cuya conversión plena en liquidez requiere, normalmente, más de un año. Recoge, por tanto, las inversiones de carácter fijo o permanente que tiene la empresa.

El Plan General de Contabilidad añade a estas dos agrupaciones otras dos:

- Accionistas por desembolsos no exigidos: capital social suscrito y pendiente de desembolso por los accionistas.
- Gastos a distribuir entre varios ejercicios: gastos que la empresa decide diferır por considerar que tienen proyección económica futura (gastos por formalización de deudas, por intereses diferidos, etc.).

En función de lo anterior, la estructura del activo según el PGC es la siguiente:

A) Accionistas por desembolsos no exigidos.

B) Inmovilizado: que se subdivide en Gastos de Establecimiento, Inmaterial, Material, Financiero y Acciones Propias.

C) Gastos a distribuir entre varios ejercicios.

E) Activo Circulante: que se subdivide en Accionistas por desembolsos exigidos, Existencias, Deudores, Inversiones Financieras Temporales, Acciones propias a corto plazo, Tesorería y Ajustes por periodificación.

El detalle de cada una de estas grandes agrupaciones contables figura a continuación.

A) *Accionistas por desembolsos no exigidos:* Aportaciones dinerarias o no dinerarias del capital suscrito de la sociedad, pendiente de desembolso por los socios o accionistas.

B) *Inmovilizado,* que integra las inversiones permanentes, o de duración superior a un año, de la empresa y que se subdivide en cinco grupos de cuentas principales:

B.I) Gastos de Establecimiento: son gastos cuya repercusión se extiende a lo largo de varios ejercicios. Habitualmente estos gastos se denominan amortizables [5]. Cuentas típicas de gastos de establecimientos son:

1) Gastos de constitución: gastos necesarios para constituir legalmente la empresa, tales como honorarios de letrados, notarios y registradores; tributos, publicidad, comisiones, etc.

2) Gastos de primer establecimiento: gastos necesarios para que la empresa inicie su actividad productiva o con motivo de ampliaciones de capacidad. Se trata de gastos de estudio de naturaleza técnica o jurídica, adiestramiento del personal, etc.

3) Gastos de ampliación de capital: gastos derivados e inherentes a las ampliaciones de capital.

---

[5] A veces a los gastos amortizables o de establecimiento se los denomina «activo ficticio», para reflejar que se trata de partidas sin valor real fuera de la empresa. Para una explicación ingeniosa y, a la vez, rigurosa del activo ficticio, véase E. BALLESTERO, *op. cit.* 1974.

B.II) El Inmovilizado Inmaterial comprende los elementos patrimoniales intangibles constituidos por derechos susceptibles de valoración económica, tales como:

1) Gastos de investigación y desarrollo realizados por la propia empresa.

2) Concesiones, patentes, licencias, marcas y similares:

— Concesiones administrativas: gastos originados para la obtención de derechos de investigación o de explotación otorgados por el Estado u otras Administraciones Públicas o precio de adquisición de aquellas concesiones susceptibles de transmisión.

— Patentes, licencias o derechos de propiedad industrial: importe satisfecho por la propiedad o el derecho al uso de productos técnicos o procedimientos, debidamente registrados, que da lugar a la utilización de un producto o proceso.

— Marcas: derecho de utilización de una marca comercial con prestigio o renombre, cuando haya sido objeto de transacción.

3) Fondo de Comercio: conjunto de bienes inmateriales, tales como la clientela, nombre o razón social y otros de naturaleza análoga que impliquen valor para la empresa, siempre que haya sido adquirido a título oneroso.

4) Derechos de traspaso: importe satisfecho por los derechos de arrendamiento de locales.

5) Aplicaciones informáticas: importe satisfecho por la propiedad o el derecho de uso de programas informáticos, incluidos los elaborados por la propia empresa.

6) Anticipos: pagos a proveedores de inmovilizado a cuenta de suministros futuros.

7) Provisiones: importe de las correcciones valorativas por pérdidas en el inmovilizado inmaterial. Figuran con valor negativo, disminuyendo el valor del inmovilizado inmaterial.

8) Amortización acumulada: corrección del valor por depreciación del inmovilizado inmaterial, realizada de acuerdo con un plan de amortización sistemático. Figura con valor negativo, minorando el inmovilizado inmaterial [6].

B.III) El Inmovilizado Material comprende los elementos materiales tangibles, tales como:

1) Terrenos y construcciones.

2) Instalaciones técnicas y maquinaria.

3) Otras instalaciones, utillaje y maquinaria.

4) Anticipos e inmovilizaciones materiales en curso.

5) Otro inmovilizado.

6) Provisiones: importe de las correcciones valorativas por pérdidas en el inmovilizado material. Figura con valor negativo, minorando el inmovilizado material bruto.

7) Amortizaciones: corrección de valor por la depreciación del inmovilizado material, realizado de acuerdo con un plan sistemático de amortización. Figura con valor negativo, minorando el inmovilizado material bruto [6].

B.IV) El Inmovilizado Financiero, constituido por acciones, obligaciones, bonos y préstamos que representan inversiones o participaciones financieras permanentes de la empresa en otras, con fines de obtener una renta o de lograr un control sobre aquéllos. Incluye también las fianzas y depósitos entregados como garantía del cumplimiento de una obligación a plazo superior a doce meses. Ejemplos típicos de inmovilizaciones financieras son:

[6] Una explicación extensa del concepto y tratamiento contable de las amortizaciones figura en el capítulo 4, epígrafe 4.4.

1) Participaciones en empresas del Grupo [7].

2) Créditos a empresas del Grupo.

3) Participación en empresas asociadas [8].

4) Créditos a empresas asociadas.

5) Cartera de valores a largo plazo.

6) Otros créditos a largo plazo concedidos a terceros.

7) Fianzas y depósitos constituidos a largo plazo: dinero entregado como garantía de cumplimiento de una obligación o para obtener una renta a largo plazo.

8) Provisiones: correcciones valorativas por pérdidas en la cartera de valores de la empresa y en los créditos concedidos por la misma. Figura con valor negativo, minorando el inmovilizado financiero.

B.V) Acciones propias: acciones de la propia empresa adquiridas por ella misma en concepto de autocartera.

C) *Gastos a distribuir entre varios ejercicios:* gastos que se difieren por la empresa al considerar que tienen proyección económica futura. Se trata de conceptos tales como gastos de formalización de deudas, gastos por intereses diferidos de valores negociables o gastos por intereses diferidos en general.

D) *Activo Circulante,* compuesto por los bienes y derechos de la empresa que se piensan convertir en liquidez en un plazo inferior a un año y cuyas agrupaciones de cuentas principales son:

D.I) Accionistas por desembolsos exigidos: capital social suscrito, pendiente de desembolso, cuyo importe ha sido exigido a los accionistas.

D.II) Existencias: mercaderías, materias primas, otros aprovisionamientos, productos en curso, productos semiterminados, productos terminados y subproductos, residuos y materiales recuperados existentes en la empresa en el momento de realizar el balance.

Las principales cuentas son:

1) Comerciales: bienes adquiridos por la empresa y destinados a la venta sin transformación.

2) Materias primas y otros aprovisionamientos: los que mediante elaboración o transformación se destinan a formar parte de los productos fabricados.

3) Productos en curso y semiterminados: los que se encuentran en fase de formación o transformación y no se destinan a la venta hasta que sean objeto de elaboración, incorporación o transformación posterior.

4) Productos terminados: los fabricados por la empresa y destinados al consumo final o a su utilización por otras empresas.

5) Subproductos, residuos y materiales recuperados.

6) Anticipos: pagos a proveedores a cuenta de suministros futuros de materiales.

7) Provisiones por depreciación de existencias: expresión contable de las pérdidas en existencias puestas de manifiesto con motivo del inventario de almacenes.

D.III) Deudores: derechos de cobro a favor de la empresa. Créditos concedidos a clientes, pendientes de cobro por la empresa, por ventas de bienes y servicios. Las principales cuentas son:

1) Clientes por ventas y prestaciones de servicio: créditos con clientes, formalizados en efectos de giro aceptados.

---

[7] Se entiende por Grupo de empresas un conjunto de empresas vinculadas accionarialmente de modo que constituyan una única unidad de decisión. En principio se supone la existencia de un Grupo de sociedades cuando las participaciones en el capital son mayoritarias (más del 50 %).

[8] Una empresa es asociada cuando otra empresa o persona física ejerce sobre ella una influencia notable y un grado de control importante, aunque no absoluto. El PGC establece que «a estos efectos se presumirá que existe tal influencia notable cuando se produzca una participación en el capital de la empresa asociada de, al menos, el 20 ó del 3 %, si ésta cotiza en Bolsa».

2) Clientes, empresas del Grupo: créditos con las empresas del Grupo en su calidad de clientes, incluso si se han formalizado en efectos de giro.

3) Clientes, empresas asociadas: créditos con empresas multigrupo y asociados en su calidad de clientes, se hayan formalizado o no en efectos de giro.

4) Deudores varios: créditos con compradores de servicios que no tienen la condición estricta de clientes, así como con otros deudores de tráfico no incluidos en otras cuentas.

5) Personal: créditos con personas que prestan sus servicios a la empresa, en concepto, por ejemplo, de «anticipo de remuneraciones».

6) Administraciones Públicas: créditos a favor de la empresa de las diversas Administraciones Públicas (Hacienda Pública por diversos conceptos, como subvenciones o IVA, Seguridad Social, Impuestos sobre beneficios anticipados, etc.).

7) Provisiones por operaciones de tráfico: cobertura de situaciones latentes de insolvencia de clientes y de otros deudores. Estas previsiones pueden ser para créditos incobrables con origen en operaciones de tráfico mercantil o para cobertura de gastos por devoluciones de ventas, garantías de reparación, revisiones y otros conceptos análogos. Figura con signo negativo, minorando el saldo de la Cuenta de Deudores.

D.IV) Inversiones financieras temporales: inversiones a corto plazo (vencimiento inferior a un año) de la empresa en acciones, obligaciones, bonos, préstamos y demás instrumentos financieros. Las principales cuentas son:

1) Participaciones en empresas del Grupo: inversiones a corto plazo en el capital de empresas del Grupo.

2) Créditos a empresas del Grupo.

3) Participaciones en empresas asociadas.

4) Créditos a empresas asociadas.

5) Cartera de valores a corto plazo: inversiones a corto plazo en acciones, obligaciones u otros instrumentos financieros de sociedades no pertenecientes al Grupo.

6) Otros créditos: préstamos y otros créditos no comerciales, con vencimiento inferior a un año, concedidos a terceros (compradores de inmovilizado, personal de la empresa, por dividendos, por intereses, etcétera).

7) Depósitos y fianzas constituidas a corto plazo: efectivo entregado en garantía del cumplimiento de una obligación o en concepto de depósito irregular a plazo inferior a un año.

8) Provisiones: importe de las correcciones valorativas por pérdidas en la cartera de valores a corto plazo. Figuran con signo negativo, minorando el saldo de la cuenta de inversiones financieras temporales.

D.V) Acciones propias a corto plazo: acciones propias adquiridas por la empresa (autocartera), para enajenarlas en un plazo inferior a un año.

D.VI) Tesorería: saldo de dinero o activos financieros a favor de la empresa con disponibilidad inmediata, tales como:

— Caja: disponibilidades de dinero de curso legal en la caja de la empresa.

— Bancos e instituciones de crédito: saldos en cuentas corrientes y de ahorro, con disponibilidad inmediata.

D.VII) Ajustes por periodificación: gastos contabilizados por adelantado y que corresponden a ejercicios siguientes (seguros, intereses, etc.).

La suma de las cuatro grandes agrupaciones del activo, A) Accionistas, B) Inmovilizado, C) Gastos a distribuir entre varios ejercicios y D) Activo Circulante, constituye el importe del Activo Total.

La estructura del activo del balance según el Plan General de Contabilidad figura en el

CUADRO 3.1. *Estructura del Activo del Balance* (según el Plan General de Contabilidad).

EJERCICIO...

N.º DE CUENTAS	ACTIVO	EJERCICIO N	EJERCICIO N-1
190, 191, 192, 193, 194, 195, 196	A) Accionistas (socios) por desembolsos no exigidos		
	B) Inmovilizado		
20	I. Gastos de establecimiento		
	II. Inmovilizaciones inmateriales		
210	1. Gastos de investigación y desarrollo		
211, 212	2. Concesiones, patentes, licencias, marcas y similares		
213	3. Fondo de comercio		
214	4. Derechos de traspaso		
215	5. Aplicaciones informáticas		
219	6. Anticipos		
(291)	7. Provisiones		
(281)	8. Amortizaciones		
	III. Inmovilizaciones materiales		
220, 221	1. Terrenos y construcciones		
222, 223	2. Instalaciones técnicas y maquinaria		
224, 225, 226	3. Otras instalaciones, utillaje y mobiliario		
23	4. Anticipos e inmovilizaciones materiales en curso		
227, 228, 229	5. Otro inmovilizado		
(292)	6. Provisiones		
(282)	7. Amortizaciones		
	IV. Inmovilizaciones financieras		
240	1. Participaciones en empresas del grupo		
242, 244, 246	2. Créditos a empresas del grupo		
241	3. Participaciones en empresas asociadas		
243, 245, 247	4. Créditos a empresas asociadas		
250, 251, 256	5. Cartera de valores a largo plazo		
252, 253, 254, 257, 258	6. Otros créditos		
260, 265	7. Depósitos y fianzas constituidos a largo plazo		
(293), (294), (295), (296)	8. Provisiones		
198	V. Acciones propias		
27	C) Gastos a distribuir en varios ejercicios		
	D) Activo circulante		
558	I. Accionistas por desembolsos exigidos		
	II. Existencias		
30	1. Comerciales		
31, 32	2. Materias Primas y otros aprovisionamientos		
33, 34	3. Productos en curso y semiterminados		
35	4. Productos terminados		
36	5. Subproductos, residuos y materiales recuperados		
407	6. Anticipos		
(39)	7. Provisiones		
	III. Deudores		
430, 431, 435, (436)	1. Clientes por ventas y prestaciones de servicios		
432, 551	2. Empresas del grupo, deudores		
433, 552	3. Empresas asociadas, deudores		
44, 553	4. Deudores varios		
460, 544	5. Personal		
470, 471, 472, 474	6. Administraciones Públicas		
(490), (493), (494)	7. Provisiones		

CUADRO 3.1. (Continuación.)

N.º DE CUENTAS	ACTIVO	EJERCICIO N	EJERCICIO N-1
	IV. Inversiones financieras temporales		
530, (538)	1. Participaciones en empresas del grupo		
532, 534, 536	2. Créditos a empresas del grupo		
531, (539)	3. Participaciones en empresas asociadas		
533, 535, 537	4. Créditos a empresas asociadas		
540, 541, 546, (549)	5. Cartera de valores a corto plazo		
542, 543, 545, 547, 548	6. Otros créditos		
565, 566	7. Depósitos y fianzas constituidos a corto plazo		
(593), (594), (595), (596) (597), (598)	8. Provisiones		
	V. Acciones propias a corto plazo		
57	VI. Tesorería		
480, 580	VII. Ajustes por periodificación		
	TOTAL GENERAL (A + B + C + D)		

cuadro 3.1 con la correspondiente numeración de las cuentas principales que lo componen.

3.2.5. ESTRUCTURA DEL PASIVO

El pasivo de un balance expresa el conjunto de obligaciones y deudas que la empresa tiene contraídas en un momento determinado, frente a terceros y frente a los propietarios. Desde el punto de vista económico-financiero, expresa también el origen o fuente de los recursos que la empresa tiene utilizados en el momento que se efectúa el balance.

Las fuentes de recursos o fondos de que dispone una empresa pueden tener un triple origen:

— Aportación por sus propietarios, a través de ampliaciones de capital.

— Generación por la propia empresa mediante la obtención de beneficios no distribuidos (autofinanciación).

— Cesión por terceros a título de crédito o préstamo.

Las dos primeras constituyen los fondos (o recursos) propios y el tercero los recursos ajenos. Sin embargo, se considera que sólo la autofinanciación constituye financiación interna, mientras que las aportaciones de propietarios y terceros representan fuentes externas a la unidad empresarial (a la que se supone, y usualmente tiene, personalidad jurídica independiente de la de los propietarios).

Al pasivo del balance se le suele llamar también «capital financiero», «financiación» o «estructura financiera».

Las diversas partidas que componen el pasivo se suelen agrupar según un criterio de estabilidad o de exigibilidad, que es su inverso, definido como el tiempo que va a permanecer un tipo de recursos a disposición de la empresa. Así la estabilidad máxima es la de los recursos propios (que por eso, a veces, se denominan como «no exigible») mientras que la mínima es la de un préstamo de vencimiento inmediato (que por eso se suele integrar en cuentas de «exigible a corto plazo»).

Según el criterio de procedencia de los

recursos, las cuentas que componen el pasivo se pueden agrupar en:

— Recursos ajenos: procedentes de créditos concedidos a la empresa por proveedores, instituciones financieras, etc., y que ésta ha de reintegrar a su vencimiento. Usualmente se subdividen por plazos en:

- Recursos ajenos a corto plazo (exigible a corto): con vencimiento inferior a un año.
- Recursos ajenos a medio y largo plazo (exigible a medio y largo plazo): con vencimiento superior a un año.

— Recursos propios: constituidos por fondos aportados por los propietarios o generados por la propia empresa.

El Plan General de Contabilidad (PGC) de 1990 estructura el pasivo en las siguientes agrupaciones principales:

A) Fondos propios.
B) Ingresos a distribuir entre varios ejercicios.
C) Provisiones para riesgos y gastos.
D) Acreedores a largo plazo.
E) Acreedores a corto plazo.

Una descripción general de estas agrupaciones y de las principales cuentas que las integran figura a continuación.

A) *Fondos propios.*

A.1) Capital suscrito: aportaciones escrituradas de los propietarios o accionistas, susceptibles de aumento o disminución. Las acciones pueden ser ordinarias, privilegiadas, sin derecho a voto y con derechos restringidos.

A.2) Prima de emisión: valor de las emisiones de acciones o ampliaciones de capital a precio susperior al nominal. Tiene un carácter de reserva específica.

A.3) Reserva de revalorización: reservas de actualización del valor del inmovilizado constituidos al amparo de la legislación de regularización o actualización de balances [9].

A.4) Reservas: cuentas representativas de fondos generados por la empresa no procedentes de operaciones normales y no incorporadas al capital. Pueden ser:

1) Legales. El art. 214 del Texto Refundido de la Ley de Sociedades Anónimas establece que «en todo caso, una cifra igual al 10 por 100 del beneficio del ejercicio se destinará a la reserva legal hasta que ésta alcance, al menos, el 20 por 100 del capital social». Además, mientras no se supere dicho límite la reserva legal sólo podrá destinarse a la compensación de pérdidas, siempre que no existan otros recursos disponibles para este fin.

2) Reservas para acciones propias: las que obligatoriamente deben ser constituidas en caso de adquisición de acciones propias y en tanto no sean enajenadas o amortizadas.

3) Reservas para acciones de la sociedad dominante: las que obligatoriamente deben constituirse en caso de adquisición de acciones de la sociedad dominante y en tanto no sean enajenadas o amortizadas.

4) Reservas estatutarias: establecidas por los estatutos de la sociedad.

5) Otras reservas: de carácter especial o voluntario, acordados por la Junta General de la sociedad.

A.V) Resultados de ejercicios anteriores: resultados de carácter negativo o remanente de los resultados positivos de ejercicios anteriores. Cuentas típicas son:

1) Remanente: resto resultante de la distribución del resultado del año anterior entre sus diversas aplicaciones (dividendos reservas, etc.), pendiente de aplicar específicamente.

---

[9] Una explicación extensa de la regularización o actualización de balances y su funcionamiento contable figura en el capítulo 4, epígrafe 4.3.

2) Resultados negativos de ejercicios anteriores: pérdidas de ejercicios anteriores que minoran los recursos propios.

3) Aportaciones de socios para compensación de pérdidas: cantidades entregadas por los socios con objeto de compensar pérdidas de la sociedad según el art. 168 del Texto Refundido de la Ley de Sociedades Anónimas que obliga a las empresas a reducir su capital cuando las pérdidas acumuladas superen a la tercera parte del capital social y haya transcurrido un ejercicio social sin que el patrimonio se hubiese recuperado.

Asimismo el artículo 260.1, apartado 4, establece que «la Sociedad Anónima se disolverá como consecuencia de pérdidas que dejen reducido el patrimonio a una cantidad inferior a la mitad del capital social, a no ser que éste se aumente o se reduzca en la medida suficiente».

A.VI) Pérdidas y ganancias (Beneficio con signo positivo o pérdida con signo negativo): saldo de la cuenta de pérdidas y ganancias del ejercicio cerrado, pendiente de aplicación.

A.VII) Dividendo a cuenta entregado en el ejercicio: importe, con signo negativo, de los dividendos distribuidos con carácter de «a cuenta».

B) *Ingresos a distribuir en varios ejercicios:* Ingresos de carácter plurianual. Pueden ser:

1. Subvenciones de capital: aportaciones de capital de la sociedad con carácter no reintegrable, concedidas por las Administraciones Públicas, empresas o particulares.
2. Diferencias positivas de cambio: producidas en la conversión de los saldos en moneda extranjera.
3. Otros ingresos a distribuir en varios ejercicios: como los ingresos por intereses diferidos, incorporados al capital de los créditos concedidos.

C) *Provisiones para riesgos y gastos:* Fondos destinados a cubrir obligaciones legales o contractuales y a hacer frente a responsabilidades probables o ciertas aunque indeterminadas en su importe exacto o a la fecha en que se producirán. Cuentas típicas son:

1. Provisiones para pensiones y obligaciones similares: destinados a cubrir obligaciones legales o contractuales referentes al personal de la empresa con motivo de su jubilación (fondos de pensiones) o por otras atenciones de carácter social (viudedad, orfandad, etc.).
2. Provisiones para impuestos: estimación de las deudas tributarias cuyo pago está indeterminado en cuanto a un importe exacto o en cuanto a la fecha en que se producirá.
3. Otras provisiones: como, por ejemplo, para afrontar responsabilidades procedentes de litigios en curso, indemnizaciones o avales y para atender a revisiones o reparaciones extraordinarias del inmovilizado material.
4. Fondo de reversión: reconstitución del valor económico del activo revertible, de acuerdo con las condiciones establecidas en la concesión (por ejemplo, de una explotación minera).

D) *Acreedores a largo plazo:* Financiación ajena obtenida por la empresa a plazo superior a un año.

D.I) Emisión de obligaciones y otros valores negociables: financiación ajena a largo plazo instrumentada en valores negociables. Pueden ser:

1) Obligaciones no convertibles en acciones.
2) Obligaciones convertibles en acciones
3) Otras deudas representadas en valores negociables

D.II) Deudas a largo plazo con entidades de crédito: préstamos y créditos de entidades financieras con vencimiento superior a un año.

D.III) Deudas a largo plazo con empresas del Grupo y asociadas: deudas cuyo vencimiento vaya a producirse en un plazo superior a un año, contraídas con empresas del Grupo, multigrupo y asociadas.

D.IV) Otros acreedores: deudas contraídas con terceros por préstamos recibidos, con vencimiento superior a un año, no incluidas en otras cuentas de este subgrupo. Pueden ser:

1. Deudas representadas por efectos a pagar a largo plazo.
2. Otras deudas a largo plazo: procedentes de suministro de inmovilizado o de otras causas.
3. Fianzas y depósitos recibidos a largo plazo: dinero recibido como garantía del cumplimiento de una obligación o en concepto de depósito irregular, a plazo superior a un año.

D.V) Desembolsos pendientes sobre acciones, no exigidos: desembolsos pendientes no exigidos sobre acciones de empresas del Grupo, de empresas asociadas o de otras empresas.

E) *Acreedores a corto plazo:* Financiación ajena obtenida por la empresa con vencimiento inferior a un año. Los principales subgrupos son:

E.I) Emisiones de obligaciones y otros valores negociables: obligaciones y bonos cuyo vencimiento vaya a producirse en un plazo inferior a un año.

Pueden ser:

1) Obligaciones no convertibles.
2) Obligaciones convertibles.
3) Otras deudas representadas en valores negociables.
4) Intereses de obligaciones y otros valores: intereses a pagar con vencimiento a corto plazo de empréstitos y otras emisiones análogas.

E.II) Deudas con entidades de crédito: financiación a corto plazo de instituciones financieras, con vencimiento inferior a un año, incluidos los intereses a pagar.

E.III) Deudas con empresas del Grupo y asociadas a corto plazo: deudas contraídas con empresas del Grupo y asociadas, con vencimiento inferior a un año.

E.IV) Acreedores comerciales: deudas con terceros por suministros comerciales, con vencimiento inferior a un año. Las principales cuentas son:

1. Anticipos de clientes: entregas de clientes, normalmente en efectivo, a cuenta de suministros futuros de la empresa.
2. Deudas por compras o prestaciones de servicios: deudas con suministradores de mercancías (proveedores) o de servicios por operaciones no habituales (acreedores).
3. Deudas representadas por efectos a pagar: deudas con proveedores o acreedores, formalizadas en efectos de giro aceptados.

E.V) Otras deudas no comerciales: deudas con terceros por causas no comerciales, como:

1. Administraciones Públicas: deudas con la Hacienda Pública por tributos pendientes de pago o con Organismos de la Seguridad Social como consecuencia de las prestaciones que éstos realizan.
2. Deudas representadas por efectos a pagar: deudas contraídas por préstamos recibidos con vencimiento inferior a un año, instrumentadas mediante efectos de giro aceptados.
3. Otras deudas: deudas contraídas con terceros con vencimiento inferior a un año y que no están incluidas en otras cuentas de este subgrupo.
4. Remuneraciones pendientes de pago:

deudas de la empresa con su personal por sueldos y salarios o indemnizaciones.

5. Fianzas y depósitos recibidos a corto plazo: dinero recibido como garantía de cumplimiento de una obligación o en concepto de depósito irregular, a plazo no superior a un año.

E.VI) Provisiones para operaciones de tráfico: provisiones para cobertura de gastos por devoluciones de ventas, garantías de reparación, revisiones y otros conceptos análogos.

E.VII) Ajustes por periodificación: ingresos contabilizados en el ejercicio actual y que corresponden al siguiente (ingresos anticipados) o intereses cobrados por anticipado.

La suma de las cinco grandes agrupaciones del pasivo, A) Fondos Propios, B) Ingresos a distribuir en varios ejercicios, C) Provisiones para riesgos y gastos, D) Acreedores a largo plazo y E) Acreedores a corto plazo, constituye el importe del Pasivo Total.

La estructura del pasivo del balance según el Plan General de Contabilidad figura en el cuadro 3.2, con la correspondiente numeración de las cuentas principales que la componen.

CUADRO 3.2. *Estructura del Pasivo del Balance* (según el Plan General de Contabilidad).

N.º DE CUENTAS	PASIVO	EJERCICIO N	EJERCICIO N-1
	A) Fondos propios		
10	I. Capital suscrito		
110	II. Prima de emisión		
111	III. Reserva de revalorización		
	IV. Reservas		
112	1. Reserva legal		
115	2. Reservas para acciones propias		
114	3. Reservas para acciones de la sociedad dominante		
116	4. Reservas estatutarias		
113, 117, 118	5. Otras reservas		
	V. Resultados de ejercicios anteriores		
120	1. Remanente		
(121)	2. Resultados negativos de ejercicios anteriores		
122	3. Aportaciones de socios para compensación de pérdidas		
129	VI. Pérdidas y ganancias (Beneficio o pérdida)		
(557)	VII. Dividendo a cuenta entregado en el ejercicio		
	B) Ingresos a distribuir en varios ejercicios		
130, 131	1. Subvenciones de capital		
136	2. Diferencias positivas de cambio		
135	3. Otros ingresos a distribuir en varios ejercicios		
	C) Provisiones para riesgos y gastos		
140	1. Provisiones para pensiones y obligaciones similares		
141	2. Provisiones para impuestos		
142, 143	3. Otras provisiones		
144	4. Fondo de reversión		

CUADRO 3.2. (Continuación.)

N.º DE CUENTAS	PASIVO	EJERCICIO N	EJERCICIO N-1
	D) Acreedores a largo plazo		
	I. Emisiones de obligaciones y otros valores negociables		
150	1. Obligaciones no convertibles		
151	2. Obligaciones convertibles		
155	3. Otras deudas representadas en valores negociables		
170	II. Deudas con entidades de crédito		
	III. Deudas con empresas del grupo y asociadas		
160, 162, 164	1. Deudas con empresas del grupo		
161, 163, 165	2. Deudas con empresas asociadas		
	IV. Otros acreedores		
174	1. Deudas representada por efectos a pagar		
171, 172, 173	2. Otras deudas		
180, 185	3. Fianzas y depósitos recibidos a largo plazo		
	V. Desembolsos pendientes sobre acciones no exigidos		
248	1. De empresas del grupo		
249	2. De empresas asociadas		
259	3. De otras empresas		
	E) Acreedores a corto plazo		
	I. Emisiones de obligaciones y otros valores negociables		
500	1. Obligaciones no convertibles		
501	2. Obligaciones convertibles		
505	3. Otras deudas representadas en valores negociables		
506	4. Intereses de obligaciones y otros valores		
	II. Deudas con entidades de crédito		
520	1. Préstamos y otras deudas		
526	2. Deuda por intereses		
	III. Deudas con empresas del grupo y asociadas a corto plazo		
402, 510, 512, 514, 516 551	1. Deudas con empresas del grupo		
403, 511, 513, 515, 517 552	2. Deudas con empresas asociadas		
	IV. Acreedores comerciales		
437	1. Anticipos recibidos por pedidos		
400, (406), 410, 419	2. Deudas por compras o prestaciones de servicios		
401, 411	3. Deudas representadas por efectos a pagar		
	V. Otras deudas no comerciales		
475, 476, 477, 479	1. Administraciones Públicas		
524	2. Deudas representadas por efectos a pagar		
509, 521, 523, 525, 527 553, 555, 556	3. Otras deudas		
465	4. Remuneraciones pendientes de pago		
560, 561	5. Fianzas y depósitos recibidos a corto plazo		
499	VI. Provisiones para operaciones de tráfico		
485, 585	VII. Ajustes por periodificación		
	TOTAL GENERAL (A + B + C + D + E)		

3.2.6. EL BALANCE ABREVIADO

De acuerdo con la legislación vigente, algunas sociedades pueden presentar cuentas anuales abreviadas, es decir, más sencillas que las generales.

El modelo de balance abreviado figura en el cuadro 3.3.

Las sociedades que pueden presentar balances abreviados son aquellas en las que al cierre del ejercicio concurran, al menos, dos de las circunstancias siguientes:

- Un activo total inferior a 230 millones de pesetas.
- Una cifra neta anual de negocios inferior a 400 millones de pesetas.
- Un número medio de trabajadores no superior a 50.

3.2.7. Otras consideraciones sobre el balance

Frecuentemente, a la masa patrimonial del pasivo «Acreedores a corto plazo» se le designa como «Pasivo circulante» o «Exigible a corto plazo».

La diferencia entre el Activo circulante y el Pasivo circulante se denomina «Capital circulante» o «Fondo de Maniobra» (working capital, en inglés). La dimensión del Fondo de Maniobra orienta sobre la posición de liquidez de la empresa.

Al conjunto de todas las cuentas de largo plazo, esto es, a la suma de los Fondos Propios, los Ingresos plurianuales, las Provisiones y los Acreedores a largo plazo se suele llamar «Recursos Permanentes», dando a entender que se trata de recursos que van a permanecer durante mucho tiempo en la empresa (aunque no, claro está y a pesar del nombre, para siempre).

Con esta agrupación el pasivo queda dividido en dos grandes grupos:

a) Pasivo circulante (o acreedores a corto plazo).

b) Recursos permanentes, que a su vez pueden subdividirse en:

b.1) Patrimonio neto: que integra los Fondos Propios, los Ingresos a distribuir entre varios ejercicios (Subvenciones de capital) y las Provisiones.

b.2) Exigible a largo plazo o Acreedores a largo plazo.

Igualmente, el Activo Total suele desglosarse en dos grandes grupos:

a) Activo Circulante.

b) Inmovilizado neto, que integra las cuentas del Grupo B) Inmovilizado más las del Grupo A) Accionistas por desembolsos exigidos (dentro del Inmovilizado financiero) y las del Grupo C) Gastos a distribuir entre varios ejercicios.

Para el análisis económico-financiero de la empresa [10], conviene representar el balance esquemáticamente, agrupado en grandes conjuntos de cuentas expresando la importancia relativa de cada una de ellas respecto al total del activo o pasivo, lo que posibilita una rápida visualización. De este modo un balance puede esquematizarse así:

ACTIVO

	%
Inmovilizado neto	65
Circulante	35
TOTAL	100

PASIVO

	%
Patrimonio neto	45
Exigible a largo	25
Exigible a corto	30
TOTAL	100

Pueden adoptarse varias representaciones gráficas (en rectángulos, sectores circulares o triángulos), aunque lo más usual es la representación en rectángulos.

[10] A este análisis está dedicado el Capítulo 5.

CUADRO 3.3. *Modelo de Balance abreviado* (según el Plan General de Contabilidad).

EJERCICIO...

N.º DE CUENTAS	ACTIVO	EJERCICIO N	EJERCICIO N-1
190, 191, 192, 193, 194, 195, 196	A) Accionistas (socios) por desembolsos no exigidos		
	B) Inmovilizado		
20	I. Gastos de establecimiento		
21, (281), (291)	II. Inmovilizaciones inmateriales		
22, 23, (282), (292)	III. Inmovilizaciones materiales		
240, 241, 242, 243, 244, 245, 246, 247, 250, 251, 252, 253, 254, 256, 257, 258, 260, (293), (294), (295), (296), (297), (298)	IV. Inmovilizaciones financieras		
198	V. Acciones propias		
27	C) Gastos a distribuir en varios ejercicios		
	D) Activo circulante		
558	I. Accionistas por desembolsos exigidos		
30, 31, 32, 33, 34, 35, 36, (39), 407	II. Existencias		
430, 431, 432, 433, 435, (436), 44, 460, 470, 471, 472, 474, (490), (493), (494), 544, 551, 552, 553	III. Deudores		
53, 540, 541, 542, 543, 545, 546, 547, 548, (549), 565, 566, (59)	IV. Inversiones financieras temporales		
57	V. Tesorería		
480, 580	VI. Ajustes por periodificación		
	TOTAL GENERAL (A + B + C + D)		

En el ejemplo anterior:

ACTIVO	PASIVO	
Circulante 35 %	Exigible a corto 30 %	
Inmovilizado 65 %	Exigible a largo 25 %	Recursos permanentes
	Recursos propios 45 %	

Mediante este método se puede además representar la evolución del activo y del pasivo a lo largo de varios años, o relacionar las estructuras del balance de sociedades afines.

En la contabilización de las partidas del Balance de acuerdo con el Plan General de Contabilidad de 1990 es preciso mencionar, por su novedad respecto a la práctica contable anterior, a los efectos descontados pendientes de vencimiento y el arrendamiento financiero o leasing.

Los efectos descontados pendientes de vencimiento se contabilizan como activos circulantes en cuentas de «Clientes, efectos comerciales a cobrar» hasta el vencimiento y

N.º DE CUENTAS	PASIVO	EJERCICIO N	EJERCICIO N-1
	A) Fondos propios		
10	I. Capital suscrito		
110	II. Prima de emisión		
111	III. Reserva de revalorización		
112, 113, 114, 115, 116, 117, 118	IV. Reservas		
120, (121), 122	V. Resultados de ejercicios anteriores		
129	VI. Pérdidas y ganancias (Beneficio o pérdida)		
(557)	VII. Dividendo a cuenta entregado en el ejercicio		
13	B) Ingresos a distribuir en varios ejercicios		
14	C) Previsiones para riesgos y gastos		
15, 16, 17, 18, 248, 249, 259	D) Acreedores a largo plazo		
400, 401, 402, 403, (406), 41, 437, 465, 475, 476, 477, 479, 485, 499, 50, 51, 52, 551, 552, 553, 555, 556, 560, 561, 585	E) Acreedores a corto plazo		
	TOTAL GENERAL (A + B + C + D + E)........		

cobro de los importes correspondientes, a la vez que se reconocen en el pasivo los importes nominales recibidos del banco por los efectos descontados, como préstamos bancarios. Los cargos por intereses del descuento se recogen como gastos financieros en la cuenta de Pérdidas y Ganancias.

En cuanto a la contabilización del arrendamiento financiero, el PGC establece la inclusión del valor «al contado» de los bienes arrendados en el inmovilizado inmaterial mientras los recargos financieros de la operación se activan dentro de los «gastos financieros diferidos», figurando en el pasivo el importe total de las deudas por la operación, incluyendo el valor de la opción de compra.

3.3. LA CUENTA DE PERDIDAS Y GANANCIAS

3.3.1. INTRODUCCIÓN

La cuenta de Pérdidas y Ganancias del ejercicio, también llamada de resultados, es aquella que recoge las diferencias surgidas en el transcurso del período contable entre las corrientes de ingresos y gastos imputables al mismo. Resume las operaciones de la empresa durante el período considerado (habitualmente un año), indicando la procedencia de los ingresos, la naturaleza de los gastos habidos y el resultado de las actividades, tanto ordinarias como extraordinarias.

Asimismo, la cuenta de Pérdidas y Ganancias puede expresar el valor de la producción de la empresa, el valor añadido generado en el período y los resultados bruto, neto, ordinario, extraordinario y final del ejercicio (antes y después de impuestos).

Como ya se indicó al hablar del pasivo, la cuenta de Pérdidas y Ganancias no es más que una partida del balance que figura en el pasivo con signo negativo en el caso de que sean pérdidas y con signo positivo si son ganancias. Sin embargo, como se trata de una cuenta de gran importancia para enjuiciar la actuación de la empresa durante el ejercicio, se suele presentar su desglose independientemente del balance. Esto supone algo así como examinar con lente de aumento una partida del balance con el fin de desentrañar lo que hay detrás de ella por su especial relevancia para el examen de la empresa.

Los resultados obtenidos por una empresa durante un período de tiempo, generalmente un ejercicio económico anual, difícilmente pueden calcularse con exactitud total. Normalmente, sólo pueden estimarse y su veracidad está afectada por una serie de factores contables como valoraciones, periodificaciones, criterios de amortización e inflación, entre otros. Sin embargo, a pesar de todos esos inconvenientes, el cálculo periódico de los resultados es no sólo una exigencia legal sino una necesidad empresarial. Desde un punto de vista externo, porque estos resultados son los únicos de que puede disponer un analista, y de aquí la importancia de entender con claridad los diversos conceptos, la estructura y la composición de la cuenta de resultados. Desde un punto de vista interno porque, aunque se disponga de mayor información, los resultados son uno de los objetivos fundamentales de la empresa y su estructura y composición, elementos fundamentales de la gestión.

La cuenta de Pérdidas y Ganancias constituye uno de los elementos básicos del análisis económico-financiero de la empresa, no sólo porque permite cuantificar el beneficio o pérdida contable del ejercicio, sino sobre todo porque posibilita conocer cómo se ha generado aquél, y analizar la importancia absoluta y relativa de cada partida. Además, cuando se dispone de cuentas de resultados de varios ejercicios consecutivos, el estudio comparativo de la evolución de éstas resulta muy ilustrativo de la situación de la empresa y de su trayectoria futura. Igualmente sucede con la comparación con otras empresas o con las medias sectoriales, que suelen constituir fuentes fiables de información y de comparación empresarial.

El análisis de la cuenta de resultados, y de su distribución, permite conocer los recursos generados por la propia empresa (autofinanciación) en el período. Por otra parte, la obtención de un beneficio es uno de los objetivos básicos de toda unidad empresarial y el conocimiento en profundidad de cómo y dónde se ha generado dicho beneficio ofrece una información imprescindible para el análisis de la gestión realizada, la evaluación de la situación actual de la empresa y la previsión sobre su futuro.

Es importante destacar que el PGC de 1990 establece, por primera vez en la legislación mercantil española, una neta separación entre el resultado contable y el resultado fiscal. Esto implica una distinción entre el ámbito contable-mercantil y el fiscal, que supone que la base imponible del impuesto de sociedades no tenga por qué coincidir con el resultado contable de la cuenta de Pérdidas y Ganancias. La conciliación entre ambos resultados debe reflejarse en la Memoria anual (Punto 15) [11].

3.3.2. Estructura de la Cuenta de Pérdidas y Ganancias

Aunque existen diversos formatos posibles, el Plan General de Contabilidad de 1990 seleccionó el modelo en forma de cuenta y con clasificación de los gastos según su naturaleza.

En términos simplificados, esta cuenta de pérdidas y ganancias diferencia seis clases de resultados, de acuerdo con el esquema del cuadro 3.4.

a) Los *ingresos de explotación* se componen fundamentalmente de las siguientes cuentas:

1. Importe neto de la cifra de negocios, debido a:

- Ventas.
- Prestaciones de servicios.
- Menos: devoluciones y «rappels» sobre ventas.

2. Aumento de existencias de productos terminados y en curso de fabricación.

3. Trabajos efectuados por la empresa para su inmovilizado: contrapartida de los gastos realizados por la empresa para su propio inmovilizado, utilizando sus equipos y su personal, que se activan en el inmovilizado del balance a su coste.

4. Otros ingresos de explotación, tales como:

- Ingresos accesorios y otros de gestión corriente, ingresos no comprendidos en otros subgrupos siempre que no tengan carácter excepcional.
- Subvenciones.
- Exceso de provisiones de riesgos y gastos: diferencia positiva entre el importe de la provisión existente y el que le corresponde.

Cuadro 3.4. *Esquema de la Cuenta de Pérdidas y Ganancias*

1.

Ingresos de Explotación
– Gastos de Explotación
= I. Beneficios (Pérdidas) de Explotación

2.

Ingresos Financieros
– Gastos Financieros
= II. Resultados Financieros positivos (negativos)

3.

I + II – III: Beneficios (pérdidas) de las actividades ordinarias

4.

Ingresos Extraordinarios
– Gastos Extraordinarios
= IV. Resultados Extraordinarios positivos (negativos)

5.

III + IV = V: Beneficios antes de impuestos

6.

– Impuesto sobre Sociedades y otros
= VI = RESULTADO DEL EJERCICIO

b) Los *gastos de explotación* se subdividen en los siguientes subgrupos principales:

[11] Véase epígrafe 3.4 de este capítulo.

1. Reducción de existencias de productos terminados y en curso de fabricación.
2. Aprovisionamiento: consumos de mercaderías, materias primas y otras materias consumibles, incluyendo los gastos asociados.
3. Gastos de personal: sueldos y salarios del personal de la empresa, incluyendo las cargas sociales.
4. Dotaciones para amortizaciones de inmovilizado: importe de la depreciación sistemática anual sufrida por el inmovilizado material e inmaterial, así como de los gastos de establecimiento.
5. Variación de las provisiones de tráfico: correcciones valorativas, realizadas al cierre del ejercicio, por depreciación de existencias, créditos a clientes y otras operaciones (devoluciones de ventas, garantías, reparaciones, revisiones, etc.).
6. Otros gastos de explotación: tales como servicios exteriores de naturaleza diversa adquiridos por la empresa (arrendamiento, transportes, seguros, servicios de profesionales independientes, servicios bancarios, publicidad y propaganda, etc.), tributos, otros gastos de gestión corriente y dotación al fondo de reversión (en el caso de una explotación minera, por ejemplo).

c) *Ingresos Financieros:* incluye los siguientes subgrupos de cuentas:

1. Ingresos de participaciones en capital.
2. Ingresos de otros valores negociables y de créditos.
3. Otros intereses e ingresos asimilados, incluyendo los beneficios en inversiones financieras.
4. Diferencias positivas de cambio: beneficios producidos por modificaciones del tipo de cambio en valores, créditos, deudas y efectivo, en moneda extranjera.

d) *Gastos financieros,* cuyo desglose en subgrupos de cuentas es el siguiente:

1. Gastos financieros y asimilados, derivados de deudas o de pérdidas en inversiones financieras.
2. Variación de las provisiones de inversiones financieras.
3. Diferencias negativas de cambio.

e) *Ingresos extraordinarios,* formados por los siguientes subgrupos de cuentas:

1. Beneficios en enajenación de inmovilizado inmaterial, material y cartera de control.
2. Beneficios por operaciones con acciones y obligaciones propias.
3. Subvenciones de capital transferidas al resultado del ejercicio.
4. Ingresos extraordinarios: ingresos procedentes de actividades no ordinarias o típicas de la empresa y que no se espera, razonablemente, que vayan a ocurrir con frecuencia.
5. Ingresos y beneficios de ejercicios anteriores.

f) *Gastos extraordinarios*

1. Variación de las provisiones de inmovilizado inmaterial, material y cartera de control.
2. Pérdidas procedentes de la enajenación de inmovilizado inmaterial, material y cartera de control.
3. Pérdidas por operaciones con acciones y obligaciones propias.
4. Gastos extraordinarios.
5. Gastos y pérdidas de ejercicios anteriores.

La estructura de la Cuenta de Pérdidas y Ganancias según el Plan General de Contabilidad figura en el cuadro 3.5.

3.3.3. La cuenta de Pérdidas y Ganancias analítica

La estructura de la Cuenta de Pérdidas y Ganancias analítica figura en el cuadro 3.6, donde puede observarse su formato de estado y sus cinco conceptos de resultados:

- Resultado bruto de explotación.
- Resultado neto de explotación.
- Resultado de las actividades ordinarias.
- Resultado antes de impuestos.
- Resultado después de impuestos.

Gráficamente, este estado de resultados puede presentarse en la forma que muestra el gráfico 3.2 [12].

Los principales conceptos de la cuenta son:

1. Valor de la producción, que incluye:

- Ventas netas, prestación de servicios y otros ingresos de explotación.
- Variación de existencias de productos terminados y en curso de fabricación.
- Trabajos efectuados por la empresa para su inmovilizado.
- Subvenciones a la explotación.

Hay que tener en cuenta que las ventas son netas, una vez descontadas las devoluciones y anulaciones de ventas, así como los rappels por ventas.

En cuanto a las variaciones de existencias, es preciso considerar que no se trata de cuantías o valores absolutos sino de diferencias en el período, esto es entre el principio y el final del período.

Los trabajos para el inmovilizado se refieren a la producción o los gastos realizados por la empresa, mediante la utilización de sus propios equipos y personal, no para su venta sino para su incorporación al inmovilizado (activación de gastos).

Las subvenciones incluidas son exclusivamente a la explotación, bien para enjugar pérdidas, bien para compensar parcialmente el precio de venta en aquellas empresas que, por motivos políticos, sociales u otros, tienen estructuralmente precios de venta inferiores a los de coste (minería del carbón, ferrocarriles, transporte urbano, etc.). En realidad estas subvenciones deberían formar parte del precio de venta y, por tanto, incluirse en las ventas netas.

2. Valor añadido ajustado, que mide la aportación de la empresa a la producción de bienes y servicios, esto es, a la renta nacional. El valor añadido ajustado puede contemplarse desde dos puntos de vista.

a) Cuánto se genera, básicamente, como diferencia entre lo que la empresa vende y lo que compra. En concreto, el valor añadido se define como:

Valor de la producción o ventas
− Compras netas
± Variación de existencias de materias primas y otros materiales consumibles.
− Trabajos, suministros y servicios externos (gastos externos).
− Tributos ligados a la explotación.

= VALOR AÑADIDO AJUSTADO.

b) Cómo se distribuye entre los diversos agentes implicados:

- El trabajo (gastos de personal).
- El capital financiero (intereses o gastos financieros).
- El capital físico (amortizaciones).
- El Estado (impuesto de sociedades).
- Los accionistas (dividendos).
- La propia empresa (beneficios no distribuidos).

El Valor Añadido es una variable cada vez más utilizada para evaluar la eficiencia de la empresa, particularmente en relación a la facturación, el valor de la producción o el

[12] Basada en P. SILVESTRE PÉREZ y M. SILVESTRE CASTILLO, *Análisis económico y financiero*. Centro de Formación del Banco de España, Madrid, 1989, págs. 195 y ss.

CUADRO 3.5. *Cuenta de Pérdidas y Ganancias* (según el Plan General de Contabilidad).

EJERCICIO...

N.º DE CUENTAS	DEBE	EJERCICIO N	EJERCICIO N-1
	A) GASTOS		
71	1. Reducción de existencias de productos terminados y en curso de fabricación		
	2. Aprovisionamientos		
600, (6080), (6000) 610*	a) Consumo de mercaderías		
601, 602 (6081), (6082), (6091), (6092), 611*, 612*	b) Consumo de materias primas y otras materias consumibles		
607	c) Otros gastos externos		
	3. Gastos de personal		
640, 641	a) Sueldos, salarios y asimilados		
642, 643, 649	b) Cargas sociales		
68	4. Dotaciones para amortizaciones de inmovilizado		
	5. Variación de las provisiones de tráfico		
693, (793)	a) Variación de provisiones de existencias		
650, 694, (794)	b) Variación de provisiones y pérdidas de créditos incobrables		
695, (795)	c) Variación de otras provisiones de tráfico		
	6. Otros gastos de explotación		
62	a) Servicios exteriores		
631, 634, (636) (639)	b) Tributos		
651, 659	c) Otros gastos de gestión corriente		
690	d) Dotación al fondo de reversión		
	I. BENEFICIOS DE EXPLOTACION (B1+B2+B3+B4−A1−A2−A3−A4−A5−A6)	________	________

* Con signo positivo o negativo según su saldo.

N.º DE CUENTAS	DEBE	EJERCICIO N	EJERCICIO N-1
	7. Gastos financieros y gastos asimilados		
6610, 6615, 6620, 6630, 6640, 6650	a) Por deudas con empresas del grupo		
6611, 6616, 6621, 6631, 6641, 6651	b) Por deudas con empresas asociadas		
6613, 6618, 6622, 6623, 6632, 6633, 6643, 6653, 669	c) Por deudas con terceros y gastos asimilados		
666, 667	d) Pérdidas de inversiones financieras		
6963, 6965, 6966, 697, 698, 699, (7963), (7965), (7966), (797), (798), (799)	8. Variación de las provisiones de inversiones financieras		
668	9. Diferencias negativas de cambio		
	II. RESULTADOS FINANCIEROS POSITIVOS (B5+B6+B7+B8−A7−A8−A9)	________	________
	III. BENEFICIOS DE LAS ACTIVIDADES ORDINARIAS (AI+AII−BI−BII)	________	________
691, 692, 6960, 6961, (791), (792), (7960), (7961)	10. Variación de las provisiones de inmovilizado inmaterial, material y cartera de control	________	________
670, 671, 672 673	11. Pérdidas procedentes del inmovilizado inmaterial, material y cartera de control		
674	12. Pérdidas por operaciones con acciones y obligaciones propias		
678	13. Gastos extraordinarios		
679	14. Gastos y pérdidas de otros ejercicios		
	IV. RESULTADOS EXTRAORDINARIOS POSITIVOS (B9+B10+B11+B12+B13−A10−A11−A12−A13−A14)	________	________
	V. BENEFICIOS ANTES DE IMPUESTOS (AIII+AIV−BIII−BIV)	________	________
630*, 633, (638)	15. Impuesto sobre Sociedades	________	________
—	16. Otros impuestos	________	________
	VI. RESULTADO DEL EJERCICIO (BENEFICIOS) (AV−A15−A16)	________	________
		________	________

* Esta cuenta puede tener saldo acreedor y, por tanto, la partida A15 puede tener signo negativo.

CUADRO 3.5. (Continuación).

EJERCICIO...

N.º DE CUENTAS	HABER	EJERCICIO N	EJERCICIO N-1
	B) INGRESOS		
	1. Importe neto de la cifra de negocios		
700, 701, 702, 703, 704	a) Ventas		
705	b) Prestaciones de servicios		
(708), (709)	c) Devoluciones y «rappels» sobre ventas		
71	2. Aumento de existencias de productos terminados y en curso de fabricación		
73	3. Trabajos efectuados por la empresa para el inmovilizado		
	4. Otros ingresos de explotación		
75	a) Ingresos accesorios y otros de gestión corriente		
74	b) Subvenciones		
790	c) Exceso de provisiones de riesgos y gastos		
	I. PERDIDAS DE EXPLOTACION (A1+A2+A3+A4+A5+A6−B1−B2−B3−B4)		
N.º DE CUENTAS	HABER	EJERCICIO N	EJERCICIO N-1
	5. Ingresos de participaciones en capital		
7600	a) En empresas del grupo		
7601	b) En empresas asociadas		
7603	c) En empresas fuera del grupo		
	6. Ingresos de otros valores negociables y de créditos del activo inmovilizado		
7610, 7620	a) De empresas del grupo		
7611, 7621	b) De empresas asociadas		
7613, 7623	c) De empresas fuera del grupo		
	7. Otros intereses e ingresos asimilados		
7630, 7650	a) De empresas del grupo		
7631, 7651	b) De empresas asociadas		
7633, 7653, 769	c) Otros intereses		
766	d) Beneficios en inversiones financieras		
768	8. Diferencias positivas del cambio		
	II. RESULTADOS FINANCIEROS NEGATIVOS (A7+A8+A9−B5−B6−B7−B8)		
	III. PERDIDAS DE LAS ACTIVIDADES ORDINARIAS (BI+BII−AI−AII)		
770, 771, 772, 773	9. Beneficios en enajenación de inmovilizado inmaterial, material y cartera de control		
774	10. Beneficios por operaciones con acciones y obligaciones propias		
775	11. Subvenciones de capital transferidas al resultado del ejercicio		
778	12. Ingresos extraordinarios		
779	13. Ingresos y beneficios de otros ejercicios		
	IV. RESULTADOS EXTRAORDINARIOS NEGATIVOS (A10+A11+A12+A13+A14−B9−B10−B11−B12−B13)		
	V. PERDIDAS ANTES DE IMPUESTOS (BIII+BIV−AIII−AIV)		
	VI. RESULTADO DEL EJERCICIO (PERDIDAS) (BV+A15+A16)		

CUADRO 3.6. *Cuenta de Pérdidas y Ganancias analítica* (según la Memoria del Plan General de Contabilidad).

N.º CUENTAS	CONCEPTOS	EJERCICIO N		EJERCICIO N-1	
		Importe	Porcentaje	Importe	Porcentaje
70, 752, 753, 754, 755, 759, 790	Ventas Netas Prestación de Servicios y otros ingresos de Explotación				
71	± Variación de existencias de productos terminados y en curso de fabricación				
73	± Trabajos efectuados por la empresa para su inmovilizado				
74	+ Subvenciones a la explotación				
	= VALOR DE LA PRODUCCION				
600, 601, 602, (608), (609)	– Compras netas				
61	± Variación de Existencias mercaderías materias primas y otras materias consumibles				
607, 620, 622, 623, 624, 625, 626, 627, 628, 629, 631, 634, (636), (639), 659	– Gastos externos y de explotación				
	= VALOR AÑADIDO DE LA EMPRESA				
621, 651	– Otros gastos				
751	+ Otros ingresos				
64	– Gastos de Personal				
	= RESULTADO BRUTO DE EXPLOTACION				
68	– Dotaciones para amortizaciones de inmovilizado				
690	– Dotaciones al fondo de reversión				
650, 693, (793), 694, (794), 695, (795)	– Insolvencias de créditos y variación de las provisiones de tráfico				
	= RESULTADO NETO DE EXPLOTACION				
76	+ Ingresos financieros				
66	– Gastos financieros				
6963, 6965, 6966, (7963), (7965), (7966), 697, (797), 698, (798), 699, (799)	– Dotaciones para amortizaciones y provisiones financieras				
	= RESULTADO DE LAS ACTIVIDADES ORDINARIAS				
77	+ Beneficios procedentes del inmovilizado e ingresos excepcionales				
67	– Pérdidas procedentes del inmovilizado y gastos excepcionales				
691, (791), 692, (792), 6960, 6961, (7960), (7961)	– variación de las provisiones inmovilizado inmaterial, material y cartera de control				
	= RESULTADO ANTES DE IMPUESTOS				
630, 633, (638)	± Impuestos sobre Sociedades				
	= RESULTADO DESPUES DE IMPUESTOS (BENEF. O PERD.)				

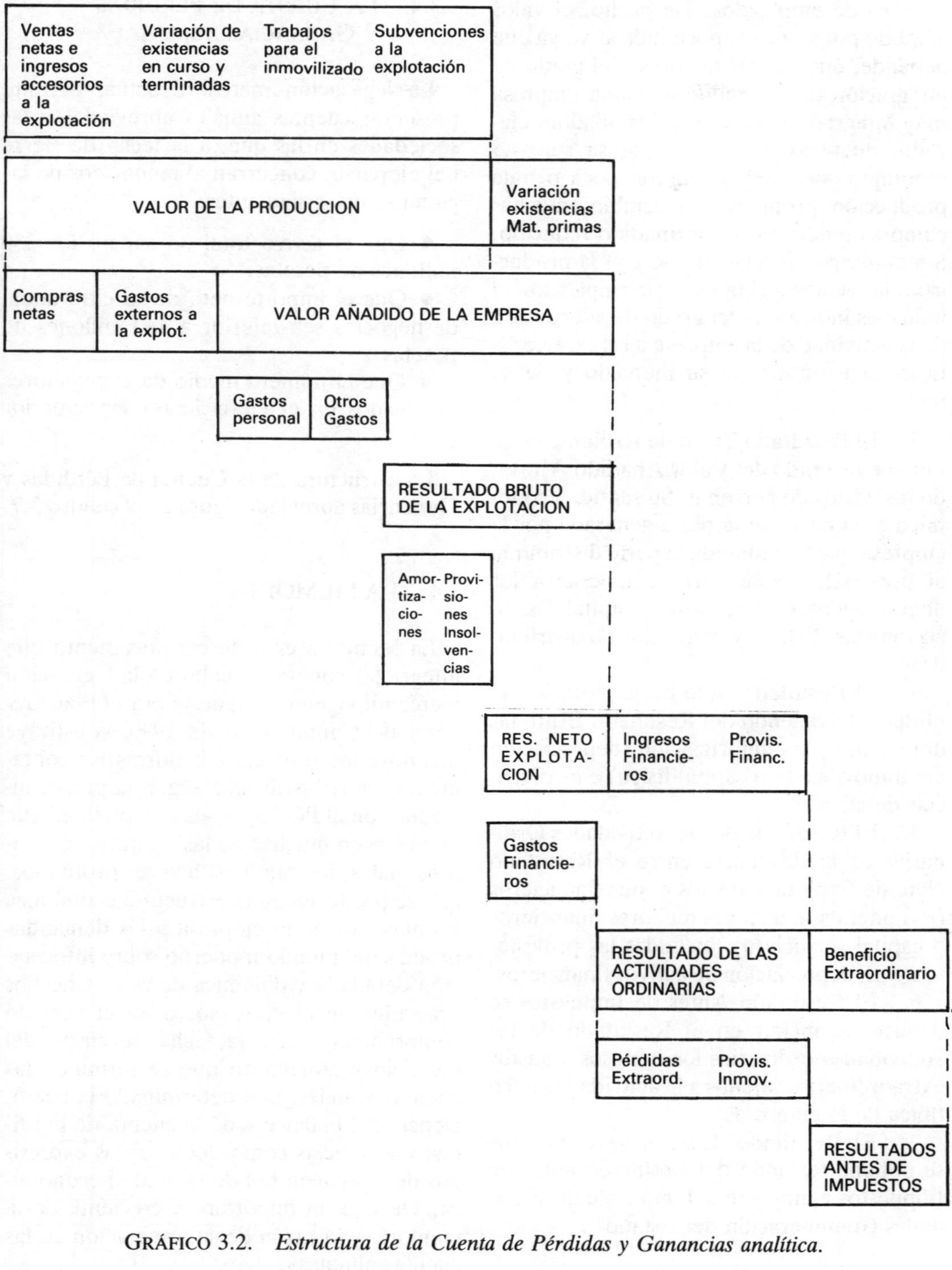

GRÁFICO 3.2. *Estructura de la Cuenta de Pérdidas y Ganancias analítica.*

número de empleados. De hecho, el valor añadido por sí solo es poco indicativo ya que depende, entre otros factores, del grado de integración de la producción: una empresa muy integrada tendrá un valor añadido elevado, mientras que una empresa sólo de montaje o de integración con poca o nula producción propia y, en cambio, muchas compras tendrá un valor añadido reducido. Sin embargo, al relacionarlo con la producción, las ventas o el número de empleados, el índice es indicativo del grado de adecuación de la actividad de la empresa a las características estructurales de su mercado y de su sector.

3. El Resultado Bruto de Explotación se obtiene restando del Valor Añadido Ajustado los gastos de personal. Su sentido económico es la parte de la renta generada por la empresa que, disminuida la parte distribuida al personal, queda para remunerar a los demás agentes: acreedores, capital físico, accionistas, Estado y beneficios no distribuidos.

4. El Resultado Neto de Explotación se obtiene deduciendo del Resultado Bruto las dotaciones para amortización (depreciación del inmovilizado o capital físico) e insolvencias de clientes.

5. El Resultado de las Actividades Ordinarias es la diferencia entre el Resultado Neto de Explotación y los gastos financieros (remuneración de los acreedores financieros o capital financiero), incluidas las provisiones para depreciación de activos financieros.

6. El Resultado Antes de Impuestos se deduce de incluir en el Resultado de las Actividades ordinarias los ingresos y gastos extraordinarios, ajenos a la actividad usual o típica de la empresa.

7. El Resultado después de Impuestos se obtiene restando del Resultado antes de Impuestos el importe del impuesto de sociedades (remuneración del Estado)..

3.3.4. La Cuenta de Pérdidas y Ganancias abreviada

La legislación mercantil actual permite presentar cuentas anuales abreviadas a las sociedades en las que, a la fecha de cierre del ejercicio, concurran al menos dos de las circunstancias siguientes:

- Que el activo total no supere los 230 millones de pesetas.
- Que el importe neto de su cifra anual de negocios sea inferior a 480 millones de pesetas.
- Que el número medio de trabajadores empleados en el ejercicio no sea superior a 50.

La estructura de la Cuenta de Pérdidas y Ganancias abreviada figura en el cuadro 3.7.

3.4. LA MEMORIA

La Memoria es el tercer documento que integra las cuentas anuales en la legislación mercantil vigente. Impuesta por el Plan General de Contabilidad de 1990, constituye una novedad respecto a la normativa contable anterior, justificada, según la propia introducción al PGC, por «la complejidad que hoy ofrecen muchas de las operaciones empresariales, los cambios, a veces profundos, que se producen en la estructura económica y financiera de la empresa y las demandas propias del mundo moderno sobre información detallada y dinámica de ciertos hechos acaecidos en el ejercicio, o en el período comprendido entre la fecha de cierre del ejercicio y aquélla en que se formulen las cuentas anuales, han determinado la insuficiencia del balance y de la cuenta de pérdidas y ganancias como documentos expresivos de la imagen fiel de la unidad económica. De aquí la importancia creciente de la memoria y la razón de su integración en las cuentas anuales».

El contenido de la Memoria consta de los 21 puntos siguientes:

1. Actividad de la empresa.
2. Bases de presentación de las cuentas anuales.

a) Imagen fiel y explicación de cómo se ha conseguido.
b) Principios contables utilizados.
c) Comparación de la información con ejercicios anteriores.
d) Agrupación de partidas en el balance a cuenta de pérdidas y ganancias, en su caso.
e) Elementos recogidos en varias partidas del balance en su caso.

3. Distribución de resultados.

Información sobre propuesta de distribución de beneficios, de acuerdo con el siguiente esquema:

BASES DE REPARTO	Importe
• Pérdidas y Ganancias del Ejercicio	
• Remanente ejercicios anteriores	
• Reservas voluntarias	
• Otras reservas	
TOTAL:	______
DISTRIBUCION	
• A reserva legal	
• A reservas especiales	
• A reservas voluntarias	
• A dividendos	
• A compensación pérdidas ejercicios anteriores	
TOTAL:	______

Asimismo, deberá indicarse el importe de los dividendos a cuenta, y en su caso, las limitaciones para la distribución de beneficios.

4. Normas de valoración.

Criterios contables aplicados en relación a los gastos de establecimiento; inmovilizado material e inmaterial; valores negociables y otras inversiones financieras; créditos no comerciales; existencias; autocartera; subvenciones; provisiones para pensiones y obligaciones similares; otras provisiones, deudas; impuesto sobre beneficios; transacciones en moneda extranjera, e ingresos y gastos.

5. Gastos de establecimiento.

Detalle del movimiento durante el ejercicio.

6. Inmovilizado inmaterial.

Análisis del movimiento durante el ejercicio de cada partida del inmovilizado inmaterial y sus correspondientes amortizaciones acumuladas y provisiones, distinguiéndose entre concesiones, patentes, licencias, marcas y similares adquiridos por la empresa y los creados por ella misma.

También se informará sobre los bienes utilizados en régimen de arrendamiento financiero (leasing).

7. Inmovilizado material.

Análisis del movimiento durante el ejercicio de cada partida del inmovilizado material y las correspondientes amortizaciones acumuladas y provisiones. Cuando se efectúen actualizaciones o regularizaciones es preciso indicar las leyes que las autorizan, el importe de las revalorizaciones y el efecto sobre las amortizaciones acumuladas y las amortizaciones anuales futuras, así como su impacto en los resultados futuros. Otras informaciones exigidas son las relacionadas con los coeficientes de amortización utilizados, por grupos de elementos; las inversiones adquiridas a empresas del grupo; las inversiones en inmovilizado material situadas en el extranjero; los intereses y diferencias de cambio capitalizados en el ejercicio; los bienes totalmente amortizados; los afectos a garantías y reversión; las subvenciones

CUADRO 3.7. *Cuenta de Pérdidas y Ganancias abreviada.*

EJERCICIO...

N.º DE CUENTAS	DEBE	EJERCICIO N	EJERCICIO N-1
	A) GASTOS		
60, 61*, 71*	1. Consumos de explotación		
	2. Gastos de personal		
640, 641	a) Sueldos, salarios y asimilados		
642, 643, 649	b) Cargas sociales		
68	3. Dotaciones para amortizaciones de inmovilizado		
650, 693, 694, 695, (793), (794) (795)	4. Variación de las provisiones de tráfico y pérdidas de créditos incobrables		
62 631, 634, (636) (639), 651, 659, 690	5. Otros gastos de explotación		
	I. BENEFICIOS DE EXPLOTACION (B1−A1−A2−A3−A4−A5)..		
	6. Gastos financieros y gastos asimilados		
6610, 6615, 6620 6630, 6640, 6650	a) Por deudas con empresas del grupo		
6611, 6616, 6621 6631, 6641, 6651	b) Por deudas con empresas asociadas		
6613, 6618, 6622 6623, 6632, 6633 6643, 6653, 669	c) Por otras deudas		
666, 667	d) Pérdidas de inversiones financieras		
6963, 6965, 6966, 697, 698, 699, (7963), (7965), (7966), (797), (798), (799),	7. Variación de las provisiones de inversiones financieras		
668	8. Diferencias negativas de cambio		
	II. RESULTADOS FINANCIEROS POSITIVOS (B2+B3−A6−A7−A8)..		

* Con signo positivo o negativo según su saldo.

N.º DE CUENTAS	DEBE	EJERCICIO N	EJERCICIO N-1
	III. BENEFICIOS DE LAS ACTIVIDADES ORDINARIAS (AI+AII−BI−BII)..		
691, 692, 6960, 6961, (791), (792), (7960), (7961)	9. Variación de las provisiones de inmovilizado inmaterial, material y cartera de control		
670, 671, 672 673	10. Pérdidas procedentes del inmovilizado inmaterial, material y cartera de control		
674	11. Pérdidas por operaciones con acciones y obligaciones propias		
678	12. Gastos extraordinarios		
679	13. Gastos y pérdidas de otros ejercicios		
	IV. RESULTADOS EXTRAORDINARIOS POSITIVOS (B4+B5+B6+B7+B8−A9−A10−A11−A12−A13)		
	V. BENEFICIOS ANTES DE IMPUESTOS (AIII+AIV−BIII−BIV)..		
630*, 633, (638)	14. Impuesto sobre Sociedades		
	15. Otros impuestos		
	VI. RESULTADO DEL EJERCICIO (BENEFICIOS) (AV−A14−A15)..		

* Esta cuenta puede tener saldo acreedor y, por tanto, la partida A14 puede tener signo negativo.

CUADRO 3.7. (Continuación).

EJERCICIO...

N.º DE CUENTAS	HABER	EJERCICIO N	EJERCICIO N-1
	B) INGRESOS		
	1. Ingresos de explotación		
70	a) Importe neto de la cifra de negocios		
73, 74, 75, 790	b) Otros ingresos de explotación		
	I. BENEFICIOS DE EXPLOTACION (A1+A2+A3+A4−B1)		
	2. Ingresos financieros		
7600, 7610, 7620, 7630, 7650	a) En empresas del grupo		
7601, 7611, 7621 7631, 7651	b) En empresas asociadas		
7603, 7613, 7623, 7633, 7653, 769	c) Otros		
766	d) Beneficios en inversiones financieras		
768	3. Diferencias positivas de cambio		
	II. RESULTADOS FINANCIEROS NEGATIVOS (A6+A7+A8−B2−B3)........		

N.º DE CUENTAS	HABER	EJERCICIO N	EJERCICIO N-1
	III. PERDIDAS DE LAS ACTIVIDADES ORDINARIAS (BI+BII−AI−AII)........		
770, 771, 772, 773	4. Beneficios en enajenación de inmovilizado inmaterial, material y cartera de control		
774	5. Beneficios por operaciones con acciones y obligaciones propias		
775	6. Subvenciones de capital transferidas al resultado del ejercicio		
778	7. Ingresos extraordinarios		
779	8. Ingresos y beneficios de otros ejercicios		
	IV. RESULTADOS EXTRAORDINARIOS NEGATIVOS (A9+A10+A11+A12+A13−B4−B5−B6−B7−B8)		
	V. PERDIDAS ANTES DE IMPUESTOS (BIII+BIV−AIII−AIV)........		
	VI. RESULTADO DEL EJERCICIO (PERDIDAS) (BV+A14+A15)........		

y donaciones recibidas; y los compromisos firmes de compra y venta, así como las fuentes previsibles de financiación.

8. Inversiones financieras.

Análisis del movimiento durante el ejercicio de cada partida del balance incluida en «Inmovilizaciones Financieras e Inversiones Financieras Temporales» y sus correspondientes provisiones, diferenciando entre el largo y el corto plazo.

Información sobre empresas del grupo y asociadas, indicando actividad, participación en el capital que se detenta, valor en libros de esa participación, dividendos percibidos, etc.

Asimismo, debe proporcionarse información sobre la cuantía de los activos financieros que venzan en cada uno de los cinco ejercicios siguientes; intereses devengados y no cobrados; valores afectos a garantías; desglose de las inversiones financieras y créditos por tipos de moneda y cobertura de diferencias de cambio existentes; tasa media de rentabilidad de los valores de renta fija, compromisos firmes de compra de valores negociables; garantías recibidas; y cualquier otra circunstancia importante relativa a los valores negociables y otras inversiones financieras análogas (como litigios, embargos, etc.).

9. Existencias.

Información sobre compromisos firmes de compra y venta, incluyendo contratos de futuro sobre existencias; limitaciones en la disponibilidad de existencias; y cualquier otra circunstancia de carácter relevante sobre la titularidad o valoración de existencias.

10. Fondos propios.

Análisis del movimiento durante el ejercicio de cada partida del balance incluida en esta agrupación.

Información adicional sobre número de acciones y valor nominal de las mismas; ampliación de capital en curso; importe del capital autorizado por la junta de accionistas; derechos incorporados a las partes del fundador; restricciones a la disponibilidad de las reservas; número, valor nominal y precio medio de las acciones propias en poder de la sociedad; parte del capital poseído directa o indirectamente por otra empresa, cuando sea igual o inferior al 10 %; y acciones de la sociedad admitidas a cotización.

11. Subvenciones.

Información sobre importe y características de las subvenciones recibidas que figuran en el balance y cuenta de pérdidas y ganancias, así como el grado de cumplimiento de las condiciones asociadas a las mismas.

12. Provisiones para pensiones y obligaciones similares.

Análisis del movimiento de esta partida del balance durante el ejercicio, detallando los riesgos cubiertos y el tipo de capitalización utilizado.

13. Otras provisiones del Grupo 1 (Financiación básica).

Análisis del movimiento durante el ejercicio, incluyendo los riesgos y gastos cubiertos.

14. Deudas no comerciales.

Desglose por conceptos de las partidas «otras deudas», «deudas con empresas del grupo» y «deudas con empresas asociadas».

Información, distinguiendo entre corto y largo plazo, sobre la cuantía de las deudas que venzan en cada uno de los cinco ejercicios siguientes; deudas con garantía real; deudas en moneda extranjera; tipo de interés medio de las deudas no comerciales a largo plazo; importe disponible en las líneas de descuento y en las pólizas de crédito concedidas a la empresa; gastos financieros devengados y no pagados; y detalle de obligaciones y bonos en circulación al cierre del ejercicio.

15. Situación fiscal.

Conciliación entre el resultado contable del ejercicio con el resultado fiscal, de acuerdo con el siguiente esquema:

Resultado contable del ejercicio...

	Aumentos	Disminuciones	Saldo
Impuesto de sociedades	—	—	—
Diferencias permanentes	—	—	—
Diferencias temporales:			
• Con origen en el ejercicio	—	—	—
• Con origen ejercicios anter.	—	—	—
Compensación de base imponible negativas de ejercicios anteriores			
Base imponible (Resultado fiscal)			

Además debe proporcionarse información sobre incentivos fiscales y cualquier circunstancia sustantiva relacionada con la situación fiscal.

16. Garantías comprometidas con terceros y otros pasivos contingentes.

Desglose de las garantías por clases, distinguiendo las relacionadas con empresas del grupo, asociados y otras. Adicionalmente, debe darse información sobre la naturaleza de las contingencias, sistema de evaluación de la estimación y factores de que depende.

17. Ingresos y gastos.

Desgloses de las siguientes partidas:

- «Consumo de mercaderías» y «Consumo de materias primas y consumibles», entre compras y variación de existencias.
- «Cargas sociales», entre aportaciones y dotaciones para funciones y otras cargas sociales.
- «Variación de provisiones y pérdidas de créditos incobrables», entre fallidos y variación de la provisión para insolvencias.

Además, debe proporcionarse información sobre transacciones efectuadas con empresas del grupo y asociadas; transacciones realizadas en moneda extranjera; distribución de la cifra de negocios por categorías de personas empleadas durante el ejercicio, por categorías; gastos e ingresos extraordinarios; gastos e ingresos anticipados; y gastos e ingresos diferidos.

18. Otra información.

Relativa a sueldos, dietas y remuneraciones del Consejo de Administración; anticipos y créditos concedidos a miembros del mismo; obligaciones contraídas en materia de pensiones y seguros de vida con ellos; y operaciones en que exista algún tipo de garantía, indicando los activos afectos.

19. Acontecimientos posteriores al cierre del ejercicio.

Información complementaria sobre hechos acaecidos con posterioridad al cierre que no afectan a las cuentas anuales del ejercicio cerrado, pero cuyo conocimiento sea útil para el destinatario de los estados financieros.

20. Cuadro de financiación.

Una explicación detallada se realiza en el epígrafe 3.5 de este capítulo.

21. Cuenta de pérdidas y ganancias analítica.

Su explicación se ha efectuado anteriormente en el epígrafe 3.4 de este capítulo.

Finalmente, es preciso mencionar que, al igual que el balance y la cuenta de pérdidas y ganancias, las empresas en que, al cierre del ejercicio, concurran al menos dos de las circunstancias siguientes:

- Activo total inferior a 230 millones de pesetas.
- Cifra de negocios neta inferior a 480 millones de pesetas.
- Número medio de trabajadores inferior a 51.

Pueden presentar una memoria abreviada. La Memoria abreviada tiene el contenido básico siguiente:

1. Actividad de la empresa.
2. Base de presentación de las cuentas anuales.
3. Distribución de resultados.
4. Normas de valoración.
5. Activo inmovilizado.
6. Capital social.
7. Deudas.
8. Empresas del grupo y asociados.
9. Gastos.
10. Otra información.

3.5. EL CUADRO DE FINANCIACION

El cuadro de financiación o estado de origen y aplicación de fondos en una descripción por separado de los recursos financieros obtenidos durante el ejercicio y de su aplicación o empleo por la empresa.

Su estudio es particularmente útil para el control financiero, ya que permite ver tanto la utilización que ha hecho la empresa de sus fondos en el período considerado, como su procedencia, es decir, la forma de financiar estas utilizaciones. Asimismo, permite comparar a posteriori los estados previstos con los reales y de este modo enjuiciar la marcha de la empresa e indagar sobre la causa de sus desviaciones. Además, mediante estados de origen y aplicación de fondos previsionales se pueden evaluar las necesidades futuras de fondos y la clase de fondos que resulten idóneos, con el fin de planificar su obtención. Este análisis es especialmente útil en la planificación a medio largo plazo de la empresa [13]. El cuadro de financiación forma parte de la Memoria anual (punto 20).

3.5.1. DESCRIPCIÓN Y MÉTODO DE ELABORACIÓN DEL CUADRO DE FINANCIAMIENTO O ESTADO DE ORIGEN Y APLICACION DE FONDOS

El cuadro de financiamiento es un método para analizar el flujo neto de fondos entre dos momentos sucesivos. Estos dos momentos coinciden con la fecha de los balances, al principio y final del período. Dicho período puede ser más o menos largo: un mes, un trimestre, un año, un quinquenio. Normalmente, se efectúan, o al menos se publican, sobre una base anual.

Es importante resaltar que el cuadro de financiamiento sólo describe movimientos netos y no los movimientos totales de cada cuenta. El movimiento neto de fondos se obtiene compensando los créditos y débitos de cada cuenta (esto es, considerando únicamente su saldo) en el período. Por ejemplo, las compras de inmovilizado menos las ventas de inmovilizado en el período da el movimiento total de la cuenta de inmovilizado bruto. Los estados de origen y aplicación de fondos sólo comparan lo saldos inicial y final de dicha cuenta y no las transacciones intermedias acaecidas durante el período.

Aunque es indudable que un análisis de los movimientos totales de fondos sería mucho más ilustrativo de la circulación real de fondos en la empresa, tal análisis no es posible efectuarlo con la información finan-

---

[13] Véanse los capítulos 8 y 9.

ciera ordinaria publicada por las empresas, única que se considera aquí. Esto no significa que no sea posible efectuar un estado de origen y aplicación de fondos basado en los movimientos totales de las cuentas a lo largo del período sino que tal análisis no es posible con la información que habitualmente se dispone desde el exterior de la empresa. Por tanto, la elaboración de dicho estado se efectuará limitándose a la utilización de la información financiera contenida en las cuentas anuales de las empresas: balance, cuenta de pérdidas y ganancias y memoria anual.

El análisis del origen y utilización de recursos durante un período de tiempo se deduce esencialmente del estudio de los cambios que han tenido lugar en el activo y el pasivo de los dos balances, el inicial y el final de dicho período, complementado por ciertos datos de la cuenta de pérdidas y ganancias y de otros documentos. La comparación de los dos balances proporciona la base para dicho análisis.

Los aumentos y las disminuciones en las partidas del balance están relacionados entre sí por tres ecuaciones:

1. Activo = Pasivo, en los balances de cada ejercicio.
2. Variación neta del activo = variación neta del pasivo.
3. Aumentos de las partidas del activo + disminuciones de las partidas del pasivo = Disminuciones de las partidas del activo + aumentos de las partidas del pasivo.

La segunda ecuación se deriva de la primera restando miembro a miembro ambos balances.

La tercera de estas ecuaciones se puede deducir de la segunda escribiendo ésta de la forma siguiente:

Aumentos del activo − disminuciones del activo = Aumentos del pasivo − disminuciones del pasivo; cambiando de miembro los términos de esta ecuación se deduce inmediatamente la segunda.

La tercera ecuación significa que los cambios representados por aumentos de determinadas cuentas del activo o por disminuciones de cuentas del pasivo están equilibrados en total por la combinación de disminuciones en otras cuentas de activo o aumentos de cuentas de pasivo.

Esta relación constituye la base para el análisis del origen y utilización de recursos durante un período contable.

Los fondos son proporcionados por terceros (aumentos de recursos de terceros), o por los propietarios (aumentos de recursos propios aportados), o por las operaciones (autofinanciación), o por la liberación del dinero utilizado anteriormente en activos (disminuciones de cuentas de activo).

Los recursos así obtenidos son utilizados para aumentar los activos existentes (aumentos de cuentas de activo) o para reducir deudas (disminuciones de recursos de terceros) o para pagar dividendos, impuestos u otras obligaciones contraídas.

La mecánica de elaboración puede resumirse como sigue:

a) Se calcula la diferencia entre los saldos de cada partida de los balances inicial y final del período, simplemente colocándolos uno al lado de otro y restándolos.

b) Se clasifican estas diferencias en dos columnas según que produzcan ingresos o desembolsos en caja, es decir, produzcan o absorban dinero.

c) Se completa la información mediante la cuenta de resultados del período y la propuesta de distribución de beneficios.

d) Se ordena la información en forma de estado de origen y aplicación de fondos.

La única advertencia radica en el tratamiento de las amortizaciones. Estas suelen figurar, acumuladamente, en el activo restadas al inmovilizado bruto para obtener el

CUADRO 3.8. *Ejemplo base para la elaboración del cuadro de financiación.*

BALANCES AL FINAL DE CADA EJERCICIO
(en millones de pesetas)

	1990	1991		1990	1991
Caja	10	20	Acreedores	20	15
Deudores	25	20	Deudas a corto	10	25
Existencias	15	20	Deudas a largo	20	30
Inmovilizado neto	50	80	Capital	40	40
			Reservas	10	30
TOTAL	100	140		100	140

CUENTA DE RESULTADOS DEL EJERCICIO 1991
(en millones de pesetas)

Ventas	150
— Coste de las ventas	80
Beneficio de explotación	70
— Gastos generales	30
— Amortizaciones	10
Beneficio neto a.d.i. (BAI)	30
— Impuesto de Sociedades	10
Beneficio neto d.d.i. (BDI)	20

neto. Por otra parte, las amortizaciones del período figuran en la cuenta de resultados del mismo como un coste para la empresa, que junto con los demás costes (de fabricación, materias primas, etc.) y gastos (de ventas, administrativos, generales, financieros, etc.) se deducen de los ingresos (por ventas y demás conceptos) obtenidos por la empresa para calcular el beneficio (o pérdida) del período. Sin embargo, a diferencia de los demás costes y gastos, la amortización no se desembolsa en el período, es decir, su importe permanece en la empresa formando parte de su autofinanciación. En este sentido, la amortización, al ser un coste no desembolsado, representa una fuente de fondos para la empresa en el estado de origen y aplicación de fondos.

El resultado final del análisis del origen y utilización de fondos durante un período es un cuadro más o menos detallado que trata de responder a dos preguntas: ¿en qué se emplearon los fondos?, ¿cómo se financiaron las actividades de la empresa?

Como ejemplo aclaratorio, en el cuadro 3.8 figuran los balances resumidos, al final de los años 1990 y 1991, y de una empresa, junto con la cuenta de resultados correspondiente a 1991.

La elaboración del Cuadro de Financiamiento sería la siguiente (en millones de pesetas):

			CAMBIOS EN 1991	
BALANCES	1990	1991	Utilización	Origen
Caja	10	20	10	—
Deudores	25	20	—	5
Existencias	15	20	5	—
Inmovilizado neto	50	80	30	—
Acreedores	20	15	5	—
Deudas a corto plazo	10	25	—	15
Deudas a largo plazo	20	30	—	10
Capital	40	40	—	—
Reservas	10	30	—	20
TOTAL			50	50

La comparación anterior indica que durante 1991 se obtuvieron recursos por valor de 50 millones de pesetas, procedentes de créditos a corto (15) y largo (10), reservas (20) y disminución de las cuentas a cobrar de deudores (5). Estos recursos se utilizaron en aumentar la caja (10); los stocks (5), las inmovilizaciones netas (30) y el crédito a proveedores (5).

Sin embargo, el cuadro anterior no representa la totalidad de los flujos de fondos. Así, por ejemplo, el beneficio neto de la empresa (20 millones de pesetas) se refleja en el balance de 1991 como un incremento de las reservas.

Este incremento representa una fuente de fondos que tiene su origen en la propia empresa. Para calcular la totalidad de los fondos autogenerados por la empresa es necesario añadir al aumento de las reservas la amortización del período (10 millones de pesetas, según la cuenta de resultados), ya que, según se indicó anteriormente, la amortización representa un coste no desembolsado y, por tanto, un fondo que permanece en la empresa. En definitiva, se trata de incluir en el estado de origen y aplicación de fondos el cash-flow, que constituye realmente el total de recursos autogenerados por la empresa, aunque no todo él pueda ser considerado como beneficio.

Una vez efectuado el ajuste de las amortizaciones, los flujos de fondos se reordenan como figura en el cuadro 3.9, de modo que figuren separadamente el origen y la utilización de los recursos a corto y largo plazo.

Dicho cuadro muestra que las fuentes de fondos fueron: la autofinanciación (50 por 100), la financiación a largo (16,7 por 100) y la financiación a corto (33,3 por 100), debido a la disminución del crédito a clientes (11,1 por 100) y al aumento de las deudas a corto plazo (22,2 por 100). Por otra parte, los fondos se emplearon en aumentar las inversiones en inmovilizado (66,7 por 100) y en utilizaciones a corto plazo (33,3 por 100), de las que una parte importante (16,7 por 100) fueron aumentos de Caja.

Muchas veces, en vez de desglosar los empleos y fuentes a corto plazo se agre-

CUADRO 3.9. *Estado de origen y aplicación de fondos* (en millones de pesetas).

ORIGEN		UTILIZACION	
Autofinanciación	30	Inversiones a largo plazo	40
— Beneficios d.d.i.	20	— Aumento inmovilizado bruto	40
— Amortización	10	—	—
Financiación a largo plazo	10	Utilizaciones a corto plazo	20
— Aumento deudas a largo plazo	10	— Aumento crédito a acreedores	5
Financiación a corto plazo	20	— Aumento caja	10
— Disminución de deudores	5	— Aumento existencias	5
— Aumento deudas a corto plazo	15	—	—
TOTAL	60	TOTAL	60

gan bajo una sola partida llamada «variación del fondo de maniobra» o «variación del capital circulante». La única diferencia reside, por tanto, en la omisión del detalle de las variaciones ocurridas en los recursos a corto plazo. La aplicación al ejemplo anterior figura en el cuadro 3.10.

Este tipo de estado se utiliza por los analistas y por la dirección de las empresas cuando el estudio se centra en el inmovilizado y capitales permanentes, es decir, cuando el interés se limita al medio y largo plazo.

Finalmente, en los cuadros 3.10 y 3.11 figura el modelo de cuadro de financiación del Plan General de Contabilidad. Puede observarse su desglose en dos partes: aplicación y obtención de recursos permanentes, y variación del capital circulante.

CUADRO 3.10. *Resumen del estado de origen y aplicación de fondos* (en millones de pesetas).

ORIGEN		UTILIZACION	
Autofinanciación	30	Inversiones a largo plazo	30
— Beneficios	20	— Aumento inmovilizado	30
— Amortización	10	Aumento del Fondo de Memoria	10
Financiación a largo plazo	10		
Aumento deuda a largo plazo	10		
TOTAL	40	TOTAL	40

CUADRO 3.11. *Cuadro de financiación del ejercicio* (según el Plan General de Contabilidad).

APLICACIONES	EJERCICIO N	EJERCICIO N-1	ORIGENES	EJERCICIO N	EJERCICIO N-1
1. Recursos aplicados en las operaciones 2. Gastos de establecimiento y formalización de deudas 3. Adquisiciones de inmovilizado a) Inmovilizaciones inmateriales b) Inmovilizaciones materiales c) Inmovilizaciones financieras c1) Empresas del grupo c2) Empresas asociadas c3) Otras inversiones financieras 4. Adquisición de acciones propias 5. Reducciones de capital 6. Dividendos 7. Cancelación o traspaso a corto plazo de deuda a largo plazo a) Empréstitos y otros pasivos análogos b) De empresas del grupo c) De empresas asociadas d) De otras deudas e) De proveedores de inmovilizado y otros 8. Provisiones para riesgos y gastos			1. Recursos procedentes de las operaciones 2. Aportaciones de accionistas a) Ampliaciones de capital b) Para compensación de pérdidas 3. Subvenciones de capital 4. Deudas a largo plazo a) Empréstitos y otros pasivos análogos b) De empresas del grupo c) De empresas asociadas d) De otras empresas e) De proveedores de inmovilizado y otros 5. Enajenación de inmovilizado a) Inmovilizaciones inmateriales b) Inmovilizaciones materiales c) Inmovilizaciones financieras c1) Empresas del grupo c2) Empresas asociadas c3) Otras inversiones financieras 6. Enajenación de acciones propias 7. Cancelación anticipada o traspaso a corto plazo de inmovilizaciones financieras a) Empresas del grupo b) Empresas asociadas c) Otras inversiones financieras		
TOTAL APLICACIONES EXCESO DE ORIGENES SOBRE APLICACIONES (AUMENTO DE CAPITAL CIRCULANTE)			TOTAL ORIGENES EXCESO DE APLICACIONES SOBRE ORIGINES (DISMINUCION DEL CAPITAL CIRCULANTE)		

CUADRO 3.12. *Cuadro de financiación del ejercici o. Variación del capital circulante* (según el Plan General de Contabilidad).

VARIACION DE CAPITAL CIRCULANTE	Ejercicio N		Ejercicio N-1	
	AUMENTOS	DISMINUCIONES	AUMENTOS	DISMINUCIONES
1. Accionistas por desembolsos exigidos 2. Existencias. 3. Deudores. 4. Acreedores. 5. Inversiones financieras temporales. 6. Acciones propias. 7. Tesorería. 8. Ajustes por periodificación.				
TOTAL VARIACION DEL CAPITAL CIRCULANTE				

3.5.2. UTILIDAD DE LOS CUADROS DE FINANCIACIÓN

El análisis del cuadro de financiación, en cualquiera de sus formas, ofrece una importante información sobre las operaciones financieras de una empresa, especialmente de las capacidades de expansión y la evaluación de la gestión realizada.

Puede detectar desequilibrios en el empleo de los fondos y posibilitar la adopción de medidas adecuadas para su corrección. Por ejemplo, un análisis histórico puede revelar un crecimiento de los stocks desproporcionado con los activos o con las ventas. Localizado el problema, se pueden indagar sus causas y obrar en consecuencia.

Otro empleo de los estados de origen y aplicación de fondos reside en la evaluación de la financiación de la empresa. Revela el grado de autofinanciación y la composición relativa de las diversas fuentes de financiamiento comparándolas con el uso que se ha hecho de estos recursos.

El análisis prospectivo es también muy valioso para el planeamiento de la financiación a medio y largo plazo. Indica las necesidades probables de fondos, el momento aproximado en que se necesitarán, y su naturaleza, pudiéndose prever con tiempo el modo más eficaz de conseguir la financiación necesaria.

Finalmente, cuando una empresa consta de varias divisiones puede ser útil preparar cuadros de financiamiento para cada una de ellas. Ello permitirá evaluar la eficacia de cada división en la colocación de los fondos asignados.

3.6. EL INFORME DE GESTION

El informe de gestión es un documento que debe ser presentado anualmente por todas las sociedades de capital, de acuerdo con el art. 202 del Texto Refundido de la Ley de Sociedades Anónimas.

Este documento debe incluir la siguiente información:

— Acontecimientos importantes posteriores al cierre del ejercicio (también incluidos en la Memoria anual).

— La evolución previsible de la Sociedad.

— Las actividades en materia de investigación y desarrollo.

— La compra de acciones propias.

Dentro de su vaguedad definitoria, el informe de gestión podría llegar a ser un instrumento esencial para revelar aspectos de futuro de la empresa, más que aspectos del pasado como las cuentas anuales vigentes.

3.7. EL ESTADO DE EQUILIBRIO FINANCIERO

El estado de equilibrio financiero agrupa las partidas del balance según un criterio funcional que relaciona las inversiones realizadas con los recursos disponibles para financiarlos.

Al contrario que la cuenta de pérdidas y ganancias y el cuadro de financiación, que tienen un carácter dinámico, el estado de equilibrio financiero ofrece una visión estática de la situación de la empresa en un momento determinado [14].

La estructura del estado de equilibrio financiero, según la Central de Balances del Banco de España, figura en el cuadro 3.12.

Dentro de las inversiones o activo neto se distinguen dos grandes bloques:

a) El activo inmovilizado neto, que agrupa los inmovilizados material, inmaterial y financiero, además de los gastos en términos netos, esto es, deducidas las amortizaciones y provisiones de inmovilizado.

b) El activo circulante neto, integrado por:

— De la explotación: cuentas de existencias y clientes, minoradas de las de proveedores (que es un pasivo sin coste explícito).

— De fuera de la explotación: diferencia entre las restantes cuentas de deudores y las de acreedores (que son asimismo pasivos sin coste explícito) más los ajustes por periodificación.

— Tesorería: cuentas de caja, bancos e inversiones financieras temporales.

Dentro de la estructura de la financiación o pasivo remunerado se distinguen asimismo dos grandes grupos:

a) Financiación permanente, integrada por:

— El Patrimonio neto, suma del capital, las reservas y las cuentas de actualización y revalorización.

— Los Recursos ajenos a medio y largo plazo, formados por las obligaciones y valores de renta fija y los préstamos a medio y largo plazo.

b) Financiación a corto plazo con coste, suma de los préstamos a corto plazo y los efectos comerciales descontados.

En el pasivo remunerado se incluyen únicamente aquellas partidas que tienen un coste explícito para la empresa, lo que permite comparar esta financiación con el coste de la misma. Las partidas de financiación sin coste explícito (por ejemplo, los proveedores que pueden tener un coste implícito en forma de pérdida de descuentos) se incluyen minorando el activo circulante. Además, en el pasivo remunerado se incluyen todas las deudas con vencimiento inferior a doce meses, con independencia de su origen.

Es preciso resaltar también la partida de «Efectos descontados» dentro de la financiación a corto con coste, dado que el descuento comercial constituye una fuente de financiación, frecuentemente de primera magnitud, para la empresa. Por otra parte, la deuda de los clientes sigue viva en tanto no sea pagada a su vencimiento. Por ello, en el estado de equilibrio financiero se contabilizan los efectos descontados y no pagados

[14] Para una explicación detallada del estado de equilibrio financiero, basada en la metodología de la Central de Balances del Banco de España, véase D. SILVESTRE PÉREZ y M. SILVESTRE CASTILLO, *Análisis económico y financiero, op. cit.*, Madrid, 1989.

CUADRO 3.13. *Estado de equilibrio financiero.*

EJERCICIO DE

ESTADO DE EQUILIBRIO FINANCIERO

(DATOS AGREGADOS)

<table>
<tr><td>MILLS. PTAS.

ACTIVO INMOVILIZADO NETO (1)
INMOVILIZADO MATERIAL................
INMOVILIZADO INMATERIAL ....
INMOVILIZADO FINANCIERO............
GASTOS AMORTIZABLES ....
AMORTIZACIONES Y PROVISIONES DE INMOVILIZADO........................</td><td>MILLS. PTAS.

FINANCIACION PERMANENTE (2)
Patrimonio Neto ....
CAPITAL...
CUENTAS ACTUALIZACION Y RE-VALOR. ....
Recursos ajenos medio y largo plazo ....
OBLIGACIONES Y VALORES RENTA FIJA ....
PRESTAMOS A MEDIO Y LARGO PLA-ZO DE ENTIDADES DE CREDITO .....
PRESTAMOS A MEDIO Y LARGO PLA-ZO DE OTROS ....</td><td>FONDO MANIOBRA = = CAPITAL CIRCULANTE (2 - 1)</td></tr>
<tr><td>ACTIVO CIRCULANTE NETO (3)
De la Explotación ....
EXISTENCIAS.......................................
CLIENTES ....
PROVEEDORES ....
De Fuera de la Explotación ....
OTROS DEUDORES..............................
OTROS ACREEDORES.........................
AJUSTES POR PERIODIFICACION Y OTROS...
Tesorería...
CAJA Y ENTIDADES DE CREDITO DEUDORAS ....</td><td>FINANCIACION CORTO PLAZO CON COSTE (4)
PRESTAMOS A CORTO PLAZO DE ENTIDADES DE CREDITO ....
EFECTOS COMERCIALES DESCONTA-DOS ....
PRESTAMOS A CORTO PLAZO DE OTROS...</td><td>CAPITAL CIRCULANTE = = FONDO MANIOBRA (3 - 4)</td></tr>
<tr><td>ACTIVO NETO (1 + 3)</td><td>PASIVO REMUNERADO (2 + 4)</td><td></td></tr>
<tr><td>CONCORDANCIA VARIACION FONDO DE MANIOBRA</td><td colspan="2">DIFERENCIA (1.º 1.º) EN ESTADOS DE EQUILIBRIO FINANCIERO
VARIACION NETA DEL FONDO DE MANIOBRA POR FLUJOS EXTERNOS
VARIACION POR DISTRIBUCION RESULTADOS EJERCICIO ANTERIOR Y OPERACIONES INTERNAS</td></tr>
</table>

dentro del pasivo remunerado y el correlativo riesgo de los clientes dentro del activo neto.

Con frecuencia, además de estados de equilibrio financiero en valores absolutos se presentan en términos de porcentajes, con el fin de poder realizar comparaciones que permitan evaluar la evolución de la empresa, su situación respecto a otras empresas, respecto a los valores presupuestados y respecto a los medios sectoriales u otros agregados.

En el cuadro 3.14 figura el estado de equilibrio financiero medio de las empresas españolas entre 1981 y 1990, en porcentaje, según la Central de Balances del Banco de España [15].

[15] Banco de España. Central de Balances. Resultados 1981-87, 1988 provisional y avance de 1989. Madrid, noviembre 1991.

CUADRO 3.14. *Estado de equilibrio financiero medio de la empresa española* (Estructura en porcentajes del total).

AÑOS	1981	1982	1983	1984	1985	1986	1987	1988	1989	1990
Número de empresas	2.057	2.057	3.276	4.119	5.111	6.492	7.572	7.595	6.901	4.749
1. ACTIVO INMOVILIZADO NETO	76,4	76,4	80,2	80,0	76,5	78,3	80,4	81,5	83,3	85,5
1.1. Inmovilizado material	100,2	99,1	99,2	98,8	96,5	104,1	107,2	106,5	106,0	110,8
1.2. Inmovilizado inmaterial	0,9	1,1	1,0	1,0	1,0	1,1	1,1	1,2	1,1	1,1
1.3. Inmovilizado financiero	4,8	5,1	6,5	7,4	8,1	8,5	10,0	13,6	16,1	16,0
1.4. Gastos amortizables	2,9	4,1	4,0	3,8	2,6	2,1	2,5	2,2	1,9	2,0
1.5. Amortizaciones y provisiones de inmovilizado	−32,5	−33,1	−30,5	−30,9	−31,7	−37,5	−40,4	−42,1	−41,9	−44,4
2. ACTIVO CIRCULANTE NETO	23,6	23,6	19,8	20,0	23,5	21,7	19,6	18,5	16,7	14,5
2.1. De la explotación	27,5	27,7	22,1	20,9	20,2	20,5	21,0	21,3	20,7	19,1
2.1.1. Existencias	18,0	17,9	15,3	13,3	12,7	12,4	12,8	13,1	12,9	11,6
2.1.2. Clientes	25,0	26,4	18,9	17,8	18,0	19,7	20,7	20,7	20,0	19,6
2.1.3. Proveedores	−15,4	−16,5	−12,2	−10,1	−10,4	−11,6	−12,6	−12,5	−12,2	−12,1
2.2. De fuera de la explotación	− 8,1	− 8,8	− 6,3	− 5,0	− 0,4	− 2,6	− 5,2	− 6,3	− 6,9	− 6,9
2.2.1. Otros deudores	1,9	1,6	5,1	6,3	11,1	9,3	9,5	9,7	9,2	9,4
2.2.2. Otros acreedores	− 8,8	− 9,0	−10,2	−10,5	−10,4	−11,2	−13,7	−14,8	−16,0	−16,7
2.2.3. Ajustes por periodificación y otros	− 1,2	− 1,3	− 1,2	− 0,8	− 1,1	− 0,7	− 1,0	− 1,1	− 0,1	0,4
2.3. Tesorería	4,2	4,7	4,0	4,0	3,7	3,8	3,9	3,4	2,9	2,3
2.3.1. Caja y entidades de crédito deudoras	4,2	4,7	4,0	4,0	3,7	3,8	3,9	3,4	2,9	2,3
ACTIVO NETO (1+2) = PASIVO REMUNERADO (3+4)	100,0	100,0	100,0	100,0	100,0	100,0	100,0	100,0	100,0	100,0
3. FINANCIACION PERMANENTE	85,4	84,4	85,5	85,9	85,6	86,7	87,1	88,7	88,1	86,2
3.1. Patrimonio neto	48,8	44,0	46,6	45,6	45,4	48,3	51,4	55,1	56,2	54,0
3.1.1. Capital	—	—	17,9	18,5	19,9	22,2	23,8	24,6	24,2	23,5
3.1.2. Cuentas de actualización y revalorización	—	—	21,0	18,9	14,7	13,0	10,1	8,5	8,3	7,6
3.1.3. Reservas y otros	—	—	7,7	8,1	10,8	13,1	17,5	22,0	23,7	22,9
3.2. Recursos ajenos a medio y largo plazo	36,6	40,5	38,9	40,4	40,2	38,4	35,7	33,6	31,9	32,2
3.2.1. Obligaciones y valores de renta fija	7,9	8,2	7,2	8,1	8,7	9,8	8,7	8,2	7,3	7,3
3.2.2. Préstamos a medio y largo plazo de entidades de crédito	22,5	24,9	26,5	26,9	23,6	21,7	21,1	20,2	18,9	19,2
3.2.3. Préstamos a medio y largo plazo de otros	6,3	7,4	5,2	5,4	7,8	7,0	5,9	5,2	5,7	5,7
4. FINANCIACION A CORTO PLAZO CON COSTE	14,6	15,6	14,5	14,1	14,4	13,3	12,9	11,3	11,9	13,8
4.1. Préstamos a corto plazo de entidades de crédito	9,3	10,1	10,0	8,2	8,5	7,0	7,0	5,2	5,7	6,1
4.2. Efectos comerciales descontados	5,2	5,4	4,2	3,9	3,7	3,8	3,7	3,1	2,7	2,2
4.3. Préstamos a corto plazo de otros	—	—	—	1,9	2,1	2,4	2,2	3,0	3,5	5,4
Pro memoria: Fondo de Maniobra (3−1) = Capital Circulante (2−4)	9,1	8,1	5,3	5,9	9,2	8,1	6,8	7,3	4,8	0,7

Fuente: Banco de España. Central de Balances. Noviembre 1991.

APENDICE

Anexo 1. *Caso de aplicación: Juan García, S. A. (JUGASA II)* [16]

Supóngase que tras presentar el señor García al señor Fernández, su socio potencial, el balance estimativo de JUGASA, al empezar a operar (véase cuadro 3.15), éste solicita al señor García, como condición para su participación en la sociedad, un nuevo balance y cuenta de resultados relativos al primer año de fabricación, basados en previsiones sobre la evolución de las ventas y costes de fabricación. Para su elaboración, el señor García anota la siguiente lista de acontecimientos previsibles durante dicho primer año de producción, considerando que la fabricación se haría bajo pedido, por lo que no existirían productos terminados sin vender a final de año:

a) Los ingresos por ventas, todos a cobrar en metálico antes de fin de año, ascenderían a 2.600.000 pesetas.

b) Se comprarían al contado materias primas y materiales por valor de 800.000 pesetas, de las que 400.000 serían empleadas en producción.

c) Los gastos de fabricación, incluyendo salarios, materias primas y materiales, serían de 1.300.000 pesetas, abonadas al contado.

d) Los gastos administrativos, comerciales y generales del período ascenderían a 200.000 pesetas, abonadas en metálico durante el período.

e) Se conseguiría, durante el primer trimestre, un crédito bancario de 500.000 pesetas a amortizar en dos semestres, con un tipo de interés semestral del 10 por 100 sobre el saldo pendiente.

f) Se compraría al contado nueva maquinaria y equipo por importe de pesetas 1.000.0000.

g) La amortización prevista del equipo durante el período sería de 150.000 pesetas.

h) Todos los gastos de constitución y primer establecimiento se cargarían a los resultados del primer año de fabricación con el fin de sanear el activo.

---

[16] Este caso es continuación del explicado en el epígrafe 3.1 del capítulo anterior. Está basado en John Bartlett (II) de la Harvard Business School.

CUADRO 3.15. *JUGASA (II). Balance estimativo al empezar a operar.*

ACTIVO		PASIVO	
Caja	150.000	Capital	2.000.000
Patente	1.000.000		
Maquinaria	500.000		
Gastos de constitución	100.000		
Gastos primer establecimiento	250.000		
TOTAL	2.000.000	TOTAL	2.000.000

CUADRO 3.16. *JUGASA. Situación provisional al final del primer año de fabricación.*

En qué están empleados los recursos			De dónde proceden los recursos		
Caja y Bancos	150.000		Capital	2.000.000	
	+2.600.000	(*a*)	Crédito	250.000	(*e*)
	− 800.000	(*b*)			
	− 900.000	(*c*)	Resultados:		
	− 200.000	(*d*)	Ventas	2.600.000	(*a*)
	+ 250.000	(*e*)	− Gastos fabricación	−1.300.000	(*c*)
	− 50.000	(*e*)	− Gastos administración y generales	− 200.000	(*d*)
	−1.000.000	(*f*)	− Intereses	− 50.000	(*e*)
Patente	1.000.000		− Amortización	− 150.000	(*g*)
Maquinaria	500.000		= Beneficio ordinario	900.000	
	+1.000.000	(*f*)	− Saneamiento activo ficticio	− 350.000	(*h*)
— Amortización	− 150.000	(*g*)	= Beneficio a.d.i. (BAI)	550.000	
Gastos constitución	100.000				
	− 100.000	(*h*)			
Gastos primer establecimiento	250.000				
	− 250.000	(*h*)			
Stock materias primas	800.000	(*b*)			
	− 400.000	(*c*)			

Con los datos anteriores, no ordenados secuencialmente, y a partir del balance inicial del cuadro 3.15, el señor García se dispuso, utilizando sus conocimientos elementales de contabilidad, a preparar una previsión del balance y cuenta de resultados de la empresa JUGASA al final del pimer año de fabricación.

Los resultados de su trabajo figuran en los cuadros 3.16 y 3.17.

Utilizando los procedimientos contables usuales, hubiera llegado evidentemente a las mismas conclusiones de una manera bastante más ordenada y metódica, como muestra el cuadro 3.18, donde, al lado de cada anotación en las cuentas correspondientes, se ha señalado entre paréntesis el acontecimiento que se ha originado.

CUADRO 3.17. *JUGASA. Balance estimativo al final del primer año de fabricación.*

ACTIVO			PASIVO	
Caja y Bancos		50.000	Crédito bancario	250.000
Stock materias primas		400.000	Capital	2.000.000
Maquinaria	1.500.000		Resultados	550.000
— Amortización	150.000		TOTAL	2.800.000
Maquinaria (neto)		1.350.000		
Patente		1.000.000		
TOTAL		2.800.000		

Cuenta de resultados del primer año de fabricación

Ventas	2.600.000
– Coste de ventas	1.300.000
= Beneficio explotación	1.300.000
– Gastos administración y generales	200.000
– Gastos financieros	50.000
– Amortización	150.000
= Beneficio ordinario	900.000
– Saneamiento activo (gastos constitución y primer establecimiento).	350.000
= Beneficio a.d.i. (BAI)	550.000

CUADRO 3.18. *Anotaciones contables de JUGASA durante el primer año de fabricación.*

Caja	
150.000	800.000 (*b*)
(*a*) 2.600.000	900.000 (*c*)
(*e*) 250.000	200.000 (*d*)
	50.000 (*e*)
	1.000.000 (*f*)
Saldo: 50.000	

Patentes	
1.000.000	
	Saldo: 1.000.000

Gastos constitución	
100.000	
	100.000 (*h*)

Maquinaria	
500.000	
(*f*) 1.000.000	150.000 (*g*)
	Saldo: 1.350.000

Gastos primer establec.	
250.000	
	250.000 (*h*)

Stock M. P.	
(*b*) 800.000	
	400.000 (*c*)
	Saldo: 400.000

Capital	
	2.000.000
Saldo: 2.000.000	

Créditos	
	250.000 (*e*)
Saldo: 250.000	

Resultados	
1.300.000	2.600.000
200.000	
150.000	
50.000	
(*h*) 350.000	
Saldo: 550.000	

Ventas (*)	
	2.600.000 (*a*)

Gastos fabricación (*)	
(*c*) 1.300.000	

Gastos comerciales, administrativos y generales (*)	
(*d*) 200.000	

Amortización (*)	
(*g*) 150.000	
	Saldo: 150.000

Gastos financieros (*)	
(*e*) 50.000	
	Saldo: 50.000

(*) Los saldos de estas cuentas no van directamente al balance sino a través de la cuenta de resultados.

CAPITULO 4

NORMAS DE VALORACION, CORRECCIONES VALORATIVAS Y RECURSOS PROPIOS

SUMARIO: 4.1. Introducción.—4.2. La valoración del activo circulante y de las cuentas financieras. 4.2.1. Valoración de las cuentas de clientes y deudores. 4.2.2. Valoración de las existencias. 4.2.3. Valoración de las cuentas financieras. 4.2.4. Valoración de los créditos no comerciales.—4.3. La valoración del inmovilizado no financiero: 4.3.1. Valoración del inmovilizado material. 4.3.2. Valoración del inmovilizado inmaterial. 4.3.3. Valoración de los gastos de establecimiento.—4.4. Concepto y métodos de amortización: 4.4.1. Elementos básicos de una política de amortizaciones en la empresa. 4.4.2. Métodos de amortización. 4.4.3. La base de la amortización: las leyes de actualización de balances. 4.4.4. Amortización y cash-flow.—4.5. Los recursos propios: 4.5.1. El capital social. 4.5.2. Las ampliaciones de capital. 4.5.3. Las reservas.—4.6. La contabilidad y la realidad empresarial.

4.1. INTRODUCCION

En los dos capítulos anteriores se han descrito, por una parte, los fundamentos de la contabilidad financiera (capítulo 2), y por otra, las cuentas anuales (capítulo 3). En este capítulo, complementario de los anteriores, se van a tratar con más detalle algunas cuestiones esenciales para la mejor comprensión de las cuentas anuales y su expresión contable. Estas cuestiones son fundamentalmente tres: la problemática de la valoración de activos, las correcciones valorativas y la función de los recursos propios.

El problema de la valoración de activos se centra en los principios generales a utilizar y en las normas que los desarrollan y que son de aplicación a las diversas partidas o cuentas de activo. Las normas de valoración de los activos constituyen desarrollos de los principios contables establecidos del Plan General de Contabilidad (PGC) [1] y contienen los criterios y reglas de aplicación a operaciones o hechos económicos, así como a los diversos elementos del patrimonio de la empresa.

El problema general de las valoraciones se centra fundamentalmente en dos aspectos:

— La elección de la base valorativa, teniendo en cuenta las variaciones en los niveles de precios que usualmente sufren las economías.

— La aplicación periódica de correcciones valorativas, definidas como el reflejo contable de la depreciación experimentada por los activos debido a una triple causa:

- El paso del tiempo, el uso o funcionamiento y la obsolescencia (amortización).
- Las pérdidas de valor duraderas pero no definitivas ni irreversibles (provisiones).
- Las pérdidas de valor irreversibles (saneamiento).

El problema de la elección de la base valorativa surge del principio valorativo tradicionalmente utilizado: el coste histórico, entendido como precio de adquisición o coste de producción. Este coste histórico en

[1] Véase el capítulo 2, epígrafe 2.5.

pesetas históricas del momento de la adquisición o producción, se mantiene en el tiempo, aunque deduciendo periódicamente las correcciones valorativas pertinentes. Resulta evidente que este principio del coste histórico sería válido exclusivamente en aquellos casos de ausencia total de variaciones en los niveles de precios, tanto absolutos como relativos. Si estos niveles de precios varían, como es usual, los valores históricos expresados en pesetas actuales pierden significación. Y tanto más cuanto mayor sea la depreciación monetaria, bien absoluta (inflación) o relativa de unos activos frente a otros. Los efectos contables del principio de valoración al coste histórico y las alternativas de solución propuestas —básicamente la contabilidad de costes de reposición— se describen en el apéndice del capítulo 5.

Existen, sin embargo, soluciones intermedias, como la aplicada habitualmente en España.

La legislación española, tanto a efectos contables como fiscales, estipula claramente la aplicación del principio del coste histórico. Pero para corregir parcialmente el efecto de la inflación sobre los estados financieros permite, periódicamente desde 1964, rectificar el valor de algunos activos mediante la aplicación de unos coeficientes multiplicadores en función del año de adquisición del bien. Es lo que se denomina regularización, revalorización o actualización. Sin embargo, dado que la corrección de los precios de adquisición implica también la modificación correlativa de las cifras de amortización, y éste es un concepto cuando menos complejo, el epígrafe 4 se dedica a analizar primero el concepto y los métodos de amortización para, a continuación (epígrafe 4.3), centrarse en la cuestión de la actualización y sus ramificaciones.

El término «corrección valorativa» tiene su origen en la 4.ª Directriz de la CEE, habiendo sido recogido en las leyes españolas de reforma del Código de Comercio y de Sociedades Anónimas. Su razón de ser radica en el hecho de que los activos van paulatinamente perdiendo valor, esto es, se deprecian, y esta depreciación, sea definitiva o no, debe registrarse contablemente y figurar en las cuentas anuales.

En virtud del principio de prudencia, sólo se reconocen contablemente las pérdidas de valor o minusvalías de los activos y no sus apreciaciones o plusvalías, con excepción de las revalorizaciones o actualizaciones autorizadas por ley. La diferencia entre el valor histórico original de los activos o valor bruto y sus correcciones valorativas acumuladas constituye el valor contable actual o valor neto de esos activos. El balance recoge en cada momento y por separado el valor histórico original y, con signo negativo, el importe acumulado de las correcciones valorativas efectuadas.

El epígrafe 2 trata de las normas de valoración aplicables a los elementos del activo circulante y a las cuentas financieras según el PGC, y el epígrafe 3 se dedica a las normas de valoración de los elementos del inmovilizado no financiero, todos con sus correspondientes correcciones valorativas.

El epígrafe 5 se dedica a tratar de algunas cuestiones relacionadas con los recursos propios de la empresa y que son de interés para la comprensión de los estados contables y para profundizar en los aspectos financieros de la empresa, tales como las diversas clases de capital, las ampliaciones de capital, las obligaciones convertibles y los diversos tipos de reservas.

Finalmente, el epígrafe 6 contiene algunas reflexiones sobre las prácticas contables en España y el grado en que la información contable usualmente facilitada por las empresas es completo, objetivo y fiable.

4.2. LA VALORACION DEL ACTIVO CIRCULANTE Y DE LAS CUENTAS FINANCIERAS

La valoración de las diversas partidas del activo del balance tiene importancia relevante para la autenticidad de la información suministrada por la contabilidad, tanto en lo concerniente a la situación patrimonial de la empresa como al desarrollo de su actividad en cada ejercicio económico.

En España, las normas de valoración, basadas en la 4.ª Directriz de la CEE, están regidas por el Código de Comercio y el Texto Refundido de la Ley de Sociedades Anónimas, constituyendo un desarrollo de los principios contables enunciados en el PGC. Se inspiran preferencialmente en el principio de prudencia aplicado en el marco de una «razonable flexibilidad».

Las normas de valoración se fundamentan en la noción de coste histórico, en base a los conceptos de:

- Precio de adquisición, para las adquisiciones a terceros a título oneroso.
- Coste de producción, cuando se trate de bienes fabricados o construidos por la propia empresa.
- Valor venal, para las adquisiciones a título gratuito.

El precio de adquisición se calcula como suma del importe facturado al vendedor más los gastos adicionales hasta su puesta en funcionamiento.

El coste de producción se obtiene añadiendo al precio de adquisición de las materias primas y otras materias consumibles los demás costes directamente imputables a dichos bienes, así como la parte que razonablemente corresponda de los costes indirectamente imputables.

En ambos casos se permite la inclusión de los costes financieros en el precio de adquisición, «siempre que tales gastos se hayan devengado antes de la puesta en funcionamiento del activo o correspondan a préstamos u otros tipos de financiación ajena, destinada a financiar la adquisición».

El valor venal de un bien se define como «el precio que se presume estaría dispuesto a pagar un adquirente eventual teniendo en cuenta el estado y el lugar en que se encuentra dicho bien».

A continuación se exponen, de manera resumida, las principales características de la problemática valorativa del activo circulante y de las cuentas financieras, expuestas en las normas de valoración del PGC [2].

4.2.1. VALORACIÓN DE LAS CUENTAS DE CLIENTES Y DEUDORES

Estas cuentas figurarán en el balance por su valor nominal. Deberán realizarse las correcciones valorativas que procedan, dotándose las provisiones correspondientes en función del riesgo que presenten las posibles insolvencias con respecto al cobro de las cuentas de clientes y deudores a su vencimiento.

Las correcciones valorativas de las cuentas a cobrar (clientes, deudores, efectos a cobrar y similares) se centran en dos problemas [3]:

- La cuantificación de los posibles impagados debido a la insolvencia de clientes y deudores.
- La atribución de estos impagados al ejercicio en que ha tenido lugar la operación.

En efecto, al finalizar el ejercicio económico de una empresa es necesario, para determinar sus resultados y elaborar su ba-

---

[2] El PGC, en su quinta parte, establece 22 normas de valoración de aplicación obligatoria para las empresas españolas.

[3] En el capítulo 20 se trata más ampliamente este tema desde la perspectiva de las políticas de crédito.

lance, evaluar el riesgo derivado de los derechos de cobro pendientes de vencimiento. Esta evaluación implica la estimación de una provisión para insolvencias que recoja el quebranto económico de unos derechos de cobro por ventas realizadas en el período, quebranto que debe ser soportado por el ejercicio en que se han efectuado las ventas y no por aquel en que se descubre la insolvencia del cliente [4].

En realidad, dado que se trata de un pronóstico o previsión, se estima el riesgo pero se desconoce quiénes son los clientes o cuáles las cuentas a cobrar que no se materializarán. Por ello, en cada ejercicio económico se dota una provisión que se irá ajustando a medida que el quebranto concreto se vaya conociendo. Esta provisión constituye un coste para la empresa en el ejercicio en que se realice la venta.

Para determinar con antelación el riesgo derivado de los créditos incobrables es necesario valorar individualmente los derechos de difícil o imposible realización o determinar globalmente su cuantía.

En empresas pequeñas o con una reducida cartera de clientes puede procederse a la valoración individual, estimando los de difícil realización y los incobrables.

En empresas grandes o con un número elevado de cuentas a cobrar es necesario establecer una valoración global en función de las siguientes variables típicas:

- Volumen anual de ventas netas, especialmente las realizadas a crédito;
- Previsión de la evolución de la coyuntura económica y, en particular, del sector de actividad de la empresa:
- Política de cobros de la empresa;
- Información histórica sobre riesgos por créditos incobrables de la empresa.

En general, la experiencia demuestra que el volumen de impagados tiene una relación directa con el sistema de concesión de créditos que la empresa tenga establecido. Un buen sistema sólo posible normalmente en empresas grandes, es tener un departamento especializado en la concesión de créditos a clientes, que analice su evolución y establezca límites de crédito a cada cliente. También es importante la duración del plazo de pago concedido a los clientes y la importancia para ésta del producto o servicio suministrado.

La empresa puede disminuir el riesgo de incobrables efectuando descuentos por pronto pago, que aumentan su liquidez eludiendo el peso del crédito, aunque con el inconveniente lógico del coste que representa.

Otros métodos de posible utilización es contratar con sociedades especializadas en el cobro de facturas o efectos, como las empresas de gestión de cobro o las de factoring [5].

4.2.2. Valoración de las existencias [6]

Las existencias se valoran al precio de adquisición o al coste de producción. El precio de adquisición comprende el consignado en factura más todos los gastos adicionales que se produzcan hasta que los bienes se hallen en almacén (lo que incluye transportes, aduanas, seguros, gestión de compra, etc.).

Cuando el valor de mercado de las existencias (o cualquier otro valor que le corresponda) sea inferior a su precio de adquisición o coste de producción, se deben efec-

---

[4] J. Rivero, *Contabilidad Financiera*. Madrid, 1990.

[5] En realidad, las empresas factoring, además de la gestión de cobro, realizan otros servicios, como llevar la contabilidad de clientes, cubrir riesgos de insolvencia y proporcionar anticipos de tesorería. Este tema se trata extensamente en el capítulo 20.

[6] Este tema se analiza ampliamente, desde el punto de vista de la gestión de stocks, en el capítulo 19.

tuar las correcciones valorativas pertinentes:

- Si la depreciación es reversible, dotando la provisión correspondiente.
- Si la depreciación es irreversible, disminuyendo directamente el valor contra la cuenta de explotación del ejercicio.

Se entenderá por valor de mercado los siguientes en cada caso:

- Materias primas: Precio de reposición o valor neto de realización (el más bajo).
- Mercaderías y productos terminados: Valor de realización, deducidos los gastos de comercialización que correspondan.
- Productos en curso: Valor de realización de los productos terminados correspondientes, deducidos todos los costes de fabricación pendientes de incurrir y los gastos de comercialización.

La valoración de las existencias o stocks plantea el problema básico de cómo evaluar los productos existentes en almacén al fin del período contable, cuando, como es habitual, los precios de compra (y los costes de producción cuando se trata de productos semielaborados o terminados) de las mismas mercancías han sido diferentes según las fechas de su adquisición (o producción) a lo largo del año. Esta valoración puede tener que importante repercusión en las cifras del beneficio o pérdida de la cuenta de resultados del período, dado que el consumo de stocks es una partida de los costes de explotación de la empresa y su beneficio de explotación se determina a partir de la relación:

Ventas-Coste bienes vendidos =
= Beneficio de explotación

Si estos costes son elevados, debido a una valoración alta del consumo de stocks, el beneficio se reducirá relativamente, y viceversa.

Existen, fundamentalmente, cuatro procedimientos para resolver el problema de la valoración de los stocks [7]:

a) FIFO (del inglés first-in, first-out): Considera que la primera unidad que se vende es la primera que entró en el almacén, independientemente del orden real de salida de las mercancías del almacén.

b) LIFO (del inglés last-in, first-out): Considera que la última unidad que entró en el almacén es la primera que se vende.

c) El del precio PROMEDIO valora las unidades existentes en almacén al promedio de su coste.

d) El método del COSTE MEDIO PONDERADO valora las unidades al promedio ponderado de su coste.

Siguiendo el principio general de prudencia valorativa, el procedimiento FIFO se utiliza cuando los precios han ido descendiendo a lo largo del año, pues entonces se consigue que el coste de las mercancías vendidas sea más elevado, disminuyendo el beneficio y quedando, además, las existencias finales valoradas a los costes más bajos. Cuando los precios han aumentado, este procedimiento valora las mercancías vendidas a precios bajos, quedando evaluadas las existencias finales a precios elevados. El beneficio de explotación queda, pues, sobrevalorado, así como el stock final.

El procedimiento LIFO se utiliza cuando los precios han aumentado, ya que entonces el coste de las mercancías vendidas se mide a precios altos, quedando valoradas las existencias finales a precios bajos. No surge, pues, beneficio nominal o ficticio debido a variaciones en el valor del coste de las mercancías. La aplicación del procedimiento LIFO cuando los precios están descendiendo produce el efecto inverso.

El método del promedio es intermedio, media aritmética de los dos anteriores. Con-

[7] F. Pereira y otros, *op. cit.*, 1991.

viene señalar que si el precio de compra de todas las unidades es idéntico, los tres métodos anteriores sañalarán lo mismo.

Como ejemplo muy simple de utilización de los métodos anteriores, supongamos que un comerciante que vende un único producto a un precio fijo de 100 pesetas/unidad compra sucesivamente a lo largo de un determinado mes diez unidades del producto en dos lotes de cinco unidades a los precios siguientes:

El primer lote, a 60 pesetas/unidad.
El segundo lote, a 80 pesetas/unidad.

Al final de mes vende cinco unidades al contado, con lo que le quedan otras cinco unidades en el almacén.

Las cuentas de explotación del mes, según el método contable utilizado, figuran esquematizadas en el cuadro 4.1.

Puede observarse cómo el método FIFO proporciona en este caso un beneficio de explotación y una valoración del stock final elevados relativamente con respecto al LIFO. Esto significa una sobrevaloración tanto de los resultados como del balance (el activo a través de la cuenta de stocks y el pasivo de la de resultados), sobrevaloración probablemente ficticia, ya que, por una parte, implicará el pago de mayores impuestos y, por otra, la imposibilidad de reponer los stocks a los precios vigentes, al final del período (más elevados que al principio del mismo), con la consiguiente pérdida de competitividad económica de la empresa.

El PGC establece que cuando se trate de bienes cuyo precio de adquisición o coste de producción no sea identificable individualmente se adoptará con carácter general el método del precio medio o coste medio ponderado. Los métodos FIFO, LIFO u otro análogo son aceptables si la empresa los considera más útiles para su gestión.

Las existencias adquiridas de moneda extranjera se convertirán a moneda nacional aplicando al precio de adquisición o coste de producción el tipo de cambio vigente en la fecha en que se produce cada adquisición. Estas existencias no podrán valorarse por encima del precio de mercado de la fecha de cierre, dotándose en caso necesario la correspondiente provisión.

CUADRO 4.1. *Valoración de existencias.*

	FIFO	LIFO	Promedio
Ventas	500	500	500
– Coste de las mercancías vendidas	300	400	350
= Beneficio bruto de Explotación	200	100	150
Valoración del stock final (5 unidades)	400	300	350

4.2.3. VALORACIÓN DE LAS CUENTAS FINANCIERAS

Los valores negociables comprendidos tanto en el inmovilizado (inmovilizaciones financieras) como en el activo circulante (inversiones financieras temporales), sean de renta fija o variable, se valorarán en general por su precio de adquisición a la suscripción o compra. Este precio incluirá, en cada caso, los costes inherentes a la operación de que se trate.

El PGC establece un tratamiento diferenciado entre los valores admitidos a cotización oficial y los no admitidos.

a) *Valores admitidos a cotización oficial*

Deben contabilizarse por el menor importe entre el precio de cotización y el de mercado. En este último caso, deberán dotarse las provisiones necesarias para reflejar la depreciación experimentada. Sin embargo, cuando existan circunstancias que justifiquen un valor inferior al precio de mercado, prevalecerá este valor, realizando las pertinentes correcciones valorativas (disminución directa de la valoración). Como precio de mercado se tomará el inferior entre la cotización media del último trimestre y la cotización del último día del ejercicio (o, en su defecto, del día anterior).

En el precio de mercado se incluyen los intereses devengados y no vencidos al final del ejercicio. Cuando se trate de valores de renta variable en moneda extranjera se dotará provisión siempre que el precio de adquisición al tipo de cambio histórico sea mayor que el valor de mercado al cierre del ejercicio al tipo de cambio de dicha fecha.

b) *Valores no admitidos a cotización oficial*

Deberán figurar en el balance por su precio de adquisición, salvo que éste sea superior al importe resultante de aplicar criterios valorativos racionales admitidos en la práctica, en cuyo caso se dotará una provisión por esta diferencia.

El PGC orienta sobre dichos criterios valorativos prácticos asimilándolos al valor teórico contable que corresponde a las participaciones en capital, corregido por el importe de las plusvalías tácitas existentes en el momento de la adquisición y subsistentes a la fecha del balance.

Estas plusvalías pueden corresponder a mayores valores de activos materiales, e inmateriales (incluido el Fondo de Comercio), y a pasivos sobrevalorados [8].

4.2.4. Valoración de los créditos

Se registrarán por el importen entregado, computando la diferencia entre dicho importe y el nominal de los créditos como ingresos por intereses en el ejercicio en que se devenguen, de acuerdo con un criterio financiero.

Los créditos por venta de inmovilizado se valorarán por el precio de venta, excluyendo los intereses incorporados al nominal del crédito, que serán registrados igualmente como ingresos por intereses en el ejercicio en que se devenguen.

Las correcciones valorativas deberán realizarse, dotando las correspondientes provisiones, en función del riesgo que presenten las posibles insolvencias con respecto al cobro de los activos de que se trate.

4.3. LA VALORACION DEL INMOVILIZADO NO FINANCIERO

Las partidas comprendidas en el inmovilizado material e inmaterial y los gastos de establecimiento deben valorarse al precio de adquisición o al coste de producción. Cuando se trate de bienes materiales adquiridos a título gratuito se considerará como precio de adquisición el valor venal de los mismos, esto es, el precio que presumiblemente estaría dispuesto a pagar un adquirente eventual teniendo en cuenta el estado y lugar en que se encuentren dichos bienes.

Se definen tres tipos de correcciones valorativas:

a) Las amortizaciones, que recogen las disminuciones del valor contable de los bienes inmovilizados con utilización limitada en el tiempo, debido a la depreciación que normalmente experimentan por su funcionamiento, uso y disfrute, incluyendo la obsolescencia que pueda afectarles. Las amortizaciones se calculan en función de la vida útil de los bienes en base a un plan sistemático y permanente en el tiempo.

---

[8] V. Montesinos Julve, *Correcciones Valorativas*, Area Editorial, S. A., Expansión. Madrid, 1991.

b) Las provisiones o minusvalías derivadas de depreciaciones duraderas que no sean definitivas o irreversibles. Generalmente, cuando el valor de mercado de un bien desciende por debajo de la diferencia entre el precio de adquisición y las amortizaciones acumuladas, debe dotarse una provisión por dicha diferencia, con el fin de reflejar en las cuentas anuales el «verdadero valor» del bien con un criterio de prudencia.

c) El saneamiento de activo o disminuciones directas de valor, como consecuencia de depreciaciones irreversibles y diferentes de la amortización sistemática. Estas pérdidas de valor irrecuperables suelen deberse a causas excepcionales o extraordinarias y su reflejo contable será llevarlas al resultado del ejercicio por la diferencia entre el importe activo que no esté amortizado ni provisionado y el valor actual estimado.

4.3.1. La valoración del inmovilizado material

Los activos de vida limitada y superior a un ejercicio contable deben ser amortizados sistemáticamente en función de su vida útil. En el epígrafe 4.4 se analiza en detalle el concepto de amortización y los métodos usualmente utilizados.

En el caso de que las amortizaciones contables no coincidan con las fiscalmente deducibles, prevalecerán las primeras en la elaboración del balance y cuenta de pérdidas y ganancias, explicando la diferencia en la memoria anual.

Se dotarán provisiones cuando existan depreciaciones duraderas que no se consideren definitivas; si se estiman irreversibles, siendo distintas de la amortización sistemática, se contabilizará directamente la pérdida, así como la correspondiente disminución del valor del bien.

Los activos materiales en moneda extranjera se convertirán a moneda nacional aplicando, al precio de adquisición o coste de producción, el tipo de cambio vigente en los bienes que se incorporen al patrimonio. Las amortizaciones y provisiones se calcularán sobre el importe anterior.

En el PGC se establecen normas de valoración particulares, en general referentes a la inclusión de determinados gastos en el precio de adquisición, para los siguientes bienes de inmovilizado material:

- Solares sin edificar.
- Construcciones.
- Instalaciones técnicas, maquinaria y utillaje.
- Utensilios y herramientas incorporados a elementos mecánicos.
- Gastos de obras y trabajos internos.
- Renovación, ampliación o mejora de los bienes de inmovilizado material.

4.3.2. Valoración del inmovilizado inmaterial

Son aplicables los criterios generales enunciados para el inmovilizado material, con las siguientes normas particulares:

a) Gastos propios de investigación y desarrollo (gastos de I + D): se considerarán gastos del ejercicio en que se realicen. Sólo podrán activarse cuando reúnan las dos condiciones siguientes:

- Estar individualizados por proyectos y su coste establecido para que pueda ser distribuido en el tiempo.
- Tener motivos fundados del éxito técnico y de la rentabilidad económico-comercial de cada proyecto.

Deberán amortizarse a la mayor brevedad posible y siempre en el plazo de cinco años desde la conclusión del proyecto. En el caso de que existan dudas razonables sobre el éxito técnico o la rentabilidad del proyecto, los gastos activados deberán sanearse llevándolos directamente a pérdidas. Por otra parte, el artículo 194, apartado 3.º, de la Ley de Sociedades Anónimas prohíbe toda distribución de beneficios mientras las reservas disponibles sean inferiores a la suma de los gastos del I + D activados y los gastos de establecimiento no amortizados.

b) Propiedad industrial: Se contabilizarán en esta partidas los gastos de I + D activados cuando se obtenga la correspondiente patente o similar, incluido el coste de registro y formalización de la patente.

c) Fondo de comercio: Sólo se reconoce cuando procede de una adquisición a título oneroso. Deberá amortizarse de modo sistemático, con el límite máximo de diez años, siempre que contribuya a la obtención de ingresos. Cuando el período de amortización exceda de cinco años, deberá justificarse en la memoria.

d) Derechos de traspaso: Sólo se activarán cuando procedan de una adquisición onerosa. Deberán amortizarse de modo sistemático en el plazo máximo de cinco años, siempre que contribuyan a la obtención de ingresos por la empresa.

e) Programas de ordenador (aplicaciones informáticas): Se aplican los mismos criterios que para los gastos de I + D. No pueden activarse los gastos de mantenimiento de las aplicaciones informáticas.

f) Arrendamiento financiero (leasing): Los derechos registrados como activos inmateriales se amortizarán atendiendo a su vida útil. Cuando se ejercite la opción de compra, el valor de los derechos registrados y su correspondiente amortización acumulada se traspasarán al inmovilizado material.

4.3.3. VALORACIÓN DE LOS GASTOS DE ESTABLECIMIENTO

Se efectuará por el precio de adquisición o coste de producción de los bienes y servicios que los constituyan. Tanto los gastos de constitución y ampliación de capital como los de primer establecimiento deberán amortizarse sistemáticamente en un plazo máximo de cinco años.

4.4. CONCEPTO Y METODOS DE AMORTIZACION

Se denomina así a la representción contable de la depreciación monetaria que en el transcurso del tiempo sufren los activos inmovilizados que tengan para la empresa una vida útil no ilimitada pero sí superior a un ejercicio contable.

A excepción de los terrenos, la mayoría de los activos inmovilizados tiene una vida útil para la empresa de duración limitada. Dado que la contabilidad registra inicialmente en el activo las inmovilizaciones a su precio de adquisición o coste de producción, parece lógico que éste se considere un gasto a repartir entre cada uno de los períodos contables (años, normalmente) que constituyen su vida útil. El proceso contable que realiza esta conversión gradual del coste inicial de los inmovilizados en gastos imputables a cada período de utilización es la amortización [9].

La amortización tiene un sentido económico muy claro para la empresa, dado que si ésta no cargase la depreciación (pérdida de valor) experimentada por sus activos inmovilizados en el transcurso del año en la cuenta de resultados, el beneficio resultaría ficticio, ya que al final de su vida útil el inmovilizado habría desaparecido y la empresa se habría empobrecido (o descapitalizado, en términos técnicos). Por otro lado, si el balance de la empresa sólo registrase el inmovilizado en términos brutos (esto es, el precio de adquisición de los inmovilizados), el

[9] F. PEREIRA y otros, *op. cit.*, 1991.

activo no reflejaría el valor de los bienes y derechos propiedad de la empresa en ese momento, sino el valor de los activos cuando se adquirieron, que evidentemente puede ser muy distinto.

La amortización tiene, por consiguiente, la finalidad de mantener en la empresa los recursos necesarios para evitar que ésta se empobrezca, es decir, se descapitalice.

El objetivo económico de una política de amortizaciones debe ser, por tanto, mantener su capacidad de servicio. Esto poco tiene que ver, con frecuencia, con la amortización fiscal, cuyo objetivo es presentar unas cifras contables que reduzcan al mínimo los impuestos a pagar según la legislación tributaria vigente.

En todo caso, las cifras de amortizaciones no son objetivas, sino que se basan en una serie de estimaciones más o menos afortunadas, dentro del marco jurídico en vigor, con frecuencia bastante rígido.

Las tablas legales, todavía vigentes en 1991, de coeficientes anuales de amortización y las normas para su aplicación figuran en la Orden Ministerial del Ministerio de Hacienda de 23 de febrero de 1965 (BOE del 12 de marzo de 1965).

4.4.1. ELEMENTOS BÁSICOS DE LA POLÍTICA DE AMORTIZACIONES EN LA EMPRESA

En el establecimiento de una política de amortización intervienen los siguientes factores:

a) El precio de adquisición del inmovilizado, que incluye todos los gastos adicionales para su instalación y puesta en condiciones de trabajo.

b) La vida útil del inmovilizado. Es la menor de las tres vidas siguientes:

— La vida física o mecánica.

— La vida técnica (obsolescencia): Una máquina puede encontrarse en perfectas condiciones de trabajo pero poder sustituirse con ventaja económica por una segunda máquina que realiza mejor la misma función (ejemplos típicos son los ordenadores o los aparatos electrónicos).

— La vida comercial: El producto en cuya elaboración interviene el inmovilizado puede haber sido sustituido por otro obtenido por procedimientos distintos.

c) El valor residual del inmovilizado al final de su vida útil, que con frecuencia se estima nulo.

d) El método de amortización empleado para repartir el coste del inmovilizado entre los períodos contables que constituyen su vida útil.

e) La base de la amortización, es decir, si la amortización pretende cubrir bien el coste original del inmovilizado, bien este mismo coste actualizado con un índice de precios que indique la pérdida de valor del dinero en períodos de inflación, o bien el coste de reposición del inmovilizado.

4.4.2. MÉTODOS DE AMORTIZACIÓN

Existen diferentes clases de amortización, según se considere constante la velocidad de depreciación de los activos (amortización uniforme), creciente (amortización acelerada) o decreciente (amortización decelerada). Existen asimismo diferentes métodos de amortización, siendo los más utilizados los siguientes:

1. Uniforme o constante: Considera que el inmovilizado presta un servicio idéntico durante cada uno de los años de su vida útil. Por tanto, a cada ejercicio se cargan, como costes, un porcentaje fijo del valor del inmovilizado a amortizar, de modo que si C es cantidad a amortizar y n el número de ejercicios que se estima va a durar el inmoviliza-

do, la cuota fija anual de amortización será C/n.

Así, para una vida útil de cinco años, por ejemplo, el coeficiente anual de amortización será igual al 20 por 100.

2. Acelerada: Estima que el inmovilizado se desgasta más en sus primeros años de vida y, por tanto, considera que en estos años hay unos gastos de amortización mayores. Un método típico de esta clase es el llamado amortización a porcentaje decreciente, que consiste en cargar a los costes de cada ejercicio un porcentaje que decrece en progresión aritmética cada año. De esta forma las cuotas anuales de amortización no son constantes, sino que disminuyen en una cantidad fija todos los años.

Matemáticamente, si se denomina C a la cantidad a amortizar, p al porcentaje fijo de decremento anual, n al número de años de amortización y t al tanto por uno a aplicar el primer año, se tiene:

$$C = Ct + C(t - p) + C(t - 2p) + \\ + \ldots C[t - (n - 1)\,p],$$

donde cada sumando expresa la cuota de amortización de cada uno de los años.

Operando sencillamente, ya que el segundo miembro de la expresión anterior es la suma de los términos de una progresión aritmética de razón p, se llega a las expresiones:

$$p = \frac{2nt - 2}{n^2 - n},$$

o lo que es igual,

$$t = \frac{pn\,(n - 1) + 2}{2n},$$

que relacionan n, p y t. Fijadas dos de las variables, las fórmulas anteriores proporcionan la restante.

Por ejemplo, para el caso de una amortización en cinco años, con un porcentaje fijo de decremento del 5 por 100, el tanto por uno a aplicar el primer año será:

$$t = \frac{0{,}05 \times 5 \times 4 + 2}{2 \times 5} = \frac{3}{10} = 0{,}3,$$

de modo que los coeficientes de amortización anual serán:

	Coeficiente
Primer año	0,30
Segundo año	0,25
Tercer año	0,20
Cuarto año	0,15
Quinto año	0,10
TOTAL	1,00

Un caso particular del método de amortización a porcentaje decreciente es el de los «números dígitos», muy utilizado en Estados Unidos. Consiste en tomar siempre como porcentaje de decremento anual la suma de los números dígitos de los n años de amortización, esto es,

$$p = \frac{1}{1 + 2 + \ldots + n},$$

Así, para el caso de una vida útil de cinco años, los coeficientes anuales de amortización serían:

$$1.^{er}\text{ año } \frac{5}{1+2+3+4+5} = \frac{5}{15} = 0{,}333$$

$$2.^{o}\text{ año } \frac{4}{1+2+3+4+5} = \frac{4}{15} = 0{,}267$$

$$3.^{er}\text{ año } \frac{3}{1+2+3+4+5} = \frac{3}{15} = 0{,}2$$

$$4.^{o}\text{ año } \frac{2}{1+2+3+4+5} = \frac{2}{15} = 0{,}133$$

$$5.^{o}\text{ año } \frac{1}{1+2+3+4+5} = \frac{1}{15} = 0{,}067$$

TOTAL 1,000

Otro método de amortización acelerada es el de los saldos decrecientes. En este método la amortización anual se calcula aplicando un coeficiente (que generalmente es el doble del que utilizaría una amortización uniforme) al valor contable neto del inmovilizado al comenzar el año, no a su coste original.

El cuadro 4.2 ilustra la aplicación de los métodos anteriores a un inmovilizado cuyo valor de adquisición fue 1.000 pesetas, y que se desea amortizar en cinco años con valor residual nulo.

Puede comprobarse cómo en la amortización uniforme el coeficiente de amortización anual del 20 por 100 es constante, de modo que la amortización cada año es de 200 y el valor contable neto del inmovilizado al final de cada año es la diferencia entre el valor inicial (1.000) y la amortización acumulada. En el método de amortización a porcentaje decreciente (columna 2) con un coeficiente de amortización inicial del 30 por 100 y un porcentaje fijo de descuento anual del 5 por 100, la cuota de amortización del 1.er año es 300 (1.000 × 0,3); la del 2.º, 250 (1.000 × 0,25); y así sucesivamente hasta el año 5.º en que es de 100 (1.000 × 0,10). El valor contable neto del amortizado al final de cada año es la diferencia entre el valor inicial (1.000) y la amortización acumulada. En el método de los números dígitos (columna 3), el coeficiente de amortización anual va descendiendo desde 5/15 en el primer año hasta 1/15 en el 5.º año. Correlativamente, las cuotas de amortización anual disminuyen desde 333 (1.000 × 5/15) en el primer año hasta 67 (1.000 × 1/15) en el quinto año. El valor contable neto del inmovilizado al final de cada año es la diferencia entre el valor inicial (1.000) y la amortización acumulada. En el método de los saldos decrecientes (columna 4) con coeficiente anual de amortización del 40 por 100, la cuota de amortización del primer año es 400 (1.000 × 0,4); la del segundo año, 240 (600 × 0,4); y así sucesivamente. Nótese que en este último método tal coeficiente de amortización anual se aplica sobre el valor contable neto al principio del mismo año y no sobre el

CUADRO 4.2. *Comparación de métodos de amortización.*

Año	1. Uniforme (20 %)		2. Porcentaje decreciente t = 0,3 *p* = 0,05			3. Números dígitos			4. Saldos decrecientes (40 %)	
	Valor contable 31-XII	Amortiz. anual	Coefic. amortiz.	Valor contable 31-XII	Amortiz. anual	Coefic. amortiz.	Valor contable 31-XII	Amortiz. anual	Valor contable 31-XII	Amortiz. anual
0	1.000	—	—	1.000	—	—	1.000	—	1.000	—
1	800	200	0,3	700	300	5/15	667	333	600	400
2	600	200	0,25	450	250	4/15	400	267	360	240
3	400	200	0,20	250	200	3/15	200	200	216	144
4	200	200	0,15	100	150	2/15	67	133	130	86
5	—	200	0,10	—	100	1/15	—	67	78	152
TOTAL.........		1.000			1.000			1.000		922*

* En el método del saldo decreciente, es frecuente pasar a amortización uniforme en los últimos años de vida del inmovilizado, de modo que al final del período predeterminado esté totalmente amortizado.

valor de adquisición original del inmovilizado (1.000) como en los métodos anteriores.

Los diferentes métodos de amortización permiten una representación gráfica muy sencilla que, para el ejemplo anterior, se muestra en la figura 4.1.

3. Decelerada: Estima que el inmovilizado se desgasta menos en sus primeros años de vida que en los últimos. Por tanto, establece cuotas de amortización inferiores en los primeros años y mayores en los posteriores.

Dentro de esta categoría, el sistema de amortización a porcentaje creciente es inverso al anteriormente explicado, creciendo el coeficiente de amortización en una cantidad fija al año. Las fórmulas son idénticas, con la salvedad de que *t* es el tanto por uno a aplicar el último año, no el primero.

Los métodos reseñados establecen las cuotas de amortizaciones en función del tiempo. En otras ocasiones resulta más razonable efectuarlo en función de los servicios prestados a la empresa por el inmovilizado (horas trabajadas o producidas, kilómetros recorridos por los camiones, etc.). Estos sistemas pueden ser a su vez uniformes o acelerados, de manera análoga a los casos descritos. Cualquiera de los dos procedimientos se basa en una previsión: número de años de vida útil, en el primer caso; número de kilómetros durante los cuales los camiones estarán en condiciones útiles de trabajo, en el segundo.

En ocasiones se utiliza también un método mixto, en el que la cuota de amortización se establece como la resultante de dos sumandos: uno en función del tiempo y el otro en función de los servicios prestados.

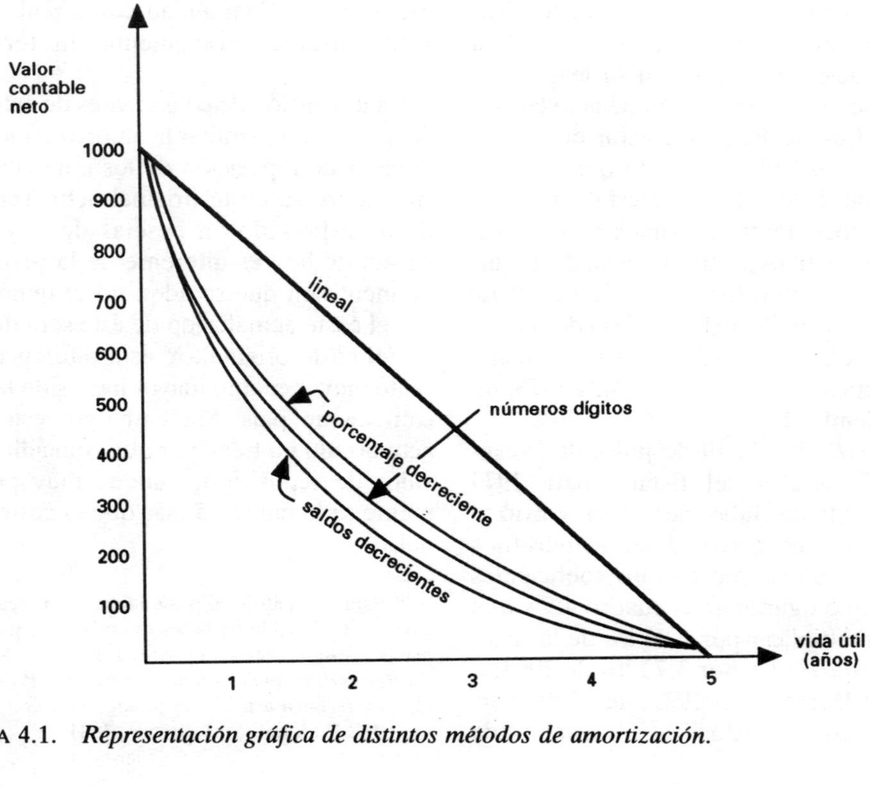

FIGURA 4.1. *Representación gráfica de distintos métodos de amortización.*

4.4.3. LA BASE DE LA AMORTIZACIÓN: LAS LEYES DE ACTUALIZACION DE BALANCES

Un punto importante de toda política de amortización lo constituye el discutido tema de cuál debe ser la base de aquélla: si el coste actualizado mediante un índice que indique la erosión monetaria o el valor de reposición del inmovilizado.

En períodos de inflación alta este problema reviste un gran importancia, ya que una amortización basada en valores históricos actúa negativamente sobre el patrimonio de la empresa. Sin embargo, una amortización basada en valores de reposición es escasamente objetiva, ya que, con mucha frecuencia, el valor de reposición de un activo resulta difícil de calcular, en ocasiones, porque se ignora incluso si el inmovilizado actualmente en uso será sustituido por otro semejante o totalmente diferente.

Esta realidad es la que, al menos teóricamente, ha tratado de tener en cuenta la Administración al admitir en su legislación el principio de regularización de activos mediante la Ley de Regularización de Balances, texto refundido aprobado por Decreto 1985/64, de 2 de julio, que estableció una escala de coeficientes máximos a aplicar al valor de los activos según su fecha de adquisición. El Decreto-Ley 12/1973, de 30 de noviembre, restableció la vigencia de la citada ley con distintos coeficientes de regularización (artículo 6 del Decreto 3431/1973, de 21 de diciembre).

La Ley 1/1979, de 19 de julio, de Presupuestos Generales del Estado para 1979 (BOE de 20 de julio de 1979) volvió a autorizar la actualización de los activos fijos materiales, de acuerdo con los coeficientes máximos que figuran en el cuadro 4.5 y que suponen multiplicar por 1,86 los de la regularización de 1973 y por 3,72 los de 1964.

El Real Decreto 621/1981, de 27 de marzo, reglamentó la actualización establecida por la Ley 74/1980, de 29 de diciembre, de Presupuestos Generales del Estado para 1981. Los coeficientes máximos autorizados figuran en el cuadro 4.3 y suponen multiplicar por 1,29 los de la actualización de 1979, y por 2,39 y 4,79 los de las regularizaciones de 1977 y 1964, respectivamente.

El Real Decreto 382/1984, de 22 de febrero, desarrolló la Ley de Presupuestos Generales del Estado para 1984 (artículo 32 de la Ley 9/1983, de 13 de julio), permitiendo la actualización de los bienes de inmovilizado material en base a su valor neto contable a 31 de diciembre de 1980. Simultáneamente se permitió la actualización de las amortizaciones dotadas entre el final de 1980 y el 31 de diciembre de 1983. Los coeficientes máximos aplicables figuran en la última columna del cuadro 4.3 [10].

En 1991, las Diputaciones del País Vasco han autorizado la actualización de los activos fijos y existencias de las empresas radicadas en esa Comunidad y que realicen sus actividades exclusivamente en territorio vasco.

La utilización de coeficientes de actualización no busca plantear la amortización sobre el valor de reposición de los inmovilizados, sino sobre su coste original actualizado, es decir, expresado en pesetas de hoy. Si la peseta de hoy es diferente de la peseta del momento en que se adquirió el inmovilizado, el coste actualizado de éste será diferente del coste original. Y esta diferencia será tanto mayor cuanto mayor haya sido la inflación en un país. Sin embargo, este coste actualizado no tiene por qué coincidir con el valor de reposición, aunque muy posiblemente se le parecerá más que el coste original.

---

[10] Para un análisis en profundidad de la regularización y actualización de balances en España y en otros países, véase el estudio de ANGEL ESTEBAN MARINA, *La Regularización de Balances en España. Proceso histórico y régimen actual,* con prólogo de César Albiñana. CISS Editorial, S. A. Bilbao, 1984.

CUADRO 4.3. *Coeficientes máximos para regularizar y actualizar los activos fijos materiales.*

Regularización 1961 (D. 28/2/63)	Años	Regularización (1) 1964	Regularización (2) 1973	Regularización (3) 1977	Actualización (4) 1979	Actualización (5) 1981	Actualización (6)* 1983
Hasta 1940 6,13	1942 y ant.	10	20	20	37,24	47,96	—
Hasta 1941 5,53	1943-1946	7	14	14	26,06	33,57	—
Hasta 1942 4,77	1947-1950	5	10	10	18,61	23,96	—
Hasta 1943 3,95	1951-1955	2	4	4	7,45	9,59	—
Hasta 1944 3,86	1956	1,80	3,60	3,60	6,70	8,63	—
Hasta 1945 3,57	1.VII.59-60	1,20	2,40	2,40	4,46	5,74	—
Hasta 1946 3,57	1961	1,10	2,20	2,20	4,10	5,28	—
Hasta 1947 2,57	1962	1,05	2,10	2,10	3,91	5,04	—
Hasta 1948 2,28	1963-1964	1,00	2	2	3,72	4,79	—
Hasta 1949 2,16	1965-1967		1,80	1,80	3,35	4,32	—
Hasta 1950 1,80	1968-1970		1,55	1,55	2,89	3,72	—
Hasta 1951 1,30	1971		1,35	1,35	2,51	3,23	—
Hasta 1952 1,23	1972		1,23	1,23	2,29	2,95	—
Hasta 1953 1,17	1973		1,08	1,08	2,01	2,59	—
Hasta 1954 1,13	1974		1,00	1,00	1,86	2,39	—
Hasta 1955 1,08	1975				1,61	2,07	—
Hasta 1956 1,02	1976				1,41	1,82	—
	1977				1,81	1,52	—
	1978				1,00	1,29	—
	1979					1,13	—
	1980					1,00	1,34
	1981						1,21
	1982						1,09
	1983						1,00

* Hasta 1983, los coeficientes se aplicaban en función del año de adquisición del bien. En la actualización de 1984 se cambia el criterio, sustituyéndose la fecha de adquisición por el valor contable a 31-12-80 si el bien fue adquirido con anterioridad a este día y la fecha de adquisición si fue adquirido con posterioridad.

Fuente: M. Flores Caballero, «Las Medidas Correctoras de la inflación de la Contabilidad en España», *Técnica contable,* 1985.

El destino de las «cuentas de actualización» viene reglamentariamente determinado en las disposiciones legales correspondientes. En el caso de la actualización de 1984, la cuenta «Actualización Ley de Presupuestos de 1983» se admitió que, una vez comprobada y aceptada por la Administración, en el plazo máximo de tres años pudiera destinarse a la ampliación de capital en los plazos y condiciones establecidos.

Como resumen de todo lo expuesto en este apartado podría decirse que la cifra anual de amortización que figura en la cuenta de resultados de una empresa no pasa de ser en muchos casos, aún actuando con buena fe, una adivinanza. Esta reflexión ha llevado a algunos autores a considerar el beneficio neto antes de amortizaciones (es decir, el cash-flow) como cifra más representativa que la del beneficio [11]. El cash-flow tiene la ventaja de su objetividad, aun-

[11] Esta es la aceptación más general del concepto de cash-flow según se considere antes o después de impuestos, se suele calificar de cash-flow antes o después de impuestos, respectivamente. En el análisis de inversiones (véase parte V) se matiza este concepto para tener en cuenta otros movimientos de fondos comprometidos o cedidos por el proyecto.

que considerarlo como medida del beneficio es evidentemente desacertado. Como dice el profesor Ballestero [12], «el cash-flow es un número sobre el que se pisa firme. El beneficio neto es, en la práctica, un número sofisticado cuando no claramente falsificado. Sabemos que es menor que el cash-flow, pero no sabemos mucho más acerca de él».

Finalmente, se dijo anteriormente que el concepto económico de depreciación para una empresa poco tiene que ver, con frecuencia, con la amortización fiscal. En general, a una empresa con beneficios normales le interesará, desde un punto de vista fiscal, amortizar en el menor plazo posible con el fin de reducir su cifra de beneficios y aplazar el pago de impuestos. Claro que esta idea está sujeta a modificaciones importantes en virtud de otras consideraciones de la política de la empresa.

4.4.4. AMORTIZACIÓN Y CASH-FLOW

Al objeto de ilustrar el papel que desempeña la amortización en la autofinanciación de la empresa, supóngase que se crea una compañía con la siguiente estructura de activo:

Circulante	60
Inmovilizado	150
TOTAL	210

Se estima que el activo fijo puede ser utilizado durante tres años, al cabo de los cuales no tendrán ningún valor. Esto implica que en tres años el proceso productivo habrá consumido inmovilizado por valor de 150. Si se reparte a partes iguales, o se amortiza linealmente, cada año existirán unos costes de amortización equivalentes a 50. En el cuadro 4.4. se recoge el cálculo del beneficio y del cash-flow generado por esta empresa suponiendo las ventas y gastos que se indican.

[12] E. BALLESTERO, *op. cit.*, pág. 49.

CUADRO 4.4.

	Cuenta de Explotación	Flujo de Tesorería
Ventas	160	+ 160
Gastos	80	− 80
Amortización	50	
Beneficio a.d.i. (BAI)	30	
Impuestos (30 %)	9	− 9
Beneficio neto d.d.i. (BDI)	21	
Cash-flow		71

Si el 40 por 100 del beneficio neto se distribuye a los accionistas en forma de dividendos, reinvirtiéndose el 60 por 100 restante, el cash-flow disponible será de

$$71 - 0{,}4 \times 21 = 62{,}6$$

Al cabo de tres años se habrá generado una caja de $62{,}3 \times 3 = 187{,}8$, que permitirá comprar nueva maquinaria sin recurrir a nueva financiación externa, y aún quedará un excedente para nuevas inversiones.

Amortizando adecuadamente los activos y siendo la empresa rentable, la actividad se autofinancia a sí misma en ausencia de crecimiento e inflación.

Supóngase que esta misma empresa prescinde de la amortización, es decir, no considera los costes derivados de la utilización de activo fijo. El beneficio y el cash-flow generados serán los siguientes:

	Explotación	Tesorería
Ventas	160	+ 160
Gastos	80	− 80
Beneficio a.d.i. (BAI)	80	
Impuestos (30 %)	24	− 24
Beneficio neto b.d.i. (BDI)	56	
Cash-flow		56

Lógicamente el beneficio es mayor, pues una parte de los costes no se imputan, pero, sin embargo, el cash-flow disminuye de 71 a 56. Ello es debido a que en el segundo caso los impuestos pagados son mayores. Es decir, la amortización incrementa el cash-flow de la empresa mejorando su liquidez en la medida en que reduce el pago de impuestos.

En este sentido, el cash-flow se puede calcular también como suma de beneficio neto más amortización, como puede comprobarse fácilmente en los cuadros anteriores.

Siguiendo con la segunda hipótesis de no amortizar, los dividendos a pagar serán de 56 × 0,4 = 22,4, con lo que el cash-flow disponible acumulado al cabo de tres años es de (56 − 22,4) × 3 = 110,8, insuficiente para reponer la maquinaria consumida. El dinero necesario para ello se ha pagado en mayores impuestos y dividendos.

De alguna forma, se ha estado utilizando activo fijo para pagar impuestos y dividendos, lo que ha traído como consecuencia la descapitalización de la empresa, es decir, su incapacidad para reponer el capital consumido.

La evolución de la estructura del activo de la empresa en la primera hipótesis, es decir, en que se imputa la amortización a los costes de cada ejercicio, es la siguiente:

Activo	0	1	2	3	3′
Circulante	60	122,6	185,2	247,8	97,8
Fijo	150	150,0	150,0	150,0	150,0
Amortización ...	0	50,0	100,0	150,0	0,0
TOTALES ...	210	222,6	235,2	247,8	247,8

Como se observa, el inmovilizado se va convirtiendo en liquidez según se va amortizando y llegado el tercer año se utilizan estos fondos acumulados para comprar nueva maquinaria. La antigua está completamente amortizada, por lo que se elimina su valor de las cuentas de activo fijo y de amortización. Simultáneamente, se adquiere nueva maquinaria por valor de 150 unidades monetarias (columna 3′).

4.5. LOS RECURSOS PROPIOS

En este epígrafe se van a examinar algunas cuestiones relacionadas con los recursos propios de la empresa, presentándose las diversas situaciones relacionadas con ellos a través de un ejemplo sencillo: el de la empresa KALGAN, S. A., cuyo balance resumido al final del ejercicio figura en el cuadro 4.5. Los elementos constitutivos de los fondos propios, que ya fueron enunciados en el apartado 1 del capítulo 3 al analizar la estructura del pasivo de una empresa, son el capital social, las reservas y los resultados.

4.5.1. EL CAPITAL SOCIAL

El capital social de una sociedad anónima está dividido en unos títulos llamados acciones, cada una de las cuales representa una parte alícuota de aquél. Si el capital social de la empresa KALGAN es de 1.000.000 y el valor nominal de la acción es de 500

CUADRO 4.5. *KALGAN, S. A. Balance resumido al 31-12 (en miles de pesetas).*

Activo		Pasivo	
Circulante	1.700	Exigible a corto plazo	800
Inmovilizado (neto)	1.300	Exigible a largo plazo	600
		Capital social	1.000
		Reservas	600
TOTAL	3.000	TOTAL	3.000

pesetas, la propiedad de la compañía estará representada por:

$$\frac{1.000.000}{500} = 2.000 \text{ acciones}$$

El poseedor de cada acción es, por consiguiente, propietario de 1/2.000 de la empresa. Como es sabido, para la constitución de una sociedad anónima en España se requieren al menos tres socios y un capital inicial mínimo de 10 millones de pesetas [13].

Se denomina valor contable de la acción al resultante de dividir los recursos propios (capital + reservas) de la empresa por el número de acciones.

En el caso de la empresa KALGAN, el valor contable de una acción será:

$$\frac{1.600.000}{2.000} = 800 \text{ ptas.}$$

El valor bursátil de una acción que se cotiza en Bolsa es la resultante, en cada momento, de la oferta y la demanda del mercado. Generalmente las cotizaciones bursátiles son fluctuantes y se publican en la prensa diaria [14].

El capital social que figura en el balance de una empresa es el capital suscrito, es decir, el que consta en escritura pública de constitución o modificación de la sociedad suscrita en el Registro Mercantil.

La sociedad puede no exigir a los suscriptores el desembolso total del valor de las acciones en el momento de su suscripción, sino solamente parte de él (al menos el 25 por 100), reclamando el pago del resto más tarde. Mientras tanto, la parte no desembolsada figurará en el activo del balance, por ser una deuda de los accionistas con la empresa, bajo la denominación de «accionistas por desembolsos no exigidos» o «accionistas por desembolsos exigidos», según no haya sido exigida todavía o lo haya sido ya.

4.5.2. LAS AMPLIACIONES DE CAPITAL

Las ampliaciones de capital, es decir, el aumento del capital por emisión de nuevas acciones, pueden ser de cuatro tipos básicos:

— Ampliación a la par.
— Ampliación por encima de la par.
— Ampliaciones gratuitas con cargo a reservas.
— Obligaciones convertibles.

---

[13] Las diversas formas societarias existentes en España son:

• Sociedad colectiva: entre 2 y 50 socios; máximo de 50 millones de ptas. de capital: responsabilidad personal ilimitada.

• Sociedad comanditaria simple: entre 2 y 50 socios; capital máximo de 50 millones de ptas.; responsabilidad de los socios colectivos ilimitada; responsabilidad de los socios comanditarios limitada a su aportación.

• Sociedad de responsabilidad limitada: entre 2 y 50 socios; capital mínimo de 500.000 ptas., totalmente desembolsadas; responsabilidad limitada a la aportación.

• Sociedad anónima: mínimo de 3 socios; capital social mínimo de 10 millones de ptas. totalmente suscrito y desembolsado al menos el 25 por 100; responsabilidad limitada a la aportación.

• Sociedad anónima laboral: mínimo de 3 socios; capital mínimo de 10 millones de ptas., con un máximo del 25 por 100 por socio y perteneciendo un 31 por 100 a los socios trabajadores; responsabilidad limitada a la aportación.

• Sociedad comandataria por acciones: mínimo de 3 socios; capital mínimo de 10 millones de ptas. totalmente suscrito y desembolsado al menos el 25 por 100; responsabilidad personal ilimitada para socios colectivos y según la aportación para socios comanditarios.

• Cooperativa de trabajo asociado: mínimo de 5 socios, con responsabilidad según estatutos.

En España, el 75 por 100 de las sociedades existentes son anónimas y alrededor del 24 por 100 de responsabilidad limitada. En cuanto al volumen de capital, cerca del 97 por 100 corresponde a las sociedades anónimas.

[14] Una descripción del mercado de valores y del funcionamiento bursátil se ofrece en el capítulo 5. Una explicación sencilla de los mercados bursátiles figura en CARLOS ROMERO, *Introducción a la financiación empresarial y al análisis bursátil.* Alianza Universidad Textos, 1984.

CUADRO 4.6. *KALGAN, S. A. Balance resumido después de una ampliación a la par totalmente desembolsada (en miles de pesetas).*

Activo		Pasivo	
Circulante	1.700 + 300	Exigible a corto plazo	800
Inmovilizado (neto)	1.300	Exigible a largo plazo	600
		Capital social	1.000 + 300
		Reservas	600
TOTAL	3.300	TOTAL	3.300

CUADRO 4.7. *KALGAN, S. A. Balance resumido después de una ampliación a la par desembolsada en un 80 por ciento (en miles de pesetas).*

Activo		Pasivo	
Circulante	1.700 + 240	Exigible a corto plazo	800
Accionistas	+ 60	Exigible a largo plazo	600
Inmovilizado (neto)	1.300	Capital social	1.000 + 300
		Reservas	600
TOTAL	3.300	TOTAL	3.300

a) *Ampliación a la par*

Consiste en emitir nuevas acciones a suscribir por un precio igual que el nominal.

Supóngase [15] que en el ejemplo anterior la empresa KALGAN decida ampliar su capital en 300.000 pesetas mediante la emisión de 600 acciones de 500 pesetas (a la par).

Si se exigiera el desembolso íntegro del valor de las acciones, el balance quedaría como muestra el cuadro 4.6.

Si la empresa no exigiera del comprador de cada acción el desembolso inmediato de las 500 pesetas, sino únicamente una fracción (por ejemplo, el 80 por 100), reservándose el derecho de exigirle el resto más adelante, el balance sería el que muestra el cuadro 4.7.

Después de exigir el desembolso de la cantidad adecuada por los accionistas, el Balance sería el del cuadro 4.6.

En este caso de emisión a la par el valor contable de las acciones antiguas disminuye, ya que si antes era de 800 ptas. ahora será de

$$\frac{1.900}{2.600} = 734{,}61 \text{ pesetas.}$$

Para resolver esta situación se suele ofrecer a los accionistas antiguos el derecho preferente a suscribir las nuevas (por ejemplo, 3 × 10, es decir, tres nuevas por cada diez antiguas). El propietario de la acción antigua tiene derecho, representado por un cupón, a la acción nueva y puede optar entre comprar los derechos de suscripción que le falten para adquirir una acción nueva o vender el que posee.

[15] A lo largo de los ejemplos siguientes se prescindirá de los gastos de emisión e impuestos fiscales inherentes a las ampliaciones.

El valor de este derecho viene expresado aproximadamente por la fórmula [16].

$$\text{Valor del derecho de suscripción (VDS)} = \frac{N\,(C - E)}{A + N}$$

siendo:

A = Número de acciones antiguas en circulación.
N = Número de acciones nuevas emitidas.
C = Cotización bursátil antes de la ampliación (precio de mercado de las acciones viejas).
E = Precio de emisión de cada acción nueva.

En el ejemplo anterior de la empresa KALGAN, si la cotización antes de la ampliación era de 200 enteros (es decir, 200 por 100 equivalentes a 1.000 ptas., ya que el valor nominal es de 500 ptas.), el valor del derecho de suscripción en la ampliación de 3 × 10 a la par (esto es, 3 acciones nuevas por cada 10 antiguas, emitidas a su valor nominal) será:

$$\text{VDS} = \frac{600\,(1.000 - 500)}{2.000 + 600} = 115{,}38 \text{ ptas.}$$

Cada acción nueva suscrita le costará al accionista 615,38 ptas. (500 del nominal de la acción y 115,38 del derecho de suscripción), siendo su precio básico de 884,62 ptas. (1.000 de la acción antigua menos 115,31 del derecho de suscripción).

La riqueza del accionista no varía antes y después de la ampliación, independientemente de que suscriba o no las acciones. En efecto, supóngase un accionista que posee 10 acciones al comenzar la ampliación. Su riqueza será:

a) Antes de la ampliación:

10 acciones × 1.000 ptas./acción = 10.000 ptas.

b) Después de la ampliación, suscribiendo las acciones nuevas que le corresponden (3, ya que la ampliación es de 3 × 10):

13 acciones × 884,62 ptas./acción = 11.500 ptas., habiendo desembolsado 1.500 ptas. al suscribir las 3 acciones nuevas. En términos netos, su riqueza después de la ampliación sería también de 10.000 ptas.

c) Después de la ampliación, vendiendo los derechos de suscripción a su precio teórico:

10 acciones × 884,62 ptas./acción + 10 derechos de suscripción × 115,38 ptas./acción = 8.846,2 + 1.153,8 = 10.000 ptas.

La diferencia entre las alternativas de suscribir o no radica en las preferencias del inversor por liquidez inmediata o rentabilidad futura, ya que, una vez comenzada la ampliación, el valor de los derechos de suscripción y las acciones siguen pautas de cotización diferentes. En general, suele resultar más barato comprar derechos y suscribir (lo que en el argot bursátil se denomina «entrar por derechos») debido a que la suscripción de las acciones nuevas se demora un cierto tiempo (frecuentemente, seis meses o más) durante el cual no se pueden enajenar (lo que significa que su liquidez es menor que la de las acciones viejas).

---

[16] El planteamiento parte de la siguiente igualdad:

$$C - VDS = E + (A/N)\ VDS$$

que, a su vez, procede de la equivalencia:

$$AC + NE = (A + N)\,(C - VDS),$$

que significa que el valor de las acciones viejas a su precio de mercado anterior a la ampliación más el valor de las acciones nuevas al precio de emisión es igual al valor de todas la acciones al precio posterior a la ampliación.

b) *Ampliación por encima de la par*

Las ampliaciones de capital pueden realizarse también de modo que el precio de cada acción sea mayor que el nominal. Esto es relativamente frecuente en empresas en que los valores contable y bursátil de sus acciones son superiores al nominal.

Supongamos que la empresa KALGAN hubiera decidido ampliar su capital en 300.000 pesetas mediante la emisión de 500 acciones, cada una con un valor nominal de 500 pesetas, a un precio de 600 (es decir, a un tipo del 120 por 100). La diferencia entre el valor nominal y el precio (100 pesetas en este caso) se denomina prima de emisión.

En el ejemplo, por tanto, la empresa recibirá 250.000 pesetas correspondientes al valor nominal de las acciones y 50.000 pesetas de primas de emisión. La representación contable de esta emisión figura en el cuadro 4.8.

c) *Ampliaciones gratuitas con cargo a reservas*

Una empresa puede decidir realizar una ampliación de capital mediante la emisión de acciones liberadas con cargo a reservas. Consiste en entregar gratuitamente a los accionistas las acciones procedentes de la nueva emisión en una cierta proporción (por ejemplo, 1 × 5, es decir, una acción nueva por cada cinco antiguas). El accionista puede entonces decidir entre vender la nueva acción realizando un ingreso en metálico, pero vendiendo un porcentaje de su propiedad en la empresa, o conservarla, manteniendo su posición relativa como propietario de la empresa.

La traducción contable de una ampliación de capital de la empresa KALGAN por la cantidad de 200.000 pesetas (equivalente a 400 acciones) liberadas con cargo a reservas, es decir, en proporción 1 × 5, es la siguiente que figura en el cuadro 4.9.

d) *Obligaciones convertibles*

Una obligación es un título de renta fija, por el cual el suscriptor presta el valor nominal de la obligación (si la emisión es a la par) a la empresa emisora y ésta se compromete a devolver en el plazo convenido dicho valor nominal (si no existe prima de reembolso) y a pagar anualmente un determinado tipo de interés sobre el nominal.

Las condiciones de emisión figuran en el contrato de emisión y se refieren básicamente a:

— Valor nominal de la obligación.
— Prima de emisión: rebaja el precio de la obligación al suscribirla.

CUADRO 4.8. *KALGAN, S. A. Balance de una ampliación de 3 × 10 al 120 % totalmente desembolsada (en miles de pesetas).*

Activo		Pasivo	
Circulante	1.700 + 300	Exigible a corto plazo	800
Inmovilizado (neto)	1.300	Exigible a largo plazo	600
		Capital social	1.000 + 250
		Reservas	600
		Reservas primas de emisión	+ 50
TOTAL	3.300	TOTAL	3.300

CUADRO 4.9. *KALGAN, S. A. Balance después de una ampliación de 1 × 5 totalmente liberada con cargo a reservas (en miles de pesetas).*

Activo		Pasivo	
Circulante	1.700	Exigible a corto plazo	800
Inmovilizado (neto)	1.300	Exigible a largo plazo	600
		Capital social	1.000 + 200
		Reservas	600 − 200
TOTAL	3.000	TOTAL	3.000

— Tipo de interés anual (sobre el valor nominal).

— Plazo de reembolso: número de años desde la fecha de emisión hasta su devolución o reembolso (amortización).

— Prima de reembolso: devolución, al final del período de reembolso, no sólo del valor nominal, sino, además, de una prima adicional.

— Forma de amortización: si es por la totalidad de las obligaciones al final del período de amortización o fraccionamiento, por sorteo, en determinadas fechas.

— Ventajas fiscales, en su caso.

— Otras ventajas, como premios asignados a los obligacionistas por sorteo.

— Cotización o no en Bolsa.

Desde el punto de vista de la contabilidad de la empresa, la emisión de obligaciones es un exigible a largo plazo (o «Acreedores a largo plazo»), ya que el importe total de la emisión es un préstamo que los suscriptores conceden a la empresa y que ésta deberá devolver en el plazo y forma convenidos, además de pagar anualmente los correspondientes intereses, que evidentemente representan un coste financiero para la empresa.

Debido, sobre todo, a la incidencia de la inflación, que repercute muy fuertemente sobre los obligacionistas poseedores de títulos de renta fija, son frecuentes en nuestro país otra clase de obligaciones, distintas de las simples, denominadas obligaciones convertibles. En realidad, las obligaciones convertibles son una forma híbrida de acción y obligación, ya que, emitidas como obligaciones, al llegar el momento de su reembolso los obligacionistas pueden optar entre recuperar su valor nominal en metálico o canjear, habitualmente en condiciones de cambio favorables, las obligaciones por acciones, según las condiciones estipuladas en el contrato de emisión. Por ejemplo, si la cotización media de las acciones de la empresa en el último trimestre ha sido de 300, el canje se realizará al 80 por 100 de dicha cotización media, esto es, a 240 enteros sobre dicha cotización media. En estas circunstancias, la mayoría de los obligacionistas suelen optar por acudir al canje.

En el ejemplo de la empresa KALGAN imagínese que la totalidad de su exigible a largo plazo al final del ejercicio considerado (véase cuadro 4.6) está constituido por obligaciones convertibles y que al final del ejercicio siguiente lleva a cabo la conversión de la mitad de estas obligaciones en acciones. Supóngase que la cotización media en el último trimestre de la empresa fue de 400 enteros y que las condiciones de emisión estipulan un cambio para el canje del 75 por 100 de esta cotización media, es decir, 300 enteros.

Si todos los obligacionistas acuden al canje, la empresa tendrá que permutar 300 obligaciones, con un importe total de 300.000 pesetas, suponiendo un valor nominal de la obligación de 1.000 pesetas, por

CUADRO 4.10. *KALGAN, S. A. Balance tras el canje de una emisión de obligaciones convertibles (en miles de pesetas).*

Activo		Pasivo	
Circulante	1.700	Exigible a corto plazo	800
Inmovilizado (neto)	1.300	Exigible a largo plazo	600 − 300
		Capital social	1.000 + 100
		Reservas	600 + 200
TOTAL	3.000	TOTAL	3.000

200 acciones, que, a un cambio de 300 enteros (1.500 pesetas), suponen exactamente el mismo importe. Para ello deberá efectuar una ampliación de capital de 100.000 pesetas (200 acciones a 500 pesetas/acción). La diferencia entre la disminución de la partida de exigible a largo plazo (300.000 pesetas) y el aumento de la partida de capital (100.000 pesetas) irá a engrosar la cuenta de reservas, normalmente como «Primas de emisión» (200.000 pesetas, en el ejemplo utilizado).

Tras la conversión, el balance de la empresa KALGAN será el que figura en el cuadro 4.10.

Puede observarse la profunda modificación de la estructura del pasivo debido a la reducción del exigible a largo y el incremento de los fondos propios, especialmente las reservas. Así, la emisión de obligaciones convertibles (que han obtenido acciones que valían en el mercado, antes de la conversión, 2.000 pesetas al precio de 1.500). Los perjudicados han sido, claramente, los accionistas antiguos, ya que sus acciones valían antes de la conversión 2.000 pesetas (400 enteros) y después de la conversión solamente 1.945,5 pesetas (391 enteros). Por eso, en la emisión de acciones convertibles tienen derecho preferente de suscripción los accionistas de la empresa, en función de su participación en el capital de la misma.

4.5.3. LAS RESERVAS

En el apartado 1 del capítulo 3, al analizar la estructura del pasivo se describían brevemente los distintos tipos de reservas contables:

— Reservas primas de emisión.
— Reserva de revaloración.
— Reserva legal.
— Reservas para acciones propias.
— Reservas para acciones de la Sociedad dominante.
— Reservas estatutarias.
— Otras reservas.

Existen otras clasificaciones de las reservas, según se las contemple desde distintos puntos de vista. Así, desde el punto de vista de su regulación jurídica se agrupan en:

— Legales [17].
— Estatutarias.
— Voluntarias.

[17] De acuerdo con el Texto Refundido de la Ley de Sociedades Anónimas, debe destinarse una cifra igual al 10 por 100 del beneficio del ejercicio a la reserva legal hasta que ésta alcance al menos el 20 por 100 del capital social. La reserva legal podrá utilizarse para aumentar el capital en la parte de su saldo que exceda del 10 por 100 del capital ya aumentado salvo para la finalidad anterior y mientras no supere el 20 por 100 del capital social esta reserva sólo podrá destinarse a la compensación de pérdidas y siempre que no existan otras reservas disponibles suficientes para este fin.

Desde un punto de vista fiscal, se pueden hacer dos grandes grupos:

— Las que no tiene un trato fiscal favorable.
— las que sí lo tienen.

Desde el punto de vista de su reflejo contable se pueden dividir en:

— Reservas expresas: aparecen explícitamente en el balance bajo una denominación que indica claramente su contenido.
— Reservas ocultas: aquellas que no se reflejan como reservas en el balance. Pueden ser de dos tipos: las que aparecen en el balance bajo otra denominación y las que no aparecen en el balance. Las primeras se producen siempre que bajo una cuenta de pasivo exigible se incluyen valores propiedad de la empresa, y las segundas, siempre que en el activo haya dejado de contabilizarse algún bien o se haya contabilizado por un valor inferior al real. Hay que señalar que lo mismo que es posible la existencia de contrarreservas debido a la sobrevaloración del activo o a la infravaloración del pasivo exigible.

Finalmente, desde el punto de vista de su origen, las reservas pueden clasificarse en:

— Aportadas (primas de emisión).
— Ganadas (beneficios retenidos).
— De regularización o actualización: debidas a la corrección del desfase entre el valor actualizado de los activos y el que figuraba en los balances, mediante la aplicación de la ley correspondiente.

En algunas ocasiones, se califican también algunos tipos de reservas con nombres que hacen referencia a las razones por las que se ha decidido mantener dichos recursos en la empresa y no repartirlos como dividendos. A veces este tipo de recursos recibe el nombre de fondos [18].

Las reservas o fondos no representan dinero ni nada tangible. Los bienes y derechos de una empresa están representados en el activo, no en el pasivo. La creación de un fondo no supone la modificación de ninguna cuenta de activo, sino simplemente la separación de una parte de las reservas calificándolas con el nombre correspondiente y permaneciendo como reservas dentro de los fondos propios de la empresa.

El PGC considera a las reservas como cuentas representativas de beneficios no distribuidos, mantenidos a disposición de la empresa y no incorporados a capital, clasificándolas en:

— Prima de emisión de acciones.
— Reserva de revalorización.
— Reserva legal.
— Reservas especiales.
— Reservas para acciones de la sociedad dominante.
— Reservas para acciones propias.
— Reservas estatutarias.
— Reservas voluntarias.
— Reserva por capital amortizado.

4.6. LA CONTABILIDAD Y LA REALIDAD EMPRESARIAL

A lo largo de los epígrafes anteriores de este capítulo, así como en los dos capítulos precedentes, se ha descrito y analizado el sistema de información contable en la empresa, con especial detenimiento en sus productos externos normales que son las cuentas anuales. Este epígrafe final pretende indagar en algunas cuestiones prácticas relacionadas con el grado de verosimilitud y fiabilidad que ofrece la información contable en la realidad, tratando de esclarecer

[18] Esta denominación resulta crecientemente anticuada, aunque todavía se utiliza en ocasiones más para expresar la composición del pasivo (fondos propios, fondos ajenos, fondos totales) que como sinónimo de reservas.

algunas «trampas» que con carácter más o menos habitual aparecen en los estados financieros que publican las empresas.

En primer lugar, es preciso insistir una vez más en que la contabilidad no es una ciencia exacta (en realidad, es sumamente discutible que incluso sea una ciencia) basada en unos principios o axiomas inmutables, sino que, mucho más modestamente, se fundamenta en unos «principios generalmente aceptados». Algunos de estos principios tienen legal, institucional o prácticamente una fuerza imperativa, pero otros no, y hasta resulta imposible enumerar la totalidad de las normas contables y llegar a precisar unívocamente el alcance de su generalidad. En cualquier caso, puede afirmarse que estos principios no cubren por completo el ámbito y la complejidad de las posibles situaciones y circunstancias en que puede encontrarse una empresa real. Y siendo esto así, no es de extrañar que dos contables experimentados, actuando con honestidad y buena fe, puedan tener criterios distintos y, por tanto, llegar a distintas conclusiones al enfrentarse a un mismo problema.

En segundo lugar, es necesario reconocer que en algunos casos la estructuración del balance no pasa de ser una declaración de intenciones. Por ejemplo, una misma acción o participación poseída por una empresa puede clasificarse como activo circulante (cuentas financieras) si el propósito de la empresa es enajenarla en el ejercicio siguiente o como inmovilizado financiero si su intención es mantenerla con fines de renta o control; y esto, con independencia de lo que realmente suceda después, ya que puede ocurrir que estando clasificada como circulante no se venda y estando contabilizada como inmovilizado sí se enajene, a pesar de que el propósito de la empresa a la hora de efectuar su balance fuera justamente el contrario. Igualmente ocurre con la estructuración del pasivo, donde deudas que figuran a corto plazo puede ser que no se paguen mientras se cancelan deudas contabilizadas como de medio y largo plazo. Y todo esto actuando de buena fe, sin ánimo alguno de mixtificación o engaño.

En tercer lugar, y esto es muy importante, hay que ser muy precavido con la cuenta de resultados. El resultado del ejercicio es quizá el dato más importante, desde el punto de vista externo, de la contabilidad de una empresa debido a que se emplea generalmente como una medida de la eficacia de la gestión y un indicador de sus perspectivas futuras. Así pues, el resultado del ejercicio es una especie de «número mágico» que si es positivo, y en particular más alto que el del año anterior, todo son parabienes y ventajas para los responsables de la gestión de la empresa, y, si es negativo, y especialmente más negativo que el del año anterior, todo son inconvenientes y pesares. Sin embargo, el resultado final del ejercicio es un dato muy poco objetivo, existiendo la fundada sospecha de que muchas cuentas de resultados, al menos en España, suelen efectuarse al revés: decidiendo primero cuál es el beneficio o pérdida que se desea declarar (y en algunos casos, cuál es el dividendo que se pretende distribuir) y, posteriormente, encajando las demás partidas para alcanzar dicho resultado. Y esto es posible, dentro de ciertos mágenes, e incluso dentro de la legalidad y de la ortodoxia contable, debido a la posibilidad de actuar sobre determinados factores, entre los que figuran los siguientes:

a) La cifra de amortizaciones del ejercicio: Como se ha indicado anteriormente, las amortizaciones anuales recogen la depreciación de los inmovilizados. Pero la cuantía de esta depreciación, dentro de las fronteras legales (frecuentemente bastante amplias), es una cuestión de libre decisión por la empresa. Y si la cifra de amortizaciones es elevada, el resultado será inferior, y viceversa.

b) La cifra de provisiones del ejercicio:

Las dotaciones para provisiones recogen pérdidas previstas por la empresa debido a determinados riesgos (incobrables, depreciación de existencias, etc.). Sin embargo, la cuantía exacta de estos riesgos no se conoce con certeza sino que sólo es posible efectuar estimaciones. Y éstas, incluso actuando de buena fe, pueden ser optimistas o pesimistas. En cualquier caso, cuando alguien externo a la empresa se enfrenta a la necesidad de analizar sus estados financieros es difícil que pueda averiguar con qué criterio se han efectuado las provisiones. La única manera de aproximarse, como en tantas otras ocasiones, es compararlas con la tendencia histórica de la empresa o con las de otras empresas similares. E, igual que con la cifra de amortizaciones, si la dotación a provisiones es más alta, el resultado será inferior, y viceversa.

c) La cifra de «trabajos para el inmovilizado» que constituye, a efectos de la cuenta de resultados, ingresos de explotación para la empresa. Este concepto incluye los incrementos de inmovilizado debidos no a nuevas adquisiciones de la empresa sino a trabajos efectuados por ella misma. Aunque teóricamente su contabilización está clara, en la práctica es difícil averiguar desde el exterior con qué criterios se ha hecho y si corresponde realmente a un incremento del inmovilizado. Si la cifra de «trabajos para el inmovilizado» es elevada, el resultado final se incrementará, con independencia de cuáles hayan sido las ventas efectivamente realizadas.

d) La cuantificación de los gastos financieros: Según el Plan General de Contabilidad, en la cuenta de explotación deben figurar como gastos financieros los gastos de ampliación de capital y de formalización, modificación y cancelación de préstamos; los intereses de préstamos; los descuentos por pronto pago; intereses, comisiones y gastos de descuentos de efectos; comisiones bancarias por cobro de efecto y recibos, etc.

Sin embargo, es frecuente que las empresas incorporen al inmovilizado los gastos financieros derivados de la financiación de los activos fijos. Este proceso, denominado «activación» de gastos, supone que parte de los gastos financieros no se cargan a la cuenta de resultados sino directamente al inmovilizado, con lo que el resultado final se sobrevalora. El Plan General de Contabilidad permite la inclusión de los gastos financieros en el precio de adquisición de los inmovilizados sólo mientras se hayan devengado antes de la entrada en funcionamiento de los activos, pero en ningún caso después. Sin embargo, cuando se examinan los estados financieros de muchas empresas y se comprueba que el coste medio de la financiación ajena (medido, por ejemplo, a través del cociente entre los gastos financieros que figuran en la cuenta de resultados y el pasivo exigible) es muy reducido (en algunos casos incluso del 5 por 100) no se puede dejar de sospechar de la existencia de gastos contabilizados como aumentos del inmovilizado y no imputados a resultados.

e) La existencia de resultados extraordinarios derivados, por ejemplo, de enajenaciones de activos: Así, una empresa con resultados de explotación reducidos o negativos puede incrementar su resultado neto total vendiendo algunos activos. Esta operacinó es perfectamente lícita, pero si no se tiene en cuenta al efectuar el análisis de la empresa puede originar una impresión engañosa sobre su marcha y perspectivas futuras. En realidad, la procedencia de los resultados es una cuestión de gran importancia, ya que es completamente distinto que procedan de la explotación normal de que se deriven de operaciones atípicas, extraordinarias o de la cartera de valores. En ocasiones, el resultado neto final puede aparecer minorado por operaciones de saneamiento de activos cuyo alcance o justificación es normalmente difícil de evaluar.

En cuarto lugar, es normalmente difícil de aceptar que los estados financieros sirvan generalmente de bastante poco al valorar una empresa. Esto es una consecuencia derivada al menos de dos factores: el primero es que la contabilidad financiera sólo recoge las transacciones de la empresa con el exterior, y una empresa es mucho más que eso; y, segundo, que la contabilidad tradicional no trata de reflejar lo que valen los activos sino sólo lo que han costado, en algunos casos traducido a pesetas actuales (como en la regularización o actualización). En realidad, es factible una contabilidad a valores reales, lo que técnicamente se denomina a costes de reposición, pero a costa de la renuncia a uno de los principios fundamentales de la contabilidad: la objetividad. Por otra parte, aunque los activos se contabilizasen a valores reales a la hora de valorar la empresa en su conjunto, habrá que recoger otros factores extracontables. Por eso, aunque existen diversos métodos de valoración de empresas, el valor final depende de los objetivos de la valoración, las condiciones del mercado y el desarrollo de la negociación [19].

En quinto lugar, como se ha repetido en diversas ocasiones, la inflación puede introducir graves distorsiones en los estados financieros y en la información que se deriva de ellos. Esto implica que una contabilidad basada rigurosamente en los más estrictos principios «generalmente aceptados» puede ofrecer informaciones muy poco fiables si no se corrigen adecuadamente [20, 21].

---

[19] Una exposición excelente de los métodos prácticos de valoración de empresas figura en F. Blanco Bermúdez y J. R. Mallol Nieto, «Métodos de valoración: en busca del precio justo». *Economistas,* abril-mayo de 1991.

[20] Véase el apéndice del capítulo 5 sobre «Contabilidad e inflación».

[21] Otras limitaciones a la calidad de la información financiera figuran en A. Tejerina, «Cómo leer un balance», *Mercado*, 2-VI-1989 y en B. Giner, «La contabilidad creativa», *Partida Doble,* marzo de 1992.

CAPITULO 5

ANALISIS ECONOMICO-FINANCIERO DE LA EMPRESA

SUMARIO: 5.1. Introducción.—5.2. Los ratios: concepto y utilización.—5.3. Equilibrio financiero y ciclo de explotación: 5.3.1. Equilibrio financiero. 5.3.2. Ciclo de explotación.—5.4. Estructura del Balance y de la Cuenta de Resultados de la empresa española.—5.5. El análisis financiero por ratios: 5.5.1. Ratios de liquidez. 5.5.2. Ratios de solvencia. 5.5.3. Ratios de estructura. 5.5.4. Ratios de cobertura del inmovilizado. 5.5.5. Política de amortizaciones. 5.5.6. Composición de la financiación de la empresa española y comparación internacional.—5.6. El análisis económico por ratios: 5.6.1. Concepto de rentabilidad. 5.6.2. La Rentabilidad Económica (RE). 5.6.3. La Rentabilidad Financiera (RF). 5.6.4. El Indice de Crecimiento Interno (ICI). 5.6.5. Productividad y otros ratios económicos.—5.7. El análisis económico-financiero de la empresa manufacturera: Una comparación internacional.—5.8. Ratios bursátiles.—5.9. Limitaciones y capacidad predictiva de los ratios.—APENDICE: Anexo 1. Elementos de contabilidad con inflación.

5.1. INTRODUCCION

Para la toma de decisiones financieras en línea con los objetivos y posibilidades de la empresa, el especialista financiero dispone de ciertos instrumentos de análisis. En general, el tipo de enfoque que se requiere depende del interés particular del analista y del punto de vista con que vaya a examinar la empresa. Así, el acreedor está interesado fundamentalmente en la liquidez a corto plazo de la empresa; el obligacionista, en la capacidad de la empresa para hacer frente a los intereses anuales y a la devolución del principal a largo plazo; el accionista, en la rentabilidad presente y futura de la empresa, en la política de dividendos y en la estabilidad de las ganancias; finalmente, la dirección de la empresa está interesada en todos los aspectos financieros que los suministradores de fondos utilizan para evaluar la empresa, con el fin de obtener los recursos externos necesarios en las mejores condiciones posibles. Además, la dirección de la empresa emplea el análisis financiero con fines de planificación y control internos. En particular, se preocupará de evaluar los proyectos de inversión, identificar los objetivos empresariales, planificar los recursos y controlar el grado de cumplimiento de los planes establecidos.

Por tanto, el tipo de análisis económico-financiero pertinente depende de la visión particular del analista y de los objetivos que pretende al evaluar la empresa.

En general, los instrumentos de que dispone para efectuar el análisis desde el exterior de la empresa son:

1. Las cuentas anuales: balances, cuentas de pérdidas y ganancias y memorias anuales, que incluyen cuadros de financiamiento.
2. El análisis por ratios.
3. Las previsiones financieras.
4. El estudio del apalancamiento (leverage) operativo y financiero junto con el análisis del punto de equilibrio.

Las cuentas anuales de las empresas proporcionan una visión global y sintética de su situación económico-financiera. El balance estructura, por una parte, las inversiones realizadas a corto y largo plazo y, por otra, los recursos utilizados para financiarlas. La cuenta de pérdidas y ganancias compara, para un determinado período, todos los ingresos generados por la empresa con la suma de los gastos y costes imputables al mismo, obteniendo por diferencia el beneficio o pérdida producido. La memoria ofrece un conjunto de informaciones complementarias de gran interés: en particular, el cuadro de financiamiento resume los recursos aplicados por la empresa en un determinado período con la procedencia de los fondos empleados para financiarlos.

Las cuentas anuales se expresasn en valores monetarios absolutos e integran el conjunto de las funciones empresariales, al menos las que tienen repercusión económica y se refieren al pasado o al presente. Su carácter globalizador los convierte en instrumentos primordiales para evaluar la situación económico-financiera de la empresa y en base fundamental para indagar sobre su futuro.

Partiendo de la información proporcionada por las cuentas anuales, el análisis por ratios ofrece una visión complementaria, más articulada e idónea para la comparación interempresarial, de gran utilidad para el estudio de la evolución económico-financiera de la empresa.

Este capítulo se limitará exclusivamente al examen económico-financiero de la empresa mediante el método de los ratios, dado que en los capítulos 3 y 4 se han estudiado las cuentas anuales y en otros sucesivos se expondrán las previsiones financieras (capítulo 8), el análisis del punto de equilibrio (capítulo 6) y el apalancamiento financiero (capítulo 14). El examen de los ratios se reducirá a aquellos que pueden obtenerse a través de los documentos contables publicados por las empresas, es decir, a aquellos que se obtienen a partir de las cuentas anuales contenidas en los informes anuales y demás documentación pública, única información habitualmente disponible por personas exteriores a ellas.

El presente capítulo se estructura del siguiente modo:

— En primer lugar (epígrafe 2), se define lo que es un ratio, se describen sus posibles utilizaciones —que, en general, suponen comparaciones intra e interempresariales o ambas a la vez— y se enumeran las más importantes fuentes de valores de ratios accesibles al público interesado.

— En segundo lugar (epígrafe 3), se describen de manera sencilla y sintética, y desde un punto de vista financiero y no jurídico, las situaciones financieras típicas por las que puede atravesar una empresa y que básicamente son: de máxima estabilidad, normal, suspensión de pagos y quiebra. Además, se resume brevemente el concepto de ciclo de explotación.

— En el epígrafe 4 se describe la estructura del balance y de la cuenta de resultados de la empresa española en los últimos años.

— Los epígrafes 5 y 6 se dedican a enunciar algunos de los ratios más utilizados para analizar económica y financieramente la situación de la empresa.

— El epígrafe 7 contiene una comparación internacional de la situación económico-financiera de las industrias manufactureras.

— En el epígrafe 8 se abordan los principios ratios bursátiles utilizados para el análisis empresarial.

— En el último epígrafe se efectúan algunas consideraciones críticas sobre la utilización de los ratios como instrumento de análisis y predicción de la situación de las empresas.

Finalmente, el apéndice está dedicado a analizar el impacto de la inflación sobre el sistema de información contable de la empresa.

5.2. LOS RATIOS: CONCEPTO Y UTILIZACION

Un ratio (coeficiente o índice) es un número expresado en términos de otro que se tome por unidad [1]. Se obtiene dividiendo los dos números entre sí. Con frecuencia suele expresarse en porcentaje, en vez de en tanto por uno.

Los ratios son relaciones relevantes entre dos magnitudes, simples o agregadas, cuyo cociente resulta más significativo que cualquiera de ellos por separado.

La utilización de ratios en la gestión empresarial es muy extensa. Se aplican para cuantificar objetivos, planificar, explicar relaciones y comportamientos, comparar situaciones, adoptar decisiones, ayudar en el diagnóstico, aplicar medidas y controlar la gestión [2].

En el ámbito del diagnóstico económico-financiero de la empresa, los ratios se utilizan con una triple función:

— Planificar.
— Decidir.
— Controlar.

En esencia, un ratio es una unidad de medida útil para evaluar la situación de una empresa. Su comparación con el valor estándar del ratio puede proporcionar al analista experimentado una mejor comprensión de la situación de la empresa que la que obtendría mediante el análisis directo de las cifras absolutas. Además, los ratios proporcionan una guía para la acción, al orientar sobre acciones de mejora actuando sobre el numerador, sobre el denominador o sobre ambos.

La utilidad de los ratios requiere, normalmente, al menos, uno de los tipos de comparaciones siguientes:

a) *Intraempresa.*—Se puede comparar el ratio actual con los ratios pasados o previstos. Mediante el análisis de una serie histórica de ratios, el analista puede observar la evolución de la empresa y la naturaleza de los cambios ocurridos a lo largo del tiempo. También puede compararse con el ratio previsto o presupuestado para analizar las causas de las posibles desviaciones y poder actuar en consecuencia.

b) *Interempresas.*—Consiste en comparar los ratios de una empresa con los de otras similares o con la media del sector en que opera. Este tipo de comparación ilustra sobre la situación relativa de la empresa respecto a su entorno competitivo. Existen publicaciones de ratios tipo o ratios estándar por sectores de actividad y tamaños de empresa, tanto nacionales como internacionales [3].

---

[1] F. Pereira y otros, *Contabilidad para Dirección, op. cit.*, Pamplona, 1991.

[2] J. F. Pérez-Carballo, *Control de la gestión empresarial,* ESIC Editorial, Madrid, 1990.

[3] En EE.UU., empresas como Robert Associates y Dun & Bradstreet, entre otras, publican regularmente ratios medios de diversas ramas de actividad. Por ejemplo, Robert Morris Associates publica anualmente 11 ratios para 156 ramas de actividad, cada una dividida en cuatro categorías según la dimensión de las empresas, basados en los estados financieros que los bancos solicitan de sus clientes. Dun & Bradstreet calcula anualmente 14 ratios para 125 ramas de actividad. Tomado de J. V. Horne, *op. cit.* Estas publicaciones, y en particular la segunda, también existen en España, así empresas privadas e instituciones financieras que realizan periódicamente estudios sectoriales de índole económico-financiera.

Por otra parte, diversos medios informativos españoles, como *Fomento de la Producción, Actualidad Económica, Nueva Empresa, Mercado, El País,* etc., publican anualmente listas de grandes empresas, normalmente agrupadas sectorialmente, que contienen una abundante información económica y financiera, así como diversos ratios, individuales y medios. Igualmente algunas revistas extranjeras (*Fortune, Vision, Business, Week, L'Expansion,* etc.), cifras comparativas de las grandes empresas a nivel mundial o europeo que posibilitan una comparación internacional.

En España, a partir de 1981, los estudios sobre análi-

A pesar de la gran utilidad que puede representar la comparación interempresas, el analista financiero debe ser cuidadoso en su interpretación. No existen dos empresas iguales, ni siquiera la información contable es totalmente objetiva. Por ello, debe tener muy en cuenta, además de la calidad de la información recibida, las peculiaridades de cada empresa y de su circunstancia.

Es evidente que a partir de un conjunto de datos financieros pueden calcularse un gran número de ratios. Pero sólo algunos de ellos serán útiles para el diagnóstico de una situación determinada. Por ello antes que empezar a calcular indiscriminadamente una multitud de ratios interesa concretar el significado de cada uno y elegir los que realmente puedan ser relevantes para el problema que se trata de estudiar. Además, es importante tener en cuenta que, en la mayoría de los casos, ningún ratio individual brinda suficiente información para poder apreciar en profundidad la situación económica o financiera de una empresa. Solamente mediante un conjunto de índices pueden conseguirse aproximaciones razonables.

En este capítulo sólo se van a tratar de los ratios más importantes y más usualmente utilizados en España, ordenados, algo arbitrariamente, en dos grupos: ratios financieros, que permiten enjuiciar la liquidez, solvencia o autonomía de la empresa, y ratios económicos, es decir, referidos a su rentabilidad. Es importante destacar que aunque las situaciones económica y financiera de una empresa están estrechamente relacionadas, esta relación puede no ser inmediata sino manifestarse con ciertos desfases temporales.

Además, se hará una breve referencia a los ratios bursátiles, habitualmente utilizados en el análisis de las empresas en los mercados de valores.

En realidad, no existe una clasificación general de los ratios, ni siquiera una nomenclatura y tipología comúnmente aceptadas sino que, en ocasiones, un mismo ratio se utiliza para analizar diversas cuestiones (pudiéndose denominar de formas diferentes) y, en otras, un mismo problema se estudia a través de varios ratios. Sin embargo, sí es posible, a partir de una serie de ratios básicos, descomponerlos en otros de orden inferior, de modo que se pueda llegar al grado de detalle requerido por el análisis a través de sucesivos «niveles de desagregación». En sentido inverso, a partir de una serie de ratios simples, su progresiva agregación posibilita formar una pirámide de ratios que ofrecen una visión integrada de la situación económico-financiera de la empresa.

A efectos de ilustración de la realidad empresarial española, se van a utilizar los datos económico-financieros de la empresa española en el período 1981-90, según la Central de Balances del Banco de España. Para la estructuración de los estados financieros se ha seguido igualmente la metodología utilizada por esta institución [4].

Antes de iniciar la descripción, el procedimiento de cálculo y la utilidad de estos ratios, conviene detenerse brevemente en los conceptos de equilibrio financiero y ciclo de explotación de la empresa.

---

sis económico-financieros más completos y ambiciosos han sido realizados por la Central de Balances del Banco de España, que recogen información agregada y homogénea de un gran número de empresas no financieras. El último informe presentado, *Resultados 1981-88, 1989 provisional y avance de 1990,* recoge datos anuales de hasta 7.600 empresas, que representan el 25 por 100 del Producto Interior Bruto Nacional y de los trabajadores por cuenta ajena, así como el 36 por 100 del total de la remuneración de los asalariados, agrupando en conjunto a más de 1,43 millones de empleados, de los que 1,013 millones corresponden a empresas privadas y 0,42 millones a empresas públicas.

[4] Para una amplia exposición de esta metodología, además de los informes anuales de la Central de Balances del Banco de España, véase P. SILVESTRE PÉREZ y M. SILVESTRE CASTILLO, *Análisis económico y financiero. Basado en la metodología de la Central de Balances del Banco de España, op. cit.*, Madrid, 1990.

5.3. EQUILIBRIO FINANCIERO

5.3.1. CONCEPTO DE EQUILIBRIO FINANCIERO

Desde un punto de vista financiero, se dice que existe equilibrio cuando la empresa es capaz de satisfacer sus deudas y obligaciones a sus respectivos vencimientos.

Dado que la empresa no es un ente estático, sino dinámico, no se trata sólo de obtener el equilibrio financiero en un momento dado, sino de mantenerlo en el tiempo, conservando la estabilidad.

La gran diversidad de situaciones financieras se pueden clasificar, en cuanto a su estabilidad, en los siguientes casos típicos:

a) *Situación de máxima estabilidad*

En esta situación no existen recursos ajenos, es decir, la empresa no tiene ninguna deuda contraída con terceros (fig. 5.1).

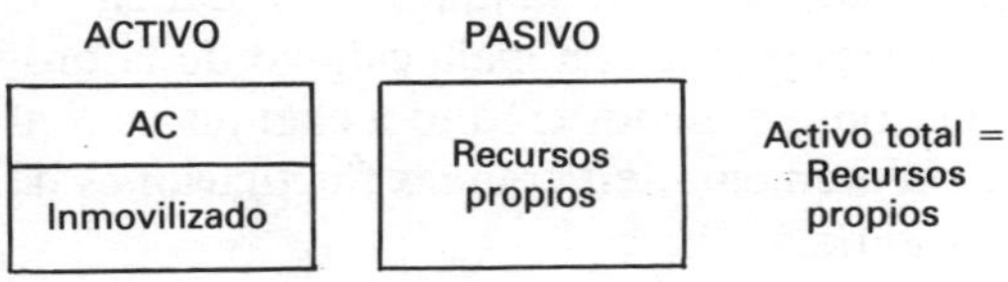

FIGURA 5.1

Este caso suele presentarse en el momento inicial de constitución de una empresa. Al no tener contraída ninguna deuda, su estabilidad es máxima (lo que no significa que su situación financiera, ni menos aún económica, sea la mejor).

b) *Situación normal*

A medida que la empresa va desarrollando su actividad, suele necesitar recurrir al crédito a corto y largo plazo. Para mantener su estabilidad necesita poder hacer frente a sus deudas a corto plazo con sus recursos a corto plazo. Esto es, el activo circulante debe ser mayor que el pasivo circulante (figura 5.2).

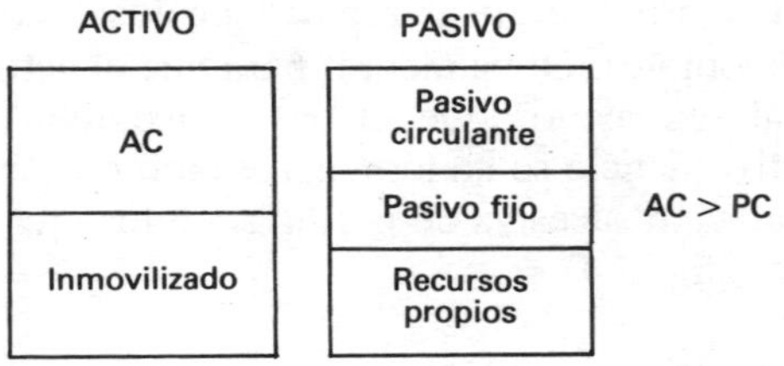

FIGURA 5.2

c) *Inestabilidad o suspensión de pagos*

El pasivo a corto plazo, circulante, crece desmesuradamente, pasando a financiar parte del inmovilizado. La empresa no puede hacer frente a sus deudas a corto con sus recursos a corto. Esto significa que el activo circulante es menor que el pasivo circulante (fig. 5.3). Ahora bien, que una empresa se encuentre momentáneamente en esta situación no significa necesariamente que tenga que declarar legalmente la suspensión de pagos, sino que tendrá que acudir a otros mecanismos (vender parte del inmovilizado, conseguir nuevos créditos, aumentar el capital, etc.) [5].

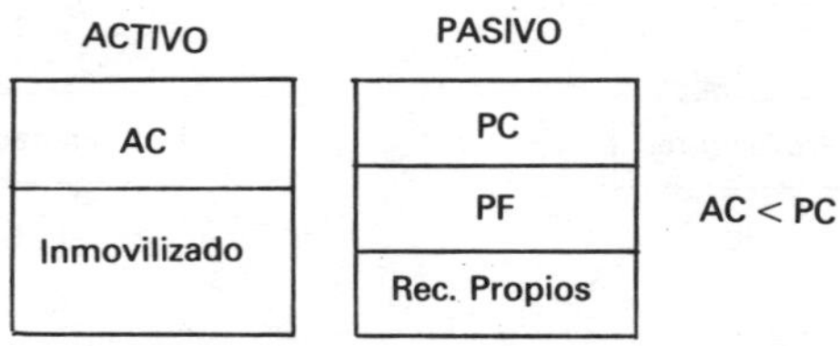

FIGURA 5.3

[5] En el capítulo 17 se comentan algunos casos en los que el activo circulante es menor que el pasivo circulante sin que ello implique una situación de inestabilidad financiera.

d) *Estado de quiebra*

Las deudas que tiene contraídas la empresa superan el valor de su activo real. Es decir, el activo con valor de liquidación no llega para pagar a los acreedores, por lo que éstos procederán al reparto de los bienes disponibles. Obviamente, para que el activo real sea menor que el pasivo exigible, el activo ficticio se ha ido engrosando por acumulación sucesiva de pérdidas en los ejercicios (fig. 5.4).

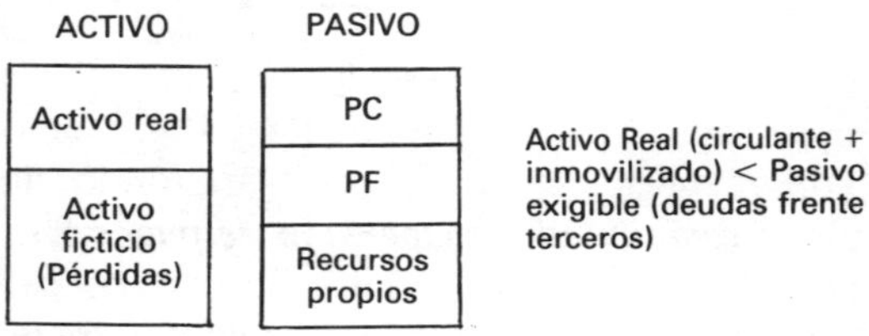

FIGURA 5.4

5.3.2. EL CICLO DE EXPLOTACIÓN [6]

El ciclo de explotación de una empresa típica puede esquematizarse mediante el diagrama de la figura 5.5.

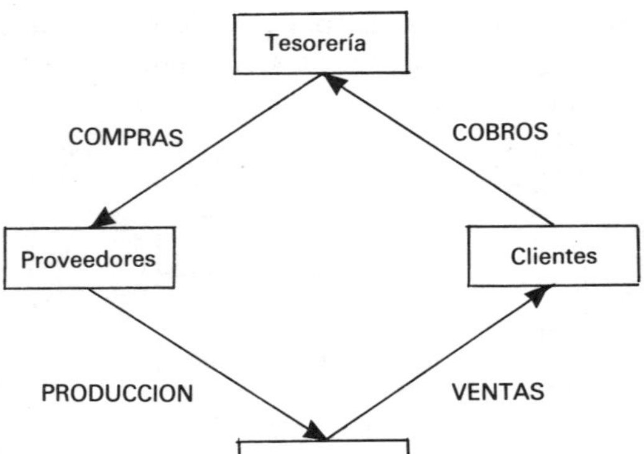

FIGURA 5.5. *El ciclo de explotación en la empresa.*

Partiendo de una tesorería inicial (punto superior del diagrama), la empresa efectúa mediante ella compras a los proveedores; los productos adquiridos son transformados en el proceso de producción y se convierten en productos terminados (stocks), listos para su venta; estos productos se venden a los clientes, al contado o a crédito; los cobros a los clientes de las ventas efectuadas ingresan en la caja de la empresa, con lo que se cierra el ciclo de explotación. El volumen de circulación de fondos depende de las políticas de compras, producción, ventas y cobros.

Se denomina período de maduración o velocidad de giro a la longitud temporal del ciclo de explotación. Si la velocidad de giro es lenta, el capital circulante o fondo de maniobra será elevado por acumulación de cuentas de clientes y stocks; por el contrario, si la velocidad de giro es rápida, el circulante será relativamente reducido ya que los cobros a clientes permitirán financiar las compras a proveedores, siendo las fases de producción y ventas muy cortas. Los desajustes producidos entre las diversas fases del ciclo redundarán en déficit de materias primas, en mala calidad de la producción, en menor crédito a clientes y, consecuentemente, en grandes fluctuaciones de tesorería.

La medida del período de maduración de la empresa se puede representar mediante el diagrama que se recoge en la figura 5.6.

El período medio de maduración se puede dividir entonces en cuatro subperíodos:

— Aprovisionamiento y almacenamiento de materias primas (t_0-t_1).
— Producción (t_1-t_2).
— Venta (t_2-t_3).
— Crédito a clientes (t_3-t_4).

El fondo de maniobra tendrá que financiar la totalidad del ciclo excepto el período

[6] Este concepto se trata con más detalle en el capítulo 21.

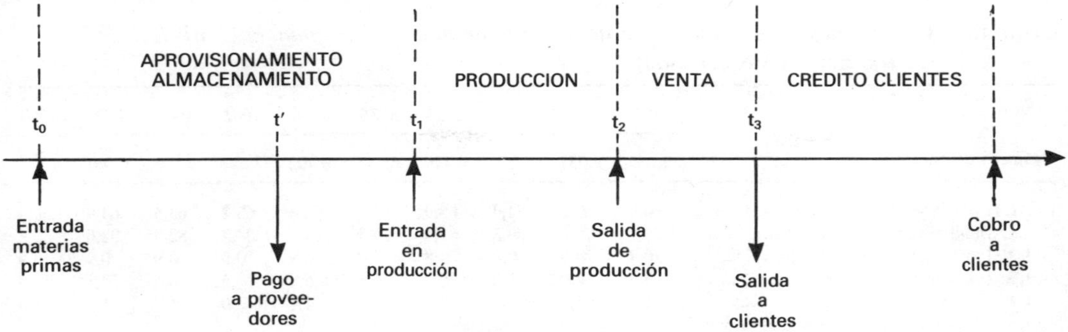

FIGURA 5.6. *El período de maduración.*

$t_0 - t'$, en el que lo hace el crédito de proveedores.

5.4. ESTRUCTURA DEL BALANCE Y DE LA CUENTA DE RESULTADOS DE LA EMPRESA ESPAÑOLA

El análisis de la estructura del balance y la composición de las diversas masas patrimoniales permite vislumbrar la evolución de la empresa en el tiempo y comparar la situación actual con la estructura prevista o con la estructura estándar.

Tomando como ejemplo la estructura del balance de la empresa española media en el período 1981-90, según la Central de Balances del Banco de España (cuadro 5.1), pueden comprobarse los cambios en la composición del activo y pasivo, así como los cambios relativos entre los principales partidos contables.

Entre los años extremos del período, 1981 y 1990 en el activo el inmovilizado neto ha pasado del 60,9 al 66,4 por 100, descendiendo correlativamente el activo circulante del 39,1 al 35,6 por 100. En el pasivo, los fondos propios se han reforzado del 38,9 al 41,9 por 100 (el 43,8 por 100 en 1989, con una muestra más amplia), los recursos ajenos a largo plazo han descendido del 29,2 al 25 por 100 y el exigible a corto plazo ha ascendido ligeramente del 31,9 al 33,1 por 100. Como consecuencia de lo anterior, el fondo de maniobra, diferencia entre el activo circulante y el pasivo circulante, ha pasado del 7,2 por 100 del activo total a sólo el 0,5 por 100.

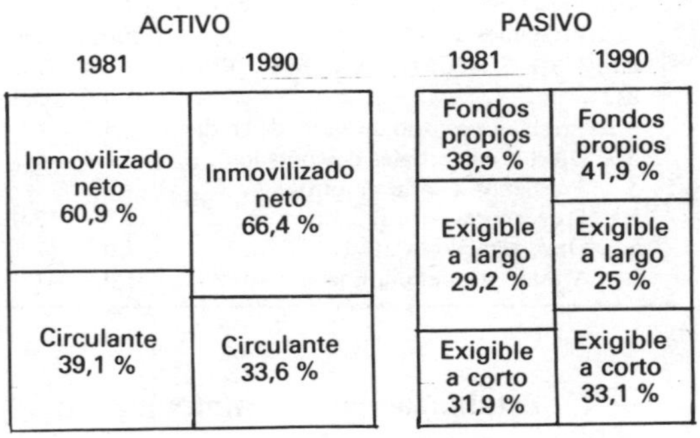

FIGURA 5.7. *Estructura del balance de la empresa española media en 1981 y 1990.*

Dentro del activo inmovilizado son de destacar los siguientes cambios:

— Un aumento relativo del inmovilizado material bruto (del 79,8 al 86 por 100), posiblemente compensado con el incremento de las amortizaciones, por lo que el inmovilizado material neto ha permanecido relativamente estable.

CUADRO 5.1. *Evolución de la estructura del balance de la empresa española (1981-90)* (en porcentaje del total).

AÑOS	1981	1982	1983	1984	1985	1986	1987	1988	1989	1990
Número de empresas	2.057	2.057	3.276	4.119	5.111	6.492	7.572	7.595	6.901	4.749
1. ACTIVO INMOVILIZADO NETO	60,9	60,2	64,9	65,9	62,7	63,4	63,2	63,5	64,9	66,4
1.1. Inmovilizado material	79,8	78,0	80,3	81,4	79,1	84,3	84,2	82,9	82,6	86,0
1.2. Inmovilizado inmaterial	0,7	0,9	0,8	0,8	0,8	0,9	0,9	0,9	0,9	0,9
1.3. Inmovilizado financiero	3,8	4,0	5,2	6,1	6,6	6,9	7,6	10,5	12,5	12,4
1.4. Costes amortizables	2,3	3,2	3,2	3,1	2,1	1,7	2,0	1,7	1,5	1,6
1.5. Amortizaciones y provisiones de inmovilizado	(25,9)	(26,0)	(24,6)	(25,5)	(26,0)	(30,4)	(31,7)	(32,8)	(32,6)	(34,5)
2. ACTIVO CIRCULANTE	39,1	39,8	35,1	34,1	37,3	36,6	36,8	36,5	35,1	33,6
2.1. Existencias	14,3	14,1	12,4	11,0	10,4	10,0	10,0	10,2	10,0	9,0
2.2. Clientes	19,9	20,8	15,3	14,6	14,8	16,0	16,2	16,1	15,6	15,2
2.3. Otros deudores	1,5	1,2	4,1	5,2	9,1	7,5	7,5	7,6	7,2	7,3
2.4. Tesorería	3,4	3,7	3,2	3,3	3,0	3,1	3,1	2,6	2,3	1,8
ACTIVO TOTAL = PASIVO TOTAL	100,0	100,0	100,0	100,0	100,0	100,0	100,0	100,0	100,0	100,0
3. FONDOS PROPIOS	38,9	34,7	37,7	37,6	37,2	39,1	40,4	42,9	43,8	41,9
3.1. Capital	—	—	14,5	15,3	16,3	18,0	18,7	19,2	18,9	18,2
3.2. Cuentas de actualiz. y revalorización	—	—	16,9	15,6	12,0	10,5	7,9	6,6	6,5	5,9
3.3. Reservas y otros	—	—	6,3	6,7	8,9	10,6	13,7	17,1	18,5	17,8
4. RECURSOS AJENOS A LARGO PLAZO	29,2	32,0	31,5	33,3	33,0	31,1	28,0	26,1	24,9	25,0
4.1. Obligaciones y valores de renta fija	6,3	6,5	5,8	6,7	7,1	7,9	6,8	6,4	5,7	5,7
4.2. Préstamos a largo de entid. de crédito	17,9	19,6	21,5	22,2	19,3	17,6	16,6	15,7	14,7	14,9
4.3. Préstamos a largo de otros	5,0	5,8	4,2	4,4	6,4	5,6	4,6	4,0	4,4	4,4
5. RECURSOS AJENOS A CORTO PLAZO	31,9	33,3	30,8	29,1	29,8	29,7	31,6	31,0	29,3	33,1
5.1. Préstamos a corto de entid. de crédito	7,4	8,0	8,1	6,8	5,8	5,7	5,5	4,1	4,4	4,7
5.2. Efectos comerciales descontados	4,1	4,2	3,4	3,2	3,2	3,1	2,9	2,4	2,1	1,7
5.3. Préstamos a corto de otros	—	—	—	1,6	1,7	1,9	1,7	2,3	2,7	4,2
5.4. Proveedores	12,3	13,0	9,8	8,3	8,6	9,4	9,9	9,7	9,7	9,4
5.5. Otros acreedores	7,0	7,1	8,5	8,6	8,6	9,1	10,8	11,6	12,5	12,9
5.6. Ajustes por periodificación y otros	1,0	1,0	1,0	0,6	0,9	0,6	0,8	0,9	0,1	(0,3)

— La estabilización del inmovilizado inmaterial en valores inferiores al 1 por 100, probablemente como consecuencia de no haber contabilizado todavía en esta cuenta el arrendamiento financiero (leasing), como impone el PGC a partir de 1990.

— El fuerte incremento del inmovilizado financiero (del 3,8 al 12,4 por 100), lo que parece indicar una estrategia general de crecimiento empresarial a través de otras empresas, es decir, mediante inversiones financieras en vez de inversiones materiales propias.

— Una paulatina reducción de los gastos amortizables (del 3,2 por 100 en 1982 al 1,6 por 100 en 1990), particularmente a partir del comienzo de la tendencia alcista de la economía española en 1985.

— Un importante crecimiento del fondo de amortizaciones y provisiones de inmovilizado en la segunda parte del período (del 26 por 100 en 1985 al 34,5 por 100 en 1990), lo que indica una aceleración del ritmo de amortización y de cobertura de riesgos en los años de bonanza económica de la segunda mitad de los ochenta.

En el activo circulante, las principales modificaciones relativas pueden resumirse en:

— Un fuerte y continuado descenso de las

existencias (del 14,3 por 100 en 1991 al 9 por 100 en 1990), lo que expresa la mayor sensibilidad empresarial al coste del mantenimiento de stocks elevados y, en consecuencia, la paulatina introducción de métodos de gestión de stocks y, en particular, de técnicas «just in time» aplicadas a la producción.

— El mantenimiento de las cuentas deudoras en torno al 21-22 por 100 del total, aunque con un cambio en la distribución interna en contra de las cuentas de clientes y a favor de «otros deudores».

— Una drástica reducción de la tesorería (del 3,7 por 100 en 1982 al 1,8 por 100 en 1990), posiblemente como consecuencia de la creciente aplicación de técnicas de «cash management» y la diversificación de instrumentos financieros.

Dentro del pasivo, los cambios más importantes han sido:

— El reforzamiento de los fondos propios a partir del 1986 (del 37,2 por 100 en 1985 al 41,9 por 100 en 1990), coincidiendo con la fase expansiva de la economía española, en la que las empresas generaron fuertes excedentes.

— Las reservas de revalorización, que surgen en 1983 como consecuencia de la última ley de actualización, van descendiendo progresivamente su importancia (del 16,9 por 100 en 1983 al 5,9 por 100 en 1990), mientras se fortalecen las otras reservas, procedentes de plusvalías y beneficios no distribuidos (del 6,3 por 100 en 1983 al 17,8 por 100 en 1990).

— Los valores de renta fija a largo plazo (obligaciones y otros) siguen una tendencia ascendente hasta 1986 (del 6,3 por 100 en 1981 al 7,9 por 100 en 1986) para descender luego incluso por debajo del punto de partida (5,7 por 100 en 1990).

— Los préstamos a largo plazo siguen una tendencia parecida a la anterior: crecimiento hasta 1985 (del 22,9 por 100 en 1981 al 25,7 por 100 en 1985) y acusado descenso posterior (19,3 por 100 en 1990).

— Los préstamos a corto plazo, sumados los de entidades de crédito con los procedentes de otras fuentes, siguen la misma pauta anterior: incremento hasta 1984 (del 7,4 por 100 en 1981 al 8,4 por 100 en 1984) y reducción subsiguiente (7,1 por 100 en 1989).

— La utilización del descuento comercial como fuente de financiación ha experimentado un descenso gradual relevante: del 4,1 por 100 en 1981 al 1,7 por 100 en 1990.

— Las cuentas de proveedores y acreedores, en conjunto, han tenido un comportamiento descendente hasta 1984 (19,3 por 100 en 1981 y 16,9 por 100 en 1984) para luego ascender paulatinamente (22,3 por 100 en 1990).

El resumen del análisis estructural del balance de la empresa española media, análisis que sería metodológicamente similar en el caso de una empresa real, podría sintetizarse en la existencia de dos subperíodos bien definidos y coincidentes con las fases cíclicas de la economía española:

— Subperíodo 1981-84, caracterizado por la contención de las inversiones fijas, la moderación consecuente en amortizaciones y provisiones y la reducción de los circulantes (existencias y clientes), financiado mediante recursos ajenos con coste, a largo plazo y a corto.

— Subperíodo 1985-89, de expansión económica, con aumento de la inversión fija, aceleración de las amortizaciones, continuación de la reducción de los circulantes y, sobre todo, aprovechamiento de los excedentes para reforzar la estructura financiera aumentando los fondos propios y reduciendo el endeudamiento. Este subperíodo termina en 1989, iniciándose en 1990 la fase descendente del ciclo económico.

Centrándose en el ejercicio 1990, en el

cuadro 5,2 figura la estructura del balance de las empresas españolas, según la muestra del Banco de España, desagregada entre empresas públicas (cuyo activo representa el 40 por 100 del total), empresas privadas no energéticas (cuyo activo supone el 35 por 100 del total) y empresas privadas energéticas (con un activo agregado que asciende al 25 por 100 del total).

Las empresas públicas tienen un inmovilizado muy superior a la media y un endeudamiento también más elevado, especialmente a largo plazo, que las empresas privadas no energéticas.

En cuanto a las empresas energéticas, es de resaltar el altísimo nivel de inmovilización (98 por 100 del activo total) y el notable grado de endeudamiento (57 por 100 del pasivo), con un fuerte componente de largo plazo (49 por 100 del pasivo).

La estructura de las cuentas de resultados de la empresa española media entre 1981 y 1990, en base a la Central de Balances del Banco de España, se muestra en el cuadro 5.3. Los principales rasgos comparativos a destacar son:

— El cambio en la estructura de los ingresos, en el sentido de reducir los trabajos para el inmovilizado (del 1,4 por 100 en 1981 al 0,8 por 100 en 1990) y las subvenciones, especialmente a partir de 1985 (del 2,0 por 100 en 1985 al 1,5 por 100 en 1989), y el aumento consiguiente de las ventas y otros ingresos accesorios (del 94,9 por 100 en 1981 al 96,8 por 100 en 1990).

— Un importante crecimiento del valor añadido al coste de los factores a partir de 1985 (del 30,8 por 100 en 1985 al 32,6 por 100 en 1990), coincidiendo con la fase de auge económico en España.

— El mantenimiento del peso conjunto de las compras y los trabajos y suministros externos en niveles en torno al 67-68 por 100, aunque con tendencia decreciente de las compras y creciente de los suministros y servicios externos, lo que parece corroborar la tendencia a una mayor especialización productiva con un menor grado de integración.

— Un acusado descenso de la partida de tributos, que pasa del 2,5 por 100 en 1981 al 0,5 por 100 en 1990.

CUADRO 5.2. *Estructura del balance de las empresas públicas, privadas no energéticas y privadas energéticas en España en 1990.*

	Empresas públicas	Empresas privadas no energéticas	Empresas privadas energéticas	Total
Número de Empresas	302	4.373	74	4.749
Circulante neto (*)	6,9	32,4	1,7	14,5
Inmovilizado neto	93,1	67,6	98,3	85,5
ACTIVO TOTAL = PASIVO TOTAL	100,0	100,0	100,0	100,0
Fondos propios	51,7	63,9	43,9	54,0
Recursos ajenos a largo	48,3	36,1	56,1	46,0
% SEGUN ACTIVO TOTAL MUESTRA	40,2%	34,9%	24,9%	100%

(*) Deducido pasivo a corto sin coste explícito.

Fuente: Central de Balances del Banco de España, 1991. Tomado de R. Termes, *Expansión,* 8 de enero de 1992.

CUADRO 5.3. *Estructura de la cuenta de resultados de la empresa española (1981-90)* (en porcentaje de la producción o ingresos).

AÑOS	1981	1982	1983	1984	1985	1986	1987	1988	1989	1990
Número de empresas	2.057	2.057	3.276	4.119	5.111	6.492	7.572	7.595	6.901	4.749
1.1. Ventas netas e ingresos accesorios a la explotación	94,9	95,4	96,7	97,3	97,3	97,4	97,1	97,0	96,8	96,8
1.2. Variación de existencias de productos terminados y en curso	2,1	1,1	0,2	−0,0	−0,2	−0,2	0,4	0,5	0,9	0,7
1.3. Trabajos realizados por la empresa para su inmovilizado	1,4	1,3	1,3	1,2	0,9	0,9	0,8	0,8	0,9	0,8
1.4. Subvenciones a la explotación	1,6	2,1	1,8	1,6	2,0	1,9	1,8	1,7	1,5	1,7
S.1. PRODUCCION O VENTA DE MERCADERIAS Y SUBVENCIONES (1.1+1.2+1.3+1.4)	100,0	100,0	100,0	100,0	100,0	100,0	100,0	100,0	100,0	100,0
2.1. Compras netas	54,5	54,0	53,1	52,8	53,2	49,7	50,5	50,9	51,3	49,0
2.2. Variación de existencias, de primeras materias y de mercaderías	0,9	1,0	1,4	0,2	0,7	−0,4	0,3	0,8	0,7	0,2
2.3. Trabajos, suministros, transportes, fletes y diversos	13,3	13,9	15,2	14,7	15,0	15,1	15,6	16,0	16,7	18,1
2.4. Tributos	2,5	2,3	1,9	1,8	1,7	1,3	1,3	1,1	0,4	0,5
S.2. VALOR AÑADIDO AJUSTADO A COSTE DE LOS FACTORES (S.1−2.1+2.2−2.3−2.4)	30,6	30,8	31,3	30,9	30,8	33,5	32,9	32,8	32,3	32,6
3.1. Gastos de personal	20,0	19,7	19,3	18,3	17,8	19,4	18,9	18,4	18,6	19,3
S.3. RESULTADO ECONOMICO BRUTO DE LA EXPLOTACION (S.2−3.1)	10,6	11,1	12,0	12,6	13,0	14,0	14,0	14,4	13,8	13,3
4.1. Dotación de amortizaciones	4,8	4,6	4,8	5,3	5,3	5,8	5,3	5,3	5,3	5,5
4.2. Dotación neta de previsiones y provisiones de explotación e insolvencias	0,4	0,6	1,1	0,8	0,9	0,8	1,1	0,8	0,7	0,7
S.4. RESULTADO ECONOMICO NETO DE LA EXPLOTACION (S.3−4.1−4.2)	5,4	5,9	6,0	6,5	6,8	7,5	7,6	8,3	7,8	7,0
5.1. Ingresos financieros	0,8	1,0	1,2	1,2	1,3	1,6	1,9	1,9	2,2	2,3
5.2. Intereses activados y otras revalorizaciones	1,6	1,6	2,1	2,6	1,7	1,3	1,0	0,7	0,5	0,5
5.3. Gastos financieros	8,1	8,6	8,9	9,2	7,5	6,9	6,1	5,2	5,1	5,7
5.4. Diferencias negativas de valoración en moneda extranjera	...	...	0,3	0,4	0,4	0,3	0,2	0,2	0,1	0,2
5.5. Resultados extraordinarios y de la cartera de valores	−0,0	−0,7	−0,1	−0,3	−0,1	−0,1	0,4	0,7	1,0	0,5
5.5.1. Dotación neta a provisiones no de explotación	...	−0,2	−0,1	−0,1	−0,1	−0,1	−0,2	−0,1	−0,1	−0,3
5.5.2. Resultados después de la dotación neta	−0,0	−0,5	−0,0	−0,2	0,0	0,1	0,6	0,8	1,1	0,8
5.6. Beneficios diferidos	...	...	...	...	0,2	0,2	−0,2	−0,1	−0,2	−0,2
S.5. RESULTADO NETO TOTAL (ANTES DEL IMPUESTO SOBRE BENEFICIOS) (S.4+5.1+5.2−5.3−5.4.+5.5.−5.6)	−0,3	−0,7	−0,1	0,5	1,7	2,9	4,8	6,3	6,4	4,6
6.1. Impuesto sobre beneficios	...	0,5	0,5	0,6	0,8	1,1	1,3	1,4	1,5	1,5
S.6. RESULTADO NETO TOTAL (DESPUES DEL IMPUESTO SOBRE BENEFICIOS) (S.5−6.1)	−0,3	−1,1	−0,6	−0,1	0,9	1,9	3,5	4,9	5,0	3,2

Fuente: Banco de España. Central de Balances, 1990. Noviembre de 1991.

— La tendencia decreciente de los gastos de personal hasta 1985 (del 20 por 100 en 1991 al 17,8 por 100 en 1985) para volver a subir después (19,3 por 100 en 1990).

— El incremento de las dotaciones a amortizaciones, sobre todo a partir de 1984 (4,8 por 100 en 1981 y 5,5 por 100 en 1990).

— Un constante aumento del resultado neto de explotación, desde el 5,4 por 100 en 1981 al 7 por 100 en 1990, con un máximo del 8,3 por 100 en 1988.

— Un fuerte incremento de los intereses financieros (0,8 por 100 en 1981 y 2,3 por 100 en 1990), unido al paulatino descenso de los gastos financieros a partir de 1984 (9,2 por 100) hasta 1989 (5,1 por 100), para volver a subir en 1990 (5,7 por 100).

— El cambio de signo de los resultados extraordinarios, que de ser ligeramente negativos entre 1981 y 1986 pasan a ser notablemente positivos (1 por 100 en 1989 y 0,5 por 100 en 1990).

— Como consecuencia de todo lo anterior, una importante alteración del resultado neto total, negativo entre 1981 y 1983, y crecientemente positivo a partir de 1984, llegando en 1989 a un máximo del 6,1 por 100 del valor de la producción o ventas, para caer en 1990 a sólo el 4,6 por 100.

El análisis anterior sobre la evolución de la cuenta de resultados de la empresa media española es metodológicamente similar al que se realizaría sobre una empresa concreta real, a la que, además, se podría comparar con datos agregados sectoriales o por tamaños de empresas o regionales. En cualquier caso, en el conjunto nacional se puede observar, al igual que en la estructura del balance, una continua modificación estructural de los resultados, con dos fases bien marcadas ligadas al ciclo económico: entre 1981 y 1984, de declive y contención, y a partir de 1985, de crecimiento y auge económico que se empieza a ralentizar en 1989.

En el cuadro 5.4 figura la estructura de la Cuenta de Resultados de las empresas privadas no energéticas españolas en 1989 y 1990,

CUADRO 5.4. *Estructura de la cuenta de resultados de las empresas privadas no energéticas en España (1989-1990).*

	1989	1990
Producción o venta (1)	100,0	100,0
– Materias primas	56,3	54,9
– Personal	17,2	18,2
– Otros costes	16,8	18,4
– Amortizaciones y provisiones	3,4	3,5
= RESULTADO DE EXPLOTACION	6,2	5,0
+ Ingresos financieros	1,7	1,8
± Otros (2)	0,5	0,3
= RESULTADO ECONOMICO NETO	8,4	7,1
– Gastos financieros	2,4	2,8
= RESULTADO ANTES DE IMPUESTOS	6,0	4,3

(1) Excluidas subvenciones de explotación.
(2) Excluidos intereses activados.

Fuente: Central de Balances del Banco de España, 1991. Tomado de R. Termes, *Expansión,* 8 de enero de 1992.

según la Central de Balances del Banco de España. De la cifra de producción o ventas se han excluido las subvenciones de explotación que, en puridad económica, no constituyen verdaderos resultados empresariales. Asimismo se han excluido de los costes financieros la activación de intereses, derivados del coste de la financiación de los proyectos en curso de ejecución, mientras dure ésta, que se incorporan al activo como coste del proyecto en vez de imputarlo al resultado del ejercicio.

Puede observarse el importante descenso en la rentabilidad total procedente del alza relativa de los costes de personal y otros costes de explotación, así como de los gastos financieros.

En el cuadro 5.5 figura la evolución de la estructura del cuadro de financiamiento de la empresa media española entre 1982 y 1990.

En el origen de fondos puede observarse una importante modificación por plazos, ya que los recursos a largo plazo pasan del 69,8

CUADRO 5.5a. *Estructura del cuadro de financiamiento de la empresa media española.*
I. Origen de los recursos (en porcentaje del total).

AÑOS	1982	1983	1984	1985	1986	1987	1988	1989	1990
Número de empresas	2.057	3.276	4.119	5.111	6.492	7.572	7.595	6.901	4.749
A. RECURSOS A LARGO PLAZO (1+2+3)	69,8	72,8	86,4	88,8	87,1	88,5	87,9	83,8	76,4
1. RECURSOS GENERADOS	23,0	30,3	37,1	39,9	60,7	65,0	60,3	59,8	54,3
2. INMOVILIZADO	0,0	0,0	0,0	0,0	0,0	0,0	0,0	0,0	0,0
3. FINANCIACION PERMANENTE	46,8	42,6	49,2	48,9	26,4	23,6	27,6	24,0	22,1
3.1. Aportación de accionistas	8,9	9,3	12,9	14,6	14,7	11,9	13,8	8,6	6,4
3.2. Subvenciones en capital y otras	6,8	8,1	11,7	8,3	4,7	7,4	11,9	9,2	6,6
3.3. Obligaciones y valores de renta fija	6,3	3,6	9,5	8,0	7,0	0,0	0,2	0,0	0,1
3.4. Préstamos a medio y largo plazo de entidades de crédito	0,0	20,0	15,1	0,4	0,0	4,3	1,7	1,8	5,4
3.5. Préstamos a medio y largo plazo de otros	24,9	1,6	0,0	17,6	0,0	0,0	0,0	4,5	3,7
B. VARIACIONES EN EL CAPITAL CIRCULANTE (4+5+6)	30,2	27,2	13,6	11,2	12,9	11,5	12,1	16,2	23,6
4. DE LA EXPLOTACION	15,1	8,3	1,6	3,6	9,7	8,9	5,4	6,2	8,8
4.1. Existencias	0,0	0,0	1,6	0,0	3,8	0,0	0,0	0,0	0,0
4.2. Clientes	0,0	0,0	0,0	0,0	0,0	0,0	0,0	0,0	0,0
4.3. Proveedores	15,1	8,3	0,0	3,6	5,9	8,9	5,4	6,2	8,8
5. DE FUERA DE LA EXPLOTACION	1,1	0,0	1,4	0,6	0,0	0,1	2,3	0,0	0,0
5.2. Ajustes por periodificación y otros	1,1	0,0	1,4	0,6	0,0	0,1	2,3	0,0	0,0
6. LIQUIDEZ	14,1	18,8	10,6	7,1	3,2	2,4	4,5	10,0	14,8
6.1. Cajas y entidades de crédito acreedoras	0,0	0,0	0,0	0,0	0,7	0,0	0,4	0,9	0,0
6.2. Préstamos a corto de entidades de crédito	9,9	14,0	0,0	5,8	0,0	1,2	0,0	6,2	5,3
6.3. Otros préstamos a corto con coste	0,0	0,0	10,6	1,2	2,4	0,0	4,0	1,9	8,8
6.4. Efectos comerciales descontados	4,1	4,8	0,0	0,0	0,0	1,3	0,0	1,0	0,6
ORIGEN DE LOS FONDOS (RECURSOS) (A+B)	100,0	100,0	100,0	100,0	100,0	100,0	100,0	100,0	100,0
VARIACION NETA DEL FONDO DE MANIOBRA POR FLUJOS EXTERIORES (A−C)	13,6	10,0	19,3	34,7	7,8	21,8	29,5	17,6	11,5

por 100 en 1981 al 76,4 por 100 en 1990, descendiendo correlativamente los fondos generados a corto plazo debido a cambios en el capital circulante. Dentro de los fondos generados a largo plazo, los recursos internos ascendieron progresivamente del 23 por 100 en 1981 al 54,3 por 100 en 1990, en detrimento de las aportaciones ajenas (del 46,8 por 100 en 1981 al 22,1 por 100 en 1990) y, en particular, de los préstamos (24,9 por 100 en 1981 y sólo 3,7 por 100 en 1990).

En el empleo de los recursos es de destacar el aumento progresivo de las aplicaciones a largo plazo (del 56,2 por 100 en 1982 al 64,9 por 100 en 1990) y, en especial, de las inversiones en inmovilizado (56,2 por 100 en 1982 y 64,9 por 100 en 1990). El empleo de fondos en reducir la financiación permanen-

CUADRO 5.5b. *Estructura del cuadro de financiamiento de la empresa media española. II. Aplicación de los recursos* (en porcentaje del total).

AÑOS	1982	1983	1984	1985	1986	1987	1988	1989	1990
Número de empresas	2.057	3.276	4.119	5.111	6.492	7.572	7.595	6.901	4.749
C. APLICACIONES A LARGO PLAZO (1+2+3)	56,2	62,8	67,1	54,1	79,3	66,8	58,3	66,3	64,9
1. RECURSOS GENERADOS	0,0	0,0	0,0	0,0	0,0	0,0	0,0	0,0	0,0
2. INMOVILIZADO	56,2	62,8	65,6	54,1	57,7	59,5	57,5	63,6	64,9
2.1. Material	40,1	40,3	37,5	31,9	37,8	38,3	36,4	43,1	52,1
2.2. Intereses activados y otras revalorizaciones	8,0	10,5	14,3	8,6	8,1	6,2	3,6	2,5	2,4
2.3. Inmaterial	2,0	1,3	1,3	0,9	0,8	0,8	1,0	0,8	1,3
2.4. Financiero	4,7	5,1	5,3	8,5	6,8	10,6	13,3	15,4	7,3
2.5. Gastos amortizables	1,3	5,6	7,3	4,3	4,1	3,6	3,2	1,7	1,7
3. FINANCIACION PERMANENTE	0,0	0,0	1,4	0,0	21,6	7,2	0,9	2,7	0,0
3.3. Obligaciones y valores de renta fija	0,0	0,0	0,0	0,0	0,0	3,6	0,0	2,7	0,0
3.4. Préstamos a medio y largo plazo de entidades de crédito	0,0	0,0	0,0	0,0	14,7	0,0	0,0	0,0	0,0
3.5. Préstamos a medio y largo plazo de otros	0,0	0,0	1,4	0,0	6,9	3,6	0,9	0,0	0,0
D. VARIACIONES EN EL CAPITAL CIRCULANTE (4+5+6)	43,8	37,2	32,9	45,9	20,7	33,2	41,7	33,7	35,1
4. DE LA EXPLOTACION	34,6	28,4	5,7	10,7	9,8	17,5	16,6	18,1	20,0
4.1. Existencias	10,4	9,6	0,0	3,1	0,0	4,2	6,5	7,9	4,4
4.2. Clientes	24,2	18,8	2,8	7,6	9,8	13,4	10,1	10,2	15,6
4.3. Proveedores	0,0	0,0	2,9	0,0	0,0	0,0	0,0	0,0	0,0
5. DE FUERA DE LA EXPLOTACION	3,9	7,5	15,8	32,9	4,0	12,2	18,9	15,7	15,1
5.1. Otros deudores y acreedores a corto plazo sin coste financiero	3,9	6,4	15,8	32,9	2,0	12,2	18,9	14,8	13,0
5.2. Ajustes por periodificación y otros	0,0	1,1	0,0	0,0	2,0	0,0	0,0	0,9	2,2
6. LIQUIDEZ	5,4	1,3	11,4	2,3	6,8	3,5	6,2	0,0	0,0
6.1. Caja y entidades de crédito deudoras	5,4	1,3	2,5	0,5	0,0	1,2	0,0	0,0	0,0
6.2. Préstamos a corto de entidades de crédito	0,0	0,0	4,2	0,0	4,7	0,0	5,7	0,0	0,0
6.3. Otros préstamos a corto con coste	0,0	0,0	0,0	0,0	0,0	2,3	0,0	0,0	0,0
6.4. Efectos comerciales descontados	0,0	0,0	4,7	1,8	2,2	0,0	0,5	0,0	0,0
APLICACION DE LOS FONDOS (EMPLEOS)	100,0	100,0	100,0	100,0	100,0	100,0	100,0	100,0	100,0
VARIACION NETA DEL CAPITAL CIRCULANTE POR FLUJOS EXTERNOS (D−B)	13,6	10,0	19,3	34,7	7,8	21,8	29,5	17,6	11,5

Fuente: Banco de España. Central de Balances, 1990. Noviembre de 1991.

te sólo es relevante en 1986 y 1987 (21,6 por 100 y 7,2 por 100, respectivamente), coincidiendo con el comienzo del auge del ciclo económico al que las empresas reaccionan fortaleciendo su estructura financiera.

En el caso de una empresa individual, una presentación más explicativa del cuadro de financiamiento sería agregar las variaciones del capital circulante, de modo que los porcentajes de los fondos originados o empleados se calculasen sobre los fondos a largo plazo más las variaciones netas del circulante, en vez de considerar estas variaciones como origen y aplicación, según los casos.

5.5. EL ANALISIS FINANCIERO POR RATIOS

La posición financiera de una empresa, hace referencia a los siguientes tipos de problemas, entre otros:

— Capacidad de la empresa para hacer frente a sus obligaciones y deudas a sus plazos de vencimiento (liquidez y solvencia).

— Composición de la financiación entre los distintos tipos de recursos (estructura del pasivo).

— Composición del activo entre los distintos tipos de empleos de los recursos (estructura del activo).

— Relación entre las estructuras del activo y pasivo (cobertura).

En las páginas siguientes se describen algunos de los ratios más utilizados para el análisis de estos problemas, agrupados según los fines primarios que persiguen.

5.5.1. RATIOS DE LIQUIDEZ

Los ratios que se refieren a la liquidez financiera se utilizan como medio de apreciar la capacidad de la empresa para afrontar sus obligaciones a corto plazo. El más generalmente utilizado de estos índices es el llamado ratio de liquidez general (current ratio, en terminología anglosajona), que relaciona el activo circulante con el exigible a corto plazo o pasivo circulante.

A) Liquidez general =

$$\frac{\text{Activo circulante}}{\text{Pasivo circulante}}$$

La relación anterior indica cuántas pesetas realizables a corto plazo (menos de un año) hay por cada peseta exigible en el mismo período. Constituye una primera aproximación del grado de liquidez de la empresa, si bien una aproximación grosera, ya que no toma en cuenta la distinta liquidez relativa de las diversas partidas del activo circulante, ni tampoco el escalonamiento en el vencimiento de las deudas a corto.

Una empresa con mayor proporción de su activo circulante en caja o en valores fácilmente realizables tiene mayor liquidez al de otra con mayor proporción de activos en stocks o en cuentas de clientes de difícil o muy larga realización. Análogamente, una empresa con una estructura de pasivo circulante formada por cuentas acreedoras de vencimientos diferidos a lo largo del siguiente ejercicio tendrá mayor liquidez, a igualdad de estructura de activo circulante, que otra con mayor proporción de sus deudas a corto plazo de vencimiento inmediato. Por tanto, es preciso acudir a instrumentos de análisis más finos para evaluar más profundamente la liquidez de la empresa.

El valor de este ratio suele oscilar en la empresa española entre 1 y 1,5. Una situación razonable puede ser alrededor de 1,3, aunque en los últimos años el valor medio suele situarse en torno a 1,15, siendo mayor en las industrias manufactureras (1,4).

B) Liquidez inmediata =

$$\frac{\text{Activo circulante menos Existencias (o stocks)}}{\text{Pasivo circulante}}$$

Este ratio, denominado también de acidez (acid-test, en inglés) proporciona una imagen más precisa de la liquidez de la empresa. Mide la capacidad de la empresa para hacer frente a sus deudas a corto plazo con los recursos a corto plazo, excepto los stocks, que presumiblemente constituyen la parte menos líquida y más difícilmente realizable.

Por tanto, el numerador del ratio está constituido por las cuentas financieras y de deudores y el denominador por el pasivo circulante o a corto plazo.

Los valores medios de este ratio en España oscilan en torno a 0,8, siendo ligeramente inferior para la empresa grande (alrededor de 0,75), algo mayor en la empresa mediana (0,85) y muy superior en la empresa pequeña (alrededor de 1).

C) Tesorería =

$$\frac{\text{Activo disponible (Tesorería)}}{\text{Pasivo circulante}}$$

Mide la capacidad de la empresa para afrontar sus obligaciones a corto plazo con sus recursos líquidos o inmediatamente convertibles en liquidez (dinero y cuasi dinero). Su valor suele ser muy inferior a la unidad y depende, entre otros factores, de la política de caja que adopte la empresa.

Los valores medios de este ratio en la empresa española se sitúan en torno al 7 por 100, siendo fuertemente crecientes al disminuir el tamaño de la empresa.

D) Liquidez de los créditos

En la medida que se sospeche la existencia de problemas en algunos componentes del activo circulante, el analista financiero deberá examinarlos separadamente para cerciorarse de su liquidez. Las cuentas de clientes, por ejemplo, pueden no ser realmente activos líquidos, bien por estar ya vencidos, bien por considerar su cobro muy problemático en un plazo razonable.

a) Período medio de cobro (días) =

$$\frac{\text{Saldo medio de cuentas de clientes}}{\text{Ventas netas}} \times 365$$

Este índice indica el número de días medio que transcurren desde que se efectúa una venta hasta que se cobra.

En el numerador figura el saldo medio de las cuentas de deudores a favor de la empresa durante el período, multiplicado por 365, y en el denominador la cifra de ventas realizada por la empresa en el mismo período. El resultado vendrá expresado en días, que representan el plazo en que, por término medio, está cobrando la empresa sus ventas. Los valores medios de este ratio en la empresa española están en torno a 110 días, según la Central de Balances del Banco de España, aunque, si se consideran sólo las cuentas de clientes por ventas y servicios, el valor baja a 72,5 días. Los niveles de este último ratio por sectores de actividad en 1987 figuran en el cuadro 5.6.

b) Ratio de rotación de los deudores:

$$\frac{\text{Ventas netas anuales}}{\text{Saldo medio de cuentas de clientes}}$$

Este ratio expresa lo mismo que el anterior, pero desde otro punto de vista. El número de días del año (365), dividido por el período medio de cobro, da el ratio de rotación.

El cálculo del saldo medio de las cuentas a cobrar existente a lo largo del año no es posible deducirlo de los balances de situación, pero una aproximación suficiente puede ser la semisuma de los saldos existentes al principio y final del ejercicio, considerando que la evolución de las ventas haya sido más o menos constante a lo largo del año (lo que evidentemente no es cierto en negocios con carácter estacional).

Los valores de estos índices pueden ser ilustrados en un triple sentido:

— Para compararlos *con los de otras empresas de características similares.*

Un período de cobro demasiado bajo puede ser consecuencia de una política de crédito a clientes demasiado estricta. Quizás las cuentas a cobrar sean muy seguras, pero las ventas habrán sido menores de lo que podrían haber sido con una política más liberal. Un período de cobro demasiado alto puede indicar una política demasiado generosa. En consecuencia, habrá una cierta cantidad de cuentas vencidas y algunas incobrables; los beneficios serán más bajos, debido a las pérdidas por impagados y a la necesidad de financiar una inversión demasiado elevada en cuentas a cobrar.

— Para controlar *el cumplimiento de la política de ventas a crédito.*

Si la política comercial de la empresa tiene establecido un período de cobro de 30 días, por ejemplo, y el período de cobro real resulta de 45 días, la comparación mostrará que una gran proporción de los créditos se cobran con atraso respecto a las condiciones convenidas, lo que inducirá a adoptar acciones correctoras.

— Para comparar *la velocidad de los cobros a clientes con la velocidad de los pagos a proveedores.*

Para ello se utiliza, con criterio análogo al empleado en la noción del período medio de cobro, el plazo medio de pago a proveedores, que se expone a continuación.

E) Período medio de pago a proveedores

La financiación procedente de los proveedores a través de un aplazamiento en el pago de las existencias recibidas, habitualmente sin coste explícito (aunque quizás con un coste implícito derivado de la pérdida de bonificaciones y descuentos por pronto pago), constituye una fuente de recursos para la empresa que sirve para acortar su período medio de maduración (es decir, el tiempo que tarda en recuperar el dinero invertido en el proceso de fabricación o explotación) y sustituye ventajosamente a otras alternativas de financiación.

El período medio de pago a proveedores se calcula mediante el ratio:

$$\text{Período medio de pago a proveedores} = \frac{\text{Saldo medio de proveedores}}{\text{Compras netas anuales}} \times 365$$

En el numerador figura el saldo medio de la cuenta de proveedores a lo largo del ejercicio y en el denominador las compras netas anuales a los mismos. El ratio expresa el número de días que, por término medio, la empresa tarda en pagar su deuda a los proveedores.

En España, y según la Central de Balances del Banco de España, el valor del período medio de pago a proveedores se situaba en 1989 en 82 días. Los valores medios por sectores de actividad en 1987 figuran en el cuadro 5.6.

La comparación entre los períodos medios de cobro y pago puede resultar reveladora de la situación de la empresa y del capital circulante mínimo que necesita para su normal desarrollo. Hay que tener en cuenta que un elevado período medio de cobro significa un elevado volumen de crédito a los clientes, con costes de oportunidad que hay que valorar, ya que suponen unos recursos inmovilizados en cuentas de clien-

CUADRO 5.6. *Período medio de maduración por sectores en 1987.*

SECTORES	Mercader.	Productos terminad.	Pago proveedor	Cobro clientes
MAQ. INDUST. Y OFICINA	25	29	81	125
FAB. MATER. ELECTRICO	41	54	103	126
FAB. MAT. ELECTRONICO	55	70	119	120
AUTOMOVILES	19	22	89	62
EQUIPO Y CARROC. AUTO	51	31	105	98
CONSTRUCCION NAVAL	5	74	186	228
OTROS ELEM. TRANSPORT.	60	25	88	95
MECANICA PRECISION	55	76	85	107
ELECTRODOMESTICOS	38	41	101	95
INDUSTRIAS CARNICAS	9	25	29	37
INDUSTRIAS LACTEAS	32	16	37	31
IND. ALIMENTAC. ANIMAL	26	24	48	54
INDUSTRIA VINICOLA	111	81	127	139
OTRAS ALIMENT. TABACO	50	32	64	63
INDUSTRIAS TEXTILES	40	33	82	98
CUERO Y CALZADO	63	54	62	88
INDUSTRIA CONFECCION	57	37	92	90
MADERA, CORCHO, MUEBLE	58	27	93	89
PAPEL Y CARTON	54	18	106	81
ARTES GRAFICAS, EDICION	47	32	112	106
CAUCHO Y PLASTICO	44	34	110	88
OTRAS NO ALIMENTARIAS	61	29	83	90
CONSTRUCCION	25	47	150	131
COMERCIO POR MAYOR	55	7	70	80
INTERMEDIAR. COMERCIO	43	0	57	43
COMERCIO POR MENOR	73	0	79	26
OTROS COMERCIO	84	5	28	21
HOSTELERIA	46	0	87	32
TRANSP. FERROVIARIO	0	0	0	70
TRANSPORTE URBANO	64	0	93	5
TRANSPORTE TERRESTRE	4	0	38	45
TRANSPORTE MARITIMO	0	0	77	75
AUTOPISTAS Y OTROS	0	0	15	201
ACTIV. ANEXAS TRANSP	4	0	11	143
AGENCIAS VIAJE Y TRA	0	0	41	64
TRANSPORTE AEREO	52	0	55	22
CORREOS Y TELECOM.	84	0	78	186
PROMOCION INMOBILIAR.	136	356	167	233
SERVICIOS TECNICOS	14	80	109	136
SERVICIOS A EMPRESAS	16	7	78	99
OTROS SERVICIOS	528	0	177	36
TOTAL	44	22	80	72

Fuente: Banco de España. Central de Balances, 1988.

tes cuya liberación incidirá positivamente sobre la rentabilidad de la empresa. Análogamente, un período medio de pago a los proveedores elevado supone una fuente de financiación externa a la empresa, en muchos casos, a coste nulo. Por tanto, una manera de mejorar la liquidez a corto plazo de la empresa consiste en reducir el período medio de cobro a clientes tanto como sea posible en orden a los objetivos de rentabilidad de la empresa y, simultáneamente, aumentar el período medio de pago a los proveedores sin que afecte al ritmo de suministros ni al prestigio comercial de la empresa.

Además de los ratios anteriores, suele ser de interés analizar la antigüedad de las deudas que conformen el saldo total de las cuentas de deudores. La manera de analizar esta antigüedad puede consistir en desglosar dicho saldo en intervalos de tiempo, según la fecha de concesión de los créditos, anotando la deuda pendiente de cada intervalo en porcentaje de la deuda total o del volumen de ventas efectuado en cada intervalo [7]. Este análisis ofrece una información mucho más penetrante que los anteriores, pero su realización sólo es normalmente posible en el interior de la misma empresa y no por personas externas a ella.

F) Liquidez de los stocks.

De manera similar a la medida de la liquidez de las cuentas de clientes, para la medida de la liquidez de los stocks se emplea el ratio:

$$\text{Rotación de los stocks} = \frac{\text{Coste de mercancías vendidas}}{\text{Stock medio anual}}$$

La cifra del coste de las mercancías vendidas (o coste de las ventas) que figura en el numerador se obtiene de la cuenta de resultados. En cuanto al stock medio, es habitualmente el promedio de las cifras de existencias a principio y fin de año, obtenidos de dos balances consecutivos. Sin embargo, y al igual que en las cuentas de clientes, cuando la empresa esté sometida a una fuerte estacionalidad, puede ser conveniente utilizar (cuando sea posible) un procedimiento más exacto, como el promedio de los saldos mensuales durante el año.

Es evidente que, desde un punto de vista de la rentabilidad, a la empresa le interesará el mayor valor posible de este ratio. En este sentido, es importante mencionar que una empresa se enfrenta a menudo a puntos de vista distintos (técnicos, comerciales y financieros) que deben ser armonizados para una buena gestión global.

Desde el punto de vista de fabricación, se tenderá a tener una cantidad de materias primas excesiva, quizás demasiado costosa o poco rentable desde otros aspectos, con el fin de minimizar el riesgo de rotura de stocks en la producción y tener holguras suficientes ante cualquier circunstancia imprevista.

Desde un punto de vista comercial, se tratará de tener en almacén un nivel alto de productos terminados para atender todos los posibles pedidos. Asimismo, es posible que se concedan unas condiciones de pago excesivas para forzar las ventas, que obliguen a la empresa a mantener saldos de clientes poco rentables.

Desde un punto de vista financiero, se procurará reducir al máximo los valores circulantes y, en consecuencia, los niveles de existencias, haciendo peligrar quizás los procesos de fabricación y ventas [8].

Una rotación excesivamente alta puede ser consecuencia de un nivel de inventario demasiado bajo, con una excesiva frecuencia de roturas de stocks. También podría responder a un volumen demasiado bajo de cada pedido para reponer los stocks. En cualquiera de ambas situaciones es posible

---

[7] Véase el capítulo 19.

[8] Véase E. VELA SASTRE, *Cómo gestionar el capital circulante.* Manuales IMPI. Madrid, 1988. Véase asimismo el capítulo 19.

que la empresa esté incurriendo en un coste excesivo mayor que el que le supondría mantener un nivel de stocks más alto con una rotación más baja.

Una rotación relativamente baja suele ser síntoma de que una parte del inventario es de difícil salida o está obsoleta. La obsolescencia puede suponer desvalorizaciones en la cuenta de stocks, lo que obligaría a dotar las correspondientes provisiones.

Dado que el ratio de rotación de stocks es una medida demasiado general, puede ser necesario investigar más a fondo las ineficiencias que se perciban en la gestión de los stocks. Para ello, puede ser útil calcular los correspondientes ratios de rotación de las principales categorías del inventario, es decir, de los stocks de materias primas, artículos en proceso y productos terminados.

a) Rotación del stock de materias primas =

$$\frac{\text{Consumo anual materias primas}}{\text{Stock medio anual materias primas}}$$

b) Rotación del stock de productos en curso =

$$= \frac{\text{Coste de la producción anual}}{\text{Stock medio de fabricación en curso}}$$

c) Rotación del stock de productos terminados =

$$\frac{\text{Coste de los productos vendidos}}{\text{Stock medio del almacén de productos terminados}}$$

Una información más gráfica, y más usual, sobre la gestión del almacén es la duración (en días o meses) de su stock. Esta relación se obtiene dividiendo 12 ó 365 por la rotación del almacén. Así, para las materias primas:

Meses de stock =

$$\frac{12}{\dfrac{\text{Consumo anual de materias primas}}{\text{stock medio anual}}}$$

Días de stock =

$$\frac{365}{\dfrac{\text{Consumo anual de materias primas}}{\text{stock medio anual}}}$$

y análogamente para los demás.

En términos de período medio de maduración de la empresa, la duración de los diversos subperíodos definidos en el epígrafe anterior puede expresarse mediante los siguientes ratios:

a) Período medio de maduración de materias primas (en días) =

$$\frac{\text{Stock medio de materias primas y auxiliares}}{\text{Consumo anual de materias primas y auxiliares}} \times 365$$

El consumo anual de materias primas y auxiliares que figura en el denominador se puede calcular de la cuenta de pérdidas y ganancias mediante la relación:

Existencias iniciales de materias primas y auxiliares
\+ Compras netas
− Existencias finales de materias primas y auxiliares

= Consumo anual de materias primas y auxiliares

Este cálculo es equivalente a restar de las compras netas la variación de existencias de materias primas y auxiliares. En España, y según la Central de Balances del Banco de España, los valores medios de este ratio en 1989 se situaban en unos 50 días. Los valores medios por sectores de actividad en 1987 figuran en el anterior cuadro 5.6.

b) Período medio de maduración de productos terminados y en curso =

$$\frac{\text{Saldo medio de productos en curso y terminados}}{\text{Coste de ventas}^{9}} \times 365$$

Los valores medios de este ratio en 1989, según la Central de Balances del Banco de España oscilaban en torno a 22 días. Las cifras medias por sectores de ctividad en 1987 figuran en el cuadro 5.6.

5.5.2. RATIO DE SOLVENCIA

El empresario, tanto como el acreedor sensato, desea conocer hasta qué grado su empresa es capaz de hacer frente a sus compromisos a medida que vayan venciendo. Mediante los ratios de liquidez, se puede analizar la capacidad de la empresa para responder de sus obligaciones y deudas a plazo inferior a un año. Una medida de la capacidad de la empresa para hacer frente a la totalidad de sus deudas con terceros la da el índice de solvencia:

$$\text{Ratio de solvencia} = \frac{\text{Activo total}}{\text{Recursos ajenos (exigible)}}$$

El acreedor, en principio, podrá estar seguro de cobrar su deuda siempre que los activos totales de la empresa sean iguales o mayores que su pasivo exigible, es decir, que el valor de liquidación de la empresa supere al montante de sus obligaciones exteriores.

Un valor razonable y a título indicativo de este índice para la empresa española, según la Central de Balances del Banco de España para 1990, es de 1,72.

5.5.3. RATIOS DE ESTRUCTURA

Estos ratios esquematizan la composición del activo y del pasivo entre sus grandes componentes.

Algunos de los más frecuentemente empleados son:

A. *Para la estructura del activo*

$$\text{Ratio de inmovilización} = \frac{\text{Activo inmovilizado}}{\text{Activo total}}$$

Este índice ilustra acerca de la composición relativa del activo total de la empresa. Depende fuertemente del sector de actividad de la empresa y señala cómo se reparten las inversiones totales entre empleos fijos y circulantes.

En España, para la empresa media, según la Central de Balances del Banco de España, el valor del índice es 0,66, aunque existe gran variación de una a otra rama industrial: desde casi 0,9 en el sector eléctrico a apenas 0,1 en sectores de servicios.

B. *Para la estructura del pasivo*

a) Ratio de endeudamiento =

$$= \frac{\text{Recursos ajenos}}{\text{Recursos propios}}$$

Este índice proporciona una idea de la composición relativa del pasivo entre recursos ajenos y recursos propios. Indica la pro-

[9] Calculado como Ventas netas e Ingresos accesorios a la explotación − Resultado económico bruto de la explotación + Subvenciones a la explotación + Amortizaciones. Esto es equivalente a sumar las Compras netas más los Trabajos, suministros y servicios externos, más los Gastos de personal, más las Amortizaciones y restar las Variaciones de existencias y los Trabajos para el inmovilizado.

porción de los fondos aportados por los accionistas o generados por la propia empresa en relación a los fondos tomados a préstamos de terceros [10].

El valor de este ratio para la empresa media española en 1990 era de 1,4, de acuerdo con los datos de la Central de Balances del Banco de España.

En términos generales, puede decirse que, salvo cuando no tiene otro remedio, la empresa recurre a capital ajeno sólo si el tipo de interés de los créditos es inferior a la rentabilidad económica del negocio. Sin embargo, y como es obvio, esto no representa más que un principio vago, cuya concreción depende no sólo del sector de actividad de la empresa, sino de su dimensión, estructura y circunstancias. Se estima que si los capitales propios representan más de los 2/3 del total de los recursos (ratio de endeudamiento inferior a 0,5), la empresa dispone de una fuerte capacidad de endeudamiento; si representan más de la mitad (ratio de endeudamiento inferior a la unidad), todavía puede recurrir a la obtención de préstamos; si la proporción es muy inferior (ratio de endeudamiento superior a 2), los eventuales prestamistas cada vez serán más caros y exigentes y la capacidad de endeudamiento de la empresa se verá limitada.

Al aumentar el tamaño de la empresa, el ratio de endeudamiento aumenta (mayor financiación con recursos ajenos) hasta llegar a una dimensión tal, que le permite reducir la importancia de la financiación ajena, autofinanciándose en una gran proporción.

b) Estructura del endeudamiento =

$$\frac{\text{Deudas a medio y largo plazo}}{\text{Deudas a corto plazo}}$$

Este índice trata de profundizar en la composición del endeudamiento de la empresa entre la parte que es a medio y largo plazo y la parte que es a corto plazo.

El valor de este ratio para la empresa española media en 1990 se situó en el 76 por 100, de acuerdo con los datos de la Central de Balances del Banco de España.

c) $$\frac{\text{Recursos propios}}{\text{Recursos permanentes}}$$

En el numerador del ratio figuran los recursos propios y en el denominador los recursos permanentes que incluyen los recursos propios más el endeudamiento a medio y largo plazo. Cuando este ratio es inferior a 0,5 se suele considerar que la capacidad de crédito a largo plazo está, en condiciones normales, saturada.

El valor medio de este ratio en la empresa media española en 1990, según la Central de Balances del Banco de España, era de 0,64.

d) $$\frac{\text{Recursos propios}}{\text{Pasivo total}} \times 100 \text{ ó}$$

$$\frac{\text{Recursos ajenos}}{\text{Pasivo total}} \times 100$$

Este ratio mide el porcentaje del pasivo total que representan los recursos propios. Su complementario es, naturalmente, los que suponen los recursos ajenos, o exigible, en el total del pasivo.

El valor medio del ratio Recursos propios/Pasivo total en la empresa española media en 1990 era del 42 por 100. Consecuentemente los Recursos ajenos ascendían al 58 por 100 del Pasivo total.

Frecuentemente, en el denominador de estos ratios suele figurar en vez del Pasivo total, sólo la parte del pasivo que tiene un

[10] Este ratio es especialmente utilizado en la determinación de la estructura financiera de la empresa. Véase el epígrafe 6.3 de este capítulo y, especialmente, el capítulo 14.

coste explícito para la empresa, esto es, el Pasivo remunerado.

Los valores medios, por sectores de actividad, del ratio Recursos Ajenos/Pasivo Remunerado (en porcentaje), para el período 1981-90, figuran en el cuadro 5.7, según datos de la Central de Balances del Banco de España.

5.5.4. RATIOS DE COBERTURA DEL INMOVILIZADO

Esta categoría de ratios trata de profundizar en el análisis de la financiación del inmovilizado con partidas o agrupaciones de partidas del pasivo, con el fin de averiguar en qué medida está financiado bien con fondos propios, bien con fondos permanentes.

a) Un primer ratio muy común es el de cobertura del inmovilizado con recursos propios, definido por:

Cobertura del inmovilizado con financiación propia =

$$= \frac{\text{Recursos propios}}{\text{Activo inmovilizado neto}} \times 100$$

Indica la tasa de cobertura de las inversiones fijas netas por los capitales propios, generalmente en porcentaje.

Para la empresa española media, el valor de este ratio en 1990 se situó en el 63,1 por 100, de acuerdo con la Central de Balances del Banco de España.

b) Otro ratio importante es el de cobertura del inmovilizado con recursos perma-

CUADRO 5.7. *Ratios de endeudamiento por sectores de actividad en España (1981-1990).* (Recursos Ajenos sobre Pasivo Remunerado).

AÑOS	1982	1983	1984	1985	1986	1987	1988	1989	1990
Número de empresas	2.057	3.276	4.119	5.111	6.492	7.572	7.595	6.901	4.749
ACTIVIDAD PRINCIPAL DE LAS EMPRESAS									
1. Agricultura y pesca	44,0	50,1	49,0	52,0	42,1	41,9	41,9	40,8	44,9
2. Industria, excepto construcción	55,4	57,1	57,5	57,9	56,7	53,5	49,1	46,1	46,1
2.1. Energía y agua	51,9	54,4	55,2	59,3	59,7	57,7	55,0	52,8	51,1
2.2. Extracción y transformación de minerales y materiales de construcción	70,2	66,6	66,2	63,0	60,3	57,4	50,4	43,7	45,5
2.3. Productos químicos	37,7	42,5	41,2	39,3	36,7	31,7	28,7	29,0	35,8
2.4. Industrias transformadoras de metales	67,8	72,6	74,0	66,4	63,2	57,7	48,6	39,8	39,5
2.5. Industrias alimentarias	46,2	46,7	47,6	42,9	35,2	32,5	29,3	31,7	33,5
2.6. Industrias manufactureras no alimentarias	43,3	45,5	48,2	46,9	45,0	40,6	37,1	34,4	35,1
3. Construcción	59,9	60,1	60,2	54,6	54,7	49,9	43,9	39,9	37,5
4. Servicios	47,3	45,7	46,6	45,3	44,4	42,6	40,9	41,8	44,6
4.1. Comercio	32,4	35,3	46,4	40,6	37,3	34,5	31,7	31,8	29,6
4.2. Transportes y comunicaciones	51,2	50,3	50,1	50,0	48,8	47,1	45,3	46,3	49,8
4.3. Hostelería y otros servicios	45,1	31,2	27,6	26,1	29,5	30,7	31,5	33,4	32,0
TOTAL	53,4	54,0	54,4	54,2	53,0	50,1	46,4	44,6	45,5
NATURALEZA DE LAS EMPRESAS									
A. Empresas públicas	68,2	59,7	60,5	57,3	55,0	51,3	47,2	46,0	47,1
B. Empresas privadas	46,5	50,0	50,4	52,4	51,8	49,3	46,0	43,7	44,3

Fuente: Banco de España. Central de Balances. Noviembre de 1991.

nentes, también llamado coeficiente de financiación del inmovilizado. Se expresa mediante la relación:

$$\text{Coeficiente financiación inmovilizado} = \frac{\text{Recursos permanentes}}{\text{Activo inmovilizado neto}} \times 100$$

En el numerador figuran, además de los recursos propios, las deudas a medio y largo plazo. Este ratio, generalmente, se expresa en porcentaje.

Su valor medio muestra qué cantidad de recursos permanentes han contribuido a financiar el activo inmovilizado. Si su valor es inferior a 100, indica que los capitales permanentes (propios y ajenos a largo plazo) son insuficientes para cubrir el valor total del activo fijo, por lo que parte de éste ha debido ser financiado por recursos a corto plazo. Si su valor es superior a 100, indica que los recursos a largo plazo cubren la totalidad de las inversiones a largo plazo.

Esta es la situación normal, necesaria para que el fondo de maniobra de la empresa sea positivo. El valor medio de este ratio en la empresa española sea en 1990 del 181 por 100, según datos de la Central de Balances del Banco de España.

5.5.5. Política de Amortizaciones

Para el análisis de la política de amortizaciones aplicadas por las empresas, se suelen emplear tres ratios:

a) $$\frac{\text{Amortización anual}}{\text{Inmovilizado bruto}} \times 100$$

En el numerador figura la cifra de amortización efectuada en el año y en el denominador el inmovilizado bruto en explotación (es decir, el inmovilizado amortizable) existente al final del ejercicio o, con mayor precisión, el inmovilizado bruto medio durante el ejercicio.

Su valor muestra el grado en que el inmovilizado se amortiza en el ejercicio. Su inversa, y suponiendo una tasa de amortización constante en el tiempo, indica el número de años en los que, por término medio, se está amortizando el inmovilizado en explotación.

Al ser la amortización anual una partida de coste para la empresa que incide directamente sobre el resultado del ejercicio, el valor de este ratio está influido por la coyuntura de la empresa: en fases de beneficios altos las amortizaciones anuales serán elevadas (para ahorrar impuestos) y el ratio, consiguientemente, también; en fases de beneficios reducidos o de pérdidas, las amortizaciones anuales serán bajas y el valor del ratio, por tanto, también. Sin embargo, las normas contables son taxativas al obligar a aplicar criterios sistemáticos de amortización y a mantenerlos en el tiempo.

Este ratio se puede descomponer por tipos de inmovilizado, de modo que puedan calcularse las tasas de amortización anual de:

- el inmovilizado material =

$$\frac{\text{Amortización anual del inmovilizado material}}{\text{Inmovilizado material bruto}}$$

- el inmovilizado inmaterial =

$$\frac{\text{Amortización anual de los gastos amortizables}}{\text{Gastos amortizables brutos}}$$

- los gastos amortizables =

$$= \frac{\text{Amortización anual de los Gastos Amortizables}}{\text{Gastos Amortizables Brutos}}$$

El valor medio de la tasa de amortización del inmovilizado o amortización económica de la empresa española en 1990 era del 5,45 por 100, equivalente a un ritmo medio de 18,3 años.

b) Incidencia de la amortización en el cash-flow.

Este ratio mide en qué medida participa la amortización en el cash-flow generado por la empresa en cada año. Se define por la relación:

$$\frac{\text{Amortización anual}}{\text{Cash-flow anual}} \times 100$$

El cash-flow incluye los resultados netos antes de impuestos más las dotaciones anuales a amortizaciones y provisiones. El valor medio de este ratio en la empresa española en 1990 era del 54 por 100, según la Central de Balances del Banco de España.

c) Tasa de envejecimiento del inmovilizado

Se mide por la relación:

$$\frac{\begin{array}{c}\text{Amortizaciones y provisiones}\\ \text{de inmovilizado acumulados}\end{array}}{\text{Inmovilizado bruto}} \times 100$$

Este ratio indica el porcentaje del inmovilizado de la empresa que está amortizado. Un valor alto del ratio señala que la empresa tiene una elevada proporción de sus activos amortizables ya amortizados debido bien a su antigüedad, bien a una política de amortizaciones rápidas.

El valor medio de este ratio en la empresa española en 1990 era del 6,1 por 100.

5.6. EL ANALISIS ECONOMICO POR RATIOS

El análisis de los estados financieros en su vertiente económica trata de penetrar en la realidad de la empresa como unidad económica, evaluando sus potencialidades presentes y futuras, sus beneficios y rentabilidad actuales y sus expectativas futuras.

Para su estudio es necesario conocer y utilizar no solamente las cifras que aparecen en el balance de situación de la empresa, sino también la cuenta de pérdidas y ganancias y, cuando sea posible, cuantos datos resulten expresivos de los resultados de cada una de las actividades de la empresa y de cada uno de sus productos.

El estudio económico de una empresa debe ser eminentemente dinámico, de modo que contemple una serie de años y no un único ejercicio aislado. La rentabilidad depende de un conjunto de elementos y, por tanto, a efectos de gestión, además de conocer la situación en que se encuentran dichos elementos en un momento dado, interesa captar el sentido en que van evolucionando a lo largo del tiempo. Por ejemplo, no bastará con conocer que una empresa ha obtenido en el último ejercicio una rentabilidad del 10 por 100 para enjuiciar su marcha, ya que esa cifra ha podido ser debida a circunstancias meramente coyunturales, siendo la tendencia de la empresa muy distinta (quizás cuatro años antes obtuvo el 2 por 100 de rentabilidad o el 50 por 100, lo que resulta muy diferente).

Además de este análisis evolutivo, es preciso tener en cuenta las características de la situación de la empresa, el sector de actividad y la coyuntura económica global en la que ha actuado.

5.6.1. CONCEPTO DE RENTABILIDAD

La obtención de un beneficio o excedente empresarial es una condición necesaria para la supervivencia de la empresa. Sin embargo, no basta con reconocer la capacidad de generación de beneficios para certificar la salud económica de una empresa, sino que es preciso relacionar estos beneficios con los recursos empleados para su obtención. Esta relación entre beneficios obtenidos y recursos utilizados se denomina rentabilidad. El significado de la rentabilidad es la cantidad de beneficio conseguido por cada peseta empleada, invertida o utilizada.

El nivel de rentabilidad es una medida de la posición económica de la empresa más eficiente que el nivel de beneficios, ya que la rentabilidad relativiza los resultados al compararlos con los recursos utilizados. La rentabilidad, al expresar los beneficios por unidad de recursos, permite una base homogénea de comparación económica interempresas.

La rentabilidad de una empresa tiene que ser suficiente para retribuir adecuadamente a los propietarios de los fondos empleados (los accionistas), promoviendo al mismo tiempo su crecimiento y desarrollo en beneficio de los restantes partícipes empresariales: clientes, proveedores, empleados, instituciones de crédito, Estado, etc.

En base tanto a las diversas clases de beneficio que se utilicen en el numerador como a los múltiples tipos de recursos invertidos que se empleen en el denominador, pueden definirse muchas medidas de la rentabilidad de una empresa. Entre ellas, es importante la distinción entre las dos siguientes:

- La rentabilidad de los capitales totales, o rentabilidad económica, que relaciona los beneficios obtenidos por la empresa (generalmente, antes de impuestos y gastos financieros) con el total de recursos, propios y ajenos, utilizados por la misma (ésto es, con el activo o pasivo total).
- La rentabilidad de los capitales totales, o rentabilidad financiera, definida por el cociente entre los beneficios (antes o después de impuestos) y los recursos propios de la empresa.

Ambas son diferentes a la rentabilidad del accionista por dividendos, definida por la relación entre los dividendos repartidos y los recursos aportados por los accionistas, que contablemente figuran bien como capital social, bien como primas de emisión. Además, los accionistas obtienen rentabilidad por otra vía: las ganancias de capital, derivadas de la revalorización de sus participaciones en la empresa.

Como ejemplo aclaratorio, supóngase una empresa que habiendo obtenido unos beneficios antes de intereses e impuestos de 25 unidades monetarias, con unos gastos financieros de 10 y un importe del impuesto de sociedades de 5, reparte un dividendo de 4 unidades monetarias. La empresa presenta el siguiente balance después de la distribución del beneficio:

Circulante	40
Inmovilizado	60
TOTAL	100

Capital	30
Reserva prima de emisión	10
Otras reservas	20
Recursos ajenos	40
TOTAL	100

Las distintas tasas de rentabilidad serán:

R. Económica (RE):

$$\frac{25}{100} \times 100 = 25\ \%$$

R. Financiera (RF) después de impuestos:

$$\frac{10}{60} \times 100 = 16{,}7\ \%$$

R. Accionista por dividendos:

$$\frac{4}{40} \times 100 = 10\ \%$$

Desde otro punto de vista, interesa distinguir entre la rentabilidad de la empresa en su conjunto y la rentabilidad de la actividad propia de la empresa, ya que el beneficio obtenido puede provenir de su actividad normal (beneficio ordinario) o puede proceder de actuaciones que nada tienen que ver con ésta. Sería el caso de unos resultados procedentes de la cartera de valores, de la renta de unos locales cedidos en alquiler, de la venta de unos terrenos, etc. Por consiguiente, si lo que se quiere es determinar la rentabilidad total, habrá que poner en relación beneficios totales con capitales totales, pero si se trata de determinar la rentabilidad propia de la actividad normal, no deben incluirse ni los beneficios ni los recursos empleados ajenos a dicha actividad.

5.6.2. LA RENTABILIDAD ECONÓMICA

La rentabilidad económica, rentabilidad del activo o rentabilidad de la inversión (return on investment, ROI, en inglés) es uno de los ratios más utilizados en la gestión empresarial. Se mide por la relación:

$$\text{Rentabilidad Económica (RE)} = \frac{\text{Beneficio antes de intereses e impuestos (BAII)}}{\text{Activo total (AT)}}$$

Su origen histórico procede de la empresa estadounidense Dupont de Nemours, que en 1914 lo empezó a aplicar como instrumento de gestión divisional: cada división debía generar un beneficio antes de impuestos y cargas financieras proporcional a los activos totales empleados, siendo naturalmente más interesantes a efectos de asignación de nuevos recursos aquellas divisiones con rentabilidad económica superior. Esta política, todavía usual en muchas corporaciones modernas, implicaba centrar la responsabilidad de los gerentes divisionales en la productividad de los activos, quedando la gestión de los recursos financieros y de la fiscalidad en manos de una dirección financiera centralizada.

La rentabilidad económica mide el rendimiento de los activos totales netos (de la inversión neta de la empresa), al margen de la estructura financiera. Es, por tanto, un componente económico puro.

La rentabilidad económica es, además de un instrumento práctico de planificación y control financiero, un punto de enlace con la concepción estratégica de la compañía [11].

En el cuadro 5.8 figura la evolución de la rentabilidad económica de las empresas españolas, por sectores de actividad, entre 1982 y 1990, según la Central de Balances del Banco de España.

La descomposición de la rentabilidad económica en dos componentes básicos, se efectúa simplemente multiplicando y dividiendo por la cifra de ventas, con lo que se obtiene la ecuación fundamental de la rentabilidad:

$$\underbrace{\frac{\text{BAII}}{\text{AT}}}_{\text{RE}} = \underbrace{\frac{\text{BAII}}{\text{Ventas}}}_{\text{MARGEN}} \times \underbrace{\frac{\text{Ventas}}{\text{AT}}}_{\text{ROTACION}}$$

El margen comercial (MC) o rentabilidad de las ventas expresa el beneficio obtenido por cada peseta vendida. Generalmente se expresa en porcentaje.

El concepto de margen en un mercado competitivo aparece dominado por el con-

[11] Véase ANGEL PÉREZ-CARBALLO, *Lo que dicen y no dicen los estados financieros.* Editorial Mentat. Madrid, 1987.

CUADRO 5.8. *Evolución de la rentabilidad económica de la empresa española por sectores de actividad (1982-1990).*

AÑOS	1982	1983	1984	1985	1986	1987	1988	1989	1990
Número de empresas	2.057	3.276	4.119	5.111	6.492	7.572	7.595	6.901	4.749
ACTIVIDAD PRINCIPAL DE LAS EMPRESAS									
1. Agricultura y pesca	5,9	9,9	11,5	12,1	12,0	12,4	11,9	9,4	9,9
2. Industria, excepto construcción	7,6	8,1	8,6	8,0	8,4	11,2	12,7	13,2	11,0
2.1. Energía y agua	8,6	8,9	9,5	7,8	7,3	9,3	10,0	10,5	10,7
2.2. Extracción y transformación de minerales y materiales de construcción	1,8	5,7	5,4	4,7	4,0	7,2	12,4	14,1	6,5
2.3. Productos químicos	10,2	10,4	14,4	15,7	16,6	19,8	20,9	16,4	13,3
2.4. Industrias transformadoras de metales	6,8	3,0	3,9	4,7	7,4	13,3	17,3	18,8	13,5
2.5. Industrias alimentarias	11,0	14,5	9,9	13,9	15,5	17,4	18,8	18,0	17,1
2.6. Industrias manufactureras no alimentarias	9,3	10,5	10,6	11,1	14,2	16,3	13,7	15,6	9,6
3. Construcción	13,0	11,4	9,0	9,5	10,9	12,4	15,1	15,9	17,9
4. Servicios	6,9	7,0	7,4	8,4	9,3	10,3	10,8	10,6	8,9
4.1. Comercio	7,8	9,1	10,9	12,9	16,0	18,0	21,9	20,2	17,7
4.2. Transportes y comunicaciones	6,3	6,5	6,7	6,9	7,1	7,7	7,5	7,3	7,6
4.3. Hostelería y otros servicios	13,5	6,6	7,7	10,5	12,6	13,0	11,5	13,9	4,7
TOTAL	7,6	7,9	8,2	8,2	8,7	11,0	12,1	12,4	10,5
NATURALEZA DE LAS EMPRESAS									
A. Empresas públicas	5,3	5,1	5,6	5,9	6,1	8,0	9,2	9,7	8,5
B. Empresas privadas	8,7	9,7	10,0	9,5	10,3	12,7	13,9	14,1	11,9

$$RE = \frac{\text{Resultado neto total antes del impuesto sobre beneficios + Gastos financieros}}{\text{Activo neto medio}} \times 100$$

Fuente: Banco de España. Central de Balances, 1990. Noviembre de 1991.

trol de los costes. En efecto, un mercado con funcionamiento competitivo, en el que los precios vienen dados, sólo una vigilancia estricta de los costes (una vez definidos los factores que identifican las ventajas competitivas y cumplidos los requisitos estratégicos en cuanto a dimensión y tecnología) permitirá mantener un margen adecuado.

La evolución del margen comercial medio de la empresa española entre 1986 y 1990, según la Central de Balances del Banco de España, figura en el cuadro 5.9.

La rotación se define por la relación entre las ventas y los activos totales. Expresa el número de pesetas vendido por cada peseta invertida y mide, por tanto, la eficiencia relativa con que una empresa utiliza sus recursos para generar ingresos.

Los niveles de rotación aparecen muy condicionados por el sector de actividad de la empresa. Los sectores básicos (electricidad, siderurgia, transporte aéreo, obras públicas, etc.) exigen elevados niveles de inversión que provocan rotaciones bajas, mientras los sectores de servicios o comerciales (consultoría, distribución, servicios personales, etc.) requieren niveles de inversión bajos que inducen altas rotaciones. Sin embargo, dentro de los condicionantes sectoriales es la tecnología utilizada la variable determinante del nivel de rotación: tecnologías de alta inversión producen rotaciones bajas, mientras que tecnologías de baja inversión, fija y circulante, producen rotaciones altas.

La evolución de los valores medio del índice de rotación del activo en España entre 1985 y 1990 figura en el cuadro 5.9, donde puede observarse un continuo incremento del ratio a lo largo del período.

El incremento del índice de rotación del activo puede deberse bien a un momento de las ventas en mayor proporción que el activo, bien a una reducción del activo proporcionalmente mayor que las ventas. De aquí la importancia de reducir las inversiones en circulante (existencias, clientes y cuentas financieras) para, sin disminuir las ventas y manteniendo los márgenes, provocar un aumento de la rotación del activo, que se traduce inmediatamente en una mejora de la rentabilidad económica.

Al contrario, si permaneciendo constante la inversión en bienes del activo consigue obtener un mayor rendimiento de los mismos aumentando la producción y, consiguientemente, las ventas, es claro que el valor del ratio también aumentará, haciéndolo en consecuencia su índice de rentabilidad. En este sentido, la rotación del activo total puede descomponerse en rotación de inmovilizado y rotación del circulante.

a) *Rotación del activo inmovilizado*

Este ratio se calcula mediante la expresión:

$$\text{Rotación del inmovilizado} = \frac{\text{Ventas}}{\text{Inmovilizado neto}}$$

Cuanto mayor sea el valor de este ratio, tanto mejor es la gestión que está haciendo la empresa de su inmovilizado. Su evolución indica si esta gestión mejora o empeora.

b) *Rotación del activo circulante*

El cálculo de este ratio se efectúa mediante la expresión:

$$\text{Rotación del activo circulante} = \frac{\text{Ventas}}{\text{Activo circulante}}$$

Aunque, en teoría, tanto el inmovilizado como el activo circulante influyen en la rotación del activo total, en la práctica, éste último tiene mayor importancia, ya que únicamente los capitales invertidos en activo circulante son susceptibles de variaciones con efectos a corto plazo.

CUADRO 5.9. *Evolución de la Rentabilidad Económica, el Margen y la Rotación en la Empresa Española (1986-90).*

	1986	1987	1988	1989	1990
N.º de empresas	6.492	7.572	7.595	6.901	4.749
MARGEN COMERCIAL	10,1 %	11,2 %	11,9 %	12,0 %	10,7 %
ROTACION DEL ACTIVO	0,70	0,75	0,77	0,77	0,74
RENTABIL. ECONOMICA (RE)	7,1 %	8,4 %	9,2 %	9,3 %	7,9 %

Fuente: Elaboración propia sobre datos de la Central de Balances del Banco de España. Noviembre de 1991.

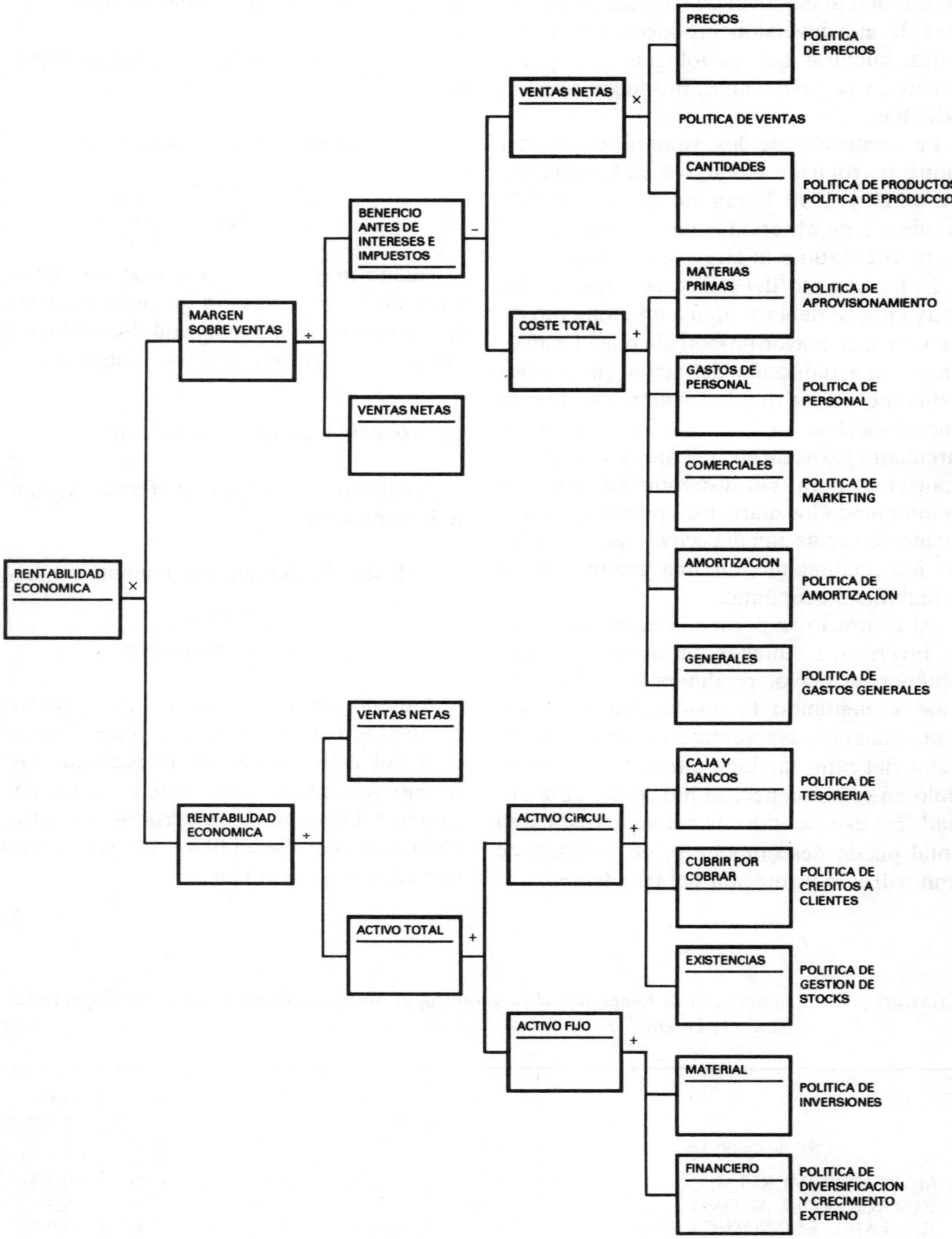

FIGURA 5.8. *La pirámide de ratios de la rentabilidad económica.*

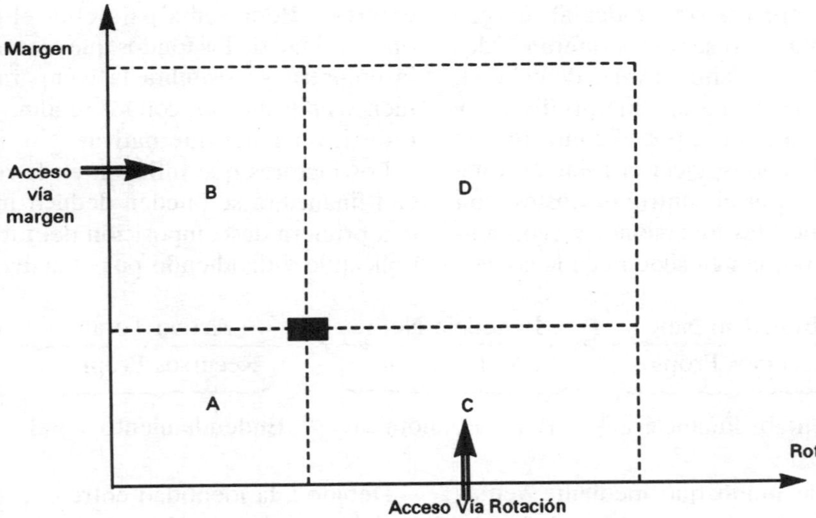

FIGURA 5.9. *El margen y la rotación en la concepción estratégica de la empresa.*

A su vez, la rotación del circulante puede analizarse descomponiéndolo en sus partidas más representativas (cuentas a cobrar, stocks, etc.), análisis ya efectuado, al tratar de los ratios financieros, en el epígrafe 5.5.

La descomposición sucesiva del margen y la rotación en ratios de orden interior permite integrar en escalones sucesivos las distintas políticas primarias de la empresa y analizar su contribución relativa a la obtención de la rentabilidad económica. En la figura 5.8 se representa la pirámide de ratios de la Rentabilidad Económica.

La pirámide de ratios posibilita una visión de la empresa en un doble sentido:

- *De planificación.* A partir de unos objetivos básicos de rentabilidad, éstos pueden transformarse en objetivos concretos y coherentes de cada una de las áreas operativas de la empresa.
- *De control.* La medición de las realizaciones de cada unidad operativa y su contraste con los objetivos permite analizar la desviación en la contribución de cada uno de ellos a la rentabilidad económica global.

El análisis de la rentabilidad económica en términos de margen/rotación es también interesante desde un punto de vista estratégico. Si en un eje de coordenadas (véase la figura 5.9) se define en ordenadas el margen y en el de abscisas la rotación y se identifican los valores de los pares margen/rotación de un conjunto de empresas homogéneo (por ejemplo, un sector), a partir del valor medio de la muestra pueden identificarse cuatro zonas [12]:

A. De baja rotación y bajo margen y, por tanto, reducida rentabilidad.
B. De elevado margen y baja rotación.
C. De elevada rotación y bajo margen.
D. De alta rotación y alto margen y, por tanto, elevada rentabilidad.

Las empresas tenderán a tratar de moverse hacia la zona D, pero en su intento deberán definir coherentemente las políticas de

[12] Para mayor detalle, véase A. PÉREZ-CARBALLO, *Lo que dicen y no dicen los estados financieros, op. cit.*, 1987.

acceso: las empresas orientadas al margen tendrán productos o servicios diferenciados de la competencia, altos niveles de calidad, buena imagen de marca, mejor diseño y servicio posventa, etc.; por el contrario, las empresas orientadas hacia la rotación estarán dominadas por el control de costes, con el fin de reducir las inversiones y economizar gastos, y por la agresividad en la comercialización, de modo que mediante ventas masivas, ganando poco en cada unidad, puedan obtener altas rentabilidades.

La tendencia moderna en las empresas avanzadas es al aumento de la rotación, especialmente a través de la reducción de las inversiones, y de aquí la creciente popularización de instrumentos y técnicas sofisticadas para la reducción de stocks (fabricación «Just in time»), de las cuentas de clientes (factoring) y de la tesorería («Cash-management»).

5.6.3. LA RENTABILIDAD FINANCIERA

La rentabilidad financiera, también llamada rentabilidad de los recursos propios y rentabilidad global, se mide por la relación:

$$\text{Rentabilidad Financiera (RF)} = \frac{\text{Beneficio neto}}{\text{Recursos propios}}$$

El beneficio neto puede considerarse antes o después de impuestos, calificándose en consecuencia a la rentabilidad financiera.

Este ratio mide la capacidad de la empresa para remunerar a sus accionistas, que son los propietarios de los fondos propios de la empresa. Representa para ellos el coste de oportunidad de los fondos que mantienen en la empresa y posibilita la comparación, al menos en principio, con los rendimientos de otras inversiones alternativas.

Los factores que influyen en la rentabilidad financiera se pueden deducir mediante una primera descomposición del ratio, multiplicando y dividiendo por el activo total:

$$\underbrace{\frac{\text{Beneficio Neto}}{\text{Recursos Propios}}}_{\text{Rentab. Financiera}} = \underbrace{\frac{\text{Beneficio Neto}}{\text{Activo Total}}}_{\text{Rent. Económica}} \times \underbrace{\frac{\text{Activo Total}}{\text{Recursos Propios}}}_{\text{Endeudamiento Total}}$$

Debido a la identidad entre el activo y el pasivo total, la relación anterior implica que la rentabilidad global depende:

a) De la capacidad de la empresa para generar beneficios suficientes con los que remunerar a todos los recursos utilizados (activo total); esto es, de un rendimiento económico.

b) De la cuantía del capital ajeno utilizado y de su coste.

Por tanto, en principio, cuanto mayor sea la proporción de capital ajeno utilizado, mayor será la rentabilidad; aunque si este capital ajeno es de alto coste, incidirá sobre el beneficio neto a través de la cuenta de resultados. Por otra parte, el aumento de capital ajeno disminuye la autonomía financiera de la empresa y su utilización tiene un límite, como se vio al analizar los ratios financieros.

Una descomposición más precisa de la rentabilidad financiera después de impuestos permite expresarla por la fórmula [13]:

$$RF = [RE + e \times (RE - i)] \times (l - T)$$

siendo los cuatro factores explicativos:

[13] Esta fórmula se deduce detalladamente en el capítulo 14.

- *RE* es la rentabilidad económica definida por la relación entre el BAII y el activo total.
- *e* es una relación de endeudamiento, calculada por el cociente entre el exigible (los recursos ajenos) y los recursos propios.
- *i* es el coste medio del exigible (o recursos ajenos) medido por la relación entre los gastos financieros y el exigible total.
- *T* es el tipo impositivo del impuesto sobre beneficios.

La ecuación anterior permite deducir que:

— La rentabilidad financiera antes de impuestos es la suma de dos factores:

- La rentabilidad económica (RE).
- El factor de apalancamiento (FA):

$$FA = e \times (RE - i)$$

— La rentabilidad financiera será mayor o menor que la económica en función de la diferencia entre la rentabilidad económica (RE) y el coste medio de los recursos ajenos (i):

- Si $RE > i \Rightarrow RF > RE$
- Si $RE = i \Rightarrow RF = RE$
- Si $RE < i \Rightarrow RF < RE$

Estas relaciones tienen una explicación intuitiva: siempre que la rentabilidad que le extraiga la empresa a sus activos sea mayor que el coste medio de financiarlos mediante recursos ajenos, a la empresa le interesa endeudarse, destinándose esa diferencia a incrementar la rentabilidad de las acciones. En sentido inverso, cuando el tipo de interés medio de los recursos ajenos sea superior a la rentabilidad económica, un mayor endeudamiento disminuirá la rentabilidad financiera.

— La rentabilidad financiera es inversamente proporcional al tipo impositivo del impuesto sobre beneficios (T) de modo que éste actúa de amortiguador de aquélla.

A la diferencia (RE − i) se denomina margen de apalancamiento (MA), que al multiplicarlo por la relación de endeudamiento e da el factor de apalancamiento FA:

$$FA = e \times MA = e \times (RE - i)$$

Los valores medios de estos índices para la empresa media española durante el período 1986-90, según la Central de Balances del Banco de España, figuran en el cuadro 5.10. En la elaboración de dicho cuadro se ha utilizado el activo total como denominador

CUADRO 5.10. *Evolución de los factores explicativos de la Rentabilidad Financiera en la Empresa Española (1986-90).*

	1986	1987	1988	1989	1990
N.º de empresas	6.492	7.572	7.595	6.901	4.749
Rentab. Económica (RE)	7,1 %	8,4 %	9,1 %	9,3 %	7,9 %
Endeudamiento (e)	1,56	1,47	1,33	1,28	1,38
Tipo interés medio (i)	8,1 %	7,9 %	7,2 %	7,3 %	7,5 %
Tipo impositivo (T)	36,4 %	26,3 %	22,8 %	23,0 %	31,9 %
Rent. Financiera (RF) antes impuestos	5,4 %	9,2 %	11,7 %	11,8 %	8,4 %
Margen Apalancamiento (MA)	(1,06 %)	0,51 %	1,93 %	1,95 %	0,38 %
Factor Apalancamiento (FA)	(1,65 %)	0,75 %	2,56 %	2,50 %	0,53 %

Fuente: Elaboración propia a partir de datos de la Central de Balances del Banco de España.

en el cálculo de la rentabilidad económica y el pasivo exigible total como denominador del coste medio de los recursos ajenos (en vez de solo el pasivo remunerado).

Puede observarse cómo la mejora progresiva del margen de apalancamiento entre 1986, año en que todavía es negativo, y 1989, año en que alcanza el máximo, impulsa la rentabilidad financiera antes de impuestos por encima de la rentabilidad económica, tal como se muestra en la figura 5.10.

El cuadro 5.11 muestra la evolución de la rentabilidad financiera de la empresa media española antes de impuestos, por sectores de actividad, en el período 1982-90. Es de destacar la rentabilidad negativa total en el período 1982-83, seguida de una tendencia fuertemente ascendente hasta llegar en 1988-89 al 12,5 por 100, para descender al 8,6 por 100 en 1990. Por sectores de actividad, como muy notables aparecen el Comercio, la Construcción y la Industria Alimentaria. Asimismo, en todos los años las empresas privadas figuran como notablemente más rentables que las públicas.

La incorporación de los factores explicativos de la rentabilidad financiera (RF) a los de la rentabilidad económica (RE), que son:

- el coste medio del exigible (i),
- la relación de endeudamiento (e),
- el tipo impositivo sobre el beneficio de sociedades (T)

permite articular la pirámide de ratios de la rentabilidad financiera contenida en la figura 5.11.

La pirámide de ratios de la rentabilidad financiera permite desglosar en sucesivos niveles los factores de incidencia, hasta llegar a las políticas primarias de la empresa, de índole comercial, económica, financiera y fiscal. Desde otro punto de vista, la pirá-

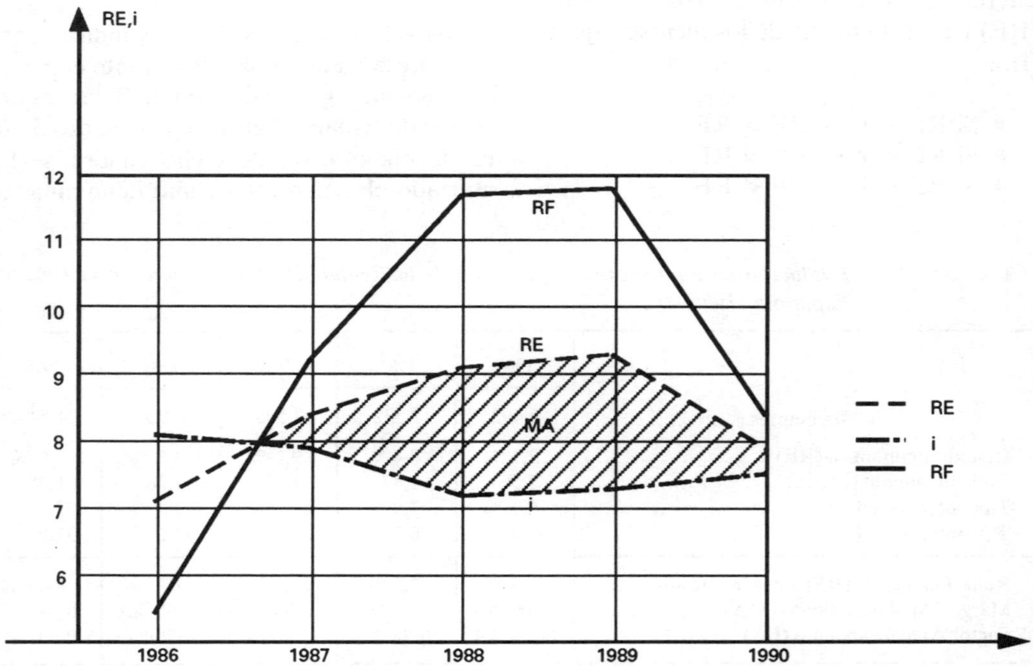

FIGURA 5.10. *Evolución de la rentabilidad económica y financiera en el período 1986-90.*

CUADRO 5.11. *Evolución de la rentabilidad financiera (antes de impuestos) de la empresa española, por sectores de actividad (1982-1990).*

AÑOS	1982	1983	1984	1985	1986	1987	1988	1989	1990
Número de empresas	2.057	3.276	4.119	5.111	6.492	7.572	7.595	6.901	4.749
ACTIVIDAD PRINCIPAL DE LAS EMPRESAS									
1. Agricultura y pesca	– 0,5	7,7	9,5	12,7	13,0	13,8	12,2	7,8	7,8
2. Industria, excepto construcción	– 2,7	– 1,1	– 0,4	2,3	4,4	9,6	13,4	13,6	9,3
2.1. Energía y agua	1,7	3,2	3,1	3,3	2,7	5,4	8,3	8,8	8,7
2.2. Extracción y transformación de minerales y materiales de construcción	–27,1	–12,7	–11,7	– 8,4	–7,0	1,2	13,0	16,3	4,0
2.3. Productos químicos	3,3	4,0	11,6	15,1	18,0	22,1	24,1	17,2	11,8
2.4. Industrias transformadoras de metales	–15,5	–32,1	–29,0	–14,3	–2,8	12,8	21,2	21,3	12,5
2.5. Industrias alimentarias	6,0	11,2	2,6	11,6	15,7	19,0	20,6	19,6	17,3
2.6. Industrias manufactureras no alimentarias	0,4	2,4	3,8	6,5	13,8	17,5	13,3	15,0	5,0
3. Construcción	6,7	3,8	4,1	2,2	9,1	11,6	16,7	16,0	18,3
4. Servicios	1,2	1,6	3,2	5,2	7,5	9,7	10,6	10,1	6,6
4.1. Comercio	4,3	5,3	8,6	10,7	16,0	18,8	24,0	21,5	18,6
4.2. Transportes y comunicaciones	– 0,9	– 0,1	1,2	2,3	3,6	5,4	5,5	4,8	3,8
4.3. Hostelería y otros servicios	15,7	4,6	6,2	10,1	13,3	14,3	11,9	15,3	1,4
TOTAL	– 1,3	– 0,1	0,9	3,3	5,6	9,7	12,5	12,5	8,6
NATURALEZA DE LAS EMPRESAS									
A. Empresas públicas	–13,8	– 7,9	– 6,1	– 1,6	0,5	4,5	7,9	8,4	5,5
B. Empresas privadas	2,3	4,2	4,5	5,9	8,4	12,5	15,1	14,8	10,6

$$R.3 = \frac{\text{Resultado neto total antes del impuesto sobre beneficios}}{\text{Patrimonio neto medio}} \times 100$$

Fuente: Banco de España. Central de Balances. Noviembre de 1991.

mide hace factible articular todos los objetivos y políticas de la empresa en una misión común: la optimización de los recursos de los accionistas.

Este método de descomposición hace fácilmente comprensible el efecto multiplicador de los diferentes ratios concatenados y permite visualizar cómo cambios relativamente pequeños de algunos de ellos provocan modificaciones amplificadas en la rentabilidad financiera.

Para ilustrar el impacto de estos efectos, supóngase el ejemplo de una empresa con el siguiente balance y cuenta de resultados (en millones de ptas.):

BALANCE

INMOVILIZADO NETO	20	RECURSOS PROPIOS	22
Activo Circulante	10	RECURSOS AJENOS	8
• Existencias	5	• Préstamos bancarios	6
• Clientes	3	• Proveedores	2
• Tesorería	2		
ACTIVO TOTAL	30	PASIVO TOTAL	30

CUENTA DE RESULTADOS

Ventas	100
– Coste de ventas	80
– RESULTADO EXPLOTACION	20
– Gastos generales	7
– Gastos de administración	5
– Amortizaciones	2
– BENEFICIO Antes Intereses e Impuestos (BAII)	6
– Gastos Financieros	1
– Beneficio Antes Impuestos (BAI)	5
– Impuestos Sociedades (30 %)	1,5
– Beneficio Después Impuestos (BDI)	3,5

Los principales ratios de esta empresa serían:

• Rentabilidad Financiera (RF) después de impuestos	15,9 %
• Rentabilidad Económica (RE)	20 %
• Margen comercial (MC)	6 %
• Rotación del activo (RA)	3,33 %
• Endeudamiento (e)	36,4 %
• Coste medio recursos ajenos (i)	12,5 %
• Tipo impositivo Impuesto Sociedades (T)	30 %
• Margen apalancamiento (MA)	7,50 %
• Factor apalancamiento (FA)	2,73 %

Supóngase que se propone el objetivo de mejorar todas y cada una de las partidas de las cuentas anuales en el 1 por 100 mediante la aplicación de un plan integral que permita la identificación de acciones concretas tendentes a:

- Incrementar las ventas, vía precios o acciones comerciales.
- Reducir los costes de producción.
- Reducir los costes administrativos y generales.
- Vender activos improductivos.
- Negociar mejores condiciones financieras en los préstamos.
- Mejorar la rotación de stocks.
- Disminuir el plazo medio de cobro de clientes.
- Alargar el plazo de pago a proveedores.
- Aplicar un programa de gestión de tesorería.
- Mejorar la gestión fiscal.

El gráfico 5.12 ofrece, a través de la presentación piramidal, el esquema completo de los cambios producidos, donde los números encima de los rectángulos indican los datos originales de la empresa y las cifras de debajo muestran las cifras revisadas tras la aplicación del plan.

Puede comprobarse cómo la rentabilidad económica pasa del 20 por 100 al 26,7 por 100 (un incremento del 33,5 por 100) y la rentabilidad financiera del 15,9 por 100 al 22,4 por 100 (41 por 100 de mejora), y todo ello sólo con mejoras en cada área ¡de sólo el 1 por 100!

5.6.4. La capacidad de crecimiento interno (ICI)

Se define el Indice de Crecimiento Interno (ICI) como la proporción en que crecen los recursos propios de la empresa como consecuencia de los beneficios retenidos. Esta formulación expresa que si la empresa tiene unos recursos propios de 100 y genera unos beneficios incorporables a reservas

CUADRO 5.12. *Valores del Indice de Crecimiento Interno en la empresa media española (1986-1990)*

	1986	1987	1988	1989	1990
ICI (%)	0,33 %	2,89 %	4,54 %	5,12 %	2,08 %
RF (%)	3,45 %	6,75 %	9,04 %	9,06 %	5,74 %
Fr (%)	9,6 %	42,8 %	50,2 %	56,5 %	36,3 %
Endeudamiento (RA/RF)	1,56	1,47	1,33	1,28 %	1,38

Fuente: Elaboración propia a partir de datos de la Central de Balances del Banco de España. Noviembre de 1991.

—esto es, después de impuestos, dividendos y otras obligaciones sociales— de 7, su capacidad de crecimiento interno será del 7 por 100.

En consecuencia, la fórmula del ICI se puede expresar por:

$$\text{ICI} = \frac{\text{Beneficio retenido}}{\text{Recursos propios}} \times 100$$

Multiplicando y dividiendo la relación anterior por el Beneficio neto y recordando que al cociente entre Beneficio neto y Recursos propios se denomina rentabilidad financiera:

$$\text{ICI} = \frac{\text{Beneficio retenido}}{\text{Beneficio neto}} \times \frac{\text{Beneficio neto}}{\text{Recursos propios}} = \text{Fr} \times \text{RF},$$

donde Fr es el factor de retención del Beneficio neto, que expresa la parte del beneficio que, al no distribuirse, permanece en la empresa. Lógicamente este ratio es la inversa del «pay out» o fracción del Beneficio neto (después de impuestos) que se distribuye como dividendos.

El sentido económico del ICI radica en que si los recursos propios, como consecuencia de los beneficios retenidos, aumentan, por ejemplo, un 7 por 100, la empresa puede incrementar en igual proporción su endeudamiento sin modificar su estructura financiera. Paralelamente, si el pasivo total crece un 7 por 100, la empresa puede dedicar esos nuevos recursos a realizar inversiones fijas y circulantes (incremento del activo), promoviendo su crecimiento futuro.

Por tanto, el ICI puede expresarse como el porcentaje en que puede crecer el pasivo exigible (el endeudamiento), y en consecuencia, la inversión total de la empresa, como resultado de su generación y retención de beneficios, sin recurrir a ampliaciones de capital ni modificar su estructura financiera, al tiempo que preserva sus fondos de amortización[14].

En el caso de la empresa media española, los valores de estos ratios, según datos de la Central de Balances del Banco de España, figuran en el cuadro 5.12.

Las cifras anteriores indican la sensible mejora que, por término medio, han experimentado las empresas españolas para financiar con recursos internos su crecimiento en el período 1985-1990. Si se hubiera mantenido la relación de endeudamiento, la inversión total (el activo) podría haber crecido en proporción idéntica a la expresada por el ICI de cada año (en el supuesto de que no se hubieran producido ampliaciones de capital). Sin embargo, los datos muestran cómo

[14] J. F. PÉREZ-CARBALLO, *Control de la Gestión Empresarial*. ESIC Editorial, 1990, págs. 77 y ss.

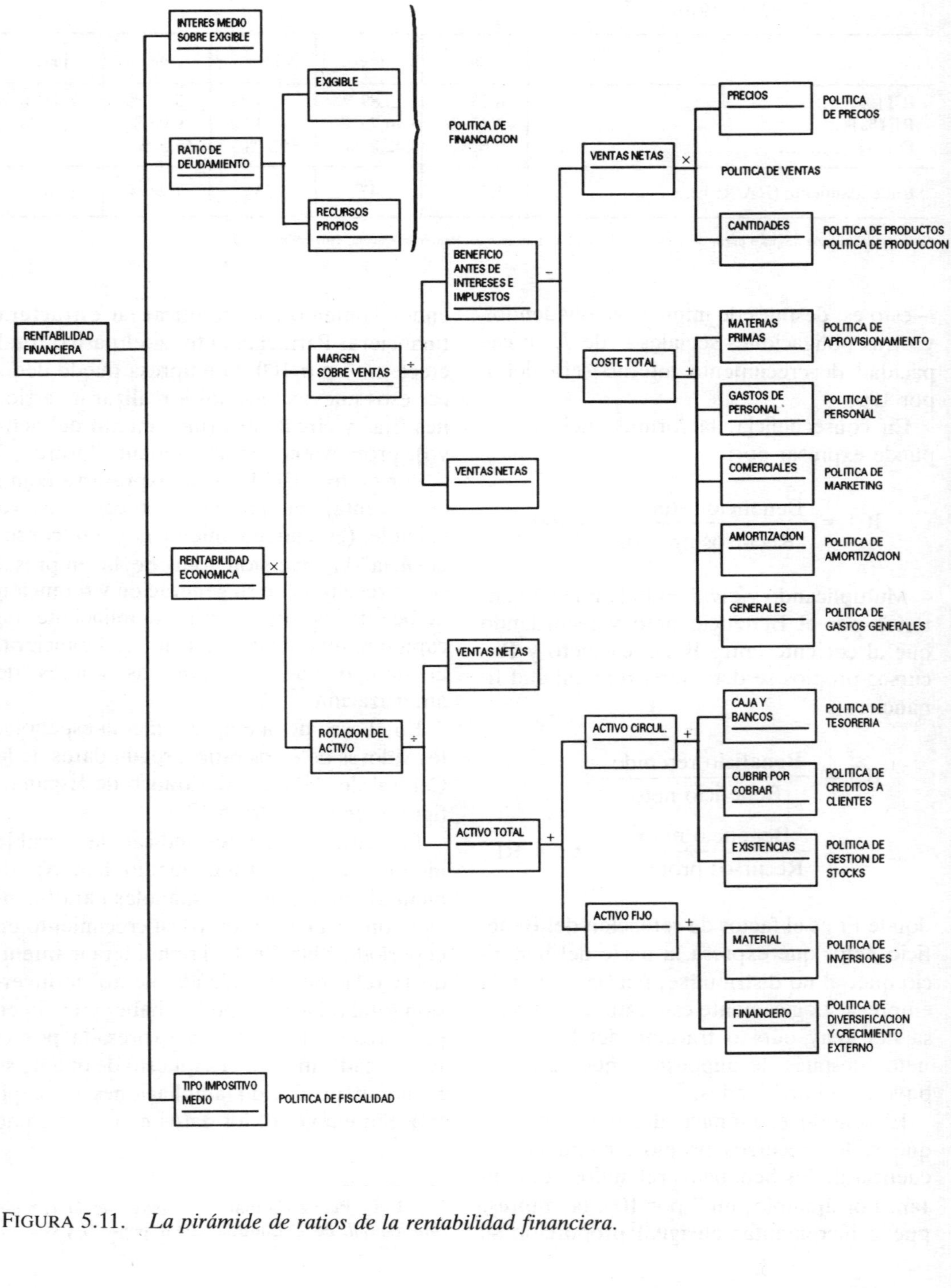

FIGURA 5.11. *La pirámide de ratios de la rentabilidad financiera.*

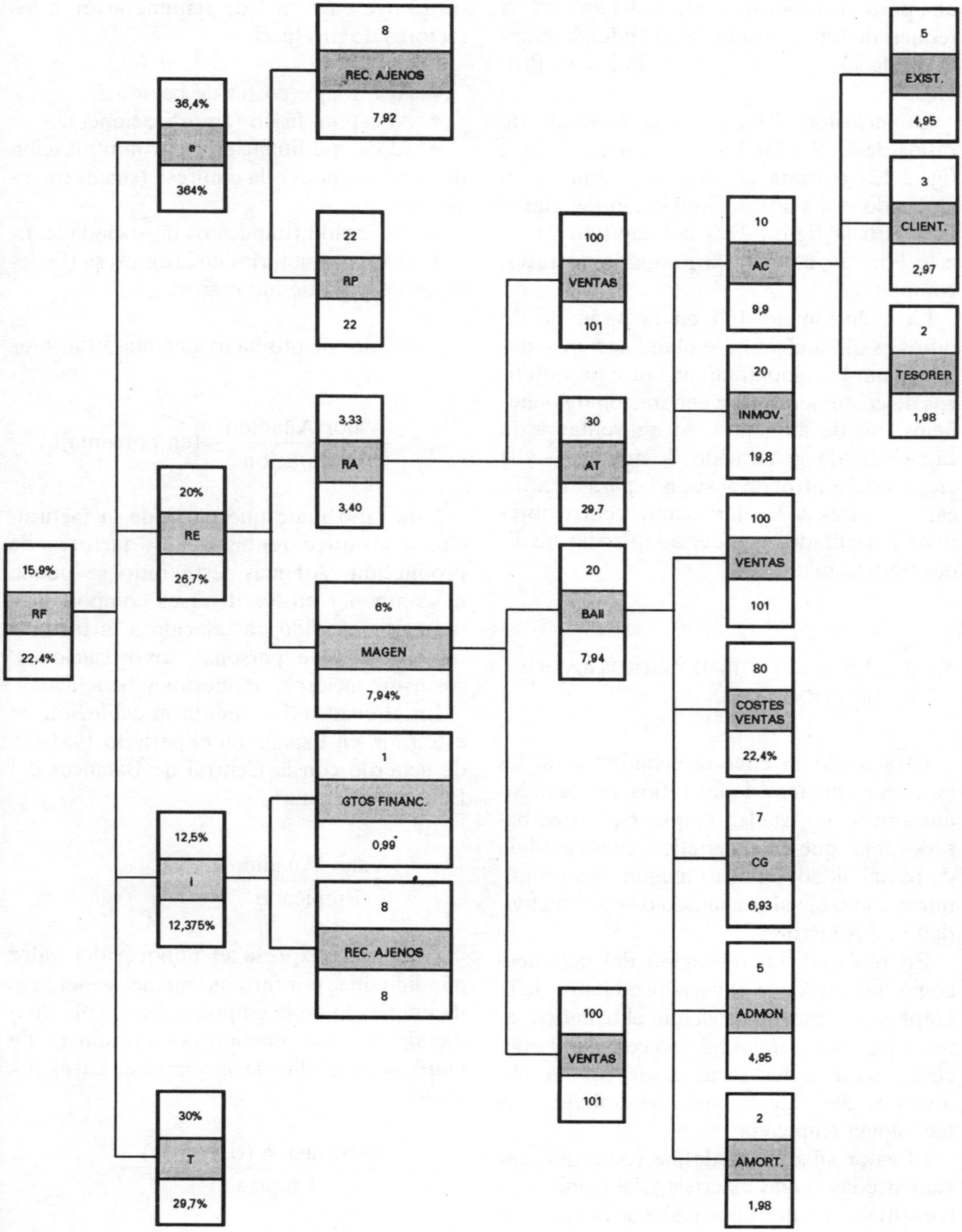

FIGURA 5.12. *Mejora de la rentabilidad mediante la aplicación de mejoras del 1 por 100.*

una parte de esta capacidad se ha aplicado a reducir de forma sustancial el endeudamiento o relación entre Exigible y Recursos Propios.

La inclusión del ICI en la pirámide de ratios de la Rentabilidad Financiera (véase fig. 5.12) permite ampliar la pirámide, incluyendo el Factor de Retención del Beneficio. En la figura 21.3 del capítulo 21 de este libro se muestra la pirámide de ratios completa.

La inclusión del ICI en la pirámide de ratios es útil a efectos de planificación —para evaluar la compatibilidad entre los objetivos de crecimiento y de generación de beneficios, los de aumentos de las ventas y de capacidad de generación de fondos— y a efectos de control de gestión— para identificar las causas de las derivaciones entre objetivos y resultados y poder adoptar las medidas pertinentes.

5.6.5. Productividad y otros ratios económicos

Para medir la eficacia económica de las empresas, además de los ratios enumerados anteriormente, suelen emplearse otros, basados, más que en el beneficio como medida de rentabilidad, en otras magnitudes económicas como el valor añadido o la productividad de los factores.

En realidad, la utilización del beneficio como baremo de la eficacia productiva de la empresa es discutible, ya que el beneficio es una magnitud parcial que no considera adecuadamente a los factores de producción distintos del capital como el trabajo y la tecnología empleada.

El valor añadido se define como diferencia entre las ventas externas y las compras, y constituye el valor aportado por la empresa a la Renta Nacional o, más precisamente, al Producto Interior Bruto. El valor añadido se distribuye en forma de remuneración a los factores de producción:

- Al trabajo (costes de personal).
- Al capital físico (amortizaciones).
- Al capital financiero, por la utilización de fondos ajenos a la empresa (costes financieros).
- Al Estado (impuestos de sociedades).
- A los propietarios de la empresa (beneficios después de impuestos).

Los ratios de productividad más utilizados son:

1. $\dfrac{\text{Valor Añadido}}{\text{Facturación}}$ (en porcentaje)

Este ratio mide qué parte de la facturación constituye rentas de los factores de producción. Además, este ratio se puede descomponer en los diversos componentes del valor añadido en relación a la facturación: gastos de personal, amortizaciones, costes financieros, impuestos y beneficios.

En el cuadro 5.13 figura la evolución de este ratio en España en el período 1981-90, de acuerdo con la Central de Balances del Banco de España.

2. $\dfrac{\text{Valor Añadido}}{\text{Empleado}}$

Este ratio expresa el importe del valor añadido que, por término medio, genera cada empleado de la empresa. Se calcula dividiendo el valor añadido por el número de empleados medio de la empresa en el período.

3. $\dfrac{\text{Facturación (o Ventas)}}{\text{Empleado}}$

Indica el importe facturado por cada empleado durante el período. Se calcula divi-

CUADRO 5.13. *Ratios de productividad en España (1981-90).*

	1981	1982	1983	1984	1985	1986	1987	1988	1989	1990
N.º de empresas	2.057	2.057	3.276	4.119	5.111	6.492	7.572	7.595	6.901	4.749
N.º de trabajadores (miles)	1.250,4	1.232,8	1.346,6	1.351,9	1.376,3	1.427,9	1.504,3	1.492,6	1.431,4	1.222,2
1. $\frac{\text{Valor Añadido}}{\text{Facturación}}$ (%)	30,6	30,8	31,3	30,9	30,8	33,5	32,9	32,8	32,3	32,6
2. Valor Añadido por empleado (M ptas.)	2,27	2,65	3,12	3,54	3,97	4,35	4,76	5,30	5,78	6,34
3. Facturación por empleado (M ptas.)	7,4	8,6	10,0	11,4	12,9	13,0	14,5	16,2	18,5	19,5

Fuente: Banco de España. Central de Balances. Noviembre de 1991.

diendo las ventas realizadas entre el número de trabajadores medio.

En el cuadro 5.13 se dan los valores medios de este ratio en España en el período 1981-90, según los datos agregados de la Central de Balances del Banco de España. La variabilidad por sectores de actividad es muy amplia, así como entre empresas comerciales y de fabricación.

5.7. EL ANALISIS ECONOMICO-FINANCIERO DE LA EMPRESA MANUFACTURERA: UNA COMPARACION INTERNACIONAL

Promovido por la Comisión de la Comunidad Europea, desde 1985 se ha creado un banco de datos económico-financiero de empresas no financieras, agrupadas por actividades económicas y tamaños, del que forman parte siete países comunitarios (Alemania, Bélgica, España, Francia, Holanda, Portugal y Reino Unido), más Estados Unidos y Japón [15].

El ámbito del proyecto son las industrias manufactureras y no el conjunto de las actividades económicas.

El cuadro 5.14 recoge la estructura del balance agregado de las empresas industriales en cada país en el año 1989 (excepto para Alemania, cuyos datos son de 1987). En la estructura del activo se pueden observar valores muy elevados del circulante en Italia, Alemania y Japón, y, en menor medida, en Francia, Bélgica y España. En cuanto a la estructura del pasivo, el endeudamiento aparece muy elevado, por encima del 60 por 100 del total, en Italia, Japón y Alemania. Por otro lado, los fondos propios más cuantiosos relativamente figuran en Holanda, España, EE.UU. y Reino Unido.

La estructura de la Cuenta de Resultados agregados de las empresas industriales de los diez países del proyecto BACH se muestra en el cuadro 5.15, todos referidos al año 1989, excepto Alemania, cuyos datos corresponden a 1987.

En el cuadro 5.16 figura una serie de ratios significativos referidos a las empresas manufactureras en los países citados anteriormente.

[15] Se trata del Proyecto BACH (Bank for the Accounts of Companies Harmonised). El representante español en dicho proyecto es el Banco de España.

CUADRO 5.14. *Estructura del balance de las industrias manufactureras en diversos países.*

	España 1989	Alemania 1987	Francia 1989	Italia 1989	Reino Unido 1989	Bélgica 1989	Portugal 1989	Holanda 1989	EE.UU. 1989	Japón 1989
1. ACTIVO INMOVILIZADO	43,6	37,9	40,5	29,1	46,3	42,4	47,5	56,6	59,7	38,5
— Inmaterial	0,6	—	1,0	1,8	4,4	2,4	1,6	1,1	8,8	0,4
— Material	30,5	27,1	26,9	17,6	34,5	22,6	37,5	26,8	30,2	26,9
— Financiero	10,8	10,8	12,4	9,7	7,4	17,3	7,9	28,7	20,6	11,2
— Gastos amortizables	0,7	—	—	—	—	0,1	0,5	—	—	—
2. ACTIVO CIRCULANTE	57,4	62,1	59,5	70,9	53,6	57,6	52,5	43,4	40,3	61,5
— Existencias	17,6	22,3	17,6	24,4	18,8	17,9	23,0	14,0	16,2	12,1
— Clientes	32,4	29,9	36,3	40,5	21,6	30,6	25,1	22,8	18,2	28,0
— Valores mobiliarios	3,7	3,6	1,6	2,7	2,2	5,8	—	0,7	2,4	4,3
— Efectivo y otros	3,7	6,3	4,1	3,3	11,0	3,3	4,3	5,9	3,5	16,4
ACTIVO TOTAL = PASIVO TOTAL	100,0	100,0	100,0	100,0	100,0	100,0	100,0	100,0	100,0	100,0
3. DEUDAS A CORTO PLAZO	38,9	33,7	40,1	55,6	37,7	40,5	42,3	32,3	17,9	44,3
— Con entid. de crédito	10,1	6,6	5,4	13,1	6,9	7,6	15,9	4,9	3,0	11,0
— Comerciales	15,6	10,9	24,0	22,9	10,2	18,2	16,4	8,8	7,8	20,5
— Otros	13,2	16,2	10,7	16,6	20,6	14,7	10,0	18,6	7,1	11,8
4. DEUDAS A LARGO PLAZO	11,7	16,8	20,7	11,1	15,5	17,1	17,0	15,8	28,9	19,0
5. PROVISIONES PARA RIESGOS Y GASTOS	2,4	25,5	4,0	7,0	4,5	3,7	1,8	6,2	0,0	4,3
6. CUENTAS DE REGULARIZACION	1,6	—	0,4	—	0,2	0,6	0,3	—	13,0	1,0
7. CAPITALES PROPIOS	45,3	24,0	34,8	26,3	42,1	38,0	38,6	45,7	40,2	30,0
— Capital suscrito	19,1	11,6	8,9	12,4	7,4	17,7	22,0	9,3	11,9	6,7
— Primas de emisión	3,4	—	3,1	1,5	4,1	1,4	—	8,0	—	5,4
— Reservas	17,4	8,8	17,1	10,2	20,3	13,8	12,7	19,5	23,0	15,8
— Intereses minoritarios	—	—	—	—	2,2	—	—	0,6	0,0	—
— Resultados del ejercicio	5,4	3,6	5,7	2,2	8,1	5,1	3,9	8,3	5,4	2,7

Fuente: Banco de España. Central de Balances. Noviembre de 1991.

Estos ratios son:

1. Fondos ajenos/Fondos propios.
2. Recursos permanentes/Inversión fija.
3. Activo circulante/Deudas a corto plazo.
4. Activos líquidos/Deudas a corto plazo.
5. Deudas a largo plazo/Autofinanciación bruta.
6. Resultado económico bruto/Inversión neta.
7. Resultado después impuestos/Capitales propios.
8. Valor añadido/Producción.
9. Gastos de personal/Valor añadido.
10. Resultado económico bruto/Facturación.
11. Fondo de rotación/Facturación.
12. Autofinanciación bruta/Valor añadido.
13. Facturación/Activo total.
14. Gastos financieros/Fondos ajenos.

Los valores anteriores hay que utilizarlos con cautela, especialmente en la comparación interpaíses, debido tanto a la heterogeneidad de las fuentes estadísticas como a diferencias de las normativas jurídico-contables en los diversos países. Asimismo, hay que advertir que el significado estricto de los conceptos que componen los ratios anteriores no son exactamente idénticos que los que se han utilizado anteriormente al enunciar los ratios económico-financieros más usuales en nuestro país.

CUADRO 5.15. *Estructura de las cuentas de resultados agregadas de empresas industriales en diversos países.*

Países Años de las bases de datos	España 1989	España 1990	Alemania 1987	Francia 1989	Italia 1989	Reino Unido 1989	Bélgica 1989	Portugal 1989	Holanda 1989	EE.UU. 1989	Japón 1989
1. Importe neto de la cifra de negocios.	100,00	100,00	100,00	100,00	100,00	100,00	100,00	100,00	100,00	100,00	100,00
2. Variación existencias de productos terminados en curso	1,17	0,40	0,45	0,68	1,39	0,77	0,58	1,72	—	—	—
3. Trabajos realizados por la empresa para sí misma	0,59	0,68	—	0,47	0,54	0,03	1,01	0,59	—	—	—
4. Otros ingresos de explotación	1,56	1,80	—	2,18	—	0,71	2,37	0,12	0,44	—	—
S. PRODUCCION (1 a 4)	103,33	102,88	100,45	103,33	101,94	101,52	103,98	102,44	100,44	—	100,00
5. Compras	69,53	69,82	53,05	71,96	74,05	61,20	74,17	72,73	72,08	—	74,01
T. RESULTADO BRUTO DE EXPLOTACION (S−5)	33,79	33,06	47,39	31,37	27,88	40,32	29,81	29,71	28,35	—	25,98
6. Gastos de personal	19,31	20,66	25,81	17,78	17,68	18,96	18,48	13,72	17,05	—	15,61
6.a. Sueldos y salarios	15,39	15,96	—	12,55	—	16,69	12,19	—	—	—	13,61
6.b. Cotizaciones sociales	3,92	4,70	—	5,22	—	2,27	6,29	—	—	—	1,99
7. Dotación de amortizaciones y provisiones	4,40	4,29	4,06	4,35	4,91	2,71	5,51	5,61	4,21	3,49	3,14
8. Otros gastos de explotación	3,47	3,35	14,18	2,54	−0,30	9,39	0,65	2,76	—	—	1,14
U. GASTOS DE EXPLOTACION (6 a 8)	27,20	28,30	44,06	24,68	22,30	31,08	24,64	22,10	21,26	—	19,89
V. RESULTADO NETO DE EXPLOTACION (T−U)	6,59	4,76	3,33	6,68	5,58	9,23	5,16	7,60	7,09	6,54	6,08
11. Ingresos financieros	1,78	1,99	4,95	1,84	1,43	1,75	3,06	—	4,22	0,65	2,29
12. Corrección valorativa de los activos financieros	0,11	0,48	0,47	0,21	—	0,00	0,12	—	−0,24	—	—
13. Gastos financieros	3,13	3,54	1,22	2,16	3,75	2,00	2,95	4,50	2,08	0,55	2,55
W. RESULTADO FINANCIERO (11−12−13)	−1,45	−2,04	3,25	−0,54	−2,32	−0,24	−0,01	−4,50	2,39	0,09	−0,26
X. RESULTADO ANTES DE IMPUESTOS (V+W)	5,13	2,72	6,59	6,14	3,26	8,99	5,14	3,09	9,48	6,64	5,82
14. Impuestos sobre los beneficios	1,71	1,53	4,25	1,68	2,13	2,77	1,31	1,09	1,77	1,94	3,40
15. RESULTADO NETO DESPUES DEIMPUESTOS(X−14)	3,42	1,19	2,34	4,45	1,12	6,21	3,82	2,00	7,70	4,69	2,42
M. Intereses minoritarios	—	—	—	—	—	0,29	—	—	0,06	0,00	—
N. RESULTADO NETO DESPUES INTERESES MINORITARIOS (15−M)	3,42	1,19	2,34	4,45	1,12	5,92	3,82	2,00	7,64	4,69	2,42
16. Ingresos excepcionales	2,21	1,65	—	1,96	1,06	1,06	2,59	1,82	1,24	0,16	0,60
17. Gastos excepcionales	0,79	0,67	—	2,67	0,00	0,38	2,43	0,11	0,46	0,13	0,70
Z. RESULTADO NETO FINAL (N+16−17)	4,84	2,17	2,34	3,74	2,18	6,60	3,98	3,71	8,42	4,71	2,31
21. RESULTADO DEL EJERCICIO	4,84	2,17	2,34	3,74	2,18	6,60	3,98	3,71	8,42	4,71	2,31

** = No existe información en cinta BACH.
— = Dato no disponible.
Fuente: BACH (Comisión Europea: Dirección General II).

5.8. RATIOS BURSATILES

El mercado de valores tiene como misión fundamental poner en contacto a las empresas necesitadas de recursos financieros para llevar a cabo sus inversiones con los ahorradores que buscan una colocación rentable, líquida y segura de sus fondos. Al objeto de

CUADRO 5.16. *Ratios significativos de empresas industriales en diversos países.*

Países / Años de las bases de datos		España 1989	España 1990	Alemania 1987	Francia 1989	Italia 1989	Reino Unido 1989	Bélgica 1989	Portugal 1989	Holanda 1989	EE.UU. 1989	Japón 1989
1. Fondos ajenos/ Fondos propios	(%)	77,42	94,72	—	105,84	166,42	—	—	112,57	—	—	—
2. Recursos permanentes/ Inversión fija	(%)	89,14	82,18	—	96,12	—	—	—	—	—	—	—
3. Activo circulante/ Deudas a corto plazo	(%)	147,62	144,46	176,24	148,44	127,61	142,13	142,23	124,09	134,09	225,76	138,92
4. Activos líquidos/ Deudas a corto plazo	(%)	102,26	100,85	109,83	104,59	83,76	92,38	98,03	69,68	90,68	135,27	111,55
5. Deudas a largo plazo/ Autofinanciación bruta	(Años)	1,12	1,99	1,70	1,67	1,52	1,35	1,40	1,74	1,27	3,09	3,12
6. Resultado económico bruto/Inversión neta	(%)	18,06	14,07	—	27,01	—	—	20,97	—	—	—	—
7. Resultado después de impuestos/Capital propio	(%)	8,50	3,21	—	19,55	4,38	—	—	5,50	—	—	—
8. Valor añadido/ Producción	(%)	29,34	28,88	33,06	27,89	27,65	30,46	28,04	26,30	—	—	24,84
9. Gastos de personal/ Valor añadido	(%)	63,70	69,55	77,71	61,67	62,72	61,33	63,38	50,94	—	—	62,84
10. Resultado económico bruto/Cifra de negocio	(%)	11,00	9,05	7,40	11,04	10,50	11,95	10,67	13,22	—	—	9,23
11. Fondo de rotación/ Cifra de negocio	(Días)	83	85	—	51	—	75	64	—	—	36	—
12. Autofinanciación bruta/ Valor añadido	(%)	30,51	21,72	19,28	28,09	25,21	30,13	32,56	34,61	—	—	21,97
13. Cifra de negocios/ Total activo	(%)	112,45	113,09	154,09	152,40	102,69	122,42	128,51	104,83	98,56	113,68	114,88
14. Gastos financieros/ Fondos ajenos	(%)	10,06	10,27	4,74	8,98	8,81	5,69	9,65	11,01	5,21	1,62	6,76

** = No existe información en cinta BACH.
— = Dato no disponible.
. . = Denominador cero.
Fuente: BACH (Comisión Europea: Dirección General II).

potenciar este mecanismo Ahorro → Inversión, el mercado de valores facilita las transacciones de los títulos emitidos, que, al proporcionar liquidez y posibilidades de diversificación, hacen más atractiva la colocación del ahorro. En este sentido, es conveniente diferenciar el mercado primario o de emisiones del mercado secundario o de transacciones.

El acceso al mercado bursátil permite a la empresa procurarse con más facilidad los capitales que necesita mediante la emisión de obligaciones o de acciones, aunque la propia naturaleza de este mercado en España limita la participación en el mismo a empresas de cierta dimensión o importancia, lo que convierte a las Bolsas españolas (ubicadas en Madrid, Barcelona, Bilbao y Valencia) en mercados muy estrechos, tanto desde el punto de vista de la oferta como del de la demanda, con la excepción de los sectores bancario, eléctrico y servicios públicos (Telefónica, Repsol) [16].

En esencia, la Bolsa es un mercado competitivo, donde los precios se forman por el libre juego de la oferta y la demanda, aunque en la práctica sean habituales prácticas

[16] Al final de 1991 cotizaban en las cuatro Bolsas españolas 868 valores, de las que 414 correspondían a empresas no financieras. Del total, 122 se contrataban mediante el sistema de Interconexión bursátil (mercado continuo) y el resto a viva voz. El volumen total negociado en 1991 ascendió a 5,33 billones de pesetas, de las que 4,70 fueron en renta variable y sólo 0,63 billones en renta fija. El 93 por 100 de total negociado en renta variable se realizó a través del mercado continuo.

restrictivas y administrativas de diverso tipo. El nivel de equilibrio refleja la opinión de los medios bursátiles respecto a la situación de la empresa y su probable evolución. Además, la Bolsa es muy sensible a los acontecimientos políticos, económicos o sociales, tanto nacionales como internacionales, por lo que muchos tienden a considerarla como verdadero barómetro de la marcha de la economía [17].

El tenedor de un título, está ante todo interesado en tres factores: su rentabilidad, grado de riesgo que asume (es decir, la mayor o menor probabilidad en experimentar pérdidas) y liquidez (esto es, posibilidad de convertir el título en dinero sin pérdidas en el menor plazo posible).

La rentabilidad del accionista depende tanto de la rentabilidad de la empresa como de su política de inversiones y financiación (y, por tanto, de las ampliaciones de capital previstas), así como de su política de dividendos.

El grado de riesgo depende, entre otros factores, de la situación financiera de la empresa, de la estabilidad de sus beneficios y de las oscilaciones en su cotización.

Por fin, el grado de liquidez de las acciones está en función, entre otros factores, del número de Bolsas en que una sociedad cotiza, de la frecuencia de cotización y del volumen de contratación.

En general, la rentabilidad y la seguridad son elementos contrapuestos, es decir, a mayor rentabilidad prevista de un título, mayor riesgo, y viceversa.

Se entiende por cotización el precio bursátil de la acción. Se expresa en porcentaje. Así, una acción cuya cotización en Bolsa en una determinada fecha es 242, por ejemplo, significa que si su precio nominal es 100, el precio en Bolsa sería 242. Sin embargo, normalmente en España el valor nominal de las acciones es de 250, 1.000, 5.000, 10.000 y hasta 50.000 ptas. En el ejemplo anterior, si el valor nominal de la acción fuera 500 pesetas, su precio en Bolsa en esta fecha sería 242 × 5 = 1.210 ptas.

Aparte de las ganancias (o pérdidas) por realización de los títulos, el accionista percibe sus rentas básicamente mediante dos mecanismos:

- Dividendos: es decir, participación en el beneficio obtenido por la sociedad, según la distribución de éste acordada por la Junta General de accionistas.
- Valor del derecho de suscripción: ingreso percibido por la venta de los derechos de suscripción cuando, con motivo de una ampliación de capital, se decide no proceder a la suscripción de las nuevas acciones [18].

Los ratios bursátiles más utilizados son los siguientes:

a) Beneficio por acción =

$$= \frac{\text{Beneficio neto}}{\text{n.º de acciones}}$$

Se obtiene dividiendo el total del beneficio neto (antes de impuestos o después de impuestos) por el número de acciones en circulación.

b) Cash-flow por acción =

$$= \frac{\text{cash-flow}}{\text{n.º de acciones}}$$

Se obtiene dividiendo el cash-flow (beneficio + amortización) entre el número de

[17] Para una explicación sencilla y rigurosa del funcionamiento de los mercados bursátiles, véase C. ROMERO, *Introducción a la financiación empresarial y el análisis bursátil.* Alianza Universidad Textos. Madrid, 1987. Una información muy amplia y general figura en *Curso de Introducción a Bolsa,* dirigida por J. L. Sánchez Fernández Valderrama, Bolsa de Madrid e Instituto de Analistas de Inversiones, 2.ª edición, Madrid, 1987.

[18] El cálculo del valor teórico de los derechos de suscripción figura en el capítulo 4. El valor real viene determinado, en cada momento, por el mercado.

acciones. Según se tome el beneficio antes de impuestos el cash-flow por acción será también antes o después de impuestos.

c) PER (price earning ratio) =

$$= \frac{\text{Cotización}}{\text{Beneficio por acción}}$$

Indica la cantidad de dinero que los inversores (el mercado) están dispuestos a pagar por cada peseta de beneficio. Según se calcule éste antes o después de impuestos, el PER medirá la relación precio/beneficio antes o después de impuestos.

Este ratio es uno de los más empleados en los medios bursátiles, ya que usualmente se asocia un PER bajo (con relación al mercado) con una acción «barata», y viceversa. Además, el PER constituye, bajo determinadas circunstancias y en primera aproximación, una medida del coste del capital propio para la empresa, por lo que es particularmente apreciado por los analistas financieros [19].

Los valores del PER en diversos mercados bursátiles internacionales a mediados de 1991 figuran en el cuadro 5.17.

d) Relación entre cotización y valor contable de la acción

Se calcula por cociente entre la cotización y el valor teórico de la acción, siendo ésta la relación entre los fondos propios y el número de acciones emitidas por la empresa.

Un valor razonable de este ratio es de alrededor de la unidad, aunque en España en 1990 la media se situaba en 0,8.

La figura 5.13 muestra la evolución del índice general de la Bolsa de Madrid en el período 1980-1991. Puede comprobarse la profunda depresión experimentada hasta 1984 —con valores medios en el entorno de 50—, el fuerte auge de los años 1986 y 1987 —con un máximo de 330 en el otoño de 1987—, el mantenimiento, aunque con fuertes oscilaciones, en el bienio 1988/89 en valores de entre 250 y 325, y el brusco descenso a mediados de 1990 a valores próximos a 200, permaneciendo hasta finales de 1991 en el entorno de 250.

El perfil del gráfico anterior indica que durante la segunda mitad de la década de los años ochenta, el índice general de la Bolsa de Madrid fue, por término medio, cinco veces superior a la media de la primera mitad de dicha década, lo cual es expresivo de la sintonía del ciclo bursátil a largo plazo con el ciclo económico general.

CUADRO 5.17. ***Valor medio del PER en diversas bolsas internacionales.***

1. Japón	35,10
2. Austria	32,90
3. Dinamarca	30,30
4. Finlandia	30,20
5. Singapur	18,70
6. Canadá	18,50
7. EE.UU.	17,40
8. Noruega	17,40
9. Holanda	17,30
10. Suiza	15,70
11. Suecia	14,50
12. Alemania	14,30
13. Australia	13,80
14. Gran Bretaña	13,40
15. Irlanda	12,30
16. Italia	12,20
17. Francia	11,90
18. Hong-Kong	11,70
19. España	**10,80**
20. Bélgica	10,10
21. Nueva Zelanda	7,10

Fuente: Morgan Stanley. Citado en *Expansión* de 23 de mayo de 1991.

[19] Véase el capítulo 14, dedicado a la estructura de la financiación de la empresa.

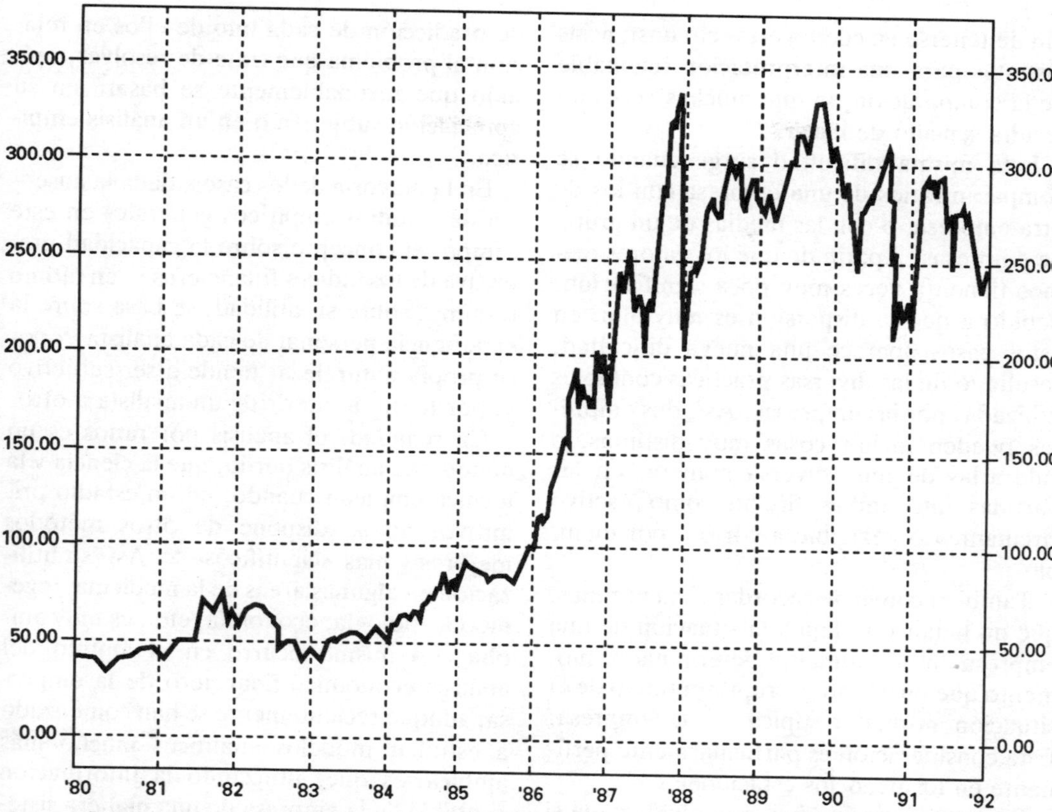

FIGURA 5.13. *Evolución del índice general de la Bolsa de Madrid (1980-1991). (Base 100: 1-1-1986.)*

5.9. LIMITACIONES Y CAPACIDAD PREDICTIVA DE LOS RATIOS PARA EL ANALISIS DE LA EMPRESA

Un ratio no es más que un número; por ello, considerado aisladamente no tiene ninguna utilidad. Para que la tenga, se ha de poder comparar, implícita o explícitamente, con otro denominado con frecuencia estándar. El valor estándar de un ratio es el término de comparación en el que se piensa para afirmar que un resultado es «bueno», «aceptable», «malo», «mejor» o «peor». Pero la elección de estándares adecuados para el análisis financiero de una empresa no es, en muchos casos, tarea fácil.

En algunos tipos de ratios se puede afirmar con cierta generalidad que un valor más elevado, por ejemplo, es preferible a otro más bajo: éste es el caso de los ratios de rentabilidad. Pero muchas otras veces esto no es cierto: no se puede afirmar con generalidad que un índice de liquidez de 3 sea preferible a uno de 2. En cualquier caso, se debe precisar para quién o para qué es preferible.

Si se analiza la situación financiera actual de una empresa comparándola con la existente en el pasado (en el último año, por ejemplo), hay que tener presente que, para que la comparación sea válida, las circunstancias internas y externas de la empresa han de ser comparables. Si no lo son, deberán de tenerse en cuenta estas circunstancias distintas para una interpretación razonable de la comparación, lo que muchas veces no resulta sencillo de hacer.

Esta misma dificultad surge cuando se comparan ratios de una empresa con los de otra empresa, o con las medias de un grupo de empresas. Aparte de que los valores medios tienen a veces muy poca significación, debido a que la dispersión es muy alta, en estos casos aparece una nueva dificultad, resultado de las diversas prácticas contables utilizadas por las empresas. Así, dos empresas pueden incluir cosas muy distintas, o valorarlas de muy diversa manera, en las partidas que ambas titulan como «activo circulante» o «exigible a corto», por ejemplo.

También conviene recordar, una vez más, que un balance refleja a la situación de una empresa en un momento determinado, momento que puede no ser representativo de la situación normal o típica de la empresa. Esta consideración es particularmente pertinente en los negocios estacionales.

Por otra parte, no hay que olvidar que si debido a las altas tasas de inflación existentes las pesetas correspondientes a años distintos no tienen el mismo valor, un ratio cuyo numerador y denominador se expresen en pesetas de años distintos puede tener muy poca significación [20].

En los apartados anteriores se han descrito los índices más importantes que se utilizan en el análisis financiero. Cada analista preferirá unos ratios a otros, según la opinión que tenga formada sobre la capacidad de predicción de cada uno de ellos en relación al problema que trate de resolver, opinión que razonablemente se basará en su apreciación subjetiva o en un análisis empírico.

En la mayoría de los casos, dada la ausencia de estudios empíricos generales en este campo, el concepto sobre la capacidad predictiva de los índices financieros y, en último término, sobre su utilidad, se basa sobre la experiencia personal de cada analista y, por su propia naturaleza, tiende a ser subjetivo y, por tanto, a diferir de un analista a otro.

En realidad, el análisis por ratios es un método de análisis burdo, que la ciencia y la técnica emplean cuando, en un estadio primitivo, no se dispone de otros métodos mejores y más «científicos» [21]. Así, su utilización en algunas áreas de la medicina, ingeniería, zoología, economía, etc., es muy amplia. Lo mismo ocurre en el ámbito del análisis económico-financiero de la empresa, aunque recientemente se han comenzado a estudiar modelos analíticos mucho más ambiciosos que, utilizando la información contable de la empresa de una manera sistemática, tratan de predecir la situación futura a partir de los valores pasados y actuales de determinadas variables financieras [22].

[20] Véase el anexo a este capítulo, sobre el impacto de la inflación en la contabilidad.

[21] E. Ballestero, *El balance: una introducción a las funciones*. Alianza Universidad. Madrid, 1991.

[22] D. Ley, *Análisis de Estados Financieros: un nuevo enfoque*. Ediciones ESIC. Madrid, 1985.

APENDICE

Anexo 1. *Elementos de Contabilidad con Inflación*

En los ultimos años, y en particular desde mediados de la década de los setenta, la insatisfacción con respecto a los resultados y métodos de la contabilidad como instrumento de información de la realidad empresarial ha ido progresivamente aumentando, debido, fundamentalmente, a su resistencia, cuando no incapacidad, para adaptarse a los problemas creados por la inflación.

La figura 5.14 muestra la evolución del Indice del Coste de la Vida (o de Precios al Consumo) en España en últimos cincuenta años (1941-1991), con base unidad en 1941. Esta evolución se ha reproducido, con matices más o menos acusados, en la mayoría de los países desarrollados. En otros países occidentales la inflación es casi endémica (Israel) o se ha mantenido a niveles muy elevados (hiperinflación) durante largos períodos (Argentina, Brasil y la mayoría de los países sudamericanos, entre otros).

La contabilidad tradicional, concebida como un sistema de información de y sobre la empresa, se basa en unos «principios contables generalmente aceptados». De estos principios, que han sido expuestos en el capítulo 2 a efectos de la consideración de la inflación, interesan específicamente tres:

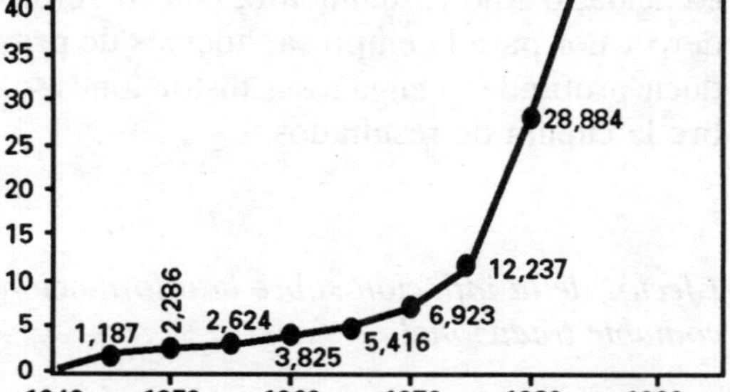

FIGURA 5.14. *Evolución del Indice del Coste de la Vida (Precios al Consumo) en España (1941-1991). (Fuente: INE.)*

— La utilización de unidades monetarias corrientes (pesetas) como unidad de media común para expresar los hechos contables de la empresa.

— La valoración de los activos de la empresa a su coste histórico de adquisición.

— El principio del precio de realización concretado en que el beneficio contable sólo debe reflejarse cuando se realiza la venta del elemento patrimonial generador de dicho resultado.

El primero de estos principios significa que tanto los bienes y derechos de propiedad de la empresa (activo) como sus deudas y obligaciones (pasivo) se expresan en pesetas corrientes. Así, en el activo de un balance figuran tanto disponibilidades actuales de caja como inmovilizados comprados hace muchos años. En tanto en cuanto las pesetas de hoy no tengan el mismo valor que las pesetas de años anteriores, como ocurre en condiciones inflacionistas, la suma de cantidades heterogéneas (pesetas de años distintos), conduce a resultados de dudoso significado. Evidentemente, esta distorsión es tanto más notable cuanto mayores sean la antigüedad de los activos y las tasas de inflación anuales.

En cuanto al principio de valoración según el coste histórico de adquisición de los activos, conduce a que su valor contable no coincida, o sólo casualmente, con su verdadero valor para la empresa, además de producir profundas y engañosas distorsiones sobre la cuenta de resultados.

Efectos de la inflación sobre la información contable tradicional

a) Las cifras de los estados contables de una empresa en momentos distintos no son comparables, ya que, aunque la unidad monetaria empleada sea la misma (por ejemplo, la peseta) su valor es diferente (1.000 pesetas de 1992 no equivalen a 1.000 pesetas de 1988, cuando la tasa de inflación acumulada ha sido del 20 %, debido a la pérdida de valor adquisitivo de cada unidad monetaria por el mismo importe).

Esto implica que el análisis de la empresa a través de los estados financieros históricos tradicionales pierde gran parte de su significado.

b) Las cifras de algunas partidas dentro de un mismo estado financiero no son comparables entre sí, ya que la inflación las afecta de distinta manera.

Así, en el balance de las cuentas de tesorería figuran en pesetas actuales, mientras que los inmovilizados se contabilizan en pesetas históricas correspondientes a la fecha de su adquisición (tal vez hace cinco, diez o más años).

En la cuenta de resultados, las ventas suelen figurar en valores más actualizados que los costes y gastos, ya que a lo largo del proceso productivo la secuencia temporal de sucesos es la que se indica en la figura 5.15, suponiendo que todos los cobros y pagos se efectúan al contado [23].

T_i el instante (o promedio) en que ocurre cada suceso e I_i el índice de precios entre cada uno de ellos y momento final de la cuenta de resultados. Como en períodos de inflación $I_4 < I_3 < I_2 < I_1$, los costes y gastos de la cuenta de explotación están más infravalorados en la contabilidad tradicional que las ventas o ingresos, el resultado de explotación está normalmente sobrevalorado.

c) Los saldos de algunas partidas de los estados financieros carecen por completo de validez, independientemente de las comparaciones entre ellos.

Así, por ejemplo, la cifra de inmovilizado bruto que figura en el balance es el saldo de todas las compras y ventas (o bajas) de

[23] SANTIAGO LAZZATI, *Contabilidad e Inflación*. Editorial Macchi. Buenos Aires, 1979.

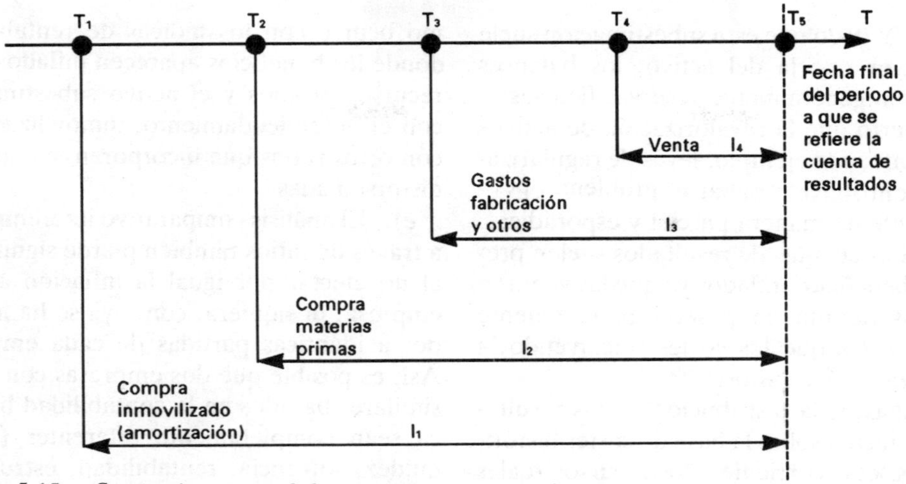

FIGURA 5.15. *Secuencia temporal de ingresos y gastos en la empresa.*

activos fijos que ha efectuado la empresa hasta esa fecha. Si las compras se efectuaron en momentos distintos, como es usual, la suma de importes en pesetas diferentes puede no tener significado alguno (por ejemplo, un local adquirido en 1980 que costó 1.000.000 de ptas. y otro idéntico comprado en 1990 que costó 10.000.000 ptas., figurarán en el «debe» de la cuenta de inmovilizado bruto por 11.000.000 de ptas.).

Igualmente ocurre, por ejemplo, con el capital social cuando ha sido aportado en momentos diferentes de tiempo.

d) Se ignoran totalmente las consecuencias (pérdidas o beneficios) de mantener activos o pasivos monetarios. Los activos y pasivos monetarios se definen como aquellos que tienen un valor norminal fijo en unidades monetarias, lo que significa, en período de inflación, valores reales decrecientes.

La posesión de activos monetarios (caja, cuentas a cobrar, gastos anticipados, etc.) constituye una desventaja, ya que se cobrarán en moneda depreciada. Así, por ejemplo, en el caso de una letra por importe de 100 que se tiene hoy, cuando se cobra a su vencimiento dentro de tres meses se percibirán las 100, pero su valor real en esa fecha será sólo 90,91, si la tasa de inflación del trimestre es del 10 %.

Por el contrario, el mantenimiento de pasivos monetarios (deudas, créditos, préstamos, ingresos anticipados, etc.) supone una ganancia ya que, valorados en pesetas de hoy, se tendrán que devolver en pesetas de meses o años posteriores, cuyo valor es menor. Por eso, en tiempos de pérdida continua del poder adquisitivo del dinero (inflación) los acreedores «pierden» con la inflación y los deudores «ganan».

Los hechos anteriores producen profundas distorsiones sobre los estados financieros tradicionales y sobre el análisis y el control de la empresa en períodos de inflación. Los más importantes son:

a) Los balances tienden a infravalorar los activos fijos (y los stocks), en mayor medida cuanto más antiguos sean los activos. Esta infravaloración produce, a su vez, una subestimación de los recursos propios (diferencia entre el activo total y el exigible). Los balances tienden a subestimar el capital social, tanto más cuanto mayor haya sido el tiempo transcurrido desde que se aportó. Y dado que esta subestimación suele ser mayor que la del activo, los balances presentan generalmente reservas ficticias.

Es cierto que la revalorización de activos (mediante, por ejemplo, leyes de regularización) contribuye a paliar el problema, pero solamente de manera parcial y esporádica.

b) Las cuentas de resultados suelen presentar beneficios inflados ya que las ventas o ingresos figuran en pesetas relativamente más actuales que los costes (incluyendo la amortización) y gastos.

Además, si la distribución de los resultados se efectúa sobre la base de costes históricos y pesetas corrientes, los recursos reales de la empresa pueden estar distribuyéndose bien a los accionistas (mayores dividendos), bien al Estado (mayores impuestos), bien a los empleados (salarios «excesivos» negociados bajo la presión de altos beneficios), bien a los clientes (precios artificialmente bajos).

Estas distribuciones anómalas repercutirán inevitablemente sobre la viabilidad futura de la empresa [24].

c) Las cuentas de resultados no recogen las ganancias (o pérdidas) por mantener pasivos (o activos) monetarios. Esto significa que si la empresa tiene una posición acreedora neta, el no reconocimiento de la pérdida monetaria acentúa la sobrevaloración de los beneficios y, por el contrario, si la empresa está en posición deudora neta, la ganancia monetaria no reconocida disminuye la sobrevaloración de beneficios, disminución que puede llegar a anular e incluso sobrepasar dicha sobrevaloración, con lo que la contabilidad tradicional ofrecería beneficios inferiores a los de una contabilidad que reflejase los efectos totales de la inflación.

d) El análisis y control de la empresa a través de sus ratios se hace ininteligible. En efecto, si el activo real se infravalora y el pasivo exigible no se modifica, es evidente que el ratio de solvencia (activo real/exigible) también se infravalorará. Lo mismo ocurre con los índices de rentabilidad donde los beneficios aparecen inflados y los recursos propios y el activo subestimados; con el de endeudamiento, inmovilización y con otros ratios que incorporan magnitudes distorsionadas.

e) El análisis comparativo interempresas a través de ratios también pierde significado al no afectar por igual la inflación a cada empresa, ni siquiera, como ya se ha indicado, a idénticas partidas de cada empresa. Así, es posible que dos empresas con ratios similares basados en la contabilidad histórica sean completamente diferentes (en liquidez, solvencia, rentabilidad, estructura, etcétera) una vez ajustados los estados financieros a la inflación.

f) Dado que una gran parte de las políticas de la empresa en cuanto a precios, producción, asignación de recursos, etc., están basados en datos contables, si no se tienen en cuenta los efectos sobre éstos de la inflación, conducirán a decisiones erróneas.

g) La información proporcionada por la contabilidad histórica deja de ser útil para el control de gestión de la empresa.

h) En definitiva, los estados contables históricos dejan de ser adecuados tanto para el inversionista o prestamista potencial, como para los accionistas y demás agentes interesados en la empresa, al tiempo que pierden valor como instrumento de gestión para la dirección.

Algunas soluciones parciales aplicadas

La práctica contable actual, aunque basada en costes históricos y unidades monetarias corrientes, permite generalmente algunas soluciones parciales a la distorsión que

---

[24] Para una discusión teórica y práctica en profundidad de los efectos de la inflación sobre la rentabilidad, véase J. Edwards, J. Kay y C. Mayer, *El análisis económico de la rentabilidad contable*. Alianza Economía y Finanzas. Madrid, 1990.

produce la inflación sobre los estados financieros [25].

Estas soluciones se refieren fundamentalmente a cuatro cuestiones:

a) La valoración de los stocks por el método LIFO, y otros distintos al FIFO, que permite contabilizar en cuenta de resultados el consumo de stocks a precios distintos de los de compra (en el caso del LIFO, a precios de reposición o próximos a éstos).

El método LIFO suele incrementar, en períodos de inflación, el coste de las ventas, con lo que atenúa la sobrevaloración del resultado. Sin embargo, empeora la presentación de la situación patrimonial al disminuir el importe de la partida de stocks del activo.

El problema radica en lo siguiente: si una empresa, por ejemplo, ha gastado 350 ptas. en la compra de 3 unidades de materias primas a precios, sucesivamente, de 100, 120 y 130 ptas./unidad y ha consumido una unidad en el proceso productivo, la contabilidad histórica reparte estas 350 ptas. entre la cantidad que queda en stock y la cantidad que se imputa al coste de ventas. En el método FIFO el stock final sería 250 ptas. y el coste de ventas de 100; en el LIFO el stock final sería 220 ptas. y el coste de ventas 130. Sin embargo, ambos métodos son inadecuados ya que no se trata de distribuir 350 sino 390 (3 unid. × 130 ptas./unidad), coste de reposición de las unidades. La contabilidad con inflación debería asignar, por tanto, 130 al coste de ventas y 260 al stock final.

b) Revalorizaciones de activos fijos y, consecuentemente, de su amortización. Estas revalorizaciones pueden estar basadas bien en la aplicación de índices generales de precios según la fecha de compra de cada activo (como las leyes de actualización en España), bien en la aplicación de índices de precios específicos a cada activo, grupo de activos o algunos activos especiales. Este segundo procedimiento se orienta a valorar el activo en valores actuales o corrientes, tendentes a los de reposición, mientras que el primero sigue el criterio de los costes históricos pero en unidades de poder adquisitivo constante.

En ambos casos, la contrapartida de los incrementos de activo fijo neto se acreditan a una cuenta de reservas (en España, reserva Ley de Regularización o Actualización) y no a la cuenta de resultados, con lo que la determinación del beneficio o pérdida permanece inalterable.

c) Amortización acelerada a través de regímenes especiales de amortización. Este procedimiento posibilita mayores cargos de amortización anual a la cuenta de resultados, con lo que corrige en parte la sobrevaloración del beneficio, pero al mismo tiempo produce una mayor subvaloración del activo neto, al aumentar la deducción de la cifra de amortizaciones de la misma cifra de activo bruto.

d) Valoración de ciertas cuentas del balance en términos de mercado, como los valores mobiliarios y participaciones financieras y las ventas en moneda extranjera.

La valoración de estas pérdidas a valores de mercado implica un reconocimiento de variaciones específicas de precios de algunos activos y no variaciones según un índice general como en la regularización.

La contrapartida de estas valoraciones se lleva a la cuenta de resultados como pérdida o ganancia en cartera de valores o como resultados extraordinarios.

Este procedimiento, aunque mejora la presentación del activo, conduce a una dislocación del resultado, ya que se registra como beneficio, en su caso, todo el incremento de precio cuando sólo el excedente de este incremento sobre la tasa de inflación

---

[25] Véase *Measuring and reporting the impact of inflation through price level accounting.* Arthur Young & Co. Nueva York, 1975.

general debería contabilizarse como verdadera ganancia.

En definitiva, estas soluciones parciales de la práctica contable tradicional, aunque suavizan algunos graves inconvenientes, no corrigen la totalidad de las consecuencias que la inflación produce sobre los estados contables y la información económica y financiera basada en ellos.

Principales métodos de contabilidad en situaciones de inflación

Las deficiencias de la contabilidad tradicional en situaciones inflacionistas han convencido a la mayoría de los analistas e instituciones contables de la necesidad de instrumentar sistemas alternativos de contabilidad con inflación.

Los principales enfoques propuestos han sido tres, cada uno de ellos con diversas variantes y sofisticaciones, con ventajas e inconvenientes específicos y con defensores y detractores apasionados, que convierten el problema de la Contabilidad con inflación en el punto más candente y conflictivo del área contable y financiera. Estos enfoques se pueden ordenar de acuerdo con dos criterios [26]:

a) El tipo de medida a utilizar: unidades monetarias corrientes o constantes.

b) El método de valoración empleado: costes históricos de adquisición o costes de reposición.

Estos criterios proporcionan, además del método contable tradicional (unidades corrientes y valoración al coste histórico de adquisición), tres sistemas principales de Contabilidad con inflación (véase cuadro 5.18) [27]:

1. Contabilidad al Nivel General de Precios (CNGP), que utiliza unidades monetarias constantes y valoración al coste histórico de adquisición.

CUADRO 5.18. *Sistemas de contabilidad con inflación.*

	METODO DE VALORACION	
Unidad de medida	Coste histórico de adquisición	Costes de reposición
Unidades monetarias corrientes	Contabilidad tradicional	Contabilidad al coste de reposición (CCR)
Unidades monetarias constantes	Contabilidad al nivel general de precios (CNGP)	Contabilidad al coste de reposición ajustado al nivel de precios (CCRA)

2. Contabilidad al Coste de Reposición (CCR), que emplea unidades monetarias corrientes y valoración a costes de reposición.

3. Contabilidad al Coste de Reposición Ajustado al Nivel de Precios, intermedio de los dos anteriores, que usa unidades monetarias constantes y valoración al coste de reposición.

a) *Contabilidad ajustada al Nivel General de Precios (CNGP)*

Este método propone únicamente cambiar la unidad de medida (pesetas corrientes en la contabilidad tradicional por pesetas de «poder de compra» constante), respetando los restantes principios básicos de la contabilidad.

El nuevo Balance reflejaría el «poder adquisitivo» de los activos netos de la empresa

[26] RICHARD F. VANCIL, «Inflation Accounting. The great controversy», *Harvard Business Review,* marzo 1976. Hay traducción castellana, *Harvard-Deusto,* número 24.

[27] Una clasificación más precisa figura en S. LAZZATI, *op. cit.*

al cierre del ejercicio, mientras la Cuenta de Resultados mostraría la pérdida o ganancia en «poder de compra» de la empresa durante el período.

La conversión de pesetas corrientes a unidades de «poder de compra constante» (pesetas reales) se efectúa mediante la aplicación de un índice general de precios a las cifras de las cuentas tradicionales. Este índice general de precios puede ser cualquiera representativo, como el Indice de Precios al Consumo (IPC) (que es el más usualmente utilizado), el Indice de Precios de Productos Industriales o el Deflactor Implícito en el Producto Interior Bruto (que es técnicamente el más general) [28].

b) *Contabilidad al Coste de Reposición (CCR)*

La ventaja del sistema CCR surge precisamente de la principal debilidad del sistema CNGP: el método de costes de reposición o reemplazamiento proporciona una medida del valor y la eficacia individual y específica de cada empresa. Para ello, los activos se evalúan según su «valor para la empresa», definido como «la pérdida que la empresa sufriría si se le privase de ese activo». En la gran mayoría de los casos, este valor será igual a la cantidad que le costaría a la empresa reemplazar ese activo en las condiciones actuales, es decir, a su valor de reposición (incluyendo amortización). Sólo en determinados casos el «valor para la empresa» de un activo será su precio de realización o venta, o su «valor económico» definido como el valor actual neto de las ganancias futuras que se esperan recibir por la posición del activo.

Por tanto, el sistema CCR valora los activos del balance a su coste actual de reposición (incluyendo las amortizaciones apropiadas), llevando las ganancias surgidas de la revalorización, llamadas «ganancias de mantenimiento o posición» (holding-gains, en inglés), a cuentas especiales de reservas.

c) *Contabilidad al Coste de Reposición Ajustada al Nivel de Precios (CCRA)*

Este método, también llamado de Costes Constantes de Reposición [Constant Replacement Cost (CRC), en inglés] es, en realidad, una mezcla de los dos anteriores.

Su característica principal es que combina valores a costes de reposición, como el CCR, con ajustes mediante un índice general de precios, como el CNGP.

Así, la CCRA implica, en relación a la contabilidad tradicional, tanto una nueva unidad de medida (unidades monetarias de poder adquisitivo constante) como un nuevo sistema de valoración (costes de reposición).

Su finalidad básica es ampliar el método del valor corriente de reposición (CCR) para resolver los problemas que surgen de la posesión de activos y pasivos monetarios, dado que, en períodos de inflación, el valor adquisitivo del dinero disminuye, lo que hace que los poseedores netos de pasivos monetarios obtengan ganancias reales, y los poseedores netos de activos monetarios, pérdidas reales.

El método CCRA valora los activos al coste de reposición, mientras que los recursos propios se ajustan con la inflación. La Cuenta de Resultados reconoce ganancias o pérdidas por la inflación, así como procedentes de la posición monetaria neta de la empresa [29].

---

[28] Se trata de índice ponderado de las variaciones de precios de todos los productos y servicios incluidos en el Producto Interior Bruto.

[29] Un ejemplo cuantitativo de la aplicación de los métodos anteriores figura en J. L. SÁNCHEZ FERNÁNDEZ VALDERRAMA, *Inflación y Bolsa, op. cit.*, Madrid, 1987.

¿Cuál es el método mejor?

La decisión sobre cuál de los tres métodos es el mejor constituye una cuestión compleja y difícil, en la que están, al menos, involucrados tres temas previos:

— La unidad de medida
— El concepto de beneficio
— La distribución del beneficio entre ejercicios

Respecto al primer tema, es evidente que el empleo de una unidad de medida uniforme es conveniente para la contabilidad empresarial. Y en este sentido cualquier método —sea el CNGP o el CCRA— que efectúa ajustes generales con la inflación es preferible, al margen de otras consideraciones, a cualquier otro que no las efectúe —sea la contabilidad histórica o el CCR—.

En cuanto al concepto de beneficios, existen dos tendencias contrapuestas: las que consideran que el beneficio debe basarse en el mantenimiento del capital monetario o financiero (contabilidad histórica y ajuste por inflación) y las que piensan que es preferible definir el beneficio en términos del «capital a mantener» en términos físicos (contabilidad de reposición). Este segundo criterio quizá sea preferible para la gestión interna, pero es completamente inviable a fines de comparación y asignación interempresas, donde la única unidad razonable de medida común son las unidades monetarias.

El problema de la distribución del beneficio entre ejercicios depende de cómo se definen los objetivos de los estados financieros. Si dichos objetivos se centran en proporcionar información a terceros sobre la evolución de la riqueza de la empresa, el enfoque más apropiado es calcular el beneficio por diferencia entre la riqueza actual y la anterior. Esto implica un criterio opuesto al de la contabilidad histórica, que retrasa el reconocimiento del beneficio hasta que se realiza la venta, valorándose los activos al coste histórico hasta entonces. Por tanto, si el objetivo es la cuantificación de la riqueza actual, los activos deben ser valorados a costes actuales o de reposición.

De todo lo anterior parece que el método preferible es la contabilidad de costes de reposición con ajustes con inflación, esto es, el método CCRA.

Sin embargo, dado que esta solución es, sin duda, la más costosa, la contabilidad del nivel general de precios puede resultar una alternativa conveniente en tanto no sea viable la aplicación de un método superior como el CCRA.

Otro factor a tener en cuenta son las políticas financieras, ya que la posibilidad de reducción del endeudamiento es favorecida por el método CNGP [30].

[30] Para una discusión más profunda sobre la bondad de los diferentes métodos, véase F. PEREIRA y otros, *Contabilidad para dirección,* EUNSA, Pamplona, 1991.

BIBLIOGRAFIA

Parte II

EL SISTEMA CONTABLE DE INFORMACION Y EL ANALISIS ECONOMICO-FINANCIERO DE LA EMPRESA

LIBROS

ABAD, Alberto: *Gestión financiera en la empresa española,* 2.ª edición. Editorial Index, Madrid, 1974.

ALBANT, J., y LAVAUD, R.: *Ratios y gestión empresarial,* Guadiana, Madrid, 1972.

ALOI, F.: *Contabilidad para la inflación,* Ediciones Alba, Barcelona, 1979.

ALVAREZ LÓPEZ: *Análisis de balances,* 3.ª edición, Madrid, 1970.

ANTHONY, R. N.: *La Contabilidad en la Administración de empresas. Texto y casos,* México, 1964.

ANTHONY, R. N.: *El control de gestión,* Ediciones Deusto, Bilbao, 1990.

ASOCIACIÓN ESPAÑOLA DE CONTABILIDAD Y ADMINISTRACIÓN DE EMPRESAS: *Cómo aplicar el Plan General de Contabilidad,* Area Editorial, S. A. Expansión, Madrid, 1991.

BALLESTERO, E.: *El balance: una introducción a las finanzas,* Alianza Universidad, Madrid, 1984.

BALLESTERO, E.: *Principios de economía de la empresa,* Alianza Universidad, 5.ª edición, 1980.

BALLESTERO, E.: *La nueva contabilidad,* Alianza Universidad, Madrid, 1975. (Existe una nueva edición ampliada con el título *Teoría y estudio de la nueva Contabilidad,* Madrid, 1979.)

BANCO DE ESPAÑA. Central de Balances: *Resultados 1981-88, 1989 provisional y avance de 1990,* Madrid, 1991.

BERNSTEIN, L. A.: *Financial statement analysis: theory and interpretation,* Richard D. Irwin, Inc., 1974.

BREALEY, R./MYERS, S.: *Fundamentos de financiación empresarial,* McGraw Hill. 2.ª edición, 1989.

BUENO CAMPOS, E.: *La empresa española: estructura y resultados,* Madrid, 1990.

CAÑÍBANO, Luis: *Teoría actual de la contabilidad,* ICE, Madrid, 1979.

CARSBERG, B.: *Teoría económica de las decisiones empresariales,* Alianza Universidad, Madrid, 1977.

CEA, J. L. (coordinador): *Lecturas sobre principios contables,* AECA, Madrid, 1989.

CEOE: *Gestión Económico-Financiera,* Ediciones Mundi-Prensa, Madrid, 1991.

CUERVO, A., y RIVERO, F.: *Examen Económico-Financiero de la Empresa española* (6.º análisis), APD, Madrid, 1983.

DAVIDSON, S., y WEILL, R. L.: *Handbook of modern accounting,* McGraw Hill Co., 2.ª edición, 1977.

DAVIDSON, SIDNEY, WEIL: *Inflation accounting. A guide for the accountant,* McGraw Hill, 1976. (Existe traducción castellana, CECSA, México, 1978.)

EDWARDS, J.; KAY, J., y MAYER, C.: *El análisis económico de la rentabilidad contable,* Alianza Editorial, Madrid, 1990.

ERNST & YOUNG: *Plan General de Contabilidad,* Edición especial Cinco Días, Madrid, 1990.

ESTEBAN MARINA, Angel: *La regularización de balances en España,* CISS Editorial, Bilbao, 1984.

ESTUDIOS ECONÓMICOS Y FINANCIEROS: *Lo que necesi-*

ta saber para invertir en el mercado de capitales. Banco Atlántico, Madrid, 1987.

FASB: «Financial Reporting and changing prices», *Statement of Financial Accounting standards,* n.º 33.

FASB: «Field test of financial reporting in units of General Purchasing Power», mayo 1979.

FONDEVILLA ROCA, E.: *El diagnóstico financiero de la empresa,* Ariel-Seix-Barral, Barcelona, 1985.

GONZÁLEZ PIÑA, L. (director técnico): *Desarrollo práctico y análisis del Cuadro de Financiación,* Ediciones Analíticas Europeas, Madrid, 1991.

HMSO: *Report of the inflation accounting committee,* Cmnd 6225, 1975.

INSTITUTO DE PLANIFICACIÓN CONTABLE: *Comunidad Económica Europea. Cuarta Directriz,* Madrid, 1978.

KIRKMAN, P. R. A.: *Inflation accounting: a guide for the non accountants,* Associated Business Program, Londres, 1975.

LAIR, Louis: *Análisis de Balances industriales y financieros,* Aguilar, 6.ª edición, 1984.

LAZZATI, S.: *Contabilidad e Inflación,* Edic. Macchi, Buenos Aires, 1979.

LEV, Baruch: *Financial Statement analysis: a new approach,* Prentice Hall, 1974. (Existe traducción en castellano: *Análisis de estados financieros: un nuevo enfoque.* ESIC, Madrid, 1978.)

NAA: *Managing Price Level Accounting: The inflation dilemma,* New York, 1975.

OIT: *Cómo interpretar un balance,* Ginebra, 1973.

ORTIGUEIRA, M.: *Contabilidad de los recursos humanos,* Sevilla, 1977.

PEREIRA, y otros: *Contabilidad para dirección,* EUNSA, 12.ª edición, Pamplona, 1991.

PÉREZ-CABALLO, Angel: *El ABC de la Dirección Financiera,* Ediciones Mentat, Madrid, 1989.

PÉREZ-CABALLO, A.: *Lo que dicen y no dicen los estados financieros,* Ediciones Ment, Madrid, 1987.

PÉREZ-CABALLO, J. F.: *Control de la gestión empresarial,* ESIC Editorial, Madrid, 1990.

RIVERO, J.: *Contabilidad financiera,* Editorial Trivium, Madrid, 1991.

ROMERO, Carlos: *Introducción a la financiación empresarial y al análisis bursátil,* Alianza Editorial Textos, Madrid, 1984.

ROSELL, J. H., y FRASURE, W. W.: *Managerial accounting,* Charles Merril Publishing Co., 2.ª edición, 1972.

SÁNCHEZ FERNÁNDEZ DE VALERRAMA, J. L. (dirección): *Curso de introducción a Bolsa,* Bolsa de Madrid/Inst. de Analistas de Inversiones, 2.ª edición, Madrid, 1987.

SERVICIOS GENERALES DE GESTIÓN: *La reforma mercantil. Cómo afecta al pequeño empresario,* Area Editorial, S. A./Expansión, Madrid, 1990.

SILVESTRE, P., y SILVESTRE, R.: *Análisis económico y financiero,* Centro de Formación del Banco de España, Madrid, 1989.

SUÁREZ, A. S.: *Decisiones óptimas de inversión y financiación en la empresa,* Ediciones Pirámide, 3.ª edición, Madrid, 1980.

TORRERO, A.: *Estudios sobre el sistema financiero,* Espasa-Calpe, Madrid, 1989.

TRUJILLO, J. A., y CUERVO-ARANGO, C.: *El sistema financiero español,* Ariel Economía, Barcelona, 1985.

URQUIJO, J. L.: *Análisis y estados financieros,* Ediciones Deusto, Bilbao, 1990.

VALDÉS, P.: *Análisis del balance de la empresa.*

VAN HORNE, James C.: *Financial management and Policy,* 8.ª edición. Prentice Hall, Inc., New Jersey, 1990. (Existe traducción al castellano a la 2.ª edición con el título de *Administración Financiera,* Ediciones Contabilidad Moderna, Buenos Aires, 1976.)

VAN HORNE, J. C.: *Fundamentals of financial management,* Prentice Hall, 1971.

VELA SASTRE, E.: *Cómo gestionar el capital circulante,* Manuales IMPI, Madrid, 1987.

VELARDE, J., y otros (editores): *La industria española,* Economistas Libros, Madrid, 1990.

ARTICULOS

ABAD, J., y CASTAÑEDA, P.: «Las medidas estadísticas de descomposición; una herramienta útil del moderno análisis financiero», *ESIC-Market,* septiembre-diciembre 1977.

ACTUALIDAD ECONÓMICA: «Las mayores empresas españolas», Anual.

ALVAREZ LÓPEZ, J., y BLANCO IBARRA, F.: «La contabilidad directiva y la planificación estratégica», HDBR, 4.ª trimestre, 1989.

ALTMAN, E.: «Financial ratios discriminant analysis», *Journal of Finance.*

ANTÍN, J.; CASTELLANO, F., y PEREIRA, J.: «Régimen fiscal de las amortizaciones», *El País,* 2 marzo 1980.

ARTHUR ANDERSEN & Co.: «Principios de contabilidad generalmente aceptados», 1975.

ARTHUR YOUNG & Co.: «Measuring and reporting the impact of inflation through price level accounting», New York, 1975.

BARREIRA SANS, J.: «La auditoría operativa», *Revista Española de Financiación y Contabilidad,* enero-abril 1980.

BAWMAN, E. H.: «Strategy. Annual Report and Alchemy», *California Management Review,* vol. XX, n.º 3, 1978.

BEAVER, W.: «Financial ratios as predictors of failure», *Journal of Accounting Research,* 1966.

BETTS, R. J.: «A review of inflation accounting and its economic implications», *Omega,* 1977.

BUSINESS, Week: «Inflation Scoreboard: The real new in profits», abril 1984.

CAÑÍBANO CALVO, L.: «Principios contables en España», HDBR, 1.er trimestre, 1986.

COBAUL, Robert: «Efficacité et validité des indicateurs financiers», *Annuales des Sciences Economiques Appliquées,* vol. 83, 1982.

CUERVO, A.: «Decisiones financieras, estructura financiera y sistema financiero español», *Económicas y Empresariales,* n.º 2, 1976.

EL PAÍS: «Las mayores empresas españolas», anual.

FASB: «Objetives of Financial reporting by business enterprises», *Statement Financial Accounting Concepts,* n.º 1, noviembre 1985.

FERNÁNDEZ PEÑA, E.: «Análisis de los derechos de suscripción», en *Curso de Introducción a Bolsa,* Madrid, 1987.

FINANCIAL TIMES: «Ranking de las 500 mejores empresas europeas», anual.

FLORES CABALLERO, M.: «Las medidas correctoras de la inflación de la contabilidad en España», *Técnica Contable,* 1985.

FOMENTO DE LA PRODUCCIÓN: «Las mayores empresas en España», anual.

FORTUNE: «The Fortune Directory of the 500 largest industrial corporations», Idem «... outside the U.S.», anual.

GASSO VILAFRANCA, José M.: «La C.E. y la profesión de auditoría», *El País,* 11 febrero 1986.

GIBSON, Charles H.: «How industry perceives financial ratios», *Management Accounting,* abril 1982.

GINER LUCHAUSTI, B.: «La contabilidad creativa», *Partida Doble,* marzo 1992.

GREENEBAUM, M.: «What to make of those new inflation adjustments», *Fortune,* abril 1980.

HARRISON, D. D. y COOPER, A. C.: «Medición del efecto de la inflación sobre el capital circulante», HDBR, 3.er trimestre, 1983.

HAWKINS, D. F.: «Una nueva presentación del balance», *Harvard-Deusto Business Review,* 2.º trimestre, 1986.

IGLESIAS SÁNCHEZ, J. L.: «Esquemas de contabilización», capítulo 18 de *Cómo aplicar el PGC.* Area Editorial, S. A., Madrid, 1991.

INFLATION ACCOUNTING STEERING GROUP: «Guidance manual on current cost accounting», Londres, 1976.

International Accounting of Financial Report, marzo 1979.

KIDELER, Peabody & Co.: «Financial Anality Profile», *Business Week,* 1979.

L'EXPANSION: «Les premières enterprises industrielles françaises», anual.

MCNEILL STANCILL: «Cómo configurar la imagen y el efecto de los estados financieros», HDBR, 4.ª trimestre, 1982.

MERCADO: «Ranking de las grandes empresas», anual.

MILANI, K.: «LIFO and its limitations», *Management Accounting,* diciembre 1975.

MILLER, David M.: «Rentabilidad = productividad + recuperación por los precios», HDBR, 1.er trimestre, 1985.

NUEVA EMPRESA: «Las 500 más importantes», anual.

OLIVER y TRUJILLO, S. A.: «Actualización legal de los valores representativos del activo material fijo de las sociedades», *Técnica Contable,* 1985.

QUINTANAR ROMERO, E.: «La auditoría operacional», *Revista Española de Financiación y Contabilidad,* enero-abril 1980.

QUINTO ZUMÁRRAGA, F.: «Nuevas perspectivas de la auditoría y su regulación legal», *El País,* 26 noviembre 1985.

RAPPAPORT, A.: «Los mecanismos de las OPAS y de otras grandes operaciones bursátiles», HDBR, 4.º trimestre, 1990.

REA (Registro de Economistas Auditores): «Qué es la auditoría», Madrid, 1985.

SALAS FURNES, V., y ESPITIA ESCUER, M.: «Valoración bursátil de la empresa», en *Curso de Introducción a Bolsa,* Madrid, 1987.

SÁNCHEZ FDEZ. VALDERRAMA, J. L., y SANTOS ARRARTE, J. A.: «Inflación y Bolsa», en *Curso de Introducción a la Bolsa,* Bolsa de Madrid/IAI, Madrid, 1987.

SERRA RAMONEDA, A.: «El informe Sandilands sobre valoración contable», *Banca Catalana,* marzo 1976.

SERRA RAMONEDA, A.: «Un ejemplo de aplicación de las normas del informe Sandilands», *Banca Catalana,* diciembre 1976.

SOLER, J. M.: «Inflación y Contabilidad», *Ideas Empresariales,* septiembre 1983.

SUÁREZ SUÁREZ, Andrés: «La dimensión y el crecimiento de la empresa industrial española», *Contrapunto,* n.º 14, 1979.

TERMES, Rafael: «¿Por qué caen los beneficios?», *Expansión,* 8 enero 1992.

THE WHARTON SCHOOL: «Financial Management: an introduction», University of Pennsylvania, 1976.

TIERNEY, C. V.: «General Purchasing power myths», *The Journal of Accountancy,* septiembre 1977.

TUA PEREDA, J.: «La armonización comunitaria en el ámbito del derecho de sociedades» en «La inderectriz de la CEE: un Plan de Cuentas», *Cuadernos universitarios de Planificación Empresarial,* volumen 5, n.º 2, 1979.

VALCÁRCEL, J.: «La auditoría independiente en España», *Revista Española de Financiación y Contabilidad,* enero-abril 1980.

VANCIL, R. F.: «Inflation Accounting. The great controversy», *Harvard Business Review,* marzo 1976. (Existe traducción al castellano, *Harvard-Deusto,* n.º 24.)

VAN KOOTEN, G.: «Normas de auditoría generalmente aceptadas», *Revista Española de Financiación y Contabilidad,* enero-abril 1990.

VELA, E., y RAMOS, R.: «Contabilidad e inflación. Aplicación de los resultados de las empresas del INI en 1979», *Investigaciones Económicas*, septiembre-diciembre 1981.

VELILLA, M.: «La amplitud de la información suministrada al inversor por las empresas españolas», IESE, Documento de Investigación n.º 34, Barcelona, 1978.

VISION: «Top european industrials», anual.

WENNER, D. L., y LEBER, R. W.: «El verdadero método para medir los rendimientos de la empresa», HDBR, 2.º trimestre, 1990.

Parte III

COSTES Y PUNTO DE EQUILIBRIO

CAPITULO 6

EL PUNTO DE EQUILIBRIO EN LA EMPRESA: ANALISIS DE LA RELACION COSTE-VOLUMEN. BENEFICIO

SUMARIO: 6.1. Introducción.—6.2. Clasificación de los costes.—6.3. Análisis del punto de equilibrio en la producción simple.—6.4. Otras formas de representación del punto de equilibrio.—6.5. El análisis de la relación coste-volumen-beneficio como instrumento de gestión empresarial: 6.5.1. Disminución de los costes fijos. 6.5.2. Reducción de los costes variables. 6.5.3. Aumento del precio de venta. 6.5.4. Otras consideraciones. 6.5.5. Utilidad y limitaciones del análisis del punto de equilibrio en la producción simple.—6.6. El apalancamiento operativo.—6.7. El análisis del punto de equilibrio en condiciones de incertidumbre.—6.8. El punto de equilibrio financiero.

6.1. INTRODUCCION

En este capítulo se desarrolla una técnica de gran utilidad para evaluar la gestión integral de la empresa desde un punto de vista interno: el estudio del punto de equilibrio a través del análisis de la relación coste-volumen-beneficio.

Está técnica, conocida también como apalancamiento operativo [1] o «break-even-analysis», se basa en el efecto, favorable o desfavorable, que la existencia de costes fijos, en mayor o menor proporción sobre los costes totales, produce sobre la rentabilidad de la empresa al variar el volumen de actividad, entendido como volumen de producción o ventas.

Frecuentemente se dice, en la práctica empresarial, que una empresa se encuentra equilibrada o en el «punto muerto» cuando el importe de sus ingresos por ventas iguala exactamente el importe de todos sus costes y gastos; esto es, cuando el beneficio neto de la empresa es nulo.

Los costes y gastos totales de una empresa se pueden descomponer en dos grupos básicos: los costes fijos, independientes (entre ciertos límites) del volumen de producción, y los costes variables, proporcionales (en términos aproximados) al volumen de producción. Partiendo de esta clasificación —en la que se profundiza en el epígrafe siguiente—, y bajo la hipótesis de que la empresa vende todo lo que produce [2], los costes fijos pueden asimilarse al punto de apoyo de una palanca.

Cuando los ingresos menos los costes variables superan a los costes fijos se produce un efecto de apalancamiento positivo, es decir, los beneficios antes de impuestos crecen en proporción más rápida que el volumen de producción (ventas). O, en otras palabras, cuando se supera el nivel de producción mínimo que permite recuperar los costes fijos, los beneficios se incrementan a un ritmo proporcionalmente superior que el ritmo de crecimiento de la producción. Este efecto se invierte cuando el nivel de produc-

[1] Operating leverage, en inglés. Conviene distinguirlo del apalancamiento financiero (financial leverage, en inglés), del que se trata en el capítulo 14.

[2] O, al menos, que su variación de inventarios es pequeña.

ción desciende por debajo del mínimo que permite recuperar los costes fijos, con lo que las pérdidas aumentan más que proporcionalmente que el ritmo de reducción del volumen de producción (apalancamiento negativo).

El análisis y evaluación de la relación entre nivel de producción (ventas) y costes y beneficios permite a la dirección de la empresa valorar los efectos de las decisiones actuales sobre los beneficios futuros.

El primer paso para proceder a dicho análisis consiste en clasificar los costes o gastos de la empresa entre fijos y variables. Dado que a largo plazo todos los costes son variables es evidente que el análisis del punto de equilibrio se refiere al corto plazo.

El propósito de este capítulo es, por una parte, explicar los conceptos fundamentales de la relación coste-volumen-beneficio y, por otro, mostrar su utilización como instrumento de gestión empresarial. Asimismo, en los epígrafes finales se describen las principales limitaciones del método, se aborda el concepto de apalancamiento operativo y se explican algunas aplicaciones sencillas en el caso de que el volumen de producción (ventas) no sea conocido con certeza, sino haya que estimarlo con cierto grado de incertidumbre, para terminar introduciendo el concepto de punto de equilibrio financiero.

6.2. CLASIFICACION DE LOS COSTES

Los costes o gastos que se originan normalmente en la empresa pueden clasificarse, en función de su variabilidad en relación al nivel de actividad, en tres grupos [3]:

— Fijos.
— Variables.
— Semivariables.

Se denominan *costes fijos* a los costes que permanecen relativamente constantes cualquiera que sea el nivel de producción o actividad de la empresa. Esta constancia no debe interpretarse rígidamente, ya que es poco probable que estos costes permanezcan invariables tanto si la producción es nula como si se trabaja a plena capacidad, sino que, a corto plazo y en la gama de producciones significativas, los costes denominados fijos no se alteran apreciablemente. Ejemplo de costes típicamente fijos pueden ser los alquileres, intereses financieros, seguros, publicidad, gastos de investigación, servicios técnicos, sueldos de personal directivo y de oficinas, etc. Estos costes pueden ser interpretados como de estructura o «preparación»; es decir, provienen de las decisiones adoptadas para proporcionar los medios necesarios para obtener los productos o servicios.

Los *costes variables* o, en general, directos son aquellos que varían proporcionalmente con el volumen de producción. Su determinación es relativamente fácil ya que están directamente asociados con la cantidad de producto o servicio obtenido. Así, cuando no hay producción, los costes variables son nulos. Ejemplos típicos de costes variables pueden ser la mano de obra directamente empleada en producción, los materiales incorporados a los productos, las comisiones de venta (suponiendo que el precio de venta permanezca fijo), la conservación y supervisión, los costes de embalaje, etc.

Finalmente, los *costes semivariables* son aquellos que tienden a variar con el volumen de producción (ventas), pero en menor proporción que éste. Por ejemplo, la energía

[3] Esta clasificación es independiente de la clasificación contable, que distingue entre costes directos, aquellos que pueden asignarse a los productos o centros de actividad de la empresa, y costes indirectos, aquellos que no pueden asignarse inequívocamente a éstos, por lo que tienen que repartirse de acuerdo con algún criterio razonable. Véase A. PÉREZ-CARBALLO, *El ABC de la Dirección Financiera,* Ediciones Mentat, Madrid, 1989, págs. 51 y ss.

eléctrica puede considerarse en muchos casos como un coste semivariable ya que aumenta (disminuye) al aumentar (disminuir) el volumen de producción, pero menos que proporcionalmente.

Esto es habitual en el caso de servicios públicos sometidos a tarifas binomias: una parte fija (por alquiler en el caso de los teléfonos, por potencia contratada en el caso de la energía eléctrica) y una parte proporcional a la utilización (tiempo y distancia en el caso de los teléfonos, energía consumida en el caso de la electricidad).

En general, para el análisis de la relación coste-volumen-beneficio los costes semivariables se dividen en sus componentes fijos y variables, agrupándose la totalidad de los costes en estas dos únicas categorías.

Los costes fijos y variables están íntimamente relacionados; más aún, su clasificación es función del horizonte temporal que se considere. Así, muchos costes fijos se convierten, a largo plazo, en variables, mientras que algunos costes variables, se hacen fijos a muy corto plazo. Por ejemplo, la amortización de una planta suele considerarse a corto plazo como coste fijo; pero si la empresa decide ampliar su capacidad, la amortización crecerá a largo plazo proporcionalmente al volumen de dicha ampliación. Por el contrario, si una máquina se avería durante un tiempo corto, de días por ejemplo, los sueldos de sus operarios, que suelen considerarse como costes variables, con toda probabilidad permanecerán constantes..

6.3. ANALISIS DEL PUNTO DE EQUILIBRIO EN LA PRODUCCION SIMPLE

Para proceder al análisis del punto de equilibrio en la situación más sencilla posible considérese el caso de la empresa NEWCO que fabrica un único producto. Su volumen de producción máximo son 1.000 unidades, siendo sus costes fijos de 20 millones de ptas. y los costes variables de 25.000 ptas. por unidad. Se supone que no existe ningún retraso entre la producción y las ventas, de modo que todo lo que se produce es inmediatamente vendido al precio de 75.000 ptas./unidad.

Represéntese en un gráfico las condiciones anteriores: en abcisas, los volúmenes de producción en unidades, y en ordenadas, el montante de los ingresos o costes en millones de ptas. Los costes fijos ascienden a 20 millones de ptas., cualquiera que sea el volumen de producción, por lo que su representación es una línea recta paralela al eje de abcisas. Los costes variables son cero cuando el nivel de producción es nulo, ascendiendo a razón de 25.000 ptas./unidad, hasta alcanzar los 25 millones de ptas. cuando la capacidad utilizada es total. Su representación es, pues, una línea recta de pendiente positiva que se superpone a la recta de costes fijos para obtener los costes totales.

Por otra parte, las ventas se reducen a cero cuando no hay producción, elevándose linealmente a razón de 75.000 ptas./unidad hasta alcanzar los 75 millones de ptas. con plena capacidad.

La figura 6.1 representa la totalidad de la situación descrita.

Puede observarse cómo el punto en que se cruzan las rectas de ingresos y costes totales es de equilibrio con un nivel de producción de 400 unidades que suponen unos costes totales de 30 millones de ptas. (20 son costes fijos y 10 variables) y unos ingresos idénticos. A niveles de producción menores los costes totales superan a los ingresos por ventas, produciéndose pérdidas, y a niveles de producción mayores los ingresos superan a los costes, obteniéndose beneficios.

El punto de equilibrio «break-even point» o umbral de beneficios puede calcularse nu-

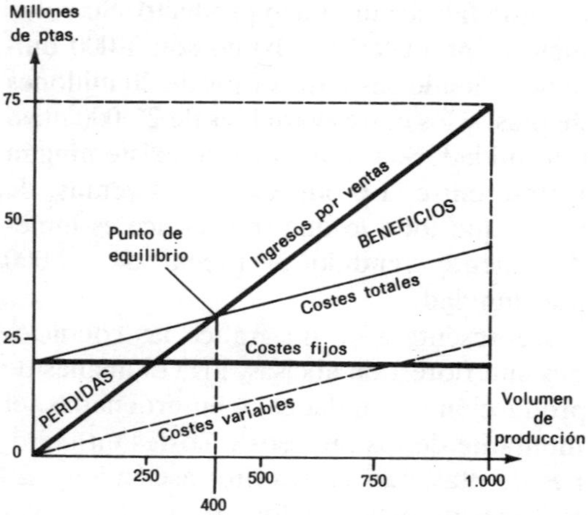

FIGURA 6.1. *Relación coste-volumen-beneficio*

méricamente a través de las siguientes fórmulas:

Sean:

U = Volumen de producción (ventas) en el punto de equilibrio (en unidades).
I = Ingresos totales por ventas.
C_t = Costes totales.
C_f = Costes fijos totales.
C_v = Costes variables totales.
c_v = Costes variables unitarios.
p = Precio de venta unitario.
V = Volumen de producción o ventas (en unidades).

Los ingresos totales serán:

$$I = px$$

Los costes totales:

$$C_t = C_f + C_v = C_f + xc_v$$

y el beneficio:

$$B = I - C_t = pV - C_f - Vc_v = V(p - c_v) - C_f$$

En el punto de equilibrio el beneficio es, por definición, nulo, y entonces:

$$B = I - C_t = V(p - c_v) - C_f = 0$$

y para $V = U$

$$U = \frac{C_f}{p - c_v}$$

El término $(p - c_v)$, diferencia entre el precio de venta y los costes variables unitarios, se suele designar como contribución unitaria o margen de contribución unitario, e indica la parte del precio de venta que contribuye a pagar los costes fijos, expresándose habitualmente en pesetas por unidad (aunque también es usual expresarlo en tanto por ciento sobre el precio de venta) [4].

En el ejemplo anterior, el punto de equilibrio se calcula de la manera siguiente (véase figura 6.1):

$$U = \frac{20.000.000}{75.000 - 25.000} = \frac{20.000.000}{50.000} = 400 \text{ unidades}$$

El aspecto más interesante del diagrama de equilibrio es, sin duda, el análisis de la proporcionalidad. Es decir, la consideración de que incrementos sucesivos en el volumen de producción por encima del punto de equilibrio producen incrementos porcentuales

[4] Es importante no confundir los conceptos de contribución unitaria y margen bruto, habitualmente utilizado en la contabilidad financiera. El *margen bruto* se define como diferencia entre el precio de venta y el coste unitario de la mercancía vendida, que comprende todos los costes de fabricación (incluidos los fijos) y excluye todos los de administración y ventas (incluidos los variables). El *margen de contribución unitaria* se calcula como diferencia entre el precio de venta y todos los costes variables asociados al producto, con independencia de su asignación contable.

más elevados en el nivel de beneficos. E igualmente sucede con las pérdidas.

En el cuadro 6.1 siguiente se ofrecen los resultados sobre los beneficios de aplicar incrementos (o decrementos) sucesivos del 25 por 100 por encima (o por debajo) del punto de equilibrio en el ejemplo anterior:

CUADRO 6.1. *Proporcionalidad volumen-beneficio en torno al punto de equilibrio.*

VOLUMEN		BENEFICIOS	
Unidades	(%)	Millones ptas.	(%)
400	—	0	—
500	+25 %	+ 5	infinito
625	+25 %	+11,25	+125 %
781	+25 %	+19,05	+ 69 %
976	+25 %	+28,8	+ 51 %
400	—	0 %	—
300	−25 %	− 5	infinito
225	−25 %	− 8,75	75 %
169	−25 %	−11,55	32 %
127	−25 %	−13,65	18 %

Los resultados muestran un declive gradual en el porcentaje de crecimiento de los beneficios y de las pérdidas conforme se va alejando el punto de equilibrio. Esto significa que los cambios en los niveles de producción en zonas próximas al punto de equilibrio producen grandes oscilaciones en los beneficios o pérdidas, oscilaciones que son tanto menores cuanto más alejado se encuentra el volumen de producción del punto de equilibrio. Hay que tener en cuenta, sin embargo, que el análisis anterior se ha efectuado en términos porcentuales y que los resultados absolutos dependen del punto de partida.

Otro aspecto esencial en el análisis del punto de equilibrio radica en que a mayor nivel relativo de costes fijos, más importancia adquiere el apalancamiento operativo. Para ilustrar este aspecto, considérese dos empresas que fabrican y venden el mismo producto al precio de 100.000 ptas./unidad. La empresa A tiene unos costes fijos de 100 millones de ptas. y unos costes variables de 50.000 ptas./unidad. Por su parte, la empresa B tiene unos costes fijos de 50 millones de ptas. y unos costes variables de 75.000 pesetas/unidad. Esto significa que probablemente la empresa A es más intensiva en capital mientras la B tiene un proceso de producción con menos gastos fijos y más intensivo en trabajo. El punto de equilibrio de ambas empresas es el mismo:

$$U_A = \frac{C_{f_A}}{p - c_{vA}} = \frac{100.000}{100-50} = 2.000 \text{ unid.}$$

$$U_B = \frac{C_{f_B}}{p - c_{vB}} = \frac{50.000}{100-75} = 2.000 \text{ unid.}$$

Sin embargo, cualquier variación de la producción o venta en torno al punto de equilibrio produce una mayor oscilación del beneficio o pérdida en la empresa A que en la B, debido a la mayor proporción de costes fijos de aquélla. En efecto, los beneficios o pérdidas de ambas empresas para distintos niveles de producción alrededor del punto de equilibrio figuran en el cuadro 6.2.

CUADRO 6.2. *Oscilaciones alrededor del punto de equilibrio para empresas con distintas estructuras de costes.*

Producción (unidades)	Beneficio (pérdida) (millones de ptas.) A	B
1.900	(5,0)	(2,5)
1.950	(2,5)	(1,25)
2.050	2,5	1,25
2.100	5,0	2,5

Puede comprobarse cómo el beneficio o pérdida es siempre el doble en la empresa A que en la B al variar el volumen de producción, como consecuencia de que en esta última los costes fijos son exactamente la mitad que en la empresa A.

En general, las empresas con costes fijos altos son muy sensibles a variaciones en el nivel de actividad en las proximidades del punto de equilibrio, mientras las empresas con costes fijos reducidos son mucho menos sensibles.

Así, las industrias que requieren grandes inversiones de capital (minería, siderurgia, electricidad y, en general, los sectores básicos) o las que la mayor parte de sus costes son fijos (compañías aéreas) son muy sensibles en sus beneficios a variaciones de utilización alrededor del punto de equilibrio. Por el contrario, las empresas en sectores con costes fijos bajos (los servicios, por ejemplo) son menos sensibles a cambios en la demanda que supongan alteraciones en el nivel de actividad alrededor del punto de equilibrio.

Por otra parte, la sustitución de costes fijos por variables en una empresa hace disminuir su punto de equilibrio y, en consecuencia, la hace más flexible y menos arriesgada desde un punto de vista operativo. De aquí, la tendencia creciente en las empresas modernas a «variabilizar» los costes fijos mediante la subcontratación de fases productivas y servicios y la desintegración de las actividades no esenciales, permaneciendo sólo en las estratégicas o críticas.

6.4. OTRAS FORMAS DE REPRESENTACION DEL PUNTO DE EQUILIBRIO

El diagrama del punto de equilibrio puede también representarse en porcentajes. La capacidad actual de producción de una empresa (o de una unidad de producción) es, en general, limitada. Se puede, entonces, medir la producción actual en tanto por ciento de la capacidad total (siendo ésta el 100 por 100). Igualmente se puede atribuir el valor 100 al importe de la facturación realizada por la venta de la producción de la empresa, trabajando a plena capacidad. Los gastos fijos y los costes totales se expresarán, en este caso, en porcentaje de la cifra de ventas. En el ejemplo anterior, de la empresa NEWCO, suponiendo que la capacidad de producción máxima es de 500 unidades, la facturación máxima será de 37.500.000 ptas. (75.000 ptas./unidad × 500 unidades), suponiendo el precio unitario constante. Los costes fijos supondrán el 53,33 por 100 de la facturación máxima, y los costes totales, el 86,66 por 100. El beneficio será entonces el 13,33 por 100 de la facturación a plena capacidad. En la figura 6.2 se muestran estos resultados gráficamente.

El punto de equilibrio puede utilizarse también para comparar los costes de producción de dos técnicas o procedimientos diferentes. Sea, por ejemplo, el caso en que

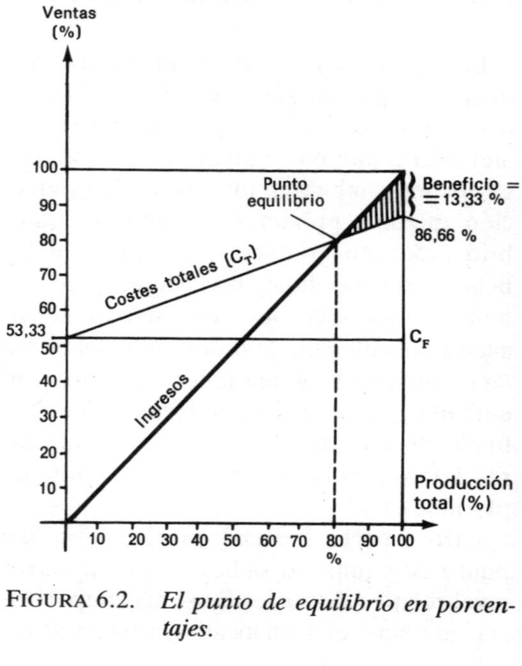

FIGURA 6.2. *El punto de equilibrio en porcentajes.*

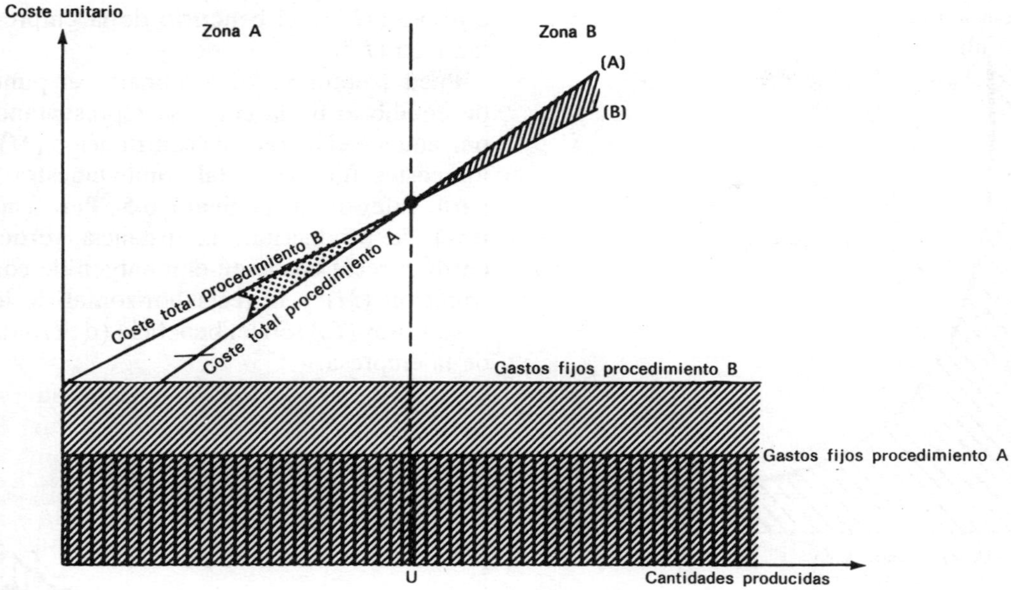

FIGURA 6.3. *Coste comparado de dos procesos de producción.*

para realizar una producción determinada pueden utilizarse dos procedimientos: el A, que corresponde a un empleo elevado de mano de obra (y, por tanto, a unos costes variables relativamente altos), y el B, que supone una mayor mecanización (y, por tanto, mayores costes fijos y relativamente menores costes variables). En general, si el nivel de actividad se mantiene poco elevado resultará más interesante utilizar el procedimeinto A; si, por el contrario, el volumen de producción es más alto, será preferible emplear el procedimiento B. La cuestión de a partir de qué volumen de producción será mejor utilizar uno u otro procedimiento, se contesta fácilmente utilizando el gráfico del punto de equilibrio (véase gráfico 6.3). El importe de los costes totales de producción de ambos procedimientos puede representarse mediante sendas rectas A y B, respectivamente. La abcisa del punto de intersección de ambas rectas determina la producción a partir de la cual será mas económico recurrir a uno u otro procedimiento. En el gráfico 6.3, para producciones inferiores a U será más económico el procedimiento A, ya que sus costes totales son inferiores, y para producciones superiores a U, es más económico el procedimiento B, por análoga razón.

El punto de equilibrio puede también expresarse en términos de precios de venta unitarios y costes totales unitarios, en vez de en costes totales y cifras de ingresos (o ventas) totales, como se ha explicado anteriormente. En efecto, el coste total unitario (C_T/V) se compone de dos elementos: el coste variable unitario (c_V) y los costes fijos imputados (C_F/V), siendo V, como siempre, el número de unidades producidas o vendidas. La expresión del coste unitario total en función del volumen de producción es una hipérbola (H en la figura 6.4). La intersección de esta curva con la recta horizontal que expresa el precio unitario p es el punto muerto. La abcisa de este punto (U en la figura) señala la cantidad mínima a producir y vender, por encima de la cual la empresa

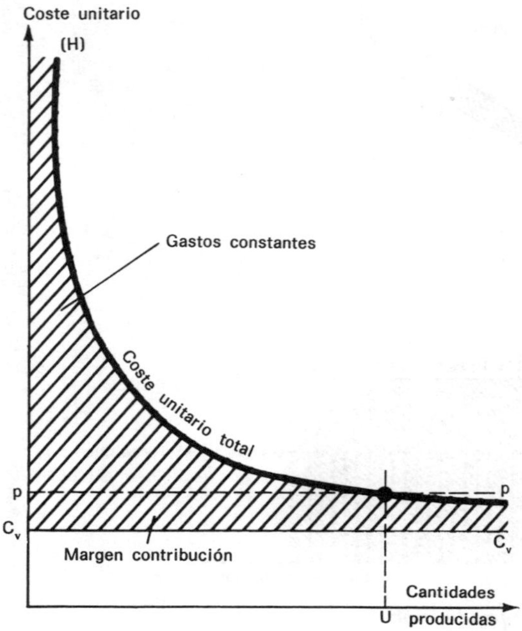

FIGURA 6.4. *Punto muerto y costes unitarios.*

obtiene beneficios. En esta forma de representación los costes variables unitarios son una recta horizontal (c_V) y los costes fijos imputados por unidad descienden al aumentar el volumen de producción [5].

Por otra parte, si se representa un gráfico del punto de equilibrio de modo que la recta de los costes variables parta del origen de coordenadas y los costes fijos se expresen por una recta paralela a la anterior, tal como muestra la parte superior de la figura 6.5, el margen bruto o contribución total será, para cada nivel de producción, la distancia vertical entre la recta de ingresos por ventas (*I*) y la recta de los costes variables (C_v). Puede comprobarse cómo la contribución total aumenta proporcionalmente con el nivel de producción hasta que en el punto de equilibrio iguala a los costes fijos. Por encima del punto muerto (por ejemplo, para la producción *q* de la figura) el margen bruto es positivo (*JJ'*) y el beneficio de la empresa también (*JJ''*).

Puede, entonces, determinarse el punto de equilibrio de la empresa representando únicamente el margen de contribución (*M*) y los costes fijos (C_f), tal como muestra la parte inferior de la figura 6.5. Para cada nivel de producción, la distancia vertical entre la recta creciente del margen de contribución (*M*) y la recta horizontal de los costes fijos (C_f) será el beneficio (o pérdida) de la empresa.

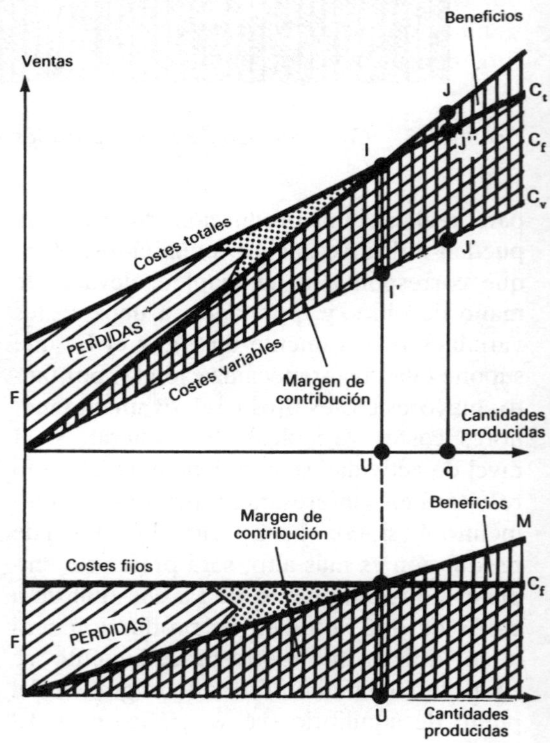

FIGURA 6.5. *Punto muerto y margen de contribución.*

---

[5] Véase J. P. Simeray, *Los gráficos al servicio de la empresa,* Bilbao, 1979.

6.5. EL ANALISIS DE LA RELACION COSTE-VOLUMEN-BENEFICIO COMO INSTRUMENTO DE GESTION EMPRESARIAL

Los elementos principales que afectan al punto de equilibrio son tres: los costes fijos, los costes variables y el precio de venta. Todos ellos están relacionados, en una y otra forma, con el nivel de actividad [6]. La empresa puede actuar sobre cada uno de ellos, individual o conjuntamente, para alterar las condiciones de equilibrio y mejorar su capacidad de generar beneficios. Conseguir un umbral de rentabilidad bajo es un objetivo deseable para la empresa, ya que significa que ésta puede afrontar los costes fijos con un nivel de producción o ventas pequeño, o con una reducida utilización de su capacidad productiva. Por tanto, un nivel de ventas muy por encima del punto de equilibrio es signo de buena gestión empresarial, ya que asegura la obtención de beneficios y su escasa variabilidad relativa con respecto a la oscilación del nivel de producción o ventas.

6.5.1. DISMINUCIÓN DE LOS COSTES FIJOS

Si la empresa es capaz de reducir sus costes fijos (mediante una disminución de sus gastos generales, por ejemplo), el efecto puede ser una disminución significativa del punto de equilibrio. En principio, la reducción porcentual del nivel de producción de equilibrio es exactamente igual a la reducción porcentual de los costes fijos.

En el ejemplo de la empresa NEWCO del epígrafe 6.3 de este capítulo, si los costes fijos se reducen el 25 por 100 (hasta 15 millones de ptas.) el punto de equilibrio se desplaza de 400 (véase figura 6.1) a 300 unidades, disminuyendo el 25 por 100 exactamente (véase figura 6.6). Esto significa que, al nivel de actividad del punto de equilibrio

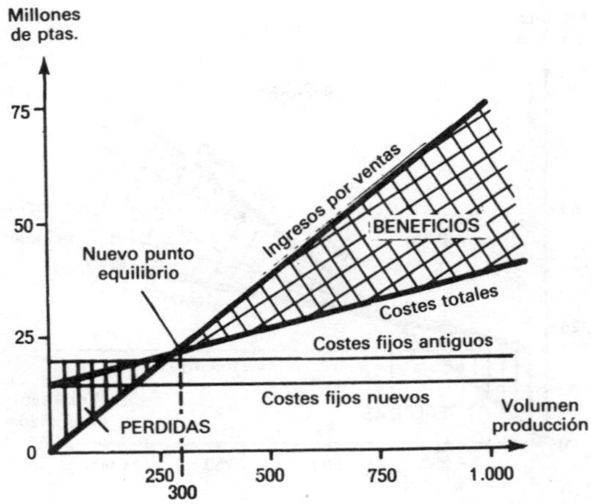

FIGURA 6.6. *Punto de equilibrio y reducción de costes fijos.*

antiguo (400 unidades), el beneficio actual será de 5 millones de ptas.

6.5.2. REDUCCIÓN DE LOS COSTES VARIABLES

Una reducción de los costes variables significa disminuir los costes totales, con lo que, permaneciendo constante el nivel de ingresos por ventas, disminuye el nivel de producción del punto de equilibrio, incrementando los beneficios.

Gráficamente, significa disminuir la pendiente de la recta de costes variables, con lo que el corte de la recta de costes totales con la de ingresos se produce a un nivel de producción inferior.

---

[6] La medición del nivel de actividad se realiza en función del número de unidades producidas o vendidas cuando existe un único producto o, existiendo varios, es posible hallar alguna equivalencia que permita homogeneizarlos. En los demás casos, pueden utilizarse otros parámetros, como las horas de trabajo directas aplicadas, la materia prima consumida o alguna variable física ligada a la producción.

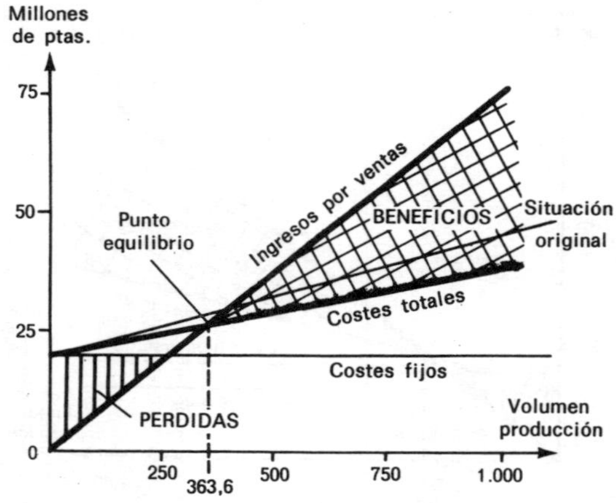

FIGURA 6.7. *Punto de equilibrio y reducción de costes variables.*

En el ejemplo de la empresa NEWCO anterior, una disminución del 20 por 100 en los costes variables (de 25.000 ptas./unidad a 20.000) produce un descenso del 9,09 por 100 en el nivel de producción del punto de equilibrio (de 400 a 363,6 unidades) (figura 6.7). Esto significa que, al nivel de actividad del punto de equilibrio antiguo (400 unidades), el beneficio actual será de 2 millones de ptas.

6.5.3. AUMENTO DEL PRECIO DE VENTA

Los cambios de precio constituyen quizá el ajuste más difícil de analizar, ya que mientras el control de los costes es responsabilidad de la dirección de la empresa, la alteración de los precios de venta puede repercutir en su equilibrio competitivo, e influir directamente en la cantidad vendida.

Por tanto, no basta con analizar el impacto sobre el punto de equilibrio de una variación en los precios de venta sino que hay que estudiar los efectos que dicha variación producirá en el volumen de ventas, con el fin de determinar la variación total de los ingresos por ventas.

Desde un punto de vista gráfico, el aumento de los ingresos por ventas supone aumentar la pendiente de la recta de ingresos, con lo que, si los costes totales permanecen constantes, el punto de equilibrio se desplazará hacia la izquierda.

En el ejemplo de la empresa NEWCO anterior, si los ingresos por ventas aumentan el 20 por 100 (de 75.000 ptas. unidad a 90.000 ptas. unidad), el nivel de producción de equilibrio disminuye el 23,08 por 100 (de 400 a 307,6 unidades) (fig. 6.8). Esto significa que, al nivel del punto de equilibrio antiguo (400 unidades), el beneficio actual será de 6 millones de ptas.

6.5.4. OTRAS CONSIDERACIONES

En el análisis anterior, los efectos de variaciones en los costes fijos y variables y en los precios de venta, y sus impactos sobre los beneficios, se han estudiado separadamente. En la práctica, las diferentes situaciones de

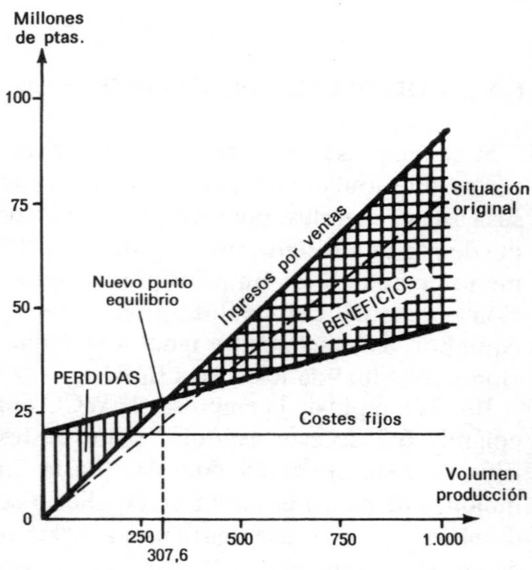

FIGURA 6.8. *Punto de equilibrio y aumento de los precios de venta.*

la empresa pueden afectar a estas variables simultáneamente, en sentidos complementarios u opuestos, con lo que el análisis se complica.

El cuadro 6.3 siguiente resume los resultados para distintos niveles de producción, del efecto sobre los beneficios de variaciones en cada una de las variables y en las tres simultáneamente, en el ejemplo de la empresa NEWCO que se ha desarrollado.

Por otra parte, hasta ahora se ha referido el análisis a una empresa monoproducto, aunque este método es perfectamente extensible a una fábrica o sección de una empresa y también a varios productos de producción simultánea.

Por ejemplo, sean los productos *A, B* y *C* que pueden ser fabricados simultáneamente por una unidad productiva, cuyos gastos fijos totales, no imputables por productos, a lo largo de un determinado período de tiempo son C_f. Los precios unitarios de venta de los tres productos son P_A, P_B y P_C. Los márgenes de contribución unitarios o contribuciones unitarias serán:

— del producto *A*: $(p-c_v)_A$
— del producto *B*: $(p-c_v)_B$
— del producto *C*: $(p-c_v)_C$

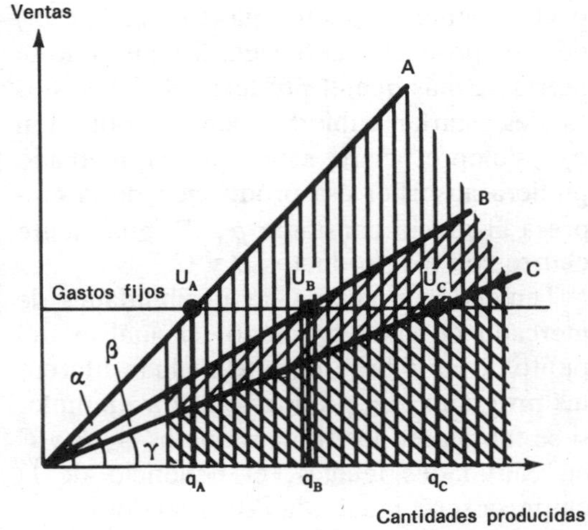

FIGURA 6.9. *Punto de equilibrio en el caso de tres productos.*

Los márgenes de contribución totales de cada producto pueden representarse, tal como muestra la figura 6.9, por rectas cuya tangente del ángulo que forman con el eje de abscisas es precisamente la contribución unitaria. Si en la misma figura se representan los costes fijos totales por la recta horizontal C_f, puede comprobarse cómo el punto de intersección de esta recta con las de los márgenes brutos totales corresponde, res-

CUADRO 6.3. *Variación del beneficio ante cambios simultáneos de costes y precios.*

Volumen producción (ventas)	BENEFICIOS (en millones de ptas.) Ejemplo original $C_F = 20$ $c_v = 25.000$ $P = 75.000$	Disminución costes fijos a 15 millones de ptas.	Reducción costes variables a 20.000 ptas. unidad	Aumento de precio a 90.000 ptas. unidad	Efectos conjuntos
200	−10	− 5	− 9	− 7	− 1
300	− 5	0	− 3,5	− 0,5	+ 6
400	0	+ 5	+ 2	+ 6	+13
500	+ 5	+10	+ 7,5	+12,5	+20
600	+10	+15	+13	+19	+27

pectivamente, al punto muerto (I_A, I_B e I_C) de cada producto. Esto significa que si no se fabricase más que el producto A, los gastos totales estarían cubiertos por la producción q_A, siempre, claro está, que el mercado pudiera absorber esa producción de la empresa al precio constante p_A. E igualmente ocurre con los productos B y C.

Teniendo en cuenta las posibilidades de mercado de cada producto, el análisis del punto de equilibrio permite evaluar diferentes programas de producción. Por ejemplo, si se fabricasen los tres productos A, B y C en cantidades iguales, el beneficio de la empresa sería igual a la diferencia entre los márgenes brutos totales acumulados y los costes fijos; esto es, por el segmento FC en la figura 6.10.

Un programa de producción más racional, consistente en saturar el mercado con el producto que proporciona el margen más elevado, posteriormente con el producto

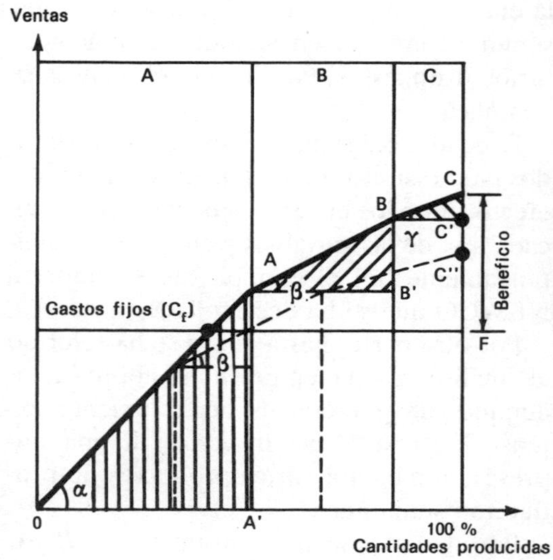

FIGURA 6.11. *Punto de equilibrio para programas de producción de tres productos.*

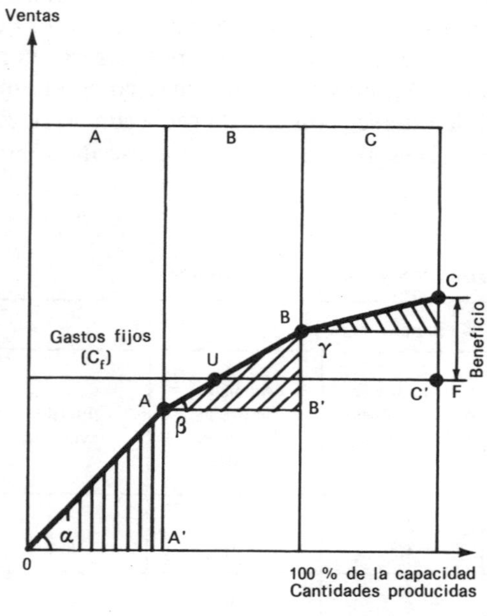

FIGURA 6.10. *Punto de equilibrio para programa de producción de máximo beneficio.*

que deja el segundo margen mayor y así sucesivamente, viene representado en la figura 6.11. Puede observarse el incremento del beneficio proporcionado por este programa de producción con respecto al anterior: al estar el nuevo beneficio medido por el segmento FC, la ganancia suplementaria proporcionada por el nuevo programa será el segmento $C''C$.

El conocimiento de los márgenes de contribución de los diferentes productos ayuda a la adopción de decisiones empresariales sobre:

— Qué productos impulsar y cuáles desincentivar.

— Si una línea de producto debe ser eliminada o no.

— Alternativas en cuanto a reducciones de precio, descuentos extraordinarios, acciones comerciales especiales y el uso de bonificaciones o rebajas para incentivar el aumento del volumen de ventas.

— La determinación del número de uni-

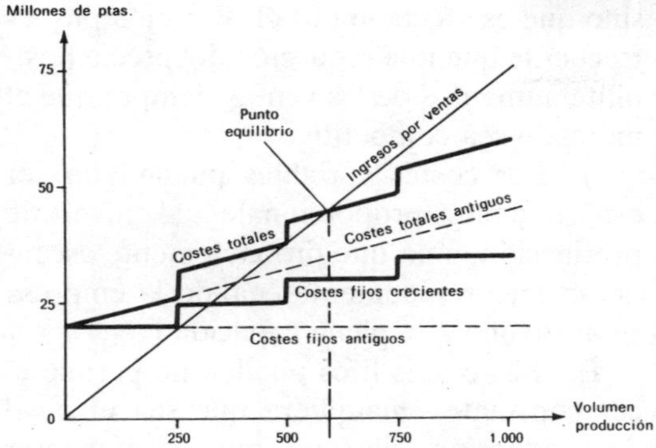

FIGURA 6.12. *Punto de equilibrio en caso de costes fijos crecientes.*

dades a vender y el beneficio esperado (objetivos de ventas y beneficios).

— La optimización del uso de recursos.

— La fijación del coste variable máximo permitido o, alternativamente, el precio mínimo ofertado.

Un aspecto interesante del análisis del punto de equilibrio radica en la conveniencia o no, para la empresa, de hacer dumping (es decir, de vender una parte de la producción a precios reducidos, inferiores al coste total). En efecto, por encima del punto de equilibrio cualquier venta a precios superiores al coste variable incrementa los beneficios. El dumping puede considerarse como un caso particular de la discriminación de precios, que consiste en vender el mismo producto en diferentes mercados, nacionales o extranjeros, a precios distintos, o en el mismo mercado, bajo diferentes nombres, también a diversos precios.

Finalmente, hasta ahora, se ha considerado como hipótesis de partida la constancia de los costes fijos y la proporcionalidad estricta entre costes variables y nivel de producción-ventas. Esto, evidentemente, no es completamente cierto en la mayoría de las situaciones empresariales. El diagrama de equilibrio ofrece vías de análisis cuando se suavizan las rigideces de dichos supuestos. Si los costes fijos tienden a aumentar de la forma expresada en la figura 6.12, por ejemplo, dicho aumento desplazará el punto muerto hacia la derecha. Sin embargo, la contribución unitaria (margen bruto o beneficio por unidad monetaria de aumento de ventas) permanecerá constante.

Si, por otra parte, los costes variables tienden a incrementarse en proporción mayor que el nivel de producción-ventas, la contribución unitaria o margen bruto disminuirá, desplazando el punto muerto o de equilibrio hacia la derecha. Al disminuir el beneficio por unidad vendida, la empresa se verá obligada, probablemente, a aumentar sus ventas para mantener el mismo volumen total de beneficios (véase figura 6.13).

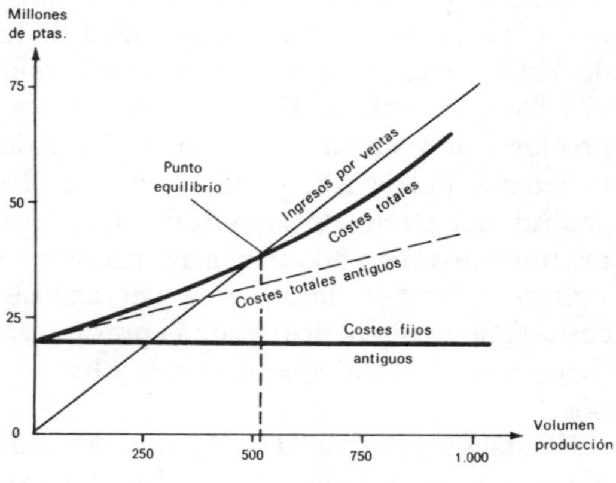

FIGURA 6.13. *Punto de equilibrio en caso de costes variables no lineales.*

6.5.5. UTILIDAD Y LIMITACIONES DEL ANÁLISIS DEL PUNTO DE EQUILIBRIO EN LA PRODUCCIÓN SIMPLE

El análisis del punto de equilibrio ofrece importantes informaciones acerca del riesgo operativo de la empresa (es decir, de la dispersión relativa de los beneficios operacionales de la empresa, independientemente de cómo se financia) [7]. Dado un punto de equilibrio, pueden analizarse las fluctuaciones probables en el volumen futuro para calcular la estabilidad de los beneficios. El estudio de dicha estabilidad es de gran importancia para el analista financiero (y para la dirección de la empresa), ya que posibilita la determinación de la capacidad de la empresa para afrontar sus compromisos. También es de utilidad cuando se planean decisiones de adquisición de activos que incrementan los costes fijos. La estabilidad y tendencia futura de las ventas, junto con el precio previsto y los costes variables unitarios, influirán sobre la conveniencia o no de aumentar los costes fijos.

Por tanto, el análisis del punto de equilibrio sirve para determinar el cambio en los beneficios que produce cada cambio en precios y costes. Según sea la elasticidad de la demanda [8] y la relación entre precio de venta y coste variable unitario, la reducción de precios con vistas a aumentar el nivel de beneficios puede ser, o no, favorable. El análisis del punto de equilibrio ofrece los instrumentos para adoptar dicha decisión.

Otra aplicación interesante del análisis coste-volumen-beneficio es en la presupuestación y control de ventas, costes y beneficios [9].

El análisis desarrollado del punto de equilibrio o relación coste-volumen-beneficio se basa en una serie de supuestos restrictivos que cuando, en el caso concreto estudiado, se alejan mucho de la realidad, pueden hacer al método poco operativo o claramente distorsionador.

Las limitaciones más importantes del método son las siguientes:

a) Habitualmente la producción y las ventas no son simultáneas, sino que éstas se realizan con retardos que afectan al nivel de existencias.

b) El precio de venta no es, en muchos casos, independiente del volumen vendido sino que es afectado por él. Por ejemplo, es frecuente que una reducción del precio posibilite aumentos de las ventas siempre que el mercado sea competitivo.

c) Los costes variables pueden no ser estrictamente proporcionales al nivel de producción, sino que probablemente ascenderán más rápidamente cuando la empresa se aproxime a la plena capacidad.

d) Los costes fijos pueden no permanecer constantes cualquiera que sea el nivel de producción, sino que pueden aumentar cuando la gama de producciones consideradas es suficientemente extensa.

e) La clasificación de los costes en fijos y variables no es sencilla de realizar, ya que depende del horizonte temporal y de la amplitud de los niveles de producción que se consideren. En cualquier caso, la constancia de dicha clasificación, al variar la producción, excluye la existencia de economías o deseconomías de escala.

f) En el caso de producción diversificada, el análisis puede complicarse extraordinariamente. En efecto, cuando, como es habitual, la empresa fabrica y vende varios productos, el punto de equilibrio puede fluctuar (aun sin alteraciones en los precios de venta y en la cifra total de ingresos por ventas), no sólo por cambios en la composi-

---

[7] Una definición más estricta del riesgo operativo figura en el capítulo 1.

[8] En el análisis económico se define la elasticidad de la demanda como el cociente entre la variación porcentual de la cantidad demandada y la variación porcentual en el precio. Así, se dice que un bien o servicio es totalmente inelástico al precio cuando la cantidad demandada no varía al cambiar los precios. Por el contrario, se dice que la demanda de un bien o servicios es elástica cuando la cantidad demandada varía en proporción mayor a la variación del precio, siendo completamente elástica cuando los compradores están dispuestos a comprar toda la oferta a un determinado precio y nada a un precio superior.

[9] Véase, por ejemplo, G. A. WELSCH, *Presupuestos: planificación y Control de utilidades,* capítulo 14, Prentice/Hall International.

ción de las ventas de los diferentes productos, sino también por cambios en las proporciones vendidas en diferentes áreas de mercado, o a través de diferentes canales de distribución, o incluso a diferentes tipos de clientes, siempre que sus contribuciones unitarias sean diferentes.

En general, el análisis de la relación coste-volumen-beneficio se refiere a una composición dada de las ventas de los diferentes productos en los distintos mercados. Cuando esta composición varía, el punto de equilibrio fluctúa. Para estudiar la intensidad de estas fluctuaciones existen diversos procedimientos, usualmente complejos, que se salen del marco de esta obra [10].

g) Los datos para realizar el análisis del punto de equilibrio proceden de la experiencia anterior, del pasado. Sin embargo, su finalidad es determinar relaciones futuras. Si los datos no permanecen estables en el tiempo o si no existen precedentes históricos, la extrapolación puede ser muy arriesgada.

h) Las estimaciones futuras están sometidas a incertidumbre y riesgo que no son tenidos en cuenta en el análisis tradicional. En el próximo apartado se presenta un método sencillo para incluirlas.

i) Dado que el horizonte temporal del análisis del punto de equilibrio es el corto plazo, este análisis, aunque útil para la planificación a largo plazo de la empresa, conviene aplicarlo con cautela debido a las incertidumbres en cuanto al nivel y clasificación de los costes y a la pendiente de la curva de ingresos.

6.6. EL APALANCAMIENTO OPERATIVO

Anteriormente se ha definido el apalancamiento operativo como el efecto multiplicador que ejercen los costes fijos, sobre el beneficio de una empresa, cuando aumenta el nivel de ventas o de actividad de la misma. Consiste en el crecimiento más que proporcional de los beneficios, cuando se incrementan las ventas más allá del punto de equilibrio. O, simétricamente, el aumento más que proporcional de las pérdidas cuando se reducen las ventas más acá del punto crítico (desapalancamiento o apalancamiento negativo).

El apalancamiento operativo se puede medir mediante la fórmula [11]:

$$ao = \frac{\dfrac{\Delta B}{B}}{\dfrac{\Delta V}{V}}$$

siendo:

B : Beneficio de la empresa para el volumen de ventas V.

V : Volumen de ventas.

ΔB : Incremento del beneficio correspondiente al incremento de las ventas AV.

ΔV : Incremento de las ventas.

Considerando que el beneficio B es la diferencia entre los ingresos totales $(p \cdot V)$ y los costes fijos (C_F) y variables $(V \cdot c_v)$, se puede calcular el apalancamiento operativo del modo siguiente:

[10] Véase, por ejemplo, NAA, *Cost-Volume-benefit relationships*, New York, 1976, págs. 33 y ss.; L. E. ROCKELY, *Finance for the non-accountants*, 2nd edition, London, 1976, págs. 155 y ss.

[11] Véase J. M. CRISTÓBAL, «El apalancamiento y el volumen crítico de gestión de la empresa», *ESIC-Market*, enero-abril 1983.

$$ao = \frac{\frac{\Delta B}{B}}{\frac{\Delta V}{V}} = \frac{\frac{(p-c_v)\Delta V}{(p-c_v)V-C_F}}{\frac{\Delta V}{V}} =$$

$$= \frac{(p-c_v)V}{(p-c_v)V-C_F} = \frac{1}{1 - \frac{C_F}{(p-c_v)V}}$$

La fórmula anterior indica que el apalancamiento operativo depende de:

— Los costes fijos.
— El margen de contribución total, producto del margen de contribución unitario $(p - c_v)$ por el volumen de ventas.
— El cociente entre los costes fijos y el margen de contribución total.

Y que, cuanto mayor sea el cociente anterior, mayor será el apalancamiento operativo.

Si denominamos U al volumen de ventas en el punto de equilibrio, la fórmula anterior puede expresarse así:

$$U = \frac{C_F}{p-c_v}$$

$$ao = \frac{1}{1 - \frac{C_F}{(p-c_v)V}} = \frac{1}{1 - \frac{U}{V}}$$

En consecuencia, el apalancamiento operativo depende exclusivamente del cociente entre el volumen de ventas en el punto de equilibrio (U) y el volumen de ventas real (V); en el punto de equilibrio, el apalancamiento operativo es infinito, reduciéndose progresivamente un valor hasta la unidad, conforme el volumen de ventas va aumentando, tal como expresa la figura 6.14.

Por otra parte, conforme más bajo es el punto de equilibrio, más reducido es el índice

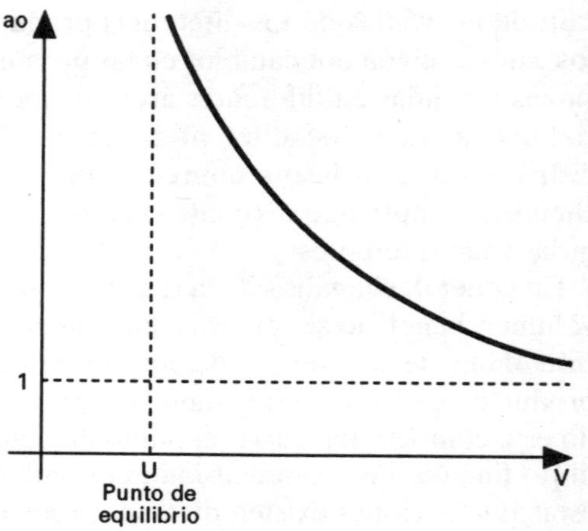

FIGURA 6.14. *Curva del apalancamiento operativo.*

de apalancamiento operativo, indicando el menor riesgo operativo de la empresa.

Finalmente, es conveniente señalar que al depender del volumen de ventas de equilibrio (U), el apalancamiento operativo es función del factor $C_F/p-c_v$, esto es, del precio del producto y de la estructura de costes de la empresa, tanto fijos (C_F) como variables (C_V).

6.7. EL ANALISIS DEL PUNTO DE EQUILIBRIO EN CONDICIONES DE INCERTIDUMBRE

En general, las previsiones financieras se basan en la consideración de las ventas como punto central e inicial de predicción [12]. Dado que el volumen de ventas futuro es desconocido, es preciso estimarlo, y esta estimación está sujeta a incertidumbre; en consecuencia, es necesario emplear probabilidades para calcular con cierta verosimilitud los beneficios o pérdidas probables. Esta

[12] Véase el epígrafe 2 del capítulo 8.

información puede obtenerse mediante la incorporación al análisis del punto de equilibrio de algunos conceptos probabilísticos relativamente simples. Uno de los procedimientos útiles es el que se presenta a continuación [13].

Se supone que el volumen de ventas es una variable aleatoria con distribución de probabilidad continua y normal. Dados los precios de venta y costes variables unitarios y supuestos conocidos con certeza los costes fijos, puede calcularse el nivel de producción en el punto de equilibrio mediante la fórmula tradicional descrita en el epígrafe 6.3.

Supóngase que existe una estimación más probable del volumen de ventas y una probabilidad determinada, por ejemplo, de 2/3, de que dicho volumen no varíe en más de una cierta cantidad. Esto equivale a proporcionar la media y desviación típica de la distribución de probabilidad del volumen de ventas que, al ser normal, determina completamente la distribución. Estandarizando ésta, mediante el cambio de variable

$$\varsigma = \frac{x - m}{\sigma},$$

se pasa a una distribución normal de media nula y desviación típica unidad que, al estar tabulada, permite determinar la probabilidad de que el volumen real de ventas alcance determinado nivel.

Además, si los costes y precios de venta son fijos, y el volumen de ventas aleatorio con distribución normal, el beneficio será también una variable aleatoria de distribución normal, con lo que se puede determinar la probabilidad de que los beneficios superen cualquier nivel.

Sea el ejemplo de la empresa NEWCO, desarrollado en este capítulo, en que el precio de venta es de 75.000 ptas./unidad, los costes variables de 25.000 ptas./unidad y los costes fijos de 20.000.000 ptas.

El punto de equilibrio, calculado por la fórmula

$$U = \frac{C_F}{p - c_v},$$

es de 400 unidades.

Considérese ahora que la empresa estima que el volumen de ventas más probable es de 600 unidades, existiendo aproximadamente el 67 por 100 de probabilidades (2/3) de que las oscilaciones de este volumen no superen las 250 unidades.

Se tiene así una distribución de probabilidad del volumen de ventas que, suponiéndola normal, tiene una media de valor 600 y una desviación típica de valor 250. Mediante el cambio de variable indicado,

$$\varsigma = \frac{X - 600}{250},$$

se pasa a una distribución normal (0,1).

Supóngase que se quiere calcular la probabilidad de que el volumen real de ventas no alcance (sea inferior) al punto de equilibrio. Aplicando la fórmula anterior:

$$X = \frac{400 - 600}{250} = -\frac{200}{250} = -0{,}8,$$

la probabilidad de que el volumen real de ventas sea inferior a $-0{,}8$ (400 unidades) es, de acuerdo con las tablas normalizadas, de 0,2119, es decir, el 21,19 por 100.

Dada la relación lineal existente entre beneficio y volumen de ventas, si esta variable tiene una distribución normal los beneficios también seguirán este tipo de distribución de probabilidad.

---

[13] R. K. Jaedicke y A. A. Robichek, «Cost-volumen-profit analysis under conditions of uncertainty», *Accounting Review*. Tomado de J. Van Horne, *Administración financiera de la empresa*, Buenos Aires, 1977.

En efecto, el beneficio puede expresarse a través de la siguiente fórmula:

$$B = \text{Ingresos} - \text{Costes} = V_p - C_F - Vc_v = V(p - c_v) - C_F$$

En el ejemplo anterior:

$$B = V\,(75.000 - 25.000) - 20.000.000 = 50.000\,V - 20.000.000.$$

En el punto de equilibrio, $V = 400$ y $B = 0$

para $V = 600$ unidades, $B = 10.000.000$ ptas.

para $V = 350$ unidades, $B = -2.500.000$ ptas.

para $V = 850$ unidades, $B = 22.500.000$ ptas.

Así, los beneficios pueden expresarse mediante una función de distribución normal con media de valor de 10.000.000 y desviación típica de valor 12.500.000. Con esta información se puede calcular la probabilidad de que los beneficios alcancen un determinado nivel, ya que, mediante el cambio de variable,

$$Y = \frac{B - 10.000.000}{12.500.000},$$

se obtiene una distribución estandarizada $N\,(0,1)$ que permite el acceso directo a las tablas normalizadas.

Así, por ejemplo, la probabilidad de que los beneficios sean nulos será:

$$Y = \frac{0 - 10.000.000}{12.500.000} = -\frac{10}{12,5} = -0,8$$

La probabilidad de que una variable normal (0,1) sea inferior a $-0,8$ es de 0,2119, es decir, el 21,19 por 100. Esta cifra de probabilidad de no obtener beneficios coincide, lógicamente, con la obtenida anteriormente para la probabilidad de que el volumen de ventas real no alcance el punto de equilibrio.

La probabilidad, por ejemplo, de que los beneficios sean superiores al 10 por 100 de la capacidad máxima de producción (1.000 unidades, equivalentes a 75 millones de ptas.), es decir, a 7.500.000 ptas. será:

$$Y = \frac{7.500.000 - 10.000.000}{12.500.000} =$$

$$-\frac{2,5}{12,5} = -0,2$$

y, en las tablas, para $Y = -0,2$, $p = 0,421$; es decir, la probabilidad será del 42,1 por 100.

Este tipo de análisis permite evaluar el riesgo operativo de la empresa. Cuando se efectúa un estudio separado para cada producto es posible apreciar el riesgo relativo de cada uno de ellos, esto es, la probabilidad de que se alcance el punto de equilibrio o de que los beneficios excedan (o no alcancen) cierta cantidad. El método descrito posibilita una apreciación del riesgo más objetiva que el análisis tradicional.

6.8. EL PUNTO DE EQUILIBRIO FINANCIERO [14]

El punto de equilibrio utilizado en las páginas anteriores se fundamenta en el criterio contable del devengo y no en lo realmente desembolsado, que es lo que muchas veces más importa desde un punto de vista financiero. El concepto del análisis de equilibrio, desde la óptica de caja, requiere adaptar la teoría anterior a un nuevo contexto

[14] Este epígrafe está basado en el artículo de A. Indacochea «Reflexiones sobre el punto de equilibrio: hacia un equilibrio financiero», *Alta Dirección*, n.º 153, 1990.

que tiene interesantes repercusiones para la gestión empresarial.

El beneficio después de impuestos (BDI) puede expresarse por: Beneficios antes impuestos (BAI) × (1 − Tasa marginal impuestos (t)). Si se desglosa el BAI en sus componentes de Ingresos y Costes, se tiene:

$$BDI = (p \cdot V - C_F - c_v \cdot V)(1 - t)$$

Para pasar de este resultado contable a otro que refleje los movimientos de tesorería es preciso realizar los siguientes ajustes:

— Sumar las amortizaciones (A), que corresponden a un coste para la empresa pero que no requiere desembolso en efectivo.
— Restar los pagos del principal (P) de las deudas no recogidas en la cuenta de resultados contables, pero que sí implican desembolsos en efectivo.
— Restar la caja mínima requerida para las operaciones de la empresa, expresada, por ejemplo, como una fracción α de los ingresos por ventas.

Suponiendo que no existan ventas a crédito ni otras salidas de fondos por dividendos, inversiones u otros conceptos [15], el punto de equilibrio financiero sería aquel en que el movimiento de fondos se igualara a cero:

$$(p \cdot V - C_F - c_v \cdot V)(1-t) + A - P - \alpha \cdot p \cdot V = 0$$

y el volumen de ventas en el punto de equilibrio financiero sería:

$$V = \frac{P - A + C_F\,(1-t)}{p(1-t) - c_v(1-t) - \alpha P} = \frac{P - A + C_F\,(1-t)}{(1-t)(p - c_v) - \alpha P} = \frac{C_F + \dfrac{P-A}{1-t}}{(p - c_v) - \dfrac{\alpha P}{1-t}}.$$

Cuando el punto de equilibrio financiero es menor que el contable, y la empresa se sitúa entre ambos, lo que se da en muchos negocios que funcionan por criterios de caja, los ingresos son mayores que los desembolsos, pero la generación de fondos es insuficiente para afrontar la depreciación y las provisiones, por lo que será incapaz de reponer los activos al final de su vida útil o de hacer frente a cualquier impacto negativo imprevisto (descenso de las ventas, averías, mayores costes, etc.).

Por el contrario, cuando el punto de equilibrio financiero es superior al contable, la empresa que se sitúe en torno a éste tendrá graves problemas de liquidez y será incapaz de afrontar los requerimientos de tesorería.

Esto indica que para algunas empresas resulta relevante el conocimiento y utilización del punto de equilibrio financiero.

---

[15] Si existieran salidas de caja por estos u otros conceptos, la formulación del punto de equilibrio financiero podría adaptarse convenientemente.

CAPITULO 7

CONTABILIDAD ANALITICA

SUMARIO: 7.1. Introducción.—7.2. Elementos de los costes de producción.—7.3. Sistemas de costes: 7.3.1. Costes por proceso. 7.3.2. Costes por pedido.—7.4. Costes fijos y costes variables.—7.5. Centros de coste.—7.6. Costes estándares: 7.6.1. Materias primas directas. 7.6.2. Mano de obra directa. 7.6.3. Costes generales de producción.—7.7. Sistemas de costes variables.

7.1. INTRODUCCION

Como se señaló en el capítulo 2, el objetivo de la contabilidad consiste en transmitir una información adecuada y sistemática del comportamiento económico-financiero de las empresas. En dicho capítulo ya se distinguían dos tipos de contabilidad: la financiera y la analítica. La primera tiene como objetivos estimar el excedente económico de la empresa, calculado como diferencia entre sus ingresos y las remuneraciones a todos sus suministradores, y confeccionar el Balance de situación como expresión de su patrimonio. Sin embargo, el resultado calculado por la contabilidad financiera no explica cómo ha sido generado; se omite la aportación de cada sección o los márgenes de cada producto.

La contabilidad analítica, por el contrario, se centra en el cálculo de los costes y rendimientos de los centros o agentes del proceso productivo, de sus productos y de la empresa en su conjunto. En este contexto, el coste expresa en términos monetarios la valoración de los recursos o factores consumidos para obtener un determinado producto o servicio.

La contabilidad analítica también se denomina interna, en cuanto que su ámbito de actuación se extiende al estudio económico de las transacciones internas de la empresa, que permiten transformar los factores de producción en productos o servicios. La contabilidad financiera se centra en el análisis de las transacciones de la empresa con el mundo exterior, estudiando la captación de recursos financieros, su materialización en factores productivos (aprovisionamiento) y la posterior comercialización y cobro de los productos o servicios. En consecuencia, la contabilidad externa abarca el estudio de la corriente económica (compras y ventas) que genera el resultado de la empresa, y de la financiera (ingresos y desembolsos) que determina su tesorería.

En la figura 7.1, que sintetiza el flujo de transacciones estándar de una empresa industrial, se delimita el ámbito de actuación de la contabilidad analítica, siendo el resto de las operaciones objeto de la contabilidad financiera.

Aunque desde un punto de vista práctico ambas contabilidades se organizan independientemente, ello no quiere decir que no se deban coordinar entre sí. De hecho se co-

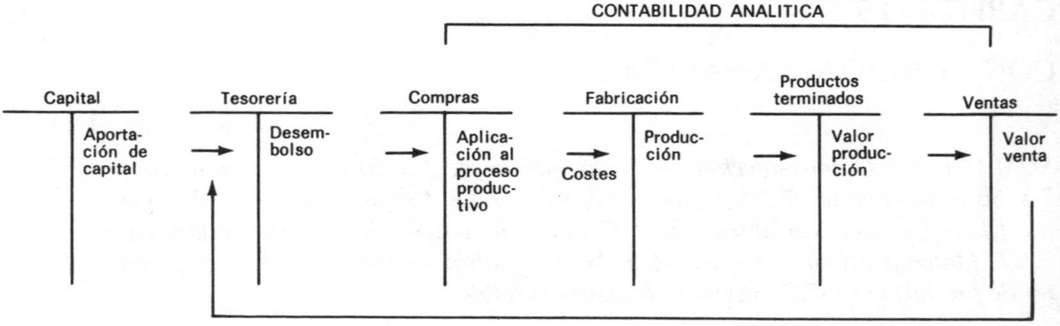

FIGURA 7.1. *Ambito de la contabilidad analítica.*

munican información, ya que las operaciones internas y externas se hallan interrelacionadas.

Admitidos ciertos supuestos, la contabilidad financiera es una técnica objetiva, no porque lo sean sus anotaciones, sino porque, en general, los asientos que realiza reflejan transacciones concretas y jurídicamente determinadas. Por el contrario, las anotaciones de la contabilidad analítica dependen de los criterios económicos que se apliquen, hasta el punto que una misma empresa puede presentar distintos informes de costes, todos ellos válidos, pero que expresan resultados económicos diferentes. Por ello, cuando se analicen datos sobre costes deben considerarse los criterios que se han utilizado para su estimación.

Finalmente, los objetivos concretos de la contabilidad analítica se pueden sintetizar en cuatro grandes grupos:

1. Valoración de las existencias: Esta actividad constituye una operación básica para determinar el beneficio del período, lo cual exige estimar el coste de los productos tanto en curso como terminados. En las empresas comerciales las existencias vienen valoradas por el precio de compra de las mercancías adquiridas. En las empresas industriales será preciso añadir a esa valoración el coste de la mano de obra así como el resto de los costes del proceso productivo.

2. Ayuda en el diagnóstico de la empresa: Los datos suministrados por la contabilidad analítica permiten identificar problemas en la gestión económica de la empresa, en la medida en que estiman el coste y márgenes de los productos y el rendimiento de los centros de actividad. El estudio de esta información permite detectar ineficiencias, procesos productivos excesivamente costosos, productos no rentables, etc.

3. Apoyo a decisiones de gestión: la contabilidad analítica proporciona criterios económicos que permiten fundamentar decisiones tales como fijación de precios, definición de la línea de productos y aceptación o no un pedido.

4. Proporcionar información para la planificación y el control de costes: La contabilidad de costes ofrece datos útiles para elaborar presupuestos y contrastar los resultados reales con los previstos. De este modo, se pueden calcular las desviaciones producidas, como un primer paso para identificar las causas de posibles problemas.

7.2. ELEMENTOS DE LOS COSTES DE PRODUCCION

Para determinar el coste de los productos es preciso identificar y cuantificar cada uno de los elementos de coste que se originan en el proceso productivo. En una primera clasificación se diferenciarán los costes directos y los costes generales de producción.

Para explicar el concepto de coste directo es preciso primero definir una unidad de referencia (tal como un producto o una sección) entendida como portadora de costes. Cuando un coste puede ser asociado explícitamente a una unidad de referencia, se denomina coste directo de dicha unidad. El resto de los costes serán indirectos, comunes a más de una unidad de referencia. Para imputar los costes indirectos a las unidades de referencia, es preciso fijar criterios de reparto más o menos subjetivos.

Por supuesto que el concepto de coste directo es relativo, pues depende de la unidad de referencia en estudio. Por ejemplo, los gastos de administración de una fábrica son indirectos si se toman como unidad de referencia los productos o las secciones, pero se convierten en directos si la unidad es la propia fábrica. Dentro de los costes directos de un producto se incluirán aquellos que se acumulan al mismo, es decir, la materia prima directa y la mano de obra directa.

La materia prima directa integra a todos aquellos elementos que se incorporan a un producto determinado o que pueden asociarse al mismo. Tal es el caso del metal necesario para fabricar una pieza. El resto de los materiales o suministros que se consumen en el proceso pruductivo se considerarán como costes indirectos. Por ejemplo, el fuel necesario para calentar un horno o el lubricante de las máquinas, cuando se aplican a la producción de varios productos y no se puede o no compensa identificar la proporción consumida por cada uno de ellos.

La mano de obra directa hace referencia a todo el coste del trabajo, realizado directamente o por medio de máquinas, y que se aplica sobre la materia prima al objeto de transformarla en un producto terminado. La mano de obra directa es, por ejemplo, el trabajo del operario que maneja una máquina herramienta. El resto de los costes del personal relacionados con el proceso de producción se considerarán como mano de obra indirecta, integrándose en los costes generales de producción. Personal de mantenimiento, capataces y servicio de limpieza son conceptos que pueden incluirse dentro de la mano de obra indirecta.

Por su parte, los costes generales de producción incluyen todo el resto de los costes de la fábrica, excepción hecha de los señalados anteriormente. Se incluye un elemento de coste en esta categoría cuando no resulta fácil asociarlo a un determinado producto o sección. Aunque esto podría ser en última instancia posible, el coste de hacerlo no compensaría la mayor exactitud que se obtendría a la hora de determinar el coste de producción. Por ello resulta más conveniente repartir, mediante un criterio de asignación razonable, los costes generales de producción entre las unidades producidas. Algunos de los elementos que se integran en los costes generales de producción son: mano de obra indirecta, materia prima indirecta, energía, amortización del edificio e instalaciones y seguros contratados.

Los gastos generales de una empresa pueden contemplarse como gastos del producto o como gastos del período. Si un gasto supone un mayor valor del producto, se repercutirá sobre las unidades producidas, capitalizándose en el activo por medio de la cuenta de existencias. Sólo cuando éstas se venden, se contabilizará como un coste de ventas. Es decir, que estos gastos se reconocen como coste cuando se efectúa la venta, permaneciendo mientras tanto como un elemento del activo (existencias).

Por el contrario, los gastos del período son aquellos que se imputan en el período en el que se han incurrido, cargándose a cuenta de los ingresos de dicho período. Este es el caso de los gastos comerciales y de administración.

En la figura 7.2 se muestra, mediante un

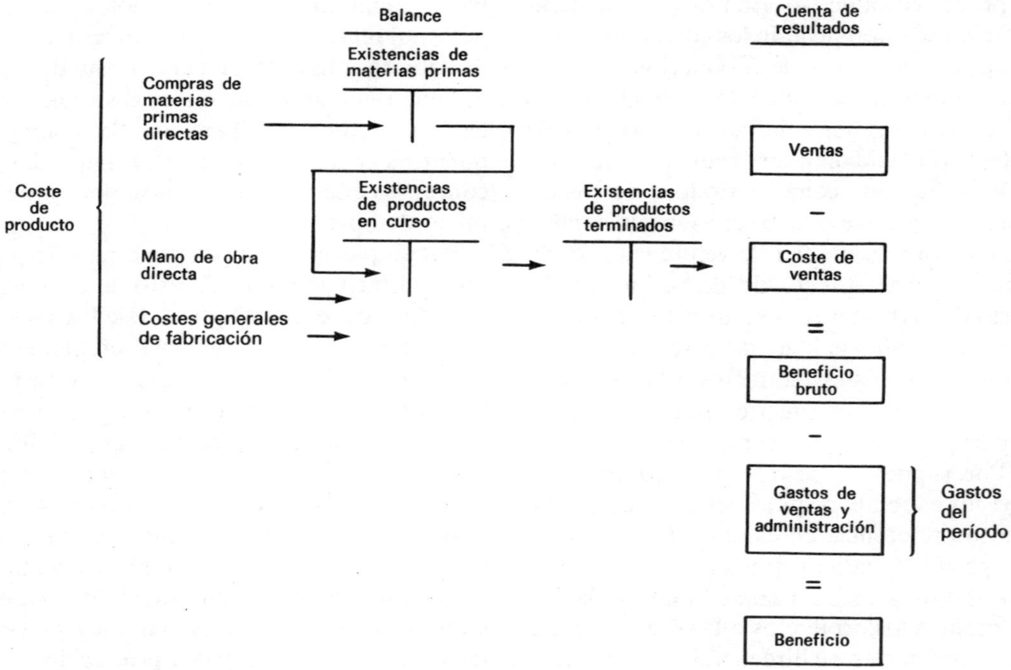

FIGURA 7.2. *Costes de producto y costes del período.*

esquema, la diferencia entre los costes de producto y los gastos del período.

Esta clasificación y cuantificación de los costes de producción posibilita estimar el coste unitario, dividiendo los costes totales entre el número de unidades producidas. Si, por ejemplo, para fabricar 100 unidades idénticas se ha incurrido en los costes que se indican en el cuadro 7.1, el coste unitario de producción sería de 950 pesetas.

Sin embargo, no siempre es tan sencillo el cálculo del coste unitario como en el ejemplo anterior. Cuando la producción no se ha iniciado y completado en su totalidad en el período de referencia, es preciso estimar la producción en términos de unidades equivalentes. Así, si en el caso anterior el coste de 95.000 pesetas se originó por producir en su totalidad 60 unidades, por terminar 50 del período anterior y por iniciar la producción de 20 unidades que se dejaron pendientes para el período siguiente, el número de unidades equivalentes podría calcularse como se indica en el cuadro 7.2. En él se considera que las unidades del período anterior estaban terminadas como media en un 40 por 100 y que las unidades que han resultado incompletas se han procesado en un 50 por 100.

El cálculo del coste unitario sería más complejo de realizar si en vez de un solo

CUADRO 7.1. *Producción = 100 unidades.*

	Total	Unitario
Materia prima directa	20.000	200
Mano de obra directa	30.000	300
Costes generales de producción	45.000	450
TOTAL	95.000	950

CUADRO 7.2. *Cálculo de la producción equivalente.*

	Factor de terminación	Núm.	Unidades equivalentes
Unidades terminadas del período anterior	0,6	50	30
Unidades de este período	1	60	60
Unidades incompletas	0,5	20	10
			100

producto se produjesen varios diferentes. En este caso, habría que repercutir a cada uno sus costes directos y repartir, entre todos, los indirectos, según se expone más adelante.

Finalmente, para calcular el coste de las mercancías vendidas y, por tanto, poder estimar el beneficio del período, es preciso evaluar previamente el coste de la producción total. Supóngase, por ejemplo, el informe que recoge el cuadro 7.3.

CUADRO 7.3. *Coste de producción.*

	Millones de ptas.
Materias primas directas:	
Inventario inicial (+)	10
Compras netas (+)	20
Inventario final (−)	12
Coste materias primas directas	18
Mano de obra directa	34
Costes generales de producción	60
Coste total de producción del período	112
+ Inventario inicial de productos en curso	21
− Inventario final productos en curso	6
Coste de los bienes producidos (terminados)	127

El coste total de producción del período, integrado por materias primas directas, mano de obra y costes generales de producción, ha de corregirse con la variación del stock de productos en curso, para deducir el coste de los bienes terminados. Este último dato, corregido a su vez con la variación del stock de productos terminados, permite obtener el coste de las ventas, según se indica en el cuadro 7.4.

CUADRO 7.4. *Coste de las ventas.*

	Millones de ptas.
Coste bienes producidos	127
+ Stock productos terminados inicial	32
Coste de productos disponibles	159
− Stock productos terminados final	37
Coste de las ventas	122

7.3. SISTEMAS DE COSTES

Los sistemas de costes tienen como finalidad establecer métodos y procedimientos para identificar, registrar y presentar los datos de costes relevantes. Habitualmente, los sistemas de costes establecen dos fases secuenciales: la primera acumula los costes por secciones, mientras que la segunda reparte los costes de cada sección entre los productos que elabora.

En general, los costes se originan en los centros de coste de la empresa, por lo que en principio será posible acumular en cada uno de ellos los costes que le correspondan. Si bien esto resulta inmediato para los conceptos de mano de obra y materia prima consumida, será más complicado asignar a cada centro una serie de costes generales de fabricación, comunes a todos o varios departamentos. A este fin deberá aplicarse algún criterio razonable para repartir dichos costes entre los diversos centros de coste. En el cuadro 7.5 se recogen algunos criterios que se pueden emplear en la práctica contable.

Para decidir el criterio de asignación más adecuado, es conveniente diferenciar los costes generales que son susceptibles de ser controlados por el responsable de cada centro, de modo que el criterio escogido le motive a reducir el nivel de costes que se le impute. Por ejemplo, si los costes de mantenimiento se reparten en función del valor contable de la maquinaria empleada, el responsable de un centro no podrá controlar estos costes, por lo que no intentará minimizarlos. Para lograr un mejor uso de los servicios de mantenimiento sería más conveniente, pues, aplicar, por ejemplo, como criterio de reparto el tiempo real invertido por los técnicos en cada centro.

En la actualidad, está en fase de implantación una nueva filosofía para imputar los costes indirectos a los productos. Es la denominada contabilidad ABC (activity based costing) o sistema de reparto por actividades. Este método surge como respuesta a los procesos de automatización y robotización de los procesos de producción, que han restado entidad a la mano de obra directa y han reforzado las actividades de apoyo a la producción o servicios (diseño, programación, ingeniería de proceso, etc.). Como consecuencia, el coste de mano de obra ha perdido importancia como factor explicativo de los costes indirectos y, en contrapartida, la han ganado las mencionadas actividades de soporte.

El método ABC descompone los procesos de producción en actividades y asigna a cada una de ellas los costes en que incurre. A continuación, estima el consumo de cada actividad imputable a cada producto. Conocido el coste unitario de cada actividad y el consumo por producto, el reparto de los costes indirectos, generados por todas las actividades, es inmediato.

CUADRO 7.5. *Reparto de costes generales de producción.*

Coste o departamento	Criterio de asignación
Amortización edificios	Superficie ocupada
Mantenimiento y reparación de edificos	Superficie ocupada
Alquiler	Superficie ocupada
Luz y calefacción	Superficie ocupada
Seguros sobre inmuebles	Superficie ocupada
Electricidad (si no está medida por departamentos)	Potencia del equipo
Impuestos y seguros sobre maquinaria	Valor contable de la maquinaria y equipo
Mantenimiento	Tiempo empleado por el personal de mantenimiento o valor del equipo del departamento
Agua, vapor, etc. (si no están medidos por departamentos)	Análisis de las necesidades de cada departamento (estudios especiales de su consumo)
Laboratorio	Número de trabajos realizados para cada departamento o tiempo dedicado a los mismos
Dirección de la fábrica	Costes de la mano de obra directa
Costes diversos de fábrica	Costes de la mano de obra directa

Este sistema es especialmente recomendable cuando se fabrican muchos productos, siendo su complejidad y volumen dispares.

En cualquier caso, siempre hay que sopesar la mayor exactitud que puede proporcionar un determinado sistema de reparto de costes generales, con el mayor coste en que se incurre por hacerlo.

Como norma general, puede afirmarse que, aunque no sea el único criterio, la naturaleza del proceso de producción indicará qué sistema de costes conviene implantar.

Si la producción tiene lugar por proceso, es decir, se fabrica un mismo producto en serie, los costes se pueden acumular por departamentos de modo que el coste unitario será el coste total del departamento dividido por el número de unidades producidas en un determinado período de tiempo. Por el contrario, si el proceso de producción es del tipo denominado por pedido, los costes se agregan a cada uno de los trabajos que se pueden identificar físicamente, obteniéndose de este modo el coste por pedido. Para ello, a cada pedido se le asignan sus costes directos y se le repercute parte de los indirectos de acuerdo con los criterios de reparto aplicados.

7.3.1. COSTES POR PROCESO

En la producción continua, la materia prima se transforma en el producto final después de haber experimentado una serie de procesos que tienen lugar en departamentos secuenciales. Un departamento o centro de costes realiza una operación o un conjunto de operaciones y forma parte del proceso de transformación del producto. En este sentido, un centro de costes proporciona la base para acumular los costes durante un período de tiempo determinado. Para ello, es necesario mantener un registro de los costes de producción de dicho departamento, así como del número de unidades producidas, lo cual no sólo permitirá evaluar el coste unitario del producto, sino también suministrará la estructura organizativa que permita evaluar el rendimiento de dicho departamento; de este modo se llevará un registro de costes totales cuyo contenido se explica a continuación mediante el desarrollo de un ejemplo.

Supóngase que la empresa Talleres Rubio, S. A., elabora un solo producto que es procesado en tres departamentos diferentes

CUADRO 7.6. *Costes del mes de marzo de 1992 (en miles de pesetas).*

	DEPARTAMENTO		
	Cortado	Montaje	Pintado
Materia prima directa	2.500	1.000	300
Mano de obra directa	2.000	4.000	6.000
Costes generales (*)	1.000	2.000	3.000

(*) Se han repartido en proporción a la mano de obra directa real de cada departamento.

cuyos costes reales se indican en el cuadro 7.6.

Si se supone que en el departamento de cortado se han procesado 1.000 unidades durante el mes de referencia, en el de montaje 900 y en el de pintado 1.100, el cálculo de costes por departamentos en términos totales y unitarios se recoge en el informe de producción del cuadro 7.7. En el mismo se considera que las unidades procesadas en cada uno de los departamentos son unidades equivalentes, en el sentido indicado en el epígrafe anterior de este capítulo. El estudio de dicho informe permite seguir la evolución del coste del producto según va pasando de un departamento a otro.

En este sistema de costes la valoración de las existencias de productos en curso se obtiene multiplicando el número de unidades en curso por el coste unitario del producto y por el factor de terminación medio de dichas unidades.

7.3.2. COSTES POR PEDIDO

El sistema de coste por pedido asigna los costes directos de producción a cada una de las unidades en vez de hacerlo, como en el sistema descrito anteriormente, al departamento. Los costes generales de fabricación se asignan a los centros de costes y posteriormente a los pedidos. Este método es de

CUADRO 7.7. *Hoja de coste por proceso.*

TALLERES RUBIO, S. A.
Período: marzo 1992

INFORME DE PRODUCCION
(en miles de pesetas)

	CORTADO		MONTAJE		PINTADO	
Unidades procesadas	1.000		900		1.100	
	Total	Unitario	Total	Unitario	Total	Unitario
Costes						
• Materia prima directa	2.500	2,50	1.000	1,11	300	0,27
• Mano de obra directa	2.000	2,00	4.000	4,44	6.000	5,45
• Costes generales	1.000	1,00	2.000	2,22	3.000	2,73
Coste del departamento	5.500	5,50	7.000	7,77	9.300	8,45
Coste transferido al siguiente departamento	5.500	5,50	12.500	13,27	21.800	21,72

aplicación cuando la producción viene regulada por diseños y especificaciones especiales solicitadas por el cliente.

En el sistema de producción por pedido un producto o grupo de productos va pasando de un departamento a otro, aunque no siempre en el mismo orden ni incluso por todos los departamentos.

Los costes del pedido se van imputando al mismo por medio de una hoja de pedido que incluye las partidas de materia prima, mano de obra y costes generales. Además, esta hoja de pedido puede contener otros conceptos de coste u otra información pertinente, como: número de unidades que contiene el pedido, fecha de entrega y especificaciones. El cuadro 7.8 recoge un ejemplo de hoja de costes del pedido.

En dicho impreso se indica también el beneficio generado por este pedido, lo cual puede servir de guía para fijar precios en el futuro. Además, también se suministra información que permite obtener datos sobre costes de producción al objeto de compararlos con pedidos anteriores y evaluar la eficacia de la producción.

La contabilización de las materias primas directas se efectúa disminuyendo el stock correspondiente e incrementando el stock de productos en curso. Por ejemplo, si en almacén se ha recibido una solicitud de materiales por valor de 10.000 pesetas, la transacción se representaría en la forma

Existencias de materias primas		Productos en curso	
	10.000 ⟶	10.000	

Simultáneamente se anotaría esta cantidad en la hoja del pedido correspondiente.

El tratamiento contable de los costes de mano de obra directa se realiza de forma similar.

Nómina		Productos en curso	
	30.000 ⟶	30.000	

El coste de la mano de obra directa se cargará al pedido que proceda anotándolo

CUADRO 7.8. *Hoja de coste de pedido.*

MECANIZADOS
ALTESA

Cliente: TALLERES SANCHEZ
Producto: Tubo 10" × 2 metros
Cantidad: 10
Especificaciones: Estándar

Pedido número: 614
Fecha pedido: 6/6/91
Fecha comienzo: 18/6/91
Fecha terminación: 27/6/91
Fecha entrega: 2/7/91

Fecha	Departamento	Materia prima directa		Mano de obra directa		Costes generales de producción	
		Referencia	Importe	Operación	Importe	Criterio reparto	Importe
18/6	Cortado	2.14	8.000				
18/6	Cortado			504	2.300		
19/6	Cortado					Importe de la mano de obra (1)	1.500
23/6	Mecanizado			814	3.500		
23/6	Mecanizado					Horas de máquina (2)	2.900
26/6	Soldadura			120	4.200		
27/6	Soldadura					Metros de soldadura (3)	5.000
	TOTAL		8.000		10.000		9.400

- Coste producción: 27.400 (8.000+10.000+ +9.400)
- Unidades producidas: 10
- Coste unitario: 2.740
- Precio de venta: 40.000
- Coste producción: 27.400
- Contribución: 12.600
- Gastos de ventas (20 % de las ventas): 8.000
- Beneficio: 4.600
- Margen ($\frac{4.600}{40.000}$): 11,5 %

(1) Se supone que se ha calculado que a cada peseta de m.o.d. le corresponden 0,65217 ptas. de costes generales de producción.
(2) Si en el departamento de mecanizado el pedido ha precisado de 20 horas de máquina y por cada hora de máquina se repercute al pedido 145 ptas. se obtienen las 2.900 ptas. indicadas.
(3) El pedido ha exigido hacer 50 metros de soldadura y por cada metro se imputan 100 ptas. de costes generales de producción.

en su hoja correspondiente, la cual deberá indicar en qué tipo de operación se consumió dicho trabajo.

Los costes generales de fabricación, asignados a cada departamento, se repercuten a los pedidos de acuerdo con los criterios de reparto que se indican. Como estos gastos se tienen que ir repartiendo durante el proceso de producción, sin esperar a final de año (momento en que se conocerán los costes generales reales, así como los pedidos fabricados), es preciso predefinir una tasa estándar a principio de año que permita realizar dicha imputación. Cualquier desviación entre los costes generales reales y los absorbidos se llevará a los costes de las mercancías vendidas por el importe y signo que corresponda.

En este sistema de costes, el valor de las existencias en curso viene dado por la suma de los costes que aparecen en las hojas de pedidos en curso.

7.4. COSTES FIJOS Y COSTES VARIABLES

El comportamiento de las diversas partidas de coste difiere según el nivel de actividad de la empresa, medido por la cantidad de productos elaborados o el número de horas de mano de obra directa o algún otro criterio razonable. Son costes variables los que evolucionan proporcionalmente con el volumen de producción. Tal es el caso, por ejemplo, de las materias primas consumidas: cuantas más unidades se produzcan mayor será la materia prima necesaria.

Por el contrario, se denominan costes fijos a aquellos que no varían al hacerlo el nivel de actividad, como, por ejemplo, la amortización de los edificios o los seguros.

En la práctica, sin embargo, estas definiciones resultan excesivamente rígidas por lo que es preciso profundizar más en la naturaleza de la mencionada relación coste-actividad. Por ejemplo, en unas determinadas: cuantas más unidades se produzcan, ciones resultan excesivamente rígidas, por lo que es preciso profundizar más en la naturaleza de la mencionada relación coste-mentarán los costes de amortización asociados. Es decir, un aumento de la actividad ha supuesto un incremento de costes inicialmente fijos.

Por ello, los sistemas de costes consideran como variables a aquellos que varían en el corto plazo y para un determinado intervalo de producción. Serán, pues, fijos los que no se espera que varíen en el corto plazo ni dentro de un intervalo de producción determinado. En realidad, a largo plazo todos los costes se hacen variables.

La identificación de los costes fijos y variables es importante para una interpretación correcta de la información sobre costes. El coste variable total aumenta con el volumen de producción, pero, sin embargo, el coste variable unitario permanecerá constante. Por el contrario, el coste fijo total se mantendrá constante, aunque varíe el nivel de actividad (en el corto plazo y en un intervalo limitado), pero, sin embargo, el coste fijo unitario evolucionará inversamente al volumen de producción. En la figura 7.3 se representan gráficamente estas relaciones; el coste fijo unitario disminuye al aumentar la producción, puesto que el mismo coste fijo total se reparte entre más unidades.

La clasificación de los costes entre las categorías de fijos y variables sólo es válida, en general, en un intervalo de actividad determinado. En la práctica, la empresa se mueve frecuentemente en torno a un punto de actividad normal, por lo que bastará con estudiar la función de costes en dicho intervalo funcionamiento.

De acuerdo con lo anterior, el coste del producto fluctuará según lo haga el volumen de actividad, lo cual puede inducir a análisis incorrectos sobre la eficacia del proceso de producción.

Para ilustrar los problemas que surgen en la práctica en este tema, así como el tratamiento contable que se puede aplicar para obtener una información correcta, se plantea a continuación el siguiente ejemplo:

La empresa Hermanos Vega, S. A., elabora un sólo producto en serie o flujo continuo. Los datos económicos relevantes para

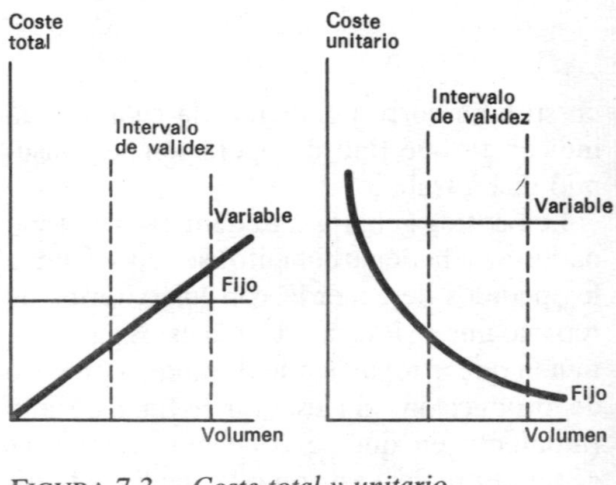

FIGURA 7.3. *Coste total y unitario.*

el análisis de costes y resultados durante los meses de enero y febrero de 1992 son los siguientes:

- El precio de venta es de 650 pesetas.
- El stock de productos terminados al 1 de enero es cero.
- Durante el mes de enero se producen 20.000 unidades, de las cuales se venden 16.000.
- Los costes de producción fueron los siguientes:

— Materia prima directa: 3.000.000 de pesetas.
— Mano de obra directa: 2.600.000 pesetas.
— Costes generales de producción variables: 1.600.000 pesetas.
— Costes generales de producción fijos: 2.000.000 de pesetas.

- Los gastos de administración han ascendido a 740.000 pesetas.
- En febrero se producen 10.000 unidades, vendiéndose 8.000 unidades al mismo precio (650 pesetas).
- Todos los costes variables se han reducido a la mitad respecto a los de enero por haberlo hecho la producción en la misma medida.
- Los costes generales fijos de producción y los gastos de administración se han mantenido, respectivamente, en 2.000.000 de pesetas y 740.000 pesetas.
- Las previsiones para el año 1992 estiman que se producirán 240.000 unidades y que los costes fijos de producción serán de 24.000.000 de pesetas.

En el cuadro 7.9 se recoge el análisis de costes, beneficios y existencias para cada uno de los dos meses considerados.

En el mes de febrero la producción y venta se reducen en un 50 por 100 respecto al mes anterior. Por ello, el coste de producción unitario se incrementa de 460 a 560 pesetas, es decir, en 100 pesetas. Esto se debe a que los dos millones de pesetas de costes fijos de producción se distribuyen en enero entre 20.000 unidades producidas (100 pesetas/unidad), mientras que en febrero se repercuten sobre sólo 10.000 unidades (200 pesetas/unidad).

CUADRO 7.9. *HERMANOS VEGA, S. A. (en millones de pesetas).*

COSTE DE PRODUCCION			CUENTA DE EXPLOTACION			BALANCE (fin de mes)		
	Enero	Febrero		Enero	Febrero		Enero	Febrero
Materia prima directa	3,00	1,50	Ventas	10,40	5,20	Stock	1,84	3,19
Mano de obra directa	2,60	1,30	• Stock inicial	0,00	1,84			
Costes generales:			+ Coste de producción	9,20	5,60			
Variables	1,60	0,80	− Stock final	1,84	3,19			
Fijos	2,00	2,00	Coste de ventas	7,36	4,25			
Coste de producción	9,20	5,60	Margen bruto	3,04	0,95			
N.º de unidades	20.000	10.000	Gastos administración	0,74	0,74			
Coste unitario (en pesetas)	460	560	Beneficio de explotación	2,30	0,21			
			Margen bruto en % s/ventas	29,23	18,26			

En febrero hay 14.000 unidades disponibles para vender: 4.000 producidas en enero a un coste unitario de 460 pesetas y 10.000 en febrero, valoradas a 560 pesetas por unidad. Aplicando el método del coste medio para valorar el stock, se obtiene que el coste unitario es de:

$$\frac{4.000 \times 460 + 10.000 \times 560}{14.000} = 531{,}4 \text{ ptas.}$$

por lo que el valor del stock final de febrero serán las 6.000 unidades que quedan, valoradas a 531,4 pesetas.

De uno a otro mes, el margen bruto sobre ventas desciende del 29,2 por 100 al 18,3 por 100. En ambos períodos se han mantenido constantes el precio de venta, los costes variables unitarios, los costes fijos y la proporción de la producción vendida. Lo único que ha variado y explica los cambios experimentados en los estados financieros del cuadro 7.9 ha sido el volumen de actividad.

Además, la valoración de las unidades en stock se ha incrementado notablemente, como se señala en el cuadro 7.10.

CUADRO 7.10. *Valor unitario del stock.*

Mes	Núm. de unidades	Valor del stock (en millones)	Valor unitario (en pesetas)
Enero.............	4.000	1,84	460,0
Febrero..........	6.000	3,19	531,4

Si el número de unidades en stock se ha incrementado en un 50 por 100, el valor del stock lo ha hecho en un 73,4 por 100.

Así, pues, si todo permanece constante menos el volumen de producción/ventas, se pueden originar perturbaciones en los estados financieros que induzcan a malinterpretaciones de los mismos. Por ello, es preciso aislar e identificar el impacto de las alteraciones en el nivel de la actividad.

El método que se va a exponer a continuación pretende estudiar la incidencia de variaciones en el volumen de producción sobre el coste unitario. Los costes variables no presentan ningún problema, pues son directamente proporcionales a la producción. En cambio, los costes fijos, independientes del nivel de producción, distorsionarán el coste unitario cuando la actividad se incremente o reduzca. Para solventar este problema, se puede estimar un coste fijo unitario de referencia, dividiendo los costes fijos anuales totales entre el número de unidades que se estima se producirán durante el año. Si en el ejemplo anterior, los costes fijos anuales previstos ascienden a 24 millones de pesetas y la producción estimada es de 240.000 unidades, el coste fijo unitario será de

$$\frac{24.000.000}{240.000} = 100 \text{ ptas.}$$

Utilizando este criterio para estimar el coste unitario de producción, el cuadro 7.9 se modifica de acuerdo con el cuadro 7.11. Este sólo se calcula para el mes de febrero, pues los resultados para el mes de enero son idénticos a los ya indicados en el cuadro 7.9.

Ahora los costes fijos de producción ascienden a un millón de pesetas, obtenidos de multiplicar el coste fijo unitario de referencia (100 pesetas) por las unidades producidas (10.000). El otro millón se imputa como coste de subactividad, por lo que tampoco se incluye en la valoración del stock final, que al ser ahora de 2,76 millones para 6.000 unidades, arroja un coste unitario de 460 pesetas. Así pues, este método de asignación de costes elimina las desviaciones en el coste unitario surgidas de una variación en el nivel de actividad.

La utilización de este método exige aislar los costes de subactividad que evalúan el grado de infrautilización de las instalaciones

CUADRO 7.11. *HERMANOS VEGA, S. A. (en millones de pesetas).*

COSTE DE PRODUCCION		CUENTA DE EXPLOTACION			BALANCE (fin de mes)	
Materia prima directa	1,50	Ventas		5,20	Stock	2,76
Mano de obra directa	1,30	Stock inicial	1,84			
Costes generales de producción:		Coste de producción	4,60			
		Disponible para vender	6,44			
Variables	0,80	Stock final	2,76			
Fijos	1,00	Coste de ventas		3,68		
Coste de producción	4,60	Margen bruto		1,52		
Número de unidades	10.000	Coste de subactividad		1,00		
Coste unitario (en ptas.)	460	Gastos de administración		0,74		
		Beneficio de explotación		−0,22		
		Margen bruto % s/ventas		29,2 %		

productivas. Al hacerlo, en el ejemplo que se ha expuesto, se obtiene una pérdida en el período de 220.000 pesetas en vez de las 210.000 pesetas de beneficio obtenidos al proceder del modo indicado en el cuadro 7.9. Esta diferencia se origina por la distinta valoración que se hace del stock final: 3,19 millones inicialmente frente a 2,76 para el mismo número de unidades.

La diferencia entre estas cantidades es precisamente la existente entre el resultado de explotación [210.000 − (−220.000) = 430.000 pesetas].

Una alternativa a este enfoque consiste en acumular en una cuenta del activo del balance los costes de subactividad, a la espera de que un exceso de actividad pueda compensar el saldo acumulado. Sin embargo, esto sólo es admisible en balances mensuales pero no en el de final de ejercicio.

El método desarrollado en el ejemplo anterior permite evitar que el coste unitario del producto estimado por la contabilidad analítica dependa del volumen de actividad alcanzado. Si la empresa trabaja a capacidad normal, los costes fijos se repercuten en su totalidad a los productos. Si el nivel de actividad es menor que el normal, una parte de los costes fijos no se imputará a los productos, representando una pérdida por subactividad. La parte de los costes fijos aplicados al coste de los productos vendrá dada por la relación entre la actividad real y la actividad normal. En caso de que este cociente sea mayor que la unidad, se producirá un beneficio por superactividad.

Para medir el volumen de actividad se pueden utilizar diversos criterios. Sin duda, uno adecuado es el expresado por el número de unidades producidas.

Sin embargo, cuando son varios los productos fabricados, la suma de las cantidades producidas no es significativa, pues generalmente no son homogéneas. Por ello será preciso escoger algún otro criterio que entre otras deberá reunir las siguientes características [1]:

— La unidad elegida deberá medir las variaciones de actividad que provoquen modificaciones en los costes.

— Dicha unidad deberá estar poco afectada por factores exógenos al proceso de fabricación.

— Deberá ser fácil de obtener y comprender por los interesados.

[1] J. ALVAREZ LÓPEZ, *Contabilidad Analítica,* Editorial Donostiarra, 1978.

Algunos de los criterios a emplear son los siguientes:

- Número de horas de mano de obra: en caso de que se refieran a horas reales se plantean algunos problemas, tales como la falta de homogeneidad de las horas (diferente cualificación) y que se incluyen todos los tiempos consumidos (inactividad, ineficiencias, etc.)
- Coste de la mano de obra: este índice supera el problema de la heterogeneidad en la mano de obra.
- Materia prima consumida: este criterio resulta muy recomendable cuando sólo se utiliza una materia prima para la obtención de varios productos.
- Horas máquina.
- Energía consumida.

7.5. CENTROS DE COSTE

Un centro de coste se refiere a un área de responsabilidad de la empresa donde se realizan operaciones y actividades, generadoras de costes, bajo la supervisión de un responsable. El Plan General de Contabilidad distingue, por naturaleza, los siguientes tipos de centros:

— Centro de aprovisionamiento: Acumula los costes que se originan desde que se solicitan los suministros a los proveedores hasta que se incorporan al proceso de producción. Estos costes se componen de los propios de los materiales y de los de gestión necesarios para desarrollar la función de compras.

— Centro de transformación: Incorpora los costes derivados del consumo de los factores productivos en el proceso de transformación hasta que los productos pasan a los almacenes de productos terminados. Un centro de transformación puede ser productivo o de servicio. El primer tipo se refiere a aquellos centros que participan directamente en la elaboración del producto o servicio. Un centro de servicio, por el contrario, es aquel que facilita o soporta la actividad de los centros productivos.

— Centro de comercialización: Se le imputan los costes originados en la función de venta del producto.

— Centro de administración: Absorbe los costes asociados con la administración general de la unidad económica.

— Centro de subactividad: Recoge los costes producidos por una infrautilización de la capacidad disponible en los centros anteriores. Su función básica consiste en absorber los costes de subactividad de modo que no se repercutan éstos, no imputables a la eficacia de los centros, a los productos. En realidad, se trata de un centro de naturaleza contable.

Como consecuencia de esta clasificación es posible calcular el margen industrial como diferencia entre los ingresos y los costes de abastecimiento y transformación.

El margen comercial se obtendrá deduciendo del anterior los costes de comercialización.

Los resultados de la actividad propiamente dicha incorporarán también la deducción de los costes de administración sin que se vean minorados por los denominados costes de subactividad.

Al deducir a éstos los costes de subactividad se obtienen los resultados de la contabilidad analítica del período.

Como ya se indicó anteriormente, los costes del producto (aprovisionamiento y transformación) se imputarán en el momento en que se vendan los productos que los originaron. El resto de los costes repercutirá sobre el resultado del período en el que se producen.

Los centros de coste de almacenamiento y transformación permiten calcular los costes de los productos, mediante la imputación a los mismos de los costes directos de cada uno de ellos y el reparto de los indirectos.

Finalmente, la organización de las actividades en centros posibilita evaluar su rendimiento mediante el control de los consumos valorados a su coste.

7.6. COSTES ESTANDARES

La evolución de los sistemas de costes se ha orientado siempre en el sentido de facilitar a la dirección el control de los costes de la empresa. Si en un principio el control se ejercía comparando los costes reales con los históricos, incurridos en períodos anteriores, pronto se empezó a estimar con antelación cuál debería ser el coste, surgiendo así el concepto de coste estándar. En general, el costes estándares sobre el histórico reside producto por lo que expresa el coste medio en que se espera incurrir, en condiciones normales, para fabricar una unidad.

Una ventaja importante del sistema de costes estándares sobre el histórico, reside en que el estándar es más útil para tomar decisiones, pues constituye una estimación de lo que se espera que suceda en el futuro. El coste histórico permite evaluar decisiones pasadas, pero es peligroso basarse en él para adoptar decisiones, si no se profundiza en qué medida puede ser razonable que se produzca en el futuro. El coste histórico se ha podido producir por ineficacias del proceso o por circunstancias excepcionales, difícilmente repetibles.

Sin embargo, para definir un estándar resulta recomendable analizar los costes históricos, aunque se corrijan en función de estudios teóricos que respondan más a lo que debe ser en vez de a lo que ha sido.

Además de la utilidad del coste estándar para apoyar el proceso de toma de decisiones, es una herramienta eficaz para fijar objetivos y posibilitar un control posterior del grado de cumplimiento de los mismos y la identificación de las causas que han originado eventuales desviaciones entre resultados y previsiones. Finalmente, la aplicación de costes estándares permite calcular el coste de los productos y de márgenes, sin necesidad de disponer de precios y consumos reales. Posteriormente, una vez conocidos éstos, se ajustarán los resultados incorporando las desviaciones producidas.

El coste estándar establece, pues, cuál debe ser el coste de una operación o un producto. Para estimarlo se ha de evaluar la materia prima necesaria, la mano de obra y los costes generales requeridos por el proceso de producción.

7.6.1. MATERIAS PRIMAS DIRECTAS

Es preciso definir la cantidad de materia prima estándar para obtener una unidad de producto, así como el precio estándar de la materia prima.

El coste estándar de la materia prima se calcula como producto de ambos factores: la cantidad de materia prima que incorpora una unidad de producto (estándar técnico) y el coste de la unidad de materia prima (estándar económico).

La cantidad puede estimarse en base a las especificaciones técnicas formuladas por el ingeniero de producto correspondiente y ha de incluir los desperdicios, roturas y mermas en que se incurra en el proceso de producción. También resulta conveniente estudiar los datos históricos que recojan la experiencia pasada de la empresa en este aspecto, pero siempre evitando convertir en estándares anteriores ineficacias.

El coste estándar de la materia prima se referirá al que se prevea que esté vigente durante el período de aplicación del estándar. El departamento de compras deberá efectuar esta estimación, corrigiendo los precios actuales en función de las variaciones que se estimen. Fijados ambos estándares, resulta sencillo calcular la desviación en el coste de las materias primas para un período determinado. Supóngase, por ejemplo, que en una semana de producción se han obtenido los siguientes resultados:

	Cantidad		Precio		Total
Coste real materia prima directa...........	2.500	×	100	=	250.000
Coste estándar materia prima directa....	2.200	×	120	=	264.000
Desviación.............	300D		20F		14.000F

La cantidad estándar se ha ajustado a la producción real obtenida en el período que no tiene que coincidir, lógicamente, con la prevista.

En este caso, la desviación en los costes de materia prima directa ha sido favorable (F), puesto que el coste real ha sido menor que el previsto.

Este resultado se ha debido a que el precio real de la materia prima directa consumida ha sido inferior al estándar, aunque, por el contrario, la cantidad consumida ha superado a la estándar. En resumen, la desviación en cantidad o técnica fue desfavorable (D), la desviación en precio o económica favorable (F) y el efecto conjunto también favorable (F).

Este método de análisis orienta el estudio para determinar las causas de las desviaciones surgidas, de modo que puedan implantarse las medidas correctoras adecuadas. La desviación económica puede deberse a la gestión del departamento de compras o a variaciones en la calidad del producto. La desviación en la cantidad utilizada (desviación técnica) puede surgir como consecuencia de la eficacia/ineficacia del proceso de producción, de variaciones de las especificaciones de la materia prima o de una proporción de mermas diferente de la prevista.

En el cuadro 7.12 se presenta, gráficamente, el cálculo de las desviaciones para el ejemplo anterior.

Las fórmulas que se han utilizado para calcular ambas desviaciones son las siguientes:

Desviación técnica o debida a la cantidad:

$$D_T = P_s\,(Q_r - Q_s)$$

Desviación económica o debida al precio:

$$D_E = Q_r\,(P_r - P_s)$$

donde:

P_s = Precio estándar por unidad de materia prima.

P_r = Precio real por unidad de materia prima.

Q_s = Unidades físicas de materia prima a consumir para obtener la producción real pero en condiciones estándar.

Q_r = Unidades físicas de materia prima realmente consumidas.

7.6.2. Mano de obra directa

De forma similar al coste de la materia prima directa, el coste estándar de la mano de obra se calcula como producto de dos elementos diferenciados: el número de horas estándar precisas para elaborar una unidad del producto final y el coste horario estándar de la mano de obra. Estimados ambos estándares, se determina el coste estándar unitario, y multiplicando éste por el número de unidades producidas, se obtiene el coste estándar total.

Para estimar el tiempo estándar es preciso evaluar el tiempo de cada una de las operaciones que han de ejecutarse, en el mejor de los procesos disponibles, lo cual puede efectuarse mediante un estudio de métodos y tiempos. En esta estimación se han de incluir las holguras necesarias sobre el tiempo teórico mínimo, que se espere que se pro-

CUADRO 7.12.

Coste real =	Coste estándar de la cantidad real =	Coste estándar =
Cantidad real × precio real	Cantidad real × precio estándar	Cantidad estándar × precio estándar
2.500 × 100 = 250.000	2.500 × 120 = 300.000	2.200 × 120 = 264.000

Desviación económica

250.000 − 300.000 = −50.000 (F)

Desviación técnica

300.000 − 264.000 = + 36.000 (D)

Desviación total

− 50.000 (F) + 36.000 (D) = − 14.000 (F)

duzcan razonablemente en el proceso de producción por tiempos muertos o averías de la maquinaria.

Para determinar el coste horario estándar de la mano de obra hay que contemplar la escala salarial vigente. Frecuentemente y por sencillez se estima una media aproximada para todos los trabajadores que participan en una operación aunque sus remuneraciones individuales sean diferentes.

El cálculo de las desviaciones es similar al expuesto para la materia prima, tal y cómo se muestra en el siguiente ejemplo:

	Horas	Coste horario	TOTAL
Coste real	6.000	400	2.400.000
Coste estándar	5.200	410	2.132.000
	800D	10F	268.000D

El número de horas estándar se obtiene multiplicando el tiempo estándar unitario por el número de unidades realmente producidas.

Algunas de las causas que motivan que surjan desviaciones se recogen en la siguiente tabla.

FAVORABLE
Eficacia por encima de lo normal
Maquinaria más moderna
Estándar elevado

DESFAVORABLE
Trabajo nuevo (inexperiencia)
Problemas en las máquinas
Estándar bajo
Baja calidad de las materias primas

En el cuadro 7.13 se recoge el cálculo de las desviaciones para el ejemplo anterior.

Las fórmulas a aplicar, en este caso, son:

$$\text{Desviación técnica} = (H_r - H_s) \times S_s$$

$$\text{Desviación económica} = (S_r - S_s) \times H_r$$

CUADRO 7.13.

Coste real =	Coste estándar de las horas reales =	Coste estándar =
Horas reales × coste real	Horas reales × coste estándar	Horas estándar × coste estándar
6.000 × 400 = 2.400.000	6.000 × 410 = 2.460.000	5.200 × 410 = 2.132.000

Desviación económica

2.400.000 − 2.460.000 = −60.000 (F)

Desviación técnica

2.460.000 − 2.132.000 = + 328.000 (D)

Desviación total

− 60.000 (F) + 328.000 (D) = + 268.000 (D)

Siendo

S_r y S_s: Coste horario real y estándar, respectivamente.

H_r y H_s: Número de horas totales para obtener la producción real en términos reales y estándar, respectivamente.

7.6.3. COSTES GENERALES DE PRODUCCIÓN

En un sistema de costes estándares es preciso estimar los costes generales de producción y asignarlos proporcionalmente a cada uno de los centros de coste que existan en el proceso de producción, para posteriormente repercutirlos al producto terminado.

Para ello, es preciso definir un criterio de reparto, lo cual a su vez plantea la necesidad de identificar una medida de actividad de cada uno de dichos centros de coste.

En concreto, pues, hay que:

- Identificar los centros de coste.
- Determinar en qué unidad se va a medir la actividad productiva.
- Fijar el estándar de actividad.
- Estimar los costes estándar generales.

Una vez hecho esto, basta con repartir los costes generales entre los centros de coste y el coste de cada centro entre las unidades fabricadas en el mismo.

A efectos de calcular los estándares, resulta conveniente desglosar los costes generales de fabricación en sus componentes variable y fija. Los costes generales de fabricación variables se orientan hacia las actividades, por lo que se estiman a nivel de centros de coste. Por el contrario, los costes fijos no varían en función de la actividad, al menos en el corto plazo, sino que se generan por el hecho de mantener la capacidad de producción de la fábrica en situación de operar o bien son costes discrecionales.

Los costes generales variables se originan a muy distinto nivel del proceso de producción. Hay algunos que se producen por la necesidad de suministrar materias auxiliares a una determinada máquina para realizar una operación específica. Hay otros conceptos como, por ejemplo, los lubricantes o la electricidad, que son utilizados por todos los centros productivos de la fábrica y que, por sencillez, se distribuyen entre los mismos sin llegar al detalle de hacerlo a nivel de operación.

Para presupuestar los costes generales variables de fabricación se pueden utilizar procedimientos tales como:

- Utilizar la experiencia histórica, por medio de los datos recogidos por la contabilidad corrigiéndolos al alza o a la baja en función del criterio de cada responsable. También puede aplicarse, para el tratamiento estadístico de los datos, el método de regresión, de modo que se explique el comportamiento de la evolución de cada concepto de coste en función del nivel de actividad.
- Realizar pruebas experimentales, de modo que se determine cuál debe ser el coste estándar en condiciones predeterminadas de producción. Este método puede complementarse con la realización de estudios técnicos que estimen el coste indirecto necesario para cada nivel de actividad.

Los procedimientos anteriores permiten elaborar los correspondientes presupuestos que, divididos por el nivel de actividad estándar, determinan la tasa unitaria de costes generales variables de fabricación. Por ejemplo, se puede estimar que el coste indirecto de producción asciende a 200 pesetas por hora de mano de obra directa estándar.

Si, simultáneamente, se establecen tiempos para la realización de cada operación, las desviaciones entre el tiempo real y el estándar será debida a una variación en la eficacia del proceso.

El presupuesto que se elabore de costes generales variables debe ser flexible, es decir, variable en función del nivel de actividad.

Los costes generales fijos se refieren a aquellas partidas que tienden a permanecer constantes aunque varíe el nivel de actividad y durante el período presupuestario contemplado. Los conceptos incluidos en este apartado se relacionan con temas tales como impuestos, seguros, amortización de las instalaciones o costes de los centros de servicios. Para repercutir los costes fijos a los productos basta con dividir la cuantía total presupuestada entre la medida de actividad estándar seleccionada. Si se fabrica un solo producto, la medida de actividad puede ser el número de unidades producidas; en caso contrario, se debe escoger otra medida tal como la mano de obra directa.

En la medida en que hay costes generales fijos que son discrecionales (mantenimiento, calidad o investigación y desarrollo), una desviación favorable en términos monetarios no es necesariamente recomendable. Por ejemplo, si se gasta en mantenimiento un importe menor al estándar, esto puede incidir negativamente en los intereses a largo plazo de la empresa.

En general, las desviaciones producidas se llevarán a la cuenta de resultados como gastos del período.

7.7. SISTEMAS DE COSTES VARIABLES

En los epígrafes anteriores de este capítulo se ha hecho referencia a los costes completos de los productos, es decir, a la suma de los costes directos más una proporción adecuada de los costes indirectos. A este sistema de costes, con independencia de que se trate de costes históricos o estándares, se le denomina de absorción.

El sistema de costes variables, también denominado «direct costing», difiere del sistema de costes de absorción en el tratamiento que hace de los denominados costes fijos de producción. Mientras el sistema de costes por absorción incluye los costes fijos de producción en el coste del producto, el «direct costing» los considera como costes del período. La diferencia, pues, reside en la distinta periodificación que se hace de los mencionados costes. En el sistema de absorción los costes fijos se acumulan en el stock final recuperándose cuando se produce la venta del mismo; en el sistema de «direct costing» los costes fijos se consideran como un coste del período en el que se incurren, independientemente de las unidades producidas, no incluyéndose en ningún caso en el balance por medio del saldo de la cuenta de stock. La filosofía que subyace detrás de este criterio consiste en considerar que los costes fijos de producción son necesarios para mantener la capacidad de producción en el período considerado, eliminándose dicha capacidad cuando finaliza el período, perdiéndose así la oportunidad de utilizarla. Lo anterior se refiere a los costes fijos de producción, aunque los costes que no se incluyen bajo el concepto de producción (comerciales, por ejemplo) pueden ser también variables o fijos. Sin embargo, y puesto que dichos costes no entran nunca en la valoración que se hace del producto final, ambos sistemas de absorción y de «direct costing» consideran a dichos costes como costes del período.

Así pues, el «direct costing» segrega los costes de producción entre los costes variables y los costes fijos, valorando el stock de productos terminados sólo con los costes de producción variables.

Al objeto de ilustrar las diferencias entre el direct costing y el sistema de costes por absorción, considérese el siguiente ejemplo. En el cuadro 7.14 se recogen los datos de ventas, producción y costes de una empresa durante el año 1991, considerando que el stock inicial era nulo al empezar el año y terminó con un saldo de 2.000 unidades. A partir de los datos de dicho cuadro se pueden elaborar las cuentas de resultados para los dos sistemas de costes que se están considerando, las cuales se recogen en el cuadro 7.15, donde se puede observar una diferencia en el beneficio del año de 5.000.000 de pesetas a favor del sistema por absorción y una diferencia también de 5.000.000 de pesetas en la valoración del inventario final,

CUADRO 7.14. *Datos referentes a 1991.*

Ventas	10.000 unidades
Precio de venta	30.000 ptas.
Producción	12.000 unidades
Stock inicial	Nulo
Stock final	2.000 unidades
Materia prima directa	50 M. de ptas.
Mano de obra directa	100 M. de ptas.
Costes de producción variables	66 M. de ptas.
Costes fijos de producción	30 M. de ptas.
Gastos de ventas y administración variables	20 M. de ptas.
Gastos fijos de ventas y administración	25 M. de ptas.

también a favor del sistema de costes por absorción. El «direct costing» evalúa el coste unitario de producción en 18.000 pesetas, obtenido de dividir la suma de los costes directos y los costes variables de producción entre el número de unidades producidas. El sistema de costes de absorción añade los costes fijos de producción (30 M) que, divididos entre las unidades producidas (12.000), incrementa el coste unitario en 2.500 pesetas.

Respecto a la diferencia en el beneficio calculado por ambos sistemas, se pueden efectuar las siguientes generalizaciones:

- Cuando la producción es superior a las ventas, esto es, cuando el stock final tiende a crecer, el sistema de costes por absorción arroja un beneficio superior al calculado por el «direct costing». Esto se debe a que el sistema de costes por absorción, al incluir en la valoración del stock final los costes fijos de producción, difiere a períodos posteriores dichos costes. Por el contrario, el «direct-costing» carga en la cuenta de resultados todos los costes fijos habidos en el período.
- De forma inversa, cuando las ventas son superiores a la producción, o lo que es lo mismo, cuando el stock de productos en proceso y productos terminados tiende a

disminuir, el sistema de costes por absorción estima un beneficio inferior al realizado por el «direct-costing». Con el sistema de costes por absorción, se repercute en el período los costes fijos de producción que se hayan acumulado en los stocks que ahora se liquidan.

La diferente valoración que ambos métodos realizan del inventario de productos en curso o productos terminados se debe, como ya se ha dicho, al distinto tratamiento que se da a los costes fijos de producción. El sistema de costes por absorción valora el inventario incluyendo los costes de producción fijos y variables, mientras que el «direct costing» sólo incluye los variables. Por ello, el inventario calculado bajo el criterio del «direct costing» será siempre menor que el cálculo por el sistema de costes por absorción. Esta diferencia puede estimarse mediante la siguiente fórmula:

Diferencia de valoración de stock = Coste fijo de producción unitario × variación del stock en unidades.

Si se aplica esta fórmula al ejemplo anterior, se tendría lo siguiente:

$$\frac{30.000.000}{12.000} \times 2.000 = 5.000.000 \text{ ptas.}$$

Así pues, la diferencia obtenida en ambas estimaciones del beneficio se explica por el distinto tratamiento que se da a los costes generales de producción y en consecuencia la distinta valoración que se efectúa del inventario final.

La principal ventaja que se atribuye al «direct costing» es la información que suministra sobre contribuciones por líneas de productos o segmentos de actividad de gran utilidad para la toma de decisiones. En el cuadro 7.16 se recoge una cuenta de resultados, a título de ejemplo, desglosada por productos.

CUADRO 7.15. *Cuenta de resultados (en millones de pesetas)*

DIRECT COSTING		ABSORCION	
Ventas	300	Ventas	300
Costes variables:		Costes de ventas	205
Producción (10.000 unid. a 18.000 pesetas)	180	Beneficio bruto	95
Ventas y administración	20	Gastos de ventas y de administración	45
Contribución marginal	100	Beneficio	50
Costes fijos:			
Producción	30		
Ventas y administración	25		
Beneficio	45		
Inventario final	36	Inventario final	41

El análisis de este cuadro puede permitir tomar una decisión sobre si se ha de abandonar una determinada línea de productos. Por ejemplo, el producto A puede ser analizado como un consumidor de recursos en la medida en que su producción y comercialización genera una pérdida. Sin embargo, un análisis más en profundidad muestra que su contribución asciende a 18 millones de pesetas, que cubre los costes variables que genera y también cubre los costes fijos directos que se le pueden imputar, contribuyendo de esta forma en 6 millones a los costes fijos generales de la empresa. Su eliminación, por tanto, implicaría una disminución en seis millones del beneficio global.

El análisis de esta tabla también permite a la dirección determinar el punto de equilibrio para un determinado producto. Por ejemplo, y en el caso de producto A, la cifra de ventas necesarias para alcanzar el punto de equilibrio se obtendría dividiendo

CUADRO 7.16. *Cuenta de resultados por producto (en millones de pesetas).*

	PRODUCTOS							
	A		B		C		TOTAL	
	Importe	%	Importe	%	Importe	%	Importe	%
Ventas	60	100	40	100	100	100	200	100
Coste variable de ventas	36	60	28	70	40	40	104	52
Margen de producción	24	40	12	30	60	60	96	48
Costes variables no productivos	6	10	2	5	8	8	16	8
Contribución	18	30	10	25	52	52	80	40
Costes fijos directos	12	20	2	5	22	22	36	18
Contribución a gastos generales	6	10	8	20	30	30	44	22
Costes fijos generales	9	15	6	15	10	10	25	12,5
Beneficio	(3)	(5)	2	5	20	20	19	9,5

los costes fijos directos más los costes fijos generales repercutidos al producto por su contribución en tanto por uno, es decir,

$$\frac{21}{0,3}$$

lo que daría una cifra de ventas de 70 millones. Esta cifra de ventas, dividida entre el precio unitario, indica el número de unidades necesarias que se deberían de vender del producto A para que el beneficio fuese 0. La contribución en tanto por uno se ha obtenido dividiendo la contribución (18) entre las ventas.

También la cuenta de resultados desglosada por producto permite responder a la pregunta de: ¿a qué productos conviene prestar más atención? En el caso de que existan restricciones en la capacidad de producción, interesa dar prioridad al producto con la mayor contribución, de modo que se maximicen los beneficios totales.

Las consideraciones anteriores son igualmente válidas cuando se trata de evaluar los resultados de divisiones de la empresa o áreas territoriales.

Sin embargo, el sistema denominado «direct costing» presenta también algunos inconvenientes. Quizá el fundamental consiste en que este sistema no proporciona el coste total de un producto, necesario para tomar decisiones a largo plazo. Esto puede corregirse, de todas formas, incrementando el coste directo de un producto por medio del reparto de los costes fijos generales.

Además, por sus hipótesis de cálculo, el sistema de costes directos subvalora los stocks, por no incluir los costes generales de producción, e introduce fuertes variaciones en los beneficios mensuales, al compás de cambios de la actividad.

Lo importante es señalar que la dirección necesita distintos tipos de información sobre costes en función de sus necesidades. En algunos casos será recomendable preparar la información sobre costes siguiendo el criterio del sistema de absorción, mientras que en otros será más importante prepararlo mediante el «direct costing».

BIBLIOGRAFIA

Parte I

LA FUNCION FINANCIERA

LIBROS

ANSOFF, I.: *Corporate strateby,* McGraw-Hill, 1965.

BARAN, Paul A., y SWEEZY, Paul M.: *El capital monopolista,* Siglo XXI Editores, S. A.

COHEN, J., y ROBBINS, S.: *The Financial Manager,* Harper & Row, 1966.

DONALDSON, G.: *Managing corporate wealth,* Praeger Publishers, 1984.

DRUCKER, P.: *La Gerencia: tareas, responsabilidades y prácticas,* El Ateneo, 1975.

DRUCKER, P.: *Managing in turbulent times,* Pan Books, 1981.

GALBRAITH, J. K., y SALINGER, N.: *Introducción a la economía,* Grijalbo, 1978.

NEWMAN, Logan y HEGARTY: *Strategy,* South Western, 1989.

PETERS, T., y WATERMAN, R.: *En busca de la excelencia,* Ediciones Folio, 1984.

SIMON, Herbet: *El comportamiento administrativo,* Aguilar, 1978.

SOLOMON, E.: *The theory of financial management,* Columbia University Press, 1963.

VAN HORNE, James C.: *Financial Management and policy,* Prentice-Hall, 1990.

ZEITLIN, M.: *Propiedad y control: la gran corporación y la clase capitalista,* Anagrama, 1976.

ARTICULOS

DONALDSON, G.: «Estrategias financieras de emergencia», *Harvard Business Review,* noviembre-diciembre 1969.

DONALDSON, G.: «Financial goals and strategic consequences», *Harvard Business Review,* mayo-junio 1985.

STONEHILL, A., y otros: «Objetivos financieros y factores determinantes del ratio de endeudamiento: encuesta de la práctica en cinco países», *Financial Management,* otoño 1975.

Parte III

COSTES Y PUNTO DE EQUILIBRIO

LIBROS

ANTHONY, R., y REECE, J.: *Accounting,* Irwing, 1989.

CARSBERG, B.: *Teoría económica de las decisiones empresariales,* Alianza Universidad, Madrid, 1973.

DAVIDSON, S., y WEIL, R.: *Handbook of modern accounting,* McGraw Hill, 2.ª edición, 1977.

DEARDEN, J.: *Management accounting,* Irwing, 1988.

DOPUCH, N., y otros: *Cost accounting,* Harcount Brace Ivanovich Inc., 1974.

HELFERT, E. A.: *Técnicas de análisis financiero,* Editorial Labor, Barcelona, 1973.

HORNGREN, C.: *Contabilidad de costes. Un enfoque de gerencia,* Prentice-Hall International, 1980.

HONK, L.: *A practical guide to budgetay and management control systems,* Lexington Books, 1979.

NATIONAL ACCOUNTING ASSOCIATION: *Cost-volume-benefit relationships,* New York, 1976.

PEREIRA, F., y otros: *Contabilidad para dirección, 3.ª edición revisada, EUNSA, Pamplona, 1989.*

PÉREZ-CARBALLO, A.: El ABC de la Dirección Financiera, Ediciones Mentat, Madrid, 1989.

ROSÀNAS y otros: *Contabilidad de costes para toma de decisiones,* Biblioteca de Gestión, 1986.

ROCKLEY, L. E.: *Finance for the non-accountants,* 2.ª edición, Madrid, 1976.

SHILLINGLAW, G.: *Managerial cost accounting,* Irwing, 1977.

SIMERAY, J. P.: *Los gráficos al servicio de la empresa,* Bilbao, 1979.

VAN HORNE, J. C.: *Financial Management and Policy,* 8.ª edición, Prentice-Hall, 1990.

WELSCH, G. A.: *Presupuestos: planificación y control de utilidades,* Prentice-Hall International, 1982.

WRIGHT, M. G.: *The director's guide to accounting and finance,* 2.ª edición, Londres, 1976.

ARTICULOS

CRISTÓBAL, J. M.: «El apalancamiento y el volumen crítico de gestión de la empresa», *ESIC-Market,* enero-abril 1983.

INDACOCHEA, A.: «Reflexiones sobre el punto de equilibrio: hacia un equilibrio financiero», *Alta Dirección,* n.º 153, 1990.

Parte IV

PLANIFICACION FINANCIERA

CAPITULO 8

PREVISIONES FINANCIERAS

SUMARIO: 8.1. Introducción.—8.2. Presupuesto de Caja: 8.2.1. Elaboración de un Presupuesto de Caja: 8.2.1.1. Previsión de ingresos. 8.2.1.2. Previsión de desembolsos. 8.2.1.3. Saldos de Caja. El Presupuesto completo.—8.2.2. Utilidad y limitaciones de los Presupuestos de Caja.—8.3. El Balance previsional.—8.4. La Cuenta de Resultados previsional.—8.5. Relación entre el Presupuesto de Caja y los estados financieros previsionales.

8.1. INTRODUCCION

En los capítulos anteriores se ha utilizado la información económico-financiera procedente del sistema contable de la empresa para evaluar la gestión pasada y detectar los problemas actuales. Este sistema de información es igualmente útil para efectuar previsiones y pronosticar las diferentes situaciones futuras de la empresa frente a distintas circunstancias de su entorno, permitiendo evaluar las estrategias y políticas de actuación a adoptar.

Las previsiones financieras forman parte del proceso planificador de la empresa, proceso mediante el cual la empresa obtiene información del entorno exterior estableciendo estrategias, objetivos y metas para lograr los resultados deseados a corto, medio y largo plazo. En este proceso planificador se articula una serie de documentos basados en pronósticos a plazos diferentes de tiempo que habitualmente cubren un horizonte temporal entre un mes (y a veces una semana e incluso días) a varios años (cuatro o cinco y, frecuentemente, tratándose de planificación estratégica en grandes corporaciones, siete, ocho e incluso más años).

El proceso planificador debe formar un todo integrado en el tiempo, aunque conforme se aleja el horizonte temporal las predicciones son más inciertas y el énfasis de la empresa recae en factores diferentes: a corto plazo el elemento crucial es la liquidez, mientras que a medio y largo plazo los factores fundamentales son los de estructura y su impacto sobre la rentabilidad de la empresa (plan de inversiones y de financiamiento, estructura de la financiación, etcétera).

El proceso secuencial o iterativo del ciclo planificador a corto plazo puede representarse sintéticamente como expresa la figura 8.1.

La planificación se materializa en un plan o conjunto de previsiones debidamente articuladas, coordinadas e instrumentadas a través de programas de acción. El plan financiero constituye el núcleo central de la función financiera de la empresa, elemento integrador de toda su actividad. En este sentido, el plan financiero no es más que la

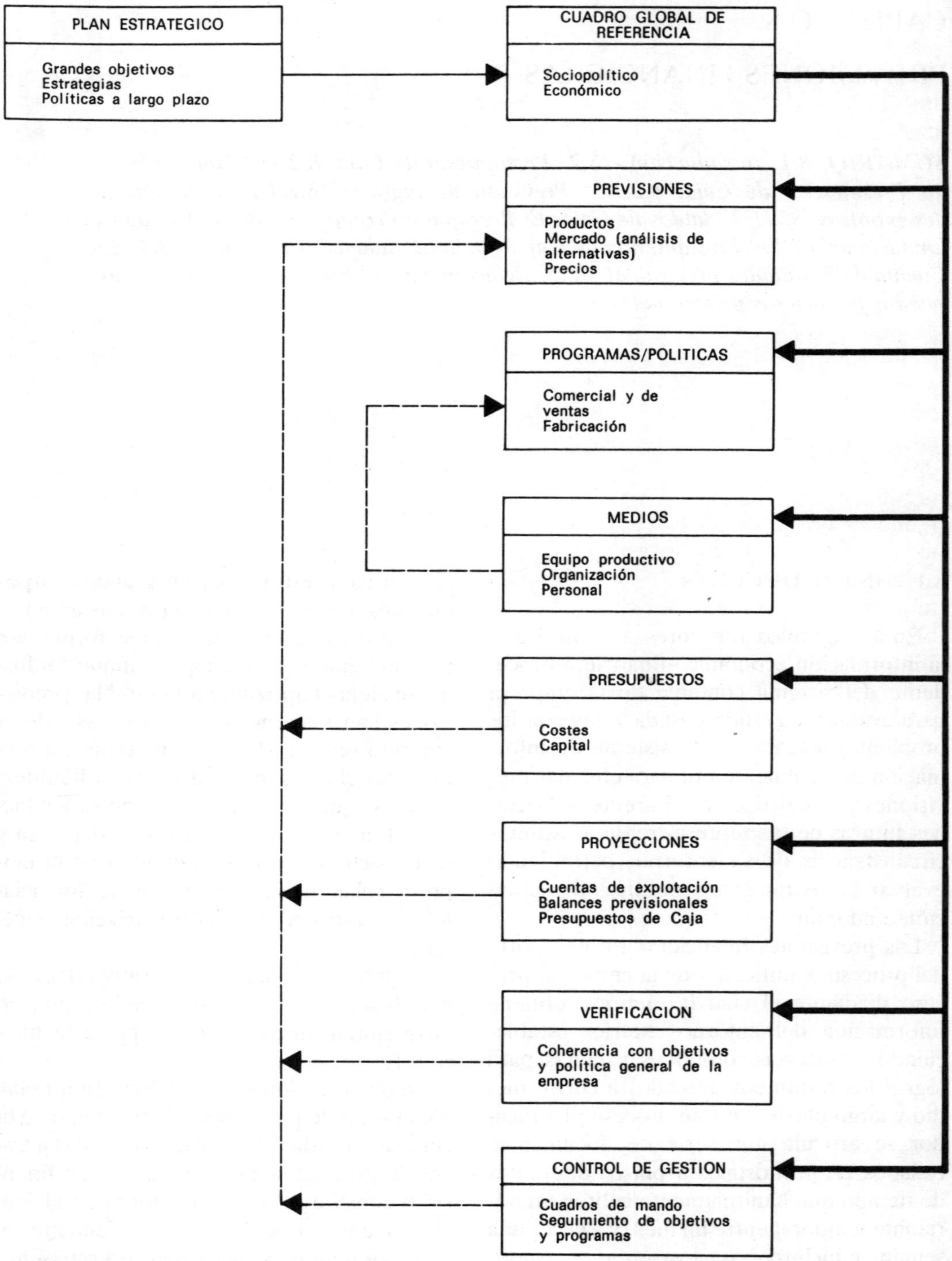

FIGURA 8.1. *El ciclo de la planificación a corto plazo.*

expresión, desde el ángulo financiero, del plan de la empresa. En realidad, como se ha señalado agudamente, los planes se hacen no para que se cumplan, sino para saber cómo actuar cuando no se cumplen.

Las técnicas de planificación son múltiples y variadas y deben estar adaptadas a las características de la empresa y su estilo de dirección. Sin embargo, todas estas técnicas se basan, por una parte, en el sistema de información contable de la empresa, que proporciona datos sobre la historia pasada y la situación presente (¿cuál es la situación real?); por otra, en unas previsiones sobre la evolución del entorno sociopolítico, económico y tecnológico de la empresa y en las diversas alternativas viables de política empresarial para afrontar dicha evolución (¿qué es lo que se quiere hacer?); y, finalmente, en unas técnicas estadísticas e informáticas que permiten evaluar la situación futura de la empresa bajo las diferentes hipótesis previsibles (¿cuál será la situación si se hace lo que se quiere hacer?).

En este capítulo no se va a abordar el proceso de planificación financiera en su conjunto sino, exclusivamente, una parte de él: aquella que se refiere al corto plazo (normalmente, menos de un año). En el próximo capítulo se tratará más en profundidad el proceso de planificación empresarial y, más específicamente, la elaboración del plan financiero a largo plazo. Con esta óptica se analizarán sucesivamente en este capítulo los presupuestos de caja y los estados financieros previsionales (balance y cuenta de resultados). Esta consideración exclusiva del corto plazo implica que algunos elementos de la política financiera de la empresa, aquellos que se refieren a plazos habitualmente más largos (como el plan de inversiones, la financiación a largo, la política de amortizaciones, etc.), se consideran dados, aunque las implicaciones resultantes de la visión a corto puedan inducir la conveniencia de su modificación (por ejemplo, la detección de déficits de tesorería durante un cierto período temporal puede hacer reconsiderar el timing del plan de inversiones o su forma de financiación).

El presupuesto de caja (o de tesorería) [1] constituye un elemento fundamental para el analista financiero, y para la dirección de la empresa, para determinar la posición de tesorería de la empresa a corto plazo y, por tanto, para planear sus necesidades de liquidez y proceder a su financiación. Cuando estos presupuestos de caja se elaboran bajo diferentes supuestos previsibles permiten la evaluación del riesgo de iliquidez de la empresa y el análisis de su margen de seguridad. Este análisis puede conducir a reconsiderar el límite mínimo de caja establecido, a modificar los vencimientos de las deudas, a buscar nuevas posibilidades de financiación, a intensificar la política de cobros, etc., o a alguna mezcla de todas estas políticas. Cuando en los presupuestos de caja se consideran diversas alternativas posibles, su utilidad se extiende a la evaluación de la vulnerabilidad de la empresa ante cambios imprevistos de su flujo de fondos (una caída de la demanda, retrasos en los cobros, etc.) y su capacidad de adaptación a estas circunstancias.

Por otra parte, la elaboración de estados financieros previsionales permite al analista financiero, y especialmente a la dirección de la empresa, evaluar el efecto de las diferentes políticas sobre la situación económica y financiera de la empresa, desde una perspectiva global.

En general, los cálculos necesarios para abordar la elaboración de presupuestos de caja y estados financieros previsionales son, cuando se refieren al mismo período de tiempo, muy semejantes y, en algunos casos, idénticos. El punto crítico de la previsión reside habitualmente en los pronósti-

[1] A partir de ahora se utilizarán estas expresiones indistintamente, como equivalentes.

cos de las ventas y, a partir de éstas, en los planes de producción. En ocasiones estos pronósticos se hacen por separado, recibiendo la denominación de presupuestos de explotación [2].

8.2. PRESUPUESTOS DE CAJA

Un presupuesto de caja consiste básicamente en la previsión de los futuros cobros y pagos de la empresa durante un período determinado. Este período de tiempo puede alcanzar cualquier horizonte temporal, aunque su imbricación con el resto del sistema de planificación aconseje una duración idéntica a la de la planificación a corto (habitualmente, un año), lo que permitirá entroncar la información que contiene con la elaboración de los estados financieros previsionales del mismo período.

Sin embargo, la tesorería es una función tan vital para la vida de la empresa que el período de un año resulta frecuentemente demasiado largo para seguir con la suficiente precisión la marcha de la liquidez de la empresa y sus variaciones estacionales, por lo que una división en períodos mensuales suele ser lo más habitual. Cuando los flujos de fondos (cobros y pagos) son muy variables, los presupuestos deben cubrir períodos de tiempo más breves (quincenas, semanas e incluso días), con el fin de detectar los momentos pico de las necesidades. Igualmente, cuando dichos flujos se suponen relativamente estables, puede ser suficiente la preparación de presupuestos trimestrales e incluso por períodos más largos.

Algunas empresas preparan dos documentos separados: uno muy detallado referido a la liquidez inmediata de la empresa, que cubre un período muy corto (semana, decena, mes) y otro, menos exacto, que contempla un plazo más extenso (como el trimestre, cuatrimestre o semestre) y que permite pronosticar con gran antelación la posición aproximada de la tesorería de la empresa, dando tiempo a su dirección a adoptar las medidas necesarias para adaptarse a la evolución previsible de los acontecimientos.

La utilidad de un presupuesto de caja depende del acierto en las previsiones utilizadas en su elaboración. Cuanto más alejado en el tiempo esté el acontecimiento que se trate de predecir, más incierto generalmente es el pronóstico. Cuando la dispersión de los resultados obtenidos de diversas estimaciones es muy grande, esto significa que el riesgo de la empresa respecto a su nivel de tesorería es alto, lo que probablemente debe inducirla a adoptar las medidas necesarias que cubran cualquier eventualidad posible. En el caso de que los flujos de efectivo de la empresa estén sujetos a mucha incertidumbre, ésta debería disponer de una reserva de dinero o de fuentes financieras de fácil y rápido acceso para afrontar posibles circunstancias adversas.

Un punto crucial del presupuesto de tesorería es que se efectúa sobre una base de caja, es decir, de dinero en efectivo y no sobre una base contable. Así, la cuenta de resultados incluye ingresos y costes o gastos, mientras que el presupuesto de caja recoge únicamente cobros y pagos, es decir, entradas y salidas de dinero efectivo en caja. Por ejemplo, la partida «ingresos por ventas» de la cuenta de resultados recoge el valor monetario de los productos o servicios vendidos por la empresa en el período. Parte del valor de estos productos puede haberse cobrado realmente —lo que aparecerá como una entrada de efectivo en caja— y el resto figurará como una partida del activo del balance —«clientes y deudores», usualmente—. Igualmente ocurre con los costes y gastos. Por ejemplo, dentro de los costes de explotación figurarán los valores monetarios

[2] Véase, por ejemplo, ERICH A. HELFERT, *Técnicas de Análisis Financiero*, Barcelona, 1973.

de las materias primas empleadas en producir los productos y servicios vendidos. Pero si parte de estas materias primas se han obtenido a crédito, solamente la parte efectivamente pagada aparecerá como una salida de caja y el resto figura en el pasivo del balance, normalmente como una partida del exigible a corto («acreedores o efectos a pagar»).

8.2.1. ELABORACIÓN DE UN PRESUPUESTO DE CAJA

El presupuesto de caja se formaliza en un documento o estado, con formato y estructura adaptados a las características de la empresa, donde se recoge la corriente o flujo de cobros y pagos previstos para el período temporal a que se refiera el presupuesto. La disposición de la información suele hacerse de forma que figuren agrupados por separado, por una parte, todos los conceptos de cobro previstos y, por otra, todos los de pago, desglosados ambos por períodos de tiempo hasta abarcar el horizonte temporal deseado.

Una disposición normalizada puede ser la expresada, a título de ejemplo, en el cuadro 8.1.

El saldo inicial es un dato histórico, por ejemplo, el saldo de la cuenta de caja que figura en el balance en la fecha de comienzo del presupuesto de caja. El saldo final de tesorería en cada período se obtiene sumando al saldo inicial la diferencia entre los cobros y pagos del período. Obviamente, el saldo final de un período es el inicial del período consecutivo.

8.2.1.1. **Previsión del flujo de cobros**

Como se ha indicado anteriormente, el punto crítico de la exactitud del presupuesto de caja suele residir en la estimación de las ventas futuras. Esta estimación, lógicamente ya existente en la empresa, es decir, no

CUADRO 8.1. *Presupuesto-tipo de caja.*

	Período de tiempo						Total
	1	2	3	4	5	6	
Saldo inicial	100	105	100	110	115	120	
Cobros							
A	15	15	20	25	20	30	125
B	25	20	25	30	25	30	155
C	10	10	15	10	10	15	70
TOTAL COBROS	50	45	60	65	55	75	350
Pagos							
X	20	20	20	25	20	25	130
Y	15	15	15	20	20	20	105
Z	10	15	15	15	10	15	80
TOTAL PAGOS	45	50	50	60	50	60	315
Saldos entre cobros y pagos del período	+5	−5	+10	+5	+5	+15	+35
SALDO FINAL	105	100	110	115	120	135	

calculada «ad-hoc» para la elaboración del presupuesto de caja, suele estar basada en análisis internos, externos o una mezcla de ambos.

Los pronósticos internos de ventas, calculados por el departamento de ventas de la empresa en base a estimaciones de los vendedores o de los responsables territoriales y/o de cada producto, pueden en ocasiones ser un poco miopes, al ignorar o minusvalorar las grandes tendencias de la economía o del sector de actividad. Por este motivo, muchas empresas (sobre todo las más grandes situadas en mercados competitivos) efectúan también pronósticos de ventas basados en datos externos, como la evolución previsible de la economía, las tendencias de la política económica, las perspectivas de los mercados internacionales, etc. Para este análisis pueden utilizarse técnicas sofisticadas como la correlación entre algunas variables macroeconómicas y el volumen de ventas de la empresa. En base a estas predicciones deben estimarse las cuotas de mercado y la receptividad de éste a nuevos productos o distintos precios. Normalmente, el análisis externo de las ventas es competencia del departamento de estudios, planificación o similar.

Cuando los pronósticos de ventas basados en análisis externos e internos difieren hay que llegar a alguna clase de compromiso. En general, esto no es difícil, pues ambas visiones suelen ser complementarias. Por ejemplo, mientras el análisis interno puede olvidar variables económicas relevantes, el externo puede ignorar algunos pedidos o contratos en curso de importancia fundamental. El presupuesto final de ventas debe basarse en las previsiones de la demanda, sin restricciones iniciales por cuestiones internas, como la capacidad de producción o de financiación. La decisión de introducir o suprimir estas restricciones dependerá, en parte, del resultado del propio presupuesto de caja y, especialmente, del de los demás estados previsionales (tanto a corto como a largo plazo).

Una vez obtenido el presupuesto de ventas, el paso siguiente consiste en estimar los ingresos en caja, cobros o entradas de dinero en efectivo que se producirán. Cuando las ventas se realizan al contado su producto se recibe en el momento; pero cuando son a crédito existe una cierta demora entre la venta y el cobro, demora que depende de las políticas de crédito y cobro de la empresa, además del tipo de cliente y de las condiciones convenidas.

Como ejemplo, que va a desarrollarse a lo largo del capítulo, supóngase que las condiciones habituales de venta de una empresa hipotética, TRANTOR, S. A., son las siguientes, en base mensual:

— el 25 por 100 al contado,
— el 75 por 100 restante a crédito de treinta días neto.

Supóngase también que la experiencia pasada de la empresa indica que el 80 por 100 de las ventas a crédito se cobran efectivamente en el mes siguiente, pero el restante 20 por 100 se cobra dos meses después, no existiendo incobrables.

En el cuadro 8.2 figura el proceso de previsión de cobros por ventas, periodificado por meses, a partir del presupuesto de ventas (1.ª columna), para el semestre enero-junio del año (X + 1).

Cualquier posible alteración, tanto de la política de crédito y cobro de la empresa como de los hábitos de pago de los clientes y de las circunstancias generales de la economía, modificará, probablemente, el flujo de dinero en efectivo. Por ejemplo, ante una política crediticia del Gobierno más restrictiva, algunos clientes posiblemente retrasarán sus pagos; en cambio, una política de cobro más dura por parte de la empresa inducirá a algunos clientes a adelantar sus pagos (aunque tal vez otros decidan no comprar o comprar menos a la empresa, si la

CUADRO 8.2. *TRANTOR, S. A. Cobros por ventas previstas para el primer trimestre del año (X + 1) (en millones de ptas.).*

MES	VENTAS			COBROS POR VENTAS			
	Totales	Al contado	A crédito	Del mes	Del mes anterior	De dos meses antes	Total
Noviembre	400	100	300	100	—	—	
Diciembre	440	110	330	110	240	—	
Enero	400	100	300	100	264	60	424
Febrero	320	80	240	80	240	66	386
Marzo	360	90	270	90	192	60	342
Abril	440	110	330	110	216	48	374
Mayo	440	110	330	110	264	54	428
Junio	480	120	260	120	264	66	450
					208	66	
						52	
TOTAL SEMESTRE	2.440	610	1.730				2.404

competencia ofrece condiciones de pago más tolerantes).

En general, existe un alto grado de correlación entre ventas y cobros que la empresa debe evaluar en función de la experiencia pasada. Un cuadro como el anterior permite medir el efecto de una variación de las ventas sobre la importancia y el momento de las entradas en efectivo, así como también analizar el impacto de un cambio en las políticas de crédito y cobro (por ejemplo, tratar de cobrar una mayor proporción de las ventas al contado o forzar el cobro a treinta días).

Además de mediante el cobro de las ventas, la empresa también puede tener otras entradas en caja provenientes de ventas de activos, dividendos de su cartera de valores, intereses de préstamos concedidos a filiales, anticipos de clientes, etc. Todos ellos deberán figurar en el presupuesto de caja, así como otras posibles entradas derivadas de ampliaciones de capital, emisión de obligaciones, subvenciones recibidas..., etc. [3]. La mayoría de estas entradas en caja están previamente planificadas, figuran en el plan financiero a largo plazo y, por tanto, son fácilmente predictibles desde el punto de vista del presupuesto de caja.

8.2.1.2. **Previsión del flujo de pagos**

El flujo de pagos está compuesto por la totalidad de las salidas de dinero en efectivo de la empresa durante el período de tiempo considerado. Parte de estas salidas están determinadas previamente debido a compromisos ya contraídos (que suelen figurar en el pasivo del balance inicial), como proveedores, créditos a corto, efectos a pagar, etcétera, mientras otras salidas deben estimarse en base a previsiones futuras.

A partir del presupuesto de ventas, la empresa debe establecer un programa de producción para el período, en el que se incluyan las necesidades de materias primas, mano de obra y otros materiales necesarios

[3] Se supone que todos estos ingresos derivan de las operaciones de la empresa o de decisiones de financiación a largo plazo y no de déficit de financiación a corto, detectados por el presupuesto de caja.

para su cumplimentación. De las necesidades de materias primas, dados el stock existente y el deseado, se deducen las compras a efectuar. De la misma manera que con las ventas, existe usualmente una demora entre el momento que se realiza la compra y el momento que efectivamente se paga, demora que dependerá de las condiciones del mercado, de la política de pago a proveedores de la empresa, del volumen de la compra, etc. Igualmente, hay que tener en cuenta la duración del período de fabricación, que hace que desde que se compra la materia prima hasta que se vende, incorporada al producto final, transcurre un período más o menos largo de tiempo.

Supongamos, siguiendo el ejemplo anterior de la empresa TRANTOR, S. A., que las condiciones de pago otorgadas por los proveedores son el 50 por 100 al contado y el resto a treinta días y que la política de la empresa es cumplirlas estrictamente. Si el programa de producción exigiera que las materias primas se compraran un mes antes al de su venta prevista, el presupuesto de pagos por compra de materias primas podría representarse para el período enero-junio como figura en el cuadro 8.3.

Los pagos de la mano de obra directa son fácilmente predictibles. Habitualmente mantienen cierta proporción con el nivel de producción: cuando éste sube, se incrementa la productividad y los pagos por primas y horas extras, aunque éstas suelen representar cantidades pequeñas en relación al total de la nómina.

Otros pagos a realizar son los correspondientes a gastos administrativos, generales y de ventas (publicidad, comisiones, etc.), que suelen ser muy estables y fácilmente pronosticables con antelación; los impuestos, gastos financieros, devolución de préstamos y otros son asimismo predictibles con facilidad, tanto en cuantía como en el momento de pago.

Finalmente, además de los pagos por gastos corrientes deben incluirse también las salidas de caja provenientes de inversiones, dividendos, impuesto sobre sociedades y cualesquiera otras. Las inversiones en elementos de activo suelen planificarse con antelación, figurando en el plan de inversiones como parte del plan financiero a largo plazo; los dividendos suelen ser fijos (un porcentaje sobre el capital o una fracción de los beneficios obtenidos) y pagaderos en fechas determinadas; los impuestos representan un porcentaje fijo del beneficio neto contable, etcétera.

CUADRO 8.3. *TRANTOR, S. A. Previsión de los pagos por compras en el primer semestre del año (X + 1) (en millones de ptas.).*

MES	COMPRAS			PAGOS POR COMPRAS		
	Total	Al contado	A crédito	Del mes	Del mes anterior	Total
Diciembre	160	80	80	—	—	—
Enero	200	100	100	100	80	180
Febrero	220	110	110	110	100	210
Marzo	260	130	130	130	110	240
Abril	260	130	130	130	130	260
Mayo	280	140	140	140	130	270
Junio	240	120	120	120	140	260
TOTAL SEMESTRE	1.460	730	730			1.420

8.2.1.3. Los saldos de dinero en efectivo. El presupuesto de caja completo

Una vez estimadas las entradas y salidas de dinero, convenientemente periodificadas, durante el horizonte temporal considerado, la suma en cada período del total de cobros menos la suma, en el mismo período, del total de pagos nos dará el saldo neto de tesorería, que si es positivo indicará un superávit (es decir, una entrada neta de dinero en efectivo) y, si es negativo, un déficit (es decir, una salida neta de dinero en efectivo). Si a este saldo neto se le añade la posición inicial de tesorería se obtendrá la posición final (véase cuadro 8.1.).

El cuadro 8.4 representa un presupuesto de caja típico, bajo unos supuestos simplificados que incluyen los datos del ejemplo de la empresa TRANTOR, S. A., desarrollado en este epígrafe para cobros por ventas y pagos por compras. El presupuesto indica que la empresa tendrá probablemente un déficit de tesorería en los meses de febrero a mayo, ambos inclusive. Este déficit es ocasionado, fundamentalmente, por un descenso en los cobros por ventas entre febrero y abril; un aumento continuo de compras de materias primas a partir de febrero, hasta junio; el pago de inversiones en febrero; el de dividendos en abril; y nuevamente el de inversiones, junto a los impuestos, en mayo.

Si la política de caja de la empresa TRANTOR, S. A., consistiese en tener como mínimo un excedente de efectivo de, por ejemplo, 50, es evidente que a partir de marzo, y hasta junio, necesitaría una financiación adicional para cubrir el déficit. Esta financiación podría consistir en un crédito a tres meses, a obtener en marzo, por un importe aproximado de 80 (para enjugar el pico de necesidades de mayo).

Existen, sin embargo, otros procedimientos para enjugar los déficit de caja. La empresa podría, por ejemplo, retrasar el pago de sus inversiones o aplazar el pago de proveedores por compras de materias primas o proceder a la venta de nuevos activos. Precisamente una de las principales finalidades de los presupuestos de caja es la detección del volumen y el momento en que se producirán, previsiblemente, déficit de tesorería, para proceder a su financiación o corrección con antelación suficiente. Asimismo, pueden existir superávit transitorias de tesorería que la empresa puede colocar productivamente a corto plazo, obteniendo rentabilidad adicional [4].

8.2.2. Utilidad y limitaciones de los presupuestos de caja

Los presupuestos de caja son conceptualmente sencillos, aunque su elaboración práctica puede resultar muy complicada al intervenir gran cantidad de elementos, muchos de los cuales hay que estimar. En general su utilidad como instrumento de predicción será tanto mayor cuanto mejores sean las previsiones en las que se basen. Si éstas son muy inciertas, la probabilidad de que los flujos de caja reales se desvíen de los pronosticados será muy elevada y la utilidad del presupuesto de caja resultará mucho menor [5].

Para reducir esta incertidumbre, o al menos evaluarla, se pueden efectuar diversos presupuestos de caja basados en distintas previsiones. Por ejemplo, puede realizarse un presupuesto «optimista» basado en estimaciones favorables sobre la evolución de los flujos de cobros y pagos, y otro «pesimista» basado en una estimación desfavorable sobre la evolución de dichos flujos. Estos presupuestos nos indicarán los límites extre-

---

[4] La utilización del presupuesto de tesorería como instrumento de la política de caja se discute ampliamente en el capítulo 17.

[5] JAMES C. VAN HORNE, *Administración Financiera,* Buenos Aires, 1978.

CUADRO 8.4. *TRANTOR, S. A. Presupuesto de caja completo del primer semestre del año (X + 1) (en millones de ptas.).*

	Enero	Febrero	Marzo	Abril	Mayo	Junio
SALDO INICIAL	+100	+160	+106	+48	− 8	−28
Cobros						
Ventas	424	386	342	374	428	450
Intereses y dividendos	26	—	—	—	32	40
TOTAL COBROS	450	386	342	374	460	490
Pagos						
Compras	180	210	240	260	270	260
Sueldos y salarios	80	80	85	90	90	85
Gastos admin. y generales	50	50	50	50	50	50
Gastos financieros	—	—	15	—	—	15
Dividendos	—	—	—	30	—	—
Inversiones	—	100	—	—	50	—
Impuestos	—	—	—	—	20	—
Devolución créditos	80	—	10	—	—	—
TOTAL PAGOS	390	440	400	430	480	410
SALDO DEL MES (+) Superávit (−) Déficit	+ 60	− 54	− 58	−56	−20	+80
SALDO FINAL	+160	+106	+ 48	− 8	−28	+52

mos entre los que se situará, en cada período analizado, la posición de la tesorería, permitiendo a la empresa planificar la obtención o inversión de los recursos necesarios o excedentarios.

Si se dispone de medios suficientes, pueden elaborarse distintos presupuestos de caja resultantes de la aplicación de diversas políticas de la empresa (por ejemplo, variación del período medio de cobro, alteración del pago de las inversiones, etc.) y de la modificación de sus condiciones externas (aumento de la demanda, incremento de costes y gastos, etc.). La asignación de probabilidades subjetivas a los diversos acontecimientos permitirá conocer la distribución de probabilidad de las diversas posiciones de caja en cada período. Para ello, la utilización de técnicas estadísticas y de la informática ofrece enormes posibilidades. Esta información permitirá determinar el saldo mínimo de caja más conveniente, la mejor estructura de vencimiento de pasivo a corto plazo, las diversas posibilidades de financiación de que es preciso disponer para mantener un margen de seguridad y los canales más convenientes para la inversión a corto plazo de excesos de tesorería.

Puede también analizarse la capacidad de la empresa para adaptarse a desviaciones respecto a la evolución esperada. Por ejemplo, en el caso de una caída de las ventas, cuál es la flexibilidad de los pagos, en qué cuantía pueden ser reducidos y en qué plazo; en el caso de un boom de las ventas, qué repercusión tendrá sobre las compras y otros gastos (remuneraciones, gastos generales, etcétera) y cuándo se producirá; si se alarga el período medio de cobro a los clientes, cuánto se necesitará de financiación adicional, etc. Las respuestas a estas preguntas proporcionan un conocimiento valioso del grado de flexibilidad de la empresa ante diversas situaciones posibles, permitiendo evaluar el coste de las probables desviaciones y planificar su resolución [6].

Obviamente, cuanto más completa sea la información mayor será el coste de su obtención. Este coste hay que compararlo con los asociados a la probabilidad de existencia de déficit de caja imprevistos, y a las repercusiones probables de dichos déficit. En general, cuando las desviaciones son importantes respecto a las estimaciones efectuadas deben revisarse los presupuestos de caja en base a la nueva información disponible. En la práctica, es frecuente la existencia de presupuestos deslizantes o rotativos en los que en cada período (por ejemplo, un mes) se prepara un presupuesto de caja con un horizonte temporal fijo (por ejemplo, un año), que incorpora la información más reciente. De esta manera la empresa siempre dispone de presupuestos actualizados con una perspectiva temporal suficiente.

8.3. EL BALANCE PREVISIONAL

El balance previsional proporciona a la empresa una visión mucho más completa de su situación financiera que el presupuesto de caja. Su elaboración se realiza proyectando, cuenta por cuenta, la situación esperada al final del período temporal para el que se efectúa el balance. Como se indicó anteriormente, gran parte de la información necesaria para preparar un balance previsional puede ser directamente obtenida del presupuesto de caja. Si se quiere un grado de exactitud inferior, muchas partidas del balance previsional pueden estimarse a través de ratios históricos.

Supóngase que a partir de los datos del balance al final del año X y de la cuenta de resultados del ejercicio X que figuran en el cuadro 8.5, y utilizando las estimaciones efectuadas para la elaboración del presupuesto de caja del cuadro 8.4, se quiere elaborar el balance previsional al 30 de junio del año (X + 1) de la empresa TRANTOR, S. A. Para ello, se puede estimar el saldo de cada partida en esa fecha del siguiente modo:

a) *Caja y Bancos*

Según el presupuestso de caja (cuadro 8.1), sin financiación adicional, el saldo de «Caja y Bancos» previsto al 30 de junio del año (X + 1) sera de 52 millones de pesetas.

b) *Clientes y cuentas a cobrar*

El saldo de esta cuenta al 30 de junio del año (X + 1) puede calcularse sumando al saldo existente al 31 de diciembre del año X, según figura en el balance (390), el total de las ventas previstas en el primer semestre del año (X + 1) (2.440 según se deduce del cuadro 8.2) y restando el total de los cobros por ventas en dicho semestre (2.404 como figura en los cuadros 8.2 y 8.4).

Es decir:

Saldo final = Saldo inicial + ventas − cobros de ventas.

Aplicando esta sencilla ecuación resulta una cuantía de 426 millones de pesetas.

Si no se dispusiera de la información procedente de un presupuesto de caja, el saldo de «clientes y cuentas a cobrar» podría estimarse a través de un ratio de rotación basado en la experiencia histórica. Este ratio podría ser el cociente entre el saldo de la cuenta de clientes y las ventas del período o, mejor, las ventas a crédito.

[6] GORDON DONALDSON, «Strategy for financial emergency», *Harvard Business Review,* volumen 47, noviembre-diciembre, 1983, pág. 71.

CUADRO 8.5. *TRANTOR, S. A. Balance al 31 de diciembre del año X (después de la distribución de resultados) (en millones de ptas.).*

ACTIVO		PASIVO	
Circulante	670	*Exigible a corto*	540
Caja y Bancos	100	Proveedores	80
Clientes y cuentas a cobrar	390	Créditos	410
Stocks materias primas	180	Impuestos a pagar	20
		Dividendos a pagar	30
Inmovilizado neto	1.830		
Material	1.400	*Exigible a largo*	500
Financiero	800	Préstamos a largo	500
− Amortizaciones acumuladas	370		
		Recursos propios	1.460
		Capital	600
		Reservas	860
ACTIVO TOTAL	2.500	PASIVO TOTAL	2.500

Cuenta de resultados (año X) (en millones de ptas.).

Ventas		4.000
− Coste de las ventas		3.100
− Gastos generales y administrativos		600
− Gastos financieros		60
− Amortizaciones		140
= Beneficio neto antes de impuestos		100
− Previsión para impuestos		20
= Beneficio neto después de impuestos		80
• A dividendos	30	
• A reservas	50	

c) *Stocks de materias primas*

Utilizando el mismo procedimiento anterior el saldo final será igual al inicial más las compras de materias primas del período menos las materias primas utilizadas en el proceso productivo a lo largo del período.

Normalmente, el stock total (no sólo de materias primas, como en el ejemplo simplificado) puede calcularse mediante un ratio histórico de rotación que relacione, por ejemplo, el saldo de existencias por el coste de las ventas. Si en el año *X* este ratio era del 5,8 por 100 y previendo un incremento para el semestre siguiente del coste de ventas similar al de las ventas (20 por 100) puede estimarse el stock al final del período en 220 millones de pesetas.

d) *Inmovilizado material*

El inmovilizado material neto al final del período puede calcularse sumando al ya existente las inversiones realizadas en el período y restando la amortización efectuada y los activos fijos vendidos. El presupuesto de caja del cuadro 8.4 muestra que del primer semestre del año (X + 1) se han estimado unas inversiones materiales de 150 millones de pesetas, no habiéndose previsto venta alguna de activos fijos. Por tanto, el inmovilizado material bruto contable al final del semestre será de 1.550 (1.400 + 150), sin deducir las amortizaciones del período.

Sin embargo, dado que la política de inversiones de la empresa debe planificarse con mucha antelación, es sencillo normalmente predecir la cuantía del inmovilizado material para la elaboración de un balance previsional a corto plazo.

e) *Amortizaciones del período*

Las amortizaciones del período figuran en la cuenta de resultados previsional. Generalmente la política de amortizaciones de la empresa está previamente establecida en base a consideraciones técnicas, económicas y fiscales a largo plazo de la empresa.

Para obtener el saldo de la cuenta de amortizaciones acumuladas basta sumar al saldo inicial las amortizaciones del año y deducir el importe de las amortizaciones de activos y vendidos o liquidados.

En el ejemplo se supone que la empresa mantiene una política de amortización lineal a diez años. Por tanto, el importe de las amortizaciones del semestre será el 5 por 100 del inmovilizado material bruto, esto es, 78 millones de pesetas, y la cifra de amortizaciones acumuladas ascenderá a 448 millones de pesetas.

f) *Inmovilizado financiero*

La cuantía del inmovilizado financiero al final del período será igual al existente al principio del mismo más las nuevas adquisiciones de títulos o participaciones menos las ventas habidas en el período.

En el ejemplo, a lo largo del primer semestre del año (X + 1), y según se deduce del presupuesto de caja, no ha habido compras ni ventas de participaciones financieras, por lo que la partida correspondiente del balance permanece invariable.

g) *Proveedores*

Igualmente, en el caso de la cuenta de clientes el saldo final de proveedores será igual al inicial más las compras menos los pagos efectuados en el período de dichas compras. Este saldo final, utilizando el cuadro 8.3, será de 120 millones de pesetas (80 + 1.460 − 1.420).

h) *Gastos a pagar (impuestos, dividendos, etc.)*

La previsión de gastos a pagar se puede calcular agregando al saldo al principio del período la previsión de los ocasionados a lo largo del período menos los vencimientos ocurridos durante éste.

En general, este cálculo exige el conocimiento del programa de producción y la estimación simultánea de la cuenta de resultados del período, que proporciona el beneficio neto y la previsión para impuestos. En el ejemplo se supone, simplificadamente, que la empresa, según el presupuesto de caja, ha pagado los impuestos y dividendos pendientes y no devenga nuevos impuestos en el primer semestre, con lo que esta partida, al 30 de junio del año (X + 1), será nula.

i) *Créditos y préstamos*

En el ejemplo, la empresa TRANTOR, S. A., tiene, según Balance al 31-XII del año *X*, un crédito a corto plazo de 410 y un préstamo a largo plazo de 500. Según el presupuesto de caja del primer semestre del año (X + 1), la empresa no ha contraído nuevos préstamos y ha devuelto un importe de 10 del crédito a corto y de 80 del crédito a largo. Por tanto, los saldos de estas partidas, independientemente de la nueva financiación exigida por los resultados del presupuesto de caja, es de 400 millones de pesetas para el préstamo a corto y 420 millones de pesetas del préstamo a largo, que permanece invariable.

j) *Capital*

El capital aumenta debido a ampliaciones de capital que suelen planearse a largo plazo y, por tanto, conocerse con suficiente antelación. En el caso de TRANTOR, S. A., no está previsto ningún aumento de la cifra de capital durante el primer semestre del año (X + 1).

k) *Reservas*

Las reservas varían, bien por dotaciones procedentes de resultados, bien por plusvalías o regularizaciones de activo. En el primer caso es necesario pronosticar los resultados del período (y la propuesta de distribución de beneficios, que suele ser relativamente estable, al menos proporcionalmente), lo que se efectúa mediante la cuenta de resultados previsional, que se estudia en el epígrafe siguiente. En el segundo caso, es una decisión de la política contable y fiscal de la empresa, habitualmente planeada con suficiente antelación. En el ejemplo, a expensas de determinar los resultados del período, se supone que no ha habido variación del saldo de la cuenta de reservas.

Resumida toda la información y efectuados los cálculos pertinentes, podemos formar el Balance Previsional al 30 de junio del año (X + 1) que figura en el cuadro 8.6.

Se observa que el activo está completo, mientras en el pasivo falta, por una parte, la previsión de gastos a pagar debido al desfase entre los costes de venta-fabricación y los pagos por estos conceptos (que figuran en el presupuesto de caja bajo las rúbricas de compras y sueldos y salarios) y, por otra, la previsión de los resultados del semestre. Ambos pronósticos se obtienen a partir de la cuenta de resultados previsional, que se analiza en el próximo epígrafe.

Se puede observar la interrelación entre el presupuesto de caja y los estados financieros previsionales, como no podía menos de suceder al tratarse de una única unidad empresarial y el mismo período de tiempo.

CUADRO 8.6. *TRANTOR, S. A. Balance previsional al 30 de junio del año (X + 1) (en millones de ptas.).*

ACTIVO		PASIVO	
Circulante	698	*Exigible a corto plazo*	—
Caja y Bancos	52	Proveedores	120
Clientes y cuentas a cobrar	426	Gastos a pagar	•
Stocks materias primas	220	Créditos	400
Inmovilizado	1.902	*Exigible a largo plazo*	420
Material	1.550	Préstamos	420
Financiero	800		
– Amortización acumulada	448	*Recursos propios*	—
		Capital	600
		Reservas	860
		Resultados	•
ACTIVO TOTAL	2.600	PASIVO TOTAL	•

8.4. LA CUENTA DE RESULTADOS PREVISIONAL

La cuenta de resultados previsional se realiza proyectando cada una de las partidas que la integran bien en base a estimaciones directas procedentes del presupuesto de caja o balance previsional, bien en base a ratios históricos relacionados usualmente con la cifra de ventas.

A partir de un presupuesto de ventas y de la formulación de un programa de producción pueden estimarse los diversos componentes del coste de fabricación (o coste de las ventas, en terminología contable). En general, la mayoría de estos componentes tienen una relación muy directa y relativamente estable con las ventas. En cualquier caso, una contabilidad de costes bien instrumentada puede proporcionar una información muy exacta.

Los gastos administrativos y generales suelen ser de fácil predicción por su carácter fijo. Los gastos de venta son igualmente fijos o proporcionales a las ventas y, en cualquier caso, planeados con anterioridad (una campaña de publicidad, por ejemplo). Los gastos financieros son función de la financiación existente y proyectada por la empresa y su previsión fácil de efectuar en función de las características y condiciones de dicha financiación. Las amortizaciones del período, como se indicó anteriormente, son función de la política de amortizaciones establecida por la empresa a largo plazo.

Con las estimaciones anteriores se obtiene el beneficio neto antes de impuestos previsto que, tras la deducción del impuesto sobre sociedades, proporciona el beneficio neto distribuible, si no existen ingresos y gastos extraordinarios o ajenos a la explotación.

En el ejemplo de la sociedad TRANTOR, S. A., la cuenta de resultados previsional para el primer semestre del año (X + 1) será la siguiente:

— Ventas: 2.440 millones de pesetas (cuadro 8.2.).

— Coste de ventas: suponiendo simplificadamente que se compone únicamente de materias primas y sueldos y salarios (como figura en el presupuesto de caja), su importe puede calcularse como sigue:

- Sueldos y salarios: 510 millones de pesetas (como figura en el presupuesto de caja).
- Materias primas (*MP*): las materias primas consumidas en el proceso de fabricación será igual al stock de *MP* inicial (180) más las compras de *MP* efectuadas en el semestre (1.460), menos el stock de *MP* final (220, como figura en el balance). Un sencillo cálculo de la cifra de 1.420 millones de pesetas.

La suma de ambas partidas da un resultado de 1.930 millones de pesetas como coste de las ventas.

— Gastos administrativos y generales: 300 millones de pesetas, según el presupuesto de caja. Si hubiera habido otros gastos devengados y no pagados, la diferencia entre los saldos correspondientes de la cuenta de resultados y el presupuesto de caja aparecería en el pasivo de balance.

— Gastos financieros: 30 millones de pesetas, según el presupuesto de caja.

— Amortizaciones: 78 millones de pesetas, correspondiente al 5 por 100 del inmovilizado material bruto (1.550) resultante de una política de amortización lineal en diez años.

— Impuestos: 20 por 100 del beneficio neto antes de impuestos.

Con estos datos, la cuenta de resultados previsional resultante aparece en el cuadro 8.7.

CUADRO 8.7. *TRANTOR, S. A. Cuenta de resultados previsional [primer semestre del año (X + 1)] (millones de ptas.).*

Ventas	2.440
− Coste de ventas	1.930
− Gastos generales y administrativos	300
− Gastos financieros	30
− Amortizaciones	78
+ Productos financieros	98
= Beneficio neto antes de impuestos	200
− Impuestos	40
= Beneficio neto después de impuestos	160

8.5. RELACION ENTRE EL PRESUPUESTO DE CAJA Y LOS ESTADOS FINANCIEROS PREVISIONALES

Con las estimaciones procedentes de la cuenta de resultados previsional del cuadro 8.7 se puede ahora completar el balance previsional del cuadro 8.6. En efecto, los gastos a pagar, derivados de costes de fabricación devengados y no pagados, se estiman nulos, mientras los resultados antes de impuestos resultan 200 millones de pesetas.

El cuadro 8.8 presenta el balance previsional completo.

A lo largo de los epígrafes anteriores, y en base al ejemplo simplificado desarrollado, se ha podido comprobar la estrecha interrelación entre el presupuesto de caja, el balance previsional y la cuenta de resultados previsional. Por ejemplo, el saldo final del presupuesto de caja va directamente al balance igual que los resultados previstos de la cuenta de resultados; los gastos financieros se deducen del pasivo del balance y del presupuesto de caja; la previsión de ventas es común, etc. En realidad, la visión completa de la empresa la proporcionan los tres documentos conjuntamente. Así, del presupuesto de caja de la empresa TRANTOR, S. A. (cuadro 8.4) se deduce un déficit de tesorería entre abril y mayo. Si la empresa decidiera financiar este déficit con un crédito a corto plazo por importe de 80 millones de pesetas, habría que rehacer los cálculos para prever los nuevos gastos financieros, con lo que se modificaría tanto el presupuesto de caja como la cuenta de resultados y el balance (activo circulante y pasivo).

Si, por ejemplo, este nuevo crédito se consiguiera en marzo por un período de tres meses, con un interés medio anual (incluidas comisiones) del 20 por 100, esto supondría un incremento de los gastos financieros en junio por importe de cuatro, con lo que el saldo final de caja en junio, una vez cancelado el crédito, sería de +48. Los nuevos estados financieros previsionales, balance y cuenta de resultados figuran en el cuadro 8.9.

La realización de previsiones financieras sistemáticas, que tengan en cuenta diversas alternativas sobre la evolución futura de la empresa, proporciona una visión completa y útil no sólo en cuanto a su liquidez, sino también en cuanto a su rentabilidad probable y su estructura financiera, permitiendo adoptar con tiempo suficiente las medidas necesarias para mejorar su situación y afrontar con éxito circuntancias imprevistas.

CUADRO 8.8. *TRANTOR, S. A. Balance previsional al 30 de junio del año (X + 1) (en millones de ptas.).*

ACTIVO		PASIVO	
Circulante	698	*Exigible a corto plazo*	520
Caja y Bancos	52	Proveedores	120
Clientes y cuentas a cobrar	426	Gastos a pagar	—
Stocks materias primas	220	Créditos	400
Inmovilizado	1.902	*Exigible a largo plazo*	420
Material	1.550	Préstamos	420
Financiero	800		
− Amortización acumulada	448	*Recursos propios*	1.660
		Capital	600
		Reservas	860
		Resultados	200
ACTIVO TOTAL	2.600	PASIVO TOTAL	2.600

CUADRO 8.9. *TRANTOR, S. A. Balance previsional al 30 de junio del año (X + 1) (después de financiar los déficit de tesorería) (en millones de ptas.).*

ACTIVO		PASIVO	
Circulante	696	*Exigible a corto plazo*	520
Caja y Bancos	48		
Clientes y cuentas a cobrar	426	*Exigible a largo plazo*	420
Stocks materias primas	220		
		Recursos propios	1.866
Inmovilizado neto	1.902	Capital	600
		Reservas	860
		Resultados	196
ACTIVO TOTAL	2.596	PASIVO TOTAL	2.596

Cuenta de resultados previsional
[primer semestre del año (X + 1)] (millones de ptas.).

Ventas	2.440
− Coste ventas	1.930
− Gastos generales y administración	300
− Gastos financieros	34
− Amortizaciones	78
+ Productos financieros	98
= Beneficio neto antes de impuestos	196

CAPITULO 9

EL PLAN FINANCIERO A LARGO PLAZO

SUMARIO: 9.1. Introducción.—9.2. La planificación en la empresa: 9.2.1. El proceso de planificación. 9.2.2. Evolución de la planificación.—9.3. Funciones, objetivos y naturaleza del plan financiero a largo plazo.—9.4. Contenido formal y estructura del plan financiero a largo plazo.—9.5. Modelos de planificación financiera.—9.6. La planificación estratégica en la práctica.—APENDICE: Anexo 1. Elaboración práctica de plan financiero: caso de aplicación.—Anexo 2. Simulador para el análisis financiero con ordenador (SAFO). Aplicación al caso BUNOSA.

9.1. INTRODUCCION

La planificación financiera constituye la expresión económica (¿cuántos fondos se necesitan?) y financiera (¿cómo se pueden financiar?) de la planificación general de la empresa; es decir, la cuantificación en términos monetarios y de una manera sistemática e integrada de las acciones que la empresa pretende efectuar para conseguir los fines proyectados.

Este capítulo trata fundamentalmente de la planificación financiera a largo plazo (usualmente, entre tres y cinco años), por lo que resulta complementario del capítulo 8 anterior dedicado a las «Previsiones Financieras» o planificación financiera a corto plazo u operativa (generalmente, con horizonte anual).

El plan financiero suele constituir el último eslabón del proceso de planificación y, por tanto, la estrategia de la empresa sólo adquiere sentido definitivo una vez que se ha comprobado su viabilidad financiera.

Esto implica que las restantes estrategias funcionales de la empresa —comercial, productiva, de I + D, de recursos humanos— sólo adquieren coherencia final dentro de un marco económico-financiero que garantice no sólo la viabilidad sino también la optimización del plan en su conjunto, ya que la empresa es un sistema con todas sus partes interdependientes y en el que el todo es mayor, y con frecuencia distinto, que la suma de aquéllas. Por otra parte, cualquier consideración estratégica funcional tiene una repercusión financiera que hay que considerar para garantizar su factibilidad.

Dado que la planificación financiera constituye una parte del proceso de planificación empresarial resulta conveniente analizar éste, así como su resultado o «proyecto final», usualmente denominado plan a largo plazo y, más modernamente, plan estratégico de la empresa.

9.2. LA PLANIFICACION EN LA EMPRESA

La planificación es un proceso mediante el cual la empresa, a partir de su situación interna actual y de la evolución previsible del entorno exterior y de la competencia, establece un conjunto articulado de estrategias, programas y actuaciones para conseguir los objetivos deseados, de acuerdo con las finalidades y directrices establecidas previamente.

En sentido estricto, planificar es la parte del proceso de dirección consistente en la identificación de unas acciones dirigidas a la consecución de unos objetivos; acciones que, posteriormente, habrá que programar, ejecutar y controlar. En sentido amplio, la planificación incluye la programación y el control de dichas acciones y abarca, por tanto, la totalidad del proceso de dirección [1]. Es esta última concepción la que está en base de la moderna teoría de la «dirección estratégica» [2].

En esencia, el proceso de planificación consiste en «proyectar el futuro deseado e identificar los medios efectivos para conseguirlo» [3]. Para ello, la planificación pretende romper con la tendencia «natural» de evolución de la empresa, cubriendo el «gap» entre lo que las previsiones técnicas indican que sucederá y lo que debería ocurrir (o se quiere que ocurra) en función de los fines y objetivos establecidos, tal como figura en el esquema clásico de la figura 9.1.

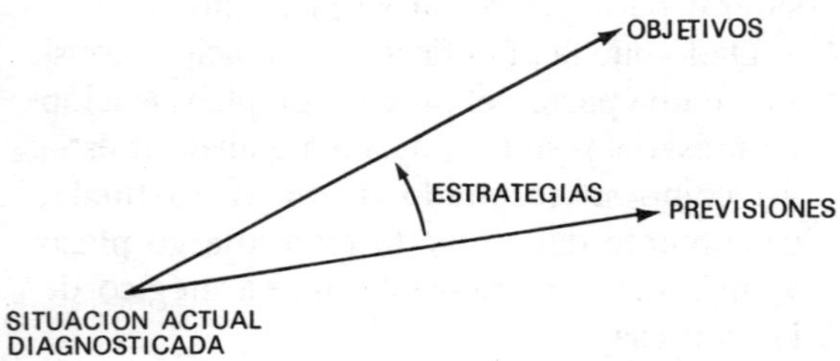

FIGURA 9.1. *Las estrategias en la planificación.*

Los fines y objetivos deben ser fijados por quienes ostentan el poder y la capacidad de decisión (los «políticos») y tienen carácter voluntarista. Las previsiones sobre evolución del entorno y la situación interna de la empresa en función de aquél tienen carácter de estimación sobre el futuro y son realizados por especialistas (los «técnicos»). El «gap» entre las estimaciones de los expertos y los deseos políticos debe ser cubierto por los «estrategas», que deben asegurar la coordinación del conjunto para garantizar el éxito, es decir, el logro de los objetivos [4].

9.2.1. El proceso de planificación

La base de la planificación radica en analizar el entorno y la competencia detectando las oportunidades y riesgos que el futuro pudiera plantear a la empresa para, en base a su situación y potencialidades (puntos fuertes y débiles), tratar de explotarlos o evitarlos, conduciendo a la empresa al logro de sus objetivos de la manera más efectiva posible. Un esquema típico del proceso de planificación se representa en la figura 9.2.

La planificación constituye un proceso continuo y total, que debe abarcar todos los aspectos de la empresa y en el que se integran perspectivas temporales diferentes, cada una de las cuales pone el énfasis en aspectos distintos: a corto plazo —normalmente, un año— las cuestiones básicas suelen ser de naturaleza presupuestaria, tales como la liquidez, la gestión del circulante, la reducción de costes y la política de precios; a medio y largo plazo —normalmente, planes plurianuales entre tres y cinco años—, la

[1] Asociación Española de Planificación (AESPLAN), «La función del planificador», *Dirección y Progreso,* marzo-abril 1986.

[2] Véase H. Igor Ansoff, *Strategic Management,* MacMillan Ltd., Londres, 1980, y, del mismo autor, *Implanting Strategic Management,* Prentice/Hall International, 1984.

[3] Russell L. Ackoff, *Un concepto de planificación de empresas,* México, 1972.

[4] A. Fernández Romero, «Estrategia militar y estrategia empresarial», *Dirección y Progreso,* marzo-abril 1986.

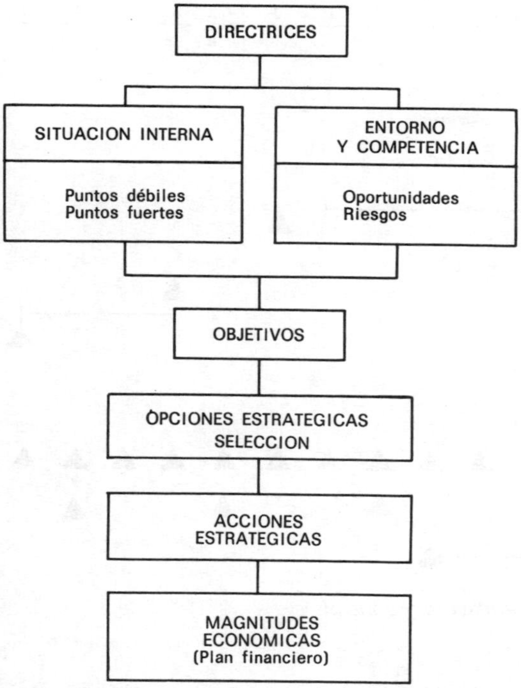

FIGURA 9.2. *Esquema del proceso de planificación.*

atención se centra en aspectos más estratégicos, tales como las posibilidades de expansión, la evolución tecnológica, la estructura de producción y su localización, la inmovilización de recursos y su asignación, la estructura de la financiación, la política de dividendos, la estructura de costes y la diversificación; a muy largo plazo —generalmente, diez años y a veces, en las grandes corporaciones, más—, los aspectos más importantes son de naturaleza prospectiva, tales como la estructura demográfica, la evolución social, las tendencias de fondo de la economía, los cambios tecnológicos previsibles y las líneas maestras de la investigación básica.

Un esquema lógico del proceso global de planificación y control se muestra en la figura 9.3, y una síntesis orientativa del calendario anual, en la figura 9.4.

El resultado del proceso de planificación son los planes. Sin embargo, el que los planes constituyan los productos normales del proceso de planificación no significa que el objeto de ésta sea la formulación de planes. Por el contrario, el objetivo de la planificación es la «preparación de las decisiones», siendo el plan el «resultado de la preparación de las decisiones». Por tanto, la planificación no puede reducirse a la cuantificación numérica de los datos previsionales de la actualidad empresarial, ni tampoco a ser solamente el soporte del control entre las cifras previstas y las reales, aunque el proce-

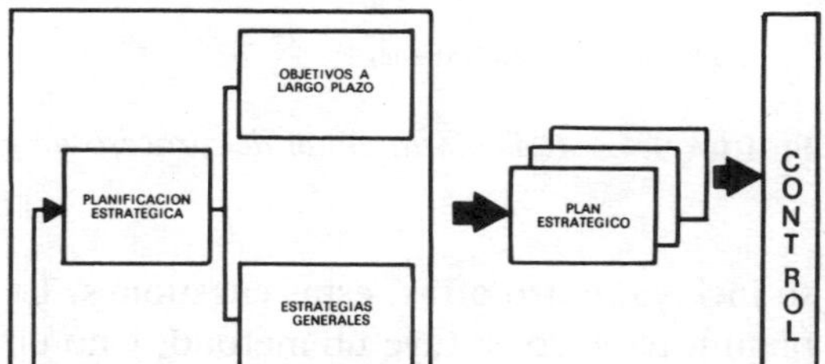

Fuente: D. Montero, «Planificación y Control». *Dirección y Progreso,* marzo-abril 1986.

FIGURA 9.3. *El proceso global de planificación y control en la empresa.*

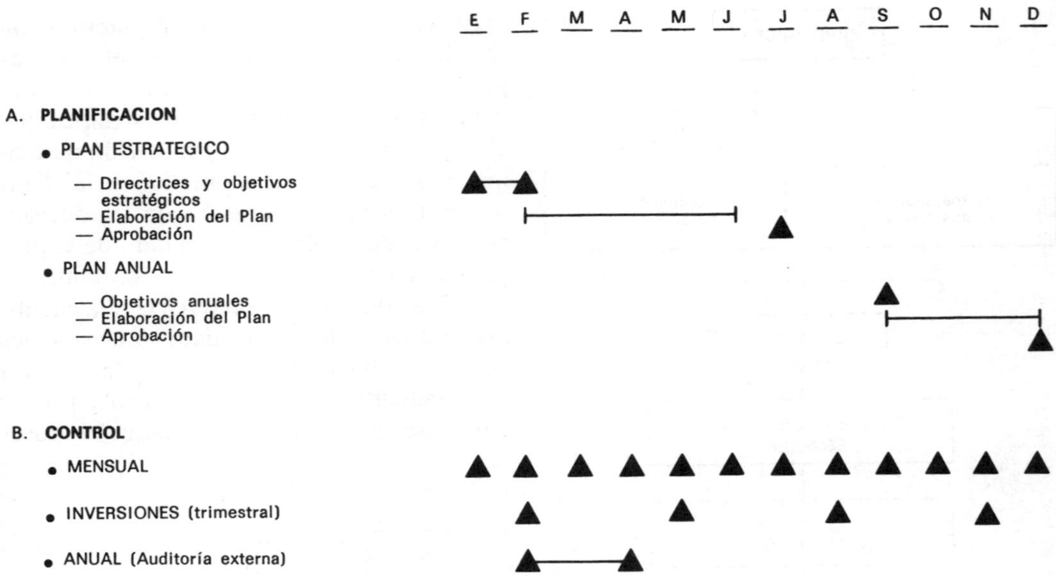

FIGURA 9.4. *Calendario anual del proceso de planificación y control.*

so incluya, entre otras, estas cuestiones. La planificación constituye un método, y no un fin, que enlaza los objetivos empresariales con el proceso de decisión-acción [5]. En la planificación es más importante el proceso que el propio plan final, ya que a través del proceso de planificación se produce una amplia interacción en el seno de la empresa que difunde el conocimiento basado en la experiencia, estimula y motiva a las personas, flexibiliza la organización y crea el marco adecuado para el desarrollo de los valores compartidos [6].

Los elementos básicos que definen la planificación como proceso de preparación de la toma de decisiones empresariales son los siguientes:

— La planificación es un proceso continuo e integral que requiere un esfuerzo global de toda la organización y, por tanto, no es una tarea que se pueda delegar en especialistas, sean internos o externos.

— La planificación es una de las funciones básicas de la dirección, ya que no es posible dirigir una empresa sin saber bien dónde se quiere ir (objetivos); por qué caminos (estrategias); con qué medios (políticas); cuándo y de qué manera (programas); y quién tiene que hacer qué en cada momento (organización).

— La planificación es inseparable del control, ya que difícilmente se puede dirigir ni saber si cada parte de la organización está cumpliendo sus funciones si éstas no se controlan. Así, el binomio planificación-control es un proceso continuo e iterativo donde el control actúa como input de información para el nuevo ciclo de la planificación. Esto significa que ningún plan debe considerarse como definitivo.

— La planificación requiere un esquema

[5] Ferrari, C., «Patologías de los sistemas de planificación», *Gestión del Cambio,* 1991.

[6] Peters, T., y Waterman, R., *En busca de la excelencia,* Plaza & Janes, 1984.

lencia». Plaza & Janes, 1984.

CUADRO 9.1. *Tipos de planificación correspondientes a diversos niveles de turbulencia en el entorno.*

Características	NIVEL DE TURBULENCIA			
	1900 Entorno estable	1930	1950 1970	1990 Entorno creativo
Naturaleza de los cambios	• Familiares	• Extrapolación continua de la experiencia	• Discontinuos pero basados en el pasado	• Discontinuos y desconocidos
Rapidez del cambio	• Más lento que la capacidad de la respuesta de la empresa	• Comparable al tiempo de respuesta		• Más rápido que la capacidad de respuesta de la empresa
Perspectiva del futuro	• Repetitivo	• Previsible por extrapolación	• Oportunidades y amenazas detectables	• Sólo percepción parcial de «señales débiles»
Tipo de planificación	• Sistemas parciales y estándares	• A largo plazo	• Estratégica	• Gestión estratégica en tiempo real

organizativo apropiado, que delimite claramente las funciones y responsabilidades de cada nivel jerárquico de la empresa en el proceso global.

Las fases o etapas básicas de la planificación pueden concretarse en [7]:

a) Determinar lo que se pretende. Esto exige especificar los objetivos a corto, a medio y a largo plazo.

b) Determinar cómo llegar allí mediante la adopción de nuevos medios, entre los disponibles; esto requiere especificar las líneas de acción, los procedimientos, los programas y las políticas a aplicar.

c) Fijar los tipos de recursos y la cantidad requerida de cada uno de ellos, especificando cuándo se necesita, cuándo y dónde, y también cómo se va a obtener o a producir.

d) Establecer los requisitos y diseñar los procesos organizativos que hagan posible seguir con eficacia las actuaciones decididas.

e) Organizar la ejecución y el control de las decisiones planificadas, bajo condiciones cambiantes y a partir de la experiencia que el plan aporte.

9.2.2. EVOLUCIÓN DE LA PLANIFICACIÓN

La historia de los sistemas de planificación a largo plazo en la empresa ha seguido, lógicamente, la evolución de los cambios en el entorno exterior. Este entorno se ha ido modificando progresiva y aceleradamente desde principios de siglo hasta la actualidad, a causa de multitud de impulsos tecnológicos, económicos, sociales, culturales y políticos que configuran un mundo empresarial crecientemente complejo y cambiante. El cuadro 9.1 ofrece una panorámica de los

[7] R. L. ACKOFF, «La realización de un proyecto de futuro: planificación de sistemas y principios de organización». Notas del curso organizado por The Wharton School of Pensylvania, Madrid, mayo 1977.

tipos de planificación que corresponden a la naturaleza y velocidad de los cambios a que la empresa se ha visto sometida.

Inicialmente, y hasta hace pocas décadas, los cambios eran de naturaleza familiar, su velocidad era más lenta que la capacidad de respuesta de la empresa, lo que correspondía a un entorno caracterizado por su estabilidad y a una organización empresarial continuista y, en todo caso, «incremental». No era necesaria la planificación (la «anticipación»), ya que bastaba con un estilo de dirección reactivo: nada debía cambiarse hasta que la necesidad se hiciera evidente e imperativa.

Posteriormente, conforme la velocidad e intensidad de los cambios aumentaba, la experiencia del pasado continuó constituyendo una guía fiable para el futuro. La extrapolación de las tendencias permitía a las empresas vislumbrar razonablemente el porvenir. Las necesidades de anticiparse no eran urgentes, ya que los cambios eran lo suficientemente lentos para posibilitar respuestas satisfactorias. A este tipo de entorno variable, pero con continuidad, correspondía un estilo de «planificación a largo plazo» consistente fundamentalmente en extrapolar la experiencia pasada.

A partir de la década de 1960 los cambios fueron cada vez más discontinuos. Algunos de ellos podían identificarse a través del análisis de las fuerzas subyacentes, pero la probabilidad de que ocurrieran y el grado de intensidad eran inciertos. Otros permanecían ocultos en la complejidad del entorno hasta que su aparición impactaba a la empresa, constituyendo así «sorpresas estratégicas» no pronosticables por ella. El tipo de planificación correspondiente a este entorno es la «planificación estratégica» que acentúa la dimensión creativa y los cambios cualitativos en la evolución empresarial.

Conforme las empresas se veían sometidas a entornos con cambios más intensos, impredecibles y discontinuos, especialmente en aspectos sociopolíticos y tecnológicos, los métodos de planificación se modificaron hacia la «gestión de los problemas estratégicos» y, en conexión con problemas derivados de la resistencia organizativa a la implementación de las acciones estratégicas (especialmente, en comparación con la flexibilidad de las empresas japonesas), derivó hacia la «gestión estratégica», que estimula el cambio permanente de la estructura organizativa para adaptarse al medio exterior y la adecuación empresarial para captar las «señales débiles» del entorno [10].

Las tendencias más actuales de la planificación estratégica tienden, por una parte, a la búsqueda de una posición competitiva favorable en el sector de actividad de la empresa mediante el análisis de la «cadena de valor» y otras técnicas que permitan la identificación de sus ventajas competitivas [11], y, por otra, en línea con la idea de «cultura estratégica», hacia la necesidad de que el pensamiento estratégico impregne toda la organización, de modo que el sistema de planificación esté integrado en todos los sistemas de gestión de la empresa, en el marco de esquemas organizativos muy flexibles e impulsores de la creatividad y la innovación.

9.3. FUNCIONES, OBJETIVOS Y NATURALEZA DEL PLAN FINANCIERO A LARGO PLAZO

Como ya se ha indicado, el plan financiero a largo plazo constituye la expresión, cuantificada en términos monetarios, sistemática e integrada, del plan a largo plazo de la empresa, esto es, de su plan estratégico.

---

[10] Véase ANSOFF, IGOR H., «Weak Signals from the Unknown», *International Management,* octubre 1979, y, del mismo autor, *Implanting strategic management, op. cit.,* especialmente los capítulos 5.3 y 5.4.

[11] Véase PORTER, MICHAEL, F., *Ventaja competitiva,* CECSA, México, 1987.

La importancia del plan financiero radica en que representa la síntesis articulada de todo el proceso planificador: permite conjugar las necesidades de fondos que va a tener la empresa a lo largo del período del plan con las fuentes disponibles para su financiación.

Si las necesidades exceden las posibilidades de financiación, la empresa deberá reconsiderar su plan bien en aspectos tácticos —como la modificación de su calendario de inversiones, alteración coyuntural de sus políticas de endeudamiento, autofinanciación u otros similares—, o bien en aspectos estratégicos —plan de inversiones y desinversiones, objetivos de crecimiento a largo plazo y tecnología, entre otros—.

Por el contrario, si las posibilidades de financiación para unos objetivos dados exceden a las necesidades de fondos, la empresa podría reconsiderar su plan estratégico en el sentido de potenciar su crecimiento y/o reforzar su estructura financiera [12].

Cuando los planes estratégicos contienen diversas alteraciones posibles (opciones estratégicas), los planes financieros ligados a cada una de ellas proporcionan un elemento de evaluación para seleccionar la más conveniente.

El plan financiero de la empresa permite, además, analizar la vulnerabilidad de la empresa ante cambios imprevistos en el entorno, tales como una caída de la demanda, un alza en los costes, retrasos en la entrada en explotación de las inversiones, endurecimiento de los mercados financieros, etc., así como evaluar su flexibilidad y capacidad de adaptación frente a estas circunstancias u otras semejantes.

La planificación financiera a largo plazo [13] suele centrarse en los aspectos esenciales o «estratégicos» de la empresa, evitando descender a detalles que, aunque importantes, puedan hacer perder la visión de conjunto [14]. Así, el plan financiero a largo plazo generalmente contempla grandes agregados: divisiones o líneas de productos en empresas grandes o la empresa en su conjunto cuando ésta es pequeña.

Las alternativas estratégicas pueden ser generadas por el propio proceso de planificación o, más frecuentemente, ser indicadas, a título orientativo, por la alta dirección o por el staff corporativo en base a consideraciones de política general o a limitaciones financieras globales. Un ejemplo de directrices financieras puede consistir en elaborar tres planes [15]:

1. Uno —máximo— de «crecimiento agresivo» dirigido a objetivos tales como incrementar cuotas de mercado, desarrollar nuevos productos o entrar en nuevos mercados, que normalmente requerirán fuertes inversiones.

2. Otro —medio— de «crecimiento moderado», que podría calificarse de continuidad y que simplemente persigue mantener la empresa en las mismas pautas que en el pasado.

---

[12] Un punto importante del plan financiero es que, al contrario que el presupuesto de tesorería, se suele efectuar sobre una base contable y no de caja. Es decir, se realiza en términos de fondos, siguiendo el principio del devengo y no del cobro o pago, ni de entradas o salidas de dinero. Esto significa que, por ejemplo, en la aplicación de fondos para inversiones en inmovilizado se consignarán los totales devengados que se prevean realizar en cada período, con independencia del momento en que se pretendan efectuar los desembolsos, puesto que, si las inversiones se contratan con pago aplazado esta circunstancia se recogerá en la parte correspondiente a la financiación.

[13] R. Bealey y S. Myers, *Principles of corporate finance,* McGraw Hill, 1980.

[14] Lo que H. J. Ansoff y otros han denominado «parálisis por el análisis». Véase, por ejemplo, su artículo «Management behavioural resistance to change», Bruselas, 1980.

[15] Las alternativas estratégicas definidas pueden ser consideradas, desde la perspectiva financiera, como «proyectos» de inversión, cada uno de los cuales lleva asociado un cash-flow, y cuyo análisis puede efectuarse siguiendo las técnicas de evaluación de inversiones que se exponen en los capítulos 10 a 13 de este libro.

3. Finalmente, un tercero —mínimo— «de retirada o contracción» dirigido a minimizar las inversiones y, eventualmente, a la desinversión o liquidación parcial o total.

Es importante resaltar que el establecimiento «a priori» de techos financieros rígidos al comienzo del proceso de planificación no resulta aconsejable debido a que puede perturbar la capacidad creativa necesaria para «imaginar» el futuro. Además, cuando la planificación es plurinacional o multiempresarial —el caso de un holding, por ejemplo— existe una propensión a delimitar los techos financieros de cada unidad en términos similares a los pasados, lo que puede conducir a una asignación inadecuada de recursos.

Por el contrario, si no se establece una cierta orientación, puede resultar que las alternativas estratégicas seleccionadas impliquen necesidades financieras imposibles de conseguir. Cuando la suma de los planes financieros de las diferentes unidades excede considerablemente de las posibilidades financieras del conjunto, el proceso de selección puede llegar a ser notablemente complejo por las diferentes restricciones que puede llevar asociadas. En consecuencia, suele ser frecuente el establecimiento de diretrices financieras que establezcan orientaciones para la elaboración del plan.

9.4. CONTENIDO FORMAL Y ESTRUCTURA DEL PLAN FINANCIERO A LARGO PLAZO

El contenido del plan consiste, básicamente, en la cuantificación período a período hasta alcanzar su horizonte, de las necesidades de fondos que vaya a tener la empresa, por una parte, y de las fuentes de financiación necesarias para cubrir estas necesidades, por otra. Se trata, por tanto, de un estado de origen y aplicación de fondos de carácter proyectivo o predictivo, es decir, orientado hacia el futuro.

Las previsiones del plan financiero obligan, por consiguiente, a la estimación de balances y cuentas de resultados futuros, por lo que, en ocasiones, se denomina plan financiero al conjunto de los tres documentos o estados proyectivos siguientes:

— Estado de origen y aplicación de fondos, o plan financiero propiamente dicho.
— Balances proyectados.
— Cuentas de resultados proyectadas.

Además de los documentos anteriores, los planes financieros a largo plazo contienen, generalmente, un programa detallado de inversiones, desagregado por rúbricas contables (inmovilizado material, inmaterial, financiero, gastos amortizables y capital circulante) y por divisiones, actividades, negocios o líneas de productos, así como un plan de financiación específica.

El programa de inversiones debe contener, adicionalmente, las fechas inicial y final previstas para la realización de cada proyecto, una descripción de su objeto, las cantidades comprometidas en cada período y la inversión total del proyecto. En los proyectos importantes, bien por la cuantía de la inversión, o bien por su carácter estratégico, suele resultar conveniente añadir descripciones escritas que justifiquen y evalúen el proyecto siguiendo criterios estandarizados [16].

La estructura básica del plan financiero consta de dos partes: necesidades de fondos (aplicación prevista) y fuentes de financiación (origen).

Las necesidades de fondos que va a tener la empresa son fundamentalmente:

— Las ya contraídas: devolución del exi-

[16] En la parte V se exponen la naturaleza de estos criterios (capítulos 11 y 12), así como algunos aspectos formales y organizativos y para la presentación de los resultados (capítulo 13).

gible actual, a su vencimiento y en las cantidades convenidas.

— Las necesarias para realizar el plan de inversiones.

— Las nuevas necesidades de capital circulante, no incluidas en el punto anterior.

Las fuentes de financiación de la empresa son:

— La autofinanciación de cada período, es decir, la suma de los beneficios previstos no distribuidos más las amortizaciones y provisiones estimadas.

— Los fondos procedentes de las ampliaciones de capital previstas.

— La financiación ajena a medio y largo plazo, sea en forma de obligaciones o de créditos y préstamos sus diversas modalidades.

— Los fondos procedentes de las desinversiones proyectadas, esto es, de la enajenación de activos fijos de la empresa.

La cuantía de la financiación externa necesaria en cada período se calcula «a posteriori», como resultado de comparar, período a período, la diferencia entre las necesidades financieras de la empresa y su capacidad de autofinanciación más las desinversiones previstas. Una vez determinada esa cantidad es necesario decidir la forma en que va a materializar (aumento de capital, emisión de obligaciones o créditos) buscando el «mix» más apropiado para la estrategia de la empresa. Una vez fijado éste —lo que puede conllevar la reelaboración del plan, a nivel de detalle, por variación de gastos financieros y cantidades de amortización de la deuda en alguno de los períodos, así como por variación de la autofinanciación— el plan queda completado. Alternativamente, puede resultar imposible o inconveniente para la empresa encontrar los fondos exteriores necesarios para financiar el plan, lo que obligaría a rehacerlo, revisando la cuantía o el «timing» de las necesidades de fondos, la autofinanciación, el plan de inversiones o todos ellos a la vez para adaptarlos a las posibilidades reales de financiación externa.

En definitiva, la elaboración del plan financiero constituye un proceso iterativo donde el cambio de cualquiera de las políticas de la empresa conlleva la alteración parcial o total del plan, hasta que, mediante aproximaciones sucesivas, se logra un plan acorde con los objetivos y estrategias de la empresa. En el anexo 1 del apéndice se presenta un caso de aplicación que muestra cómo puede elaborarse un plan financiero para una empresa determinada y aclara aspectos prácticos de especial importancia.

En lo que se refiere al contenido formal del plan, algunas empresas definen un formato de presentación del plan que simplifica su análisis y eventual revisión. En el cuadro 9.2 se recoge, indicativamente como de estos formatos a cuya descripción se dedica el resto del epígrafe.

Línea 11.—Inversión real

Comprende el total de los grupos del inmovilizado incorporados en cada año. Se incluyen, por tanto, inversiones previstas en inmovilizado material e inmaterial, financiero y gastos amortizables. Las inversiones comprenderán el valor de adquisición más gastos y otros conceptos que la empresa considera procedente capitalizar dentro de la normativa vigente a este respecto. Los valores consignados serán siempre los totales devengados que se prevé realizar, con independencia del momento en que se haga el desembolso, puesto que, si las inversiones se contratan con pago aplazado, esta circunstancia se recogerá entre las fuentes previstas de financiación.

La cantidad expresada en esta línea deberá coincidir, en cada año, con la suma de las sublíneas 11.1, 11.2, 11.3 y 11.4 siguientes.

CUADRO 9.2. *Plan financiero a largo plazo. Detalle del estado de origen y aplicación de fondos.*

	REAL Año 0	PREVISIONES					TOTAL Quintenio
		Año 1	Año 2	Año 3	Año 4	Año 5	
11. INVERSION REAL							
11.1. Material							
11.2. Inmaterial							
11.3. Financiero							
11.4. Gastos amortizables							
12. REEMBOLSO CREDITOS							
12.1. Moneda nacional							
12.2. Moneda extranjera							
13. VARIACION FONDO DE MANIOBRA							
10. ORIGEN Y APLICACION DE FONDOS							
14. DESINVERSION							
15. AUTOFINANCIACION							
15.1. Amortización y provisiones							
15.2. Resultados no distribuidos							
16. AMPLIACIONES CAPITAL							
17. FINANCIACION AJENA							
17.1. Moneda nacional							
17.2. Moneda extranjera							

Sublínea 11.1.—Inmovilizado material

Inversiones previstas en inmovilizado material, que incluye los bienes muebles e inmuebles de la empresa.

Sublínea 11.2.—Inmovilizado inmaterial

Incluye el coste de las inversiones previstas en investigación y desarrollo, concesiones administrativas, derechos de propiedad industrial, fondos de comercio, derechos de traspaso y, en general, todas las inversiones de naturaleza intangible amortizables en varios ejercicios.

Sublínea 11.3.—Inversión financiera

Valor por el que figurarán contabilizadas las acciones, participaciones, obligaciones, bonos de empresas filiales y no filiales de la sociedad, así como el movimiento del período del importe de la financiación complementaria que se piense entregar a los mismos.

Sublínea 11.4.—Gastos amortizables

Gastos diferidos o de distribución plurianual que la empresa prevea realizar en cada año del plan. Incluye, de acuerdo con el Plan General de Contabilidad, los siguientes gastos, entre otros:

— De constitución de primer establecimiento y ampliaciones de capital.
— De puesta en marcha.
— De emisión de obligaciones y formalización de préstamos.
— De financiación diferida.

— Diferencia de cambio por alteración de las partidas monetarias.

— De investigación, estudio y proyectos a amortizar.

Línea 12.—Reembolso de créditos

Comprende los reembolsos de financiación a medio y largo plazo. La cantidad que figure en esta línea debe coincidir en cada año con la suma de las sublíneas 12.1 y 12.2.

Sublínea 12.1.—Créditos en moneda nacional

Comprenderá los importes a amortizar de empréstitos emitidos y créditos y préstamos recibidos por la empresa en moneda nacional.

Sublínea 12.2.—Moneda extranjera

Comprenderá el contravalor en pesetas de los importes a amortizar en cada ejercicio de la financiación recibida por la empresa en moneda extranjera.

Línea 13.—Variación del fondo de maniobra

Diferencia, positiva (+) o negativa (−), prevista entre el activo y pasivo circulante (fondo de maniobra) no cubierta con recursos adicionales de coyuntura a corto plazo. Entre el circulante exigible se incluirá el «pay-out» de los beneficios.

Línea 10.—Origen y aplicación de fondos

Suma algebraica de las líneas 11, 12 y 13 que constituyen las aplicaciones de fondos. Esta suma debe coincidir con la de las líneas 14, 15, 16 y 17 del origen de fondos.

Línea 14.—Desinversión

Comprende los fondos generados en cada año procedentes de la enajenación de elementos del activo, valorándose dichos elementos según su valor contable (importe del activo menos las amortizaciones acumuladas). Los valores consignados serán siempre los totales devengados, con independencia del momento en que se prevea el cobro.

Línea 15.—Autofinanciación

Comprende la corriente de fondos que se ha previsto generar durante el año y que permanecerá en la empresa. Igual, en cada año, a: amortizaciones ± resultados después de impuestos —«payout» de los resultados.

Línea 16.—Ampliaciones de capital

Incluye los dividendos pasivos y primas de emisión de acciones previstos percibir de los accionistas de la empresa.

Línea 17.—Financiación ajena

Comprende los fondos procedentes de terceros en concepto de financiación cualquiera que sea su naturaleza. En este apartado se incluyen las siguientes sublíneas:

Sublínea 17.1.—Financiación en moneda nacional

— Empréstitos previstos emitir y préstamos previsto recibir por la empresa en moneda nacional, durante cada año considerado.

Sublínea 17.2.—Moneda extranjera

— Importe de la financiación en moneda extranjera prevista obtener en cada año del plan.

9.5. MODELOS PARA LA PLANIFICACION FINANCIERA

El proceso de planificación, en general, y el de planificación financiera, en particular, se valen de modelos de distinta naturaleza que ayudan a desarrollar las previsiones, compatibilizar objetivos y explorar alternativas diferentes en distintos escenarios.

La mayoría de estos modelos son modelos de simulación en escenarios cuya complejidad, muy variable, abarca desde simulaciones generalistas a modelos que contienen cientos de ecuaciones con variables interrelacionadas. Como es natural, los modelos más sofisticados son generalmente utilizados por las empresas más grandes que, a veces, incluso disponen de varios concatenados: por ejemplo, uno general; otro más detallado que integra los programas de inversiones; y otro especial para evaluar los impactos financieros de las diferentes alternativas estratégicas.

La razón de la creciente popularidad de los modelos reside en que facilitan y simplifican la elaboración de estados financieros proyectados. Así, los modelos automatizan una parte importante de la planificación, parte que usualmente es larga, tediosa y repetitiva.

En el anexo 2 de este capítulo se presenta el desarrollo de un modelo completo de planificación financiera a cinco años, flexible y versátil, que permite la adopción de una serie muy amplia de políticas financieras. Este modelo, denominado SAFO, se aplica indicativamente a una empresa hipotética llamada Bunosa.

En cualquier caso ha de hacerse una utilización prudente de modelos, ya que existe la tendencia a complicarlos cada vez más con detalles excesivos que pueden hacer perder de vista las decisiones financieras cruciales, tales como la política de endeudamiento, la emisión de capital, la política de dividendos o la asignación de fondos por actividades. En ocasiones, la fascinación de los números hace que las decisiones sobre estas variables decisivas sean sustituidas por coeficientes «intuitivos» que se introducen en el modelo con cierta arbitrariedad.

En realidad, la mayoría de los modelos contienen muy poco de «estrategia» o «gestión» financiera dado que, generalmente, incorporan una visión ante todo contable de la empresa. Su finalidad básica es la proyección de los estados financieros y, consecuentemente, sus ecuaciones engloban las prácticas y convenciones contables de la empresa. Es más, los modelos de predicción financiera no suelen optimizar sino simplemente muestran los resultados que cabe esperar de la aplicación de determinados supuestos. Es siempre el decisor el que, en última instancia, y quizá ayudado por los modelos, tiene que elegir qué alternativa de actuación resulta más conveniente para conseguir los objetivos propuestos.

9.6. LA PLANIFICACION ESTRATEGICA EN LA PRACTICA

Los elementos básicos del pensamiento estratégico son, por una parte, el concepto de planificación (en sentido de anticipación, de «invención») y, por otra, un enfoque de globabilidad y de largo plazo, lo que implica una consideración profunda y permanente de las circunstancias exteriores del «entorno».

Del proceso de planificación empresarial descrito en el epígrafe 9.2.1 quizá el requisito más importante, y generalmente más difícil de cumplimentar en la práctica, es la definición de unos objetivos claros, que necesariamente sólo pueden ser voluntaristas y fijados por quien tiene la capacidad de decisión necesaria. Pero estos objetivos, al nivel que sea, imponen un compromiso frente a los cuales se adquiere la responsabilidad de alcanzarlos y, por tanto, el riesgo de no cumplirlos. Y, en general, tanto las personas como las organizaciones tienden a evitar los compromisos no necesarios. De aquí se deriva la necesidad de un apoyo del máximo poder ejecutivo al proceso de planificación, sin el cual es probable que, en el mejor de los casos, se quede en un brillante ejercicio teórico, pero sin ninguna incidencia real en la marcha de la empresa.

Otras causas importantes de fracaso de la planificación son las siguientes [17]:

— El plan es el resultado del trabajo de pocas personas (sean quienes fueren) y no de un esfuerzo participativo de toda la organización (coordinado, claro está, por el responsable de la planificación, que debe actuar como catalizador del proceso).

— La planificación es considerada como una función marginal de la dirección y no como una cuestión esencial, una manera de dirigir.

— El plan estratégico se concentra en efectuar previsiones acertadas, olvidando la frase clásica de que «los planes no se hacen para que se cumplan, sino para saber cómo actuar cuando no se cumplen» [18].

— El plan no se desarrolla en programas concretos de acción, con responsables, plazos y mecanismos de control.

— No se ejerce control sobre el plan o éste se limita a la detección de las desviaciones y no al análisis de éstas para la adopción de acciones correctivas.

— El plan se considera un reglamento rígido, un «dogma de fe», olvidando que el plan es solamente un marco de análisis para la acción, marco que debe ser modificado y adaptado siempre que las circunstancias lo exijan.

— La responsabilidad de la planificación se escinde entre los que dirigen el proceso y los que lo controlan; entre los que prevén a largo plazo y los que pronostican a corto; entre los que piensan en las actividades y los que contemplan la totalidad. La planificación debe ser un proceso global que tenga en cuenta el conjunto de la empresa y su futuro.

— La planificación se delega en un ejecutivo brillante o quemado, como mero ejercicio teórico o cosmético, sin que los máximos responsables de la empresa asuman el compromiso de ejecutar el plan.

Los requisitos básicos para desarrollar un proceso de planificación estratégica son los siguientes [19]:

1) La planificación debe ser hecha a medida para cada organización, dado que no existen manuales o modelos que sirvan para cualquier empresa en cualquier situación.

2) La planificación debe centrarse en aspectos estratégicos, identificando los asuntos clave para el futuro de la empresa, y enfocarse hacia la toma de decisiones sistemática, evitando las formalizaciones innecesarias y el papeleo burocrático.

3) La planificación debe convertir la estrategia en acción, incentivando los cambios necesarios.

4) Las empresas deben competir también para los accionistas, obteniendo una rentabilidad adecuada a sus inversiones y asegurando la utilización de los activos en beneficio de los intereses de los accionistas (y no de los directivos).

5) Las estrategias únicamente se implementarían si la dirección garantiza los recursos necesarios no sólo financieros sino también organizativos, humanos, operativos, logísticos o de información.

6) Los planes deben ser elaborados por las unidades operativas, que son quienes conocen las operaciones y tienen que implementarlas.

7) En un entorno incierto, es necesario planificar para diversas eventualidades. Es-

---

[17] A. Fernández Romero, prólogo al libro de AESPLAN *Experiencias españolas de Planificación,* Madrid, 1985.

[18] Peter Drucker, *Technology, Management and Society,* Heinemann, Nueva York, 1970.

[19] Véase Taylor, Bernard: «La planificación corporativa: diez mitos y diez reglas de oro». *Gestión del Cambio,* n.º 4. Madrid, 1991.

to implica imaginar distintos futuros posibles y generar ideas y planes para distintos escenarios contingentes.

8) Es preciso vender primero las estrategias al propio staff. Ello comporta desarrollar un amplio programa de comunicación para convencer del enfoque estratégico adoptado a la alta dirección de la Compañía.

9) Los directivos necesitan tener formación en análisis estratégico.

10) El Plan Estratégico, corporativo o de Empresa debe ofrecer una base para la negociación «política» con gobiernos, sindicatos y grupos de interés empresarial.

APENDICE

ANEXO 1. *Elaboración práctica del plan financiero, caso de aplicación*

Como aplicación del proceso operativo de elaboración de un plan financiero a largo plazo, a continuación se desarrolla un ejemplo muy simplificado: el de la empresa Términus, S. A.

Términus, S. A., es una empresa mediana, que opera en el sector auxiliar del automóvil y cuenta con una plantilla de 80 empleados.

A lo largo del segundo trimestre de 1992 el equipo directivo de la empresa ha potenciado un amplio proceso de reflexión estratégica en su seno con el fin de elaborar un plan estratégico para el cuatrienio 1993/96.

La conclusión básica de este proceso, tras analizar en profundidad las perspectivas económicas generales, la situación interna de la empresa y las posibilidades de mercado de sus productos, ha sido la necesidad de mejorar fuertemente la productividad con el fin de mantener su capacidad competitiva. Para ello, se considera como objetivo esencial alcanzar en 1996 un volumen de ventas de 2.000 mpts [20], que, manteniendo la plantilla invariable, permitirá alcanzar unas ventas por empleado, en ese año, de 25 mpts.

Para lograr esta expansión, la dirección de Términus, S. A., está preocupada por la viabilidad financiera del Plan estratégico, por lo que encarga al director financiero la elaboración de un plan financiero de la empresa para el cuatrienio 1993/96. En esencia, se trata de determinar las estrategias financieras que permitan decidir sobre la conveniencia y viabilidad del plan en su conjunto, así como cuantificar las necesidades de financiación externa y la situación financiera de la empresa durante el período de vigencia del Plan.

La información relevante a efectos de elaboración del plan financiero figura a continuación:

a) Los balances resumidos de la empresa al 31-XII-91 y el previsto a final de 1992 son los siguientes, después de la distribución de beneficios:

[20] mpts = millones de pesetas.

	(Millones de ptas.)	
	Real 1991	Previsión 1992
ACTIVO		
Inmovilizado bruto	400	500
– Amortizaciones	100	150
= Inmovilizado neto	300	350
+ Circulante	200	250
Total	500	600
PASIVO		
Capital	50	60
Reservas	150	170
Recursos propios	200	230
Obligaciones	60	60
Crédito Banco Industrial	80	100
Exigible a largo	140	160
Exigible a corto	160	210
Total	500	600

b) Las cuentas de resultados de la empresa y su distribución en los ejercicios de 1991 y 1992 (previsión) son las siguientes:

	(Millones de ptas.)	
	Real 1991	Previsión 1992
Ventas	1.000	1.100
– Coste de las ventas	858	924
= Beneficio de explotación	142	176
– Gastos de administración	50	60
– Gastos financieros exigibles a largo	22	26
– Amortizaciones	37	40
– Beneficio neto antes de impuestos	33	50
– Impuestos (30 %)	10	15
= Beneficio neto después de impuestos	23	35
• Dividendos	5	6
• Gratificación al Consejo	4	9
• Reservas	15	20

c) Previsión de ventas:

	(Millones de ptas.)			
	1993	1994	1995	1996
Ventas	1.200	1.350	1.600	2.000

d) Plan de inversiones fijas:

	(Millones de ptas.)				
	1993	1994	1995	1996	Total
Inversiones en inmovilizado	200	50	50	100	400

e) Política de amortizaciones.

Todas las inversiones se materializarán durante el año y la empresa estima conveniente mantener su política de amortizaciones de manera que se amortice linealmente el 10 por 100 anual del inmovilizado bruto existente al final del año anterior.

f) El coste de las ventas se estima que podrá reducirse al 80 por 100 de las ventas en 1992 y que se mantendrá en esta cifra en los restantes años.

g) Los gastos de administración experimentarán un incremento anual acumulativo del 20 por 100, a partir de los de 1992, especialmente debido a una intensificación de los gastos comerciales.

h) El capital circulante (diferencia entre activo circulante y exigible a corto plazo) se mantendrá al nivel del 3 por 100 de la cifra de ventas de cada ejercicio.

i) El plazo de amortización de las obligaciones vence en 1995. El tipo de interés es del 10 por 100 anual.

j) El crédito a largo plazo del Banco Industrial se amortizará a partes iguales anuales a lo largo de todo el cuatrienio. El tipo de interés establecido es del 20 por 100 anual sobre el saldo pendiente.

k) La empresa tiene previsto ampliar su capital en 1994, en un 50 por 100 a la par, y pretende mantener su política de dividendos (10 por 100 del capital social existente al final de cada año).

l) A partir de 1993 se suprime la gratificación al Consejo de Administración con cargo a los beneficios.

m) Los gastos financieros del exigible a corto plazo se consideran incluidos en el coste de las ventas.

n) El tipo impositivo del impuesto de sociedades es del 30 por 100 anual.

o) No se prevén desinversiones ni enajenaciones de activos durante el cuatrienio.

A partir de los datos anteriores, la dirección financiera de Términus, S. A., acomete la realización de un plan financiero para el período 1993/96 que incluye una cuenta de resultados previsional (cuadro 9.3), un estado de origen y aplicación de fondos, expresión formal del plan financiero (cuadro 9.4) y un balance previsional (cuadro 9.5). Todos los estados financieros anteriores están realizados sin financiación adicional, ya que es precisamente la cuantía y el momento, en su caso, en que esa financiación sea necesaria lo que, en primer lugar, se trata de determinar.

Analizando los cuadros anteriores se observan: déficit de financiación en 1993 (112,6 mpts.) y superávit en los años siguientes (76,3 millones en 1994, 11,2 en 1995 y 67,4 en 1996). En el conjunto del cuatrienio existe un superávit financiero total de 42,3 mpts.

Resulta claro que el problema financiero se centra en el año 1993, debido básicamente a la fuerte cifra de inversión prevista (200 mpts.). Una posible solución sería tratar de

CUADRO 9.3. *TERMINUS, S. A. Cuenta de resultados previsional (1993/96) (sin financiación adicional y en millones de pesetas).*

	1993	1994	1995	1996
Ventas (1)	1.200	1.350	1.600	2.000
− Coste ventas (2)	960	1.080	1.280	1.600
= Beneficio explotación	240	270	320	400
− Gastos administración (3)	72	86,4	103,7	124,4
− Gastos financieros (4)	26	21	16	5
− Amortizaciones anuales (5)	50	70	75	80
= Resultados a.d.i.	92	92,6	126,3	190,6
− Impuestos (6)	27,6	27,8	37,6	57,2
= Resultados d.d.i.	64,4	64,8	87,7	133,4
• Dividendos (7)	6	9	9	9
• Reservas	58,4	55,8	78,7	124,4
AUTOFINANCIACION (8)	108,4	125,8	153,7	204,4

(1) Según *c*).
(2) En cada año, el 80 % de las ventas, según *f*).
(3) Incremento anual acumulativo del 20 %, a partir de la cifra de 1993, según *g*).
(4) Datos de *i*) y *k*). Para 1993 el cálculo es el siguiente: 0,10 × 60 + 0,20 × 100.
(5) En cada año, 10 % del amortizado bruto, al final del ejercicio anterior, según *e*).
(6) 30 % del beneficio antes de impuestos, según 0).
(7) 10 % del capital social a final de ejercicio, según 1).
(8) En cada ejercicio, reservas más amortizaciones.

CUADRO 9.4. *TERMINUS, S. A. Estado de origen y aplicación de fondos (1993/96) (sin financiación adicional y en millones de pesetas).*

	1993	1994	1995	1996	TOTAL 1993/96
A) NECESIDADES					
Inversiones fijas (1)	200	50	50	100	400
Inversiones en circulante (2)	(4)	4,5	7,5	12	20
Amortización obligaciones (3)	—	—	60	—	60
Devolución crédito BI (4)	25	25	25	25	100
TOTAL	221	79,5	142,5	137	580
B) FUENTES					
Autofinanciación (5)	108,4	125,8	153,7	204,4	592,3
Ampliación capital (6)	—	30	—	—	30
TOTAL	108,4	155,8	153,7	204,4	622,3
Superávit (+) o déficit (−) anual	−112,6	+76,3	+11,2	+67,4	+42,3
Saldo acumulado	−112,6	−36,3	−25,1	+42,3	

(1) Según *d*).
(2) Diferencia de los capitales circulantes de ejercicios consecutivos, según *h*). El cálculo para 1993 es el siguiente: 0,03 × 1.200 − (250 − 210) = 36 − 40 = −4.
(3) Según *i*).
(4) Según *j*).
(5) Ultima línea de la cuenta de resultados previsional (cuadro 9.3).
(6) Según *k*).

aplazar esta inversión a años sucesivos, reducirla o bien adelantar la ampliación de capital a 1993, conseguir fondos ajenos o, en fin, una combinación de las anteriores acciones.

Supóngase que la dirección de Términus, S. A., opta por la obtención de un crédito a finales de 1993 por importe de 120 millones de pesetas a devolver en tres años al tipo de interés anual del 20 por 100, de modo que los intereses anuales, a pagar en 1994, 1995 y 1996, ascenderán a 24 millones de pesetas.

El nuevo plan financiero, que incluye los efectos de esta financiación adicional, se recoge en los cuadros 9.6 (cuenta de resultados previsional), 9.7 (estado de origen y aplicación de fondos) y 9.8 (balances previsionales).

Puede comprobarse la existencia de superávit de financiación en el bienio 1993/1994 y la aparición de déficit anuales a partir de 1995. Sin embargo, el saldo acumulado es positivo en todos los años, excepto en 1996 en que figura un pequeño déficit financiero, fácilmente enjugable a cuatro años vista en una empresa muy rentable (la rentabilidad financiera pasaría del 15,2 por 100 en 1992 al 17 por 100 en 1996), con una elevada capacidad de endeudamiento (los fondos propios suponen el 40 por 100 del pasivo en 1992 y el 74 por 100 en 1996), y con un crecimiento esperado de las ventas superior al 16 por 100 acumulativo anual a lo largo del cuatrienio.

A pesar de los cálculos realizados, el plan financiero de Términus, para el período 93/96, adolece de una serie de simplificaciones que, aun cuando facilitan mucho el proceso de planificación, debilitan el contenido informativo y decisional del plan. Algunas de las simplificaciones menos realistas pueden ser:

— El objetivo básico del plan —aumentar

CUADRO 9.5. *TERMINUS, S. A. Balances previsionales (1993/96) (sin financiación adicional y en millones de pesetas).*

	1993	1994	1995	1996
ACTIVO				
Inmovilizado bruto	700	750	800	900
– Amortización	200	270	345	425
= Inmovilizado neto	500	480	455	475
Capital circulante	36	40,5	48	60
TOTAL	536	520,5	503	535
PASIVO				
Capital	60	90	90	90
Reservas	228,4	284,2	362,9	487,3
Fondos propios	288,4	374,2	452,9	577,3
Obligaciones	60	60	—	—
Crédito B. I.	75	50	25	—
Exigible a largo plazo	135	110	25	—
TOTAL	423,4	484,2	477,9	577,3
Pasivo – Activo	–112,6	–36,3	+25,1	+42,3

CUADRO 9.6. *TERMINUS, S. A. Cuenta de resultados previsional (1993/96) (con financiación adicional y en millones de pesetas).*

	1993	1994	1995	1996
Ventas	1.200	1.350	1.600	2.000
– Coste ventas	960	1.080	1.280	1.600
= Beneficio explotación	240	270	320	400
– Gastos administración	72	86,4	103,7	124,4
– Gastos financieros (1)	26	45	40	29
– Amortizaciones	50	70	75	80
= Resultado a.d.i. (BAI)	92	68,6	101,3	166,6
– Impuestos (30 %)	27,6	20,6	30,4	50,0
= Resultados d.d.i. (BOI)	64,4	48,0	70,9	116,0
• Dividendos	6	9	9	9
• Reservas	58,4	37,0	61,9	107,6
AUTOFINANCIACION	108,4	107,0	136,9	187,6

(1) En 1993 no se han imputado gastos financieros del nuevo crédito de 120 millones de pesetas. En los restantes años se han añadido los intereses correspondientes de 24 millones de pesetas.

CUADRO 9.7. *TERMINUS, S. A. Estado de origen y aplicación de fondos (1993/96) (con financiación adicional y en millones de pesetas).*

	1993	1994	1995	1996	TOTAL 1993/96
A) NECESIDADES					
Inversiones fijas	200	50	50	100	400
Inversiones en circulante	(4)	4,5	7,5	12	20
Amortización obligaciones	—	—	60	—	60
Devolución crédito B.I.	25	25	25	25	100
Devolución nuevo crédito	—	—	—	120	120
TOTAL	221,0	79,5	142,5	257,0	700
B) FUENTES					
Autofinanciación	108,4	107,0	136,9	187,6	539,9
Ampliación capital	—	30	—	—	30
Nuevo crédito	120	—	—	—	120
TOTAL	228,4	137,0	136,9	187,6	689,9
Saldo anual	+7,4	+57,5	− 5,6	−69,4	−10,1
Saldo acumulado	+7,4	+64,9	+59,3	−10,1	

CUADRO 9.8. *Balances previsionales (1993/96) (con financiación adicional en millones de pesetas).*

	1993	1994	1995	1996
ACTIVO				
Inmovilizado bruto	700	750	800	900
− Amortizaciones	220	270	345	425
= Inmovilizado neto	500	480	455	475
Capital circulante	36	40,5	48	60
Superávit financiero	7,4	64,9	59,3	(10,1)
TOTAL	543,4	585,4	562,3	524,9
PASIVO				
Capital	60	90	90	90
Reservas	228,4	265,4	327,3	434,9
Fondos propios	288,4	355,4	417,3	524,9
Obligaciones	60,0	60,0	—	—
Crédito B. I.	75,0	50,0	25	—
Nuevo crédito	120,0	120,0	120	—
Exigible a largo	255,0	230,0	145	—
TOTAL	543,4	585,4	562,3	524,9

la productividad— es excesivamente sencillo y aún lo es más su medición a través de un ratio de ventas por empleado.

— La previsión de ventas es demasiado rígida.

— El plan de inversiones resulta poco especificado, lo cual impide conocer su composición, la evaluación de los distintos proyectos y su flexibilidad, tanto en coste como en calendario de realización.

— La realización mediante un coeficiente fijo entre el coste de las ventas y las ventas imposibilita indagar las posibles acciones dirigidas a reducir los costes de producción.

— La hipótesis sobre gastos de administración —incremento anual acumulativo del 20 por 100— resulta poco flexible.

— La consideración del capital circulante oculta todas las políticas de gestión de los recursos a corto plazo que, en ocasiones, pueden ser muy importantes, aun en la óptica de un plan financiero a largo plazo. Además, la hipótesis de evolución del capital circulante —3 por 100 de la cifra de ventas de cada ejercicio— es poco verosímil.

— La política de financiación externa está poco definida.

— La posibilidad de ampliar capital —aparte de la ampliación prevista de 1994— no se contempla, lo cual elimina una variable de actuación financiera importante.

— No se ofrecen alternativas para la política de dividendos.

— No se considera la posibilidad de desinvertir.

Parece claro que la introducción de los elementos anteriores, entre otros posibles, hacen de la elaboración de un plan financiero una tarea compleja que, en cierto modo, resume y compendia todas las políticas financieras de la empresa.

ANEXO 2. *Simulador para el análisis financiero con ordenador. Aplicación al caso BUNOSA. Simulador SAFO.*

El simulador SAFO, desarrollado mediante hoja de cálculo con ordenador personal, permite realizar la previsión financiera de una empresa en base a políticas y datos de partida que suministran al modelo informático. Los resultados que proporciona facilitan el análisis de los efectos sobre la situación financiera de la empresa de alternativas, niveles de operación, de financiación e inversión, así como de cambios de variables no controlables por la empresa. En resumen, calcula y evalúa con rapidez previsiones basadas en hipótesis de partida, lo que permite comparar las implicaciones de aplicar distintas políticas financieras en determinados escenarios económicos.

Los datos de entrada se indican en el cuadro 9.9. Los resultados los componen la cuenta de explotación y el balance previsionales y un conjunto de ratios económico financieros para cada período.

Hipótesis de cálculo:

1. La cifra de ventas de cada período es una información que se suministra al modelo, estimando las unidades que se van a vender y el precio unitario de venta respectivo.
2. El coste de las ventas incluye materiales y mano de obra.
3. Los gastos comerciales se estiman como un porcentaje de la cifra de ventas.
4. Los gastos generales se supone que siguen una ley de crecimiento definida por un factor de crecimiento.
5. Los gastos financieros se componen de:

— Pago de intereses sobre la financiación a corto utilizada.

— Pago de intereses sobre la deuda a largo.

6. La política de dividendos se formula mediante el pay-out de cada año.
7. La política de tesorería se define mediante el mantenimiento de las ventas de los días que se decida.
8. La cuenta de clientes se calcula aplicando el período medio de cobro a la cifra de ventas, es decir:

CUADRO 9.9. *Simulador SAFO. Datos de partida.*

DATOS DE PARTIDA	1991	1992	1993	1994	1995	1996
Unidades vendidas	1.200.000	—	—	—	—	—
Precio venta unitario (ptas.)	600,00	—	—	—	—	—
Factor crecimiento ventas	—	1,05	1,05	1,05	1,05	1,05
Factor incremento precios	—	1,07	1,07	1,07	1,07	1,07
Coste unitario mano de obra	240,00	—	—	—	—	—
Coste unitario materiales	180,00	—	—	—	—	—
Factor incremento coste de mano obra	—	1,07	1,07	1,07	1,07	1,07
Factor incremento coste materiales	—	1,08	1,08	1,08	1,08	1,08
Gastos comerciales/ventas	—	0,14	0,14	0,14	0,14	0,14
Factor incremento gastos generales	—	1,09	1,09	1,09	1,09	1,09
Gastos generales	27,00	—	—	—	—	—
Interés financiación corto	—	0,16	0,16	0,16	0,16	0,16
Tipo impositivo	—	0,35	0,35	0,35	0,35	0,35
Pay-out	—	0,50	0,50	0,50	0,50	0,50
Días venta en tesorería	—	4,00	4,00	4,00	4,00	4,00
Período medio de cobro	—	45,00	45,00	45,00	45,00	45,00
Rotación stocks materiales	—	12,00	12,00	12,00	12,00	12,00
Rotación stocks productos	—	6,00	6,00	6,00	6,00	6,00
Edificios industriales	170,00	—	—	—	—	—
Inversión edificios	—	5,00	35,00	10,00	14,00	18,00
Maquinaria y equipo	250,00	—	—	—	—	—
Inversión en maquinaria y equipo	—	10,00	14,00	40,00	20,00	25,00
Coef. amortización edificios	—	0,04	0,04	0,04	0,04	0,04
Coef. amortización maquinaria	—	0,10	0,10	0,10	0,10	0,10
Amortización acumulada	175,00	—	—	—	—	—
Período medio pago	—	60,00	60,00	60,00	60,00	60,00
Acreedores/ventas	—	0,02	0,02	0,02	0,02	0,02
Capital social	200,00	—	—	—	—	—
Reservas	100,00	—	—	—	—	—
Ampliación de capital	—	—	30,00	—	—	—
Amortización deuda largo	—	10,00	10,00	10,00	20,00	10,00
Interés deuda largo	—	0,14	0,14	0,14	0,14	0,14
Contratación deuda largo	—	—	—	40,00	—	—

$$\text{Clientes} = \frac{\text{Cifra de ventas}}{365} \times \text{Crédito}$$

a clientes en días.

Esto supone que a todos los clientes se les aplica las mismas condiciones de pago.

9. El stock de materias primas se calcula a partir de un ratio de rotación (coste de materiales/rotación).

10. El stock de productos terminados se calcula por la rotación (costes de mano de obra y materiales/rotación).

11. La cuenta de proveedores del pasivo circulante se calcula mediante la fórmula:

$$\frac{\text{Crédito en días}}{365} \times \text{Materias primas}$$

compradas en el período.

12. La financiación de acreedores se obtiene como un porcentaje de las ventas.
13. Las fuentes de financiación de que se dispone son las siguientes:

— Autofinanciación (relacionada con política de dividendos).
— Ampliación de capital.
— Deuda a largo.
— Financiación bancaria a corto con un tipo de interés estimado.

La financiación bancaria a corto la calcula el modelo como diferencia entre el activo y el resto de las fuentes de financiación disponibles.

14. Para cada año se define la ampliación de capital a realizar y la deuda a largo a contratar.

Significado de los ratios calculados en el SAFO:

1. Liquidez: Activo circulante/Pasivo circulante.
2. Endeudamiento: (Pasivo circulante + Deuda a largo)/Activo total.
3. Solvencia: (Total Activo-Pérdidas)/(Pasivo circulante + Deuda a largo).
4. Financiación propia: Propio/Inmovilizado neto.
5. Margen de Ventas: 100 × (Resultado económico/Ventas).
6. Rotación del Activo: Ventas/Total activo.
7. Rentabilidad económica: 100 × (Resultado económico/Total activo).
8. Rentabilidad financiera: 100 × (Beneficio neto/Recursos propios).
9. Beneficio por acción en pesetas: Beneficio neto/Número de acciones.
10. Dividendo por acción en pesetas: Dividendo total/Número de acciones.
11. Valor contable de la acción: Propio neto/Número de acciones.

Caso de aplicación: Bunosa

Al objeto de mostrar el modo en el que opera este simulador, se desarrolla a continuación un ejemplo de previsión financiera aplicado al caso de una empresa imaginaria.

Los resultados que se ofrecen son la cuenta de resultados y el balance previsionales y los ratios definidos anteriormente, para cada año. En cuadro aparte se recogen los datos de partida.

Se deja al lector el análisis de los mismos, así como el ejercicio de enumerar las distintas alternativas que debería contemplar el señor García, al objeto de diseñar un plan de actuación, en el supuesto de que se cumplan las expectativas indicadas en el texto, así como planes de emergencia para el caso de que las previsiones sean otras menos optimistas.

A finales de 1991, el señor García, director económico-financiero de Bujías del Noroeste, S. A. (BUNOSA), está preparando el plan financiero de la empresa para los próximos cinco años, de acuerdo con el contenido del plan general de la compañía.

BUNOSA, que elabora un solo tipo de bujías de alta calidad para automóviles, fue fundada en 1965, como empresa asociada al Grupo Industrial Suministros y Recambios, Sociedad Anónima (Suresa), que detenta el 20 por 100 de sus acciones.

En 1986 BUNOSA sufrió una profunda reestructuración que afectó a la totalidad de sus departamentos, al objeto de poder atender a la creciente demanda de su producto. En concreto, se instaló la nueva factoría en el polígono industrial de Ponferrada y se adquirió nuevo equipo de tecnología avanzada, que permitió una importante reducción de costes, así como un incremento notable de la producción. Esta expansión se financió con un préstamo bancario a cinco años y al 14 por 100 de interés.

En la actualidad, la compañía dispone, además del complejo fabril, de una delegación comercial en cada una de las capitales gallegas, estando instaladas sus oficinas centrales en un inmueble alquilado en León.

BUNOSA compra las materias primas a una red de almacenistas. Hasta la fecha se acostumbra a comprar a crédito, en lotes reducidos, a pagar a sesenta días. Esto supone una cierta financiación gratuita para la empresa, además de permitirle mantener unos stocks reducidos de materias primas. Sin embargo, a partir de 1989 las dificultades de abastecimiento vienen siendo cada vez mayores, circunstancia que obliga al señor García, presionado por los departamentos directamente productivos, a prever alguna solución viable desde el punto de vista financiero. Probablemente sería imprescindible duplicar los almacenes de materias primas, debido a las irregularidades que se vienen observando en el aprovisionamiento.

El stock de productos terminados que se mantiene es relativamente pequeño, ya que las bujías producidas se distribuyen semanalmente a una cadena de mayoristas que se encargan de su comercialización. En el último año esta política ha impedido atender algunos pedidos especiales por falta de existencias, por lo que se han perdido clientes importantes. El departamento comercial estima que convendría mantener en almacén las ventas de dos meses, al objeto de poder servir estos pedidos inesperados cuando se produzcan.

Habitualmente, los mayoristas abonan a la empresa los pedidos a 45 días sobre la fecha de recepción.

Las bujías fabricadas por BUNOSA gozan de cierta estimación en el mercado. Sin embargo, la competencia con otras empresas del sector es bastante fuerte, por lo que ha de vigilar cuidadosamente la calidad y el precio de su producto.

El precio de venta actual de la caja con cuatro bujías es de 600 pesetas, al cual se han vendido, en 1991, 1.200.000 cajas. La política de precios fijada por la dirección, que se basa en la situación del mercado y en los requisitos de rentabilidad exigidos por los accionistas, prevé incrementarlos un 7 por 100 al año, siguiendo así a la tasa de inflación prevista para el próximo período. Esta política permitirá, previsiblemente, aumentar las ventas de bujías de BUNOSA un 5 por 100 anual, siempre y cuando se disponga de existencias suficientes para atender a la demanda.

El proceso de fabricación es simple y rápido, pero requiere una elevada tecnología y mecanización. La reestructuración de 1986 consiguió una reducción sensible de los costos de producción, que actualmente se cifran en 420 pesetas por caja, correspondiendo 240 pesetas a los costes de mano de obra y el resto al consumo de materias primas y auxiliares. Se prevé que los incrementos de ambas partidas sean del 7 por 100 y del 8 por 100, respectivamente, en los próximos años.

La capacidad actual de la planta permite vender al año 1.200.000 cajas de bujías. Dado que se prevén eventuales incrementos de la demanda, la dirección está interesada en establecer un plan de inversiones, fijando los desembolsos a realizar en cada uno de los próximos cinco años. La maquinaria que utiliza la empresa es de fácil adquisición en el mercado y comienza a producir inmediatamente después de su instalación. El departamento de ingeniería estima que para hacer frente a la expansión de las ventas será preciso invertir en nueva maquinaria 10, 14, 40, 20 y 25 millones de pesetas en cada uno de los próximos cinco años, respectivamente.

Además, en ingeniería se ha calculado

que para preservar la capacidad de la planta actual habrá que invertir 5, 35, 10, 14 y 18 millones de pesetas en cada uno de los próximos años.

Los gastos generales de BUNOSA han venido creciendo paulatinamente en los últimos años, debido fundamentalmente a la repercusión de los aumentos salariales del personal de la oficina central y de los directivos. El departamento de administración estima que en el futuro se mantendrá la misma tasa de crecimiento pasada, es decir, el 9 por 100.

Al efectuar su previsión a cinco años, el señor García ha de tener en cuenta las siguientes restricciones, inherentes a las diversas políticas.

I. *Política de liquidez*

El objetivo en este área consiste en mantener la tesorería mínima necesaria, que se estima en el equivalente a cuatro días de venta. Las necesidades de fondos se cubrirán con financiación bancaria a corto plazo.

En este sentido, de cara a poder acceder a financiación bancaria adicional en caso de que la situación financiera lo requiera y conservar las condiciones actuales de pago a proveedores, el señor García decidió, ya en

CUADRO 9.10. *Simulador SAFO. Previsiones de Resultados (en millones de pesetas).*

CUENTA DE RESULTADOS	REAL 1991	1992	1993	1994	1995	1996
Ventas	720,00	808,92	908,82	1.021,06	1.147,16	1.288,84
Coste mano de obra	288,00	323,57	363,53	408,42	458,86	515,53
Coste materiales	216,00	244,94	277,77	314,99	357,20	405,06
Gastos comerciales	97,00	113,25	127,24	142,95	160,60	180,44
Gastos generales	27,00	29,43	32,08	34,97	38,11	41,54
Amortización	28,00	31,80	33,00	35,80	40,20	42,76
Costes explotación	656,00	742,99	833,61	937,13	1.054,98	1.185,33
Resultado económico	64,00	65,93	75,21	83,94	92,19	103,50
Gastos financieros	15,00	14,40	12,00	10,02	11,60	11,05
Beneficio de explotación	49,00	51,53	63,21	73,92	80,58	92,45
Impuestos sobre sociedades	17,15	18,04	22,12	25,87	28,20	32,36
Beneficio neto	31,85	33,49	41,09	48,05	52,38	60,09
Dividendos	15,93	16,75	20,54	24,02	26,19	30,05
Dotación reservas	15,93	16,75	20,54	24,02	26,19	30,05

1989, intentar mantener un ratio de liquidez (activo circulante/pasivo circulante) no inferior a 2.

II. *Política de financiación*

BUNOSA cuenta con las siguientes fuentes de financiación externa:

1. Financiación bancaria a corto plazo: BUNOSA viene negociando los efectos comerciales de sus clientes en un banco local con el que opera desde su fundación en 1965. Además, ha venido utilizando una línea de crédito de utilización variable. El coste estimado para los próximos años de ambas fuentes de financiación se estima en un 16 por 100.

2. Deuda a largo plazo: Al objeto de financiar su expansión, BUNOSA puede demandar al mercado financiero préstamos hipotecarios a cinco años y a un coste del 14 por 100, que se estima mantendrá en los próximos años.

3. Ampliación de capital: BUNOSA puede ampliar su capital social emitiendo acciones. La dirección no es muy partidaria

CUADRO 9.11. *Simulador SAFO. Previsión del Balance (en millones de pesetas).*

BALANCE DE SITUACION	REAL 1991	1992	1993	1994	1995	1996
Tesorería	8,00	8,86	9,96	11,19	12,57	14,12
Clientes	89,00	99,73	112,05	125,88	141,43	158,90
Stocks:						
• Materiales	19,00	20,41	23,15	26,25	29,77	33,75
• Productos terminados	85,00	94,75	106,88	120,57	136,01	153,43
Activo circulante	201,00	223,76	252,04	283,89	319,78	360,21
Edificios industriales	170,00	175,00	210,00	220,00	234,00	252,00
Maquinaria y equipo	250,00	260,00	274,00	314,00	334,00	359,00
Amortización acumulada	175,00	206,80	239,80	275,60	315,80	358,56
Inmovilizado neto	245,00	228,20	244,20	258,40	252,20	252,44
ACTIVO TOTAL	446,00	451,96	496,24	542,29	571,98	612,65
Capital social	200,00	200,00	230,00	230,00	230,00	230,00
Reservas	100,00	116,75	137,29	161,31	187,50	217,55
Recursos propios	300,00	316,75	367,29	391,31	417,50	447,55
Deuda a largo	40,00	30,00	20,00	50,00	30,00	20,00
Proveedores	37,00	40,26	45,66	51,78	58,72	66,59
Acreedores	14,00	16,18	18,18	20,42	22,94	25,78
Financiación bancaria corto	55,00	48,77	45,11	28,78	42,82	52,74
Pasivo circulante	106,00	105,21	108,95	100,98	124,48	145,10
PASIVO TOTAL	446,00	451,96	496,24	542,29	571,98	612,65

de utilizar esta fuente de financiación, pues, además de diluir el beneficio por acción, obliga a incrementar en exceso los dividendos, lesionando la política de autofinanciación de la empresa. En opinión de García, la relación entre el total del exigible y los recursos propios no deberá ser superior a 0,5, al objeto de limitar el riesgo financiero.

Históricamente, BUNOSA siempre ha optado por financiarse con recursos ajenos, al nivel máximo compatible con las restricciones de política financiera arriba expuestas. En este sentido, el señor García piensa utilizar la capacidad máxima de endeudamiento a corto. También puede solicitar préstamos a largo plazo para financiar sus nuevas inversiones. Sin embargo, e independientemente, siempre puede obtener fondos vía ampliación de capital con el fin de mantener una estructura de financiación congruente con las políticas financieras adoptadas.

Finalmente, García considera prudente que el inmovilizado neto esté financiado, en su totalidad, por recursos propios. El valor nominal de las acciones es de 1.000 pesetas.

III. *Política de amortizaciones*

La empresa sigue un método de amortización lineal, en diez y veinticinco años, según se trate de equipo y maquinaria o de edificios.

IV. *Política de dividendos*

La política de dividendos que sigue la empresa persigue el objetivo de distribuir el 50 por 100 del beneficio neto de cada año. Aunque ello pueda originar problemas de liquidez e impida una mayor autofinanciación, la dirección desea continuar con esta política al objeto de contar con el apoyo de los accionistas.

Los resultados de aplicar las anteriores políticas, de acuerdo con los datos de partida de BUNOSA, figuran en los cuadros 9.9 a 9.12.

CUADRO 9.12. *Simulador SAFO. Ratios previsionales.*

RATIOS	REAL 1991	1992	1993	1994	1995	1996
Liquidez	1,90	2,13	2,31	2,81	2,57	2,48
Endeudamiento	0,49	0,43	0,35	0,39	0,37	0,37
Solvencia	3,05	3,34	3,85	3,59	3,70	3,71
Financiación propia	1,22	1,39	1,50	1,51	1,66	1,77
Margen sobre ventas	8,89	8,15	8,28	8,22	8,04	8,03
Rotación de activos	1,61	1,79	1,83	1,88	2,01	2,10
Rentabilidad económica	14,35	14,59	15,16	15,48	16,12	16,89
Rentabilidad financiera	10,62	10,57	11,19	12,28	12,55	13,43
Beneficio por acción	159,25	167,47	178,64	208,90	227,73	261,28
Dividendo por acción	79,65	83,73	89,32	104,45	113,87	130,64
Valor contable por acción	1.500,00	1.583,73	1.596,91	1.701,36	1.815,23	1.945,87

BIBLIOGRAFIA

Parte IV

PLANIFICACION FINANCIERA

A) LIBROS

ABAD, A.: *Gestión Financiera de la empresa española,* Editorial Index, 2.ª edición, Madrid, 1974.

ACKOFF, R. L.: *Un concepto de planificación de empresas,* LIMUSA-Wiley, México, 1982.

ACKOFF, R. L.: *Redesigning the future,* John Wiley, Nueva York, 1982.

ACKOFF, R. L.: *Creating the corporate future,* John Wiley, Nueva York, 1986.

AECA (Asociación Española de Contab. y Admón. de Empresas): *Estrategias y políticas empresariales,* Madrid, 1986.

AESPLAN: *Experiencias españolas de planificación* (tomo I), Madrid, 1985.

AESPLAN: *Experiencias españolas de planificación* (tomo II), Madrid, 1987.

AESPLAN: *Experiencias europeas de planificación,* Madrid, 1987.

ANDREWS, K. R.: *El concepto de estrategia de la empresa,* Ediciones Orbis, S. A. Barcelona, 1984.

ANSOFF, H. I.: *La estrategia de la empresa,* Ediciones Orbis, S. A. Barcelona, 1985.

ANSOFF, H. I.: *Strategic Management,* McMillan, Hong-Kong, 1979.

ANSOFF, H. I.: *Implanting Strategic Management,* Prentice-Hall, Englewood Cliffs, N. J., 1984.

ARGENTI, J.: *Planificación de la empresa,* Oikos-tan, S. A. Barcelona, 1970.

BACHILLER, A.; LAFUENTE, A., y SALAS, V.: *Gestión económico-financiera del circulante,* Pirámide, Madrid, 1982.

BUENO, E.; CRUZ ROCHE, I., y DURÁN, J. J.: *Economía de la empresa. Análisis del as decisiones empresariales,* Pirámide, 8.ª edición revisada, Madrid, 1986.

BUENO, E.: *Dirección Estratégica de la Empresa,* Pirámide, Madrid, 1987.

BUENO, E., y MORCILLO, P.: *La dirección eficiente,* Pirámide, Madrid, 1990.

CARLZON, J.: *El momento de la verdad,* APD, Bilbao, 1988.

CERTO, S., y PETER, R.: *Strategic management. A Focus on Process,* McGraw, 1990.

CEOE: *Gestión Económico-Financiera,* Madrid, 1991.

CYERT, R. M., y MARCH, J. G.: *Teoría del as decisiones económicas en la empresa,* Herrero, México, 1965.

COHEN, G. J.: *La naturaleza de la función directiva,* Díaz de Santos, Madrid, 1991.

CHANDLER, A. D.: *Strategy and structure,* The MIT Press, Cambridge, Mass., 1962.

DRUCKER, P. F.: *The changing world of the executive,* Time Books, New York, 1982.

DRUCKER, P. F.: *La gerencia en tiempos difíciles,* El Ateneo Editorial, Buenos Aires, 1981.

DRUCKER, P. F.: *Mi vida y mi tiempo,* El Ateneo Editorial, Buenos Aires, 1981.

DONALDSON, G.: *Estrategia Financiera de la Empresa,* Pirámide, Madrid, 1974.

DURÁN, J. J.: *La diversificación como estrategia empresarial,* Pirámide, Madrid, 1977.

ECHÁVARRI, A.: *Gestión Económica de los recursos financieros,* APD, Madrid, 1974.

FONTELA, E., y otros: *España en la década de los ochenta,* Instituto Nacional de la Prospectiva, Madrid, 1980.

GENEEN, H.: *Alta dirección,* Grijalbo, Barcelona, 1986.

GOOLD, M., y CAMPBELL, A.: *Estrategias y estilos,* Price Waterhouse, Madrid, 1989.

GREENLEY, G. E.: *Strategic management,* Prentice-Hall, Inc., 1989.

HELFERT, E. A.: *Técnicas de análisis financiero,* Editorial Labor, S. A. Barcelona, 1973.

MORCILLO ORTEGA, P.: *La dimensión estratégica de la tecnología,* Ariel Económica, Barcelona, 1991.

OUCHI, W.: *Teoría Z,* Ediciones Orbis, S. A. Barcelona, 1985.

PASCALE, R. T., y ATHOS, A. G.: *El secreto de la técnica empresarial japonesa,* Grijalbo, Barcelona, 1981.

PETERS, T. J., y WATERMAN, R. H.: *En busca de la excelencia,* Plaza & Janés, Barcelona, 1984.

PETERS, T. J., y AUSTIN, N.: *Pasión por la excelencia,* Ediciones Folio, S. A. 2.ª edición, Barcelona, 1987.

PORTER, M. E.: *Estrategia competitiva,* CECSA, México, 1982.

PORTER, M. E.: *Ventaja competitiva,* CECSA, México, 1987.

PORTER, M. E.: *La ventaja competitiva de las naciones,* CECSA, México, 1990.

SMITH, K. V.: *Guía del capital circulante,* Edic. Deusto, Bilbao, 1985.

SCULLEY, J.: *De Pepsi a Apple,* Ediciones B, Barcelona, 1988.

SIMÓN, H. A.: *El comportamiento administrativo,* Aguilar, Madrid, 1964.

TOFFLER, A.: *La tercera ola,* Plaza & Janés, Barcelona, 1980.

TOFFLER, A.: *El shock del futuro,* Plaza & Janés, Barcelona, 1985.

TOFFLER, A.: *La empresa flexible,* Plaza & Janés, Barcelona, 1985.

SUÁREZ, A. S.: *Economía financiera de la empresa,* Pirámide, Madrid, 1985.

URQUIJO, J. L., y otros: *Planificación financiera de la empresa,* Deusto, Bilbao, 1974.

VAN HORNE, J. C.: *Administración Financiera,* Ed. Contab. Moderna, Buenos Aires, 1976.

VELA, E.: *Cómo gestionar el capital circulante,* Manuales IMPI, Madrid, 1988.

WATERMAN, R. H.: *Renovación hacia la excelencia,* Edic. Folio, S. A. Barcelona, 1989.

B) ARTÍCULOS

ACKOFF, R. L.: «La realización de un proyecto de futuro: planificación de sistemas y principios de organización», Wharton School, *EOI,* Madrid, 1977.

ALVAREZ, J., y BLANCO, F.: «La contabilidad directiva y la planificacióne strategica», *HDBR,* 4.° trimestre, 1989.

ALLAIRE, Y., y TIRSIROTU, M.: «Los planes estratégicos como contratos», *Gestión del Cambio,* n.° 4, 1990.

ANDERSEN CONSULTING. División de Gestión Estratégica: «Planificación Estratégica. Metodologías y Sistemáticas», *Gestión del Cambio,* n.° 4, 1990.

ANSOFF, H. J.: «Estrategias de diversificación», *HDBR,* 3.er trimestre, 1984.

ANSOFF, J.: «Management behavioural to change», Bruselas, 1980. «Planned management of turbulent change», Bruselas, 1978. «Weak signals from the unknown», *International Management,* octubre 1979.

APPLEGAT, L., y otros: «Perspectivas de la dirección para el año 2000», *HDBR,* 2.° trimestre, 1989.

BARWISE, P.; MARSH, P. R., y WENSLEY, P.: «¿Tienen que estar financiación y estrategia necesariamente reñidas?», *HDBR,* 2.° trimestre, 1990.

BLYTH, M. L., y otros: «La creación de valor para el accionistas», *Revista Esp. de Planificación,* septiembre 1990.

BUIGUES, P.: «La prevision a long terme dans les entreprises françaises», *Revue Française de Gestion,* 3.er trimestre, 1982.

CHANDLER, A. D.: «La lógica permanente del éxito industrial», *HDBR,* 1.er trimestre, 1991.

DAY, G. S., y FAHEY, L.: «Qué relaciones hay entre el valor de la empresa y sus estrategias de la empresa», *HDBR,* 1.er trimestre, 1991.

DONALDSON, G.: «Metas financieras y consecuencias estratégicas», *HDBR,* 1.er trimestre, 1986.

DRUCKER, P. F.: «What executives need to learn», *PRISM,* Arthur D. Little, Fourth Quarter, 1990.

ELKINS, J.: «Diez tendencias para el siglo XXI», *Revista Española de Planificación,* enero 1990.

FERGUSON, C. H.: «Estrategias para invertir y competir según el juego mundial», *HDBR,* 2.° trimestre, 1991.

FERNÁNDEZ ROMERO, A.: «Sistemática para el estudio de temas estratégicos», TEA-CEBOS, Madrid, 1990. «Aplicación de las técnicas de creatividad en el proceso de planificación», enero 1988.

FERRARI, C.: «Patologías de los sistemas de planificación», *Gestión del Cambio,* n.° 4, 1990.

FISHER, A. B.: «Is long-range planning worth it?», *Fortune,* 23-IV-1990.

FORTUNE: «Cómo planificar para el 95», *Fortune,* 31-XXII-1990.

FREIJÉ, A.: «Claves para adoptar la estrategia adecuada», *Boletín de Estudios Económicos,* agosto 1990.

FROHMAN, A. L.: «La tecnología como arma estratégica», *HDBR,* 4.° trimestre, 1982.

GLUCK, F., y otros: «La gestión estratégica como clave el éxito competitivo», *HDBR,* 3.er trimestre, 1981.

GOOLD, U., y CAMPBELL, A.: «Hay muchas formas óptimas de preparar una estrategia», *Revista Española de Planificaciones,* enero 1990.

GORE, E.: «Cambio y aprendizaje organizacional», *Gestión del Cambio,* n.° 4, 1990.

HENDERSON, B. D.: «¡Falacias fuera!: la verdadera esencia de la estrategia empresarial», *HDBR,* 3.er trimestre, 1990.

HURST, D. K.: «Aristas, curvas y la eficacia en la dirección de empresas», *HDBR,* 1.er trimestre, 1985.

KOTLER, P.: «Proceso de Planificación de Marketing», *Revista Española de Planificación,* enero 1990.

LAFUENTE, A., y SALAS, V.: «La teoría económica de la dirección estratégica», *ICE,* marzo 1983.

LOVETT, P. D.: «Cuatro directrices básicas para un plan eficaz», *HDBR,* 3.er trimestre, 1989.

HAMEL, G., y PRAHALAD, C. K.: «El propósito estratégico», *HDBR,* 1.er trimestre, 1990.

MCNEILL, J.: «¿Cuándo hay caja en el flujo de caja?», *HDBR,* 2.° trimestre, 1987.

MITCHELE, A.: «Estrategias para los 90: cambio hacia una nueva época», *Revista Esp. de Planificación,* septiembre 1990.

NAYAK, R. P.: «Managing Rapid Technological Development», *PRISM,* Arthur D. Little, Second Quarter, 1991.

PÉREZ-CARBALLO, J. F.: «La Planificación financiera: un test de coherencia», *Estrategia Financiera,* n.° 58, diciembre 1990.

PORTER, M.: «¿Dónde radica la ventaja competitiva de las naciones?», *HDBR,* 4.° trimestre, 1990.

PORTER, M. E.: «De la ventaja competitiva a la estrategia empresarial», *HDBR,* 1.er trimestre, 1988.

SARGEANT, L. W.: «Strategic Planning in a subsidiary», *Long Range Planning,* junio 1990.

TARONDEAN, J. C.: «Les trois âges de la estrategia industrielle», *Revue Française de Gestion,* 3.er trimestre, 1982.

TAYLOR, D.: «La planificación corporativa: diez mitos y diez reglas de oro», *Gestión del Cambio,* n.° 4, 1990.

ZAPICO, J. A., y BLANCO, F.: «Planificación y programación. Un caso práctico con la hoja electrónica», *Estrategia Financiera,* octubre-noviembre 1989.

Parte V

LA DECISION DE INVERTIR

CAPITULO 10

EL PROYECTO DE INVERSION

SUMARIO: 10.1. Introducción.—10.2. Tipos de proyectos de inversión: 10.2.1. Nuevos productos o servicios. 10.2.2. Expansión. 10.2.3. Mejora. 10.2.4. Mantenimiento. 10.2.5. Gestión. 10.2.6. Financieros. 10.2.7. Otros proyectos necesarios.—10.3. Planteamiento de la evaluación: 10.3.1. El horizonte temporal (HT). 10.3.2. La dimensión del proyecto (DM). 10.3.3. Cash-flow del proyecto (CF).—10.4. Amortizaciones.—10.5. Metodología para el análisis de viabilidad de un proyecto: 10.5.1. Análisis del mercado. 10.5.2. Análisis de la ingeniería y organización de la producción. 10.5.3. Análisis económico-financiero.

10.1. INTRODUCCION

Al hablar de inversión, en el marco de la actividad empresarial nos referimos a toda inmovilización estable de fondos y, en particular, a la adquisición de activos fijos, es decir, activos que implican la inmovilización de fondos durante un año por lo menos; este plazo de un año es arbitrario, pero es de uso casi general, al objeto de diferenciar la inversión de la utilización de fondos con menores períodos de realización y, por tanto, con expectativas de generación de ingresos a corto plazo.

La compra de activos fijos constituye una decisión empresarial de carácter estratégico, pues condicionará la evolución de la empresa durante un largo período de tiempo, tanto por involucrar recursos financieros de importancia, en relación con el tamaño de la empresa, como por su carácter usual de decisión económicamente irreversible. Del carácter estratégico de las inversiones se deriva la necesidad y el interés de analizarlas con detenimiento antes de acometerlas, puesto que su liquidación prematura, una vez realizadas, puede dar lugar a pérdidas importantes.

10.2. TIPOS DE PROYECTOS DE INVERSION

Resulta conveniente establecer una cierta clasificación de los proyectos de inversión. Esta clasificación ayuda en el proceso de evaluación, selección y financiación de inversiones y valora el papel, más o menos estratégico, de cada proyecto en el plan de la empresa.

Las categorías de utilización más frecuentes son las que a continuación se comentan.

10.2.1. NUEVOS PRODUCTOS O SERVICIOS

Estos proyectos están fuertemente relacionados con la política de crecimiento de la empresa, habiéndose de analizar, en general, con la máxima atención, pues, al involucrar nuevas actividades, los niveles de incertidumbre y riesgo que incorporan son mayores que en el resto de los tipos.

Por otra parte, el análisis de esta clase de proyectos suele ser más complejo al tener que considerarse, en el proceso de evaluación, aspectos tales como dimensión, tecnología y localización, que en otros casos suelen estar determinados a priori.

10.2.2. Expansión

Los proyectos de expansión vienen determinados, junto con los asociados a nuevos productos y servicios, por la política de crecimiento que la empresa haya establecido.

Los aumentos de capacidad suelen implicar nuevas líneas de producción, modificación de procesos o eliminación de cuellos de botella.

Eventualmente, a raíz de una expansión, particularmente si es significativa, puede ser necesario también estudiar los aspectos de dimensión incremental, tecnología y localización mencionados en el apartado anterior.

10.2.3. Mejora

Los proyectos de mejora se orientan o bien, como su nombre indica, hacia una mejoría en los niveles de calidad de los productos/servicios, en cuyo caso se relacionan directamente con la política de calidad de la empresa, o bien buscan una disminución en los costes de producción, con incrementos en la productividad.

Los proyectos de mejora pueden presentar diferencias de grado en la medida en que requieran o no nuevos equipos.

En su desarrollo los proyectos de mejora pueden dar lugar a proyectos de expansión o de nuevos productos en la medida que las ventas se incrementen o surjan productos claramente diferenciados.

10.2.4. Mantenimiento

Se clasifican en esta categoría todos aquellos proyectos de inversión que resultan imprescindibles para mantener los niveles de producción y calidad establecidos. Sin embargo, estos proyectos ni introducen nuevos productos, ni incrementan la capacidad de la empresa, ni incorporan niveles de calidad de diseño superiores ni, finalmente, reducen tampoco los costes de producción.

El analista habrá de tener en cuenta que las inversiones de mantenimiento son tan inversiones como el resto, compitiendo igualmente por la obtención de recursos escasos y, en consecuencia, han de estudiarse con el mismo interés y la intensidad necesaria.

En algunos casos, las inversiones de este tipo se aceptan automáticamente, sin tener en cuenta criterios económicos, perpetuando procesos o productos, que sería más rentable reducir o, incluso, eliminar.

Estas inversiones no se refieren, como es natural, a aquellas actividades como la de mantenimiento preventivo, que se amorticen en el ejercicio, o aquellos activos que se consideren de consumo intermedio y que no sean, por consiguiente, capitalizables.

10.2.5. Gestión

Los proyectos de inversión de gestión no se relacionan directamente con la actividad productiva de la empresa, pero contribuyen a mejorar su eficacia y rentabilidad. Estos proyectos suponen la adquisición, establecimiento y equipamiento adecuado de oficinas, delegaciones, canales de distribución y asistencia a los clientes. Su evaluación puede implicar la dificultad de comparar ventajas relativamente intangibles a largo plazo, con los costes y los desembolsos bien tangibles asociados a la inversión.

10.2.6. Financieros

Son todos aquellos que implican:

— Adquisición y suscripción de valores de renta variable y fija por un plazo superior a un año, con fines de control, diversificación, crecimiento, rentabilidad u otros.

— Créditos y préstamos de carácter permanente por operaciones no relacionadas con la actividad de la empresa.

10.2.7. Otros proyectos necesarios

Se incluyen aquí proyectos tales como los de carácter legal, ambiental, de seguridad, imagen, de naturaleza social y todos aquellos que de una manera general no pueden clasificarse en las categorías anteriores y que, sin embargo, por ser necesarios, han de acometerse, financiarse y controlarse y, siempre que ello sea posible, evaluarse.

Una mención especial merecen, por su creciente importancia, los proyectos de *I+D*, de muy difícil evaluación, pero que deben someterse, al igual que los otros, a los criterios y controles que hayan sido establecidos.

El interés, para el analista, de la clasificación anterior estriba en que el planteamiento y tratamiento específico que haya de darse a un proyecto depende, en gran medida, de su naturaleza; sobre la base de una metodología de análisis común, determinadas cuestiones pueden resultar críticas para un proyecto e irrelevantes o triviales para otros.

La mencionada clasificación se ha establecido, básicamente, con el criterio de la finalidad que persigue la realización de un proyecto de inversión. En consecuencia, los proyectos se clasifican en función de aquel objetivo básico o predominante que persiguen. No obstante, un mismo proyecto puede resultar clasificable en dos o más de las clases establecidas por integrar objetivos múltiples asociados y sin que ninguno de ellos predomine claramente sobre los otros.

Naturalmente, otras muchas clasificaciones son posibles, atendiendo a distintos criterios, e incluso puede resultar deseable que cada empresa establezca, a efectos operativos y de toma de decisiones, su propia clasificación.

10.3. PLANTEAMIENTO DE LA EVALUACION

Normalmente, un mismo proyecto de inversión presentará, además del problema primario y fundamental de acometerse o no, distintas alternativas —secundarias—, tanto si se lleva a la práctica, en lo que se refiere, por ejemplo, a dimensión, localización, tecnología y calendario de lanzamiento, como si no se lleva: subcontratación, leasing o utilización más intensiva de los equipos.

Todas estas alternativas secundarias habrán de ser consideradas por el analista independientemente y tratadas como «proyectos diferentes».

En consecuencia, un mismo proyecto de inversión puede desdoblarse, a efectos de análisis, en otros varios «proyectos» con diferencias más o menos acusadas, según los casos [1]. En lo que sigue se hará referencia, únicamente, a la evaluación y análisis de cada una de las alternativas secundarias que pudieran existir o, en su defecto, al proyecto de inversión en su versión primaria y única.

Sintéticamente, a efectos de evaluación económica, los parámetros estructurales que definen un proyecto de inversión —sin considerar la financiación— son básicamente tres;

[1] Naturalmente, dado que muchas de las características de las alternativas secundarias son comunes, el análisis resultará bastante más sencillo que si se tratara de diferentes proyectos de inversión.

— El horizonte temporal (*HT*).
— La escala o dimensión (*DM*).
— El cash-flow (*CF*).

10.3.1. El horizonte temporal (*HT*)

Aunque de muy difícil estimación exacta, el *HT* o vida del proyecto es uno de los parámetros claves de su evaluación económica. El *HT* puede definirse como el tiempo —usualmente en años— que transcurre desde la iniciación de la inversión —momento en que se produce el primer compromiso o gasto de un proyecto— hasta que deja de producir ingresos y/o desembolsos.

Para su estimación se parte de los conceptos asociados siguientes:

1. Vida física del proyecto: período que transcurre desde la iniciación de un proyecto hasta que sus activos principales se deterioran con pérdidas significativas de producción, rendimiento y calidad.

Determinación: En algunos casos puede conocerse aproximadamente, por experiencia o estimaciones técnicas, aunque no esté totalmente determinado, pues la empresa o dirección del proyecto puede alargar su vida física mediante, por ejemplo, una adecuada política de mantenimiento.

En ocasiones la vida física puede aproximarse por medio de su vida contable o período de amortización de los activos básicos del proyecto. Este período de amortización suele estar acotado legalmente; en cualquier caso, ha de definirse con precisión al evaluar la inversión.

2. Vida técnico-comercial del proyecto: período de tiempo equivalente a la vida de los productos o servicios que la inversión genera o período que transcurre hasta la aparición de productos sustitutivos superiores.

Determinación: Los estudios de mercado pueden ayudar a estimar el ciclo de vida del producto y, por tanto, la vida técnico-comercial del proyecto.

3. Vida tecnológica del proyecto: período de tiempo que transcurre hasta la aparición de nuevos procesos y tecnologías que mejoran los rendimientos y la calidad de los productos, convirtiendo en obsoletos los equipos principales y los procesos actuales.

Determinación: De muy difícil estimación, pues no suele disponerse de los programas de $I + D$ de nuevas tecnologías.

Como es lógico, en teoría, la vida económica del proyecto será la menor de sus vidas, física, técnico-comercial y tecnológica; en la práctica se identifica según el tipo de proyecto y la información disponible con una de ellas o con una solución de compromiso que se considere razonable [2].

A su término, un proyecto de inversión puede resultar renovable o no; en el primer caso el inversor cuenta con datos «efectivos» sobre los resultados del proyecto y podrá corregir sus estimaciones iniciales y decidir de nuevo; en el segundo caso habrá, necesariamente, de emplear los fondos en otros proyectos entonces accesibles. Ahora bien, dado que no resulta probable que se conozcan con tanta antelación las características de los nuevos proyectos concretos, se suele considerar, por razones de prudencia, que los fondos se reinvierten a una tasa equivalente a su coste de oportunidad financiera.

[2] La determinación de la vida económica de un proyecto es, naturalmente, tanto más crítica cuanto menor sea su horizonte temporal. En los proyectos «cortos» —HT hasta cinco niños—, la rentabilidad «a priori» puede verse muy afectada por un error, en términos absolutos, de uno o dos años en la estimación de su vida económica. Por el contrario, en proyectos de duración «media» —HT de cinco a quince años— o «largos» —HT superior a quince años—, errores de esa magnitud absoluta no suelen ser tan significativos.

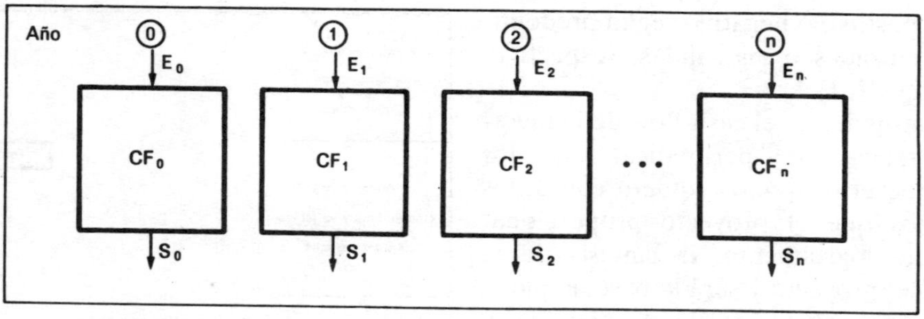

FIGURA 10.1.

10.3.2. LA DIMENSIÓN DEL PROYECTO (*DM*)

Se refiere al tamaño del proyecto de inversión y, aun cuando la dimensión de las operaciones puede tener gran interés, por conceptos muy diferentes, de carácter estratégico —por ejemplo, cuota de mercado—, de rentabilidad —por ejemplo, economías de escala—, de viabilidad técnica —por ejemplo, tecnología—, comerciales —por ejemplo, la organización de la distribución—, o legales —por ejemplo, dimensiones mínimas—, en este caso interesará especialmente a efectos de financiación y comparación de alternativas de inversión.

La dimensión del proyecto puede medirse, al igual que la dimensión de la empresa, de muy diferentes maneras, variando la oportunidad de unas u otras medidas según la utilización concreta que a la medida se le quiera dar.

En lo sucesivo, y salvo indicación en contrario, se medirá la dimensión del proyecto por el volumen total de fondos que absorbe, para cubrir su inmovilizado y el capital circulante necesario, antes de las subvenciones [3].

Los proyectos de inversión podrán ser o no divisibles (y/o ampliables) en otros de características semejantes. Como es natural, los proyectos divisibles resultan más flexibles, pues pueden acometerse, según las circunstancias, a escalas diferentes.

Por el contrario, los proyectos de dimensión única son «más rígidos», pudiendo originar problemas de financiación; en muchos casos, los proyectos de inversión requieren una «dimensión mínima», a partir de la cual pueden abordarse con diferentes tamaños.

10.3.3. CASH-FLOW DEL PROYECTO (*CF*)

El cash-flow, o movimiento de fondos del proyecto, es el elemento básico de su evaluación económica. En efecto, durante su vida, la inversión genera cada año i un conjunto de ingresos o entradas monetarias (E_i) y exige para su desarrollo una serie de pagos o salidas monetarias (S_i), dando lugar a un balance neto (CF_i) al final de cada ejercicio,

[3] Cuando no se disponga de la información anterior, por contarse únicamente con el cash-flow (véase epígrafe siguiente), se considerará que la suma de todos los cash-flows negativos iniciales constituye la dimensión de la inversión.

En otros casos se toma como dimensión aproximada el valor del cash-flow correspondiente al primer período de la inversión, CF_o, o desembolso inicial de la inversión, DI, que integra en muchos casos a los únicos fondos destinados a inversión en fijo o circulante y constituye, por tanto, la medida de la dimensión que ha sido definida.

que será positivo o negativo según predominen las entradas o las salidas, respectivamente (fig. 10.1) [4].

Por consiguiente, el cash-flow de la inversión, al relacionar y periodificar todos los fondos que el proyecto requiere con todos los fondos que el proyecto proporciona, constituye, lógicamente, la síntesis de la bondad del proyecto y será la base de partida para su evaluación. Puede observarse que el *CF* del proyecto explicita cuál es su horizonte temporal y orienta implícitamente sobre su dimensión [5], a través de los recursos de fondos que requiere inicialmente.

El cálculo del *CF* de un proyecto exige, básicamente, la determinación, período a período, de las partidas de inversiones en inmovilizado, capital circulante, beneficio, amortizaciones, impuestos y subvenciones, si las hubiere. Entre estas partidas se establecen las relaciones que se describen en la figura 10.2.

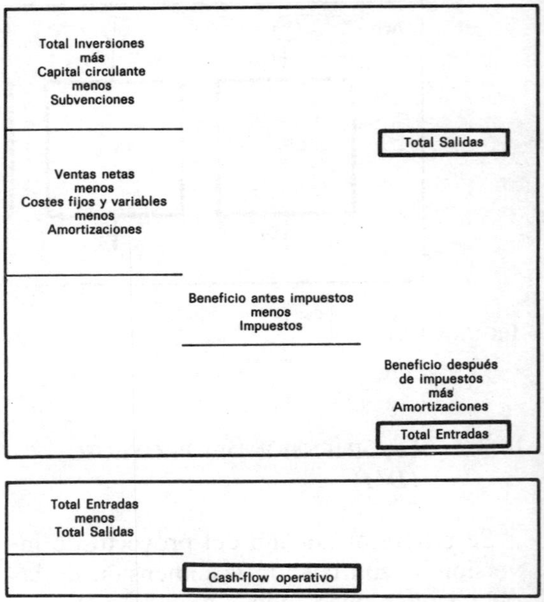

FIGURA 10.2. *Variables básicas para la determinación del CF.*

En la práctica resulta conveniente contar con un formato detallado que agrupe todas las subpartidas que requieren o generan fondos, y calcule de manera sistemática los cash-flows anuales y cash-flows de la inversión [6].

En la figura 10.3 se reproduce el que servirá de base para los comentarios que siguen y que consta, como puede comprobarse, de cuatro partes bien diferenciadas: encabezamiento, cálculo de las salidas (renglones 1-17, ambos inclusive), cálculo de las entradas (renglones 18-34, ambos inclusive), y cálculo del movimiento de fondos o cash-flow del proyecto [7]. A continuación se deta-

---

[4] Se han designado los balances netos anuales por CF_i, como iniciales del término cash-flow, indicándose con el subíndice *i* el año al que corresponde. Al conjunto de todos los cash-flows anuales correspondientes a una inversión se le suele designar por cash-flow de la inversión.

[5] En la práctica, durante sus primeros años, el proyecto no proporciona entradas de fondos, por estar en fase de diseño, construcción o lanzamiento, o éstas son muy reducidas, dando lugar a *CF* iniciales negativos. Por esta razón, para estos años iniciales, y en particular para el año 0, en ocasiones se habla de desembolso o desembolsos iniciales y no de los cash-flows anuales correspondientes. Naturalmente, otros *CF* anuales pueden resultar negativos, normalmente porque se requieren grandes reparaciones o por ser necesaria la renovación de equipos menores con vidas físicas inferiores a las de los equipos fundamentales o básicos del proceso. En muchos casos se hablará indistintamente de CF_o o *DI*.

En ocasiones se designa por 1 al final del año o período en el que las operaciones comienzan y −1, 2, etcétera, a los anteriores durante los que el proyecto está en fase de construcción y puesta en marcha.

[6] Las empresas suelen y deben tener definido un formato de cálculo estándar. En este caso se comenta sobre el que propone la Dirección de Ingeniería y Producción del INI y que está publicado en su manual «Sistema de Control de Inversiones». Los comentarios que se hacen a los distintos asientos son de responsabilidad exclusiva de los autores.

[7] Como el lector podrá comprobar, el cálculo de las salidas se refiere al cálculo de los fondos que será necesario destinar en términos netos —es decir, libres, por ejemplo, de subvenciones— al inmovilizado y capi-

lla el contenido de las diferentes líneas del mencionado cuadro.

Líneas (1-4). *Inmovilizado material:* En estas partidas figuran todas las aplicaciones de fondos necesarias para la adquisición e instalación [8] de elementos patrimoniales tangibles, muebles o inmuebles. Todos los elementos anteriores, salvo los terrenos, se amortizan de acuerdo con el plan que la empresa defina, atendiendo a una estrategia de amortización y en el marco de la legislación vigente.

Los elementos que constituyen el inmovilizado material, estén o no totalmente amortizados, tendrán unos ciertos valores de liquidación o residuales que constituirán entradas de fondos, debiendo constar como tales y después de impuestos cuando esté prevista su liquidación efectiva, que por lo general será al final del horizonte temporal del proyecto. Los terrenos se recuperarán al final de la inversión, al menos, por su valor de adquisición [9].

Línea (6). *Inmovilizado inmaterial:* Este renglón recoge todas las aplicaciones de fondos destinadas a la adquisición de elementos patrimoniales intangibles, tales como concesiones administrativas, propiedad industrial, fondo de comercio, derechos de traspaso y otros. Según los casos, los elementos del inmovilizado inmaterial pueden o no amor-

---

tal circulante que la inversión requiera, mientras que el cálculo de las entradas hace referencia, por su parte, al cálculo —en términos netos también— del beneficio y las amortizaciones, partidas que constituyen básicamente las entradas de fondos que el proyecto genera. En ningún caso debe suponerse que el formato indica por Total Salidas la suma o total de todas aquellas partidas que efectivamente y siempre son salidas, y por Total Entradas la suma o total de todas aquellas partidas que efectivamente y siempre son entradas. Cuando se considere el significado económico del cash-flow del proyecto se volverá sobre este tema.

Por otra parte, conviene señalar que, en ocasiones, en formatos de este tipo, las cantidades negativas figuran entre paréntesis en lugar de ir precedidas del signo menos.

[8] El renglón núm. 4, titulado Otros, incluye los repuestos para el inmovilizado, siempre que tengan un ciclo de almacenamiento superior a un año.

[9] El precio de adquisición del inmovilizado material suministrado por terceros incluye, además del importe facturado por el vendedor, todos los gastos adicionales que se produzcan hasta su puesta en funcionamiento, que vienen a incrementar su valor: impuestos que graven la adquisición, gastos de explanación y derribo, transporte, aduanas, seguros, instalación, montaje y otros similares.

Cuando se trate de elementos de activo fijo fabricados o construidos por la propia empresa, se entenderá por precio de adquisición el que resulte según las normas usualmente aplicadas por la misma para la determinación de costes en su proceso productivo.

En general, debe evitarse la incorporación a los elementos del inmovilizado material de los intereses devengados por los capitales recibidos en concepto de préstamos y por las operaciones de compra con pago aplazado. En ningún caso se cargarán tales intereses a las cuentas representativas de dichos elementos de activo desde el momento en que éstos entren en funcionamiento.

Unicamente se incorporarán al inmovilizado aquellas partidas que representen adiciones o sustituciones de activos y las mejoras que supongan un aumento del rendimiento o de la capacidad de los elementos instalados.

En particular se aplicarán las reglas que se expresan con respecto a los bienes que en cada caso se indican:

a) Solares sin edificar.—Formarán parte de su precio los gastos de acondicionamiento, como cierres, movimiento de tierras, obras de saneamiento y drenaje, así como los de derribo de construcciones cuando sea necesario para poder efectuar obras de nueva planta; y también los gastos de inspección y levantamiento de planos cuando se efectúen con carácter previo a su adquisición.

b) Edificios y otras construcciones.—Se incluirán en su precio, además del terreno y de todas aquellas instalaciones y elementos que tengan carácter de permanencia, los impuestos y tasas inherentes a la construcción y los honorarios facultativos de proyecto y dirección.

c) Maquinaria, instalaciones y utillaje.—Su valoración comprenderá todos los gastos de adquisición, o de fabricación y construcción, hasta su puesta en condiciones de funcionamiento.

Las herramientas incorporadas a elementos mecánicos se someterán a las normas valorativas y de amortización aplicables a dichos elementos.

Con carácter general, las herramientas manuales no incorporadas a las máquinas, cuyo período de utilización se estime no superior al año, deben cargarse a la explotación del ejercicio.

EMPRESA

PROYECTO:

REFERENCIA: TIPO:

ANALISIS DE INVERSIONES

MOVIMIENTO DE FONDOS CASH FLOW

INSTITUTO NACIONAL DE INDUSTRIA
Referencia: SCI-7120-30/Junio 78
Cifras en Millones de Pesetas

Pl n.º	Fecha: AÑOS ➤	0-	1-	2-	3-	4-	5-	6-	7-	8-	9-	10-	11-	12-	13-	14-	15-	Resto	TOTAL
1	Terrenos, Edificios y Construcciones																		
2	Maquinaria, Instalaciones y Utillaje																		
3	Equipo de trans.; P. de datos y Mobiliario																		
4	Otros																		
5	INMOVILIZADO MATERIAL (1+2+3+4)																		
6	INMATERIAL																		
7	FINANCIERO																		
8	GASTOS AMORTIZABLES																		
9	ACTIVOS PROPIOS Y FUTUROS																		
10	TOTAL INVERSIONES (5+6+7+8+9)																		
11	Inventarios																		
12	Cuentas a cobrar - Deudores																		
13	Cuentas a pagar - Acreedores																		
14	Disponible																		
15	CAPITAL CIRCULANTE (11+12−13+14)																		
16	SUBVENCIONES DE CAPITAL																		
17	TOTAL SALIDAS (10+15−18)																		
18	VENTAS - FACTURACION																		
19	Devoluciones, Comisiones, ITE y otros																		
20	VENTAS NETAS (18−19)																		
21	Costes de Producción y distribución																		
22	Amortizaciones																		
23	MARGEN BRUTO (20−21−22)																		
24	Costes de Administración																		
25	Costes de Financiación																		
26	Costes (Ingresos) accesorios																		
27	Subvenciones de explotación																		
28	Resultado de explot. (23−24−25−26+27)																		
29	Resultados Extraordinarios																		
30	Beneficio antes de impuestos (28−29)																		
31	Impuestos																		
32	BENEFICIO NETO (30−31)																		
33	Amortizaciones																		
34	TOTAL ENTRADAS (32+33)																		
	TOTAL SALIDAS (17)																		
35	MOVIMIENTO DE FONDOS (34−17)																		

FIGURA 10.3. *Análisis de inversiones. Movimiento de fondos - Cash Flow.*

tizarse y pueden tener o no un cierto valor de enajenación al término de la inversión. El analista habrá de tener en consideración las circunstancias que en cada caso concurren para, sobre la base de los criterios enunciados, realizar adecuadamente la previsión del movimiento de fondos en el apartado de inmovilizado inmaterial.

Línea (7). *Inmovilizado financiero:* Este apartado consigna el valor de adquisición de acciones de otras empresas, así como otras inversiones financieras de carácter permanente, como obligaciones y bonos, préstamos a largo y medio plazo, fianzas y depósitos a plazo. Este renglón es de utilización en el caso de inversiones financieras y, eventualmente, en aquellas otras que, sin serlo, lleven asociadas inversiones de esta naturaleza.

Línea (8). *Gastos amortizables:* De una manera general, esta partida recoge todos aquellos gastos que por tener proyección económica futura son de distribución plurianual. Entre ellos conviene citar los siguientes: gastos de constitución, primer establecimiento, puesta en marcha y, finalmente, investigaciones, estudios y proyectos a amortizar.

Línea (9). *Activos propios y futuros:*

9 (a). *Propios:* Activos que ya están contabilizados en la empresa y que se incorporan al proyecto.

9 (b). *Futuros:* Inversiones relacionadas con el proyecto, que deberán realizarse en el futuro como consecuencia de la operatividad del proyecto y que interesa figuren explícitamente.

Línea (10). *Total inversiones:* Se obtiene como suma total de inmovilizado material, inmaterial, gastos amortizables y activos propios y futuros.

Línea (11-15). *Capital circulante:* Un aspecto a veces olvidado al analizar un proyecto de inversión consiste en evaluar los fondos monetarios que requiere inmovilizar en activo circulante.

Pocas son las inversiones en activo fijo que no exigen una inversión paralela en elementos del activo circulante que posibiliten su puesta en operación y posterior funcionamiento. En el caso más general de una inversión destinada a la producción y comercialización de un producto, no sólo habrá que adquirir el activo fijo necesario para ello (terrenos, edificios, maquinaria y otros), sino que, además, habrá que considerar los desembolsos originados por la inversión en activo circulante adicional. En este sentido, será preciso constituir unos stocks de repuestos, materias primas, productos en curso y productos terminados; habrá que mantener recursos en efectivo de cara a regular los flujos de dinero originados por la inversión, y cuando comience la comercialización del producto probablemente habrá de financiar en alguna medida a los clientes. Pues bien, todas estas operaciones exigen la inmovilización estable de fondos y, por tanto, han de ser financiadas, aumentando de esta forma el volumen, en términos monetarios, de la inversión.

Bien es verdad que el propio desarrollo de la inversión generará financiación adicional inmediata. La fuente más clara surge como consecuencia de créditos que eventualmente concederán los proveedores por la adquisición de materias primas. Igual que al vender, en general, no se cobra al contado, al comprar materias primas, por ejemplo, tampoco se pagará al contado, generándose, pues, una fuente de recursos monetarios que servirá para financiar, en parte, a la inversión en circulante. Consideración semejante pueden merecer conceptos tales como los impuestos y los gastos diferidos.

En realidad, por tanto, el desarrollo de la inversión exigirá financiar sólo la diferencia entre el activo y el pasivo circulante generados como consecuencia directa de la operación de la inversión. Esta diferencia, que se denomina capital circulante, permanecerá de una forma fija en la empresa durante toda la vida de la inversión; cuando ésta finalice, al realizarse sus diversos componentes, se recuperará el circulante, incorporándose al valor residual de la inversión. En este sentido, la inmovilización en circulante es tan fija como la inversión en activo fijo, si bien, implica un menor riesgo por ser económicamente reversibles sus niveles de inversión, aunque los stocks vayan rotando y los clientes pagando, siempre se mantendrán unas cuentas con el valor de la nueva producción y de las deudas de las nuevas ventas a clientes. Es decir, aunque los elementos del circulante se vayan renovando en un sentido físico, la cantidad global constituida por el circulante estará inmovilizada mientras esté en operación la inversión.

En resumen, para calcular la rentabilidad económica de un proyecto habrá que considerar todas las inmovilizaciones de fondos que exija. De este modo, a los desembolsos efectuados en activo fijo se les añadirá los correspondientes desembolsos originados por la constitución del capital circulante que precise la explotación de la inversión.

En cualquier caso, la inclusión o no del circulante puede tener un efecto muy diferente sobre la evaluación de la inversión, dependiendo, lógicamente, de la proporción que signifique el circulante sobre la inversión total.

En general, el capital circulante será positivo; no obstante, pueden presentarse casos en los que las características operativas de la inversión den lugar a un capital circulante negativo [10].

Línea (16) *Subvenciones de capital:* Están constituidas por las aportaciones de terceros —no asociadas al nivel de actividad de cada ejercicio— a fondo perdido [11].

Línea (17). *Total salidas:* Se obtiene, anualmente, como suma total de inversiones y capital circulante, neto de subvenciones (y enajenaciones).

Líneas (18-28). *Cálculo del resultado de explotación:* Estas partidas constituyen una cierta cuenta de pérdidas y ganancias estandarizada del proyecto y, por consiguiente, resultan fáciles de interpretar. No obstante, se considera conveniente llamar la atención sobre los siguientes aspectos [12].

(25). *Costes de financiación:* Se considerarán únicamente aquellos costes financieros que influyan en el nivel de capital circulante necesario, tales como préstamos a corto o de temporada, descuento de letras y factoring. El resto de los costes de financiación se cargarán a ésta y serán considerados aparte.

Los costes de financiación, de no existir un renglón específico, se verán minorados por los ingresos financieros derivados de dividendos y/o intereses de acciones, participaciones, obligaciones, bonos u otras inversiones financieras permanentes y temporales, descuentos, bonificaciones y rebajas, no incluidas en factura, que le concedan a la empresa, por pronto pago, sus proveedores y de cualesquier otros ingresos financieros no incluidos en los apartados anteriores, como son, a título indicativo, los intereses

---

[10] Como capital circulante = inventarios + (cuentas a cobrar + deudores) + disponible − (cuentas a pagar + acreedores), cuando:

— Inventarios = 0 (por no tener necesidad la empresa administradora del proyecto de mantener stocks, estando toda la mercancía de que dispone «en depósito» hasta su realización).

— Cuentas a cobrar = 0 (por realizarse todas las operaciones al contado).

— Deudores = 0 (por no tener derechos de cobro por operaciones atípicas).

Y siempre que el disponible sea inferior al total de fuentes a pagar más acreedores, lo que en las circunstancias anteriores puede ser una situación frecuente, el renglón de capital circulante será negativo.

[11] Aun cuando no conste, explícitamente, en el formato de cálculo que se comenta, a este apartado se le podría añadir otro conceptualmente diferente que recogiera el valor de liquidación —después de impuestos— de los activos que pudieran enajenarse como consecuencia del proyecto.

[12] Al renglón (22), de amortizaciones, se le dedica un epígrafe específico en este capítulo.

de las cuentas bancarias, a la vista o de ahorro y de las imposiciones a plazo.

(26). *Costes (ingresos) accesorios:* Los obtenidos por el proyecto distintos de los que constituyen su actividad o actividades básicas, excluidos los ingresos financieros. En este capítulo figuran: ingresos por prestación de servicios al personal, de propiedad industrial cedida en explotación, comisiones y otros servicios diversos de transporte, reparaciones, asesoría e informes.

(27). *Subvenciones de explotación:* Las recibidas directamente y a fondo perdido del Estado y de otras entidades públicas o privadas, al objeto, por lo general, de compensar «déficit» de explotación o asegurar a ésta una rentabilidad mínima.

Línea (29). *Resultados extraordinarios:* Flujos reales originados por la gestión del proyecto y ajenos a su explotación. Naturalmente, estos resultados podrán ser tanto positivos como negativos, aunque en el formato estándar se consideran, implícitamente, como negativos (pérdidas extraordinarias) [13].

Línea (30). *Beneficio antes de impuestos:* Se obtiene por diferencia entre el resultado de explotación y los resultados extraordinarios [14].

Línea (31). *Impuestos:* Resulta interesante señalar que, normalmente, los impuestos a pagar se verán minorados —de hecho— por el escudo fiscal de los gastos financieros, que comporta la financiación, y cuyo estudio se pospone al capítulo que aborda dicho tema. Los impuestos que figuran en este renglón deben considerarse, pues, antes de la financiación [15].

Líneas (32-34). *Total entradas:* Se obtiene por la suma algebraica del beneficio antes de impuestos, los impuestos y las amortizaciones.

Línea (35). *Movimiento de fondos [cash-flow anual (CF_i)]:* Es la diferencia entre el total de entradas y el total de salidas, consignándose entre paréntesis o precedidas del signo (−) en aquellos casos en que el cash-flow resulte negativo.

10.4. AMORTIZACIONES [16]

En este caso interesan las amortizaciones por dos razones: 1.ª por el «escudo fiscal» que incorporan como cualquier otro coste deducible, y 2.ª como componente fundamental del cash-flow.

Conceptualmente, las amortizaciones ya han sido tratadas, y baste recordar que son la «expresión de la depreciación anual efectiva sufrida por el inmovilizado material e inmaterial por su aplicación al proceso productivo». En consecuencia, la amortización es un coste real, pero no constituye un desembolso monetario.

Conviene señalar que si los ejercicios económicos fueran suficientemente largos, las cargas periódicas de amortización desaparecerían y serían sustituidas por un gasto corriente único, equivalente al desembolso total inicial. Análogamente, si los ejercicios económicos fueran inferiores a un año, por ejemplo, de varias semanas únicamente, gran número de los desembolsos, contabilizados actualmente como costes corrientes,

---

[13] Eventualmente, en este apartado o en otro adicional podrían incluirse, en su caso, aquellos otros ingresos a que diera lugar la cartera de valores, incluida en el inmovilizado financiero, como consecuencia de la enajenación de títulos y derechos de suscripción, durante la vida del proyecto.

[14] Cuando los resultados extraordinarios sean positivos (Beneficios extraordinarios), el renglón 29 será negativo, por lo que estos beneficios se adicionarán a los de explotación. En este caso los Resultados extraordinarios irían entre paréntesis o precedidos del signo −.

[15] Estrictamente, a efectos de cash-flow los impuestos deben atribuirse —totalmente o en parte, según corresponda— al año en que son pagados y en el que, por tanto, originan un movimiento efectivo de fondos y no cuando son devengados. Por simplificación, y salvo indicación en contrario, a lo largo de estas notas se supondrá que los impuestos han de pagarse el mismo año en que se devengan.

serían considerados como activos amortizables.

Legalmente, para que las amortizaciones cumplan el papel señalado han de estar contabilizadas y ser efectivas; están contabilizadas mediante la reducción del valor del elemento de activo de que se trate o bien mediante la creación de fondos de amortización con unas dotaciones equivalentes a la depreciación real del elemento activo; son efectivas cuando no exceden del resultado de aplicar a los valores contables que corresponda los coeficientes de amortización fijados por el Ministerio de Hacienda (*Boletín Oficial del Estado,* 12-III-1965) [17]. No obstante, se admite la aplicación de coeficientes superiores cuando la empresa justifique la efectividad de la depreciación. También son aceptables las amortizaciones cuando la empresa sigue un plan especial elaborado por ella misma y aceptado por la Administración.

No obstante, una política de amortización excesivamente acelerada puede dar lugar a beneficios contables muy pequeños —incluso negativos—, creando problemas de imagen al inducir, potencialmente, cambios importantes en el crecimiento del beneficio neto, repercutiendo sobre el coste y la disponibilidad de nuevos recursos financieros y, en su caso, sobre la cotización de las acciones en el mercado.

Es más, al afectar al beneficio contable, la política de amortizaciones puede condicionar la política de dividendos: si no hay beneficio, nada puede repartirse.

Al margen de los planes especiales, la legislación española permite cierta flexibilidad, al expresarse en términos de porcentaje anual máximo y máximo período de amortización en años. Por ejemplo, el coeficiente máximo correspondiente a edificios industriales es del 3 por 100, y el período máximo de amortización es de cincuenta años; por consiguiente, los edificios industriales pueden amortizarse en un período que va desde los treinta y cuatro a los cincuenta años.

Una estrategia de amortización adecuada —todo lo acelerada que los condicionantes legales y de imagen lo permitan—, particularmente en épocas de inflación, puede resultar muy beneficiosa para la rentabilidad efectiva, la liquidez y pronta recuperación del proyecto de inversión.

A mayor amortización, menor beneficio contable y, consiguientemente, menores pagos de impuestos en el ejercicio. Considérese, por ejemplo, cómo se altera el cash-flow de un mismo proyecto de inversión según se aplique un sistema de amortización lineal o acelerada.

Aunque los beneficios totales, los impuestos totales y la amortización total son iguales en ambos casos, los cambios que se producen en su periodificación sí tienen, como se verá, un efecto sobre la rentabilidad y la liquidez de la inversión.

En muchos casos, al final del horizonte de vida de la inversión podrá haber activos no totalmente amortizados que tendrán un cierto valor residual de carácter contable. Naturalmente, este valor residual no tiene por qué coincidir con el real de enajenación, y las correspondientes plusvalías/minusvalías habrán de ser consideradas a efectos fiscales.

10.5. METODOLOGIA PARA EL ANALISIS DE VIABILIDAD DE UN PROYECTO [18]

La información necesaria para completar el formato que determina el cash-flow operativo del proyecto es muy diversa y de su

[16] Véase capítulo 4.

[17] Orden del Ministerio de Hacienda de 23-II-1965.

[18] Se expone aquí una metodología básica de carácter muy general. Cada empresa suele tener una metodología propia, orientada por su experiencia y adecuada a las características de su actividad y necesidades. Todo análisis de viabilidad incorpora algunos rasgos metodológicos específicos que lo diferencian de los demás.

Amortización lineal

	0	1	2	3	4	Totales
Total salidas	+100	+10	0	0	−30	
Beneficio antes de amortización e impuestos.	0	40	40	40	40	
Amortización lineal	0	20	20	20	20	80
B.a.i.	0	20	20	20	20	
Impuestos antes de financiación (50 %)	0	10	10	10	10	40
Beneficio neto	0	10	10	10	10	40
CF	−100	+20	30	30	60	40

Amortización acelerada

	0	1	2	3	4	Totales
Total salidas	+100	+10	0	0	−30	
Beneficio antes de amortización e impuestos.	0	40	40	40	40	
Amortización acelerada	0	40	20	10	10	80
B.a.i.	0	0	20	30	30	
Impuestos antes de financiación (50 %)	0	0	10	15	15	40
Beneficio neto	0	0	10	15	15	40
CF	−100	30	30	25	55	40

fiabilidad depende, en última instancia, la correcta evaluación del proyecto. Esta información —en su mayor parte previsiones sobre ventas, costes y precios de adquisición— resulta de un conjunto de estudios cuya realización puede o no ser responsabilidad directa del analista financiero, pero que es necesario relacionar, interpretar y explotar adecuadamente.

Si se parte de la base de que el proyecto parece factible, de acuerdo con estudios preliminares semejantes a los que se describirán a continuación, pero mucho menos rigurosos y detallados, el análisis de viabilidad completo puede resumirse en las tres etapas siguientes:

— Análisis del mercado.
— Análisis de la ingeniería.
— Análisis económico-financiero.

La entidad, presupuesto y duración de estas tres fases es muy variable con la naturaleza del proyecto de que se trate; en ningún caso las etapas anteriores pueden contemplarse como independientes, pues por lo general existen numerosas interrelaciones entre ellas.

10.5.1. ANÁLISIS DEL MERCADO

El producto o servicio que el proyecto proporciona ha de venderse en un mercado cuyas características y evolución determinarán los niveles de ventas y los costes asociados a éstas, por lo que su estudio resulta previo e imprescindible, salvo en casos excepcionales.

En general, el análisis estándar del mercado debería contener:

1. Una breve descripción del mercado, área que cubre, medios y tarifas de transporte, canales de distribución, comportamiento

tipo de los consumidores y convenciones usuales del mercado, tales como condiciones de pago a proveedores y clientes.

2. Análisis de la demanda, particularmente cantidades vendidas en el pasado, por tipos de productos si hubiera varios, identificación de los grandes consumidores y localización de éstos. Exportaciones.

3. Análisis de la oferta, número, localización y dimensión de los actuales productores; capacidad instalada; aspectos operativos, tales como políticas de precios, calidad y distribución. Importaciones.

4. Análisis del mercado internacional si éste fuera relevante al caso.

5. Estimación (previsión) de la demanda futura y entradas potenciales de nuevos oferentes.

6. Estimación con base en las características del proyecto de una cuota de mercado y de un calendario de ventas durante la vida económica del proyecto. Plan de marketing: política de productos, precios, canales de distribución, distribución física, publicidad, fuerza de ventas y presupuesto.

10.5.2. ANÁLISIS DE LA INGENIERÍA Y ORGANIZACIÓN DE LA PRODUCCIÓN

El objeto del análisis de la tecnología de producción —de complejidad muy diferente, según los productos y servicios de que se trate— consiste en establecer si el proyecto es o no técnicamente factible, cuáles son los procesos más adecuados y qué desembolsos comportan.

El análisis de la ingeniería básica debería cubrir, al menos, los aspectos siguientes:

1. Descripción y utilizaciones del producto incluyendo, si procede, especificaciones fisicoquímicas y mecánicas del mismo.

2. Descripción de los procesos de manufactura, justificación y descripción más detallada del proceso escogido.

3. Dimensionamiento y calendario de producción, considerando necesidades de puesta en marcha, mantenimiento y grandes reparaciones.

4. Selección de la maquinaria y el equipo, incluyendo especificaciones, proveedores, períodos de suministro, condiciones de pago y presupuestos. Calendario de pedidos e instalación. Calendario de pagos.

4. Localización, en conexión con el análisis del mercado y la dimensión de la planta o plantas.

6. Presupuestos de terrenos y construcción; planos, calendario de construcción y pagos.

7. Materias primas y productos de consumo; proveedores, período de suministros, condiciones de pago y precios. Calendario de adquisiciones y desembolsos.

8. Plantilla y recursos humanos; organización y salarios.

9. Estimación de los costes de producción.

10.5.3. ANÁLISIS ECONÓMICO-FINANCIERO

El objetivo del análisis económico-financiero es, mediante la síntesis de la información de mercado e ingeniería, evaluar económicamente el proyecto y diseñar un plan de financiación que lo haga posible.

El análisis financiero del proyecto que es el objetivo central de éste y los siguientes capítulos comprende las siguientes subetapas fundamentales:

1. Determinación del cash-flow operativo del proyecto con base en los presupuestos y calendarios parciales de marketing, ingeniería y organización de la producción.

2. Evaluación del cash-flow operativo en términos de liquidez y rentabilidad.

3. Determinación de las variables estra-

tégicas del proyecto: análisis de sensibilidad y riesgo.

4. Características de las fuentes de financiación accesibles y necesidades: plan de financiación.

Las etapas que se han comentado constituyen las fases de realización del estudio de viabilidad y no deben interpretarse como necesariamente secuenciales. Es más, lo normal es que los responsables de los análisis trabajen en paralelo con frecuentes reuniones de equipo. Al análisis de viabilidad del proyecto le sigue la redacción del correspondiente informe en el que se resume la información y se destacan los resultados más importantes a efectos de tomar una decisión.

CAPITULO 11

CRITERIOS DE EVALUACION ECONOMICA DE PROYECTOS DE INVERSION: LIQUIDEZ, RENTABILIDAD Y RIESGO

SUMARIO: 11.1. Introducción.—11.2. Evaluación de la liquidez y período de recuperación.—11.3. Rentabilidad: 11.3.1. Rentabilidad media (RM). 11.3.2. Tasa interna de rentabilidad (TIR). 11.3.3. Valor Actual Neto (VAN). 11.3.4. Comparación entre TIR y VAN. 11.3.5. Indice coste beneficio (ICB).—11.4. Comparación de la rentabilidad de proyectos: 11.4.1. Análisis de la rentabilidad de proyectos con diferente dimensión pero igual horizonte temporal. 11.4.2. Análisis de la rentabilidad de proyectos con diferente horizonte temporal pero igual dimensión. 11.4.3. Análisis de la rentabilidad de proyectos con diferente dimensión y horizonte temporal.—11.5. Riesgo del proyecto de inversión.—11.6. Conceptos y medidas del riesgo.—11.7. Selección económica de proyectos.

11.1. INTRODUCCION

Suele admitirse que la evaluación económica completa de un proyecto de inversión requiere la valoración de las dimensiones de liquidez, rentabilidad y riesgo.

En general, cuanto más completa sea la evaluación más sencilla y sistemática resulta la fase de selección.

Naturalmente, la evaluación de una inversión no se agota con la determinación de sus parámetros de liquidez, rentabilidad y riesgo, puesto que además de la faceta económico-financiera un proyecto presenta otras igualmente importantes, como su aportación al crecimiento o a la estrategia general de la empresa, que también deben ser consideradas.

Metodológicamente, y por simplificar, se harán los siguientes supuestos:

1. Se admite que el cash-flow operativo (*CFO*) representa suficientemente al proyecto y que las cifras previstas de movimiento de fondos cumplen los niveles de exactitud requeridos.
2. El cash-flow anual de una inversión se genera, por lo general, continuamente a lo largo del período. Aquí se supondrá, salvo indicación en contrario, que el cash-flow se obtiene al final del año o período temporal correspondiente.
3. Se admite que se conoce el coste de capital de la empresa que acomete el proyecto. Este coste es el de oportunidad de la utilización de los fondos disponibles en el proyecto y permite a la empresa fijar un tipo de rendimiento mínimo, por debajo del cual no está justificado, desde un punto de vista económico, el uso de fondos.
4. A lo largo del capítulo se utilizarán —según convenga— algunos casos de referencia cuyos cash-flows operativos son los siguientes:

Cash-flows operativos

Proyectos	0	1	2	3	4
A	−100	50	50	50	
B	− 50	0	0	100	
C	−100	25	25	50	100
D	−200	0	0	337	
G	−100	125			
H	−300	355			

11.2. EVALUACION DE LA LIQUIDEZ Y PERIODO DE RECUPERACION

La liquidez del proyecto de inversión puede definirse como la capacidad para transformar en dinero sus activos, sin incurrir en pérdidas de principal [1].

El criterio, sin duda, más utilizado y del que existen algunas variantes para medir la liquidez de una inversión es el del período de recuperación. Este criterio presenta la ventaja de cuantificar la liquidez del proyecto mediante un único índice sin necesidad de construir todo el perfil de liquidez.

Coloquialmente se define el período de recuperación (*PR*) o «payback» como el plazo de tiempo que ha de transcurrir para que la inversión se pague a sí misma; más concretamente, puede definirse como el período necesario para que el cash-flow acumulado se anule. En este sentido un proyecto será tanto más «líquido» cuanto menor sea su período de recuperación, pudiendo presentarse algunos casos particularmente de interés.

a) Un único cash-flow anual negativo, precisamente el inicial, y el resto de los cash-flows anuales iguales.

En este caso, el período de recuperación se calcula de la siguiente forma:

$$PR = \frac{CF_o \text{ (desembolso inicial)}}{CF_i \text{ (cash-flow anual)}} \text{ años.}$$

Por ejemplo, el *PR* del proyecto *A* se calcula:

$$100/50 = 2 \text{ años}$$

b) Un único cash-flow anual negativo, precisamente el inicial, y el resto de los cash-flows anuales positivos pero diferentes.

El *PR* se calcula sumando sucesivamente los cash-flows anuales hasta obtener una cifra igual o superior al desembolso inicial (CF_0). Si fuera necesario, el *PR* podría expresarse con mayor exactitud; bastaría suponer que el cash-flow del último año considerado, en vez de percibirse conjuntamente a finales de año, se reparte homogéneamente durante dicho período anual. De esta manera puede aproximarse una fracción de año.

Por ejemplo, el *PR* del Proyecto *B* es de tres años, o más exactamente, de 2,5 años [2].

En general, el *PR* no se utiliza como un índice a minimizar, sino como una restricción a satisfacer. Por ejemplo, una empresa sólo aceptará inversiones que se recuperen antes de cinco años, y entre todas las que cumplan esta condición seleccionará las más rentables, evaluándolas mediante alguno de los criterios que se describen a continuación. De hecho, si el *PR* fuese el único criterio utilizado para seleccionar proyectos de inversión, nunca se comprarían activos fijos, pues, en general, su período de recuperación es superior a la inversión en activos circulantes.

En consecuencia, la regla de decisión a aplicar para aceptar una inversión, atendiendo únicamente a este criterio, consiste en comparar su *PR* con un período máximo —quizá variable con el tipo de proyecto— por encima del cual se rechaza toda inversión. Como es lógico, entre dos inversiones equivalentes, por otros conceptos, se elegirá la de *PR* mínimo [3].

---

[1] En principio cualquier activo puede convertirse rápidamente en dinero siempre y cuando su propietario esté dispuesto a rebajar suficientemente su precio. Por el contrario, la propiedad de liquidez corresponde a aquellos activos que se pueden convertir en dinero sin incurrir en dichos costes de liquidación, ya sea por venta o bien por explotación, como resultado más relevante en este caso. Obviamente, el dinero es la quinta esencia de activo líquido.

[2] PR = 2 años + 50/100 de año = 2 años + 0,5 de año = 2,5 años.

[3] Conviene distinguir entre período de amortización y de recuperación. En el primero sólo se acumulan las cuotas de amortización anuales, mientras que en el

El método del *PR* es muy sencillo de calcular, pero introduce tres graves limitaciones:

1. No considera el valor cronológico del dinero, es decir, el hecho de que una unidad monetaria recibida hoy se valora más que si se recibe dentro de un año. Por consiguiente, según el criterio del período de recuperación, los dos proyectos indicados en el cuadro 11.1 son indiferentes.

CUADRO 11.1.

Año	Desembolso 1	Cash-flow	Desembolso 2	Cash-flow
0	6,00	—	6,00	—
1	—	4,00	—	2,00
2	—	2,00	—	4,00
3	—	1,00	—	1,00

Sin embargo, es lógico suponer que con base en la información disponible se escogería el proyecto 1, pues las 2 unidades de más, recuperadas en el año 1, se pueden reinvertir durante dicho año y obtener, por tanto, un cash-flow incremental [4].

2. Sólo contempla la inversión hasta el momento de su recuperación, no considerando los cash-flows posteriores a ese instante. En efecto, este criterio valora por igual las dos inversiones del cuadro 11.2.

CUADRO 11.2.

Año	Desembolso 1	Cash-flow	Desembolso 2	Cash-flow
0	6,00	—	6,00	—
1	—	4,00	—	4,00
2	—	2,00	—	2,00
3	—	1,00	—	—

A pesar de estos dos inconvenientes, y aun cuando no es una medida de la rentabilidad del proyecto, las empresas acostumbran a utilizar el *PR* para seleccionar inversiones, por su sencillez, porque favorece la elección de proyectos líquidos y porque, como se verá, el *PR* es una medida imperfecta del riesgo en el sentido de cuanto mayor es el *PR* de un proyecto, mayor es el riesgo que incorpora [5].

3. Aun cuando no sea frecuente, un mismo proyecto de inversión puede tener dos o más períodos de recuperación diferentes [6].

11.3. RENTABILIDAD

Por rentabilidad de un proyecto se entiende su capacidad para proporcionar rendimientos, rentas o beneficios. Asociado a este concepto básico existen diversas formas de medir la rentabilidad, formas que no siempre conducen a resultados equivalentes, por lo que una inversión puede ser más

---

segundo, junto a éstas, se incluyen los beneficios anuales y cualquier otro movimiento de caja que pudiera presentarse.

[4] Esta limitación puede superarse descontando los cash-flows con una tasa que refleje el coste de oportunidad de los recursos financieros para el inversor, de manera semejante a como se aplica el cálculo del Valor Actual Neto del proyecto (3.3); se habla en este caso de período de recuperación actualizado, *PRA,* en vez de período de recuperación simple, *PRS,* o, sencillamente, *PR.*

[5] Conviene llamar la atención sobre el hecho de que, formalmente, los cambios de escala de un proyecto, por ampliación, no afectan al PR ni a la liquidez del nuevo proyecto. Por ejemplo, los dos primeros proyectos de la relación siguiente tienen igual *PR*:

	AÑOS							PR
Proyecto	0	1	2	3	4	5	6	(años)
A	−100	50	50	50				2
2A	−200	100	100	100				2
A-A	−100	50	50	50				
				−100	50	50	50	2,4

[6] Por ejemplo, el proyecto combinado A-A, de la nota anterior, tiene dos *PR*; uno de dos años común a A y 2A y otro de cuatro años específico a este caso.

rentable que otra atendiendo a un cierto criterio, y menos rentable si el criterio utilizado fuera otro diferente [7].

11.3.1. RENTABILIDAD MEDIA (*RM*)

Se define como el cociente entre el beneficio medio después de impuestos y la inversión media.

Por ejemplo, considérese la información adicional, sobre el proyecto *A* de referencia, que muestra el cuadro 11.3.

CUADRO 11.3.

Año	Inversión	Beneficio después imptos.	Amortización	Cash-flow anual
0	100			−100
1		15	35	50
2		15	35	50
3		20	30	50

El cálculo del beneficio medio es sencillo y directo, pues:

$$\text{Beneficio medio} = \frac{15+15+20}{3} =$$

$$\frac{50}{3} = 16{,}67 \text{ u.m/año}$$

El cálculo de la inversión media presenta la dificultad de que puede calcularse de formas diferentes. Aquí se opta por considerar el valor de la inversión a mediados de cada período, determinando después el valor medio. Es decir:

Inversión a mediados del período 1:

$$100 - \frac{35}{2} = 82{,}5$$

Inversión a mediados del período 2:

$$65 - \frac{35}{2} = 47{,}5$$

Inversión a mediados del período 3:

$$30 - \frac{30}{2} = 15$$

$$\text{Inversión media} = \frac{82{,}5+47{,}5+15}{3} =$$

$$\frac{145}{3} = 48{,}33 \text{ u.m.}$$

Por consiguiente, la Rentabilidad Media (*RM*) del Proyecto *A* sería:

$$\text{RM} = \frac{50}{3} : \frac{145}{3} =$$

$$\frac{150{,}0}{435} = 34{,}48\ \%$$

Para seleccionar un proyecto se compara la rentabilidad media con una tasa de corte o rentabilidad mínima exigida por la empresa a sus inversiones. Si la rentabilidad del proyecto es superior a dicha tasa de corte se aceptará la inversión; en caso contrario se rechazará. Entre dos proyectos alternativos se preferirá el que ofrezca una rentabilidad media mayor. Este criterio contempla toda la vida de la inversión, pero, sin embargo, al igual que el período de recuperación, no toma en consideración el valor cronológico

[7] Cuando se comparan proyectos alternativos y se consideran únicamente costes incrementales, la rentabilidad estimada es la relativa de un proyecto respecto al otro; la rentabilidad absoluta del proyecto debe considerar todos los costes de oportunidad de los activos que incorpora. En todo caso, se trata de rentabilidades estimadas (pre-audit), sólo al término de la vida económica del proyecto será posible calcular la rentabilidad efectiva del mismo (rentabilidad post-audit).

del dinero, esto es, valora por igual los beneficios futuros que los presentes. Como se sabe, éstos, a igualdad de cuantía, valen más que aquéllos, pues pueden ser reinvertidos.

Efectivamente, supongamos las tres inversiones del cuadro 11.4 de desembolso inicial igual a nueve unidades monetarias y amortización lineal.

CUADRO 11.4. *Beneficio después de impuestos.*

Año	1	2	3
1	3	2	1
2	2	2	2
3	1	2	3

En los tres casos, la rentabilidad media es del:

$$RM = \frac{2}{4{,}5} = 0{,}44 \text{ ó } 44\ \%$$

Sin embargo, y a igualdad de otras circunstancias —liquidez, riesgo y grado de necesidad para la empresa, etc.—, siempre se escogería la inversión 1, por las razones antes indicadas.

Para obtener el cash-flow anual de cada uno de estos proyectos, basta con sumar al beneficio anterior la amortización anual, que, por ser lineal, resulta ser de 3 u. m., de acuerdo con el cuadro 11.5.

CUADRO 11.5. *Cash-flow.*

Año	A	B	C
1	6	5	4
2	5	5	5
3	4	5	6
PR (años)	1,6	1,8	2

Aunque en este caso el período de recuperación unido a la rentabilidad media seleccionan la inversión que económicamente resulta más ventajosa, es fácil comprender que no ha de suceder siempre así, según se ilustra con los dos proyectos siguientes, de desembolso inicial 12 u. m. y amortización lineal, según se deduce del cuadro 11.6.

CUADRO 11.6.

Año	1		2	
	Beneficio	Cash-flow	Beneficio	Cash-flow
1	5	8	−3	0
2	0	3	9	12
3	3	6	−3	0
4	0	3	5	8
RM	33,33 %		33,33 %	
PR	2,16 años		2 años	

11.3.2. TASA INTERNA DE RENTABILIDAD (*TIR*)

Supongamos que se dispone de una suma de dinero A_0 al principio del año 1. Si se invierte a un interés r anual, en tanto por uno, al final de dicho año la cantidad inicial se habrá convertido en:

$$A_1 = A_0\,(1 + r)$$

que reinvertida al interés r dará un capital al final del año 2 igual a:

$$A_2 = A_1\,(1 + r) = A_0\,(1 + r)^2$$

Si este proceso se repite durante n años, el capital final será:

$$A_n = A_0\,(1 + r)^n$$

Cuando se invierte un capital A_0 de esta forma, se dice que se hace a un interés compuesto r.

A continuación se procede a la inversa, es decir, se calcula el capital B_1 que es necesario invertir ahora a un interés k en tanto por uno, para obtener una cantidad B al final del primer año. Dicha cantidad B_1 viene dada, según el párrafo anterior, por:

$$B_1 = \frac{B}{(1 + k)}$$

se dice que B_1 es el valor actual de la cantidad B recibida al final del año 1, descontada al tipo k. Si B se recibe al final del año 2, su valor actual, descontado a la tasa k, será:

$$B_2 = \frac{B}{(1 + k)^2}$$

y, en general, si se recibe una cantidad B dentro de n años, su valor actual, descontado a la tasa k, será:

$$B_n = \frac{B}{(1 + k)^n}$$

En consecuencia, y al margen del efecto de la inflación, una peseta hoy vale más que una peseta recibida en el futuro, pues puede ser invertida a un cierto interés.

Hecha esta breve introducción, se puede ya definir la tasa interna de rentabilidad, *TIR*, de una inversión como aquel tipo de interés que anula su *CFO*. Es decir:

$$\frac{CF_0}{(1 + r)^0} + \frac{CF_1}{(1 + r)^1} + \ldots + \frac{CF_n}{(1 + r)^n} = \sum_{i=0}^{n} \frac{CF_i}{(1 + r)^i} = 0 \qquad [1]$$

donde la incógnita es r.

En general, la inversión se paga al comienzo de la misma, y si la cuantía es DI la ecuación anterior se convierte en:

$$DI = \sum_{i=0}^{n} \frac{CF_i}{(1 + r)^i}$$

Si se prestan 100 pesetas ahora, a combio de recibir 121 dentro de dos años, la *TIR* de la operación viene dada por:

$$100 = \frac{121}{(1 + r)^2}$$

que resulta $r = 0{,}1$, es decir, la rentabilidad de la operación para el prestamista es del 10 por 100 anual a interés compuesto. Esto quiere decir que durante dos años se percibirá un interés del 10 por 100 sobre el capital invertido, que, como es lógico, se incrementa de año en año (100 pesetas en el primero, 110 en el segundo), debido a que se supone que los intereses se reinvierten.

En efecto, las 121 pesetas que se perciben en el año dos se descomponen en:

100 ptas. de reembolso del principal
10 ptas. de interés correspondiente al año 1
11 ptas. de interés correspondiente al año 2

121 ptas. Total

Para calcular la *TIR* del caso de referencia *A* basta con aplicar la ecuación [1] al *CFO* del proyecto:

$$-100 + \frac{50}{(1 + r)} + \frac{50}{(1 + r)^2} + \frac{50}{(1 + r)^3} = 0 \qquad [2]$$

En vez de resolver algebraicamente la ecuación anterior, utilizaremos la tabla 1 del Apéndice, que da para cada r el valor del cociente

$$\frac{1}{(1 + r)^i}$$

donde i es el número de años transcurridos desde el origen de tiempo. En concreto, dichas tablas proporcionan el valor actual de

1 u. m. recibida en el año *i* y actualizada mediante una tasa de descuento *r*.

Para hallar la *TIR* de la inversión en estudio, se procederá iterativamente, es decir, se partirá de un tipo de interés inicial *r*, que se modificará progresivamente hasta encontrar uno que satisfaga la ecuación [2]. Comiéncese, por ejemplo, por $r = 0{,}2$; los cálculos a efectuar se ilustran en el cuadro 11.7.

CUADRO 11.7.

Año	Valor actual de 1 pta. del año que se indica descontada al 20 %	Cash-flow anual	Cash-flow actualizado
0	1,0000	−100	−100
1	0,8333	50	41,665
2	0,6944	50	34,720
3	0,5787	50	28,935
Total		50	5,320

Según se desprende de dicho, cuadro la suma de los cash-flows actualizados es positiva, por lo que, de acuerdo con la ecuación [1] se deberá probar una tasa de descuento mayor, por ejemplo, 0,30, lo que se desarrolla en el cuadro 11.8.

CUADRO 11.8.

Año	Valor actual de 1 pta. del año que se indica descontada al 30 %	Cash-flow anual	Cash-flow actualizado
0	1,0000	−100	−100
1	0,7692	50	38,460
2	0,5917	50	29,584
3	0,4552	50	22,760
Total		50	−9,195

Para una tasa de descuento del 30 por 100 la suma de los cash-flows actualizados es negativa, por lo que la *TIR* del proyecto estará comprendida entre el 20 y el 30 por 100. Para estimar su valor aproximado basta con interpolar linealmente entre ambos extremos, obteniéndose:

$$TIR = 23{,}6 \text{ por } 100$$ [8]

Esto significa que si se acepta el proyecto, se obtendrá un interés compuesto sobre el capital invertido del 23,6 por 100 durante los tres años de vida de la inversión.

El cálculo de la *TIR* de una inversión se simplifica sensiblemente cuando los CF_i son idénticos en todos los años. En este sentido, la tabla 2 del Apéndice proporciona el valor actualizado equivalente a recibir una unidad monetaria durante *n* años para diversas tasas de descuento. En dicha tabla se puede comprobar que el valor actual de recibir una peseta al año durante tres años consecutivos es de 2.1065 ó de 1.8161, según se aplique una tasa del 20 o del 30 por 100, respectivamente. En el cuadro 11.9 se indica el procedimiento de cálculo a seguir cuando se utilice la tabla 2.

La tasa interna de rentabilidad representa el tipo de interés compuesto que se percibe, durante la vida de la inversión, por la inmovilización del capital invertido, es decir, a qué interés se remunera el capital inmovilizado. Esto no significa que cada año la inversión genere un cash-flow que coincida exactamente con el interés que se tendría que percibir ese año según el concepto de interés compuesto; lo que indica es que el conjunto de cash-flows de la inversión a lo

[8] Como es natural, el resultado interpolado se acercará tanto más al real cuanto más próximos estén los extremos de la interpolación. Por ejemplo, interpolando entre 23 y 24 por 100, la TIR resultante es del 23,4 por 100. Para este valor el ajuste de la ecuación [2] es casi exacto.

CUADRO 11.9.

1	2	3	4	5 1 × 4	6	7 5 − 6
Cash-flow anual	Número de años	Tasa de descuento	Valor actual de 1 pta. al año durante 3 años	Valor actual	$CF_0 = DI$	Diferencias para interpolar
50	3	20 %	2,1065	105,325	−100	+5,32
50	3	30 %	1,8161	90,805	−100	−9,19

largo de su vida resulta equivalente, en términos de rentabilidad económica, al conjunto de intereses y devolución del principal que se percibiría de hacer una imposición a interés compuesto a un plazo igual al de la vida de la inversión.

En el cuadro 11.10 se ilustra este punto, para una inversión cuya *TIR* es del 10 por 100.

La regla de decisión para seleccionar un proyecto de inversión cuando se evalúa por medio de este criterio, consiste en comparar su *TIR* con una «tasa de corte» que exprese la rentabilidad mínima exigida por la empresa a sus proyectos. Cuando la *TIR* es superior a la tasa de corte, la inversión correspondiente deberá aceptarse desde un punto de vista económico. El valor de esta tasa de corte es, fundamentalmente, función del coste de capital de la empresa y, en algunos casos, del grado de riesgo de la inversión.

Cuando se comparen dos proyectos alternativos, se considerará más atractivo el que arroje una *TIR* mayor.

Según lo expuesto, la *TIR* supera las limitaciones de los criterios del Período de Recuperación y de la Rentabilidad Media. Sin embargo, en la determinación de la *TIR* de una inversión se halla implícito un supuesto que debe ponerse de manifiesto, pues, en ocasiones, su aceptación invalida los resultados que se obtengan.

Esta hipótesis de cálculo consiste en suponer que los cash-flows intermedios, generados en la explotación de la inversión, se reinvierten a un interés compuesto igual a la propia *TIR* de la inversión.

En efecto, supongamos la siguiente inversión:

Año	Cash-flow anual
0	−100
1	60
2	60

CUADRO 11.10. *Inversión.*

Año	CFO	CFO reinvertido al 10 %	Valor al final del año 3	Imposición equivalente a 3 años al tipo de interés compuesto del 10 %	Intereses intermedios reinvertidos
0	−100			−100	
1	40,2	$40{,}2\ (1{,}1)^2 =$	48,6		10
2	50,0	$50{,}0\ (1{,}1)^1 =$	55,0		11
3	29,5	$29{,}5\ (1{,}1)^0 =$	29,5		12,1
Total al final del año 3			133,1	133,1	33,1

La *TIR* de la misma es una r tal que satisface la siguiente ecuación:

$$100 = \frac{60}{(1 + r)} + \frac{60}{(1 + r)^2}$$

Esta expresión es idéntica a:

$$100\ (1 + r)^2 = 60\ (1 + r) + 60$$

la cual, en vez de actualizar los cash-flows al año 0, lo hace al final del año 2. Las 100 pesetas iniciales se han convertido en 100 $(1 + r^2)$ y las 60 correspondientes al cash-flow del año 1 se actualizan a la misma tasa r. Es decir, se supone que el cash-flow intermedio se va a reinvertir con la misma rentabilidad que la de la inversión.

Esta hipótesis es inadmisible cuando la *TIR* de un proyecto sea excepcionalmente baja o elevada, pues si, por ejemplo, se ha presentado una ocasión excepcionalmente buena, es poco probable que lo sean todas las inversiones de los años posteriores.

La forma de evitar esta dificultad consiste en actualizar los cash-flows intermedios de acuerdo con las estimaciones de las rentabilidades de las oportunidades futuras de inversión.

Por ejemplo, supongamos que se ofrece a una empresa la inversión del cuadro 11.11, en el cual aparecen, junto al calendario del proyecto, los tipos de interés a los que se estima que podrá invertir la empresa en cada uno de los próximos años.

CUADRO 11.11.

Año	Cash-flow	Rentabilidad de las oportunidades futuras de inversión en %
0	−100	—
1	40	10
2	40	15
3	40	13
4	40	—

La *TIR* de la inversión, según el modelo normal, se deduce de la siguiente expresión:

$$100 = \sum_{i=1}^{4} \frac{40}{(1 + r)^i}$$

y resulta ser igual a 21,86 por 100.

Sin embargo, si se considera que los cash-flows intermedios se reinvertirán al interés que se indica para cada año, la rentabilidad del proyecto será:

$$100\ (1 + r)^4 = 40\ (1 + 0{,}1)^3 + 40\ (1 + 0{,}15)^2 + 40\ (1 + 0{,}13) + 40$$

es decir,

$$r = 17{,}6 \text{ por } 100$$

Lógicamente, la segunda r es inferior a la primera, debido a que los tipos de interés a los que se reinvierten los cash-flows intermedios en el segundo caso son inferiores al 21,86 por 100 admitido implícitamente en el primer cálculo. A la *TIR* calculada de esta manera se la denominará *TIR* corregida y se designará por *TIRC*.

Otra limitación del criterio *TIR* consiste en que bajo determinadas condiciones, un proyecto puede tener más de una *TIR*. Tal es el caso de la siguiente inversión:

Año	Cash-flow anual
0	−1
1	6
2	−6

El tipo de rendimiento de este proyecto viene dado por:

$$1 = \frac{6}{(1 + r)} - \frac{6}{(1 + r)^2}$$

que resuelto da dos valores: 27 por 100 y 37 por 100.

Los proyectos con más de un tipo de rendimiento pueden darse en aquellos en los que el flujo de caja cambia más de una vez de signo.

El número de cambios de signo en el flujo de cash-flows determina el número máximo de *TIR* posibles, aunque no quiere decirse que necesariamente haya tantas *TIR* como cambios de signo.

La existencia de varias tasas de rentabilidad interna para un proyecto puede solventarse de la siguiente forma: se acumula cada cash-flow al siguiente y se determina el saldo. Si éste es positivo, se actualiza a una tasa de reinversión adecuada, y si es negativo se utiliza el coste de capital como tasa de actualización. De este modo se opera hasta el último cash-flow. Posteriormente se calcula la *TIRC*.

A continuación se ilustra este método mediante un ejemplo, en el que se utiliza una tasa de reinversión del 12 por 100 y se supone que el coste de capital asciende al 8 por 100. Los cálculos se recogen en el cuadro 11.12.

La *TIRC* será, pues:

$$10 = \frac{13{,}7}{(1 + r)^3} \; ; \quad \frac{1}{(1 + r)^3} = 0{,}73$$

o lo que es igual:

$$r = 11{,}3 \ \%$$

que, lógicamente, no coincide con ninguna de las tres tasas que se obtienen al resolver el problema por el procedimiento convencional que son 0, 100 y 200 por 100.

En esencia, este método se limita a calcular un cash-flow final de la inversión en base a reinvertir los cash-flows intermedios positivos a una determinada rentabilidad y a financiar los cash-flows negativos a la tasa de coste de capital de la empresa. Determinado ese cash-flow final acumulado, ya es sencillo compararlo con el desembolso inicial exigido por la inversión de cara a determinar la *TIRC de la misma.*

11.3.3. VALOR ACTUAL NETO (*VAN*)

El *VAN* de una inversión se calcula sumando todos los cash-flows anuales actualizados originados por la inversión. Para actualizar los cash-flows es preciso fijar una tasa de descuento k, que representa la tasa mínima a la que está dispuesta a invertir la empresa sus capitales, y que suele fijarse como suma del coste de capital más una cierta cuota de riesgo, en consecuencia,

$$\text{VAN} = \frac{CF_0}{(1 + k)^0} + \frac{CF_1}{(1 + k)^1} + \ldots + \frac{CF_i}{(1 + k)^i} + \ldots + \frac{CF_n}{(1 + k)^n} = \sum_{i=0}^{n} \frac{CF_i}{(1 + k)^i}$$

Según lo anterior, y si fijamos una k del 10 por 100, el *VAN* de la inversión de referen-

CUADRO 11.12.

Año	Cash-flow	Saldo	Acumulación cash-flow
0	−10		
1	60	60	60 (1,12) = 67,2
2	−110	−110 + 67,2 = −42,8	−42,8 (1,08) = −46,2
3	60	− 46,2 + 60 = 13,7	13,7

cia *A* se calcula a partir de la siguiente expresión:

$$VAN = -100 + \frac{50}{(1 + 0{,}1)} + \frac{50}{(1 + 0{,}1)^2} + \frac{50}{(1 + 0{,}1)^3} = -100 + 50\ (2{,}4868) = 24{,}34\ (\text{u.m.})^9$$

Para aceptar una inversión ésta deberá tener un *VAN* positivo, lo cual significa que la valoración de los cash-flows es superior al desembolso inicial de la misma. Entre dos proyectos será más rentable el que tenga un *VAN* superior.

Supongamos una inversión con un cash-flow inicial *DI* y que genera su cash-flow anual *CF* constante durante un tiempo ilimitado.

El *VAN* será:

$$VAN = -DI + \sum_{i=1}^{\infty} \frac{CF}{(1 + k)^i}$$

El sumatorio del segundo término es una progresión geométrica de razón $\frac{1}{1 + k}$, por lo que dicho sumatorio se simplifica a $\frac{CF}{k}$, resultando:

$$VAN = -DI + \frac{CF}{k}$$

El cociente $\frac{CF}{k}$ estima el valor del activo para quien lo compra y *DI* representa el precio del mercado. Cuando la valoración de dicho activo es superior al precio de mercado, se adquirirá; en caso contrario, se rechazará la inversión.

La mayor dificultad a la hora de aplicar este método radica en fijar el valor de la tasa de descuento. Según el valor que tome ésta, la inversión puede ser rentable o no.

Así, por ejemplo, para una $k = 0{,}25$, el *VAN* de la inversión anterior resulta ser:

$$VAN = -100 + 50\ (1{,}9520) = -2{,}4 \text{ u.m.}$$

El criterio del *VAN* introduce una hipótesis de cálculo análoga, pero más realista, que la señalada para el *TIR* y semejante a la que utiliza la *TIRC*: se supone que los cash-flows intermedios se reinvierten a un tipo de rendimiento igual al tipo de descuento *k* empleado.

11.3.4. Comparación entre *TIR* y *VAN*

De la definición de ambos índices se deriva que la *TIR* es la tasa de descuento que anula el *VAN* de una inversión.

En efecto, el *VAN* se calcula a partir de

$$VAN = \sum_{i=0}^{n} \frac{CF_i}{(1 + k)^n}$$

y el valor de *k* que hace al *VAN* nulo se obtiene de la ecuación:

$$0 = \sum_{i=0}^{n} \frac{CF_i}{(1 + k)^n}$$

que coincide con la expresión utilizada para calcular la *TIR*. Es decir, la *TIR* representa la tasa de descuento para la que el proyecto ni crea ni destruye riqueza.

Ya se indicó que el valor que tome el *VAN* de un proyecto depende de la tasa de descuento que se utilice. En concreto, se puede representar el *VAN* como función de

---

[9] La cantidad 2,4868 que aparece entre paréntesis es la correspondiente lectura en la tabla 2 del Apéndice.

la tasa de descuento. Supóngase el siguiente calendario de una inversión:

Año	Cash-flow
0	−100
1	40
2	40
3	40

En la siguiente tabla se recoge el *VAN* de dicha inversión calculado para varias tasas de descuento.

Tasa de descuento	VAN
0	20
2	15,4
4	11
6	6,9
8	3,1
10	−0,5

Para una tasa de descuento nula el *VAN* es, precisamente, la suma algebraica de los cash-flows anuales.

También puede observarse que el *VAN* es negativo cuando la tasa de descuento es del 10 por 100. Los resultados de la tabla anterior se representan en la figura 11.1.

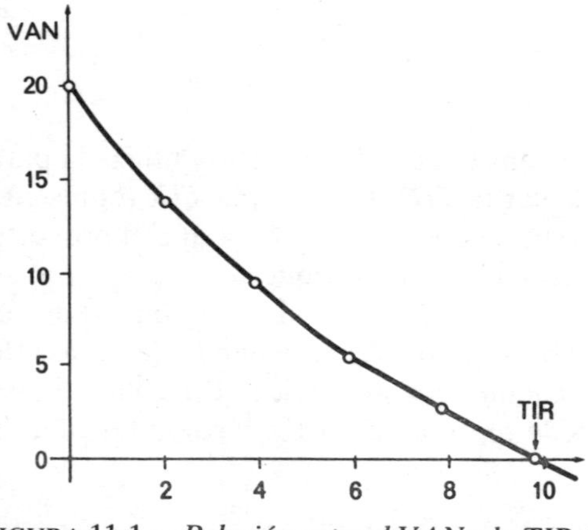

FIGURA 11.1. *Relación entre el VAN y la TIR de un proyecto*

La *TIR* de esta inversión resulta ser 9,8 por 100, que, según la figura 2.2 coincide con la tasa que anula el *VAN*.

El análisis de la última figura muestra que la aplicación de estos dos criterios a una inversión proporciona siempre idéntico resultado en cuanto a su aceptación: cuando el *VAN* sea positivo, la *TIR* será necesariamente superior a la tasa de descuento o tasa de corte, y la inversión se aceptará.

La equivalencia del *VAN* y de la *TIR*, al objeto de tomar una decisión del tipo aceptar-rechazar, se deduce también matemáticamente.

Si, como se ha designado, CF_0 es el cash-flow inicial y CF_i el del año i de un proyecto, puede establecerse que:

$$VAN = CF_0 + \sum_{i=1}^{n} \frac{CF_i}{(1+k)^i}$$

$$0 = CF_0 + \sum_{i=1}^{n} \frac{CF_i}{(1+r)^i}$$

expresiones en las que k es la tasa de descuento y r la tasa interna de rentabilidad.

Restando ambas fórmulas:

$$VAN = \sum_{i=1}^{n} \frac{CF_i}{(1+k)^i} - \frac{CF_i}{(1+r)^i}$$

Siempre que los CF_i sean positivos y dado que k y r son positivos, la expresión

$$\frac{CF_i}{(1+k)^i} - \frac{CF_i}{(1+r)^i}$$

y, por tanto, el *VAN* será positivo si r es mayor que k, cero si r es igual que k, y negativo si r es menor que k. Los dos criterios conducen, pues, a la misma decisión para este tipo de inversiones (CF_i siempre positivo).

Sin embargo, puede suceder que ambos criterios ordenen de forma distinta dos inversiones, originando una indecisión si sólo ha de aceptarse una.

En efecto, supongamos, por ejemplo, los dos proyectos del cuadro 11.13, ambos con desembolso inicial de 10 u. m. y a los que se supone asociado un grado de riesgo análogo.

CUADRO 11.13.

Año	Cash-flows	
	1	2
1	1	5
2	5	5
3	10	5
TIR	20 %	23 %
VAN (k = 10 %)	2,55	2,35

De acuerdo con el criterio *TIR*, se debería escoger el proyecto 1; pero si consideramos el *VAN*, el proyecto 2 resulta más rentable.

La razón de este comportamiento se explica por la utilización de tasas de reinversión distintas: en el *VAN* se supone que los cash-flows intermedios se reinvierten a la tasa de descuento (10 por 100), mientras que en el *TIR* se reinvierten al mismo tipo de interés que el proporcionado por el proyecto (20 por 100 en el 1 y 23 por 100 en el 2).

El problema, pues, de decidir entre un método u otro consiste en realidad en estudiar qué tasa de reinversión es más adecuada. En general, se acepta que lo es la tasa de descuento, pues, en principio, la empresa siempre reinvertirá sus capitales a un interés igual o superior a dicha tasa. Por el contrario, no es seguro que, surgida una inversión atípica, se vayan a presentar inversiones semejantes en el futuro. En este sentido, la aceptación del *VAN* supone asumir una actitud conservadora [10].

El juego de las diferentes tasas de reinversión puede dar lugar a ciertas paradojas. Considérense los proyectos 1, 2 y 3 del cuadro 1.14, admitiendo que el proyecto 1 ya está decidido y se trata de estudiar si combinarlo con el proyecto 2 o con el proyecto 3.

CUADRO 11.14.

Año	CASH-FLOWS		
	1	2	3
0	−20	−10	−10
1	11	7	2
2	11	5	4
3	11	0	8
VAN (k = 10 %)	7,4	0,5	1,1
TIR	29,9	13,9	15,1
TIRC (12 %) [11]	22,9	12,9	14,4

Atendiendo a los resultados del cuadro 11.14, todos los criterios señalan al proyecto 3 como superior al 2. Sin embargo, como indica el cuadro 11.15, la combinación (1+2) es superior en términos de *TIR,* precisamente por el efecto distorsionante que introduce la reinversión.

En cualquier caso, no es posible decir cuál de los dos criterios resulta más adecuado para el análisis de la rentabilidad de una inversión, puesto que ambos presentan ventajas diferenciales respecto al otro. En efecto, como se verá, el *VAN* presenta un álgebra y un cálculo más sencillos y, además, dada una determinada tasa de descuento el *VAN* es único. En favor de la *TIR* cabe decir

---

[10] La aplicación del criterio de la TIRC (TIR corregida) conduce, lógicamente, a la misma conclusión que el VAN, ya que como se ha expuesto, la aplicación de este criterio supone que los CF_1 se reinvierten a la tasa k = 10 por 100; así, la TIRC de 1 es del 19 por 100 y la TIRC de 2 es del 18 por 100, por lo que 1 resulta preferible a 2, tal y como indica el VAN.

[11] Reinversión al 12 por 100. En el Apéndice figura la descripción de un programa de ordenador que calcula diferentes índices de rentabilidad y que presenta como aplicación los proyectos y resultados a que se refiere este cuadro.

que es un índice intrínseco a la inversión en el sentido de que no requiere determinar «a priori» una tasa de descuento apropiada —lo que siempre resulta difícil— y además su expresión en forma de porcentaje suele hacerla conceptualmente más clara.

CUADRO 11.15.

Año	CASH-FLOWS	
	1 + 2	1 + 3
0	−30	−30
1	18	13
2	16	15
3	11	19
VAN (k = 10 %)	7,9	8,5
TIR	25,7	24,4
TIRC (10 %)	19,7	20,2

Por su parte, la *TIRC* (Tasa Interna de Rentabilidad Corregida), en la medida en que corrige la tasa de reinversión, que incorpora la TIR, da lugar a un único valor y se expresa en porcentaje, parece compartir muchas de las ventas de *TIR* y *VAN* sin incorporar muchas de sus insuficiencias; consecuentemente, en muchos casos, particularmente cuando la determinación de la tasa de reinversión es sencilla, la *TIRC* resulta muy adecuada.

Lo más recomendable, siempre que sea posible, parece ser el optar por aplicar, simultáneamente, varios criterios que evalúen la rentabilidad de la inversión bajo supuestos y perspectivas diferentes.

11.3.5. INDICE COSTE BENEFICIO (*ICB*)

Este índice se calcula como cociente entre la suma de los cash-flows actualizados, según una tasa de descuento k y el desembolso de la inversión o cash-flow inicial [12].

Para el proyecto A de referencia el *ICB* será el siguiente (k = 10 por 100):

$$ICB = \frac{50\ (2{,}4868)}{100} = \frac{124{,}34}{100} = 1{,}24$$

Si se emplea este criterio, y desde un punto de vista económico, se aceptará un proyecto si su *ICB* es superior a la unidad. Entre dos proyectos alternativos será preferible, en general, el de mayor *ICB*.

Este método es muy parecido al *VAN*, pero ofrece la ventaja, bajo ciertos supuestos, de suministrar una medida de la eficacia de los fondos invertidos [13].

Supongamos los dos proyectos siguientes:

	1	2
Suma de los cash-flows actualizados	20.000	8.000
Desembolso inicial	15.000	5.000
VAN	5.000	3.000
ICB	1,33	1,60

Se observa que en términos absolutos, es decir, aplicando al *VAN* el proyecto 1 es preferible al 2. Sin embargo, la eficacia de

[12] Esta definición se aplica al caso más sencillo de un único cash-flow negativo, precisamente el inicial. En otro caso, el ICB admite varias interpretaciones y deberá siempre especificarse cuál de ellas se utiliza. En ocasiones resultan adecuadas las dos fórmulas alternativas siguientes:

$$^{1}\ ICB = \frac{\text{Suma de todos los cash-flows actualizados, salvo } CF_0}{CF_0}$$

$$^{2}\ ICB = \frac{\text{Suma de todos los cash-flows positivos actualizados}}{\text{Suma de todos los cash-flows actualizados negativos}}$$

[13] Esta cuestión se trata más ampliamente en los epígrafes sucesivos.

los fondos invertidos en este último proyecto es mayor, pues se genera un cash-flow relativo superior

11.4. COMPARACION DE LA RENTABILIDAD DE PROYECTOS

Las diferentes características estructurales de los proyectos de inverión en lo que a dimensión y horizonte temporal se refiere, así como los distintos supuestos que incorporan los diversos criterios de medida de la rentabilidad, particularmente en lo que concierne a la tasa de reinversión de los cash-flows anuales intermedios o terminales, puede dar lugar a que la comparación de la rentabilidad de proyectos de inversión no resulte concluyente, en el sentido de que con un criterio de rentabilidad un proyecto es superior a otro, bastando cambiar de criterio para alterar el orden y, por tanto, su interés relativo.

Esta dificultad se resuelve fácilmente en aquellos casos en que el inversor dispone de capital suficiente para llevar a la práctica todos los proyectos disponibles y/o cuando éstos no son mutuamente excluyentes, pues bastará que acometa todos aquellos que tengan *TIR* o *TIRC* superior al coste de oportunidad de los recursos utilizados, *VAN* positivo o *ICB* superior a la unidad.

Por el contrario, cuando los recursos son escasos —como sucede frecuentemente— o los proyectos son mutuamente excluyentes la selección se complica, puesto que ya no basta con saber si los proyectos «pasan» o «no pasan» en términos de rentabilidad; además hay que jerarquizarlos según su interés.

Ello exige, como se expone a continuación, homogeneizar los proyectos para hacerlos comparables de manera que la jerarquización sea posible y adecuada.

11.4.1. ANÁLISIS DE LA RENTABILIDAD DE PROYECTOS CON DIFERENTE DIMENSIÓN PERO IGUAL HORIZONTE TEMPORAL

Consideremos los proyectos *B* y *D* cuyos cash-flows son los siguientes:

Proyectos	Años 0	1	2	3
B................	− 50	0	0	100
D	−200	0	0	337

Aplicando los criterios de evaluación de la rentabilidad se obtiene los resultados que presenta el cuadro 11.16.

CUADRO 11.16.

Proyectos	TIR	TIRC (10 %)	VAN (10 %)	ICB
B	26 %	26 %	25	1,5
D	19 %	19 %	53	1,27

Estas evaluciones dan lugar a la siguiente jerarquización de los proyectos de acuerdo con los diferentes criterios:

CUADRO 11.17.

	JERARQUIZACION DE LOS PROYECTOS B y D			
	Según TIR	Según TIRC	Según VAN	Según ICB
Mejor proyecto ...	B	B	D	B
Peor proyecto	D	D	B	D

Puede observarse que, para todos los criterios salvo el *VAN*, el proyecto *B* aparece en primer lugar.

En este caso, la cuestión a considerar es cómo se utilizarán las 150 u. m. sobrantes, en el caso de acometer B.

Si el proyecto *B* fuera «repetible» cuatro veces, entonces el *VAN* correspondiente sería 100 u. m. (4 × 25 u. m.), superior al *VAN* de *D* y consecuentemente los proyectos *B* serían superiores de acuerdo con todos los criterios. Ahora bien, si las 150 u. m. sólo pudieran invertirse al coste de oportunidad (10 por 100) [14], que estamos admitiendo para el inversor, entonces la situación sería muy diferente, pues:

	0	1	2	3	
Proyecto B	− 50	0	0	100	
Recursos restantes	−150	0	0	199,65	[$=150\,(1{,}1)^3$]
Total (B′)	−200	0	0	299,65	

Siendo, pues, preferible el proyecto *D*, por todos los conceptos, como pone de relieve el cuadro 11.18.

CUADRO 11.18.

Proyectos	TIR	TIRC (10 %)	VAN (10 %)	ICB
B′ (=4B)	14 %	14 %	25	1,13
D	19 %	19 %	53	1,27

Al aceptar proyectos de menor dimensión como mejores, de acuerdo con la *TIR, TIRC* o *ICB,* se ha aceptado implícitamente que los recursos sobrantes se pueden invertir en proyectos de las mismas características, lo cual no será cierto en muchos casos.

11.4.2. ANÁLISIS DE LA RENTABILIDAD DE PROYECTOS CON DIFERENTE HORIZONTE TEMPORAL PERO IGUAL DIMENSIÓN

Considérense los dos proyectos siguientes:

Proyectos	Años			
	0	1	2	3
A	−100	50	50	50
G	−100	125		

cuya evaluación y jerarquización es la que indican los cuadros 11.19 y 11.20, respectivamente.

CUADRO 11.19.

Proyectos	TIR	TIRC (10 %)	VAN (10 %)	ICB
A	24 %	18 %	24	1,24
G	25 %	25 %	14	1,14

CUADRO 11.20.

	JERARQUIZACION DE LOS PROYECTOS A y G			
	Según TIR	Según TIRC	Según VAN	Según ICB
Mejor proyecto ...	G	G	A	A
Peor proyecto	A	A	G	G

Como en el caso anterior, la resolución del conflicto, que plantea la evaluación, exige determinar si el proyecto *C* es o no es renovable y, en definitiva, a qué tasa podrán reinvertirse los fondos que resultan liberados a finales del año 1. En el caso de que *G* fuera renovable, el cash-flow generado, *G′*, al cabo de los tres años sería:

	Años			
	0	1	2	3
	−100	125		
		−100	125	
			−100	125
G′ (*G*−*G*−*G*)	−100	25	25	125

[14] Naturalmente, podrían darse situaciones intermedias que habría que considerar.

El proyecto C' así determinado resulta superior al proyecto A por todos los conceptos (cuadro 11-21).

CUADRO 11.21.

Proyectos	TIR	TIRC (10 %)	VAN (10 %)	ICB
A	24	18	24	1,24
G'	25	22	37	1,37

Si el proyecto G no fuera renovable, reinviertiéndose los fondos a la tasa $k = 10$ por 100, entonces el cash-flow generado, G'', sería:

	Años 0	1	2	3
	−100	125		
		−75	82,5	
			−32,5	37,75
G''	−100	50	50	35,75

En consecuencia, G'' es peor que A, resultando superior A por todos los conceptos.

11.4.3. ANÁLISIS DE LA RENTABILIDAD DE PROYECTOS CON DIFERENTE DIMENSIÓN Y HORIZONTE TEMPORAL

En este caso, el proceso de homologar los proyectos resulta algo más extenso, al tenerse que homogeneizar dos dimensiones —tamaño del proyecto y horizonte temporal— para que las inversiones resulten comparables. Por lo demás, la técnica a seguir es semejante a la expuesta en los epígrafes 4.1 y 4.2. En efecto, considérese los dos proyectos siguientes:

Proyectos	Años 0	1	2	3
A	−100	50	50	50
H	−300	355		

De cara a su evaluación pueden presentarse cuatro situaciones diferentes, que son:

PROYECTO A

		Reproducible	No reproducible
Proyecto H	Renovable	Caso 1.º	Caso 2.º
	No renovable	Caso 3.º	Caso 4.º

Caso 1.º

Habrán de compararse los cash-flows siguientes:

Proyectos	Años 0	1	2	3
A'	−300	150	150	150 [15]
H'	−300	55	55	355

[15] A' ha sido determinado así:

	0	1	2	3
A	−100	50	50	50
A	−100	50	50	50
A	−100	50	50	50
Total 3A.........	−300	150	150	150

H' ha sido determinado así:

	0	1	2	3
H	−300	355		
Renovación H		−300	355	
Renovación H			−300	355
Total (H−H−H)	−300	55	55	355

Proyectos	TIR	TIRC (10 %)	VAN (10 %)	ICB
A′	23 %	18 %	73	1,24
H′	19 %	17 %	63	1,21

Conclusión: A′ superior a H′, luego: *A superior a H*

Caso 2.º

Se comparan los cash-flows siguientes:

	0	1	2	3
A″	−300	50	50	316,2 [16]
H′	−300	55	55	355

Conclusión: H′ superior a A″, luego: *H superior a A*

Caso 3.º

Habrán de compararse los cash-flows siguientes:

	0	1	2	3
A′	−300	150	150	150
H″	−300	150	150	83,5 [17]

Conclusión: A′ superior a H′, luego: *A superior a H*

Caso 4.º

Habrán de compararse los cash-flows siguientes:

	0	1	2	3
A″	−300	50	50	316,2
H‴	−300	50	50	314,5 [18]

Conclusión: A″ superior a H‴, luego: *A superior a H*

11.5. RIESGO DEL PROYECTO DE INVERSION

El carácter estratégico de las inversiones ha constituido un continuo aliciente para el perfeccionamiento de sus métodos de evaluación. No obstante, la aparente exactitud de estos métodos puede resultar engañosa; el rigor matemático se apoya en un conjunto de hipótesis de cuyo cumplimiento depende, en última instancia, la utilidad práctica de los resultados que se obtengan.

De entre todas las hipótesis de cálculo la más crucial es, probablemente, suponer que los valores únicos del desembolso inicial (CF_0) y de cada cash-flow anual representan, suficientemente bien, la naturaleza de la inversión y que permiten, por tanto, su correcta evaluación.

Sin embargo, tanto el desembolso inicial

---

[16] A″ ha sido determinado así:

	0	1	2	3
A	−100	50	50	50
Fondos restantes	−200	× $1,1^3$	al 10 %	= 266,2
Total A″	−300	50	50	316,2

[17] H″ ha sido determinado así:

	0	1	2	3
	−300	355		
		−150		
		205 ×1,1=	225,5	
			− 150	
			75,5 ×1,1=	83,05
Total	−300	150	150	83,05

[18] H‴ ha sido determinado así:

	0	1	2	3
	−300	355		
		−50		
		305 ×1,1=	335,5	
			−50	
			285,5 ×1,1=	314,05
Total	−300	50	50	314,05

como los cash-flows dependen, en la inmensa mayoría de los casos, de un conjunto de variables tales como precio del equipo, nivel de las ventas, cuota de mercado, salarios, coste de materias primas, horizonte temporal de la inversión, necesidades de capital circulante y otros muchos, cuyos valores efectivos se desconocen con certeza. Es más, según las circunstancias, cada variable puede tomar un número, incluso incontable, de valores diferentes que, al combinarse unos con otros generarían una amplia gama de cash-flows posibles y, en consecuencia, de resultados de la inversión [19].

El analista que aplica los métodos de cálculo habituales ha de optar por un valor único para el desembolso inicial y para cada uno de los cash-flows anuales de la inversión, y en estas circunstancias lo más frecuente y quizá también lo más razonable es que lo haga por los valores «medios» o «más probables» de los datos de entrada, para obtener, por tanto, unos resultados «medios» o «más probables», cuya probabilidad real puede resultar, paradójicamente, muy pequeña [20].

Al prescindir de la gama de datos posibles, el analista ha solventado la mecánica de cálculo, pero posiblemente ha llegado a un resultado todo lo «exacto» que quiera, pero que sólo resuelve aparentemente el problema de evaluación que tenía planteado, pues no existe ninguna garantía de que la realidad tenga un comportamiento «medio»; es más, factores tales como el constante dinamismo de la situación económica nacional e internacional, las variaciones que experimentan las preferencias de los consumidores, las diferentes circunstancias sociales y políticas que acompañan al desarrollo de una inversión parecen asegurar, prácticamente, lo contrario.

En estas condiciones, los resultados efectivos de la inversión podrán tomar valores muy diferentes (fig. 11.2). De la misma manera que en algunos casos estos valores serán superiores a los resultados «medios» calculados y ello será, ciertamente, beneficioso para la empresa inversora, en otros los resultados efectivos pueden ser inferiores al esperado o «más probable», pudiéndose dar una posibilidad de pérdida para la empresa de mayor o menor entidad según los casos.

Esta variabilidad de los resultados introduce, en consecuencia, el factor riesgo, factor que debe ser considerado con la misma atención que los de rentabilidad y liquidez en la evaluación de toda inversión [21].

Desde luego, la metodología convencional de análisis de inversión introduce algunas técnicas que consideran directa o indirectamente el riesgo de la inversión.

El cálculo del Período de Recuperación o «pay-back» es quizá el método o criterio de evaluación de inversiones convencional que considera más directamente el factor riesgo de la inversión. Proyectos con un horizonte de recuperación grande incorporan más riesgo que otros con menor horizonte, y ello por la razón de que el tiempo es uno de los elementos primarios de riesgo: la previsión es siempre difícil, pero tanto más cuanto más lejano sea su horizonte.

De todas formas, el valor del *PR* depende fundamentalmente de la naturaleza de la inversión de que se trate y es, por ello, una medida imperfecta del riesgo.

Un procedimiento de uso muy general para «descontar» el riesgo de un proyecto

---

[19] La palabra resultados hace referencia a la evaluación que corresponda en términos de liquidez y rentabilidad.

[20] Formalmente, los valores medio y más probable (moda) de una distribución son conceptualmente diferentes. Aquí se utilizan como equivalentes en el sentido de que cualquiera de ellos, a elección del analista, puede emplearse como valor «más representativo» de la distribución.

[21] Como es natural, las alteraciones en el cash-flow inducen variaciones tanto en su liquidez como en su rentabilidad. No obstante, por simplificar, a partir de ahora consideraremos únicamente la variabilidad de los rendimientos o de la rentabilidad del proyecto.

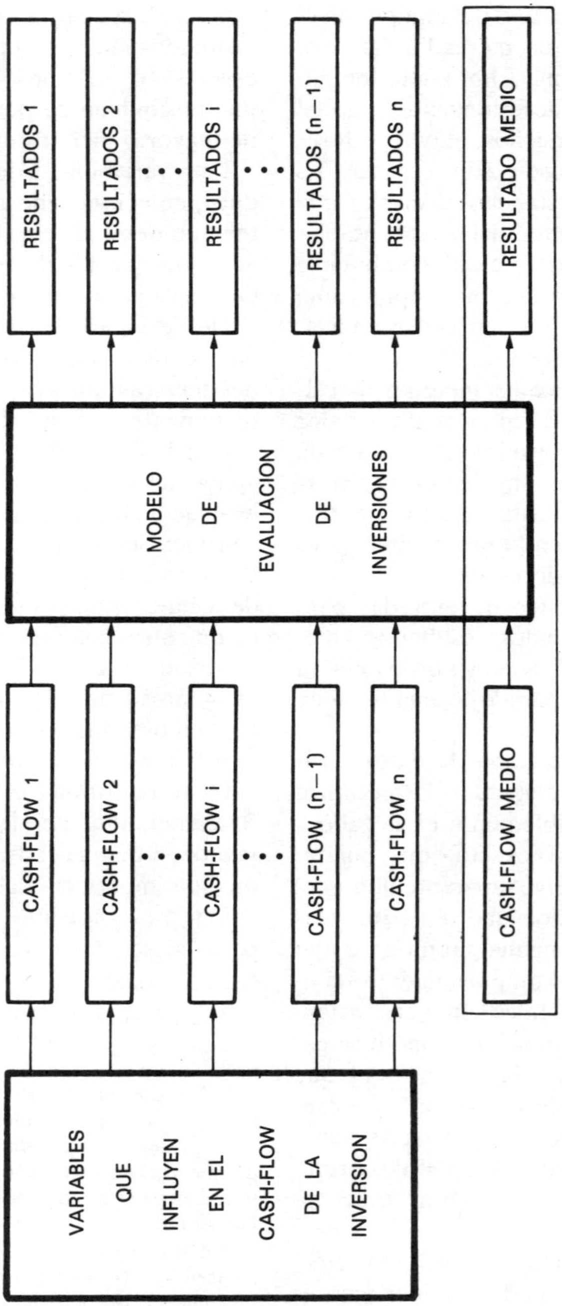

FIGURA 11.2. *Variabilidad de los cash-flows posibles de un proyecto de inversión.*

consiste en incrementar la tasa de descuento o la tasa de corte de la inversión con una «cuota» ajustada a su grado de riesgo.

En otros casos se aplica a cada cash-flow anual un coeficiente corrector inferior a la unidad, bien constante durante todo el horizonte temporal de la inversión, o bien variable para el cash-flow de cada año.

Los dos procedimientos son bastante similares y ambos pretenden transformar los cash-flows «más probables», pero inciertos, en otros inferiores, pero «equivalentes» a los que se obtendrían en condiciones de certidumbre; estas técnicas correctoras conducen, en ambos casos, a unos rendimientos «medios» inferiores.

Como en el caso del *PR*, también en relación con los métodos anteriores cabe hacer algunas objeciones importantes.

En primer lugar, es poco probable que se conozca «a priori» el grado de riesgo que incorpora una inversión sin haber efectuado previamente el análisis correspondiente, pero, aun así, resulta difícil, dadas las características actuales del mercado de capitales, estimar objetivamente la «cuota de riesgo» a aplicar o los coeficientes correctores que deben utilizarse.

En segundo lugar, puede afirmarse razonablemente que los procedimientos anteriores soslayan el problema de base, sustituyendo una evaluación puntual por otra del mismo carácter, pero corregida, con el agravante adicional de caer en el espejismo de pensar que se ha resuelto el problema del riesgo.

Al corregir la evaluación de la inversión, conforme se ha señalado, se habrán reducido sus posibilidades de aceptación, pero de seleccionarse y llevarse a cabo seguirá ofreciendo los mismos y desconocidos peligros para la empresa.

11.6. CONCEPTOS Y MEDIDAS DEL RIESGO

Ni el concepto primario de riesgo que se pueda tener ni las definiciones verbales que proporcionan los diccionarios [22] resultan útiles cuando se trata de caracterizar con precisión cuál es el riesgo que incorpora un proyecto, pues no constituyen una medida del mismo ni tan siquiera ofrecen la posibilidad de jerarquizar proyectos de inversión en orden creciente o decreciente de riesgo.

Imagínese que un analista de inversiones está considerando el proyecto *A*, cuyas características básicas constan en el cuadro 11.22.

CUADRO 11.22. *Características del proyecto* A.

VAN efectivo en millones de pesetas	Probabilidad
−3,00	0,20
−2,00	0,10
3,00	0,20
4,00	0,10
5,00	0,30
8,00	0,10

Desembolso inicial en millones de pesetas: DI = 6,00

La información que proporciona el cuadro 11.22 puede interpretarse en el sentido de que el proyecto *A* tiene un 20 por 100 de posibilidades de que su *VAN* efectivo sea de −3 millones, un 10 por 100 de que sea de −2 millones, un 20 por 100 de que sea de 3 millones, un 10 por 100 de que ascienda a 4

[22] El Diccionario de la Lengua Española define el riesgo como: «Contingencia o proximidad de un daño». Por su parte, el Webster habla de «posibilidad de perjuicio, daño o pérdida» («chance of injury, damage or loss»). En castellano la palabra riesgo suele ser sinónimo de peligro, aventura, exposición o azar (*Diccionario de Sinónimos y Contrarios,* Editorial Teide, Barcelona).

millones y un 30 por 100 de que su *VAN* sea de 8 millones de pesetas [23].

Un analista que hubiera seguido la metodología usual habría calculado, aproximadamente, como *VAN* de *A* el *VAN* medio de la distribución de probabilidad anterior, es decir:

$$\begin{aligned} VAN \text{ medio} &= (-3)\times 0{,}20 + (-2)\times 0{,}10 + \\ &+ (3)\times 0{,}20 + (\ 4) + 0{,}10 + \\ &+ (5)\times 0{,}30 + (\ 8)\times 0{,}10 = \\ &= 2{,}50 \text{ millones} \end{aligned}$$

No obstante, en la práctica, el *VAN* efectivo de la inversión resultará superior o inferior al *VAN* medio, pudiendo incluso, como indica el cuadro 11.22, llegar a hacerse negativo en algunos casos, con las consiguientes pérdidas para la empresa inversora, que afronta, por tanto, un riesgo si acomete el proyecto *A*.

En este sentido, la medida probablemente más generalizada del riesgo de un proyecto es, por su facilidad de cálculo y por su carácter de parámetro estadístico consagrado, la desviación típica de la distribución de probabilidad de los rendimientos posibles del proyecto. Esta medida conceptúa el riesgo de un proyecto como la variabilidad de sus posibles rendimientos. Por consiguiente, cuanto más dispersa sea la distribución de probabilidad de los rendimientos efectivos del proyecto que se considere, mayor será su desviación típica y, en consecuencia, mayor será su riesgo.

El procedimiento de cálculo es muy sencillo. Por ejemplo, en el caso del proyecto *A*, el riesgo se mediría, de acuerdo con este criterio, de la siguiente forma:

$$\begin{aligned} \text{R. de A} &= \text{desviación típica} = \\ &[(-3\ -2{,}5)^2 \times 0{,}20 + \\ &(-2\ -2{,}5)^2 \times 0{,}10 + \\ &(\ 3\ -2{,}5)^2 \times 0{,}20 + \\ &(\ 4\ -2{,}5)^2 \times 0{,}10 + \\ &(\ 5\ -2{,}5)^2 \times 0{,}10]^{1/2} = (13{,}25)^{1/2} \end{aligned}$$

$$\text{R. de A} = \sqrt{13{,}25} = 3{,}640$$

Una segunda medida, que puede resultar útil en algunas ocasiones, consiste en corregir la desviación típica de la distribución de rendimientos dividiéndola por el rendimiento medio.

En este caso, el riesgo del proyecto *A* sería la expresión de la variabilidad relativa de sus posibles rendimientos, medida por el coeficiente de variación siguiente:

$$\text{Riesgo de } A = \frac{\text{desviación típica}}{VAN \text{ medio}} = $$

$$= \frac{3{,}64}{2{,}50} = 1{,}456$$

Finalmente, una tercera medida del riesgo de un proyecto, quizá la más intuitiva, pue-

[23] Si el proyecto *A* se acomete únicamente una vez, sólo se obtendrá uno de los seis resultados posibles; si el proyecto *A* se acometiera repetidamente, pongamos por caso 100 veces, y supuesto que se mantuvieran las caracteristicas consignadas en el cuadro 12.22, se obtendrían aproximadamente los resultados siguientes:

20 proyectos darían lugar a un *VAN*: −3,0 millones.
10 proyectos darían lugar a un *VAN*: −2,0 millones.
20 proyectos darían lugar a un *VAN*: 3,0 millones.
10 proyectos darían lugar a un *VAN*: 4,0 millones.
30 proyectos darían lugar a un *VAN*: 5,0 millones.
10 proyectos darían lugar a un VAN: 8,0 millones.

Aún cuando es difícil que una empresa acometa un mismo proyecto un número suficiente de veces como para obtener, en conjunto, el VAN esperado, sí le será posible obtener un resultado semejante acometiendo, si dispone de fondos, varios proyectos similares o no, simultáneamente; es decir, construyendo una «cartera de proyectos de inversión». La gestión de una cartera de este tipo presenta algunas semejanzas con la de una cartera de valores, con la diferencia fundamental de que los proyectos de inversión suelen ser totalmente indivisibles o, en el mejor de los casos, difícilmente divisibles, siendo, por tanto, la composición de una cartera de proyectos de inversión bastante más «rígida» que la de una cartera de valores.

de construirse asociando directamente su riesgo a la posibilidad de obtener rendimientos inferiores o iguales a un cierto valor estipulado, N. Esta medida estocástica o probabilística del nivel N define, en términos cuantitativos, el riesgo de un proyecto como la masa total de probabilidad sobre y a la izquierda del referido nivel.

La dificultad que introduce esta medida es precisamente la fijación de dicho nivel característico. Un valor «natural» que suele utilizarse, cuando los rendimientos se miden en términos de VAN, es el de $N = 0$, con lo que el riesgo de un proyecto vendría medido por la probabilidad de que no produjera beneficio alguno o de que incluso produjera pérdidas a la empresa inversora.

Para el proyecto A, si se escoge como nivel $N = 0$, el riesgo sería:

$$\text{Riesgo de } A \text{ al nivel } (0) = \\ = 0{,}10 + 0{,}20 = 0{,}30 \text{ ó } 30\ \%$$

También podría fijarse, razonablemente, como nivel de discriminación un valor hipotético que podría designarse como «catastrófico», a partir del cual la empresa no sólo obtiene pérdidas, sino que por su magnitud éstas pueden poner en peligro la continuidad de la empresa o, al menos, dañar seriamente su situación financiera.

La exigencia de fijar un valor característico N para poder aplicar esta medida del riesgo distingue a ésta de las otras medidas, que son, en cierta manera, puramente «objetivas» [24].

A la vista de las dificultades que han venido comentándose no es posible establecer a priori cuál de las medidas del riesgo es mejor, y parece razonable inclinarse, de la misma manera que cuando se considera la dimensión rentabilidad, por un enfoque multicriterio. Es indiscutible que por este camino se complica la evaluación del riesgo, pero, sin embargo, cabe esperar que se simplifique, en general, el proceso de selección.

11.7. SELECCION ECONOMICA DE PROYECTOS DE INVERSION

En los epígrafes anteriores se ha estudiado la determinación del cash-flow operativo de un proyecto de inversión cualquiera y su evaluación económica en términos de liquidez, rentabilidad y riesgo.

Ahora bien, en muchos casos son varios los proyectos de inversión que se evalúan, representando opciones alternativas en un marco de recursos financieros limitados, lo que hace necesario jerarquizar y seleccionar los mejores.

Dado un conjunto de proyectos, el objetivo de la selección económica es escoger los mejores, jerarquizándolos, en la medida de lo posible, con base en los criterios de liquidez, rentabilidad y riesgo con los que hayan sido evaluados y de acuerdo con los objetivos que persiga el inversor y con las restricciones que haya que respetar.

A los efectos de selección de proyectos estableceremos los siguientes supuestos de comportamiento de un inversor-tipo:

1. En materia de liquidez: se admitirá que el inversor fija un nivel mínimo de liquidez o bien absoluto o bien relativo al tipo de proyecto.

---

[24] La posibilidad que ofrece de esta manera la medida estocástica o probabilística de relativizar, explícitamente, la medida del riesgo de un proyecto a las características de cada empresa representa una indudable ventaja.

En este sentido, la definición de los distintos niveles debería formar parte de la política de inversiones de cada empresa, dependiendo, como es natural, los valores de los niveles que se establezcan de los objetivos de rentabilidad, seguridad y crecimiento que cada empresa se plantee. Cuando una empresa no dispone de recursos suficientes para acometer simultáneamente varios proyectos de inversión, la garantía de poder compensar buenos y malos resultados, para obtener una rentabilidad media suficiente, es asegurar la continuidad de la empresa como tal, es decir, no dar lugar a situaciones «catastróficas», incompensables por su propia naturaleza.

Por ejemplo:

		Período máximo de recuperación
Proyectos	Tipo A	1 año
Proyectos	Tipo B	3 años
Proyectos	Tipo C	5 años
Proyectos	Tipo D	7 años

2. En materia de rentabilidad: se admitirá que el inversor desea maximizarla a igualdad de liquidez y riesgo.
3. En materia de riesgo: se admitirá que el inversor desea minimizarlo a igualdad de liquidez y rentabilidad.

Un procedimiento operativo para seleccionar proyectos de inversión podría ser el que se expone a continuación.

Considérense los proyectos, que se supondrán comparables, recogidos en el cuadro 11.23 evaluados en términos de liquidez (*PR*), rentabilidad (*VAN*) y riesgo (tanto por ciento *VAN* negativo).

Si se supone que para este tipo de proyectos el inversor tiene como norma que el *PR* no sea superior a cinco años, los proyectos *i* y *j* quedarán eliminados; los ocho proyectos restantes se representan (fig. 11.3), en un sistema de ejes cartesianos, habiendo tomado en abscisas los valores de la rentabilidad media de cada proyecto, en ordenadas la medida del riesgo y entre paréntesis el *PR* en años.

Si se admite en la empresa inversora un comportamiento que tienda —en igualdad de otras circunstancias— a maximizar el rendimiento para un riesgo dado y a minimizar el riesgo para un rendimiento determinado, pueden eliminarse de toda consideración posterior los proyectos *d*, *e*, *f* y *h*.

En efecto, el proyecto *d* resulta tener el mismo riesgo que el *b*, pero es menos rentable; igual sucede con el proyecto *e*, que

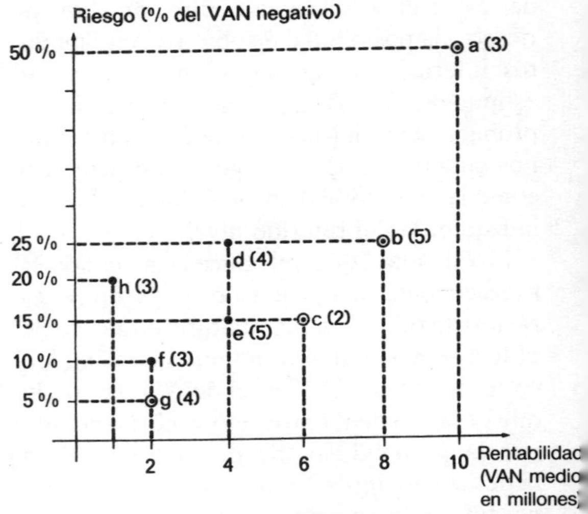

FIGURA 11.3. *Selección económica de proyectos de inversión.*

también puede eliminarse, en relación con el *c*. Por su parte, los proyectos *f* y *g* tienen igual rentabilidad media, y siendo *f* más arriesgado resulta dominado por el *g*. Final-

CUADRO 11.23. *Evaluación de la liquidez, la rentabilidad y el riesgo de los Proyectos a, b, c, d, e, f, g, h, i y j.*

	Proyecto	Criterio de liquidez: Período de recuperación en años	Criterio de rentabilidad: VAN medio, en millones	Criterio de riesgo: % del VAN negativo
1.	a	3	10	50 %
2.	b	5	8	25 %
3.	c	2	6	15 %
4.	d	4	4	25 %
5.	e	5	4	15 %
6.	f	3	2	10 %
7.	g	4	2	5 %
8.	h	3	1	20 %
9.	j	6	9	30 %
10.	j	7	15	65 %

mente, el proyecto *h* está dominado por los proyectos *e*, *f*, *g* y *c*, pues teniendo menor rentabilidad que cualquiera de ellos incorpora un mayor riesgo.

Por tanto, de acuerdo con el criterio de dominación que ha sido establecido, un decisor consistente sólo contemplaría los proyectos *a*, *b*, *c* y *g*; la elección final dependería de cuál fuera su actitud hacia la relación rentabilidad/riesgo.

Salvo en el caso de que un proyecto dominara a todos los demás, la decisión dependerá siempre de las preferencias subjetivas del decisor o de los criterios arbitrarios que la empresa haya establecido, derivados de consideraciones estratégicas o de otra índole [25].

Pueden existir proyectos ligeramente dominados por otro, en términos económicos, pero de un interés estratégico tal que haga conveniente su elección. Por ello, el análisis anterior no debe interpretarse en un sentido estricto, sino, más bien, como un instrumento para la definición de una cierta banda que recoja los proyectos económicamente aceptables, entre los cuales, el decisor habrá de escoger de acuerdo con criterios de carácter estratégico. Esta banda de opciones estratégicas se representa en la figura 11.4.

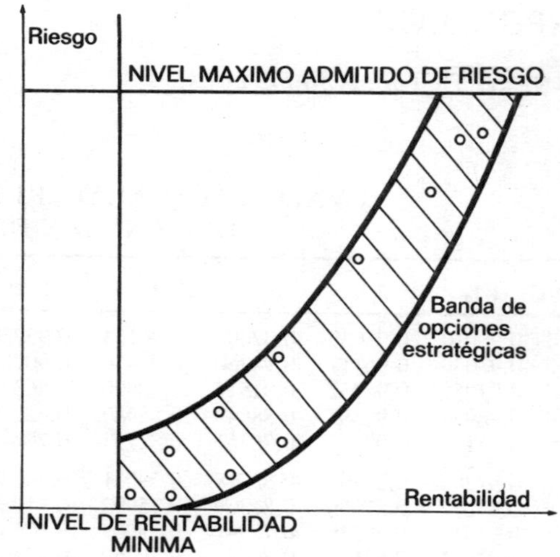

FIGURA 11.4. *Banda de opciones estratégicas.*

[25] Una hipótesis de comportamiento que puede adelantarse es que cuanto mayor sea la aversión al riesgo y menors la tasa de crecimiento deseada por la empresa, mayor será el incremento de rentabilidad exigido a cambio de un mismo incremento en el riesgo.

APENDICE

ANEXO 1: *Tablas financieras*

TABLA 1
VALOR ACTUAL DE 1 UNIDAD RECIBIDA AL FINAL DEL AÑO N Y DESCONTADA AL R %

N	1 %	2 %	3 %	4 %	5 %	6 %	7 %	8 %	9 %	10 %	N
1	0,99010	0,98039	0,97007	0,96154	0,95238	0,94340	0,93458	0,92593	0,91743	0,90909	1
2	0,98030	0,96117	0,94260	0,92456	0,90703	0,89000	0,87344	0,85734	0,84168	0,82645	2
3	0,97059	0,94232	0,91514	0,88900	0,86384	0,83962	0,81630	0,79383	0,77218	0,75131	3
4	0,96098	0,92385	0,88849	0,85480	0,82270	0,79209	0,76290	0,73503	0,70843	0,68301	4
5	0,95147	0,90573	0,86261	0,82193	0,78353	0,74726	0,71299	0,68058	0,64993	0,62092	5
6	0,94204	0,88797	0,83748	0,79031	0,74622	0,70496	0,66634	0,63017	0,59627	0,56447	6
7	0,93272	0,87056	0,81309	0,75992	0,71068	0,66506	0,62275	0,58349	0,54703	0,51316	7
8	0,92348	0,85349	0,78941	0,73069	0,67684	0,62741	0,58201	0,54027	0,50187	0,46651	8
9	0,91434	0,83675	0,76642	0,70259	0,64461	0,59190	0,54393	0,50025	0,46043	0,42410	9
10	0,90529	0,82035	0,74409	0,67556	0,61391	0,55839	0,50835	0,46319	0,42241	0,38554	10

N	11 %	12 %	13 %	14 %	15 %	16 %	17 %	18 %	19 %	20 %	N
1	0,90090	0,89286	0,88496	0,87719	0,86957	0,86207	0,85470	0,84746	0,84034	0,83383	1
2	0,81162	0,79719	0,78315	0,76947	0,75614	0,74316	0,73051	0,71818	0,70616	0,69444	2
3	0,73119	0,71178	0,69305	0,67497	0,65752	0,64066	0,62437	0,60863	0,59342	0,57870	3
4	0,65873	0,63552	0,61332	0,59208	0,57175	0,55229	0,53365	0,51579	0,49867	0,48225	4
5	0,59345	0,56743	0,54276	0,51937	0,49718	0,47611	0,45611	0,43711	0,41905	0,40188	5
6	0,53464	0,50663	0,48032	0,45559	0,43233	0,41044	0,38984	0,37043	0,35214	0,33490	6
7	0,48166	0,45235	0,42506	0,39964	0,37594	0,35383	0,33320	0,31392	0,29592	0,27908	7
8	0,43393	0,40388	0,37616	0,35056	0,32690	0,30503	0,28478	0,26604	0,24867	0,23257	8
9	0,39092	0,36061	0,33288	0,30751	0,28426	0,26295	0,24340	0,22546	0,20897	0,19381	9
10	0,35218	0,32197	0,29459	0,26974	0,24718	0,22668	0,20804	0,19106	0,17560	0,16151	10

N	21 %	22 %	23 %	24 %	25 %	26 %	27 %	28 %	29 %	30 %	N
1	0,82645	0,81967	0,81301	0,80645	0,80000	0,79365	0,78740	0,78125	0,77519	0,76923	1
2	0,68301	0,67186	0,66098	0,65036	0,64000	0,62988	0,62000	0,61035	0,60093	0,59172	2
3	0,56447	0,55071	0,53738	0,52449	0,51200	0,49991	0,48819	0,47684	0,46583	0,45517	3
4	0,46651	0,45140	0,43690	0,42297	0,40960	0,39675	0,38440	0,37253	0,36111	0,35013	4
5	0,38554	0,37000	0,35520	0,34111	0,32768	0,31488	0,30268	0,29104	0,27993	0,26933	5
6	0,31863	0,30328	0,28878	0,27509	0,26214	0,24991	0,23833	0,22737	0,21700	0,20718	6
7	0,26333	0,24859	0,23478	0,22184	0,20972	0,19834	0,187766	0,17764	0,16822	0,15937	7
8	0,21763	0,20376	0,19088	0,17891	0,16777	0,15741	0,14776	0,13878	0,13040	0,12259	8
9	0,17986	0,16702	0,15519	0,14428	0,13422	0,12493	0,11635	0,10842	0,10109	0,09430	9
10	0,14864	0,13690	0,12617	0,11635	0,10737	0,09915	0,09161	0,08470	0,07836	0,07254	10

N	31 %	32 %	33 %	34 %	35 %	36 %	37 %	38 %	39 %	40 %	N
1	0,76336	0,75758	0,75188	0,74627	0,74074	0,73529	0,72993	0,72464	0,71492	0,71429	1
2	0,58272	0,57392	0,56532	0,55692	0,54870	0,54066	0,53279	0,52510	0,51757	0,51020	2
3	0,44482	0,43479	0,42505	0,41561	0,40644	0,39754	0,38890	0,38051	0,37235	0,36443	3
4	0,33956	0,32939	0,31959	0,31016	0,30107	0,29231	0,28387	0,27573	0,26783	0,26013	4
5	0,25920	0,24953	0,24029	0,23146	0,22301	0,21493	0,20720	0,19980	0,19272	0,18593	5
6	0,19787	0,18904	0,18067	0,17273	0,16520	0,15804	0,15124	0,14179	0,13865	0,13281	6
7	0,15104	0,14321	0,13583	0,12890	0,12237	0,11621	0,11040	0,10492	0,09975	0,09486	7
8	0,11530	0,10849	0,10214	0,09620	0,09064	0,08545	0,08058	0,07603	0,07170	0,06776	8
9	0,08802	0,08219	0,07680	0,07179	0,06714	0,06283	0,05882	0,5509	0,05163	0,04840	9
10	0,06719	0,06227	0,05774	0,05357	0,04973	0,04620	0,04293	0,03992	0,03714	0,03457	10

TABLA 2

VALOR ACTUAL DE 1 UNIDAD POR AÑO, AL CABO DE N AÑOS AL R %

Año	1 %	2 %	3 %	4 %	5 %	6 %	7 %	8 %	9 %	10 %	Año
1	0,9901	0,9804	0,9709	0,9615	0,9524	0,9434	0,9346	0,9259	0,9174	0,9091	1
2	1,9704	1,9416	1,9135	1,8861	1,8594	1,8334	1,8080	1,7833	1,7591	1,7355	2
3	2,9410	2,8839	2,8286	2,7751	2,7232	2,6730	2,6243	2,5771	2,5313	2,4868	3
4	3,9020	3,8077	3,7171	3,6299	3,5459	3,4651	3,3872	3,3121	3,2397	3,1609	4
5	4,8535	4,7134	4,5797	4,4518	4,3295	4,2123	4,1002	3,9927	3,8896	3,7908	5
6	5,7955	5,6014	5,4172	5,2421	5,0757	4,9173	4,7665	4,6229	4,4859	4,3553	6
7	6,7282	6,4720	6,2302	6,0020	5,7863	5,5824	5,3893	5,2064	5,0329	4,8684	7
8	7,6517	7,3254	7,0196	6,7327	6,4632	6,2098	5,9713	5,7466	5,5318	5,3349	8
9	8,5661	8,1622	7,7861	7,4353	7,1078	6,8017	6,5152	6,2469	5,9852	5,7590	9
10	9,4714	8,9825	8,5302	8,1109	7,7217	7,3601	7,0236	6,7101	6,4176	6,1446	10

Año	11 %	12 %	13 %	14 %	15 %	16 %	17 %	18 %	19 %	20 %	Año
1	0,9009	0,8929	0,8850	0,8772	0,8696	0,8621	0,8547	0,8475	0,8403	0,8333	1
2	1,7125	1,6901	1,6681	1,6467	1,6257	1,6052	1,5852	1,5656	1,5465	1,5278	2
3	2,4437	2,4018	2,3612	2,3216	2,2832	2,2459	2,2096	2,1743	2,1399	2,1065	3
4	3,1024	3,0373	2,9745	2,9137	2,8550	2,7982	2,7432	2,6901	2,6386	2,5887	4
5	3,6959	3,6048	3,5172	3,4331	3,3522	3,2743	3,1993	3,1272	3,0576	2,9906	5
6	4,2305	4,1114	3,9976	3,8887	3,7845	3,6847	3,5892	3,4976	3,4098	3,3255	6
7	4,7122	4,5638	4,4226	4,2883	4,1604	4,0386	3,9224	3,8115	3,7057	3,6046	7
8	5,1461	4,9676	4,7988	4,6389	4,4873	4,3436	4,2072	4,0776	3,9544	3,8372	8
9	5,5370	5,3282	5,1317	4,9464	4,7716	4,6065	4,4506	4,3030	4,1633	4,0310	9
10	5,8892	5,6502	5,4262	5,2161	5,0188	4,8332	4,6586	4,4941	4,3389	4,1925	10

Año	21 %	22 %	23 %	24 %	25 %	26 %	27 %	28 %	29 %	30 %	Año
1	0,8264	0,8197	0,8130	0,8065	0,8000	0,7937	0,7874	0,7813	0,7752	0,7692	1
2	1,5095	1,4915	1,4740	1,4568	1,4400	1,4253	1,4074	1,3916	1,3761	1,3609	2
3	2,0739	2,0422	2,0114	1,9813	1,9520	1,9234	1,8956	1,8684	1,8420	1,8161	3
4	2,5404	2,4936	2,4483	2,4043	2,3616	2,3202	2,2800	2,2410	2,2031	2,1662	4
5	2,9260	2,8636	2,8035	2,7454	2,6893	2,6351	2,5827	2,5320	2,4830	2,4356	5
6	3,2446	3,1669	3,0923	3,0205	2,9514	2,8850	2,8210	2,7594	2,7000	2,6427	6
7	3,5079	3,4155	3,3270	3,2423	3,1611	3,0833	3,0087	2,9370	2,8682	2,8021	7
8	3,7256	3,6193	3,5179	3,4212	3,3289	3,2407	3,1564	3,0758	2,9986	2,9247	8
9	3,9054	3,7863	3,6731	3,5655	3,4631	3,3657	3,2728	3,1842	3,0997	3,0190	9
10	4,0541	3,9232	3,7993	3,6819	3,5705	3,4648	3,3644	3,2689	3,1781	3,0915	10

Año	31 %	32 %	33 %	34 %	35 %	36 %	37 %	38 %	39 %	40 %	Año
1	0,7634	0,7576	0,7519	0,7463	0,7407	0,7353	0,7299	0,7246	0,7194	0,7143	1
2	1,3461	1,3315	1,3172	1,3032	1,2894	1,2760	1,2627	1,2497	1,2370	1,2245	2
3	1,7909	1,7663	1,7423	1,7188	1,6959	1,6735	1,6516	1,6302	1,6093	1,5889	3
4	2,1305	2,0957	2,0618	2,0290	1,9969	1,9658	1,9355	1,9060	1,8772	1,8492	4
5	2,3897	2,3452	2,3021	2,2604	2,2200	2,1807	2,1427	2,1058	2,0699	2,0352	5
6	2,5875	2,5342	2,4828	2,4331	2,3852	2,3388	2,2939	2,2506	2,2086	2,1680	6
7	2,7386	2,6775	2,6187	2,5620	2,5075	2,4550	2,4043	2,3555	2,3083	2,2628	7
8	2,8539	2,7860	2,7208	2,6582	2,5982	2,5404	2,4849	2,4315	2,3801	2,3306	8
9	2,9419	2,8681	2,7976	2,7300	2,6653	2,6033	2,5437	2,4866	2,4317	2,3790	9
10	3,0091	2,9304	2,8553	2,7836	2,7150	2,6495	2,5867	2,5265	2,4689	2,4136	10

CAPITULO 12

LA FINANCIACION DEL PROYECTO Y LA FUNCION DE INVERTIR

SUMARIO: 12.1. La financiación del proyecto.—12.2. Efecto de la financiación sobre la liquidez.—12.3. Financiación y rentabilidad.—12.4. Impacto de la financiación sobre el riesgo.—12.5. Liquidez, rentabilidad, riesgo y financiación.—12.6. La función de invertir: objetivos y tareas.—12.7. Generación de proyectos: la lógica financiera de la innovación.—12.8. Evaluación económica y evaluación estratégica.—12.9. Sistema de gestión de inversiones.—12.10. La organización del flujo de fondos y el coste de capital.—12.11. La desinversión: 12.11.1. Planteamiento y aspectos organizativos. 12.11.2. Interés económico de la desinversión. 12.12. La teoría y la práctica de la función de invertir: situación actual y perspectivas.

12.1. LA FINANCIACION DEL PROYECTO

La evaluación de los proyectos independientemente de su financiación es, hoy día, una corriente predominante en la teoría del análisis de inversiones.

La teoría pretende, fundamentalmente, caracterizar «objetivamente» el interés que presenta cada proyecto, al margen del origen y naturaleza específica de los recursos que se asignan para su desarrollo. Por ese motivo, en general, los cash-flows sobre los que se aplican métodos tales como los que calculan el valor actual neto (*VAN*) o la tasa interna de rentabilidad (*TIR*) de un proyecto no incorporan ni las aportaciones de fondos, ni las cargas financieras ni, tampoco, las devoluciones de principal a que haya lugar [1].

Naturalmente, el divorcio evaluación-financiación no es ni puede ser total. En efecto, por una parte, algunos proyectos, por su naturaleza, localización u otras razones, incluyen ventajas específicas de financiación que deben integrarse en su cash-flow. Por otra parte, siempre se hace necesario contar con una referencia del coste de capital, bien en forma de tasa de corte —de aplicación al cálculo de la *TIR*— o bien en

[1] Quizás convenga hacer algunas matizaciones a esta afirmación. En primer lugar, las subvenciones de capital destinadas exclusivamente a un proyecto determinado deberían de estar incorporadas a su cash-flow minorando las salidas de fondos que correspondan. En segundo lugar, dado que el cálculo de la inversión en capital circulante presupone unos ciertos niveles de inventarios, cuentas a pagar (acreedores, incluso acreedores bancarios), cuentas a cobrar (deudores) y de disponible, suele admitirse que todos los gastos —financieros o no— asociados a dichos niveles están incorporados en el cash-flow, por ejemplo, gastos por descuento de letras, factoring y otros similares. También han de estar incluidos en el CFO los derivados del pago de intereses por préstamos a corto plazo, créditos de funcionamiento, que atiendan a necesidades estacionales de recursos y a devolver en el transcurso del ejercicio con fondos generados en el período.

Estos costes financieros —con la contrapartida de eventuales ingresos financieros, por saldos en cuentas bancarias, por ejemplo— forman parte de la explotación del proyecto y parece lógico que sean imputables a los resultados de cada período. Como es natural, el nivel de capital circulante asociado a un proyecto y los costes financieros recogidos en la cuenta de explotación están relacionados: a mayores recursos destinados por capital circulante —lo que recarga la inversión— corresponden menores costes financieros de explotación —lo que beneficia a los resultados—, y recíprocamente, El inversor habrá de decidir, en cada caso, el nivel de capital circulante más adecuado.

forma de tasa de descuento —de aplicación al *VAN*—.

Ahora bien, sólo mediante su financiación un proyecto puede hacerse efectivo, por lo que toda decisión de emprenderlo o no debe, razonablemente, haberla considerado previamente [2].

Además, dado que los resultados de un proyecto pueden verse reforzados por una financiación adecuada y recíprocamente y no siempre existe una única alternativa de financiación, el análisis de la influencia de la financiación en la liquidez, rentabilidad y riesgo del proyecto constituye una cuestión práctica de gran importancia.

12.2. EFECTO DE LA FINANCIACION SOBRE LA LIQUIDEZ

Considérese el siguiente proyecto *A*, representado por el cash-flow resultante de las operaciones o *CFO*:

	0	1	2
CFO de A	−100	50	110

El CFO de *A* indica que el proyecto «requiere» un desembolso de 100 u. m., proporcionando en los dos períodos siguientes 50 u. m. y 110 u. m., sucesivamente. La financiación del proyecto implica la materialización efectiva de las 100 u. m. necesarias para su puesta en marcha [3].

Admítase que los recursos propios colaboran a la financiación en un 30 por 100 y el resto se financia mediante recursos ajenos o deuda, aportados indistintamente por una o varias fuentes.

Supóngase también que el cash-flow asociado a la deuda (CFD), que recogerá tanto el préstamo inicial como el pago de intereses y devolución del principal, se puede sintetizar, para el caso considerado y después de impuestos, así [4]:

	0	1	2
CFD de A	+70	−14	−84

El movimiento de fondos en la «caja» de los propietarios habrá de integrar tanto el

---

[2] Para aquellas empresas que trabajan alrededor de un único proyecto de inversión, la financiación de la empresa y del proyecto pueden confundirse. Para aquellas otras que abordan y gestionan simultáneamente varios proyectos, la financiación de cada proyecto constituye un problema específico que se complica con la necesidad de integración de todos los flujos en un plan financiero global de la empresa.

[3] A lo largo de la exposición se admitirá que los fondos que se aplican al desarrollo del proyecto o bien han sido captados específicamente para su desarrollo o bien que la empresa que lo aborda no tiene otros proyectos en curso.

[4] El CFD agrega las diversas fuentes de financiación ajena y considera el «escudo fiscal» que proporcionan los intereses de los préstamos a medio y largo plazo, ya que éstos, como se indicó, no han sido incorporados en la cuenta de explotación del proyecto; por ejemplo, supóngase que el proyecto A ha sido financiado, parcialmente, con un préstamo a dos años de los suministradores de los equipos y con otro de naturaleza bancaria, también a dos años, siendo los calendarios de devolución del principal e intereses los siguientes:

	0	1	2
Financiación suministradores equipo	+50	0	0
Devolución principal	0	0	−50
Intereses a suministradores	0	−13	−13
Financiación bancaria	+20	0	0
Devolución principal	0	0	−20
Intereses a banco	0	−8.875	−8.875
CFD antes de impuestos....................	+70	−21.875	−91.875

Este CFD, antes de impuestos, ha de ser corregido teniendo en cuenta el «escudo fiscal» de los intereses. Es decir:

	0	1	2
Total intereses	0	−21.875	−21.875
Escudo fiscal *	0	+ 7.875	+ 7.875
Intereses después de impuestos	70	−14.000	−14.000
CFD después de impuestos	70	−14.000	−84.000

(*) Para el cálculo del escudo fiscal se ha partido del supuesto de la existencia de beneficios y de que el tipo impositivo aplicable era del 36 por 100 (7.875 = 0,36 × 21.875).

CFO como las entradas y salidas que tienen su origen en la deuda CFD, y parece razonable —desde este punto de vista— el que sea el cash-flow de los propietarios, y no otro, el que se evalúe finalmente.

De manera que el cash-flow efectivo o final —cash-flow financiero (CFF)— para propietarios será, por tanto, el siguiente:

	0	1	2	
CFO de A	−100	+50	+110	1,45
CFD de A	+ 70	−14	− 84	1,67
CFF de A (a)	− 30	+36	+ 26	0,83

Este CFF es el percibido por los propietarios y se traduce en que una aportación inicial de 30 u. m. proporcionará 36 u. m. —después de impuestos e intereses— al final del primer año y 26 al final del segundo [5].

La liquidez que incorpore el CFF depende tanto de la que incorpore el CFO como de las condiciones de financiación que se hayan pactado. El CFF (*a*) tiene un PR de 0,83 años, frente a 1,45 años del CFO y 1,67 del CFD.

El cuadro 12.1 recoge dos fórmulas de financiación alternativas; en la primera de ellas, la amortización de la deuda presenta un año de carencia, del que se beneficia la liquidez del CFF (*b*), que pasa a ser de 0,60 años; por el contrario, en la segunda la amortización de la deuda y el pago de intereses tienen prioridad, destinándose a ello todos los fondos generados por el proyecto, con el consiguiente impacto negativo sobre la liquidez del CFF (*c*) [6].

12.3. FINANCIACION Y RENTABILIDAD

El análisis del impacto de la financiación de un proyecto sobre su rentabilidad admite un tratamiento formal semejante al de su evaluación antes de la financiación.

CUADRO 12.1.

	0	1	2	PR
CFO	−100	50	110	1,45 años
CFD	+ 70	0	−100,8	1,69 »
CFF (b)	− 30	50	9,2	0,60 »
	0	1	2	PR
CFO	−100	50	110	1,45 años
CFD	+ 70	−50	40,8	1,49 »
CFF (c)	− 30	0	69,2	1,43 »

Reconsidérese el CFO del proyecto *A*, si se supone que los recursos propios «exigen» una rentabilidad del 30 por 100 anual y que los ajenos, a cancelar al final del año 2 en único pago requieren un interés medio del 20 por 100 anual después de impuestos, sobre la parte pendiente de amortizar, el coste de capital podría calcularse así [7]:

Coste de capital $= 0{,}3 \times 30 + 0{,}7 \times 20 = 9 + 14 = 23\ \%$.

Admitiendo una cuota de riesgo nula y que

K = tasa de corte = tasa de descuento = 23 %.

la evaluación del CFO del proyecto *A*, en los términos convencionales de cálculo de la TIR y el VAN, conduciría a su aceptación, pues:

[5] Eventualmente, una parte de este cash-flow se destinará a dividendos, quedando el resto como fondos de autofinanciación.

[6] Como puede comprobarse, el coste de la deuda, medido por la TIR del CFD, es en todos los casos del 20 por 100 después de impuestos.

[7] Estas condiciones de la deuda corresponden al CFD siguiente:

	0	1	2
CFD de A:	−70	−14	−84

CUADRO 12.2.

Proyecto A

Deuda 70 %
Recursos propios 30 %

	0	1	2	VAN	TIR	K	TIRC (23 %)
CFO..........	−100	50	110	13,36	33 %	23 %	31,0 %
CFD..........	+ 70	−14	−84	0,00	20 %	20 %	20,2 %
CFF...........	− 30	36	26	13,07	71 %	30 %	53,1 %

TIR de A = 33 % > 23 %
VAN de A = + 13,36 > 0

lo que indica su viabilidad económica [8].

La influencia de la financiación puede determinarse calculando los mismos criterios de rentabilidad para el CFF de *A*: El cuadro 12.2 ofrece un resumen completo de la evaluación.

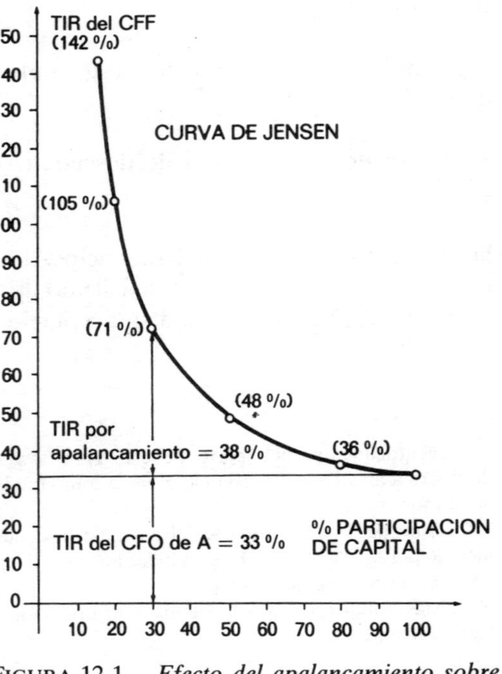

FIGURA 12.1. *Efecto del apalancamiento sobre la rentabilidad para un caso determinado.*

Este cuadro muestra que el CFF es más rentable que el CFO, como consecuencia del efecto de apalancamiento del beneficio por la deuda [9].

Sin embargo, para el ejemplo de que se trata:

				VAN	K
CFO	−100	−50	110	+3,55029	30 %
CFD	+ 70	−14	−84	+9,52662	30 %
CFF	− 30	36	26	13,07690	30 %

De manera que el valor actual para los propietarios es igual al valor actual del negocio más el valor actual de los recursos ajenos, descontados ambos al coste de oportunidad de los recursos propios.

De hecho, un préstamo al 20 % a unos prestatarios que tienen un 30 % de coste de

[8] Si el criterio de análisis de rentabilidad se aplica sobre el CFO, la tasa de corte o de descuento habrá de basarse en el coste de capital medio marginal de la empresa; si se aplica sobre el CFF, la referencia será, entonces, el rendimiento mínimo exigido por los recursos propios, es decir, el coste de oportunidad de los fondos propios.

[9] Riesgo aparte, un reparto «equitativo» del CFO entre deuda y recursos propios sería:

	0	1	2	TIR (aprox.)
CFO......................	−100	50	110	33 %
CFD′.....................	+ 70	−35	−77	33 %
CFF′.....................	− 30	+15	+33	33 %

oportunidad —o lo que es lo mismo, que pueden colocar sus fondos al 30 %— supone para ellos un incremento patrimonial, en valor actual, de 9,52662.

Un descenso en el nivel de endeudamiento, por ejemplo, deuda y recursos propios al 50 por 100, conducirá, lógicamente, a una menor rentabilidad del CFF del proyecto *A* y a una tasa de corte mayor (cuadro 12.3).

En el caso límite e ideal de que la deuda financiara al 100 por 100 del proyecto, la TIR del CFF sería infinita; por el contrario, cuando la deuda se anula la financiación no aporta flujo adicional y la TIR del CFF se iguala a la TIR del CFO del proyecto (figura 12.1). El comportamiento del VAN, para este mismo caso se recoge en la figura 12.2.

Como puede comprenderse intuitivamente, los resultados anteriores sólo son válidos

CUADRO 12.3.

Proyecto A

Deuda 50 %
Recursos propios 50 %

	0	1	2	VAN	TIR	K
CFO	−100	50	110	10,4	33 %	25 %
CFD	+ 50	−10	−60	0,0	20 %	20 %
CFF......	− 50	+40	+50	10,4	48 %	30 %

para aquellos casos en los que el coste de la deuda es inferior al TIR del CFO, salvo para el caso límite en que la participación de los recursos propios de la financiación fuera del 100 por 100 (fig. 12.3).

En cualquier caso, la aceptación o no del proyecto, desde un punto de vista puramen-

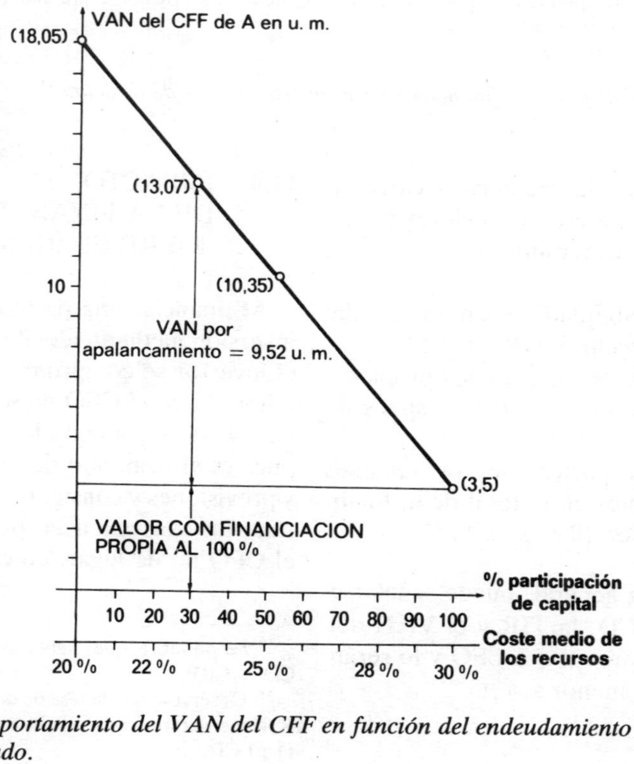

FIGURA 12.2. *Comportamiento del VAN del CFF en función del endeudamiento para un caso determinado.*

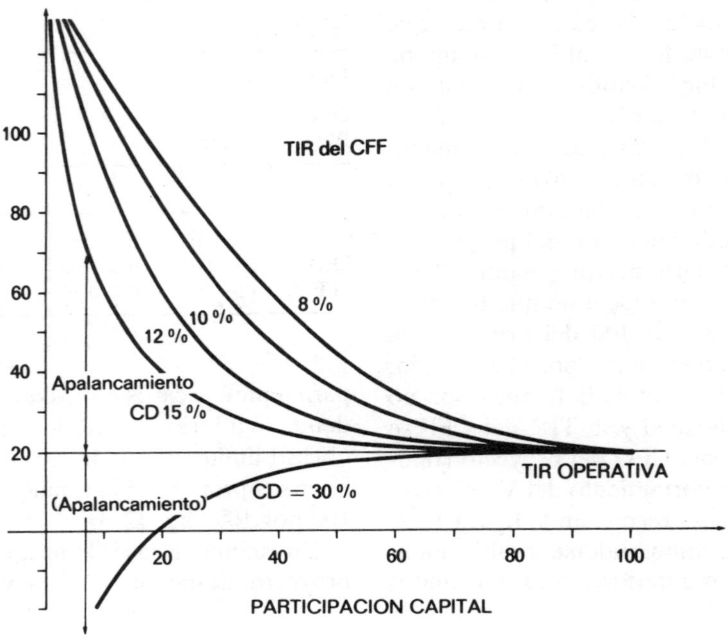

(*) Esta figura corresponde a un proyecto cuyo CFO tiene una TIR del 20 por 100, no siendo de aplicación en su detalle numérico a otros casos.

FIGURA 12.3. *Apalancamiento financiero para diversos costes de la deuda.**

te financiero sin consideraciones de carácter estratégico, dependerá de los valores relativos de los siguientes parámetros:

1. r = rentabilidad económica del proyecto o TIR del CFO.
2. CRP = coste de los recursos propios.
3. CD = coste de la deuda, después de impuestos [10].
4. p = participación de los recursos propios en el total de la financiación ($0 \leq p \leq 1$) [11].

De una manera general, puede señalarse que cuando $r >$ CD, la TIR y el VAN del CFF serán superiores al del CFO y lo serán tanto más cuanto menor sea p.

12.4. IMPACTO DE LA FINANCIACION SOBRE EL RIESGO

Al financiar una parte de un proyecto de inversión mediante deuda o recursos ajenos, el inversor se compromete a su devolución. Ahora bien, el CFO no se contempla, como ya ha sido comentado, con certidumbre, pues es el resultado de numerosas hipótesis y previsiones y consiguientemente puede variar. En consecuencia, pudiera suceder que el CFO no dé lugar, en ciertas ocasiones, a

[10] Se admitirá que, salvo indicación en contrario, CD ≤ CRP.

[11] Obsérvese que la tasa de descuento o tasa de corte K viene determinada por la expresión K = pCRP + (1-p) CD.

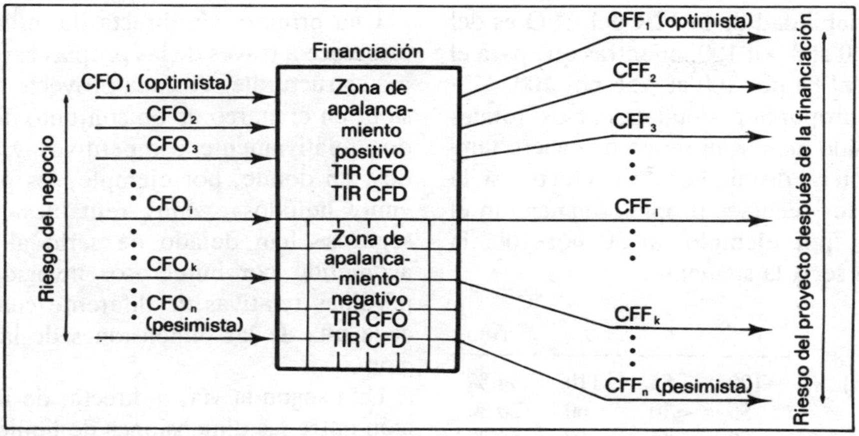

FIGURA 12.4. *Impacto de la financiación sobre el riesgo.*

los fondos necesarios para la devolución de deuda y pago de intereses, en cuyo caso serán los fondos propios los que habrán de cubrir el déficit o aceptar la liquidación del proyecto por insolvencia. Frente al riesgo operativo que incorpora el CFO, la financiación ajena añade el riesgo financiero [12]. Este riesgo crecerá, razonablemente, con el grado de apalancamiento —proporción deuda/recursos propios— que incorpore el proyecto.

La figura 12.4 representa gráficamente el impacto de la financiación sobre el riesgo. Si el riesgo del negocio se asocia a la variabilidad de los CFO, el del proyecto, una vez financiado, debería asociarse a la que presenten los CFF, correspondientes a los propietarios.

La financiación, al incluir un efecto de apalancamiento, se traduce en un incremento de la variabilidad de los CFF, particularmente si el negocio puede dar lugar a CFO, como el CFO_i y siguientes en la figura 12.4, con rentabilidades tales que el apalancamiento actúe negativamente. Eventualmente, incluso el CFF_i y siguientes pudieran provocar una situación de insolvencia técnica que comportara la liquidación del proyecto.

Considérese, por ejemplo, que el proyecto *A* puede dar lugar a los siguientes CFO, siendo la proporción deuda/recursos totales del 70 por 100.

	0	1	2	TIR
CFO (alto)....	−100	55	110	36 %
CFD	70	−14	−84	20 %
CFF (alto).....	− 30	41	26	84 %

Financiación: apalancamiento positivo.

	0	1	2	TIR
CFO (medio).	−100	50	100	28 %
CFD	70	−14	−84	20 %
CFF (medio) .	− 30	36	16	55 %

Financiación: apalancamiento positivo.

	0	1	2	TIR
CFO (bajo)...	−100	25	85	6 %
CFD	70	−14	−84	20 %
CFF (bajo)....	− 30	11	1	−56 %

Financiación: apalancamiento negativo.

[12] Obsérvese que la base del riesgo del CFO es su variabilidad, con posibilidad de proporcionar rendimiento menores; mientras que el riesgo financiero no obedece tanto a la variabilidad del CFD, que suele estar determinado contractualmente, sino a la imposibilidad de cumplir con el calendario pactado como consecuencia derivada de la variabilidad del CFO. Son, pues, dos riesgos de distinta naturaleza.

La variabilidad de la TIR del CFO es del 36 por 100 al 8 por 100, mientras que para el CFF es del 84 por 100 al −56 por 100.

Si la proporción deuda/recursos totales hubiera sido menor, el riesgo financiero también hubiera disminuido. En efecto, si la deuda y los recursos propios financiaran el proyecto, por ejemplo, al 50 por 100, la situación sería la siguiente:

	0	1	2	TIR
CFO (alto)	−100	55	110	36 %
CFD	50	−10	−60	20 %
CFF (alto)	− 50	45	50	55 %

Financiación: apalancamiento positivo.

	0	1	2	TIR
CFO (medio).	−100	50	100	28 %
CFD	50	−10	−60	20 %
CFF (medio) .	− 50	40	40	38 %

Financiación: apalancamiento positivo.

	0	1	2	TIR
CFO (bajo)...	−100	25	85	6 %
CFD	50	−10	−60	20 %
CFF (bajo)....	− 50	15	25	−12 %

Financiación: apalancamiento negativo.

Puede comprobarse que, mientras el riesgo del negocio permanece constante, según mide la variabilidad de la TIR del CFO, el riesgo del proyecto para los propietario ha disminuido (la TIR del CFF pasa del 55 por 100 al −12 por 100).

12.5. LIQUIDEZ, RENTABILIDAD, RIESGO Y FINANCIACION

Las dimensiones de liquidez, rentabilidad y riesgo del proyecto de inversión no son totalmente independientes.

Una primera vía directa de influencia se establece a través de las propias características estructurales de cada proyecto de inversión, en el marco de un conjunto de mercados relativamente competitivos y explorados, en donde, por ejemplo, los proyectos «muy líquidos», «muy rentables» y «muy seguros» han dejado de serlo al haberse acometido por numerosos inversores, con pérdidas relativas de diferente cuantía, en cada una de las dimensiones de la evaluación.

Una segunda vía, indirecta, de interrelación entre las dimensiones de liquidez, rentabilidad y riesgo se establece, a través de la financiación que puede instrumentarse para cada proyecto y que viene a corregir alguna de sus características.

Así, una financiación agresiva, con niveles sustanciales de apalancamiento, incrementará simultáneamente la rentabilidad y el riesgo definitivos del proyecto, resultando, por consiguiente, adecuada para negocios que siendo seguros presentan niveles de rentabilidad relativamente bajos (proyecto *X* de la figura 12.5).

Cuando el problema sea de liquidez, ésta puede mejorarse captando recursos ajenos que proporcionen períodos de carencia suficientes, aún cuando sea a un coste más alto que otras fuentes de financiación más exigentes con el calendario de devoluciones (proyecto *Y* de la figura 12.5).

En general, la liquidez y la rentabilidad de un proyecto pueden mejorarse a través de su financiación adecuada, no así el riesgo, que sólo en el mejor de los casos podrá mantenerse estable.

Como quiera que la financiación accesible a un proyecto depende en muchos casos de su naturaleza y de la estructura de su CFO, sucede, con cierta frecuencia, que proyectos no dominados antes de la financiación resultan dominados después de la misma. Así, en la figura 12.6 se representan —en términos de rentabilidad, riesgo y con el PR entre

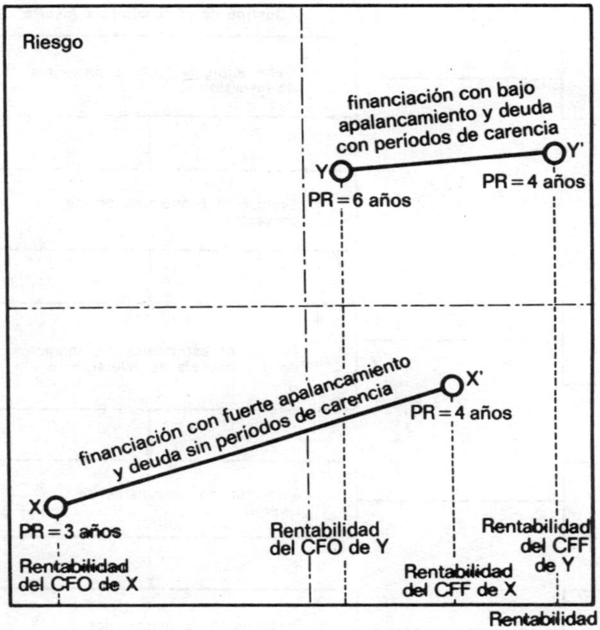

FIGURA 12.5. *Influencia de la financiación sobre la evaluación económica de dos proyectos* X *e* Y.

paréntesis— tres proyectos de inversión, A, B, C, según su CFO, y la evaluación de estos mismos proyectos desde la perspectiva de su CFF: A', B', C', después de la mejor financiación posible.

Los proyectos A, B y C antes de la financiación no están dominados entre ellos, sin embargo, después de la financiación C' domina a A' y B'.

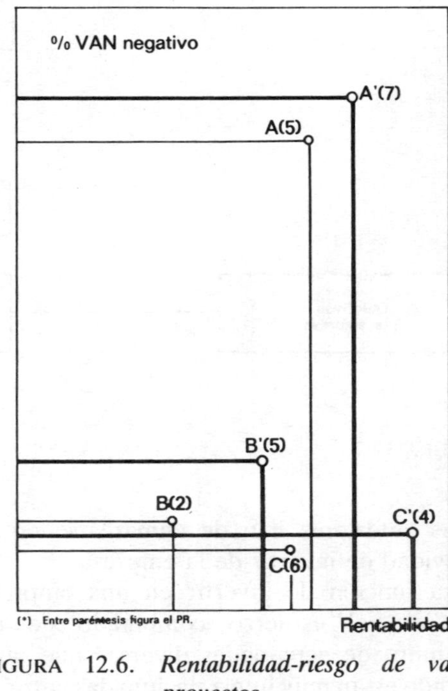

FIGURA 12.6. *Rentabilidad-riesgo de varios proyectos.*

12.6. LA FUNCION DE INVERTIR: OBJETIVOS Y TAREAS

Hasta aquí se ha venido considerando la naturaleza y evaluación de un proyecto determinado; sin embargo, la actividad empresarial requiere un proceso de inversión continuado, en proyectos sucesivos y/o simultáneos, que asegure su expansión saneada y rentable, por lo que los comentarios de capí-

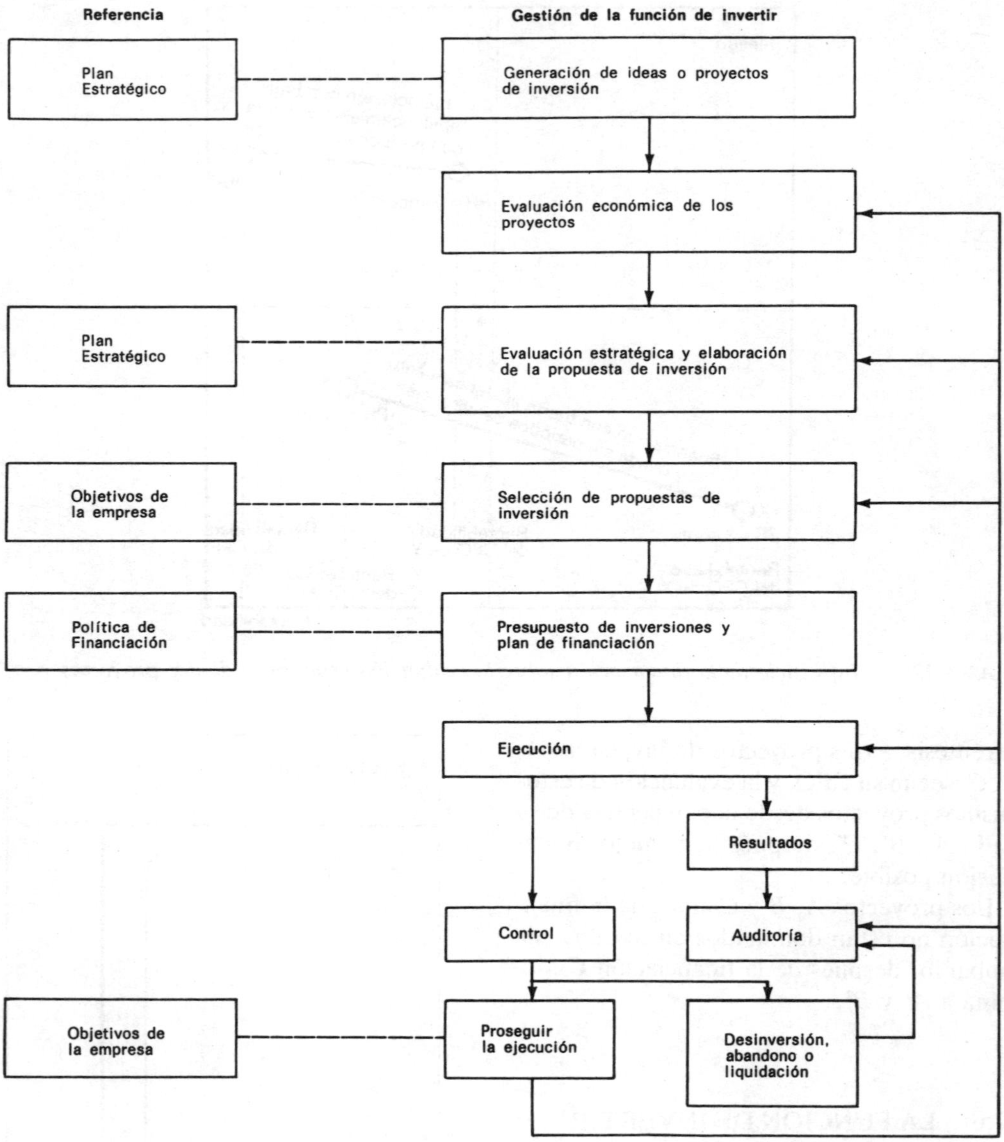

FIGURA 12.7.

tulos anteriores han de enmarcarse en la actividad de invertir de la empresa [13].

La función de invertir en una empresa requiere el esfuerzo combinado de un conjunto de actividades diversas que, aun cuando están muy interrelacionadas entre sí, podrían ordenarse de la manera que recoge la figura 12.7.

[13] En el caso de grandes proyectos, en relación con la empresa que los acomete, su evaluación, realización y control independientes puede presentar ventajas significativas.

12.7. GENERACION DE PROYECTOS: LA LOGICA FINANCIERA DE LA INNOVACION

Las empresas suelen tener su origen en una decisión inicial de invertir en un determinado proceso que dé lugar a uno o varios productos o servicios que son la base de su actividad y el fundamento de sus beneficios.

Sin embargo, todos los productos y servicios tienen su «ciclo de vida» propio que conduce de una fase de introducción y crecimiento a otra de decadencia en que las ventas declinan y los márgenes se reducen o desaparecen.

En consecuencia, la empresa ha de generar nuevos productos que exigirán, en general, de nuevos proyectos de inversión; en otro caso, la capacidad de crecimiento de la empresa quedaría limitada.

Los nuevos proyectos no se generan espontáneamente; por el contrario, exigen un proceso de búsqueda sistemático que, finalmente, relaciona el plan estratégico con el presupuesto de inversiones: el plan apoya la búsqueda y cada hallazgo concreta el plan.

Cada proyecto de inversión —en definitiva, cada producto o servicio que genera— hace una aportación específica a los objetivos financieros y generales de la empresa en materia de:

— Beneficios.
— Estabilidad de las ventas y/o de los beneficios.
— Crecimiento.
— Otros.

En todo momento la empresa habrá de buscar una combinación de inversiones adecuada y una planificación de productos que se ajuste a la senda de crecimiento deseada.

En los capítulos anteriores se han expuesto los instrumentos fundamentales de evaluación económica de proyectos; sin embargo, como ya ha sido comentado, la evaluación completa de la conveniencia o no de un proyecto exige, asimismo, su evaluación estratégica, a cuyo análisis se dedican los epígrafes siguientes.

No obstante, por razones de economía de esfuerzo, antes de someter cada proyecto potencial a una valoración económica y estratégica completa, en los términos que establezca el sistema de evaluación adoptado en la empresa, es conveniente tamizar las distintas ideas-producto que se generen; en la figura 12.8 se presenta un esquema de análisis preliminar para el desarrollo de esta función.

12.8. EVALUACION ECONOMICA Y EVALUACION ESTRATEGICA

En relación con la evaluación de las inversiones, cada empresa debería contar con un sistema propio adaptado a sus necesidades específicas.

Así, parece razonable que las empresas que operen en un entorno en el que los riesgos sean altos deberán poner énfasis en un modelo que reconozca explícitamente estos riesgos, mientras que el beneficio derivado de estos análisis sería muy inferior para aquellas otras en las que la componente riesgo no fuera apreciable.

Un sistema de evaluación implantado y en funcionamiento presenta siempre la ventaja de exigir una formalización y sistematización del análisis, garantizando el estudio de muchos aspectos críticos que de otra manera pudieran no ser considerados.

En cualquier caso, hay que destacar que los diferentes sistemas de evaluación de inversiones deberán ser juzgados en función de la calidad de sus decisiones y no por su mayor o menor corrección teórica.

El sistema de evaluación «ideal» debería ser tal que seleccionase todas las inversiones acertadas y rechazase todas aquellas que fueran a traducirse en fracasos. Esto no es

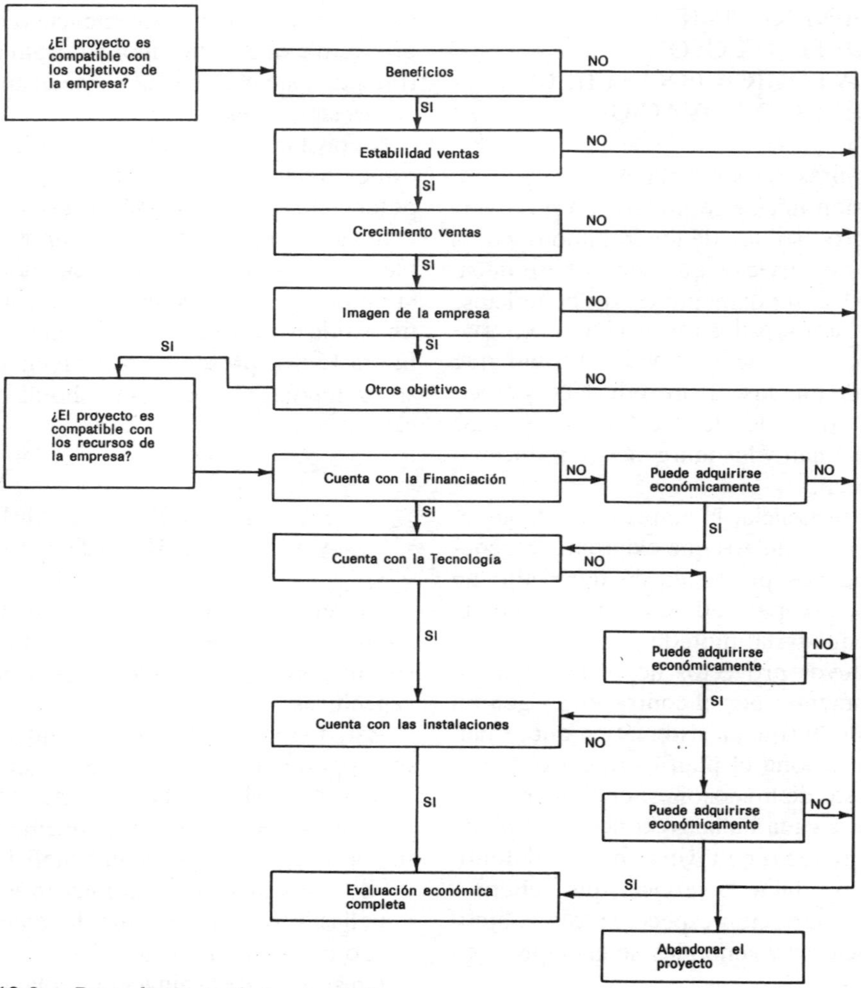

FIGURA 12.8. *Procedimiento de tamizado* *

(*) Adaptado del libro *Dirección de mercadotecnia,* Philip Kotler; Editorial Diana, México.

posible, pero además tampoco es estrictamente necesario, pues en la práctica el management cuenta, en muchos casos, con un cierto margen de maniobra para neutralizar inversiones desacertadas, mejorar las regulares y consolidar los éxitos, siempre que los aspectos estratégicos que la inversión incorpora no hayan sido olvidados.

Si bien es posible que algunos aspectos estratégicos hayan influido directa o indirectamente en la evaluación económica del proyecto, lo más frecuente es que en su inmensa mayoría queden relegados al final. El análisis económico al que el proyecto ha sido sometido hace posible una evaluación estratégica más profunda, pues aporta datos sobre el entorno y el mercado de gran interés para la alta dirección en su proceso de evaluación. La alta dirección ha de saber integrar el proyecto en el marco de la empresa y definir el papel de las diferentes áreas funcionales en su desarrollo.

La dificultad de la evaluación estratégica, contrariamente a la económica, estriba en que no admite fórmulas; en que requiere, además de información sobre la inversión, información sobre los objetivos y estrategia de la empresa y exige del analista la capacidad de relacionar unas informaciones con otras, proyectándolas hacia el futuro.

En todo momento ha de tenerse en cuenta que los análisis económico y estratégico no se sustituyen, sino que se complementan en beneficio de una evaluación consistente y más completa. El análisis estratégico apoya la evaluación económica y el análisis económico la evaluación estratégica y ambos factores constituyen un instrumento de la evaluación integral del interés del proyecto.

Por ejemplo, considérense los 12 proyectos alternativos recogidos en la figura 12.9 evaluados económicamente en los términos habituales de liquidez, rentabilidad y riesgo. Todos estos proyectos se sitúan en la banda de opciones estratégicas. Los proyectos que resultaron —al evaluarse económicamente— muy alejados, a la izquierda de la banda, han sido ya desechados; como lo han sido también aquellos que no cumplían las especificaciones de liquidez.

La evaluación estratégica se ha desarrollado utilizando una matriz bidimensional interés del mercado posición dle proyecto [14], como la recogida en la figura 12.10. Los diferentes proyectos han sido situados en la matriz, mediante la valoración de un conjunto de factores cuantitativos-cualitativos, previamente definidos y ponderados; aun cuando estos factores han de ser específicos de cada empresa, el cuadro 12.4 recoge un par de listas convencionales, en las que las ponderaciones han sido omitidas. La evaluación estratégica de los proyectos, de acuerdo con el método expuesto, ha conducido a su clasificación en tres categorías diferentes:

[14] DEREK F. ABELL y JOHN S. HAMMOND, *Strategic Market Planning,* Prentice Hall, Inc. Engleword Cliffs, New Jersey, 79.

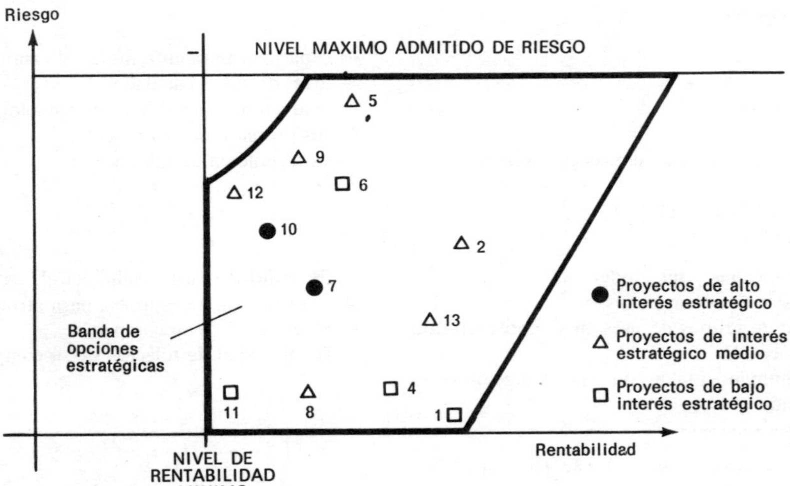

FIGURA 12.9. *Banda de opciones estratégicas.*

CUADRO 12.4. *Factores que califican el interés del mercado y la posición del negocio.*

INTERES DE SU MERCADO	POSICION DE SU NEGOCIO
FACTORES DE MERCADO	
— tamaño (ptas., unidades, o ambos)	— su punto muerto (PM)
— tamaño de los segmentos clave	— su PM. en segmentos clave
— tasa de crecimiento anual:	— su tasa de crecimiento anual:
• total	• total
• segmentos	• segmentos
— diversidad del mercado	— diversidad de su participación
— sensibilidad al precio, servicio y factores externos	— su influencia en el mercado
— aspectos cíclicos	— retrasos o adelantos en sus ventas
— estacionalidad	— capacidad de negociación de sus suministradores
— capacidad de negociación de suministradores	— íd. de sus distribuidores
— íd. distribuidores	
COMPETENCIA	
— tipos de competidores — grado de concentración — cambios en el tipo y mix	— compárese con ellos en producto, marketing, servicio, capacidad productiva, financiera y de gestión
— entradas y salidas	— segmentos en los que ha entrado o ha dejado
— cambios en la participación	— sus cambios relativos de PM
— sustitución por nueva tecnología	— vulnerabilidad a la nueva tecnología
— grados y tipos de integración	— su propio nivel de integración
FACTORES FINANCIEROS Y ECONOMICOS	
— contribución al margen	— sus márgenes
— economías de escala y de experiencia	— su escala y experiencia
— barreras a la entrada o salida	— barreras a su entrada o salida
— utilización de la capacidad	— su utilización de la capacidad
FACTORES TECNOLOGICOS	
— madurez	— capacidad para enfrentarse al cambio
— complejidad	— nivel de sus capacidades
— diferenciación	— abanico de sus habilidades tecnológicas
— patentes	— sus protecciones en patentes
— tecnología requerida en el proceso de fabricación	— su tecnología de fabricación
FACTORES SOCIOPOLITICOS DEL ENTORNO	
— actitudes sociales y sus tendencias	— flexibilidad y responsabilidad de su compañía
— leyes y normas administrativas	— capacidad de su empresa para afrontarlas
— influencia de grupos de presión y representación gubernamentales	— agresividad de su compañía
— factores humanos, tales como la aceptación de la comunidad	— la capacidad de relación de su compañía

Fuente: Abell y Hammond, *Strategic Market Planning* (1979).

FIGURA 12.10. *Matriz de evaluación estratégica global.*

Categoría	Interés estratégico	Proyecto número
Tipo A	Alto	7, 10
Tipo M	Medio	2, 3, 5, 8, 9, 12
Tipo B	Bajo	1, 4, 6, 11

En el cuadro 12.5 se recoge la jerarquización en términos económicos, en términos estratégicos y, finalmente, una propuesta de jerarquización sintética que resume ambos aspectos y sobre la cual quien esté autorizado ha de decidir.

CUADRO 12.5.

Jerarquización económica	Jerarquización estratégica	Jerarquización de compromiso
1		
	7, 10	
2, 3, 4		1, 2, 3, 7
5, 6, 7, 8	2, 3, 5, 8, 9, 12	4, 5, 8, 10
9, 10, 11		6, 9
	1, 4, 6, 11	
12		11, 12

12.9. SISTEMA DE GESTIÓN DE INVERSIONES

Las empresas que deben tomar decisiones frecuentes sobre nuevos proyectos de inversión pueden beneficiarse del establecimiento de un sistema de gestión de inversiones semejante al que se esquematiza en la figura 12.11.

Como es natural, un sistema de estas características no es, ni puede ser, un punto de partida, sino el resultado de la experiencia práctica de la empresa que, después de haber ensayado diferentes casos de inversión, sintetiza su esfuerzo de gestión en un sistema único que coordina y relaciona las diferentes fases desde la generación de ideas de inversión hasta las tareas de auditoría de los proyectos cuya vida económica ha terminado.

12.10. LA ORGANIZACION DEL FLUJO DE FONDOS Y EL COSTE DE CAPITAL

Los esquemas de organización del flujo de fondos en una empresa que mantiene, simultáneamente, varios proyectos de inversión pueden ser, básicamente, de tres tipos:

— Pool de fondos
— Holding
— Mixto.

El sistema de «pool de fondos» es el más frecuente y está indicado, preferentemente, en aquellos casos en que la empresa sostiene múltiples proyectos, de pequeña entidad relativa, más o menos interrelacionados entre sí. El «pool de fondos» se describe, gráficamente, en la figura 12.12 (a) y consiste, fundamentalmente, en agregar los fondos de los cash-flows operativos de los diferentes proyectos, así como considerar integrados los préstamos obtenidos, independiente-

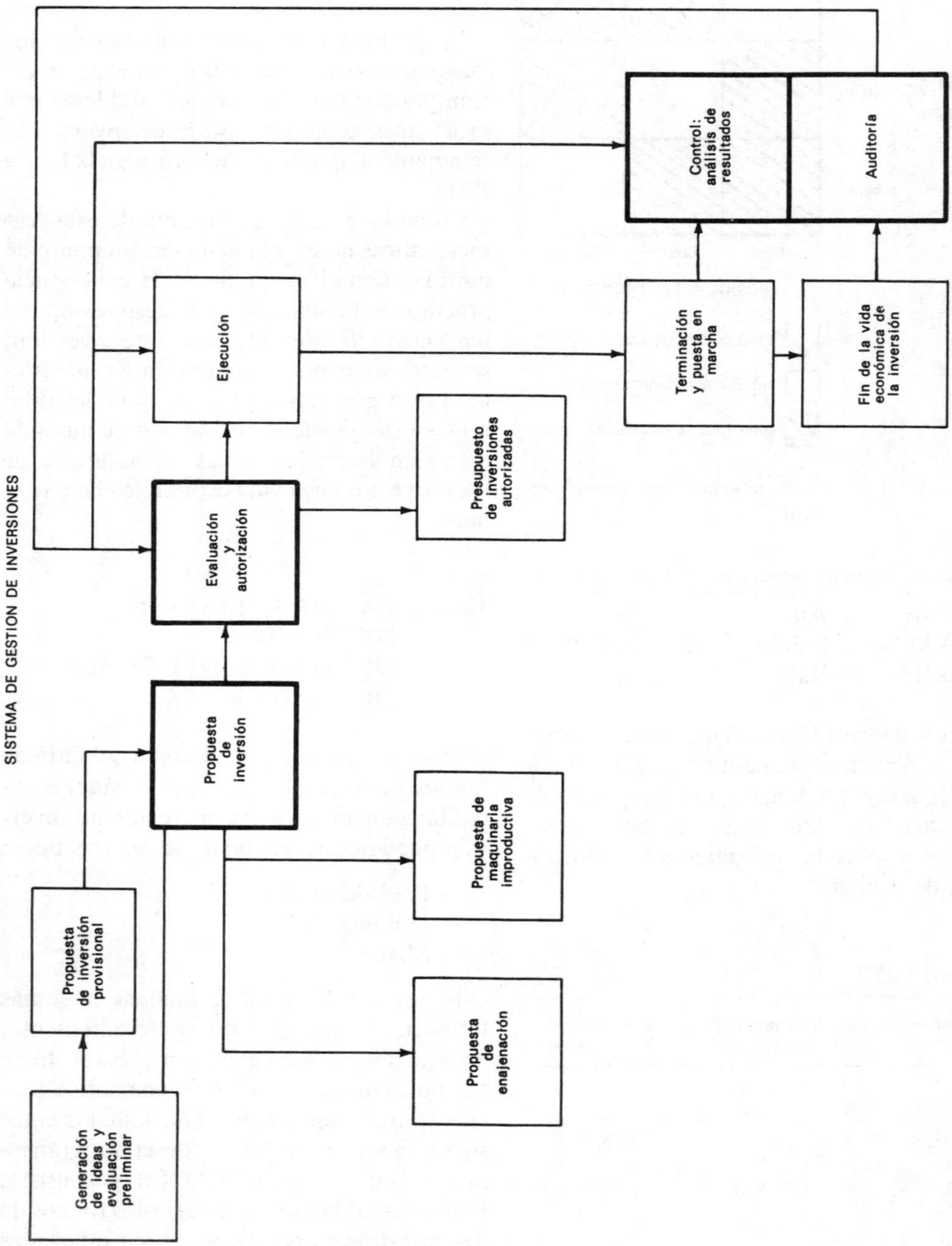
SISTEMA DE GESTION DE INVERSIONES
Generación de ideas y evaluación preliminar
Propuesta de inversión provisional
Propuesta de inversión
Propuesta de maquinaria improductiva
Propuesta de enajenación
Evaluación y autorización
Presupuesto de inversiones autorizadas
Ejecución
Terminación y puesta en marcha
Fin de la vida económica de la inversión
Control: análisis de resultados
Auditoría

FIGURA 12.11.

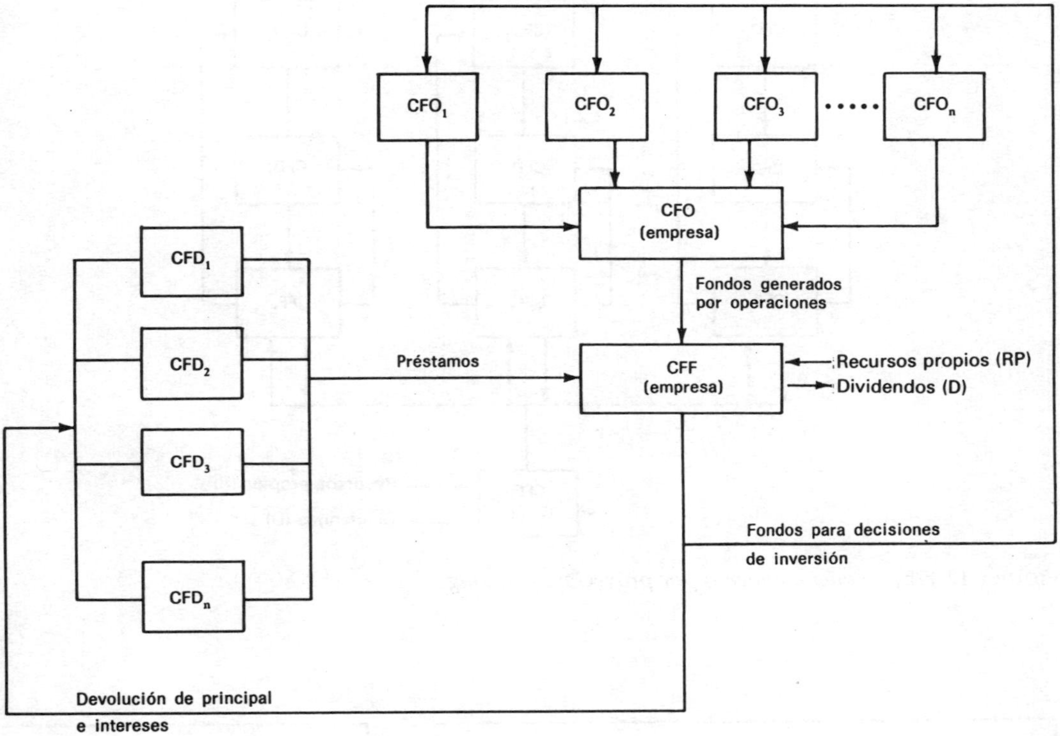

FIGURA 12.12a. *Funcionamiento en «pool de fondos».*

mente de los proyectos que vayan a financiar. Tanto los fondos generados por las operaciones como los obtenidos por endeudamiento sirven, mancomunadamente, para devolver el principal y los interes de las diferentes deudas y para reinvertir en diferentes áreas de la empresa.

La filosofía del sistema «holding» es diferente. En este caso los proyectos de la inversión —generalmente de mayor entidad relativa y menos numerosos— han de afrontar individualmente su financiación, la devolución de principal y el pago de inteses, a partir de los fondos generados por ellos mismos [fig. 12.12(b)].

Finalmente, el sistema «mixto» presenta las características de los dos anteriores. Este sistema surge cuando una empresa organizada según un «pool de fondos», acomete un nuevo proyecto, o quizás alguno más, de gran importancia relativa respecto del resto y bien diferenciado. La figura 12.12 (c) representa el caso de una empresa que viene funcionando en «pool de fondos» y en un momento determinado desarrolla un proyecto específico diferenciado y relativamente importante.

Cada uno de los sistemas anteriores no sólo supone esquemas organizativos diferentes —en la gestión de fondos—, sino que también tiene implicaciones financieras relevantes, en particular, en el área de la captación de recursos y coste de capital.

En efecto, en el caso de una empresa que funciona como «pool de fondos», la selección de proyectos en términos de rentabili-

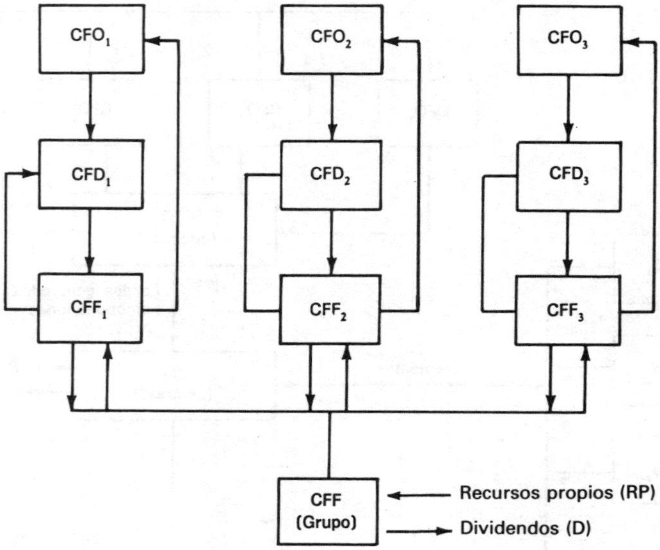

FIGURA 12.12b. *Funcionamiento por proyectos, «holding».*

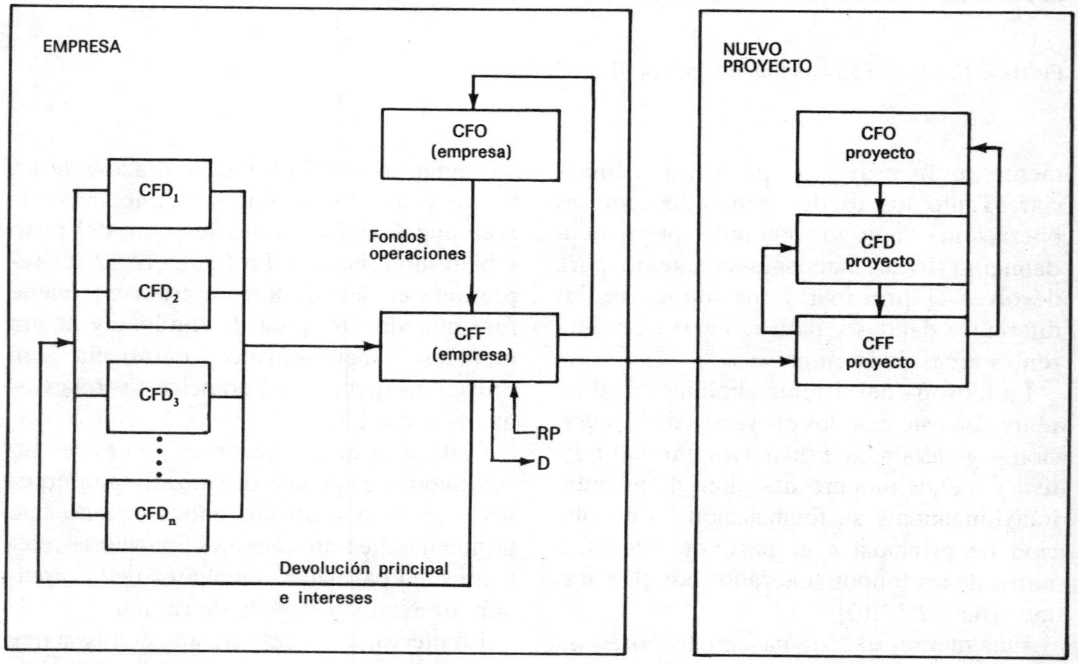

FIGURA 12.12C. *Funcionamiento «mixto».*

dad implica el establecimiento de una tasa de corte con la que comparar la rentabilidad de los proyectos. En ese caso, se plantea el problema de qué coste de capital concreto emplear, puesto que, en principio, cabe señalar tres alternativas:

— *Coste medio histórico:* media ponderada del coste de los recursos financieros obtenidos en el pasado.

— *Coste medio marginal inmediato:* media ponderada del coste de los recursos financieros que pueden obtenerse inmediatamente para la financiación de los proyectos seleccionados.

— *Coste medio marginal, esperado a medio plazo:* media ponderada del coste de los recursos financieros que se espera puedan obtenerse en el medio plazo.

La aplicación de cada uno de los conceptos anteriores como base para la determinación de las tasas de coste o de descuento presenta inconvenientes específicos. En efecto:

1. El coste medio histórico presenta la desventaja de referirse a coste pasados, que quizá no vuelvan a repetirse, para tomar decisiones orientadas al futuro.
2. El coste marginal inmediato, por su parte, puede dar lugar a decisiones equivocadas en aquellos casos en los que, circunstancialmente, el coste de capital tome valores extremos.
3. Finalmente, la aplicación coste medio marginal esperado a medio plazo es naturalmente la estimación más difícil, incorporando una componente adicional de incertidumbre al sistema de evaluación.

De una manera general puede afirmarse que, en condiciones normales, el coste medio marginal, matizado con las expectativas de su evolución a medio-largo plazo, resulta el más adecuado.

En principio, puede admitirse que cada empresa tiene una cierta capacidad de captación de fondos a corto plazo —lógicamente, esta capacidad aumenta con el tamaño de la empresa, con su rentabilidad y menor endeudamiento— a un coste marginal más o menos estable que crecerá sensiblemente a partir de un cierto volumen límite de recursos generados. Esta circunstancia habrá de tenerse en cuenta cuando el volumen de financiación agregado sobrepase el mencionado volumen límite, puesto que proyectos rentables en términos individuales pueden dejar de serlo en términos agregados.

En un sistema «holding» cada proyecto deberá afrontar el coste de capital específico; para unas condiciones determinadas del mercado de capitales este coste vendrá determinado por un tipo de interés base, común a los diferentes proyectos, más una cuota de riesgo variable según el nivel de riesgo que incorpore el cash-flow operativo y el nivel de endeudamiento de cada proyecto. En el sistema mixto se comparten ambos costes de capital, según se trate del «pool de fondos» o del proyecto independiente.

12.11. LA DESINVERSION

12.11.1. PLANTEAMIENTO Y ASPECTOS ORGANIZATIVOS

En realidad, no todas las inversiones han de mantenerse hasta el final de su horizonte temporal, en espera de su desaparición por «desvanecimiento natural». En muchos casos resulta más conveniente, tanto económica como estratégicamente, su abandono o liquidación.

Sin embargo, la experiencia parece indicar que las liquidaciones de proyectos de inversión no son todo lo frecuentes y ágiles que debieran ser, atendiendo a criterios estratégicos o económico-financieros.

La indiscutible existencia de una cierta «aversión al abandono» puede explicarse, en algunos casos, por el hecho de que cuanto más importantes sean —o hayan sido— los proyectos de inversión, más involucrada habrá estado la dirección financiera —o general— de la empresa en su aceptación y, como sucede a otros niveles, no resulta nada fácil admitir que decisiones anteriores de carácter estratégico han resultado equivocadas. En otros casos, lo que no resulta fácil es reconocer como «hundidos» costes de importancia significativa en relación con la capacidad de captación de fondos de la empresa [15].

Como en otros campos de las finanzas, la estrategia del abandono admite tácticas de aplicación diferentes; en ciertas ocasiones una liquidación paulatina de los activos puede resultar recomendable; en otras, como en épocas de crisis con pérdidas en el ejercicio, una liquidación radical que sanee el activo y proporcione a las partes interesadas todas las malas noticias a un mismo tiempo puede ser más aconsejable.

Los criterios económicos de abandono son semejantes a los de inversión y adquisición de activos, por lo que razonablemente es en el marco de la función de invertir donde el análisis de liquidación resulta más adecuado. Además, el control de la inversión proporciona datos sistemáticos con los que evaluar periódicamente la alternativa de abandono, integrándose de esta manera este tipo de análisis en el sistema de gestión de inversiones de la empresa.

12.11.2. INTERÉS ECONÓMICO DE LA DESINVERSIÓN

El análisis de la desinversión es metodológicamente análogo al de inversión, debiendo desarrollarse igualmente en términos incrementales y considerando cuantas sinergias e interdependencias puedan presentarse con otros proyectos o actividades de la empresa.

La evaluación económica del abandono parte del cálculo de los valores de recuperación de los activos, así como de la estimación del valor actual de los flujos de fondos esperados de continuar operando la inversión. Lógicamente, la liquidación será económicamente conveniente cuando el valor de abandono sea igual o superior al valor actual esperado de mantener viva la inversión.

El cuadro 12.6 proporciona los datos básicos de un ejemplo sencillo de aplicación; se admitirá además que el analista conoce el valor de liquidación a final del año 1 y que éste es de 200 u. m.

El cuadro 12.7 recoge los resultados de la evaluación, tanto si no se considera como si se considera la alternativa de abandono.

Como puede comprobarse, para las alternativas 1, 2 y 3, el abandono resulta conveniente, pues la cantidad de 200 u. m. que se obtiene en concepto de liquidación, a final del período 1, es superior a las 90,9 u. m., que es la cantidad actual (finales período 1), esperada de operar la inversión durante el período 2. Lo mismo sucede en el caso de las alternativas 4, 5 y 6. Para las alternativas 7, 8 y 9 el abandono no resulta económico, pues el valor actualizado medio —a finales del período 1— de operar el proyecto —272.7 u. m.— es superior al de recupera-

---

[15] En un estudio sobre la aversión al abandono, Broke y Turner encontraron como razones de este comportamiento las siguientes:

— Problemas políticos y psicológicos de admitir, públicamente, el fallo y temor al impacto que el abandono pudiera tener sobre la cotización de la acción.

— Las dificultades de venta, búsqueda de comprador y fijación de precio.

— Inadecuación del sistema de contabilidad para suministrar la información necesaria para la toma de este tipo de decisiones.

— Interdependencia de la operación/producto, que debe abandonarse, con otros de la empresa.

— La esperanza de mejora en el futuro.

— La convicción de que la decisión debiera haberse adoptado antes y, probablemente, por otros.

M. BROKE y G. TURNER, «Why managers don't dispose», *Management Today,* mayo 1971.

ción, cifrado en 200 u. m. a finales del año 1.

CUADRO 12.6. *Datos básicos para un caso de desinversión.*

Desembolso inicial	Cash-flow al final del año 1	Probabilidad	Cash-flow al final del año 2	Probabilidad	Alternativa
			0	0,25	1
	100	0,25	100	0,50	2
			200	0,25	3
			100	0,25	4
−300	200	0,50	200	0,50	5
			300	0,25	6
			200	0,25	7
	300	0,25	300	0,50	8
			400	0,25	9

Como es natural, en aquellos casos en que sea posible la evaluación del proyecto debería contemplar, ya desde el primer momento, la alternativa de su liquidación, lo que al abrir una posibilidad opcional más redundaría en beneficio de la liquidez, rentabilidad y riesgo de cada proyecto. Además, dado que los distintos proyectos presentan diferentes posibilidades relativas de abandono, su consideración económica primaría a aquellos menos irreversibles, lo que relacionaría esta faceta estratégica, pudiendo alterarse la jerarquización relativa de los proyectos sujetos a consideración.

En todo caso conviene insistir en que la evaluación económica de la liquidación de un proyecto debe completarse con la evaluación estratégica de dicha medida, siendo igualmente aplicables las consideraciones que en este sentido se han expuesto en el epígrafe 7 de este capítulo.

CUADRO 12.7. *Resultados de la evaluación con desinversión.*

	SIN CONSIDERAR LA POSIBILIDAD DE ABANDONO		CONSIDERANDO LA POSIBILIDAD DE ABANDONO		
Alternativa	VAN (k = 10 %)	Probabilidad	VAN (k = 10 %	Probabilidad	Observaciones
1	−209,1	6,25	− 27,27	6,25	Abandono al final período 1
2	−126,5	12,50	− 27,27	12,50	Abandono al final período 1
3	− 43,8	6,25	− 27,27	6,25	Abandono al final período 1
4	− 35,5	12,50	+ 63,6	12,50	Abandono al final período 1
5	+ 47,1	25,00	+ 63,6	25,00	Abandono al final período 1
6	+129,8	12,50	+ 63,6	12,50	Abandono al final período 1
7	+138,0	6,25	+138,0	6,25	No abandonar
8	+220,7	12,50	+220,7	12,50	No abandonar
9	+303,3	6,25	+303,3	6,25	No abandonar

12.12. LA TEORIA Y LA PRACTICA DE LA FUNCION DE INVERTIR: SITUACION ACTUAL Y PERSPECTIVAS [16]

Aun cuando no existen encuestas lo suficientemente amplias y representativas como para poder establecer con carácter universal cómo gestionan exactamente las empresas la función de invertir, la realidad es que los datos de que se dispone [17] parecen indicar que el grado de tecnificación y, más concretamente, de aplicación de los criterios de evaluación económica que en los capítulos anteriores se han expuesto, es más reducido de lo que la profusión y popularidad de los métodos estudiados pudiera hacer pensar.

Posiblemente son muchas las razones que limitan la utilización de las técnicas formales analizadas, pero entre ellas parece razonable destacar las siguientes:

1.ª *El análisis es tanto más caro cuanto más formal y riguroso es.*

Cualquier directivo es consciente de los costes que comporta el diseño, implantación y gestión de un sistema de evaluación y selección de inversiones.

En primer lugar, los costes de puesta en marcha que abarcan desde la definición de formularios hasta las actividades de asesoría y formación que suponen.

En segundo lugar, los costes de explotación, tanto de personal como la recopilación y tratamiento de la información.

Frente a estos costes, en todos los casos, tangibles y medibles, se contraponen unos beneficios de evaluación mucho más difícil y, casi siempre, más discutible.

2.ª *Un sistema de evaluación y selección de inversiones no puede improvisarse.*

La función que desempeña un sistema de evaluación y selección de inversiones ha de estar tan ligada a las características de la empresa, que resulta muy difícil «importar» el sistema utilizado en otras.

El sistema —si ha de ser útil— ha de responder a las características específicas de cada empresa y a los recursos de que dispone; esto requiere tiempo y, en consecuencia, es necesaria una voluntad firme y persistente de la alta dirección que mantenga el sistema «vivo» antes de que pueda pensarse en que dé resultados.

3.ª *Hay dudas respecto a la eficacia del sistema de evaluación formal de inversiones.*

Quizá porque no hay sustituto posible de un buen planteamiento del problema; quizá por haberse presentado más como un fin en sí mismo que como un instrumento; quizá porque el sistema de inversiones puede ayudar a tomar decisiones mejores, pero no «las mejores»; quizá porque casi sistemáticamente los resultados reales suelen ser inferiores a los previstos; o quizá, finalmente, porque los sucesos inesperados se escapan tanto a las previsiones de un sistema elemental como a las de otro más sofisticado, la realidad es que un número importante de inversores y líderes financieros de opinión dudan de la eficacia del sistema de inversiones para tomar decisiones superiores.

---

[16] Las actividades concretas que comprende la función de invertir son muy numerosas y la exposición que se ha realizado no agota, naturalmente, el tema. En particular se llama la atención sobre las actividades de adquisición de empresas que no tratándose en este libro pueden ser de interés para el lector. En las notas bibliográficas que siguen a este capítulo se ofrecen algunas referencias básicas.

[17] «Criterios formales de selección de inversiones empleados en España (1975). LUIS ABRIL PÉREZ, *Boletín de Estudios Económicos,* vol. XXXI, número 96, abril 1976.

La decisión de invertir en bienes de equipo en la empresa española, Colección Demos, Editorial Ariel.

«Le choix des investissements dans le grandes entreprises françaises», N. *Nussenbaum, Revue Economique,* núm. 6, 1974.

4.ª *La evaluación formal de inversiones interfiere en la organización de la empresa.*

El sistema de evaluación de inversiones comporta nuevos flujos de información en el ámbito de la empresa, puede llegar a reasignar funciones y, en todo caso, reorienta la organización formal e informal, tanto dentro como fuera del departamento financiero. En consecuencia, su implantación puede ser una fuente de conflictos y su aplicación ha de vencer las lógicas y naturales resistencias al cambio que se dan en toda organización que funciona y que, en muchos casos, ha sido condenada, en el pasado, a contemplar impasible cómo una buena idea naufraga entre la burocracia de los manuales.

No obstante, si se considera la línea de tendencia y a pesar de los argumentos anteriores, lo cierto es que cada vez es mayor el número de empresas que va incorporando a su bagaje habitual de instrumentos de gestión parte de los correspondientes al análisis formal de inversiones.

Sin duda, la progresiva y, a veces, tremenda desdramatización de los métodos cuantitativos y la informática, que una vez introducidos en la empresa puede utilizarse con costes incrementales relativamente bajos; la creciente implantación de técnicas de planificación, con su secuela de políticas y objetivos cuantificados; así como la creciente necesidad de aquilatar en las decisiones y de analizar el entorno cambiante en el que éstas se toman, han sido y son otros tantos elementos promotores de los sistemas formales de evaluación de inversiones, particularmente en las empresas medianas y grandes.

La divisionalización, la descentralización, el tamaño y las actividades de innovación y desarrollo son también estímulos importantes de los sistemas formales por la doble razón de ser, en estos casos, más necesaria su aplicación y más tangibles sus beneficios.

BIBLIOGRAFIA

Parte V

LA DECISION DE INVERTIR

1. GENERAL

LIBROS

ALAIN CREMILLET: *Selection et Control des Investissements,* Les Editions d'Organisation, París.

ARCHER y D'AMBROSIO MACMILLAN: *Business Finance.*

CLIFTON, D. S., y FFFE, D. E.: *Proyect Feasibility analysis a guide to profitable new ventures,* Wiley-Interscience.

GÓMEZ BEZARES, F.: *Las decisiones financieras en la práctica,* Editorial Desclee de Brouwer, Bilbao, 1986.

HARBERGER, A.: *Evaluación de proyectos,* Instituto de Estudios Fiscales, Madrid, 1973.

HEUKENSFELDT JANSEN, H. P. J.: *Projects, evalauation and discounted cash-flow,* North-Holland Publishing Company, 1977.

JACM CLARK FRANCIS: *Investments: Analysis and Management,* MacGraw-Hill Series in Finance, New York.

LONATO MARSHAL, Ramón: *Planificación y evaluación de inversiones,* Manual Práctico, Ibérico-Europea de Ediciones, 1977.

LYNN, E. Bussey: *The economic analysis of industrial projects,* Prentice-Hall International, 1978.

PÉREZ CARBALLO Y VEIGA, Angel y MONGE ZAMORANO, Felipe: *La decisión de invertir,* Manuales IMPI, n.º 9, 1985.

RICHART JORDÁ, E.: *Evaluación de inversiones industriales,* Editorial Alhambra, 1977.

TARRAGO, F.: *Decisiones deinversión en la empresa,* Editorial Hispano Europea, Barcelona, 1978.

TRIANA, E.; PAVÓN, J.; ORTEGA, R. C., y MONTALVO, J.: *Aspectos laborales y fiscales de los proyectos de investigación: su financiación y evaluación,* Fundación Universidad-Empresa, 1985.

WESTON, J. Fred y BRIGHAM, Eugene F.: *Esentials of managerial a finance,* The Dryden Press, Hinsdale, Illinois, 1980.

ARTÍCULOS

GALE, B. T., y BRANCH, B.: «El análisis del cash-flow es más importante que nunca», *Harvard-Deusto Business Review,* 1.er trimestre, 1984.

2. EL PROYECTO DE INVERSION

LIBROS

Manual of industrial project analysis in developing countries, Development Centre Studies, OCDE.

Manual para la preparación de estudios de viabilidad industrial, ONUDI, Naciones Unidas, 1978.

3. CRITERIOS DE EVALUACION. SELECCION Y COMBINACION DE PROYECTOS

LIBROS

BACA URBINA, G.: *Evaluación de proyectos,* McGraw-Hill, 1987.

HANI DE BODINAT y JEAN KLEIN: *Gestión financiera internacional,* Editorial Tecnibán.

HAWKINS, C. J., y PEARCE, D. W.: *Evaluación de las inversiones,* McMillan-Vicens Vives, 1974.

URQUIJO, J. L.: *Análisis de proyectos,* Ediciones Deusto, Bilbao, 1990.

ARTÍCULOS

ALVAREZ ALVAREZ, V.: «Mecanismo y preguntas clave sobre el Valor Actual Neto (VAN)», *Estrategia Financiera,* n.° 65, julio 1991.

ARNOLD III, J. H.: «Estimación del riesgo: todo conservadurismo es poco», *Harvard-Deusto Business Review,* 4.° trimestre, 1987.

GULLIVER, F. R.: «Evaluación a posteriori de proyectos», *Harvard-Deusto Business Review,* 1.er trimestre, 1988.

HERTZ, David B.: «Investment policies that pay off», *HBR,* enero-febrero 1968.

HIRSCHMANN, W. B., y BRAUWEILER, J. R.: «El análisis de inversiones: cómo reaccionar ante los cambios», *HBR,* Deusto, n.° 38.

HODDER, J. E., y RIGGS, H. E.: «La evaluación de proyectos: sus trampas», *Harvard-Deusto Business Review,* 4.° trimestre, 1985.

HORNE, James C. van: «The analysis of uncertainty resolution in capital budgetin for new products», *Management Science,* vol. 15, n.° 8, abril 1969.

MARTIN WEINGARTNER, H.: «Capital budgeting of interelated projects: survey and synthesis», *Management Science,* vol. 12, n.° 17, marzo 1966.

MONTSERRAT MARTÍNEZ, J. A., y PEREDA SIGÜENZA, J. M.: «Análisis de rentabilidad», centro Internacional de Dirección de Empresas, Concurso de oposición de gestores jurados de cuentas, tomo VI, 1975.

PALACIOS, Juan A.: «Capital budgeting decisions and uncertainty in the cost of capital», *IESE,* Research paper, n.° 3, julio 1974.

PÉREZ-CARBALLO, J. F.: «Revisión crítica de la tasa interna de rentabilidad como método de evaluación de inversiones», *Alta Dirección,* septiembre 1979.

RUMMEL, R. J., y HEENAN, David A.: «How multinationales analyze political risk», *HBR,* enero-febrero 1978.

WACK, P.: «Los guiones: hacia aguas desconocidas», *Harvard-Deusto Business Review,* 3.er trimestre, 1986.

WACK, P.: «Los guiones: atravesar el rápido», *Harvard-Deusto Business Review,* 4.° trimestre, 1986.

WAGNER, H. M.: «Rentabilidad e inversión», *Harvard-Deusto Business Review,* 3.er trimestre, 1985.

WILLIAMS, A. C., y NASSAR, J. I.: «Financial measurement of capital investments», *Management Science,* vol. 12, n.° 11, julio 1966.

WIPPERN, Ronald F.: «Capital expenditure analysis: a sumary and overview», President and Fellows of Harvard College.

4. COSTE DE CAPITAL Y FINANCIACION

ARTÍCULOS

BHIDE, A.: «¿Por qué no apalancar al máximo su empresa?», **Harvard-Deusto Business Review,** 1.er trimestre, 1989.

BRIGHAM, E. F.: «Hurdle rates for suceening capital expenditures proposals», *Financial Management,* otoño 1975.

PIPER, T. R., y WEINHOLD, W.: «¿Qué nivel de endeudamiento es el adecuado para su empresa?», *Harvard-Deusto Business Review,* 2.° trimestre, 1983.

5. IMPACTO DE LA INFLACION

ARTÍCULOS

«Capital commithents and the high cost of money», *HBR,* mayo-junio 1977.

LIEBAER, Bernard A.: «Prepare su empresa para la inflación», *HBR,* septiembre-octubre 1970.

«ROI and inflation: U.S. Steel President Speaks out», *Management Accounting,* febrero 1979.

6. LA FUNCION DE INVERTIR

LIBROS

ABELL, Derek F., y HAMMOND, John S.: *Strategic market planning,* Prentice-Hall, Inc. Englewood Cliffs.

ARTÍCULOS

ANSOFF, H. Igor: «Estrategias de diversificación», *HDBR,* 3.er trimestre, 1984.

CARTER, E. Eugene: «What are the risks in risk analisys?», *HBR,* julio-agosto 1972.

DEARDEN, John: «Una crítica al sistema ROI de control», *HBR,* Deusto 35.

DHALLA, Nairman K., y YUSPEH, Sonia: «Forget the product life cycle concept», *HBR,* enero-octubre 1976.

FRUHAN Jr., William E.: «Pyrrhic victories in fights from market share», *HBR,* septiembre-octubre 1972.

HAMERMESH, R. G.; ANDERSON Jr., M. J., y HARRIS, J. E.: «Estrategias para empresa con escasa cuota de mercado», *HDBR,* 2.° trimestre, 1980.

HASTIE, K. Larry: «La opinión de un empresario sobre el análisis de inversiones», *Financial management,* 1974.

HAYES, Robert H., y WHLERWRIGHT, Steven G.: «Es

preciso vincular el ciclo vital del producto y el proceso productivo», *HDBR,* 1.er trimestre, 1980.
HAYES, Robert H., y WHLERWRIGHT, Steven G.: «Relación entre la vigencia del producto y la de su proceso productivo», *HDBR,* 2.° trimestre, 1980.
KLAMER, Thomas: «Empirical evidence of the adoption of sophisticated capital budgeting techniques», *Journal of Business,* julio 1972.
LERNER, Eugene M., y RAPPAPORT, Alfred: «Limit DCF in capital budgeting», *HBR.*
LEVITT, T.: «Empleo del ciclo de vida de producto», *HBR,* noviembre-diciembre 1965.
MAO, James: «Survey of capital budgeting: theory and practice», *Journal of Finance,* mayo 1970.
NUSSENBAUM, N.: «Le choix des investissements dans les grandes entreprises françaises», *Revue Economique,* n.° 6, 1974.
SALTER, Malcolm S., WEINHOLD, Wolf A.: «La diversificación por absorción: creación de valor», *HDBR,* 2.° trimestre, 1980.

Parte VI

POLITICA DE FINANCIACION

CAPITULO 13

EL COSTE DE CAPITAL

SUMARIO: 13.1. Introducción.—13.2. Concepto de coste de capital.—13.3. Coste de las fuentes de capital: 13.3.1. Capital Social. 13.3.2. Reservas. 13.3.3. Deuda. 13.4. Coste medio del capital.—13.5. El coste de capital en la decisión de invertir. Apéndice.—Anexo 1: Deducción de la fórmula que expresa el coste del capital social.

13.1. INTRODUCCION

Este capítulo es el primero de la VII parte de esta obra, en la cual se abordan los problemas relacionados con la formulación de la política de financiación de la empresa. De este modo se complementa el contenido de la parte anterior en la que se ha estudiado la planificación de inversiones.

En primer lugar se introduce el concepto de coste de capital medio de la empresa. Puesto que el pasivo del balance se compone de una variedad de fuentes de financiación, cada una con un coste específico, para calcular el coste medio se hallará una media ponderada de los costes individuales. Pero igual que el análisis de inversiones exige calcular la rentabilidad del proyecto y estimar el riesgo que comporta, la determinación del coste medio de capital plantea la necesidad de valorar el riesgo que introducen las diversas alternativas de financiación existentes. Ni todas las fuentes de recursos monetarios tienen el mismo coste para la empresa, ni suponen para ésta el mismo nivel de riesgo, aunque todas en su conjunto colaboren a financiar sus inversiones.

El coste de capital constituye un elemento imprescindible para evaluar inversiones, en la medida en que parece razonable esperar que las que se acepten generen un excedente de explotación superior al coste en que se incurre para financiarlas. Por ello, una primera aplicación del coste de capital consiste en ofrecer una tasa de corte mínima para seleccionar inversiones y una tasa, también mínima, para actualizar los cash-flows futuros de los proyectos.

Pero no es esta la única utilización del coste de capital. Puesto que estructuras de financiación alternativas tendrán costes de capital distintos, una segunda aplicación del coste de capital consiste en permitir evaluar la conveniencia de una estructura de financiación frente a otras: en principio, será más deseable aquella que tenga un coste de capital menor. Es este tema, la determinación de la estructura de financiación de la empresa, el que se aborda en el capítulo siguiente.

Para ello se estudia la relación entre la estructura de financiación y los objetivos generales de la compañía y, en particular, los de rentabilidad y crecimiento. En general, la financiación por deuda es más económica que por recursos propios, puesto que es mayor el riesgo en que incurren los accionistas que el de los acreedores. Pero esta ventaja inicial de la deuda o recursos ajenos se ve contrarrestada cuando se introduce el riesgo en el análisis. En efecto, la financiación por deuda origina una serie de desembolsos obligatorios debido a los intereses y la devolución del principal. Los recursos propios, por el contrario, no exigen, al menos contractualmente, la remuneración en efectivo a los accionistas. Si una empresa experimenta dificultades en un ejercicio determinado puede recortar o eliminar el dividendo, lo que no puede hacer con los desembolsos que origina la deuda.

En la última década ha cobrado especial importancia la gestión del riesgo financiero de la empresa y, en concreto, el derivado de la volatilidad que incorporan los tipos de interés y de cambio. El capítulo 15 se dedica a exponer los criterios y técnicas aplicados en este campo.

En el capítulo 16 se analiza la política de dividendos de la empresa bajo la perspectiva de que compatibilice sus necesidades de autofinanciación con las expectativas de rentabilidad de los accionistas. En principio, estas dos aplicaciones del beneficio son antagónicas: si se distribuye un dividendo elevado se restará a la empresa capacidad para financiar su crecimiento con recursos generados internamente. En consecuencia, la distribución de dividendos puede forzar a la empresa a recurrir al mercado de capitales para captar nuevos fondos externos vía ampliaciones de capital o mediante la negociación de nuevos préstamos.

13.2. CONCEPTO DE COSTE DE CAPITAL

La empresa financia sus activos mediante una serie de fuentes de recursos monetarios que integran su pasivo. Las diversas partidas del pasivo —créditos, obligaciones, capital social, reservas, etc.— constituyen fuentes de recursos y, como tales, tienen un coste. Al coste medio de la financiación de la empresa se le denomina coste de capital. Es importante no confundir el capital de la empresa, que es el conjunto de toda la financiación que emplea, con el capital social, que es sólo una de las varias partidas que lo constituyen.

En general, el coste del capital es un coste de oportunidad, ya que al utilizarlo se renuncia a otras posibles aplicaciones de los fondos. Dado que la financiación tiene un coste, un objetivo primario de toda empresa consistirá en minimizarlo, para lo cual deberá proveerse de aquellos fondos que le resulten más baratos. Es decir, deberá adoptar una estructura financiera óptima, entendiendo por estructura financiera de una empresa la forma en que se distribuyen los capitales que utiliza según su origen y su plazo. Desde esta perspectiva, el coste de capital de una empresa es una medida de la eficacia con la que gestiona la estructura de su financiación.

Además, la rentabilidad de las inversiones emprendidas por la empresa no debe ser, desde un punto de vista económico, inferior al coste de capital empleado para financiarlas. De este hecho se deriva la definición aceptada generalmente: el coste de capital equivale a la tasa mínima de rentabilidad necesaria para justificar el uso de fondos. Por ello, para evaluar económicamente una inversión habrá que comparar su tasa de rentabilidad con el coste de capital medio de la empresa.

Son diversas las fuentes de capital asequibles a la empresa: deuda (créditos y obligaciones), beneficios retenidos, capital social, etcétera. Cada una de ellas tiene un coste específico, como se verá más adelante, por lo que para calcular el coste del capital de la empresa se determina previamente el de cada fuente y posteriormente se pondera de acuerdo con su participación en la financiación total.

Supóngase, por ejemplo, que una empresa financia sus inversiones con un 60 por 100 de recursos propios y un 40 por 100 de deuda. Si los costes respectivos de estas fuentes son el 15 y el 10 por 100, el coste medio ponderado se estima de acuerdo con los cálculos que recoge el cuadro 13.1.

CUADRO 13.1

Fuente	Coeficiente de ponderación	Coste (%)	Contribución
Recursos Propios ...	0,6	× 15	= 9
Deuda	0,4	× 10	= 4
Coste medio de capital			13 %

El análisis marginal demuestra que los proyectos de inversión deben ser aceptados siempre que su rentabilidad sea superior al coste de la financiación. De este modo, el valor de la empresa o el patrimonio de sus accionistas aumentará. El siguiente ejemplo muestra cómo si la rentabilidad de una inversión es igual al coste de capital, el valor de las acciones no varía. Supóngase una inversión cuya rentabilidad antes de intereses e impuestos es del 13 por 100 y que se financia en un 40 por 100 con deuda y en un 60 por 100 con capital social, cuyos costes, antes de impuestos, son del 10 por 100 y del 15 por 100, respectivamente. El coste medio de la financiación es, por tanto, del 13 por 100 e igual a la rentabilidad del proyecto. Si el desembolso exigido por la inversión se eleva a un millón de pesetas, resulta:

	Pesetas
Beneficio anual generado por la inversión	130.000
Gastos financieros	40.000
Retribución a los accionistas	90.000

lo que supone el 15 por 100 de los recursos propios incrementales. Es decir, que la retribución a los accionistas no varía: se retribuye igual a los fondos nuevos que a los antiguos. Si el riesgo de la empresa se mantiene, el valor de las acciones permanecerá teóricamente constante.

En la figura 13.1 se muestran, numéricamente, las consecuencias financieras para una empresa hipotética de no generar el beneficio suficiente para hacer frente a su coste de capital, y constituye la expresión cuantitativa de la figura 1.6 del capítulo 1.

El proceso se inicia a partir del año 1, en el cual la rentabilidad económica o ROI es igual al coste de capital antes de impuestos (24 por 100). Éste se ha calculado sobre la base de la estructura de financiación que se indica en el cuadro A (80 por 100 de recursos propios y 20 por 100 de deuda) y bajo la hipótesis de unos costes de los recursos propios y de la deuda antes de impuestos del 25 y 20 por 100, respectivamente, según se expresa en el cuadro C. Esta situación hipotética de equilibrio entre ROI y coste de capital permite hacer frente a los intereses de la deuda y seguir remunerando a los accionistas con una rentabilidad del 12,5 por 100 después de impuestos o del doble antes de impuestos, dado que el tipo impositivo se supone que asciende al 50 por 100 del beneficio, según se señala en el cuadro D.

En el año 2 se supone que la rentabilidad económica (ROI) ha disminuido al 20 por 100, mientras que el coste de capital se ha mantenido constante. Los recursos propios constituyen el 80 por 100 de la financiación y los accionistas mantienen las expectativas de una rentabilidad financiera antes de impuestos del 25 por 100; la deuda completa, el 20 por 100 restante de la financiación, con un coste del 20 por 100.

Como consecuencia de la disminución del ROI, la rentabilidad financiera disminuye al 10 por 100 (o 20 por 100 antes de impuestos), según se muestra en el cuadro E y obtenida a partir del beneficio después de impuestos (BDI) de la cuenta de explotación de ese año. El beneficio reinvertido se reduce, debiéndose acudir a un mayor endeudamiento (del 25 al 49 por 100 en el cuadro A), pues han disminuido las aportaciones externas de los accionistas como consecuencia de las menores expectativas de rentabilidad, que además ahora reclamarán una mayor rentabilidad (el 27 por 100) [1]. Por estas razones y porque los nuevos prestamistas lo serán cargando un interés mayor (22 por 100), debido al mayor riesgo financiero de la empresa y a su menor solvencia económica, el coste de capital antes de impuestos se elevará al 25,3 por 100.

Si se supone que el ROI se estabiliza en el 20 por 100, la rentabilidad financiera final será del 9,5 por 100, como se indica en el cuadro E. En definitiva, si la rentabilidad económica es inferior al coste de capital, la figura 13.1 muestra los efectos de este proceso que irá deteriorando, progresivamente, la situación financiera de la empresa, exigiéndole un endeudamiento cada vez mayor e induciendo un coste de capital creciente. Esto, además, reducirá gradualmente el número de inversiones que se puedan seleccionar, pues la tasa de corte se habrá elevado, impidiendo la aceptación de proyectos antes rentables. En consecuencia, el crecimiento de la empresa se verá también afectado.

13.3. COSTE DE LAS FUENTES DE CAPITAL

El coste de una fuente de financiación se calcula, genéricamente, como la tasa de descuento que iguala el valor actual de los fondos netos recibidos por la empresa con el valor actual de los desembolsos que originará la operación financiera.

Lo anterior se representa matemáticamente en la forma expresada por la siguiente ecuación:

$$\sum_{t=0}^{n} \frac{IN_t}{(1+K)} = \sum_{t=0}^{n} \frac{D_t}{(1+K)^t} \qquad [1]$$

donde:

IN_t = Ingresos netos en el período t.
D_t = Desembolsos en t.
n = Duración de la operación financiera (en períodos).
K = Coste de capital de la fuente de financiación.

Conviene advertir que la aplicación de la fórmula anterior debe realizarse después de impuestos, si el coste de capital se compara con la rentabilidad de las inversiones evaluada, como es usual, una vez deducidos los impuestos.

Si, por ejemplo, una empresa obtiene un crédito que le origina los ingresos y desembolsos después de impuestos que se indican en el cuadro 13.2, aplicando la fórmula [1], el coste del crédito se calcula resolviendo la siguiente expresión:

$$100 + \frac{100}{(1+K)} = 50 \times \sum_{t=1}^{5} \frac{1}{(1+K)^t}$$

CUADRO 13.2

Año	Ingresos a principios de año	Desembolsos a finales de año
1	100	50
2	100	50
3		50
4		50
5		50

Un método para calcular K consiste en ir probando distintos valores hasta encontrar

[1] De un año a otro los recursos propios se incrementan como consecuencia de la reinversión de beneficios y de eventuales ampliaciones de capital, cuyo importe disminuye al hacerlo las expectativas de rentabilidad y al aumentar el riesgo financiero de la empresa.

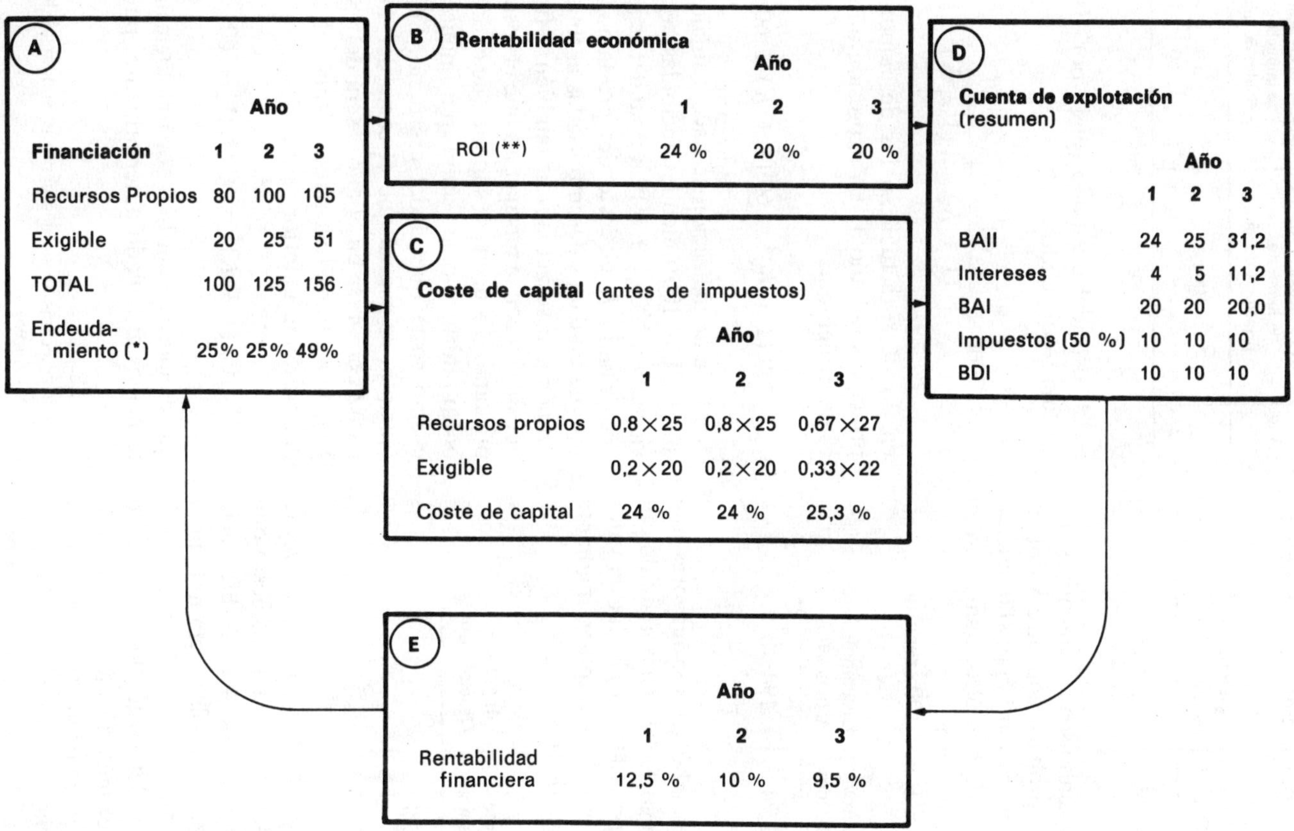

* Relación entre exigible y recursos propios.
** Relación entre beneficio antes de intereses e impuestos y activo.

FIGURA 13.1. *Consecuencias financieras de la relación entre rentabilidad y coste de capital* uno que iguale ambos términos, es decir, los ingresos y desembolsos actualizados [2]. Para $K = 10$ por 100, por ejemplo, se obtiene:

Ingresos actualizados	Desembolsos actualizados
190,90	180,54

Como los desembolsos son menores que los ingresos, se probará con otro valor X, que deberá ser inferior al 10 por 100, pues se pretende que los desembolsos aumenten en relación con los ingresos.

Haciendo $K = 9$ por 100, resulta:

Ingresos actualizados	Desembolsos actualizados
191,74	194,48

Ahora los desembolsos son mayores que los ingresos, luego K está comprendido entre el 9 y el 10 por 100. Para hallar un valor más exacto se puede interpolar mediante una sencilla regla de tres:

Coste de capital	Ingresos-Desembolsos
10 %	1,36
9 %	−2,74

Para un 1 por 100 de variación en K, se incrementa la diferencia en 4,1. Puesto que 1,36 es el 33 por 100 de 4,1, la diferencia entre ingresos y desembolsos será nula para $K = 9,67$ por 100.

En el cálculo del coste de una fuente financiera por el método indicado se hace una hipótesis que conviene tener en cuenta por la incidencia que ejerce a la hora de tomar decisiones de financiación [3]. Supóngase que se recibe un préstamo de las características indicadas en el cuadro 13.3.

CUADRO 13.3.

Año	Ingresos después de impuestos a principios de año	Desembolsos después de impuestos a finales de año
1	100	60
2	—	60

El coste del préstamo (el 13 por 100) se calcula resolviendo:

$$100 = \frac{60}{(1 + K)} + \frac{60}{(1 + K)^2}$$

en donde se actualizan los desembolsos a principios del año 1. La expresión anterior es equivalente a:

$$100\,(1 + K)^2 = 60\,(1 + K) + 60$$

donde la actualización se hace a finales del año 2. Las 100 unidades recibidas se convierten en $100\,(1 + K)^2$ al final del segundo año, siendo K el coste del préstamo. Las sesenta unidades desembolsadas al final del primer año se actualizan también a finales del año 2 y con la misma tasa que el coste del préstamo. Es decir, se supone que el desembolso intermedio se tendrá que financiar al mismo coste que el del préstamo. Si, por ejemplo, se estima que el coste del dinero para la empresa en el año 1 será del 18 por 100, una alternativa para calcular el coste del préstamo anterior sería:

$$100\,(1 + K)^2 = 60\,(1,18) + 60$$

que da un coste del 14,4 por 100, lógicamente mayor al hallado anteriormente, pues la

[2] Este mecanismo de descuento es similar al descrito en el capítulo 11.

[3] Esta hipótesis es análoga a la que se efectúa para evaluar inversiones por el método de la Tasa Interna de Rentabilidad, según se expresó en el capítulo 11.

financiación del desembolso intermedio es ahora más cara.

Dos son, pues, las suposiciones que se hacen al calcular el coste de una fuente de financiación mediante la fórmula [1]:

- Los desembolsos intermedios se financian al coste de la fuente estudiada.
- El coste permanece constante a lo largo de la vida de la operación financiera.

Siempre y cuando el coste resultante de aplicar la fórmula [1] no tome un valor extremo, la incidencia de aceptar estas hipótesis es pequeña.

A continuación se pasa a calcular el coste de las principales fuentes de capital disponibles.

13.3.1. CAPITAL SOCIAL

El coste del capital social se debe a la compensación que la empresa concede al accionista por confiarle su dinero. Al hacerlo, el accionista se abstiene del consumo presente, pierde la oportunidad de invertirlo en otro negocio, padece los efectos de la inflación y acepta el riesgo de perder su aportación en caso de que la empresa fracase. Bajo esta perspectiva se considera al coste del capital social como la tasa mínima de rentabilidad que espera obtener el accionista por efectuar su aportación. Si sobre la naturaleza del coste del capital social existe cierta unanimidad, ésta no se da cuando se trata de estimar su importe. Existen varios enfoques y criterios sobre su cálculo que se pasan a exponer en este epígrafe.

Cuando una empresa efectúa una ampliación de capital, ingresa el valor de la emisión menos los costes de la ampliación [4]. Los desembolsos originados por la operación se deben a los dividendos que distribuya a los accionistas a lo largo del tiempo. Si los accionistas abonan la totalidad de la emisión en el acto y suponiendo una vida ilimitada de la empresa, el coste del capital social viene dado por

$$IN = \sum_{t=1}^{\infty} \frac{DI_t}{(1 + K_e)^t} \qquad [2]$$

donde:

IN = Ingreso neto por acción emitida.
DI_t = Dividendo por acción distribuido en el año t.
K_e = Coste del capital social.

Esta fórmula expresa, aproximadamente, la rentabilidad por dividendos que obtiene el accionista al invertir en la empresa, o lo que es igual, el coste para ésta de recabar esa financiación.

Si los dividendos crecen según una tasa constante g y si $K_e > g$, la fórmula anterior se transforma en [5]:

$$K_e = \frac{D_1}{IN} + g \qquad [3]$$

donde D_1 es el dividendo por acción del primer año.

La fórmula [3] supone que los dividendos crecerán según una progresión geométrica de razón $(1 + g)$, donde g representa las expectativas de futuros dividendos basadas en el potencial de crecimiento de la empresa. La estimación de g puede realizarse en base a los datos históricos que se posean, corregidos en función de dichas expectativas. A efectos de simplificar las estimaciones se puede considerar que el valor de IN coincide con el de cotización de las acciones, aunque, en general, las empresas amplíen capital a un precio por acción inferior al de mercado, existiendo, además, unos gastos e impuestos asociados a la emisión.

[4] En el Anexo 1 se detallan los gastos de una ampliación de capital tipo, realizada en 1990.

[5] En el Anexo 2 de este capítulo se muestra la forma en que se deduce esta expresión.

En muchos casos no es válida la hipótesis de crecimiento constante de los dividendos, especialmente en empresas en períodos de fuerte expansión, que precisan reinvertir los beneficios para poder financiar sus nuevas inversiones.

La expresión [2] puede ajustarse para incorporar un período de rápido crecimiento, el 15 por 100, por ejemplo, durante tres años, seguido de un período de crecimiento más moderado y estable (8 por 100). En este caso, la expresión [2] se transforma en la fórmula:

$$IN = \sum_{t=1}^{3} \frac{D_0\,(1{,}15)^t}{(1 + K_e)^t} + \sum_{t=4}^{\infty} \frac{D_3\,(1{,}08)^t}{(1 + K_e)^t}$$

Los accionistas, a la hora de acudir a una ampliación, estimarán la ganancia de capital [6] que les proporcione la empresa y los dividendos que distribuya. La influencia de éstos en la decisión final de los accionistas dependerá de la importancia que concedan a la percepción de una renta periódica. Por esto, si la empresa pretende financiarse, en parte, con incrementos del capital social, deberá formular una política de dividendos que se ajuste a las expectativas de los accionistas.

Supóngase que una empresa efectúa una ampliación de capital de las características indicadas en el cuadro 13.4.

CUADRO 13.4.

Nominal de cada acción	500
Prima de emisión por acción	500
Gastos de emisión por acción	20
Ingreso neto por acción	980

Sustituyendo en [3] se obtiene que:

$$K_e = \frac{D_1}{980} + g$$

La expresión anterior puede representarse gráficamente en la forma indicada en la figura 13.2.

Como la tasa g ha de ser estimada en base a las características de la empresa y del entorno, resulta que, bajo las hipótesis establecidas, el coste del capital social varía al hacerlo el dividendo inicial.

De acuerdo con lo anterior, a la empresa, si fuera factible, le interesaría, al objeto de reducir el coste del capital, realizar la emisión con prima y distribuir pocos dividendos. Estas medidas entrarían en conflicto con los intereses de los accionistas, lo que posiblemente supondría no poder colocar la ampliación. Por ello, las condiciones en que se amplía capital vendrán limitadas por las condiciones del mercado de capitales, además de por la situación interna de la empresa.

Si el crecimiento de los dividendos se estima que sea del 5 por 100, y el dividendo inicial se fija en 50 pesetas, el coste del capital procedente de la ampliación del ejemplo anterior será:

$$K_e = 0{,}101$$

El coste del capital social calculado de esta forma está expresado después de impuestos. Si se desea determinar su valor antes de impuestos, se ha de tener en cuenta que para pagar dividendos es preciso obtener beneficios y, por tanto, pagar el impuesto de sociedades correspondiente. Esto es, repartir un dividendo de 50 implica haber obtenido un beneficio de 50/0,65 = 76,9, suponiendo una tasa impositiva del 35 por 100. Luego el coste del capital social antes

[6] Se entiende por ganancia de capital el incremento del precio de las acciones resultante de un aumento del valor de los activos de la empresa (originados, en general, por la reinversión de beneficios) y de las expectativas de incrementar las ganancias o de las simples fuerzas del mercado bursátil.

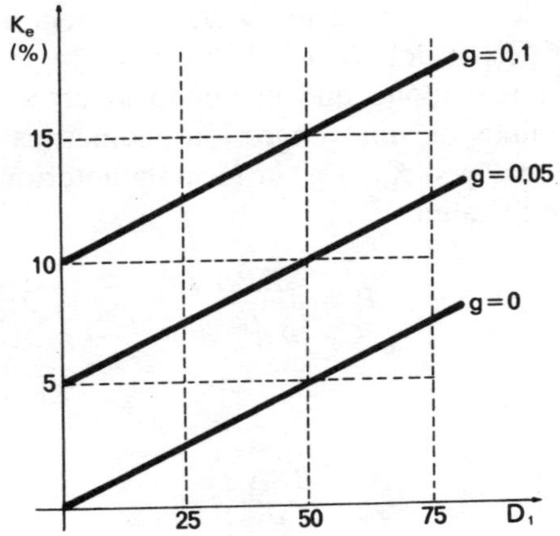

FIGURA 13.2. *Coste del capital social.*

de impuestos, para el ejemplo anterior, calculado por este procedimiento, será de

$$K_e = 0{,}0785 + 0{,}05 = 0{,}1285$$

es decir, del 12,85 por 100.

Frecuentemente, el pago de un dividendo no refleja satisfactoriamente el coste de los fondos aportados por los accionistas. Esto es especialmente evidente en aquellos casos en que no se reparten dividendos al objeto de fortalecer la autofinanciación de la empresa. Si el dividendo reflejase totalmente el coste de los recursos propios, se llegaría al absurdo de que una empresa que no pague dividendos tendría un coste nulo de esta fuente de financiación. En realidad, al accionista no se le remunera sólo mediante el dividendo, sino con el beneficio por acción que se obtiene, del cual una parte se retiene, reinvirtiéndose en la actividad empresarial e incrementando de esta forma su patrimonio.

Consecuentemente, para poder efectuar una ampliación de capital a un determinado precio de emisión se habrá de ofrecer al accionista una rentabilidad sobre su inversión que le satisfaga. Supóngase la empresa que describe el cuadro 13.5, la cual se dispo-

CUADRO 13.5.

(CIFRAS EN UNIDADES MONETARIAS)

	Actual	Con la nueva inversión
Beneficio neto................	4.500	5.300
Número de acciones	1.440	1.800

ne a emprender una nueva inversión por importe de 9.000 unidades monetarias y que va a financiar mediante una ampliación de capital.

Las nuevas acciones se emiten a un precio neto de 25 u. m.; se necesita vender, pues $\frac{9.000}{25} = 360$ nuevas acciones.

Las nuevas acciones suponen el:

$$\frac{\text{acciones nuevas}}{\text{acciones nuevas + acciones viejas}} =$$

$$\frac{360}{1.800} = 20\ \%$$

del capital social final de la empresa. Esto quiere decir que se transfiere a los nuevos accionistas, por financiar la nueva inversión, el 20 por 100 de la propiedad de la empresa. Paralelamente, les corresponderá ese porcentaje sobre los beneficios futuros. Si éste alcanza la cifra de 5.300, les corresponderá el 20 por 100, es decir, 1.060 u. m., con independencia de cuál sea el dividendo. Por tanto, por un ingreso de 360 × 25 = 9.000, se ceden 1.060 u. m. al año, esto es, el coste de la ampliación sería del

$$K_e = \frac{1.060}{9.000} = 11{,}8\ \%$$

Se puede comprobar fácilmente que este valor se obtiene aplicando la fórmula

$$K_e = \frac{\text{beneficio neto}}{\text{ingreso de la ampliación}} \times$$
$$\times \frac{\text{acciones nuevas}}{\text{acciones nuevas + acciones viejas}} =$$
$$= \frac{\text{beneficio neto}}{\text{cotización} \times \text{acciones nuevas}} \times$$
$$\times \frac{\text{acciones nuevas}}{\text{acciones nuevas + acciones viejas}} =$$
$$= \frac{\text{beneficio por acción}}{\text{cotización}}$$

que es el inverso del PER (price earnings ratio o relación entre cotización y beneficio por acción) [7]. Por ello, un procedimiento muy utilizado para calcular el coste de capital social consiste en igualarlo al inverso del PER de la acción, cuando ésta se cotiza en el mercado. El PER, en este caso, se calcula como cociente entre el beneficio por acción esperado y el precio de emisión de las acciones nuevas.

De todas formas, la aplicación directa de este procedimiento para estimar el coste de la ampliación de capital puede conducir a conclusiones erróneas. En efecto, para una empresa que tenga un PER, por ejemplo, de 50, el coste de los recursos propios se estimaría en el 2 por 100 y, por el contrario, otra con un PER de sólo 5, soportaría un coste del 20 por 100. La razón de esta disparidad estriba en que la estimación del coste del capital social como inverso del PER se puede aplicar sólo a empresas estabilizadas y no es válido para empresas en crecimiento. En efecto, si se calcula el coste de esta fuente de financiación como aquella tasa de descuento que iguala los ingresos generados por la ampliación de capital con el flujo actualizado de beneficios futuros con que se remunerará al accionista, se obtiene:

$$P = \sum_{i=1}^{\infty} \frac{BAP_i}{(1 + K_e)^i}$$

siendo P la cotización y BPA_i el beneficio por acción del año i.

Si se supone que el beneficio crece en términos de una progresión geométrica de razón g y si $K_e > g$, la fórmula anterior se simplifica en

$$P = \frac{BPA}{K_e - g}$$

por lo que

$$K_e = \frac{BPA}{P} + g$$

o lo que es igual

$$K_e = \frac{1}{PER} + g$$

Esta fórmula expresa que el coste de los nuevos recursos aportados por los accionistas se puede estimar como la suma del inverso del PER esperado y la tasa de crecimiento prevista, del beneficio por acción.

Por tanto, el inverso del PER expresa el coste de capital en estudio sólo cuando el beneficio por acción esperado permanece constante. Por ello, el coste de capital de las ampliaciones de capital puede calcularse como inverso del PER para empresas estabilizadas en cuanto al beneficio se refiere.

En el cuadro 13.6 se recoge la evolución del PER medio y de su inverso para las empresas españolas que cotizan en la Bolsa de Madrid. Como puede observarse, el PER disminuyó progresivamente en paralelo con las menores expectativas de crecimiento del beneficio de la media de las empresas. Sólo

[7] El significado del PER se ha expuesto con detalle en el capítulo 5. En esta fórmula se supone que la cotización de la acción coincide con el ingreso neto de la ampliación de capital; no se consideran, pues, los costes de emisión y colocación, ni el eventual descuento que incorpore el precio de emisión.

CUADRO 13.6.

AÑO	PER	1/PER
1973	26,9	3,7 %
1974	18,8	5,3 %
1975	20,7	4,8 %
1976	17,0	5,9 %
1977	10,0	10,0 %
1978	8,9	11,2 %
1979	8,5	11,8 %
1984	8,3	12,0 %
1985	13,2	7,6 %
1986	22,2	4,5 %

en 1986 se recuperó el nivel existente al comienzo de la crisis económica.

13.3.2. RESERVAS

Las reservas están constituidas por beneficios no distribuidos. Estos fondos no pueden considerarse gratuitos, pues la empresa incurre en un coste de oportunidad al retenerlos en vez de invertirlos en otra empresa, por ejemplo, lo que le reportaría unas ganancias en forma de dividendos. Pero el cobro de éstos exige pagar un impuesto sobre rentas de capital. Por ello, la empresa, al reinvertir sus beneficios, incurre en un coste de oportunidad que, en general, se calcula a partir del dividendo que han dejado de percibir sus accionistas. Así, pues:

$$K_r = K_e \times (1 - t)$$

donde

K_r = Coste de las reservas.
K_e = Coste del capital social de la empresa.
t = Impuestos sobre rentas de capital.

Debido a la existencia de un impuesto sobre las rentas de capital, el coste de las reservas se considera inferior al de las nuevas emisiones de acciones. En este sentido, parece ventajoso emplear tantos beneficios como sea posible para financiar las inversiones. Esto se relaciona con la política de dividendos: si todos los beneficios pasan a reservas, no habrá dividendos. Se pone aquí de manifiesto la interrelación existente entre la política de dividendos y la de financiación de la empresa y la necesidad de llegar a un equilibrio entre ambas.

El planteamiento anterior razona desde la perspectiva del coste de las reservas como un coste de oportunidad, es decir, contempla los usos alternativos a que pueden aplicarse los beneficios retenidos. Si, por el contrario, se considera el problema desde el punto de vista del origen de fondos, se obtiene un resultado similar. En efecto, supóngase que la empresa ha distribuido todos sus beneficios en forma de dividendos. Para disponer de la misma financiación que si los hubiese retenido, manteniendo idéntica relación entre deuda y recursos propios, la empresa deberá efectuar una ampliación de capital por el mismo importe. Luego el coste de retener los beneficios puede estimarse aproximadamente como el de realizar la ampliación de capital, es decir, igual al coste del capital social salvo por el diferencial introducido por el distinto tratamiento fiscal y la existencia de gastos de emisión. En lo sucesivo, se adoptará este punto de vista, no distinguiendo entre capital social y reservas, haciendo referencia a un solo coste que será el de los recursos propios (K_e); ambas fuentes de financiación se aplicarán a los mismos usos o inversiones, a las que habrá de exigirse la misma rentabilidad.

13.3.3. DEUDA

Se entiende por deuda tanto los créditos bancarios como las obligaciones emitidas. Para calcular el coste de esta fuente basta con aplicar la fórmula [1] [8], pero teniendo en cuenta que los intereses de la deuda son deducibles a efectos fiscales. Por ello, el coste de la deuda viene dado por:

$$K_i = K_i' \times (1 - z)$$

donde

K_i' = Coste de la deuda sin deducir el efecto de los impuestos.
z = Impuestos sobre la renta de sociedades.

Por supuesto, si la empresa no obtiene beneficios, el coste de la deuda a corto plazo es mayor, pues no puede reducirlo por no pagar impuestos, aunque lo podrá hacer en los próximos ejercicios mediante el mecanismo de compensación de pérdidas.

Mediante un ejemplo se analiza a continuación la repercusión de los impuestos en el coste de la deuda.

Supónganse dos empresas semejantes que han obtenido un beneficio antes de intereses e impuestos de 500.000 pesetas. Una de ellas tiene que pagar en concepto de intereses 100.000 pesetas (un 15 por 100 de la deuda), mientras que la otra no tiene deuda en su estructura financiera. Si el impuesto sobre sociedades es del 35 por 100, el beneficio neto de ambas empresas se calcula como indica el cuadro 13.7.

CUADRO 13.7.

	EMPRESA	
	1	2
Beneficio antes de intereses e impuestos	500.000	500.000
Intereses	100.000	—
Beneficio bruto	400.000	500.000
Impuestos sobre sociedades.	140.000	175.000
Beneficio neto	260.000	325.000

Como se observa, mientras que la diferencia del beneficio bruto de ambas empresas es de 100.000 pesetas, la existente entre sus beneficios netos es de sólo 65.000 pesetas. Ello se debe a que la primera empresa se ahorra 35.000 pesetas (el 35 por 100 de los intereses) en el pago de los impuestos, siendo el tipo de interés efectivo después de impuestos de la deuda el 9,75 por 100 (65.000/666.667).

Para calcular K_i se aplica la fórmula [1], en donde los ingresos son las cantidades percibidas, libres de gastos, y los desembolsos son los intereses después de impuestos y las amortizaciones de la deuda. Por ello, el coste de la deuda viene determinado por su calendario de amortización, la frecuencia de los pagos de intereses, el tipo impositivo y el grado de riesgo de la empresa.

A título ilustrativo, en el cuadro 13.8 se muestran los tipos de interés preferenciales publicados por las instituciones financieras, referidos al 31 de octubre de 1991, para operaciones de préstamo y crédito a plazo inferior a tres años.

Para calcular el coste de este tipo de operaciones habría que añadir al interés real aplicado, que en general será superior al preferencial, el resto de los elementos de coste, que son: comisión de apertura, corretaje y saldos de compensación. Lógicamente, cada uno de los conceptos de coste deberá periodificarse para dar lugar al calendario de la operación que permita aplicar la fórmula [1].

Hasta aquí se ha hecho referencia al coste explícito de la deuda, es decir, al que se deriva de las condiciones en que se negocia en cuanto a los intereses a pagar y al calendario de las devoluciones. Sin embargo, la deuda comporta otro tipo de coste —al que se denominará implícito— y que surge de las

[8] En el Anexo 3 de este capítulo se muestra el cálculo del coste de una emisión de obligaciones de mayo de 1991.

CUADRO 13.8. *Tipos de interés preferencial de las entidades financieras al 31-10-91*

	Tipos declarados (%)		
	Máximo	Mínimo	Medio
Seis grandes	13,25	12,25	12,83
Resto comerciales	15,87	7,19	13,33
Banca industrial	16,10	11,25	13,61
Banca extranjera	16,20	9,84	13,99
Cajas de ahorro	15,30	9,52	13,25
Entidades oficiales	15,31	12,50	13,82

Fuente: Boletín Económico, Banco de España (nov. de 1991).

repercusiones que ejerce sobre la estructura de financiación de la empresa.

En primer lugar, la existencia de deuda adicional sitúa a la empresa en una posición de mayor riesgo financiero por cuanto genera una serie de desembolsos obligatorios a los que necesariamente se deberá hacer frente. Esta situación será percibida por los accionistas que por serlo de un negocio más endeudado, con mayor riesgo, exigirán una rentabilidad mayor a su nueva inversión, por lo que el coste de los recursos propios se verá incrementado, elevándose en consecuencia el coste de capital medio de la empresa.

Pero no solamente se encarecerán los recursos propios, sino también la nueva deuda que se contrate en períodos posteriores. En efecto, si la empresa necesita nuevos préstamos, los acreedores cargarán un interés mayor para compensar el riesgo en que incurren por ceder fondos a una empresa ya endeudada. Endeudarse hoy, pues, encarecerá, probablemente, el coste de la deuda futura.

13.4. COSTE MEDIO DEL CAPITAL

Una vez calculados los costes de cada fuente, es necesario combinarlos para obtener un coste medio del capital de la empresa. Esto se hace, generalmente, ponderando el coste de cada fuente, tal como se indicó anteriormente, de acuerdo con su proporción en el capital total. De este modo, el coste de capital es función del coste de las fuentes empleadas y de las proporciones en que se utilizan éstas.

Este proceso de combinación exige definir criterios en cuanto al peso que se asignará a cada fuente de financiación y el coste al que se imputará. Respecto al coeficiente de ponderación, pueden utilizarse valores contables o de mercado y la estructura de financiación actual o la deseada, en función de los objetivos que se definan en este ámbito.

En cuando a los costes de las fuentes, puede efectuarse el cálculo con costes actuales o históricos o con los costes marginales de cada fuente de financiación, es decir, con los costes de captar financiación adicional en la situación actual.

El coste de capital debe determinarse en términos marginales, ya que la empresa está interesada en los nuevos fondos necesarios para financiar las inversiones futuras. En este sentido, el coste de capital se refiere al coste de obtener nueva financiación. De hecho, el coste del capital ya existente es un coste histórico, que no debe influir en la rentabilidad a exigir a las nuevas inversiones. El coste marginal y el histórico difieren debido a la distinta participación de las fuentes de capital y al distinto coste de éstas.

Sin embargo, tampoco es admisible asociar cada fuente de capital con una inversión determinada. Si así se hiciese podría aceptarse, por ejemplo, una inversión con una rentabilidad del 15 por 100, porque se financia con obligaciones con un coste del 10 por 100, mientras que se rechaza otra inversión de rentabilidad del 20 por 100, porque se financia con acciones ordinarias con un coste del 25 por 100. La utilización de deuda en la primera inversión satura la capacidad de crédito de la empresa, lo que le obligará a financiar la segunda inversión con capital social.

En este sentido, es recomendable estimar las necesidades de recursos financieros para un determinado período de planificación (por ejemplo, tres años) y decidir qué proporciones se usarán de cada fuente para financiar el plan de inversiones de ese período. De este modo, la empresa calculará el coste del capital incremental y lo comparará con la rentabilidad de las nuevas inversiones.

13.5. EL COSTE DE CAPITAL EN LA DECISION DE INVERTIR

La aplicación de los criterios de rentabilidad interna y del valor actual neto en el proceso de evaluación y selección de inversiones exige la determinación de la tasa de descuento que sirva para actualizar los cash-flows netos generados o como tasa límite de aceptación de proyectos. Esta tasa límite equivale al coste del capital empleado para financiar las inversiones.

De este modo, se aceptará un proyecto si:

— Su índice de rentabilidad es mayor que el coste de capital.

— Su valor actual neto, obtenido al actualizar los cash-flows netos generados a una tasa equivalente al coste de capital, es positivo.

Supóngase que una empresa estudia cuatro proyectos de inversión, a desarrollar en los próximos cinco años, de las características recogidas en el cuadro 13.9.

CUADRO 13.9.

Número del proyecto	Años de duración	Desembolso	Cash-flow neto anual generado	Tasa de rentabilidad (%)
1	5	1.000.000	334.000	20
2	5	1.000.000	305.000	16
3	5	1.000.000	285.000	13,2
4	5	1.000.000	264.000	12

Para financiarlos se dispone sólo de dos fuentes de capital: deuda y emisión de nuevas acciones, pues se supone que los beneficios retenidos se aplicarán a la reposición del equipo actual. El coste de la deuda se relaciona con el volumen que de ella se utilice, de la siguiente forma:

	Volumen de la deuda		Coste de la deuda
Hasta	700.000	....	10 %
Hasta	1.300.000	....	11 %
Más de	1.300.000	....	14 %

El coste del nuevo capital social se estima que también es función de su volumen, siendo del 14 por 100 si la emisión es menor o igual a 2.000.000, y del 16 por 100 si supera esa cifra. Esto se debe a que para captar más recursos, la empresa deberá emitir en condiciones más favorables para el accionista, lo cual le incrementará su coste de capital social.

La empresa ha determinado que, desde hace tiempo, la relación (deuda/capital social) debe ser de 0,54, pues si es menor, el coste de capital se incrementará en exceso debido a la poca utilización de la fuente más económica, y si es mayor, el riesgo financiero que genera hace aumentar en exceso el coste de ambas fuentes. De hecho, los costes de la deuda y del capital social se han estimado para ese valor del ratio indicado, que supone que un 65 por 100 de la nueva financiación se realizará por nuevas aportaciones de los accionistas y el 35 por 100 restante mediante nuevos préstamos.

El aumento de los fondos de financiación depende de las oportunidades de inversión que se ofrezcan a la empresa. Por ello, las decisiones de financiación e inversión deben tomarse simultáneamente.

En la figura 13.3 se muestra cómo se realiza este proceso para los datos del ejem-

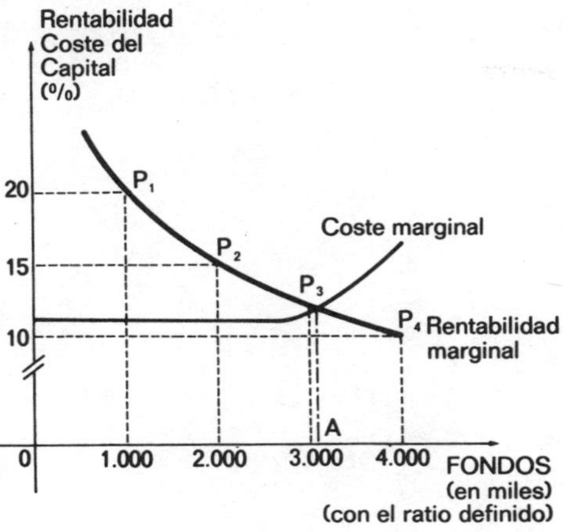

FIGURA 13.3. *Curvas de rentabilidad y coste de capital marginales.*

plo y suponiendo que se mantiene constante el ratio deuda/capital social e igual a 0,54.

Para ello deben trazarse las curvas de rentabilidad marginal de los proyectos de inversión y del coste marginal del capital (obtenida esta última a partir de las curvas del coste de las fuentes). Una vez hecho esto, el punto de intersección de ambas curvas determinará qué proyectos deben aceptarse y cuál ha de ser el volumen de la financiación necesaria para el próximo período de cinco años.

Se observa, de acuerdo con la figura 13.3, que se aceptarían los tres primeros proyectos y se rechazaría el cuarto, por ser su rentabilidad inferior al coste del capital, según se muestra en el cuadro 13.10.

CUADRO 13.10.

FINANCIACION ACUMULADA NECESARIA

Proyecto	Rentabilidad (%)	Deuda	Coste (%)	Capital social	Coste (%)	Coste medio del capital
1	20	350.650	10	649.350	14	12,6
2	16	701.300	10	1.298.700	14	12,6
3	13,2	1.051.950	11	1.948.050	14	12,95
4	12	1.402.600	14	2.597.400	16	15,3

APENDICE

ANEXO 1. *Gastos de una ampliación de capital con cargo a Reservas (operación de agosto de 1990).*

	% sobre efectivo
— Impuesto de transmisiones patrimoniales y actos jurídicos documentados	1,000
— Notaría y registro	0,071
— Intervención de la operación y pólizas	0,330
— Imprenta y publicidad	0,170
— Tasas de la Comisión Nacional del Mercado de Valores	0,035
— Admisión a cotización en Bolsa	0,021
	1,627
Gastos de ampliación sobre efectivo emitido	1,627

ANEXO 2. *Deducción de la fórmula que expresa el coste del capital social.*

Efectivamente, si los dividendos se rigen por la ley $D = D_{i-1}$ (1 + g), el segundo término de la expresión [2] representa una progresión geométrica de razón.

$$r = \frac{1 + g}{1 + K_e}$$

Siendo el primer término A_1 =

$$\frac{D_0\,(1 + g)}{1 + K_e}$$

y el último A_n =

$$\frac{D_0\,(1 + g)^n}{(1 + K_e)^n}$$

Siendo D_0 el dividendo por acción actual.

Recordando que la suma de los términos de una progresión geométrica es

$$S = \frac{A_1 - A_n r}{1 - r}$$

Resulta

IN = límite

$n \rightarrow \infty$

$$\left\{ \frac{\dfrac{D_0\,(1 + g)}{1 + K_e} - \dfrac{D_0\,(1 + g)^n}{(1 + K_e)^n} \times \dfrac{1 + g}{1 + K_e}}{1 - \dfrac{1 + g}{1 + K_e}} \right\}$$

que se simplifica, si $K_e > g$, a

$$IN = \frac{D_0\,(1+g)}{K_e-g} = \frac{D_1}{K_e-g}$$

ANEXO 3. *Cálculo del coste efectivo de emisión de obligaciones (ejemplo de emisión de mayo de 1991).*

A: Condiciones de emisión:

1.	Importe nominal de cada obligación	500.000 ptas.
2.	Precio de emisión	a la par libre de gastos
3.	Gastos de emisión en % sobre precio de emisión:	
	— Comisión de aseguramiento y colocación	2,000
	— Impresión títulos	0,023
	— Notaría, registro e impuestos..	0,040
	— Tasas de la Comisión Nacional del Mercado de Valores....	0,035
	— Publicidad y promoción	0,200
	— Anuncios oficiales...	0,020
	— Intervención de las pólizas	0,015
	— Admisión a cotización en Bolsa......................................	0,107
	Total gastos prepagables	2,440
4.	Interés nominal	12,15% en anualidades vencidas
5.	Precio de reembolso	a la par libre de gastos
6.	Plazo de amortización..	7 años

B: Cash-flow de la operación para el emisor (antes de impuestos):

Año	1	2	3	4	5	6	7	8
Ingreso.............	100,00							
Gastos..............	−2,44							
Intereses...........		−12,15	−12,15	−12,15	−12,15	−12,15	−12,15	− 12,15
Amortización......								−100,00
Cash-flow	97,56	−12,15	−12,15	−12,15	−12,15	−12,15	−12,15	−112,15

Coste efectivo de la emisión = 12,697 %

CAPITULO 14
ESTRUCTURA DE LA FINANCIACION

SUMARIO: 14.1. Introducción.—14.2. Endeudamiento y objetivos financieros: 14.2.1. Rentabilidad financiera. 14.2.2. Crecimiento interno.—14.3. Análisis de la relación deuda/recursos propios: 14.3.1. Coste de capital mínimo. 14.3.2. Coste de capital constante.—14.4. Determinación de la estructura de financiación. 14.5. Capacidad de endeudamiento.—14.6. Plazo del endeudamiento.—14.7. Endeudamiento e inflación.—Apéndice.—Anexo 1: Determinación de los tipos de interés a los que la deuda es preferible a los recursos propios.

14.1. INTRODUCCION

De acuerdo con la exposición realizada en el capítulo 1, son tres las áreas de problemas básicos a los que ha de buscar soluciones concretas la función financiera de la empresa. Las dos primeras consisten, respectivamente, en determinar la composición y el volumen de las inversiones de la empresa, de modo que se alcancen sus objetivos generales. La tercera de estas responsabilidades se relaciona con el pasivo del balance de la compañía, es decir, con el problema de cómo financiar dichas inversiones. Es precisamente este último tema el que se abordará en el presente capítulo.

Para centrar el análisis y por conveniencia de exposición, se distinguirá entre capital propio y deuda como los dos grandes bloques de financiación a los que en principio tiene acceso la empresa. El capital propio incluye las aportaciones monetarias de propietarios o accionistas y los fondos generados internamente que se acumulan en las diversas cuentas de reservas. La deuda se compone de todas aquellas obligaciones monetarias, con coste explícito, en que ha incurrido la empresa, a excepción del exigible espontáneo, generado como consecuencia de la actividad del negocio.

Por consiguiente, en este capítulo la deuda incluirá sólo las obligaciones emitidas por la compañía y los créditos, de todo tipo, obtenidos, quedando fuera partidas tales como las de proveedores, impuestos a pagar o gastos diferidos [1]. En este sentido se entenderá que el exigible abarca todos los recursos ajenos de la empresa, es decir, todo el pasivo ajeno, tenga o no coste explícito.

---

[1] Estas partidas aparecen, en general, en el balance como consecuencia de la actividad económica de la empresa y aunque constituyen para ésta una fuente de financiación muy importante, la mayoría de las veces vienen condicionadas por la naturaleza de las operaciones, razón por la que se denominan, en términos agregados, exigible espontáneo procedente de operaciones, o simplemente, exigible espontáneo.

En lo que se refiere a los préstamos bancarios a corto plazo y al descuento de efectos, se entenderán incluidos dentro de la deuda en cuanto son una fuente de financiación negociada, con coste explícito, atienden a necesidades de funcionamiento e, incluso, en ocasiones surgen como consecuencia de la imposibilidad de acceder a financiación ajena a largo plazo. Respecto al activo, denominaremos activo neto a la diferencia entre el activo total y la financiación espontánea.

El contenido de este capítulo contempla los siguientes elementos, para formular las políticas respecto a la financiación de la empresa:

— Primeramente se analiza la incidencia del endeudamiento sobre los objetivos financieros, concretados en la rentabilidad financiera y la capacidad de crecimiento interno de la empresa.

— En segundo lugar, se presentan los principales criterios que orientan las decisiones referentes a cómo definir la estructura de financiación más conveniente, en función de las características económico-financieras de la empresa. Estas decisiones consisten básicamente en determinar qué relación debe existir entre deuda y recursos propios desde el punto de vista de la rentabilidad, liquidez y riesgo.

— También se desarrollan instrumentos financieros que permiten evaluar la capacidad de endeudamiento de la empresa, para lo que se introducen ratios que relacionan los fondos disponibles para hacer frente a los compromisos exigidos por la deuda con los desembolsos que éstos precisan.

— Una vez seleccionado el valor objetivo de la proporción entre deuda y recursos propios, se aborda el tema del plazo a que debe negociarse el endeudamiento; es decir, cuál ha de ser el calendario de amortización de la deuda en función de las ventajas que proporciona el corto y largo plazo y del período de maduración de las inversiones.

— Finalmente se estudia la incidencia de la inflación sobre las decisiones de endeudamiento de la empresa.

14.2. ENDEUDAMIENTO Y OBJETIVOS FINANCIEROS

La política de endeudamiento ha de contemplarse en el marco de los objetivos financieros de la empresa, en la medida en que influye sobre la consecución de los mismos. En este epígrafe se analiza la naturaleza de esta dependencia y en concreto se estudia cómo el ratio de endeudamiento incide sobre la rentabilidad financiera y la capacidad de crecimiento de la empresa.

14.2.1. RENTABILIDAD FINANCIERA

Uno de los ratios que evalúa la rentabilidad obtenida por el accionista por su inversión en la financiación de la empresa es el denominado rentabilidad financiera (RF) o rentabilidad de los recursos propios. Se obtiene, como se expuso en el capítulo 5, dividiendo el beneficio neto anual (BDI), que se calculará después de impuestos, entre los recursos propios medios utilizados durante el año, aportados por los accionistas o generados internamente. Es decir:

$$\text{Rentabilidad financiera} = \frac{\text{Beneficio neto del año}}{\text{Recursos propios medios}}$$

Para estudiar los factores que la determinan, se aplica al ratio anterior la siguiente transformación:

$$RF = \frac{BDI}{RP} = \frac{BDI}{AN} \times \frac{AN}{RP} = \frac{BDI}{AN} \times \frac{RP + D}{RP} = \frac{BDI}{AN}\left(1 + \frac{D}{RP}\right)$$

donde se ha multiplicado numerador y denominador por el activo neto [2] de la empresa (AN) y se ha descompuesto éste entre recursos propios (RP) y deuda (D).

[2] El activo neto es el activo total menos el exigible espontáneo, según se señaló en la nota 1.

La relación entre el beneficio antes de intereses e impuestos (BAII) y el beneficio neto es la siguiente:

$$BDI = (BAII - iD) \times (1 - z)$$

donde:

— i es el tipo de interés medio aplicado sobre la deuda de la empresa, y
— z es el tipo impositivo sobre beneficios.

Por tanto, el ratio de rentabilidad financiera puede expresarse en la forma:

$$RF = \frac{(\text{BAII} - iD)}{AN} \times (1 - z) \times$$
$$\times \left(1 + \frac{D}{RP}\right)$$

y puesto que la rentabilidad económica sobre la inversión (ROI) se calcula como el cociente (véase capítulo 5):

$$ROI = \frac{BAII}{AN}$$

se obtiene:

$$RF = \left(ROI - \frac{IE}{AN}\right) \times$$
$$\times (1 - z) \times (1 + e)$$

donde e es el ratio de endeudameinto o relación entre exigible y recurso propios. Dado que el activo es igual a la suma de los recursos propios y la deuda, la relación entre ésta y el activo neto será:

$$\left.\begin{array}{r} AN = RP + D \\ e = \dfrac{D}{RP} \end{array}\right] \frac{D}{AN} = \frac{e}{1 \times e}$$

siendo e el ratio de endeudamiento definido anteriormente. Sustituyendo esta expresión en la anterior y simplificado, resulta:

$$RF = [ROI\,(1 + e) - ie] \times (1 - z) \text{ ó } [1]$$

$$RF = [ROI + e\,(ROI - i)] \times (1 - z) \quad [2][3]$$

que establece que la rentabilidad financiera es función de:

— La rentabilidad económica obtenida por la empresa en la explotación de su cartera de inversiones o activo (ROI).
— La estructura de la financiación, es decir, la relación entre deuda y recursos propios (e).
— El tipo de interés medio que se paga sobre el exigible (i).
— El tipo impositivo sobre beneficios (z).

Así pues, la proporción de deuda que integra la financiación de la empresa, así como su coste, inciden sobre la rentabilidad financiera de la misma. Es esta relación la que se pasa a analizar a continuación.

El cociente entre deuda y recursos propios, denominado mediante la variable e, ejerce un impacto doble sobre la rentabilidad del accionista: el primer término del corchete de la fórmula [1] indica que al aumentar el endeudamiento se amplifica la rentabilidad financiera, pues los recursos propios serán menores; por el contrario, el segundo término señala que al haber más deuda, los intereses a pagar serán mayores, por lo que disminuirá la rentabilidad financiera de la empresa. Además, al aumentar el ratio de endeudamiento probablemente el tipo de interés lo hará también, debido al mayor riesgo financiero que soporta la empresa.

Por ello, los intereses totales se incrementarán también, como consecuencia de este

[3] Esta fórmula es una variante de la enunciada por ALAN ZAKON, *Growth and Financial Strategies* (Boston: The Boston Consulting Group, 1971).

encarecimiento del dinero. Según cuál de los dos sea el efecto dominante, el aumento del endeudamiento supondrá un aumento o una disminución de la rentabilidad financiera.

De acuerdo con la fórmula [2], mientras el tipo de interés medio con que se remunere al exigible sea inferior a la rentabilidad económica, un mayor endeudamiento incrementa la rentabilidad financiera de la empresa. Esta regla se ilustra en el ejemplo descrito en el cuadro 14.1, el cual supone un interés medio constante del 12 por 100, independiente del nivel de endeudamiento. Al pasar de la situación *A* a la *B*, se añade exigible al tipo de interés del 12 por 100, manteniéndose constantes los recursos propios y el *ROI*. Esta situación se corresponde con un proceso de inversión financiado con recursos ajenos, donde se amplifica la rentabilidad financiera por ser el tipo de interés de la deuda inferior a la rentabilidad económica.

CUADRO 14.1. *Evaluación de alternativas de financiación.*

	ALTERNATIVA DE FINANCIACION	
	A	B
Recursos propios	100	100
Deuda	50	70
FINANCIACION TOTAL (= pasivo total)	150	170
BAII (ROI = 14 %)	21	23,8
Intereses (12 %)	6	8,4
Beneficio antes impuestos	15	15,4
Impuestos (35 %)	5,25	5,39
Beneficio neto	9,75	10,01
Rentabilidad financiera	9,75 %	10,01 %

Sin embargo, no es probable que la deuda adicional se pueda conseguir al mismo tipo de interés medio que se paga sobre la ya existente. Por ello, para evaluar la conveniencia de mayor endeudamiento se debe comparar el tipo de interés después de impuestos del nuevo exigible con la rentabilidad de la inversión a la que financie, expresada también después de impuestos.

En el apéndice de este capítulo se analiza matemáticamente la incidencia sobre la rentabilidad financiera en dos alternativas posibles, respecto a la relación entre deuda y recursos propios. La primera supone que se sustituyen recursos propios por deuda, calculándose hasta qué valor límite del tipo de interés resulta aconsejable hacerlo. La conclusión es que mientras que el tipo de interés de la nueva deuda sea inferior a la rentabilidad financiera, el reducir los recursos propios y aumentar la deuda incrementa la rentabilidad financiera de la empresa.

El segundo caso analizado supone que se incrementa el activo neto, por lo que ha de hacerlo también la financiación de la empresa. En esta situación, se trata de determinar, desde el punto de vista de la rentabilidad, cómo financiar ese incremento del activo. La conclusión, bajo las hipótesis contempladas, es que en este caso es conveniente recurrir a deuda siempre y cuando el interés de la nueva deuda sea inferior a la rentabilidad económica o *ROI*. En caso contrario será recomendable realizar la financiación mediante recursos propios de forma que la rentabilidad financiera sea mayor.

En resumen, la rentabilidad financiera de la empresa depende de la eficacia con que gestione sus inversiones (rentabilidad económica), del tipo impositivo y de la política de financiación que adopte. Cuando el tipo de interés sobre la nueva deuda es menor que la rentabilidad económica, interesa añadir nuevo endeudamiento, pues de esta forma se aumenta la rentabilidad del accionista, tal y como se ha definido previamente.

14.2.2. Crecimiento interno

En este epígrafe se analiza la repercusión que ejerce el nivel de endeudamiento sobre la capacidad de crecimiento interno de la empresa.

Se entiende por crecimiento interno los recursos financieros de que puede disponer la empresa, sin recurrir a ampliaciones de capital, ni alterar el ratio de endeudamiento, para financiar su expansión a partir de los fondos generados internamente. Estos fondos están constituidos por el beneficio retenido (pues los fondos de amortización se aplicarán, en general, para mantener la actual capacidad productiva de la empresa) y por la nueva deuda que pueda concertarse para mantener constante el ratio de endeudamiento. Este tipo de crecimiento hay que diferenciarlo del que se financia mediante recursos externos, es decir, por ampliaciones de capital o un mayor endeudamiento.

Para evaluar la capacidad de crecimiento interno de la empresa, puede aplicarse el denominado índice de crecimiento interno (ICI), expresado como porcentaje de incremento de los recursos propios como consecuencia de la reinversión de beneficios, es decir:

$$ICI = \frac{\text{Beneficios retenidos}}{\text{Recursos propios}}$$

Si a la relación entre el beneficio retenido y el beneficio neto se le denomina factor de retención (b), y puesto que la rentabilidad financiera es el cociente entre beneficio neto y recursos propios, el ICI puede expresarse también en la forma:

$$ICI = RF \times b$$

Supongamos, por ejemplo, los siguientes valores de una empresa hipotética:

Beneficio = 15 unidades monetarias
Recursos propios = 100 u. m.
Factor de retención = 0,6

el índice de crecimiento interno sería:

$$ICI = \frac{15}{100} \times 0{,}6 = 9\ \%$$

es decir, su capacidad de crecimiento interno asciende a un 9 por 100, porcentaje en el cual se incrementarán los recursos propios en términos anuales.

Si se admite que en este proceso de crecimiento el endeudamiento ha de permanecer constante, un incremento absoluto de los recursos propios permite un aumento de deuda. En efecto, siguiendo con el ejemplo anterior, y suponiendo una deuda inicial de 90, el ratio de endeudamiento medido según se indicó anteriormente, como relación entre deuda y recursos propios, sería de 0,9. Si los recursos propios aumentan en un 9 por 100 y admitiendo que el endeudamiento puede mantenerse, el nuevo nivel de deuda sería:

$$D = e \times RP = 0{,}9 \times (100 + 9) = 98{,}1$$

lo cual representa un incremento porcentual del exigible del 9 por 100. Por ello, el ICI expresa la capacidad que tiene la empresa de aumentar internamente su financiación total y, por tanto, la capacidad de crecimiento de sus inversiones. En el ejemplo anterior, la financiación autogenerada por la empresa permite un aumento del activo neto del 9 por 100.

En la medida que el crecimiento se formula como un objetivo básico de la compañía, es importante identificar las variables que influyen sobre este índice. En este sentido, el ICI es función de los siguientes factores según se deduce de la fórmula [2].

— La rentabilidad económica de la inversión *ROI*.

— La política de endeudamiento *e*.
— El tipo de interés medio sobre la deuda.
— El tipo impositivo sobre beneficios *z*.
— La tasa de retención del beneficio *b*.

Estos son los factores que determinan el valor que toma el ICI y sobre los cuales se puede actuar para alcanzar los objetivos de crecimiento interno. Sin embargo, cada uno de ellos ejercerá, lógicamente, un grado de influencia distinto, influencia que se puede evaluar mediante un análisis de la sensibilidad del ICI a cada uno de los factores indicados.

14.3. ANALISIS DE LA RELACION DEUDA/RECURSOS PROPIOS

La inversión permanente de la empresa se compone del inmovilizado o activo fijo y del capital circulante, necesario para desarrollar su actividad. Estos dos elementos deben financiarse, dentro de una política equilibrada, con fondos que permanezcan un período temporal semejante, es decir, recurriendo a fuentes financieras a largo plazo. En caso contrario, si el plazo es menor, los fondos generados por la inversión serán, probablemente, insuficientes para hacer frente a las cargas de la financiación.

La composición de la financiación constituye una variable estratégica, difícil de alterar en el corto plazo, pues se halla condicionada por la situación de partida de la empresa, sus características económicas y las del entorno en el que opera. No parece factible ni conveniente alterar bruscamente el endeudamiento, puesto que, entre otras consecuencias, su repercusión sobre el riesgo financiero de la empresa podría generar desconfianza en los inversores. Además, cada sector de actividad permite una estructura de financiación diferente, debido a la relación existente entre el binomio financiación-inversión.

Finalmente, la situación del mercado de capitales impone restricciones sobre la financiación de la empresa, de modo que frecuentemente ésta no tiene libertad de decisión sobre este área, viéndose forzada a financiarse no de la forma que desea, sino como las condiciones le permiten. El endeudamiento, en este contexto, deja de convertirse en una estrategia voluntaria de mejora de la rentabilidad financiera, para convertirse, en ocasiones, en un requisito para la supervivencia de la empresa [4].

El problema, pues, que se plantea en este ámbito de las finanzas reside en determinar la proporción entre deuda y recursos propios, o ratio de endeudamiento, más apropiado. Para comparar entre sí estructuras de financiación distintas se aplica, entre otros, el criterio de coste medio de capital: entre dos alternativas de financiación se escogerá aquella cuyo coste de capital sea menor. De este modo, la diferencia entre la rentabilidad económica de las inversiones y el coste de capital será mayor, quedando un margen superior para remunerar a los accionistas o propietarios de la empresa.

En el capítulo anterior se analizó el concepto de coste de capital. Para determinarlo, se estima el coste de cada fuente financiera y, a continuación, se calcula el coste de capital medio, ponderando el coste de cada fuente por su participación en la financiación total.

Para el análisis de la relación deuda/recursos propios, existen, fundamentalmente, dos puntos de vista opuestos: el primero considera que el endeudamiento influye sobre el coste de capital de la empresa, negando este hecho el segundo enfoque. A continuación se describen los argumentos teóricos de ambos planteamientos.

---

[4] ALVARO CUERVO, «Reflexiones sobre un proyecto de solución a los problemas financieros de la empresa», *Banca Española,* 1980.

14.3.1. COSTE DE CAPITAL MÍNIMO

La teoría tradicional considera que, mediante una adecuada proporción entre deuda y recursos propios, es posible alcanzar una estructura financiera óptima, es decir, una composición de la financiación de la empresa cuyo coste de capital sea mínimo.

Los conceptos e hipótesis básicos de este planteamiento se ilustran a continuación, mediante el desarrollo de un ejemplo. Pero previamente, es preciso definir y explicar tres tasas que serán aplicadas en el desarrollo posterior del tema.

a) *Coste de la deuda* (K_i)

Es el coste después de impuestos que comporta la deuda de la empresa [5]. Para determinarlo basta con considerar que las cargas financieras son deducibles a efectos fiscales, por lo que el coste después de impuestos es, de acuerdo con el capítulo anterior, el siguiente:

$$K_i = K_i' \times (1 - z)$$

donde z es el tipo impositivo y K_i' el coste antes de impuestos.

b) *Coste de los recursos propios* (K_e)

Es la tasa de rentabilidad exigida por los accionistas para invertir en la empresa. Puesto que la remuneración a los accionistas es el beneficio neto, esta tasa se calcula en la forma:

$$K_e = \frac{\text{Beneficio neto}}{\text{Valor de mercado del capital social}}$$

Esta tasa coincide con el inverso del P.E.R. (Price Earnings Ratio), que relaciona el precio de mercado de la acción con el beneficio por razón (véase capítulo 5).

La empresa, pues, debe de conseguir una rentabilidad para sus accionistas igual o superior a la que éstos esperan. En la medida en que lo consiga, el valor de la empresa aumentará, pues habrá más inversores interesados en invertir y, por tanto, subirá la demanda para comprar acciones y, en consecuencia, su cotización. Al subir la cotización, la rentabilidad volverá a ser la esperada, restaurándose el equilibrio entre oferta y demanda. Pero si la rentabilidad de los accionistas disminuye, bajará también la cotización de las acciones por no ofrecerles éstas el rendimiento esperado. Al bajar la cotización, aumentará la rentabilidad, alcanzándose igualmente un nuevo punto de equilibrio.

En este sentido, K_e representa el coste de capital de los recursos propios. Los accionistas invertirán y se mantendrá la cotización de la acción, en la medida en que la rentabilidad que obtengan sea la esperada.

c) *Coste medio de capital* (K_0)

Coincide con la rentabilidad mínima que ha de obtenerse sobre la inversión de modo que se justifique el uso de fondos. Se calcula como la relación entre el beneficio antes de intereses y después de impuestos y el valor de mercado de la empresa:

$$K_0 = \frac{\text{Beneficio antes de intereses y después de impuestos}}{\text{Valor de la empresa}}$$

Puesto que K_0 es el coste de capital medio, su valor puede determinarse a partir de K_i y K_e, ponderándolos en función de la relación entre deuda y recursos propios en la financiación total:

$$K_0 = \frac{(K_i) \times (\text{deuda}) + (K_e) \times (\text{recursos propios})}{(\text{deuda}) + (\text{recursos propios})} \quad [3]$$

[5] El coste de la deuda debe reflejar también los gastos de colocación en que se incurra en su emisión, como se expuso en el capítulo 13.

Definidos estos conceptos, es posible exponer el desarrollo que la teoría clásica de las finanzas realiza sobre la estructura de la financiación. Para ello supóngase una empresa sin deudamiento y cuyos accionistas exigen una rentabilidad mínima del 12 por 100 sobre su inversión.

Sea su cuenta de explotación la que resume el cuadro 14.2.

CUADRO 14.2.

Beneficio antes de intereses e impuestos (BAII)	600
Gastos financieros	0
Beneficio antes de impuestos (BAI)	600
Impuestos (tasa impositiva del 35 %)	210
Beneficio neto	390

Puesto que el beneficio neto es propiedad de los accionistas y éstos aplican una tasa de capitalización del 12 por 100, el valor de mercado de los recursos propios se obtendrá aplicando la fórmula usual de capitalización de rentas, ascendiendo a 390/0,12 = 3.250.

El coste de capital medio K'_0 antes de impuestos será:

$$K'_0 = \frac{BAII}{\text{deuda} + \text{recursos propios}} =$$

$$= \frac{600}{3.250} = 18{,}46\ \%$$

que después de impuestos se reduce a $K_0 = K'_0\ (1 - z) = 18{,}46 \times (1 - 0{,}35) = 12$ por 100, que coincide, lógicamente, con el coste de los recursos propios, pues éstos suponen la totalidad de la financiación total.

Si la empresa puede sustituir recursos propios por deuda, y si el coste de la misma es, por ejemplo, del 10 por 100, podrá disminuir su coste medio de capital, pues reemplazará recursos a los que ha de remunerar al 12 por 100 por otros más baratos, que sólo exigen el 10 × (1 − 0,35) = 6,5 por 100 después de impuestos. Si el coste de capital K_0 disminuye, aumentará consecuentemente la valoración de la empresa, pues el beneficio se capitalizará a una tasa menor.

Supóngase que se sustituyen recursos propios por el equivalente a 1.000 unidades monetarias de deuda al 10 por 100. Si los accionistas no consideran significativo el nuevo nivel de riesgo financiero que se alcanza, el coste del capital propio, k_e, permanecerá constante, es decir, las expectativas de los accionistas no variarán en cuanto a la rentabilidad, pues el riesgo se admite que no varía.

En el cuadro 14.3 se muestran las consecuencias de este incremento del endeudamiento.

CUADRO 14.3.

BAII	600
Gastos financieros	100
Beneficio antes de impuestos	500
Impuestos (35 %)	175
Beneficio neto (BDI)	325
K_e	0,12
Valor de mercado de las acciones	2.708
Valor de la deuda	1.000
Valor de la empresa	3.708

Es decir, con las mismas inversiones o estructura de activos, el valor de mercado de la empresa es mayor que en la situación anterior (un 14,1 % superior).

En consecuencia, el coste medio de capital o tasa de capitalización del beneficio será:

$$K'_0 = \frac{BAII}{\text{Valor empresa}} = \frac{600}{3.708} =$$

$$= 16{,}18\ \%$$

y, por tanto,

$$K_0 = 16{,}18\ (1 - 0{,}35) = 10{,}52\ \%$$

Este valor puede calcularse también ponderando el coste de la deuda y de los recursos propios, en función de su participación en la financiación total, según la fórmula [3]:

$$K_0 = \frac{10 \times (1-0{,}35) \times 1.000 + 12 \times 2.708}{3.708} = $$
$$= 10{,}52\ \%$$

De acuerdo con este mecanismo, conviene ir aumentando la proporción de deuda, pues de este modo es posible obtener un coste medio del capital cada vez menor. Sin embargo, al incluir más deuda aumenta el riesgo financiero de la empresa, es decir, la variabilidad de su beneficio y la posibilidad de no poder satisfacer los desembolsos originados por la deuda. Por ello, según la empresa se vaya endeudando, llegará un momento en que los accionistas percibirán un nivel distinto de riesgo y, en consecuencia, para invertir exigirán una mayor rentabilidad. De este modo, el mayor coste de los recursos propios contrarrestará el efecto positivo inducido por la mayor participación de deuda con un coste menor. Pero incluso el tipo de interés aumentará también a partir de un cierto nivel de endeudamiento. En efecto, la mayor participación de la deuda, en términos relativos, en la financiación de la empresa, hará más arriesgado el prestarle dinero. Para hacerlo, el prestamista pedirá un interés creciente con el nivel de riesgo financiero.

Si se supone en el ejemplo que se comenta que la deuda alcanza la cifra de 2.000 unidades monetarias, los cálculos se modifican en el modo que se indica en el cuadro 14.4, en donde se considera que, de acuerdo con el razonamiento del párrafo anterior, K_e pasa

CUADRO 14.4.

BAII	600
Gastos financieros	260
Beneficio antes de impuestos	340
Impuestos (35 %)	119
Beneficio neto	221
K_e	0,15
Valor de mercado de las acciones	1.473
Valor de la deuda	2.000
Valor de la empresa	3.473

a ser, por ejemplo, el 15 por 100 y el coste medio de la deuda el 13 por 100.

La tasa de capitalización del beneficio asciende respecto a la situación anterior a

$$K_0' = \frac{600}{3.473} = 17{,}28\ \%$$

que después de impuestos da el coste de capital de la empresa

$$K_0 = 17{,}28 \times (1 - 0{,}35) = 11{,}23$$

Por tanto, superada la fase inicial positiva, al aumentar la proporción de deuda, el coste de capital se incrementa como consecuencia del mayor riesgo financiero, que induce a los accionistas y a los prestamistas a exigir una rentabilidad más elevada sobre su inversión. En esta situación se hablará de efecto negativo, es decir, el aumento de la participación de la deuda hará disminuir el valor de mercado de la empresa.

En la figura 14.1 se representan gráficamente los resultados obtenidos anteriormente. Se supone que K_e aumenta con el endeudamiento a partir de un cierto nivel (punto *A*), incorporando el hecho de que los accionistas penalizan el mayor riesgo financiero de la empresa. Análogamente, K_i puede mantenerse constante hasta el punto (*B*), en el que el riesgo se hace significativo,

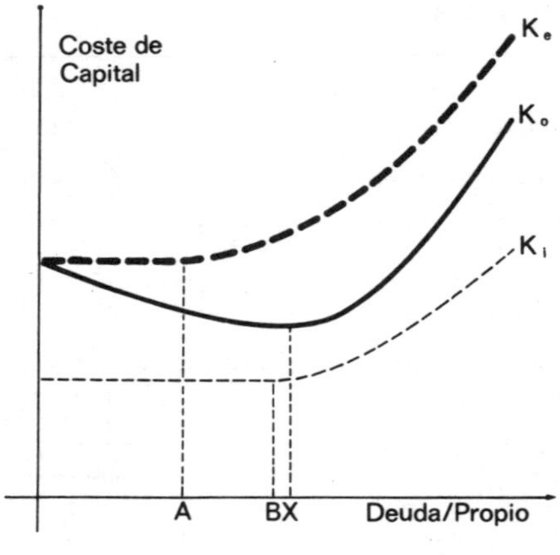

FIGURA 14.1. *Coste de capital mínimo.*

haciendo que los prestamistas exijan un interés cada vez mayor sobre la nueva deuda. En un primer intervalo, es posible disminuir el coste de capital de la empresa (K_0) debido a que la mayor utilización de deuda compensa en exceso el mayor coste de los recursos propios. Esto es especialmente claro hasta llegar al punto A, punto hasta el cual la tasa K_e se supone constante, por no alterarse el riesgo financiero.

Para un determinado endeudamiento (punto X), K_e se incrementa con mayor rapidez, anulando el efecto positivo de la introducción de más deuda. Posteriormente, K_0 aumentará aún con mayor rapidez, como consecuencia del incremento de K_i.

De acuerdo con este enfoque, la estructura financiera óptima corresponde a aquel valor del ratio de endeudamiento que hace mínimo el coste de capital. De este modo, el valor de mercado de la compañía se hace máximo, aumentando, por tanto, el patrimonio de sus accionistas.

14.3.2. COSTE DE CAPITAL CONSTANTE

Frente al modelo descrito en el epígrafe anterior, se ha formulado otro planteamiento que afirma, en esencia, que el coste de capital de la empresa es independiente de la composición de su financiación [6]. De acuerdo con este enfoque, que no considera los impuestos sobre beneficios, la posible reducción del coste de capital de la empresa, debido a una mayor financiación por deuda, se compensa por un incremento paralelo del coste de capital de los recursos propios (K_e'): si la empresa se endeuda más, los accionistas incorporarán el mayor riesgo financiero existente, exigiendo un aumento de su rentabilidad, medida como cociente entre beneficio neto e inversión o valor de mercado de la acción.

En la figura 14.2 se expresa la evolución del coste de capital de la empresa (K_0'), bajo las hipótesis de esta teoría alternativa y donde K_i' es el coste de la deuda antes de impuestos.

Este planteamiento, sin embargo, requiere aceptar en su primera formulación las siguientes restricciones:

— El mercado de capitales es perfecto, es decir, la información de las empresas es conocida por todos los inversores de forma inmediata. Además, todos los inversores actúan racionalmente tratando de maximizar su rentabilidad.

— No existen costes de intermediación en las transacciones de acciones y préstamos.

— No existen impuestos sobre el beneficio de sociedades ni sobre las rentas de capital.

El ejemplo que se describe a continuación, el cual asume que se cumplen las condiciones anteriores, ilustra el proceso de análisis de esta teoría. Para ello, el cuadro 14.5 compara determinados parámetros económico-financieros de dos empresas diferentes sólo en cuanto a su estructura de

[6] MODIGLIANI y MILLER, «The Cost of Capital, Corporation Finance, and the Theory of Investment», *American Economic Review,* junio 1958.

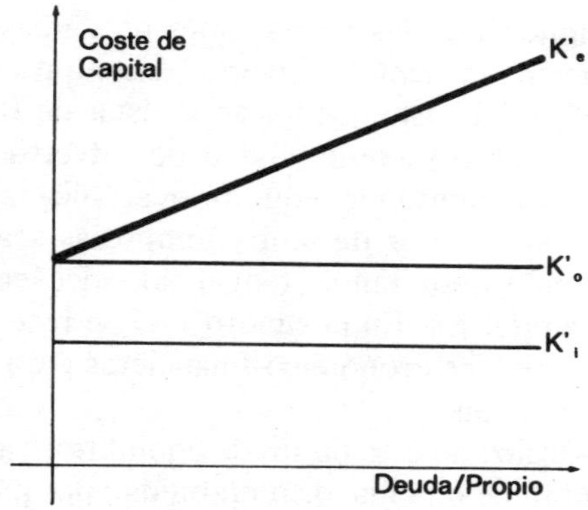

FIGURA 14.2. *Relación entre coste de capital y endeudamiento.*

financiación; se supone, pues, que su riesgo económico y su beneficio antes de intereses e impuestos son idénticos (esta última hipótesis se introduce para facilitar el análisis).

En dicho cuadro se admite que el coste de los recursos propios (K_e') de la empresa *B* es mayor que para la empresa *A*, pues los

CUADRO 14.5. *Evaluación de estructuras de financiación alternativas.*

	(MAGNITUDES EN UNIDADES MONETARIAS)	
	Empresa A	Empresa B
Recursos propios	600	300
Deuda (al 15 %)	—	300
Deuda/Recursos propios	0	1
BAII	100	55
Intereses	—	45
Beneficio	100	55
Coste recursos propios (K_e')	0,20	0,22
Valor de mercado de los recursos propios	500	250
Valor de la deuda	—	300
Valor de la empresa	500	550
Coste de capital (K_0')	20 %	18,18 %

accionistas de la *B* incorporarán el mayor riesgo financiero de la misma como consecuencia de su mayor endeudamiento. Respecto al coste de capital (K_0') de ambas empresas, en base a los supuestos considerados, se sitúa en el 20 por 100 para la empresa *A* y el 18,18 por 100 para la *B*. El primero coincide, lógicamente, con el coste de los recursos propios, puesto que no hay deuda.

El de la empresa *B* se puede calcular alternativamente como la media ponderada de los costes de los recursos propios y de la deuda, según se indica a continuación:

Fuente	Valor	Participación	Coste (%)	Contribución
Recursos propios	250	0,4546	22	10,00
Deuda	300	0,5454	15	8,18
		Coste de capital =		18,18 %

De acuerdo con los datos del cuadro 14.5, el valor de ambas empresas es distinto, explicándose esta diferencia en base a las distintas estructuras de financiación. Sin embargo, la teoría que se comenta considera que esta situación hipotética sería inestable, pues entraría a operar el arbitraje, de forma tal que un inversor racional de la empresa *B*, que fuese propietario de un 1 por 100 de la misma, en el contexto de las hipótesis explicitadas anteriormente, haría lo siguiente:

— Vendería su participación en la empresa *B*, valorada en 2,5 u. m.

— Pediría prestadas 2,5 u. m. al 15 por 100 (lo que exige pagar en intereses 0,375 u. m.).

— Invertiría las 5 u. m. de que dispone en la empresa *A*, con lo que poseería el 1 por 100 de la propiedad de la misma.

Como consecuencia de estas operaciones, su rentabilidad habría pasado del 22 por 100 inicial al 25 por 100, según se ilustra en el cuadro 14.6.

CUADRO 14.6.

	INVERSION EN EMPRESA	
	A	B
Beneficios del accionista.	1	0,55
Intereses sobre deuda personal	0,375	—
Beneficio neto	0,625	0,55
Inversión	2,5	2,5
Rentabilidad	25 %	22 %

El inversor ha conseguido aumentar su rentabilidad manteniendo constante su inversión. Además, el riesgo financiero también ha permanecido constante. En efecto, en la situación inicial la relación entre deuda y recursos propios de la empresa *B* era de 1. Ese ratio es el mismo que se obtiene al calcular la financiación de la cartera personal del inversor hipotético que se estudia: dispondrá de 2,5 u. m. procedentes de la venta de su participación en *B* y otras 2,5 de deuda.

CUADRO 14.7. *Situación de equilibrio.*

	Empresa A	Empresa B
Beneficio	100	55
Coste recursos propios (K_e)	19 %	24,3 %
Valor de mercado de los recursos propios	526,3	226,3
Valor de la deuda	—	300
Valor de la empresa	526,3	526,3
Coste de capital	19 %	19 %

Luego con la misma inversión propia (2,5) y el mismo riesgo financiero, el inversor obtiene mayor rentabilidad invirtiendo en la empresa *A*. Por ello los inversores venderán acciones de *B* y comprarán acciones de *A* haciendo que las cotizaciones de ambas se muevan en sentido inverso. Este proceso continuará hasta que los accionistas de *B* ya no mejoren su rentabilidad por invertir en *A*. Este punto de equilibrio se alcanzará cuando el valor de ambas empresas sea el mismo y, por tanto, tengan idéntico coste de capital K'_0. En el cuadro 14.7 se recogen las variables económico-financieras para esta situación.

Alcanzado este punto de equilibrio, ya no se obtiene una mayor rentabilidad por pasar de la empresa *B* a la *A*, o viceversa. En efecto, supóngase de nuevo el inversor que posee el 1 por 100 de la propiedad de la empresa *B*. Si vende esa propiedad recibiría 2,263 u. m. y si pide prestado al 15 por 100 otras 3 u. m. e invierte en la empresa *A*, obtendrá un beneficio de:

$5{,}263 \times 0{,}19 = 1$ menos los intereses que debe satisfacer

$3 \times 0{,}15 = 0{,}45$ lo que equivale a un beneficio neto de 0,55

Este valor coincide con la rentabilidad que obtenía en la empresa *B* (el 1 por 100 del beneficio o 0,55 u. m.).

Esta teoría concluye, pues, que la decisión de financiación de la empresa no afecta a su coste de capital. Sin embargo, esta conclusión se ve sujeta a una serie de críticas, entre las que se señalan las más importantes:

— Los inversores no están dispuestos a endeudarse a nivel personal en la misma proporción que lo puede hacer una empresa, pues son distintas las garantías que se ofrecen en uno y otro caso. Si la empresa quiebra, los accionistas pierden como máximo su inversión. Si el inversor se endeuda para adquirir acciones y éstas pierden todo el valor, los prestamistas pueden reclamar al individuo otras de sus propiedades.

— El tipo de interés de ese endeudamiento no tiene por qué ser igual al de la empresa.

— Los mercados de capitales perfectos no existen.

— El modelo es excesivamente sencillo, pues no considera ni los impuestos ni los costes de intermediación financiera.

Cuando se incorpora al análisis la incidencia del pago de impuestos sobre beneficios, esta teoría implica que se puede reducir el coste de capital de la empresa mediante el endeudamiento. Puesto que el pago de intereses es deducible a efectos fiscales, la inclusión de deuda reducirá el coste de capital medio de la empresa después de impuestos, según se expuso en el capítulo anterior.

En definitiva, las consecuencias sobre la decisión de financiación de la empresa de este planteamiento son las siguientes: *a*) si una empresa no paga impuestos sobre beneficios, la estructura de financiación es irrelevante, y *b*) sólo si paga impuestos será conveniente maximizar la participación de la deuda al objeto de reducir su coste de capital después de impuestos y maximizar así el valor de la empresa.

14.4. DETERMINACION DE LA ESTRUCTURA DE FINANCIACION

En el apartado 14.3.1 se ha planteado el tema de la estructura de financiación desde un punto de vista teórico. De acuerdo con este enfoque, la estructura de financiación óptima es aquella para la cual el coste de capital es mínimo: si la empresa se financia de acuerdo con la relación deuda/recursos propios asociada a esta situación, el valor de mercado de la empresa será máximo.

Sin embargo, en la práctica, esa relación de endeudameinto óptima es difícil de determinar, de tal forma que este enfoque del problema resulta poco operativo a la hora de estimar la estructura de financiación más apropiada para una empresa en concreto.

Por ello, en el presente epígrafe se describe una metodología que se ha mostrado útil para analizar esta cuestión. En esencia, este método consiste en simular el impacto sobre las variables financieras de la empresa, de emplear fuentes de financiación alternativas en el contexto de escenarios diferentes. En concreto, se estudia el impacto de la estructura de la financiación sobre rentabilidad, riesgo y liquidez de la empresa.

Supóngase una empresa con la siguiente estructura financiera, expresada en millones de pesetas.

Capital social	40
Reservas	20
Deuda	0
TOTAL	60

Al objeto de acometer una nueva inversión en activo fijo y capital circulante, precisa financiación por valor de 20 millones. Estos fondos pueden obtenerse mediante una de las dos alternativas siguientes:

1. Ampliación de capital al 200 por 100. Si el valor nominal de cada acción es de 1.000 pesetas y se emiten a 2.000 será preciso vender 10.000 nuevas acciones.
2. Contratando un préstamo a amortizar en cinco anualidades y con un coste del 14 por 100 sobre el saldo pendiente en cada año.

Una vez en funcionamiento la inversión, se estima que el beneficio anual antes de intereses e impuestos (BAII) oscilará entre 10 y 23 millones, siendo el valor más probable de 16 millones.

En el cuadro 14.8 se calcula la relación entre el beneficio por acción y el BAII para cada una de las dos alternativas en el primer año de explotación de la inversión.

En la figura 14.3 se representa gráfica-

CUADRO 14.8. *Relación entre BAII y beneficio por acción.*

(EN MILLONES DE PESETAS)

Hipótesis sobre el *BAII*	AMPLIACION DE CAPITAL			DEUDA		
	Pesimista	Media	Optimista	Pesimista	Media	Optimista
BAII	10	16	23	10	16	23
Gastos financieros	—	—	—	2,8	2,8	2,8
Beneficio antes de impuestos	10	16	23	7,2	13,2	20,2
Impuestos (36 %)	3,6	5,76	8,28	2,59	4,75	7,27
Beneficio neto	6,4	10,24	14,72	4,61	8,45	12,93
Número de acciones	50.000	50.000	50.000	40.000	40.000	40.000
Beneficio por acción (en pesetas)	128	204,8	294,4	115,2	211,2	323,2

mente la relación entre beneficio por acción y beneficio antes de intereses e impuestos para cada una de las dos alternativas de financiación. Para ello basta con unir los tres puntos (eje horizontal: BAII; eje vertical: beneficio por acción) para ambas alternativas. El resultado son dos líneas rectas que se cortan para un valor del BAII igual a 14 millones.

En dicha figura se observa que si el BAII es superior a 14 millones de pesetas, la financiación por deuda aumenta o apalanca positivamente el beneficio por acción. Por el contrario, para una rentabilidad menor, sucede a la inversa. De este modo se definen dos zonas diferenciadas: a la izquierda del punto de corte será preferible la financiación por ampliación de capital, mientras que a la derecha de este punto el endeudamiento apalanca positivamente el beneficio por acción. El término apalancamiento se aplica a este fenómeno por la similitud que guarda con el efecto mecánico conocido por el mismo nombre, analogía que queda de manifiesto en la figura 14.3.

Como conclusión del razonamiento anterior, puede afirmarse que, si se financian con deuda proyectos cuya rentabilidad económica es superior al coste de la misma, la rentabilidad del accionista aumentará en función del margen entre la rentabilidad de la inversión y el coste de la deuda.

En este planteamiento, sin embargo, se considera sólo el coste explícito de la deuda, es decir, el derivado de comparar los ingresos y desembolsos originados por el endeudamiento, como se explicó en el capítulo 13. En realidad, la deuda tiene un coste implícito debido al hecho de que la capacidad de endeudamiento no es ilimitada, es decir, que si se agota, en el futuro habrá que recurrir a financiación por recursos propios o tomar préstamos a un tipo de interés mayor. En este sentido, la deuda tiene un coste implícito, pues financiarse hoy con deuda puede significar tener que renunciar a ella en el futuro. Este tema se relaciona con la formulación del presupuesto de capital según el cual la financiación de un proyecto ha de estudiarse dentro del marco de la situación general y futura de la compañía.

Otro componente del coste implícito de la deuda es el derivado del mayor riesgo que implica. En la figura 14.3 la pendiente de la recta de deuda es mayor, lo cual señala que para una misma variación del BAII el beneficio por acción fluctúa entre un intervalo más amplio cuando la financiación es mediante deuda.

En efecto, para el ejemplo que se describe

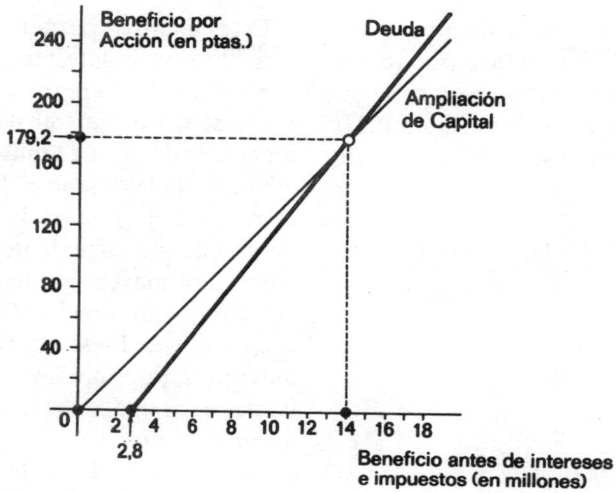

FIGURA 14.3. *Relación entre BAII y beneficio por acción.*

en el cuadro 14.8 se obtienen los datos que aparecen en el 14.9.

CUADRO 14.9.

Financiación	*BAII*	Beneficio por acción	Intervalo de variación del beneficio por acción
Ampliación de capital	10 16 23	128 204,8 294,4	166,4
Deuda	10 16 23	115,2 211,2 323,2	208

Para una misma variación del BAII, el beneficio por acción fluctúa más en el caso de financiación por deuda. En consecuencia, el efecto palanca positivo que se puede alcanzar en determinadas circunstancias tiene como contrapartida la introducción de un mayor grado de riesgo: variaciones del BAII repercuten amplificadamente sobre el beneficio por acción. Es decir, la variabilidad de la rentabilidad del accionista y, por tanto, su riesgo, es mayor cuanto mayor sea la deuda existente.

Otro aspecto importante que señala la figura 14.3 se refiere al punto de intersección de ambas rectas con el eje horizontal. Mientras la rentabilidad económica de la inversión antes de intereses sea positiva, la rentabilidad del accionista también lo será siempre y cuando la financiación sea por ampliación de capital. Por el contrario, cuando se financia con deuda es preciso obtener un beneficio antes de intereses superior a 2,8 millones, antes de que la rentabilidad del accionista sea positiva. Es decir, que si la compañía se endeuda, ha de obtener de sus inversiones un beneficio que permita cubrir al menos el pago de los intereses. Sólo a partir de ese punto será posible remunerar a los accionistas. El problema, sin embargo, es más complejo, pues si sólo se obtiene un margen capaz de pagar los intereses, ¿de dónde se obtendrán recursos para amortizar la deuda pendiente? En el siguiente apartado de este capítulo se desarrolla el análisis de este tema.

Volviendo a la figura 14.3, para obtener el punto de corte de ambas rectas, es decir, aquel nivel de beneficio antes de intereses e impuestos que iguala el beneficio por acción en ambas alternativas, basta resolver la siguiente ecuación, en la que la variable *BAII* es la incógnita y *D* representa el volumen de deuda existente:

$$\frac{BAII\,(1 - z)}{\text{n.}^{\text{o}}\text{ de acciones}} = \frac{(BAII - iD)(1 - z)}{\text{n.}^{\text{o}}\text{ de acciones}}$$

y para el ejemplo en estudio

$$\frac{BAII\,(1 - 0{,}36)}{50.000} =$$

$$= \frac{(BAII - 2.800.000)\,(1 - 0{,}36)}{40.000}$$

Resuelta esta igualdad, se calcula que el BAII de indiferencia, correspondiente al punto de corte de la figura 14.3, es de 14 millones de pesetas. Para este nivel de rentabilidad, el beneficio por acción es el mismo para ambas alternativas de financiación de la inversión.

En efecto, repitiendo el método de cálculo del cuadro 14.8 para un BAII de 14 millones, se comprueba el resultado anterior, según aparece en el cuadro 14.10.

CUADRO 14.10.

	Ampliación capital	Deuda
BAII (en millones)	14	14
Intereses (ídem)	—	2,8
Beneficio antes de impuestos (ídem)	14	11,2
Impuestos (ídem)	5,04	4,03
Beneficio neto (ídem)	8,96	7,17
Número de acciones	50.000	40.000
Beneficio por acción en pesetas	179,2	179,2

Este análisis permite, pues, establecer una base para determinar la política de financiación de la empresa. Si se estima que el BAII será superior al del punto de indiferencia, es decir, a 14 millones, la alternativa deuda sería la deseable. Por el contrario, en la medida en que el BAII disminuya por debajo de esa cifra, la desventaja de endeudarse será mayor, pudiendo llegar incluso a crear problemas de insolvencia financiera en el caso de que fuese inferior a 2,8 millones, y aun antes, pues no hay que olvidarse de que la deuda exige unos desembolsos para su amortización.

La figura 14.3 puede completarse en el sentido de incluir los pagos imprescindibles que ha de efectuar la empresa con cargo a su cash-flow. Para ello, se calculan estos desembolsos para cada alternativa. Suponiendo, por ejemplo, un dividendo por acción de 60 pesetas, se pueden efectuar los cálculos como se indica en el cuadro 14.11.

CUADRO 14.11.

	Ampliación de capital	Deuda
Dividendo por acción	60	60
Número de acciones	50.000	40.000
Dividendo a pagar	3.000.000	2.400.000
Devolución de la deuda	—	4.000.000
Desembolso total	3.000.000	6.400.000
Desembolso por acción	60	160

Este cuadro no incluye el pago de intereses ni de impuestos, pues están ya deducidos al calcular el beneficio neto por acción.

Para calcular la devolución de la deuda se ha tenido en cuenta que se han de amortizar 20 millones en cinco años, lo cual supone desembolsar cuatro millones por año. Supóngase además que la cuota de amortización anual del activo fijo es de 2 millones de pesetas, cifra que sumada al beneficio neto expresa el cash-flow de la empresa después de impuestos.

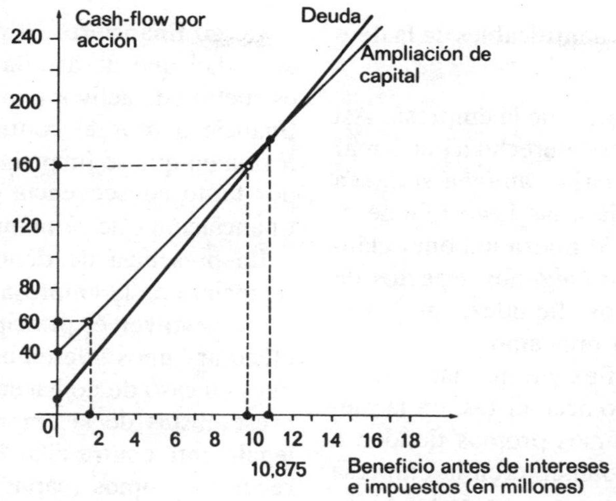

FIGURA 14.4. *Relación entre BAII y cash-flow.*

Con estos datos resulta sencillo completar la figura 14.3, según muestra la 14.4, incluyendo el desembolso por acción que ha de efectuarse en cada alternativa, de modo que se satisfaga al prestamista y al accionista y sustituyendo el beneficio por acción por el cash-flow por acción. Eso implica sumar 40 pesetas al beneficio por acción de la figura 14.3 en la alternativa de ampliación de capital y 50 en la deuda, puesto que hay 50.000 y 40.000 acciones, respectivamente.

La figura 14.4 indica qué nivel mínimo del BAII hay que alcanzar de modo que los recursos generados por la inversión sean capaces de pagar el dividendo y devolver el principal de la deuda sin necesidad de recurrir a financiación externa. De nuevo explicita el mayor riesgo financiero de la deuda, pues es preciso obtener un BAII de casi 10 millones para hacer frente a esos desembolsos, mientras que en el caso de la ampliación de capital, el nivel mínimo necesario del beneficio para poder pagar el dividendo es inferior a dos millones de pesetas. Es decir, si se produce la hipótesis pesimista, la empresa podrá hacer frente, con el cash-flow, a las cargas de financiación total (propia y ajena) en el caso de financiación por deuda, pero sólo con un margen muy escaso.

En resumen, la financiación mediante deuda aumenta la rentabilidad de los recursos propios en la medida en que el coste de la misma o tipo de interés sea inferior a la rentabilidad generada por la inversión. En general, el coste de la deuda es inferior al coste de los recursos propios, fundamentalmente por dos razones:

— Los intereses son deducibles a efectos fiscales.

— El riesgo que asume el prestamista es inferior al del accionista y, por tanto, éste exigirá que su rentabilidad incorpore una prima en correspondencia con el riesgo. Recuérdese que en caso de liquidación de la compañía, el prestamista tiene preferencia sobre el accionista para recuperar su inversión. Igual prioridad tiene el interés sobre el dividendo en el caso de que el BAII sea escaso.

En los párrafos anteriores se han descrito las condiciones en las que la financiación por deuda puede resultar económicamente más conveniente que los recursos propios.

Otras ventajas no cuantificables de la deuda son las siguientes:

— No afecta al control de la empresa. Así como el accionista tiene derecho a participar en la gestión empresarial, aunque sólo sea mediante la asistencia a las Juntas Generales, el prestamista sólo podrá imponer cláusulas restrictivas sobre algunos aspectos de la gestión (dividendos, liquidez, etc.) a la hora de concertar el préstamo.

La deuda es más flexible que las aportaciones de los socios o accionistas, en la medida en que los recursos propios tienden a permanecer indefinidamente en la empresa y, por tanto, habrá que remunerarlos todos los años. Por el contrario, la deuda sólo permanecerá en la empresa durante el plazo por el que se haya contratado, e incluso menos, si se acuerda amortizar por anticipado. En este sentido, es posible regular la cantidad de deuda, de modo que se adapte al nivel de inversión de la empresa.

— En determinadas circunstancias, la deuda es más fácil de conseguir que nuevas aportaciones de los accionistas. Esto es especialmente cierto en períodos de crisis, cuando el accionista tiene menos confianza en la inversión. En estos casos, la deuda puede conseguirse en la medida en que se avale convenientemente o se asegure su devolución mediante el respaldo de activos concretos de la empresa.

14.5. CAPACIDAD DE ENDEUDAMIENTO

El riesgo de una empresa puede cuantificarse, básicamente, como el grado de variación que pueda experimentar su beneficio y, en concreto, en la posibilidad de que éste pueda descender por debajo del nivel esperado. Dos son los componentes de este riesgo, según se expuso en el capítulo 1: el denominado riesgo operativo o económico y el riesgo financiero. El primero surge de la actividad que desarrolla la empresa, de su estructura de activos o inversiones. El riesgo financiero, por el contrario, se debe a la forma en que se financia la empresa, siendo por tanto consecuencia de la estructura de financiación que se mantenga.

La presencia de deuda en la estructura financiera de la empresa exige pagar intereses y devolver el principal, lo cual implica efectuar unos desembolsos obligatorios, pues en caso de no hacerlo, los acreedores o prestamistas de la empresa podrían actuar legalmente contra ella. Por el contrario, los recursos propios (capital social y reservas) no suponen pagos necesariamente. Si un ejercicio económico ha sido desfavorable, el dividendo puede reducirse o incluso anularse. No sucede igual con la deuda, que ha de ser remunerada y amortizada con independencia de los resultados económicos del ejercicio.

Por ello, e igual que el análisis de inversiones exige evaluar como un elemento crítico el riesgo inherente a las mismas, el estudio de la capacidad de endeudamiento debe contemplar el riesgo financiero generado por la participación de deuda en el pasivo de la empresa.

La presencia de deuda, que en determinadas situaciones, tal como se ha analizado en el apartado anterior, apalanca favorablemente el beneficio, aumentando la rentabilidad para el accionista, tiene como contrapartida la desventaja de que induce un mayor riesgo financiero, puesto que exige unos desembolsos obligatorios que pueden deteriorar el beneficio y la liquidez.

Por esta razón, un aspecto muy importante, de cara a fijar la estructura de la financiación, consiste en evaluar la capacidad de endeudamiento de la empresa, es decir, qué proporción de deuda puede emplear para financiar sus inversiones de modo que se alcance un equilibrio satisfactorio entre rentabilidad y riesgo.

Un procedimiento simple para calcular la capacidad de deuda consiste en determinar la relación entre deuda y financiación total. Si el endeudamiento de una empresa es de 15 millones y el total de recursos empleados asciende a 75 millones, este ratio valdrá:

$$\text{Endeudamiento: } \frac{15}{75} = 0{,}20$$

es decir, el 20 por 100. Para poder tomar una decisión sobre lo acertado de este valor habrá que compararlo con el ratio que se considere apropiado en base a las características de la empresa y del sector en el que opere, así como a los valores que haya tomado en el pasado, de acuerdo con la metodología expuesta en el capítulo 5.

Si se considera deseable un ratio de 0,25, por ejemplo, la capacidad de endeudamiento X de la empresa o la nueva deuda que podría asumir, sin aumentar los recursos propios, sería:

$$\frac{15 + X}{75 + X} = 0{,}25; \quad X = 5$$

es decir, cinco millones. La estructura financiera, por tanto, podría estar compuesta por 20 millones de deuda y 60 de recursos propios.

Un método más apropiado para evaluar el riesgo financiero de una empresa consiste en estimar su capacidad para hacer frente a los desembolsos exigidos por su estructura financiera. En la medida en que disponga de liquidez suficiente para hacer frente a esos pagos, la probabilidad de insolvencia será pequeña y, en consecuencia, también lo será el riesgo financiero.

Dos son los ratios que se emplean con mayor frecuencia para evaluar este riesgo. Ambos relacionan los desembolsos de la deuda con la capacidad de la empresa para hacer frente a esos desembolsos. El más sencillo es el ratio de cobertura de intereses, que se calcula dividiendo el beneficio antes de intereses e impuestos del período entre los intereses a pagar sobre la deuda en dicho período. En realidad, expresa el número de veces que se pueden pagar los intereses de la deuda pendiente de amortización con el beneficio obtenido.

$$\text{Cobertura de intereses} = $$
$$= \frac{\text{Beneficio antes de intereses e impuestos}}{\text{Intereses}}$$

Un valor de este ratio inferior a la unidad indica que la rentabilidad económica resulta insuficiente para hacer frente a los intereses y, por tanto, habrá pérdidas. Cuanto mayor sea este ratio, mayor será la seguridad de poder pagar los intereses.

La cobertura de intereses debe de definirse anticipadamente, es decir, la empresa adoptará una política de endeudamiento de tal forma que la relación entre beneficio previsto e intereses a pagar no baje del valor estipulado. De este modo se cubrirá el riesgo de obtener pérdidas en el caso de que el beneficio real sea menor que el previsto.

No es posible establecer un valor general para este ratio. Un valor apropiado para una determinada empresa será función de la variabilidad de su beneficio. Una empresa con beneficio estable puede tener un ratio de cobertura de intereses inferior que otra que experimente fuertes oscilaciones de su beneficio de un año a otro. En este caso, el ratio de cobertura debe incluir un margen, al objeto de cubrir los intereses en los años desfavorables, cuando el beneficio obtenido sea inferior al previsto.

El mayor inconveniente de este índice consiste en que a la deuda no sólo hay que remunerarla, sino que también hay que amortizarla en los plazos convenidos. De hecho, un ratio igual a uno indica que el beneficio se destinará íntegramente a pagar los intereses, y en ese caso, ¿cómo se devolverá la deuda?: la inversión sería incapaz de generar fondos para recuperar la financiación empleada. Por ello, un segundo ratio más completo es el llamado de cobertura de desembolsos financieros, que relaciona el beneficio antes de intereses e impuestos con todos los desembolsos que exige la deuda (intereses más devolución del principal):

$$\text{Cobertura de desembolsos financieros} = \\ = \frac{\text{Beneficio antes de intereses e impuestos}}{\text{Intereses} + \text{amortización deuda } \left(\frac{1}{1 - z}\right)}$$

donde z es el tipo impositivo aplicable al beneficio de sociedades. El paréntesis del denominador se incluye para considerar el hecho de que la devolución de la deuda se efectúa con fondos que quedan después de pagar impuestos. Es decir, si hay que devolver un préstamo de 100, será preciso obtener un beneficio antes de impuestos de

$$\frac{100}{1 - 0{,}35} = 153{,}8$$

En efecto, obtenido este beneficio habrá que pagar en concepto de impuestos el 35 por 100 de 153,8 (53,8), quedando 100 para la cancelación de la deuda.

Este ratio indica cuántas veces cubre el beneficio a los pagos derivados de la deuda. Un valor igual a la unidad indica que el beneficio es suficiente para pagar los intereses, los impuestos sobre beneficios y la devolución del principal

La amortización es un componente del cash-flow de la empresa o fondos generados internamente por la misma. En este sentido, los fondos debidos a la amortización podrían aplicarse, llegado el caso, a cubrir los pagos de devolución de la deuda, aunque su dotación se efectúe para financiar las inversiones de reposición. Por ello, el ratio de cobertura de desembolsos financieros puede corregirse incluyendo en el numerador la amortización anual. El cash-flow debe ser suficiente para hacer frente a los pagos financieros; lo contrario introduciría desequilibrios en la marcha financiera de la empresa.

Con este planteamiento, la empresa dispone del cash-flow antes de intereses e impuestos para pagar intereses y devolución del principal. El ratio de cobertura de desembolsos financieros queda en la forma:

$$\text{Cobertura de desembolsos financieros} = \\ = \frac{\text{Beneficios antes de intereses e impuestos} + \\ + \text{amortización}}{\text{Intereses} + \dfrac{\text{Devolución de la deuda}}{1 - Z^*}}$$

El tipo impositivo a aplicar sobre la devolución de la deuda ya no coincide con el tipo impositivo sobre beneficios, pues hay que tener en cuenta que la amortización no es imputable para el pago de impuestos. En efecto, para devolver 100 unidades de deuda no hay que obtener

$$\frac{100}{1 - 0{,}35} = 153{,}8$$

de cash-flow, pues el tipo impositivo del 35 por 100 sólo se aplica sobre el beneficio. Para incorporar este hecho hay que corregir el tipo impositivo del siguiente modo:

$$z^* = z \times \frac{\text{Beneficio después de intereses}}{\text{Beneficio después de intereses} + \\ + \text{amortización}}$$

Mientras el primero de los dos ratios de cobertura formulados pone su énfasis en la cuenta de explotación, evaluando la posibilidad de incurrir en pérdidas, el segundo (en sus dos modalidades) se centra fundamentalmente en el análisis de la liquidez de la empresa analizando el «colchón», si existe, de tesorería generada frente a los desembolsos financieros. Lo que reste del beneficio (o del cash-flow) después de hacer frente a la deuda queda disponible para invertir en nuevos activos o para distribuir dividendos.

Estos dos ratios pueden emplearse para determinar la cantidad de deuda que puede admitir una empresa, tal como se muestra en el ejemplo del cuadro 14.12.

CUADRO 14.12.

Cuenta de explotación prevista (resumen)	Unidades monetarias
Beneficio antes de intereses e impuestos...	63
Intereses	7
Beneficio	56
Impuestos(35 %)	19,6
Beneficio neto	36,4

Si se supone que el mínimo ratio aceptable de cobertura de intereses es de 4, que el interés de la nueva deuda es del 14 por 100 y su plazo de amortización de cinco años, el problema consiste en determinar cuánta nueva deuda puede asumir esta empresa. Para un beneficio antes de intereses e impuestos estable de 63, el ratio de 4 implica que se pueden pagar hasta $\frac{63}{4} = 15{,}75$ u. m. de intereses al año, los cuales representan, después de deducir los intereses sobre la deuda ya existente, $15{,}75 - 7 = 8{,}75$ disponibles para hacer frente a la nueva deuda, que podrá ascender, por tanto, a $\frac{8{,}75}{0{,}14} = 62{,}5$ u. m., puesto que el tipo de interés es del 14 por 100.

El cálculo anterior se debe complementar de modo que se incluyan los pagos necesarios para amortizar la deuda. En este sentido, si la empresa ha de devolver 15 unidades monetarias debido a la deuda ya contraída y el ratio mínimo aceptable de cobertura de desembolsos financieros es 2, los desembolsos financieros máximos serán:

$$\frac{63}{2} = 31{,}5$$

Estos desembolsos se componen de:

Intereses sobre la deuda antigua $= 7$

Amortización deuda antigua antes de impuestos $= \dfrac{15}{1 - 0{,}35} = 23{,}1$

Intereses deuda nueva $= i \times D = 0{,}14 \times D$

Amortización nueva deuda $= \dfrac{D}{5} \times \dfrac{1}{1 - 0{,}35}$

Siendo D el volumen de nuevo endeudamiento que puede aceptar la empresa, de acuerdo con las condiciones estipuladas. Por tanto, D se obtendrá resolviendo la ecuación:

$$31{,}5 = 7 + 23{,}1 + 0{,}14 \times D + \frac{D}{5} \times \frac{1}{1 - 0{,}35} \; ; \quad D = 3{,}13$$

Luego la capacidad de endeudamiento no podría ser de 62,5, como se calculó anteriormente, sino que se limitaría a 3,13 unidades, al objeto de ajustarse a los límites fijados por la política financiera de la compañía.

Los cálculos arriba expuestos pueden modificarse para incluir todos los ingresos y desembolsos fijos a que ha de hacerse frente necesariamente. En este sentido deberían considerarse los dividendos, pues en caso de no pagarlos la posición de la empresa en el mercado de valores se deterioraría considerablemente. Igualmente, hay que incluir las inversiones de reposición, necesarias para mantener la capacidad de producción y, por tanto, la situación de la empresa en el mercado. Las inversiones de reposición comprenden las referentes al activo fijo, así como el incremento del capital circulante que se origina en épocas de inflación aun cuando el número de unidades físicas vendidas permanezca constante. Además habrá que incluir como ingresos los fondos retenidos en la empresa como consecuencia de la amortización practicada sobre el activo fijo. Este ratio, más elaborado, que relaciona los fondos generados por la empresa con los desembolsos obligatorios, se calcula, pues, de la siguiente forma:

$$\text{Cobertura de desembolsos imprescindibles} = $$
$$= \frac{\text{Beneficio antes de intereses e impuestos} + \text{amortización}}{\text{Intereses} + \text{impuestos} + \text{devolución deuda} + \text{dividendo} + \text{inversión reposición}}$$

El objeto de este ratio es comparar los recursos generados por la empresa con los desembolsos a los que debe satisfacer dentro de una sana situación financiera. Se entiende, por ejemplo, que, en principio, una inversión de expansión no tiene necesariamente que ser financiada con recursos generados internamente. Para financiarla se podrá acudir total o parcialmente a una ampliación de capital o al endeudamiento. Pero lo que sí es importante es que los fondos generados por la explotación de los activos de la empresa permitan, al menos, mantener su dimensión actual, su nivel de operación, sin recurrir a inmovilizar nuevos fondos obtenidos externamente.

14.6. PLAZO DE ENDEUDAMIENTO

Como se indicó anteriormente, la política de endeudamiento de la empresa exige básicamente dar respuesta a las dos siguientes cuestiones: qué proporción debe existir entre deuda y recursos propios y a qué plazo debe contratarse la deuda. Los elementos y técnicas fundamentales de que dispone la teoría financiera al objeto de evaluar las posibles alternativas para decidir sobre el ratio de endeudamiento adecuado han sido expuestos en apartados anteriores de este capítulo. En este epígrafe se describen los criterios que pueden considerarse a la hora de decidir sobre el plazo temporal a que debe endeudarse la empresa.

Una vez establecida la proporción de deuda que debe existir en el pasivo del balance, de modo que satisfaciéndose las necesidades de fondos que exige el desarrollo de las operaciones, los accionistas se beneficien del apalancamiento financiero sin incurrir en un riesgo excesivo, es preciso decidir el plazo de amortización de la deuda. Frecuentemente esta decisión viene determinada por las restricciones introducidas por la situación del mercado financiero, pero en el caso de que el responsable financiero de la empresa disponga de varias alternativas en cuanto a la permanencia de la deuda en la estructura de financiación, deberá tomar una decisión sobre el tema.

Al objeto de simplificar el análisis de este problema se diferenciarán sólo dos tipos de deuda en función de su plazo de amortización. Se denominará deuda a corto a aquella que tiene un vencimiento inferior a un año. La deuda que tiene un vencimiento mayor se entenderá que es a largo plazo. En la práctica esta diferenciación es a veces equívoca, puesto que frecuentemente préstamos que contractualmente son a corto plazo, de hecho son renovables automáticamente. En este sentido, este tipo de endeudamiento debe contemplarse como si fuera a largo plazo.

Planteado así el problema, a continuación se describen las ventajas que, en general, son inherentes a cada tipo de deuda, así como los criterios que en la práctica permiten adoptar una decisión respecto al plazo al que se debe contratar la deuda.

Como principio general puede formularse que la estructura de vencimientos de la deuda debe estar sincronizada con el flujo de ingresos generados por las inversiones de la empresa. En consecuencia, un primer criterio a aplicar consiste en hacer compatible, en el tiempo, el flujo de pagos obligados por la deuda con los ingresos obtenidos de las operaciones.

Además, el endeudamiento a corto plazo presenta dos ventajas importantes sobre los recursos ajenos a largo: su coste suele ser menor y su flexibilidad mayor.

Respecto al primer punto, el tipo de interés aumenta con el plazo de inmovilización de los fondos, ya que el riesgo en que incurre el prestamista crece con el tiempo, pues la evolución de un negocio puede deteriorarse en mayor medida cuando el período considerado es mayor. Una empresa que hoy presenta una situación saneada probablemente la mantenga en el corto plazo, pero cuando éste aumenta, la incidencia del entorno y la evolución de síntomas hoy embrionarios pueden desarrollarse y manifestarse en toda su gravedad. Por ello, parece lógico pensar que el prestamista exigirá una remuneración creciente al hacerlo el plazo al que cede los fondos.

En cuanto al segundo aspecto, la deuda a corto plazo siempre proporciona una mayor flexibilidad que la deuda a largo plazo. Por flexibilidad se entiende la posibilidad de adoptar decisiones reversibles; en este caso, la capacidad de la empresa para aumentar o disminuir la financiación según lo exijan las necesidades de inversión o desinversión del activo. En este sentido debe existir, como se ha indicado anteriormente, una sincronización entre la aplicación y el origen de fondos. Si, por ejemplo, se financia con deuda a largo plazo un incremento temporal de los stocks, inducido por la situación transitoria del mercado, cuando la inversión en stocks disminuya a su nivel normal, la empresa dispondría de un exceso de fondos improductivos. Bien es cierto que para evitar mantener una liquidez no rentable cabrían dos alternativas: amortizar la deuda anticipadamente o invertir el excedente de liquidez en una inversión financiera a corto plazo. Ambas supondrán en general un coste adicional: la primera solución incorporará una penalización, mientras que en la segunda, la rentabilidad no logrará cubrir, probablemente, el coste de la financiación.

Las ventajas inherentes a la deuda a largo plazo se asocian con dos factores: menor vulnerabilidad a oscilaciones en los tipos de interés y menor necesidad de renegociar la deuda.

El primer aspecto adquiere mayor relevancia en épocas de inflación y restricciones crediticias. Si los tipos de interés tienden a incrementarse, será conveniente negociar la deuda a largo plazo. En la actualidad, esta actuación se ve limitada por la aparición de operaciones a interés variable, el cual fluctúa con el mercado (véase capítulo 15).

En cuanto al segundo factor, es más conveniente negociar una financiación cada cinco años, por ejemplo, que hacerlo anualmente. No sólo los costes de intermediación serán menores, sino que también la seguridad será mayor, pues se omite el riesgo de ver rechazada la solicitud en un momento determinado, en épocas de recesión, por ejemplo, por la situación del mercado monetario o por vicisitudes temporales internas a la empresa. Además, es importante señalar que se reducirán los costes de gestión, expresados en el tiempo que ha de dedicar la gerencia a la renegociación de los préstamos.

14.7. ENDEUDAMIENTO E INFLACION

La teoría convencional de las finanzas plantea que resulta económicamente rentable el endeudamiento en una situación inflacionaria, pues, a su vencimiento, se devuelven unidades monetarias con un poder adquisitivo inferior a las que se recibieron originalmente. Sin embargo, es preciso completar esta afirmación para evaluar la incidencia de la inflación sobre la situación de endeudamiento. Para ello se analizará primeramente la relación entre la estructura de los activos y el endeudamiento, para contemplar posteriormente la incidencia de la inflación.

En la discusión que sigue se denominará posición acreedora neta de la empresa a aquella en la cual los activos monetarios [7] que mantiene son superiores a las deudas que ha contraído. En caso contrario se hará referencia a una posición deudora neta.

En un entorno inflacionario, la situación financiera neta de la empresa influye sobre la valoración del patrimonio. En efecto, supóngase las dos empresas caracterizadas por los balances resumidos, expresados en unidades monetarias corrientes, que se indican en el cuadro 14.13.

CUADRO 14.13.

	Empresa A	Empresa B
Activos monetarios	5	95
Activos operacionales	100	10
TOTAL	105	105
Deuda	20	60
Recursos propios	85	45
TOTAL	105	105

Tal y como muestran dichos balances, la empresa B se halla más endeudada que la A, por lo que en una situación de inflación el enfoque clásico considera que los accionistas de la empresa B se beneficiarán de un mayor apalancamiento. Sin embargo, el efecto final relativo depende de la situación financiera neta, como se analiza a continuación.

Si se incrementa el nivel general de precios en un 10 por 100, por ejemplo, el valor de los activos operacionales aumentará paralelamente en un porcentaje similar. Aunque esta revalorización no tiene que coincidir con el 10 por 100 global, supóngase que por término medio así sucede. Por ello, la situación de la empresa A, una vez actualizado su balance, será la recogida en el cuadro 14.14.

CUADRO 14.14.

	Empresa A
Activos operacionales	110
Activos monetarios	5
TOTAL	115
Deuda	20
Recursos propios	85
Revalorización de activos	10
TOTAL	115

Puesto que el valor de la deuda permanece inalterable en su valor contractual, se han regularizado los recursos propios para incorporar el mayor valor de los activos de la empresa. De hecho, los propietarios habrán experimentado una revalorización de su patrimonio, pasando éste de 85 a 95, con un incremento del 11,7 por 100. Es decir, la

[7] Se denominan activos y pasivos monetarios a aquellos que están valorados en pesetas corrientes y que pierden valor por la disminución del valor adquisitivo de la unidad monetaria en la que están expresados. Tal es el caso de las cuentas de Caja y Bancos, Clientes y Proveedores. A los activos no monetarios se les denomina operacionales y se valoran en pesetas del momento en que se adquirieron.

propiedad de los accionistas ha más que recuperado la inflación debido a la posición deudora neta de la empresa.

Por el contrario, la empresa B, más endeudada en términos absolutos, verá reducido el valor de sus recursos propios, en pesetas constantes, como consecuencia de mantener una posición acreedora neta.

En efecto, en este caso, el balance actualizado es el expresado en el cuadro 14.15.

Como los activos operacionales se incrementan en un 10 por 100, pasarán de figurar con un valor contable de 10 u. m. a contabilizarse por 11 u. m., por lo que los recursos propios se deberán actualizar por el mismo importe. Por ello pasan de 45 a 46 unidades monetarias, es decir, experimentan una revalorización en pesetas corrientes del 2,2 por 100, inferior a la tasa de inflación habida. Por ello, en la situación B, el efecto positivo derivado de la deuda mantenida se halla más que compensado por la pérdida monetaria inducida por la estructura de activos que mantiene.

En resumen, la situación financiera neta de la empresa ha de contemplarse como una política activa, puesto que en un entorno inflacionario va a ejercer un efecto sobre la valoración de los recursos propios. La regla tradicional que afirma que un mayor endeudamiento favorece la valoración del patrimonio de los accionistas ha de incorporar también la estructura de activos de la empresa.

CUADRO 14.15.

	Empresa B
Activos operacionales	11
Activos monetarios	95
TOTAL	106
Deuda	60
Recursos propios	45
Revalorización de activos	1
TOTAL	106

APENDICE

ANEXO 1. *Determinación de los tipos de interés a los que la deuda es preferible a los recursos propios.*

En este anexo se determina matemáticamente aquel tipo de interés de la deuda por encima del cual no interesa a la empresa un endeudamiento mayor. Los cálculos se realizan para dos alternativas distintas, según se indica a continuación. Para ambos casos se parte de la fórmula [2], en los términos en los que se expuso en el apartado 14.2.

CASO 1

En esta situación se trata de determinar hasta qué tipo de interés límite es económicamente conveniente sustituir recursos propios por deuda. Si inicialmente la rentabilidad financiera antes de impuestos viene expresada por

$$RF = ROI + e_0\,(ROI - i_0) \qquad [4]$$

se trata de determinar el tipo de interés frontera I_n por encima del cual la sustitución arriba indicada no es aconsejable. Para ello se supondrá que la rentabilidad económica ROI permanece constante, cumpliéndose que

Situación actual	*Nueva situación*
$e_0 = \dfrac{D_0}{RP_0}$	$e_n = \dfrac{D_0 + D_n}{RP_n}$
$i_0 = I_0$	$i_n = \dfrac{I_0 D_0 + I_n D_n}{D_0 + D_n}$
$AN_0 = RP_0 + D_0$	$AN_n = RP_n + D_n$

donde el significado de las variables es el siguiente:

e : ratio de endeudamiento.
D : deuda.
RP : recursos propios.
I : interés.
i : interés medio.
AN: activo neto.

y los subíndices *o* y *n* refieren a cada variable a la situación de partida y final, respectivamente. De acuerdo con la nomenclatura anterior se cumple que:

$$D_n = RP_0 - RP_n$$
$$AN_0 = AN_n$$

y aplicando la fórmula [4] a la situación final se obtiene

$$RF_n = ROI + \frac{D_0 + D_n}{RP_n} \left| ROI - \frac{I_0 D_0 + I_n D_n}{D_0 + D_n} \right|$$
$$= ROI + \frac{D_0}{RP_n}(ROI - I_0) + + \frac{D_n}{RP_n}(ROI - I_n)$$
$$= ROI + \frac{D_0}{RP_n}(ROI - I_0) + + \frac{RP_0 - RP_n}{RP_n}(ROI - I_n)$$
$$= \frac{RP_0}{RP_n}\left| ROI + \frac{D_0}{RP_n}(ROI - I_0) \right| + + I_n \left(1 - \frac{RP_0}{RP_n}\right)$$

y sustituyendo

$$1 - \frac{RP_0}{RP_n} = \frac{RP_n - RP_0}{RP_n} = \frac{-D_n}{RP_n}$$

y simplificando resulta

$$RF_n = RF_0 + \frac{D_n}{RP_n}(RF_0 - I_n)$$

por lo que

$$RF_n - RF_0 = \frac{D_n}{RP_n}(RF_0 - I_n)$$

y en consecuencia se deduce que RF_n será mayor que RF_0 si RF_0 es mayor que I_n; es decir, que en este caso, la rentabilidad financiera de la empresa se incrementará al sustituir recursos propios por deuda, cuando el interés de la nueva deuda sea inferior a la rentabilidad financiera inicial. En caso contrario la operación de sustitución de recursos descrita no será conveniente.

CASO 2

Ahora se trata de calcular el tipo de interés máximo para el cual es aconsejable aumentar la financiación total mediante un mayor endeudamiento, manteniendo constantes los recursos propios y para una rentabilidad económica determinada.

En esta situación se cumple que

$$RF_0 = ROI + \frac{D_0}{RP}(ROI - I_0) \text{ y}$$

$$RF_n = ROI + \frac{D_0 + D_n}{RP}\left(ROI - \frac{I_0 D_0 + I_n D_n}{D_0 + D_n}\right)$$
$$= ROI + \frac{D_0}{RP} ROI + \frac{D_n}{RP} ROI - - \frac{D_0 + D_n}{RP}\left(\frac{I_0 D_0 + I_n D_n}{D_0 + D_n}\right)$$
$$= RF_0 + \frac{D_n}{RP} ROI - \frac{I_n D_n}{RP}$$

por lo que

$$RF_n - RF_0 = \frac{D_n}{RP}(ROI - I_n)$$

De esta expresión se deduce que interesará aumentar la financiación por deuda, y en consecuencia, la inversión, siempre y cuando la rentabilidad económica ROI sea mayor que el tipo de interés de la nueva deuda.

CAPITULO 15

GESTION DE LOS RIESGOS DE INTERES Y DE CAMBIO

SUMARIO: 15.1. Introducción.—15.2. El riesgo por tipo de interés.—15.3. Entidad del riesgo de interés.—15.4. Cuantificación del riesgo del interés.—15.5. Instrumentos de cobertura: 15.5.1. Acuerdo de interés futuro (FRA). 15.5.2. Permuta de intereses (SWAP). 15.5.3. Opciones sobre tipos de interés.—15.6. Incidencia del tipo de cambio sobre los resultados.—15.7. Instrumentos de cobertura interna.—15.8. Instrumentos de cobertura externa: 15.8.1. Contratos a plazo. 15.8.2. Inversión y financiación en divisas. 15.8.3. SWAPS de divisa. 15.8.4. Opciones de divisa.—15.9. Criterios de gestión del riesgo.

15.1. INTRODUCCION

En los últimos años el sistema financiero español ha experimentado cambios profundos que lo han equiparado, cada vez más, a la operativa de otros países de nuestro entorno económico. Esta convergencia responde a la apertura de nuestra economía al sector exterior y a la progresiva necesidad de comeptir en un ámbito de mayores dimensiones que el estrictamente doméstico. Como consecuencia de este proceso, las entidades financieras han comenzado a ofertar a las empresas, en el marco de una legislación más flexible, una serie de productos financieros de indudable interés para satisfacer mejor las exigencias del entorno en el que tiene lugar la actuación empresarial. En concreto, dos áreas de gestión que se han visto favorecidas por estas innovaciones son las referidas a la gestión de los riesgos de tipo de interés y de cambio. En la actualidad, existen disponibles instrumentos mediante los cuales la empresa española puede aplicar una política activa y controlar eficazmente la incidencia sobre sus resultados de las fluctuaciones que, quizás con mayor intensidad, experimentan estos dos parámetros del entorno financiero.

15.2. EL RIESGO POR TIPO DE INTERES

El riesgo de interés se deriva de la variabilidad que puede experimentar el beneficio de una empresa como consecuencia de fluctuaciones en los tipos de interés que gravan sus deudas o que remuneran sus inversiones en activos financieros. Lógicamente, la existencia de este tipo de riesgo exige la existencia de activos o pasivos sensibles a la variación del tipo de interés asociado, es decir, aquellos cuyo rendimiento o coste, respectivamente, varían al hacerlo el tipo de interés del mercado. Este género de operaciones se dice que están formalizadas a interés variable, en cuanto que el tipo aplicado en un determinado período es función de la cotización de un interés de referencia del mercado, como por ejemplo:

— El MIBOR (Madrid Interbank Offered Rate), que se refiere al tipo de interés, a distintos plazos, del mercado interbancario de la peseta. El MIBOR, para un plazo determinado, se calcula como media ponderada de las operaciones cruzadas cada día.

— El LIBOR (London Interbank Offered Rate), equivalente al MIBOR pero referido a las operaciones entre entidades financieras de Londres.

— El preferencial o tipo de interés que, en teoría, aplica una entidad financiera a sus mejores clientes.

El riesgo de interés expresa la posibilidad de que el incremento de los costes financieros de la empresa, derivado de un alza del tipo de interés de referencia, exceda al mayor rendimiento de sus activos, con el consiguiente impacto sobre el beneficio. Supóngase que una empresa mantiene 100 millones de ptas. invertidas a MIBOR y una deuda de 400 con un coste de dos puntos por encima del MIBOR, siendo, pues, ambas operaciones a tipo de interés variable. Si el MIBOR se incrementa en un punto, es fácil calcular que el beneficio anualizado se reducirá en tres millones de pesetas [(400 − 100) × 0,01].

Pero incluso aunque las operaciones estén concertadas a tipo fijo, el riesgo de interés está latente por las siguientes razones:

— El valor de un activo o pasivo depende del tipo de interés vigente en el mercado, con independencia de su interés nominal. Para estimarlo se utiliza el criterio del valor actual neto de los cash-flows futuros de la operación, según la fórmula

$$VAN = \sum_{i=0}^{n} \frac{CF_p}{(1 + i)^p}$$

donde:

VAN = valor actual neto del activo o deuda.
n = número de períodos restantes hasta el vencimiento.
CF_p = cash-flow del período p.
i = tipo de interés de mercado.

Por ejemplo, si una empresa adquiere títulos de renta fija con vencimiento a cuatro años, por importe de 100 millones de ptas., a tipo de interés fijo del 12 %, y posteriormente el tipo de interés del mercado aumenta en un punto, el valor de los títulos se reducirá a 97 millones, según muestra el cuadro 15.1. En efecto, si la empresa desease vender los mencionados títulos, el comprador esperará un rendimiento del 13 %, el vigente en el mercado, y para ello deberá comprar a un precio de 97 millones.

CUADRO 15.1. *Valoración de un título.*

Año	Cash-flow
1	12
2	12
3	12
4	112

VAN al 12 % = 100 millones de ptas.
VAN al 13 % = 97 millones de ptas.

En resumen, como consecuencia del incremento del tipo de interés del mercado, el activo financiero valdrá 3 millones menos, produciéndose igual minoración en el valor de la empresa.

Un efecto similar tiene lugar sobre el valor de la deuda cuando disminuye el tipo de interés de mercado. Según muestra el cuadro 15.2 para los datos del ejemplo, el valor de la deuda se incrementa en 12 millones de pesetas, disminuyendo, en consecuencia, el valor de la empresa por estar endeudada a un coste superior al de mercado. Aunque contablemente esta pérdida se pueda distribuir hasta el vencimiento o incluso se pueda compensar en el futuro, económicamente el efecto es inmediato.

CUADRO 15.2. *(En millones de pesetas).*

Año	Cash-flow
1	− 56
2	− 56
3	− 56
4	−456

VAN al 14 % = −400 millones de ptas.
VAN al 13 % = −412 millones de ptas.

— En segundo lugar, las operaciones de tipo fijo sólo eliminan la incertidumbre, respecto a la evolución de los intereses, hasta el plazo de su vencimiento. Llegado este momento se producirá, de una forma u otra, una renegociación del nuevo tipo a aplicar. Desde este punto de vista, cuanto menor sea el plazo medio de vencimiento de la deuda a tipo fijo de la empresa, mayor será su riesgo de intereses. Otra consecuencia de este hecho es la exigencia, para la gestión de este género de riesgo, de evaluarlo a distintos horizontes temporales.

— Finalmente, la última causa tiene un origen indirecto. Qué duda cabe que si una empresa está endeudada a tipo de interés fijo y, por ejemplo, caen los tipos de mercado, tendrá una desventaja comparativa en cuanto a costes, lo cual puede repercutir en su política de precios, participación en el mercado o en su capacidad de autofinanciación.

15.3. ENTIDAD DEL RIESGO DE INTERES

La importancia del riesgo de interés en una situación concreta depende del saldo neto de sus operaciones sensibles a variaciones del tipo de mercado, de la volatilidad de los tipos y del nivel de beneficios de la empresa.

Así, por ejemplo, no tendrá el mismo riesgo una empresa en la que el 5 % de su financiación total sea sensible al tipo de interés que otra en la que este porcentaje se eleve al 50 %.

Siendo la volatilidad del tipo de interés el grado de oscilación con el que fluctúa alrededor de una valor medio, parece razonable admitir que en épocas de fuerte volatilidad crecerá el riesgo de intereses de las empresas en relación con otros entornos con comportamientos más estables. La figura 15.1, que recoge la evolución del MIBOR a tres meses del período 1977-90, muestra la fuerte volatilidad experimentada por los tipos de interés en España. Sin duda, la lucha contra la inflación desencadenada por las autoridades económicas durante los últimos años se ha plasmado en políticas monetarias del Banco de España instrumentadas, en buena medida, a través de los tipos de interés.

Por último, las consecuencias de una variación de los tipos dependerá del nivel de beneficios de la empresa. No tendrá el mismo efecto una subida de tipos sobre la deuda si la empresa ofrece una alta rentabilidad que si ésta es más reducida. En este segundo caso será más probable alcanzar la zona de apalancamiento negativo, descrita en el capítulo anterior, con las consecuencias desfavorables allí comentadas.

15.4. CUANTIFICACION DEL RIESGO DE INTERES

Una forma sencilla para medir la exposición de una empresa, a un determinado horizonte, al riesgo de interés se basa en calcular el diferencial entre los activos y pasivos sensibles a la oscilación de tipos. Este método de medida incluye sólo aquellas operaciones, a interés fijo o variable, cuya renovación de tipos o cuya contratación se producirá antes de que expire el plazo de cálculo contemplado.

El cuadro 15.3 muestra la aplicación práctica de este método, con un horizonte anual y para una eventual variación del tipo del

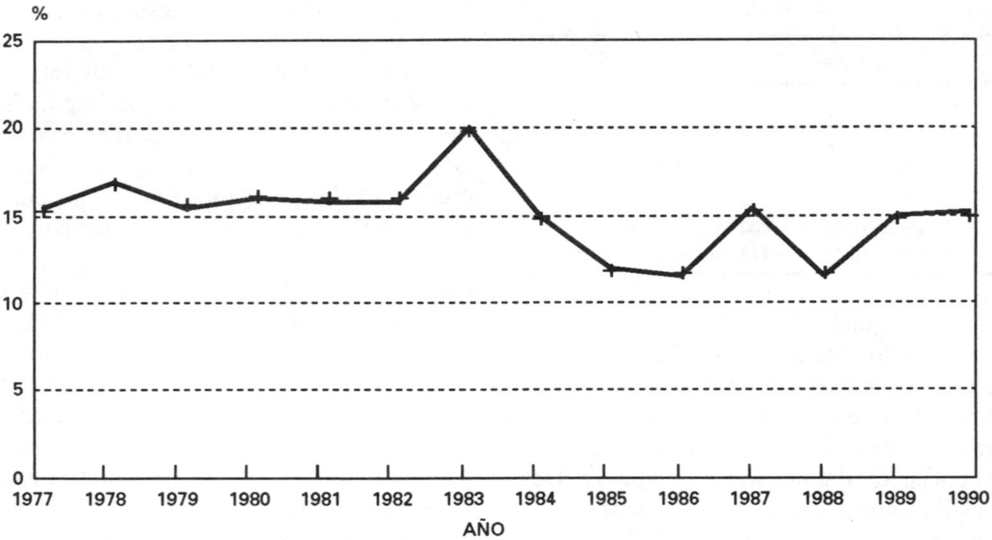

FIGURA 15.1. *Tipos MIBOR (media diaria).*

10 % (pasa del 14 al 15,4 %). El cálculo omite la posible diferencia de la repercusión de tipos sobre el rendimiento del activo y sobre el coste del pasivo. Además, calcula el efecto de la volatilidad antes de impuestos. En este caso, la caída del beneficio en 4,2 millones de pesetas se reduce a 2,73 si se evalúa después de impuestos, suponiendo una tasa impositiva del 35 %.

Como se observa, el riesgo depende sólo del diferencial entre pasivos y activos sensibles y no del montante total del endeudamiento o de las inversiones financieras. De aquí que una forma simple de protegerse del riesgo de interés consista en compensar activos con pasivos sensibles.

CUADRO 15.3. *Medición del riesgo de interés.*

	Mill. ptas.
a. Pasivos sensibles	400
b. Activos sensibles	100
c. Pasivos netos sensibles	300
d. Incremento interés en puntos	1,4
e. Incidencia sobre beneficio (c × d/100)...	4,2

Un procedimiento alternativo y más elaborado para medir el riesgo de interés se basa en calcular la variación relativa del VAN de los flujos financieros futuros ante una determinada variación del tipo, es decir, la sensibilidad del VAN en relación al interés. Para ello, se aplica la fórmula

$$\frac{d\,VAN}{d\,i} \times \frac{1}{VAN} \qquad [15.1]$$

donde el primer cociente es la derivada del VAN en relación al interés. Para desarrollar este indicador es útil introducir el concepto de duración de una operación financiera, que expresa el vencimiento medio de sus flujos actualizados al tipo de interés de mercado. La fórmula de cálculo de la duración es

$$\text{Duración} = \sum_{p=0}^{n} \frac{p \times CF_p}{(1+i)^p} \times \frac{1}{VAN}$$

donde

p = el período.
CF_p = el cash-flow del período p.
i = el tipo de interés vigente en el mercado.
n = el número de períodos hasta el vencimiento.
VAN = el valor actual de los flujos actualizados al tipo i.

El cuadro 15.4 recoge el detalle de cálculo de la duración de una deuda a cuatro años con desembolsos de 50 millones de ptas. (incluye principal e intereses) a pagar al final de cada año.

CUADRO 15.4. *Cálculo de la duración.*

Año (1)	Cash-flow	Cash-flow actualizado (2)	(1) × (2)
1	50	43,48	43,48
2	50	37,81	75,62
3	50	32,88	98,64
4	50	28,59	114,36
	TOTAL	142,76	332,10

Duración = 332,10 / 142,76 = 2,33 años

El vencimiento medio del ejemplo es, pues, de 2,33 años, plazo lógicamente inferior a la vida pendiente de la operación, en cuanto que se producen pagos periódicos. Ambos plazos sólo coinciden cuando no existen flujos intermedios, como es el caso de la denominada «deuda cupón cero», en la que el pago de todos los intereses y la devolución del principal tienen lugar al vencimiento.

Por extensión, se puede calcular la duración del conjunto de operaciones financieras de una empresa sin más que sumar, período a período, los flujos de cada una de sus operaciones financieras vivas.

Siendo la sensibilidad de un título la variación relativa del VAN para una variación del tipo de interés, es fácil demostrar, aplicando cálculo diferencial, que se cumple la siguiente relación:

$$\text{sensibilidad} = - \frac{\text{duración}}{(1 + i)}$$

que indica que cuanto mayor es la duración de la empresa mayor es la sensibilidad a los tipos de interés y, en consecuencia, el riesgo de interés. La fórmula anterior también señala que el riesgo crece al disminuir el tipo de interés del mercado (i).

15.5. INSTRUMENTOS DE COBERTURA DEL RIESGO DE INTERES

Llamamos cobertura del riesgo de interés al aseguramiento de una exposición o situación identificada de riesgo, mediante la instrumentación de una operación financiera que evolucione en sentido contrario ante una oscilación adversa del tipo de interés. De este modo se consigue anular, o al menos atenuar, las posibles pérdidas derivadas de la fluctuación del tipo de interés. Si la posición de riesgo se anula diremos que la cobertura es total; si sólo se atenúa se tratará de una cobertura parcial.

Lógicamente, la intensidad de la cobertura dependerá de las expectativas que se tengan respecto a la evolución previsible de los tipos del mercado. La definición del grado de cobertura, influida por la volatilidad esperada, es una decisión básica a la hora de establecer políticas en este campo, siendo práctica habitual adoptar coberturas parciales. Una segunda decisión se refiere a los instrumentos a utilizar para materializar la cobertura de las exposiciones. A continuación se describen algunos de los más utilizados por las empresas en nuestro país.

15.5.1. ACUERDO DE INTERÉS FUTURO (FRA)

El FRA (forward rate agreement) es un contrato mediante el cual dos partes pactan compensarse la diferencia entre un tipo de interés que acuerdan y otro de referencia, aplicada a un depósito teórico y para un período que no suele exceder el año. Este período se inicia una vez transcurrido un plazo de espera también pactado en el FRA.

Por ello, un FRA es un acuerdo entre dos partes (compradora y vendedora) sobre el tipo de interés a aplicar en un depósito a realizar en una fecha futura.

Por ejemplo, la compra de un FRA de tres contra seis meses representa el compromiso de realizar, dentro de tres meses, un depósito a otros tres meses. Si el principal es de 500 millones de ptas. y el tipo pactado es del 11,84 %, la operativa del FRA es la siguiente:

— Si transcurridos tres meses el tipo de referencia es superior al 11,84 %, el vendedor del FRA abonará al comprador la diferencia entre el tipo de referencia y el 11,84 % aplicada a 500 millones de ptas. y durante tres meses. De este modo el comprador se está protegiendo de una subida eventual de los tipos futuros de interés. Si éstos suben el encarecimiento de su deuda se verá compensado por la liquidación recibida por el contrato FRA.

— Si, por el contrario, el tipo de referencia es inferior al 11,84 %, será el comprador quien abone al vendedor la diferencia aplicada al mismo importe y plazo. Mediante este contrato, el vendedor se cubre de posibles bajadas de tipos, pues tiene asegurado un rendimiento del 11,84 %.

Estas liquidaciones tienen lugar al comienzo del período del depósito teórico, una vez finalizado el plazo de espera (tres meses en nuestro ejemplo) y sin necesidad de aguardar al vencimiento pactado del mismo (los tres meses adicionales de depósito teórico). Por ello, un FRA no exige el libramiento del depósito.

El tipo FRA pactado se calcula a partir de los tipos de interés vigentes en el mercado interbancario para el período de espera y el de depósito. Así, en el ejemplo anterior, si los tipos actuales de interés a tres y seis meses se denominan por I3 e I6, respectivamente, el tipo FRA implícito en el contrato (I3,6) habrá de ser el que satisfaga la expresión

$$\left(1 + \frac{I3}{4}\right) \times \left(1 + \frac{I3{,}6}{4}\right) = \left(1 + \frac{I6}{2}\right)$$

de donde

$$I3{,}6 = \left(\frac{1 + I6/2}{1 + I3/4}\right) \times 4$$

Con carácter general, el tipo FRA se calcula mediante la fórmula

$$If = \frac{(IM \times dM) - (Im \times dm)}{\left(1 + \dfrac{IM \times dm}{36.000}\right) \times (dM - dm)}$$

donde:

IM = tipo de interés vigente hasta la finalización del depósito.
Im = tipo de interés vigente para el período de espera.
dM = número de días hasta el vencimiento del depósito.
dm = número de días del período de espera.

Para nuestro ejemplo de FRA tres contra seis, si los tipos vigentes en el interbancario a tres y seis meses son, respectivamente, 12,00 y 12,10 %, tendremos que

$$If = \frac{(12{,}10 \times 180) - (12{,}00 \times 90)}{(1 + 12{,}10 \times 90/36.000) \times (180 - 90)} = 11{,}84\ \%$$

El equilibrio del mercado garantiza que el FRA de nuestro ejemplo debe cotizarse al 11,84 % pues, en caso contrario, se producirían oportunidades de arbitraje que restablecerían la situación.

En la medida en que los tipos de interés del mercado interbancario para cada plazo se cotizan a dos tipos, uno comprador y otro vendedor, el tipo FRA que pueda ofertar una entidad bancaria será distinto según que la contraparte sea comprador o vendedor. En cada caso se aplicarán los tipos vigentes respectivos.

En cuanto al importe de la liquidación (L) del FRA, ésta se calcula, lógicamente, mediante la expresión siguiente:

$$L = (If - Ir) \times (dM - dm) \times V/36.000 - \\ - Ir \times (dM - dm) \times L/36.000$$

El sustraendo del segundo término cuantifica el efecto derivado de que el pago de la liquidación se realiza al comienzo del período de depósito, es decir, al tirón. Operando, resulta

$$L = \frac{(If - Ir) \times (dM - dm) \times V}{36.000 + [Ir \times (dM - dm)]}$$

donde Ir es el tipo de referencia real vigente al final del período de espera, V es el volumen del depósito pactado y el resto de las variables son las ya indicadas.

Si, transcurrido el período de espera, If resulta ser mayor que Ir, la liquidación será positiva y será el comprador quien pague al vendedor. En caso contrario, cuando la liquidación resulte negativa, será el vendedor quien deba compensar al comprador.

Para el ejemplo anterior, si el tipo de referencia al final del período de espera resulta ser 13,00 %, la liquidación será

$$L = \frac{(11,84 - 13,00) \times (180 - 90) \times 500}{36.000 + [13,00 \times (180 - 90)]}$$
$$= - 1,405 \text{ millones de ptas.}$$

que el comprador (la empresa que compró el FRA) recibirá del vendedor (el Banco). Como el tipo de interés del mercado subió por encima del tipo FRA pactado (11,84 %), la empresa recibirá un importe que, razonablemente, le compensará del mayor coste de la deuda que soporta y que precisamente trató de cubrir mediante la compra del FRA.

15.5.2. PERMUTA DE INTERESES (SWAP)

Es un contrato financiero, que puede extenderse a un plazo de varios años, mediante el cual dos entidades intercambian los pagos por intereses asociados a dos operaciones negociadas en bases diferentes: una a interés fijo y otra a variable. Las dos operaciones están nominadas en la misma moneda y ambas entidades se mantienen vinculadas legalmente a sus operaciones respectivas no produciéndose, pues, transmisión de principal.

Veamos mediante un ejemplo la operativa de un SWAP, de intereses simple. Supongamos dos empresas que, por su calificación crediticia respectiva, pueden endeudarse en las siguientes condiciones:

	Empresa A	Empresa B	Diferencia
A tipo fijo	12,5 %	15 %	2,5 %
A tipo variable.	MIBOR +0,25 %	MIBOR +0,75 %	0,5 %

La empresa A desea endeudarse a tipo variable, bien porque anticipe una caída de intereses o porque reciba rentas de sus activos a tipo variable y desee compensar posibles fluctuaciones de los tipos de mercado (una empresa de leasing, por ejemplo). La empresa B, por el contrario, pretende tomar deuda a tipo fijo porque prevea una subida de tipos o al objeto de evitar incertidumbres sobre la evolución de los mismos. Bajo estos supuestos, de operar cada empresa aisladamente, la empresa A tendrá un coste financiero de MIBOR más 0,25 %, mientras que el de la B ascenderá al 15 % fijo.

Sin embargo, supongamos que la empresa A se endeuda a tipo fijo del 12,5 % y la empresa B lo hace a tipo variable de MIBOR más 0,75 % y a continuación suscriben un contrato SWAP mediante el cual se comprometen a permutar el pago de intereses de acuerdo al siguiente esquema:

— La empresa A pagará a la B, sobre un importe teórico pactado, un tipo de interés variable igual al MIBOR más 0,75 %.

— En contrapartida, la B abonará a la A, sobre el mismo importe, un tipo de interés fijo del 14 %.

De este modo, el ahorro obtenido por cada empresa por suscribir el contrato SWAP en vez de operar aisladamente, aparece en el cuadro 15.5.

Como se observa, el contrato SWAP ha permitido a ambas empresas endeudarse en la modalidad deseada y, simultáneamente, reducir su coste financiero en un punto porcentual. De hecho, se han repartido la denominada «oportunidad de crédito de arbitraje» de dos puntos, calculada ésta como la diferencia existente entre los tipos fijos (15 % − 12,5 %) y los variables [(MIBOR + 0,75) − (MIBOR + 0,25)] accesibles a cada una de ellas en el mercado.

La funcionalidad del contrato SWAP como instrumento de cobertura se deriva del hecho de que estando una empresa endeudada a tipo variable puede pasar a tipo fijo mediante la correspondiente permuta de intereses según se ha descrito ésta anteriormente, pudiendo conseguir, a la vez, una reducción del coste financiero.

Una ventaja adicional del contrato SWAP es que permite acceder a mercados selectivos, no accesibles a la empresa pero sí a su contraparte del SWAP.

El SWAP, sin embargo, incorpora un riesgo debido al eventual incumplimiento de la otra parte. Por ello, en general, en las operaciones de permuta de intereses interviene una entidad financiera como intermediario para garantizar el buen fin de la operación. En realidad, suele ser el propio Banco el que ofrece la contrapartida a las empresas,

CUADRO 15.5. *Ahorros de costes financieros del SWAP*

Empresa A	
Pago por la deuda inicial contraída	12,5 %
Pago por el contrato SWAP con B	MIBOR + 0,75 %
Cobro recibido de B	−14 %
Coste resultante	MIBOR − 0,75 %
Coste soportado sin contrato SWAP	MIBOR + 0,25 %
AHORRO GENERADO	1 %
Empresa B	
Pago por la deuda inicial contraída	MIBOR + 0,75 %
Pago por el contrato SWAP con A	14 %
Cobro recibido de A	−(MIBOR + 0,75 %)
Coste resultante	14 %
Coste soportado sin contrato SWAP	15 %
AHORRO GENERADO	1 %

casando él la operación con otros SWAP independientes. Por este servicio el Banco recibe una comisión del orden de 15 puntos básicos, siendo un punto básico cada una de las centésimas de un uno por ciento.

Finalmente, las operaciones SWAP se liquidan por diferencias mediante la fórmula:

$$Lp = (IF - IV) \times V \times$$
$$\times \text{ Días de liquidación}/36.000$$

siendo

$L\ p =$ importe a liquidar correspondiente al período p.
V = importe teórico del SWAP.
IF = tipo de interés fijo del SWAP, en porcentaje.
IV = tipo de interés variable del SWAP, del período p.

Quién sea el pagador dependerá, lógicamente, de la relación existente entre *IF* e *IV*.

15.5.3. OPCIONES SOBRE TIPOS DE INTERÉS

En la década de los ochenta han surgido una serie de productos financieros, ofertados por las entidades bancarias, que basándose en las opciones ofrecen la oportunidad de cobertura de las exposiciones a las oscilaciones de los tipos de interés. Una opción en tipos de interés es un contrato que da derecho a quien la compra a invertir o tomar prestado a un determinado tipo (precio de ejercicio) en una fecha o en un intervalo fijado y durante un plazo estipulado. El comprador, pues, no se compromete a ejercitar la opción, sólo lo hará si el tipo de ejercicio acordado le resulta conveniente. Por el contrario el vendedor está obligado a aceptar la contrapartida si el comprador decide ejercitar la opción. Por ello, el vendedor de la opción cobrará al comprador una prima que le compense del riesgo que asume por el mencionado compromiso.

En la terminología de las opciones se distingue entre las opciones europeas y las americanas. En las primeras, sólo se puede ejercitar la opción en el vencimiento, mientras que las americanas permiten el ejercicio en cualquier momento comprendido entre la adquisición de la opción y su fecha de vencimiento.

A continuación, describimos algunos productos ofrecidos por las entidades financieras y que se basan en las opciones de tipos de interés.

CAP O TECHO DE INTERES

Con este tipo de contrato se limita el tipo de interés máximo aplicable a una operación financiera y durante un período que puede extenderse hasta diez años. Por ejemplo, una empresa que contrate o mantenga deuda a tipo de interés variable puede adquirir un CAP a una entidad financiera de manera que, si el tipo de interés de referencia excede al del CAP, se aplica éste. Por el contrario, mientras el CAP sea superior se aplica el interés de la deuda.

Por ejemplo, una empresa recibe un préstamo de 500 millones de ptas. a tipo variable de MIBOR más 0,5 % que vence dentro de tres meses. Ante una posible subida de los tipos decide comprar, para cubrirse, un CAP a un Banco con un tipo máximo del 15 % indexado al MIBOR. Si al cabo de tres meses el MIBOR asciende al 16 %, la empresa recibirá del Banco una liquidación de

$$L = (16{,}00 - 15{,}00) \times 90 \times 500/36.500 =$$
$$= 1{,}233 \text{ millones de ptas.}$$

que le compensará del mayor coste que habrá soportado sobre el préstamo contraído. Por el contrario, si el MIBOR hubiese permanecido por debajo del 15 %, la empresa no ejecutará el CAP y, en consecuencia, no habrá liquidación alguna. En ambos casos, sin embargo, la empresa habra abonado al Banco el importe de la prima de compra.

En la figura 15.2 se representa la operativa del CAP. Como se deduce de la misma, este instrumento de cobertura protege ante alzas de los tipos de interés pero sin anular el beneficio que se derive de posibles disminuciones de los tipos de interés del mercado.

En cuanto al coste de la prima de un CAP, los factores que lo determinan son:

— El tipo CAP: cuanto mayor sea éste, menor será la prima.
— La duración del contrato: la prima aumenta con la duración, pues mayor será la probabilidad de que se pueda ejecutar el CAP.
— La volatilidad del tipo de interés: el importe de la prima será menor en épocas de estabilidad de los tipos, pues la incertidumbre del vendedor del CAP será menor.

FLOOR O SUELO DE INTERES

Un contrato FLOOR es similar a uno CAP, pero en sentido contrario, es decir,

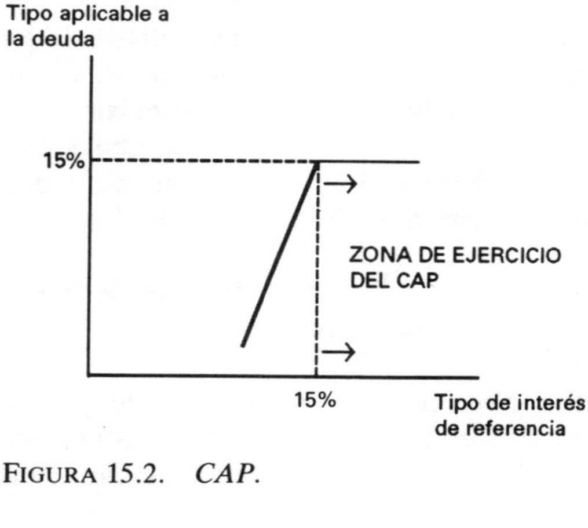

FIGURA 15.2. *CAP.*

cubre de posibles caídas de tipos en el mercado. Por ello se utiliza para cubrir inversiones financieras mantenidas a tipo variable o, como se verá posteriormente, para compensar el coste de un CAP. En la figura 15.3 se muestra el funcionamiento de un FLOOR.

Por ejemplo, si una empresa decide invertir 500 millones de ptas. a interés variable, porque espera una subida de tipos, pero desea asegurarse un rendimiento mínimo del 10 %, puede comprar un FLOOR de manera tal que si el tipo de referencia (MIBOR, por ejemplo) cae al 8,5 % durante sesenta días, el Banco le abonará

$$(10{,}00 - 8{,}50) \times 60 \times 500/36.500 =$$
$$= 1{,}233 \text{ millones de ptas.}$$

que le compensará de la disminución del rendimiento de su inversión debida a la reducción de los tipos de mercado.

De forma simétrica al CAP, el FLOOR permite protegerse de caídas en los tipos de interés pero sin renunciar al beneficio derivado de eventuales alzas. Igualmente, la compra de un FLOOR comporta el pago de una prima.

COLLAR O TUNEL DE INTERESES

Un contrato COLLAR combina un CAP y un FLOOR, definiendo una banda de tipo de interés en vez de sólo un techo o un suelo. El atractivo de este instrumento radica en su capacidad para reducir el coste de la cobertura, ya que se cede al vendedor el potencial de ganancias.

Supongamos una empresa endeudada a interés variable que desea cubrir su riesgo de intereses. Para ello, compra un CAP al 15 %. Pero a fin de disminuir la prima a pagar, vende un FLOOR al 11 %, con el mismo principal, plazo y tipo de referencia, recibiendo por ello una prima. En la figura 15.4 se recoge la operativa implícita al CO-

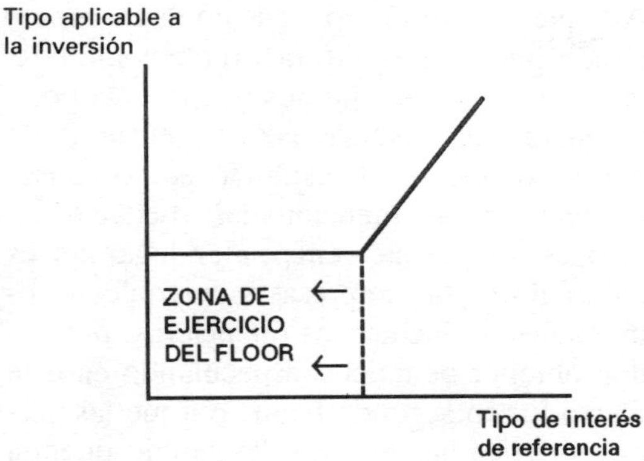

FIGURA 15.3. *FLOOR.*

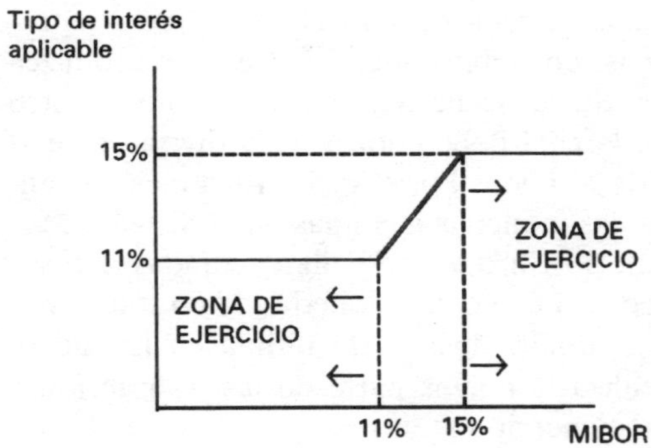

FIGURA 15.4. *COLLAR.*

LLAR. Mientras el tipo de referencia se mantenga dentro de la banda definida por el COLLAR, no se producirá la ejecución de la opción. Pero si excede al CAP o se sitúa por debajo del FLOOR, se producirán las correspondientes liquidaciones.

El COLLAR también es útil para tomar coberturas respecto al rendimiento de inversiones financieras, aunque en este caso se deberá comprar un FLOOR y vender, simultáneamente, un CAP. Con ello se asegura un rendimiento mínimo y se renuncia al potencial de beneficio si el interés de referencia supera el valor del CAP.

El coste de la prima de un COLLAR depende de la amplitud de la banda y de sus valores extremos. Incluso, es factible adquirir un COLLAR de prima nula, cuando la prima pagada por el CAP (FLOOR) coincide con la cobrada por la venta del FLOOR (CAP).

15.6. INCIDENCIA DEL TIPO DE CAMBIO SOBRE LOS RESULTADOS

Durante las dos últimas décadas se ha producido un notable incremento de las transacciones de comercio exterior de las empresas españolas. Así, por ejemplo, las exportaciones han crecido desde 1980 a 1990 por encima del 14 % en promedio anual. Las importaciones lo han hecho a una tasa media en torno al 13,8 %. Simultáneamente, también se han incrementado, significativamente, las operaciones de financiación en divisas e inversión en el extranjero por parte de nuestras empresas.

Este desarrollo del comercio y de las operaciones financieras con el exterior ha exigido a la Administración española una progresiva liberalización de la operativa involucrada, así como la adaptación de los medios de cobro y pago mediante los cuales se materializan estos intercambios. En contrapartida, los responsables financieros de las empresas se han visto obligados a definir criterios de actuación en este campo, así como a controlar la eventual incidencia sobre sus beneficios de variaciones en los tipos de cambio de la peseta con respecto a las monedas extranjeras. A este respecto, el tipo de cambio expresa el número de unidades de la moneda de un país que «compran» una unidad monetaria de otro país.

Estas actuaciones se han visto reforzadas por la fuerte volatilidad que vienen experimentando los tipos de cambio en los últimos años. La entrada de la peseta en el Sistema Monetario Europeo en 1989 ha reducido fuertemente la variabilidad de nuestra moneda en relación con el resto de las europeas, en cuanto que, salvo que se produzca un ajuste, se ha definido una banda dentro de la cual debe cotizar cada divisa en relación al resto. Por ello, las fluctuaciones entre las monedas incluidas en el Sistema Monetario Europeo se hallan acotadas. No sucede así con otras monedas como son el yen o el dólar, divisa esta última en la que se realiza la mayor parte de las transacciones de comercio exterior.

Las fuertes oscilaciones experimentadas por el tipo de cambio peseta/dólar queda de manifiesto en el gráfico de la figura 15.5, que contempla el período 1975/1991. Esta variabilidad también es acusada en períodos más cortos, como muestra la figura 15.6 referida a 1991.

La fuerte volatilidad de la peseta en relación con el dólar y con otras monedas no incluidas en el sistema de control de cambios europeo y su previsible continuidad en el futuro ejerce una incidencia notable sobre el resultado de aquellas empresas que operan con estas divisas de forma significativa. Aunque, por supuesto, el signo de tal repercusión puede ser tanto favorable como desfavorable, lo que aquí nos ocupa es la posible incidencia adversa, es decir, el riesgo de que se deteriore el resultado como consecuencia de las mencionadas oscilaciones. Ello es así porque, en primer lugar no es habitual que las empresas industriales y comerciales, ni incluso las financieras, pretendan obtener beneficios especulando en este mercado; en segundo lugar, porque las pérdidas derivadas del tipo de cambio pueden originar unas pérdidas elevadas, pudiendo llegar, incluso, a cuestionar su propia supervivencia. Veamos cuatro ejemplos que, aunque hipotéticos, son representativos de situaciones muy repetidas en el mundo de la empresa:

— La primera empresa importa el 50 % de sus materias primas y las abona en dólares. El coste de los materiales y el beneficio representan el 40 % y el 5 %, respectivamente, de su cifra de ventas. Si el tipo de cambio pasa de 100 a 110 pesetas por dólar,

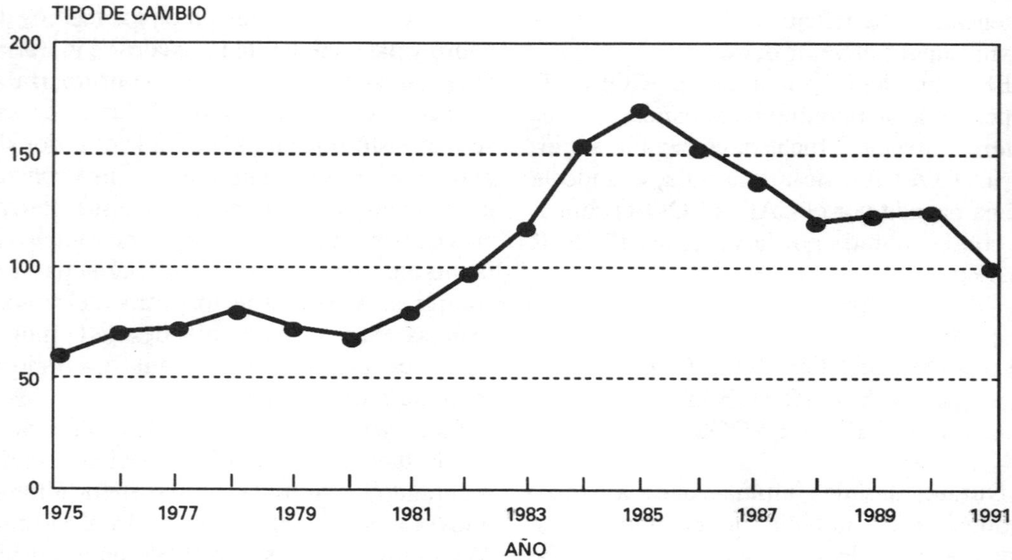

FIGURA 15.5. *Tipo de cambio ptas./dólar (cotización final de año).*

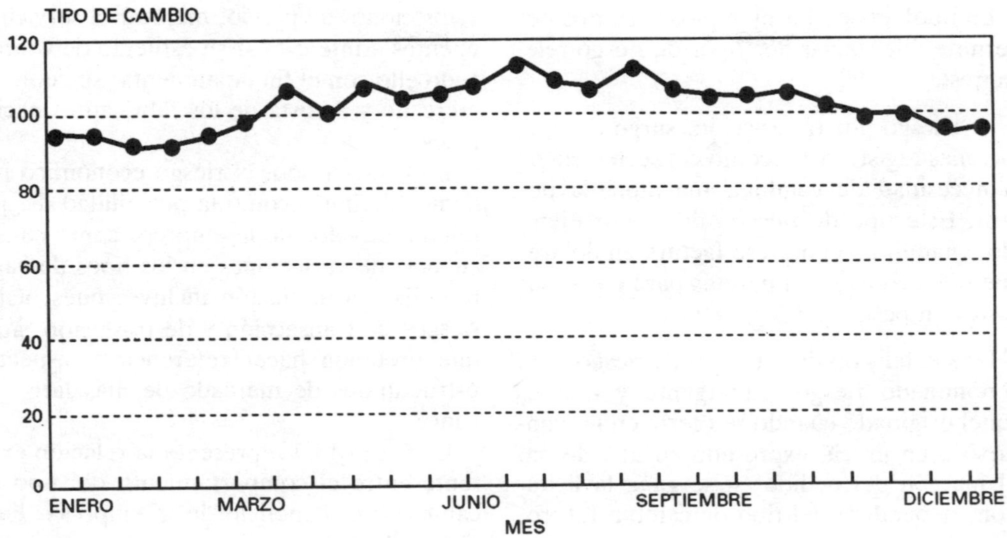

FIGURA 15.6. *Tipo de cambio ptas./dólar (año 1991).*

el beneficio descenderá a sólo un 3 % de la cifra de ventas. Una depreciación de la peseta del 10 % repercute en una disminución del resultado del 40 %.

— La segunda empresa exporta el 30 % de sus ventas y cobra en dólares. Su beneficio es del 5 % de su cifra de ventas. Si la peseta se revaloriza en relación al dólar en un 10 %, pasando de 100 a 90 pesetas por dólar, el beneficio en porcentaje sobre las ventas caerá hasta el 2,06 % de las ventas. Una apreciación de la peseta del 10 % hace que el beneficio disminuya casi un 60 %.

— La tercera empresa mantiene una deuda viva de 10 millones de dólares. Si el tipo de cambio se incrementa de 100 a 110 pesetas por dólar, el importe preciso para cancelarla aumentará en 100 millones de pesetas. Además, se producirá un encarecimiento de la deuda derivado del efecto sobre los intereses.

— Finalmente, la cuarta empresa dispone de activos denominados en dólares por importe de 10 millones. Por cada peseta que se aprecie esta moneda en relación al dólar, la empresa tendrá una pérdida de capital de 10 millones de pesetas, además del mencionado efecto sobre los intereses.

La gravedad de las situaciones descritas, tan factibles como habituales, se atempera si la empresa en cuestión tiene capacidad para recuperar, a través de sus precios de venta, las posibles pérdidas derivadas de sus intercambios con el exterior. Sin embargo, no es esto lo normal ya que el mercado, los clientes, no lo aceptan fácilmente. Por ejemplo, la segunda de las empresas citadas no podrá incrementar sus precios de venta en dólares a fin de compensar la apreciación de la peseta, puesto que es de suponer que está compitiendo con otras empresas, en el mercado de exportación, a las que puede no afectar directamente la mencionada depreciación del dólar. Tampoco la primera de las empresas podrá traspasar a sus clientes, fácilmente, el incremento de sus costes de materiales, en cuanto que haya otras que no utilicen esa fuente externa de aprovisionamiento.

La tipología de los ejemplos descritos nos permite diferenciar dos tipos de riesgo relevantes:

— Riesgo por transacción: surge de operaciones registradas y como consecuencia de la necesidad de cambiar una moneda por otra. Este tipo de riesgo aflora, por ejemplo, cuando una empresa factura en dólares que debe convertir a pesetas para pagar sus costes en pesetas.

Una extensión de este tipo de riesgo es el denominado riesgo contingente y que es aquel originado cuando se oferta en un concurso a un precio expresado en una divisa. El margen del pedido, si se gana la licitación, dependerá del tipo de cambio futuro. Pero esto no se sabrá hasta que se resuelva el concurso. Mientras tanto, existirá un riesgo potencial.

— Riesgo por traslación o contable: obedece a la expresión en la moneda local de activos y pasivos nominados en moneda extranjera, sin necesidad de que se produzca la conversión efectiva de una moneda por otra. Un ejemplo de este tipo de riesgo es el que se produce cuando se expresan en pesetas los estados financieros de una filial en el extranjero que lleva su contabilidad en una divisa.

Junto a ambos, convive otro tipo de riesgo de no menor importancia y al que se denomina económico o competitivo. Este riesgo afecta a la casi generalidad de las empresas, con independencia de que operen o no con moneda extranjera. Para ilustrar su naturaleza consideremos el caso de una empresa española que sólo se aprovisiona, produce, distribuye y financia en el mercado interior, en competencia con otras empresas que únicamente distribuyen productos importados. Si estos distribuidores pagan sus compras en dólares y el tipo de cambio se reduce de 100 a 90 ptas., verán reducidos sus costes en un 10 %. Esta holgura les permitirá eventuales reducciones de precio, mejorar el servicio a clientes o intensificar su esfuerzo de ventas, todo ello con el fin de aumentar su cuota de mercado y a costa de los fabricantes nacionales.

En este sentido, el riesgo económico podemos definirlo como la posibilidad de que fluctúe el valor de la empresa como consecuencia de variaciones en los tipos de cambio. Esta formulación incluye, pues, a los riesgos de transacción y de traslación, aunque pretende hacer referencia a aspectos estructurales de mercado de más largo alcance.

La figura 15.7 representa la relación existente entre el comportamiento del tipo de cambio y el beneficio de la empresa. Para obtenerla, supongamos que el presupuesto anual de una empresa, que sólo opera en divisa para la importación de materias primas, es el siguiente:

	Millones de ptas.
Ventas	1.000
Costes pagados en dólares	300
Otros costes y gastos (en ptas.)	600
Beneficio	100

El tipo de cambio presupuestado para estimar los costes expresados en dólares es de 100 ptas. por dólar. Con estos datos es sencillo trazar cuál será el beneficio presupuestado en función del comportamiento del tipo de cambio, según muestra la mencionada figura, que recoge la sensibilidad del resultado a la relación entre el dólar y la peseta. En este caso, cada variación de una peseta en el mencionado tipo de cambio incide en una variación del beneficio previsto de 3 millones de ptas., o lo que es lo mismo, una variación del tipo de cambio real sobre el presupuestado del 1 % se traducirá en una desviación del resultado del 3 %.

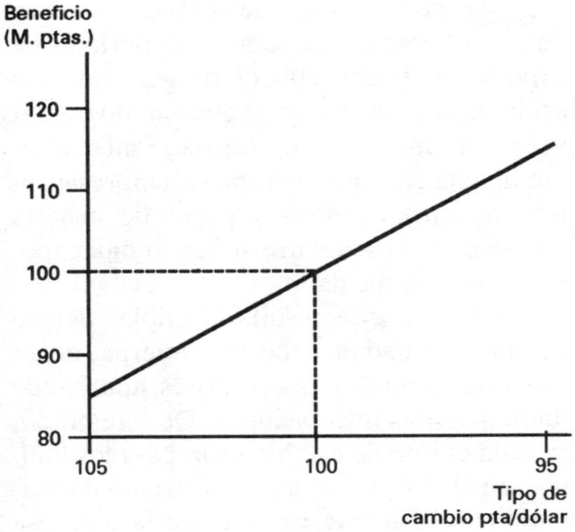

FIGURA 15.7. *Incidencia del tipo de cambio sobre el Beneficio.*

Esta situación describe el riesgo de cambio de la empresa y la importancia de su incidencia sobre los resultados. Una posibilidad para reducir el nivel de riesgo, es decir, atenuar la incertidumbre, consiste en prever correctamente la evolución futura del tipo de cambio, lo que permitiría tomar decisiones óptimas en este campo. Sin embargo, cuando se considera la cantidad de factores que pueden incidir sobre el mismo, algunos de los cuales se recogen en el cuadro 15.6, se entiende la dificultad de hacerlo. ¿Es posible prever el comportamiento de todos estos factores y aun de otros que se omiten?

Además, el mercado de divisas es un mercado eficiente, en el que operan multitud de agentes y en el cual se admite que toda la información disponible está incorporada al tipo de cambio de cada momento. En general, una empresa promedio no puede competir con éxito frente a expertos más cualificados y con mayores recursos para realizar previsiones. Incluso éstos se equivocan en sus previsiones con mayor frecuencia de la que sería razonable esperar si el tipo de cambio fuese una magnitud razonablemente previsible. Por ello, en lo que sigue se considera que el tipo de cambio sigue un comportamiento aleatorio según el cual la mejor previsión para el futuro es el tipo de cambio inmediatamente anterior. Esto es especialmente válido en el corto plazo. Probablemente, para el largo plazo sea más razonable admitir que es posible establecer líneas de tendencia, al alza o a la baja, en función del comportamiento relativo de las variables recogidas en el cuadro 15.6.

CUADRO 15.6. *Factores que afectan al tipo de cambio.*

— Incidentes políticos.
— Tasas de inflación relativas.
— Política monetaria.
— Política fiscal.
— Tipos de interés relativos.
— Balanzas de pago.
— Flujo de capitales.
— Intervenciones de bancos centrales.

A este respecto, se considera que en el largo plazo los tipos de cambio tienden a comportarse de modo que compensen el diferencial de tipos de inflación entre países. Según este principio, que se denomina de «paridad del poder adquisitivo», la capacidad de compra en dos países tiende a mantenerse constante. Si suben los precios más en un país, su moneda tenderá a depreciarse en relación con las del resto. La evidencia empírica parece mostrar una cierta validez de este principio en períodos largos.

Admitida la dificultad de disponer de previsiones fiables, cuando menos a corto-medio plazo, parece conveniente aplicar los esfuerzos en lo que sí puede controlarse: la incidencia de la variación del tipo de cambio sobre el resultado de la empresa. Esto nos introduce en la formulación de políticas de cobertura de la exposición de la empresa por tipo de cambio. La exposición hace referencia al importe de los activos o pasivos cuyos valores se encuentran sujetos a variación como consecuencia de fluctuaciones en los tipos de cambio. Cobertura es el término utilizado para describir los métodos disponibles para reducir el riesgo derivado de la exposición. Un requisito para poder aplicar con éxito políticas de cobertura consiste en poder disponer de previsiones de cobros y pagos en divisas que sean fiables y en medir la exposición correctamente.

A continuación, vamos a describir algunos de los instrumentos de cobertura más utilizados, clasificándolos en dos grupos: los denominados de cobertura interna y aquellos otros que se instrumentan externamente, acudiendo a un mercado organizado. Dentro de estos últimos haremos referencia a los tres siguientes: contratos a plazo, SWAP de divisa y opciones de divisa.

15.7. INSTRUMENTOS DE COBERTURA INTERNA

Los métodos de cobertura interna son aquellos implantados por la propia empresa, actuando sobre sus políticas de gestión, para evitar que surja la exposición o a fin de reducirla.

Una forma sencilla de proteger la variabilidad del beneficio a oscilaciones del tipo de cambio consiste en adoptar medidas de cobro y pago que anulen las eventuales fluctuaciones. Esto se consigue, por ejemplo, cuando se negocian las condiciones de cobro y pago de modo que se realicen en la moneda local. La viabilidad de esta política depende de la posición de poder de la empresa en relación con sus clientes o proveedores, pues a ellos se traspasa, en cierta medida, el riesgo de cambio que evita la propia empresa. En ocasiones, es factible hacer coincidir los cobros (pagos) realizados en una divisa con pagos (cobros) a realizar en la misma moneda, de forma que se compensen. Desde luego si se desea reducir el período de exposición, y con ello el riesgo, conviene acelerar los cobros y pagos en divisa. A veces, en particular, en transacciones internas de una empresa o grupo de empresas, es posible ajustar cobros y pagos de manera que se compensen entre sí dando una exposición más reducida.

También puede resultar factible, dentro de la modalidad de cobertura interna, negociar con clientes y proveedores una banda límite para las fluctuaciones. De este modo, cuando el tipo de cambio sobrepasa los límites acordados, se adopta el extremo correspondiente. En este caso, tanto la empresa como sus clientes y proveedores pueden ser capaces de acotar el riesgo por tipo de cambio. Un efecto similar se consigue con las denominadas cláusulas multidivisa, donde el pago se realiza en base a una cesta de monedas, lo que permite diversificar el riesgo.

Por último, en determinadas situaciones derivadas de la posición competitiva de la empresa se puede aplicar la denominada cobertura de «protección del margen». Esta consiste en repercutir sobre el precio de venta las variaciones en los costes originados por fluctuaciones en los tipos de cambio, de modo que el margen se mantenga constante. La aplicación de esta política se ve limitada, como ya se ha dicho, por las condiciones competitivas del mercado.

15.8. INSTRUMENTOS DE COBERTURA EXTERNA

15.8.1. CONTRATOS A PLAZO

Mediante un contrato a plazo de divisa, el comprador y el vendedor del mismo se obligan a intercambiar un determinado importe de dos monedas distintas a un tipo de cambio predeterminado y en una fecha fija. El tipo de cambio es el precio de una divisa medido en términos de otra. En este sentido, en cada momento el mercado ofrece una cotización al contado y otras a distintos plazos con el límite de un año. La relación entre las cotizaciones a plazo y al contado se genera en base al diferencial entre los tipos de interés de las monedas involucradas, según establece el principio de la «paridad de intereses».

Supongamos, por ejemplo, que el tipo al contado es de 100 ptas. por dólar y que los tipos de interés del mercado a 90 días son los siguientes:

— tipo de interés de la peseta 13 %
— tipo de interes del dólar 10 %

Un posible inversor podría invertir hoy 100 ptas. al 13 % a 90 días y llegado ese momento comprar 100 × (1 + 0,13/4)/tp dólares, siendo tp el tipo de cambio a 90 días. Pero, alternativamente, podría comprar hoy un dólar (con las 100 ptas.), e invertirlo al 10 % durante 90 días. Con ello, en ese plazo dispondría de (1 + 0,10/4) dólares. El equilibrio del mercado de divisas asegura la igualdad entre ambos resultados finales, de modo que

$$100 \times (1 + 0{,}13/4)/tp = (1 + 0{,}10/4)$$

$$tp = 100 \times \frac{(1+0{,}13/4)}{(1+0{,}10/4)} = $$
$$= 100{,}7317 \text{ ptas./dólar}$$

Es decir, con los valores del ejemplo el tipo de cambio del dólar a tres meses sería de 100,7317 pesetas. La existencia de este mercado a plazo permite a las empresas efectuar contratos de compraventa que actúan como cobertura del tipo de cambio. La evolución del tipo de cambio genera una variabilidad del beneficio según se indicó en la figura 15.7. Pero desde el momento en que efectúa un contrato a plazo, se fija la cotización futura, por lo que cualquier variación del tipo de cambio no tendrá consecuencias sobre la operación asegurada. Como contrapartida de esta cobertura hay que pagar, en el ejemplo descrito, 0,7317 ptas. por dólar asegurado, esto es, un 0,7317 % trimestral, que en términos anuales representa un 2,93 %.

La fórmula genérica que permite calcular el tipo a un plazo de d días es:

$$\text{tipo a plazo} = \text{tipo al contado} \times$$
$$\times \frac{\left(1 + \dfrac{Im \times d}{36.000}\right)}{\left(1 + \dfrac{Id \times d}{36.000}\right)}$$

donde *Im* e *Id* son las tasas de interés anualizadas de la moneda y la divisa, al plazo de *d* días.

Lógicamente, depende de la relación entre los tipos de interés de la moneda y la divisa el que el tipo de cambio a plazo sea superior o inferior al de contado. Cuando es superior se dice que la divisa se vende con premio. En caso contrario, se dice que se vende con descuento.

En la operativa del mercado, la fórmula anterior se simplifica a la equivalente

$$\text{tipo a plazo} = \text{tipo contado} \times$$
$$\times [1 + (Im - Id) \times d/36.000]$$

Esta fórmula es razonablemente ajustada si el tipo de interés de la divisa (Id) y el plazo (d) son reducidos.

La lógica de la fórmula anterior se deriva del propio funcionamiento del mercado. Si no se produjese la equivalencia de tipos indicada, basada en la relación entre los tipos de interés, actuarían los arbitrajistas que harían beneficio aprovechándose del desajuste entre tipos. De hecho el arbitraje consiste en intervenir de forma simultánea en dos mercados diferentes de un mismo producto a fin de beneficiarse de discrepancias entre ambos. Como consecuencia, el arbitraje tiende a alinear ambos mercados.

Por ejemplo, en el caso anterior, si el dólar a plazo cotizase a 100,5 pesetas por dólar, en vez de las 100,7317 calculadas anteriormente, habría operadores que comprarían dólares a plazo de 90 días. Mientras tanto invertirían pesetas al 13 %. Por ejemplo, para 100 pesetas se produciría el siguiente resultado:

compra a plazo:

$$100 \times (1 + 0{,}13/4)/100{,}5 = 1{,}0274 \text{ dólares}$$

compra contado:

$$1 \times (1 + 0{,}10/4) = 1{,}0250 \text{ dólares}$$

En vez de poder disponer, al cabo de 90 días, de 1,0250 dólares por comprar un dólar al contado, el arbitraje permitiría obtener 1,0274 por el procedimiento descrito. Esto originaría un incremento de la demanda de dólares a plazo que haría, lógicamente, subir el tipo de cambio a plazo y bajar el tipo de interés de la peseta.

Estos desfases del mercado se producen esporádicamente, pero cuando surgen se corrigen rápidamente por la entrada del arbitraje.

El mecanismo descrito de cobertura mediante el seguro de cambio consiste, pues, en cerrar el tipo de cambio con antelación para evitar la incidencia de las eventuales fluctuaciones del tipo de cambio. De hecho, las instituciones financieras ofertan siempre dos cotizaciones para cada plazo: una vendedora y otra compradora. Siempre se aplica la más desfavorable para el cliente. De este modo las entidades financieras ganan el diferencial entre ambas, además de las comisiones con que puedan gravar esta clase de operaciones.

Veamos la operativa de este procedimiento de cobertura mediante un ejemplo. Sea una empresa importadora que compra el primero de cada mes mercancías por valor de 10 millones de dólares que debe pagar el último día del mismo mes. Si cubriese todas las transacciones previstas el primero de año, cuando el precio al contado es de 100 pesetas y con tipos de interés para la peseta y el dólar de 13 y 10 % respectivamente (se suponen constantes para cualquier plazo), los costes de cobertura serían los siguientes:

Mes	Millones de dólares	Tipo asegurado
Enero	10	100,2479
Febrero	10	100,4918
Marzo	10	100,7317
Abril	10	100,9677
Mayo	10	101,2000
Junio	10	101,4286
Julio	10	101,6535
Agosto	10	101,8750
Septiembre	10	102,0930
Octubre	10	102,3077
Noviembre	10	102,5191
Diciembre	10	102,7273
	120	101,5203

El tipo medio de cambio que conseguirá la empresa será de 101,5203 y quedará fijado al comienzo del año. Este tipo representa un incremento del 1,5203 % sobre el contado a primeros de año.

El impacto potencial sobre el resultado se modificará según se indica en la figura 15.8 mediante la recta a trazos. La recta continua representa el comportamiento del resultado en función del tipo de cambio en la situación sin cobertura. Es decir, al formalizar los seguros de cambio para cada mes, se incurre en un coste de cobertura, pero, simultáneamente, se anula el riesgo de que el beneficio se vea reducido como consecuencia de las fluctuaciones de los mercados de divisas. Bien es cierto que también se anula la posibilidad de mejorar el beneficio como consecuencia de fluctuaciones favorables. Posteriormente veremos otros instrumentos de

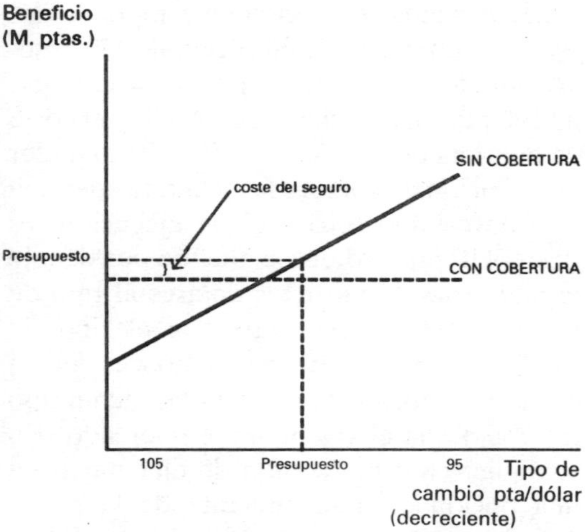

FIGURA 15.8. *Cobertura total mediante seguro de cambio.*

cobertura que dejan abierta esta posibilidad, es decir, permiten cubrir la evolución desfavorable pero dejan abierta la posibilidad de beneficiarse de una evolución favorable.

El ejemplo anterior introduce la cuestión respecto a qué tipo de cambio se debe presupuestar. En la medida en que el tipo de cambio de 101,5203 es uno que se puede conseguir a principio de año con una cobertura del 100%, parece razonable usarlo a efectos de presupuesto. Será significativo desde el punto de vista de las previsiones y lo será también como estándar de medida para evaluar la gestión. Sorprende comprobar cómo numerosas empresas se empecinan año tras año en intentar adivinar el tipo de cambio a presupuestar para el próximo ejercicio con los resultados que se puede imaginar el lector. Desde el punto de vista del control de gestión, este método sirve sólo para evaluar la calidad de las previsiones pero no para evaluar la gestión del responsable del área.

El único riesgo abierto en la cobertura mediante un contrato a plazo reside en el eventual incumplimiento de la otra parte, es decir, el denominado riesgo de crédito derivado de la solvencia de las partes contratantes. Esto puede paliarse con un instrumento de cobertura similar al descrito. Es el denominado contrato de futuro, que opera igual que el contrato a plazo, excepto que exige un ajuste diario de las posiciones con desembolso en efectivo y el depósito de una garantía para hacer frente a estas liquidaciones.

15.8.2. INVERSIÓN Y FINANCIACIÓN EN DIVISAS

Otra forma alternativa de cobertura para la empresa del ejemplo anterior consistiría en comprar activos en dólares con vencimientos parciales coincidentes con el pago de las importaciones. Si, por ejemplo, el dólar se revaloriza en relación a la peseta, las importaciones en pesetas se incrementarán, pero simultáneamente la empresa obtendrá una ganancia al vencer la inversión en dólares. Lógicamente, el procedimiento será el inverso cuando se trate de cubrir exportaciones: en este caso, en vez de invertir en dólares se debería tomar préstamos en esa moneda.

Supongamos una empresa que exporta mercancías por valor de un millón de dólares a cobrar a 90 días. Para cubrir el riesgo de esta posición puede solicitar un préstamo en dólares (en vez de en pesetas), al mismo plazo. Si el tipo de interés del préstamo es del 10 %, el importe a solicitar sería de 909.091 dólares, de modo que al vencimiento el principal más los intereses coincidan con el millón de dólares que le adeuda el cliente. De este modo, al cabo de 90 días la empresa utilizará el millón de dólares recibidos del cliente para abonar el préstamo y los intereses. Lógicamente, al recibir el préstamo en dólares, la empresa lo habrá convertido a pesetas al tipo de cambio vigente en ese momento, eludiendo así el riesgo de cambio inherente en la operación comercial.

15.8.3. SWAP de divisas

Mediante un SWAP de divisas, dos partes intercambian el principal de dos operaciones financieras instrumentadas en diferentes monedas. Al vencimiento del SWAP se canjean de nuevo los principales al tipo de cambio de contado aplicado en la permuta inicial. Durante el período de vigencia del SWAP de divisa, las partes intercambian también el pago de los intereses respectivos, aunque cada una mantiene sus compromisos con terceros en relación a las operaciones iniciales.

Las operaciones SWAP de divisa facilitan el acceso, en buenas condiciones, a financiación en monedas que de otra forma podría resultar inaccesible o muy costosa. También permite cubrir el riesgo de cambio, en cuanto que queda fijado el tipo de cambio a aplicar al vencimiento de la financiación. El SWAP también permite salir de una exposición en una moneda no deseada para asumirla en otra más conveniente.

15.8.4. Opciones en divisa

Una opción da el derecho (no la obligación) a comprar (o vender) una cantidad fija de una divisa a un tipo de cambio prefijado y en un momento acordado. Las opciones pueden ser, pues, de venta o de compra, alternativamente. El comprador de la opción tiene el derecho pero no la obligación de ejecutarla. Por adquirir ese derecho debe pagar al vendedor un precio o prima.

Las opciones de divisa, al igual que las de intereses, son de dos modalidades en cuanto a la fecha en que se pueden ejecutar. La opción denominada «americana» da el derecho durante un determinado plazo de tiempo, por lo que puede ejecutarse en cualquier momento comprendido dentro de ese plazo. La opción «europea» permite sólo un momento para proceder a la ejecución, coincidente con la fecha de vencimiento.

Supongamos una opción de compra de dólares con un precio de ejecución de 110 pesetas por dólar, siendo el precio al contado de 100 ptas. a la fecha del contrato y el coste de la prima de 5 ptas. por dólar. El tomador de la opción de compra la ejecutará sólo si el tipo de cambio rebasa el de ejecución, es decir, 110 ptas. Mientras fluctúe por debajo le interesará adquirir los dólares al tipo de mercado. Por el contrario, si el tipo de cambio supera las 110 ptas., entonces deberá ejecutar la opción beneficiándose de un tipo más bajo que el vigente en el mercado. En cualquier caso la decisión de ejecutar o no una opción es independiente de la prima pagada en el momento de formalizar el contrato (las 5 ptas. del ejemplo), ya que la prima es un coste hundido. En la figura 15.9 se ha añadido 5 pesetas al tipo de cambio efectivo para recoger el efecto de la prima y, además, se ha trazado la recta que muestra el tipo de cambio que resultaría de no efectuarse ninguna cobertura.

La ventaja de la opción es que a la vez que suministra la cobertura de tipo de cambio, deja abierta la posibilidad de obtener un tipo de cambio más beneficioso si el mercado evoluciona en sentido favorable para la empresa. Así, si en el ejemplo anterior la cotización del dólar bajase hasta 95 ptas. por dólar, la empresa podría comprar la divisa a este cambio. En esto supera la opción a los contratos a plazo descritos anteriormente, siendo la lógica contrapartida el mayor coste de la opción. Por ello la opción es aconsejable cuando se dispone de un cierto grado de confianza en que la divisa evolucionará en una determinada dirección.

Las opciones admiten en su combinación numerosas posibilidades. Ello ha dado lugar al lanzamiento de diversos productos por las entidades financieras. Uno, especialmente interesante, es la opción denominada «de prima nula». En ella se paga la compra de una opción con la venta de otra inversa.

Supongamos que, para pagar la opción del

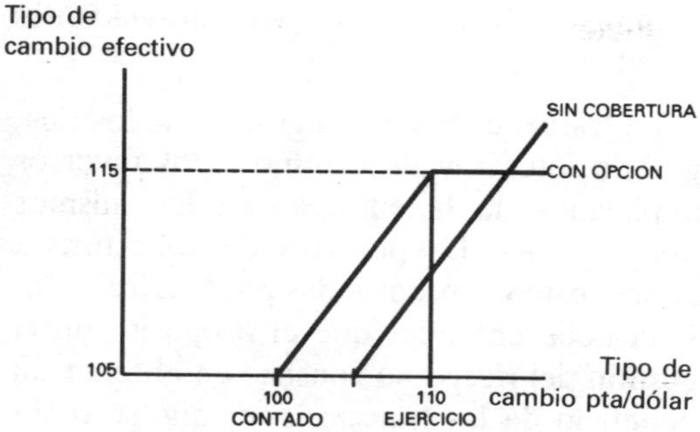

FIGURA 15.9. *Opción de compra de divisas.*

ejemplo anterior, la empresa vende otra que otorga el derecho a su comprador de vender dólares a 92 ptas. En este caso, si la cotización del dólar cae por debajo de 92 ptas., la empresa se obliga a adquirirlos a este precio. Este tipo de opción se denomina túnel o de prima nula.

15.9. CRITERIOS DE GESTION DEL RIESGO

En las páginas anteriores se han descrito algunas técnicas básicas de cobertura de los riesgos de interés y de cambio. La contrapartida a la protección del beneficio que ofrecen consiste en el coste de la propia cobertura.

Probablemente, en el largo plazo, y dado el comportamiento aleatorio de los tipos de cambio, las pérdidas originadas por la variación de los tipos deberán compensarse con los beneficios, en el caso de no cerrar posiciones. Sin embargo, esta actuación podría originar fuertes oscilaciones del beneficio en períodos intermedios, lo cual incrementaría el riesgo atribuido a la empresa por sus accionistas o potenciales inversores y prestamistas. Incluso podría llegar a cuestionar su solvencia si las pérdidas originadas en un determinado momento fuesen elevadas. Por ello, parece razonable aplicar una política de cobertura sistemática en cuanto que los mercados cotizan la estabilidad del beneficio.

Una política de cobertura en este ámbito, debe definir:

— Qué período contemplar a efectos de cobertura.
— Cuándo reconocer la exposición.
— Distinguir entre exposiciones ya comprometidas y estimadas.
— Acotar la máxima exposición admisible.
— Instrumentos de cobertura a aplicar.
— Entidades a utilizar para formalizar las coberturas.
— Criterios de control de resultados.

Para cerrar posiciones conviene recabar varias ofertas, sobre todo hasta que se conoce bien la operativa del mercado. La elección del instrumento a utilizar debe sopesar la funcionalidad de cada uno con su coste. Conviene evitar tomar una decisión genérica sobre un instrumento y aplicarlo de forma sistemática en todas las operaciones. Dados los fuertes cambios que experimenta este mercado y los nuevos productos que aparecen, es obligada una reevaluación permanente de los medios de cobertura disponibles e incluso una diversificación razonable de su utilización en cada momento.

Además, hay que decidir con qué entidades financieras conviene actuar en función de la calidad de su servicio. Estas operaciones han de incluirse en el negocio bancario, pues son una forma adicional de compensación.

Lógicamente la actuación en este campo debe ser global para toda la empresa: debe contemplar todas las áreas en las que existe exposición. Relevancia especial adquiere este enfoque global en los grupos de empresas, donde la gestión integrada del riesgo de cambio puede producir efectos sinérgicos importantes.

A efectos de controlar la calidad de las políticas aplicadas es preciso definir los estándares con que comparar resultados. En este sentido, para el caso del tipo de cambio, se pueden utilizar:

— El tipo presupuestado: si éste se fijó en base a previsiones del comportamiento esperado de los tipos de cambio, la desviación entre el tipo real y el presupuestado puede medir más la capacidad de prever de la empresa que su capacidad de gestión.
— El primer cambio a plazo que se podría haber obtenido: este criterio de evaluación puede originar una política de cobertura del 100 % cuando la actitud de la empresa es conservadora.
— El tipo de contado al vencimiento: en este caso se puede inducir a no cubrir ninguna posición para evitar desviaciones adversas.

La trascendencia de la gestión de los riesgos de interés y de cambio y los diversos implicados de la empresa en los mismos obliga a que las políticas de cobertura a aplicar estén consensuadas por la Dirección. Esta debe entender que el propósito de la gestión del riesgo no consiste en obtener un beneficio de las transacciones que se realizan sino en tratar de cumplir con los objetivos de resultados de la empresa. La función de la Dirección Financiera consiste en seguir al mercado, conocer y recomendar los mecanismos de cobertura, en recabar datos del resto de las áreas de gestión y en realizar las transacciones que se deriven de la política formulada.

CAPITULO 16

AUTOFINANCIACION Y DISTRIBUCION DE DIVIDENDOS

SUMARIO: 16.1. Naturaleza de las decisiones sobre dividendos.—16.2. Planteamiento de la decisión. 16.2.1. Decisión de financiación a largo plazo. 16.2.2. Decisión de política financiera. 16.2.3. Relación entre el dividendo y el precio de mercado.—16.3. Relevancia de la política de dividendos.—16.4. Factores que condicionan las decisiones de dividendos.—16.5. Variables a considerar para la definición de una política de dividendos.—16.6. Tipos de políticas de dividendos aplicadas.—16.7. Instrumentos alternativos a los dividendos.

16.1. NATURALEZA DE LAS DECISIONES SOBRE DIVIDENDOS

La política de dividendos de la empresa determina el reparto del beneficio después de impuestos obtenido durante el ejercicio, entre dos posibles aplicaciones:

— Fondos para autofinanciación: con aplicaciones muy diferentes, como financiar el crecimiento o amortizar deuda.
— Fondos distribuidos a los accionistas.

Estos dos destinos del beneficio constituyen alternativas contrapuestas: si se trata de maximizar la autofinanciación se eliminará el dividendo, y viceversa. Por ello la decisión respecto al dividendo ha de tratar de satisfacer, razonablemente, las expectativas de los accionistas y las necesidades de autofinanciación de la empresa, llegando a un compromiso que compatibilice ambas exigencias.

El análisis de la política de dividendos requiere evaluar el beneficio de la empresa y en consecuencia depende del modo en que se mida el mismo. Con el fin de simplificar la exposición se utilizará el beneficio contable aun reconociendo su carácter relativo, como consecuencia de los criterios contables que se aplican para su cálculo. En efecto, el beneficio contable viene condicionado por aspectos tales como el método de valoración de los inventarios o los criterios que se apliquen para el cálculo de las dotaciones a amortizaciones o provisiones, aparte de la repercusión que sobre el mismo ejerza la inflación.

La decisión referente a la política de dividendos se concreta en determinar el importe que se distribuirá por acción en un período determinado. A este fin es preciso definir los dos parámetros siguientes:

— Cuantía del dividendo a repartir por acción.
— Tasa de crecimiento del dividendo por acción.

La política de dividendos puede expresarse, alternativamente, en base a la distribución de una determinada proporción del beneficio, adecuada en función de la situación interna de la empresa y de los condicionantes de su entorno. A este cociente entre dividendo total y beneficio se le denomina factor de distribución del beneficio o «pay-out».

Además, la política de dividendos exige establecer cuándo se declarará y abonará el dividendo. Si bien es habitual hacerlo a final de año, también es frecuente fraccionar el dividendo en dos partes: uno a cuenta y el resto, o complementario, cuando se conocen los resultados al final del ejercicio.

16.2. PLANTEAMIENTO DE LA DECISION

Tradicionalmente, se ha venido contemplando la política de dividendos de la empresa bajo dos puntos de vista contrapuestos: como una decisión que afecta a la financiación a largo plazo o como medio para satisfacer las exigencias de los accionistas.

16.2.1. DECISIÓN DE FINANCIACIÓN A LARGO PLAZO

Este planteamiento contempla al beneficio después de impuestos como una fuente de financiación a largo plazo. En consecuencia, el pago de dividendos reduce los fondos disponibles para financiar las inversiones, lo que supone que o se restringe el crecimiento o se ha de acudir a financiación externa. Por ejemplo, si después de haber repartido dividendos se realiza una ampliación de capital para reponer fondos manteniendo la estructura de financiación deseada, se deberán abonar unos costes de emisión y colocación. Esto hará poco conveniente la operación de financiación, que puede contemplarse como un proceso secuencial en el cual primero se paga a los accionistas para luego solicitarles nuevas aportaciones. Por tener que satisfacer los costes antedichos y soportar el riesgo de no cubrir la ampliación, resulta más económico y seguro no distribuir dividendos y retener directamente todo el beneficio necesario para financiar el crecimiento. Si, por el contrario, sólo se acude a nuevo endeudamiento, la estructura de financiación se verá alterada, aumentando el riesgo financiero de la empresa.

Bajo esta perspectiva, se debe reinvertir el excedente obtenido por la empresa si ésta presenta alguna de las dos situaciones siguientes:

— Existen suficientes proyectos de inversión cuyas rentabilidades son superiores al coste de capital de la empresa.

— Se desea reestructurar la composición de la financiación de modo que exista una mayor proporción de fondos propios.

Sólo el remanente del beneficio después de satisfacer ambas condiciones podrá repartirse en forma de dividendos.

Caso de que el accionista precise liquidez, puede vender parte de sus acciones y, eventualmente, a un precio más alto.

Una variante a esta aproximación considera que los dividendos han de limitarse de modo que se retengan en la empresa los fondos necesarios para contrarrestar el efecto de la inflación sobre el patrimonio de los accionistas, valorado en términos contables [1]. Para ello se deben multiplicar los recursos propios iniciales del ejercicio por la tasa de inflación del mismo, calculándose de este modo el valor que debe alcanzar el patrimonio final y, en consecuencia, el volumen de los fondos a retener. En definitiva, lo que se pretende es mantener el valor actual de los recursos propios.

Para determinar la proporción del beneficio máximo a repartir (o pay-out) se puede aplicar la siguiente fórmula [2]:

---

[1] ZIEHA Y CHEG: «Proposing a more appropriate dividend policy», *Management Accounting,* septiembre 1979.

[2] JOHN K. CASTLE: «Dividend policy and equity financing», *Financial Executives Handbook,* Dow Jones-Irwin, Inc., 1970.

$$\text{Pay-out} = \frac{\text{Dividendos}}{\text{Beneficios}} =$$

$$= \frac{\text{Beneficio} - \text{Beneficio retenido}}{\text{Beneficio}}$$

y dividendo numerador y denominador por la cifra de recursos propios, se obtiene

$$\text{Pay-out} = \frac{RF - ICI}{RF}$$

donde RF es la rentabilidad financiera esperada y el ICI es el índice de crecimiento interno exigido [3]. Así, una empresa que prevea una rentabilidad sobre los recursos propios del 20 por 100 y precise de un crecimiento interno del 10 por 100 podrá repartir, como máximo,

$$\text{Pay-out} = \frac{20 - 10}{20} = 0,5$$

el 50 por 100 de su beneficio en forma de dividendos.

La consideración de los dividendos como una decisión residual supone que al inversor le resulta indiferente recibir un dividendo en efectivo u obtener una revalorización de su patrimonio, excepto por su diferente tratamiento fiscal. Por ello, si las oportunidades de reinversión de la empresa ofrecen una rentabilidad superior a la del accionista individual, éste podría preferir que no se le distribuya el dividendo. Sin embargo, en épocas de crisis, cuando las oportunidades de reinversión de la empresa disminuyen o son menos rentables, el dividendo adquiere una mayor relevancia, reforzada por la imagen de seguridad y tangibilidad que transfiere al accionista.

Este enfoque no implica necesariamente que el dividendo deba fluctuar de un período a otro según lo hagan las posibilidades de inversión; la empresa siempre puede retener fondos en años en que obtenga un mayor excedente, distribuyendo un dividendo menor, para atender los pagos de dividendos en los años menos favorables.

En resumen, este planteamiento considera la política de dividendos como una decisión que viene dada en función de otras variables financieras de la empresa. Quizá por ello, Galbraith califica a las decisiones sobre dividendos como las más rutinarias y secundarias de las que adopta el Consejo de Administración [4].

16.2.2. Decisión de política financiera

En este caso se contempla la política de dividendos no como una decisión residual, sino como un área de gran relevancia.

Estudios empíricos clásicos realizados sobre el tema señalan que existe una relación entre el precio de las acciones y los dividendos satisfechos [5]. Esto se explica por la preferencia de muchos inversores a percibir dividendos sobre la obtención de plusvalías por revalorización de las acciones. En el epígrafe siguiente se analiza la relación entre ambas variables.

De los dos enfoques descritos se observa que en la práctica se sigue mayoritariamente el segundo. Es decir, las empresas calculan qué beneficio deben repartir de modo que se satisfagan las expectativas de los accionistas y en el contexto de sus objetivos de gestión. En consecuencia, se financian con recursos externos aquellas inversiones para las que no existen suficientes fondos internos.

[3] El concepto de índice de crecimiento interno se ha formulado en el epígrafe 2 del capítulo 14.

[4] GALBRAITH, J. K.: *El nuevo estado industrial,* Ariel, Barcelona, 1972.

[5] WALTER, J.: «Dividend policies and common stock prices», *Journal of Finance,* marzo 1956.

16.2.3. Relación entre el dividendo y el precio de mercado

En realidad, el problema de la relevancia o no de la política de dividendos enmascara la verdadera cuestión de fondo: ¿influyen los dividendos sobre los objetivos a largo plazo y son congruentes con su plan estratégico y financiero?

En concreto, un tema sobre el que se ha polemizado, sin llegar todavía a conclusiones definitivas que estén avaladas por estudios empíricos, se refiere a la relación existente entre el dividendo y la valoración que el mercado asigna a la empresa.

Respecto a esta cuestión existen, principalmente, dos corrientes de opinión opuestas. Mientras unos consideran que los dividendos no influyen sobre el valor de las acciones [6], otros defienden la postura contraria.

El primer planteamiento considera que es sólo la capacidad de generar un beneficio lo que determina el valor de las acciones, siendo, pues, la política de dividendos una cuestión secundaria. Para ello se han de aceptar dos supuestos básicos:

— El mercado financiero es perfecto, lo cual supone fundamentalmente que la información es transparente, es decir, fiable, inmediata y pública; que ninguna persona o institución puede influir sobre las cotizaciones y que no existen gastos de intermediación en las operaciones financieras.

— Los inversores se comportan racionalmente, es decir, pretenden maximizar su riqueza, independientemente de que sea vía dividendos o plusvalías.

La otra posición estima que el valor de la empresa o la cotización de sus acciones es función de la política de dividendos. Uno de los modelos sugeridos para explicar esta dependencia es el siguiente [7]:

$$V = \frac{(1 - b) \cdot B}{k - r \cdot b}$$

donde:

V = Valor de mercado por acción (en pesetas).
b = Factor de retención del beneficio (constante a lo largo del tiempo).
B = Beneficio actual, en pesetas por acción.
k = Tasa de actualización constante (rentabilidad exigida por los accionistas).
r = Tasa de rentabilidad obtenida por la reinversión del beneficio retenido.

La tasa de actualización k representa el coste de oportunidad del accionista y puede equipararse a la rentabilidad media que ofrece el mercado. Cuando la tasa de reinversión es igual a la de actualización ($r = k$), V sería independiente de b, es decir, de la política de dividendos.

Sin embargo, las hipótesis introducidas por este planteamiento son también discutibles, pues difícilmente r y b permanecerán constantes e independientes. Además, si $b = 1$ (no se reparten dividendos), la fórmula anterior da un valor nulo para la empresa, cuando la práctica señala que hay empresas que no reparten dividendos y, sin embargo, son muy cotizadas en el mercado en base a las expectativas de beneficios futuros que ofrecen al accionista.

16.3. RELEVANCIA DE LA POLITICA DE DIVIDENDOS

El objeto del dividendo radica en remunerar en efectivo al accionista por la inversión que ha realizado en la empresa. En la medida en que esta remuneración esté de acuer-

[6] Modigliani y Miller, «Dividend Policy, Growth and the Valuation of shares», *The Journal of Business*, octubre 1961.

[7] Mao, J.: *Quantitative Analysis of Financial Decisions*, Mac Millan, 1969, pág. 487.

do con las expectativas del accionista, la dirección podrá contar con el respaldo del mismo a su gestión y optar a una mayor financiación mediante ampliaciones de capital si ello fuese necesario. Por el contrario, si el dividendo es menor que lo esperado por los accionistas, éstos, probablemente, darán otro destino a su inversión o pondrán en cuestión la actuación de los órganos directivos de la empresa. Este comportamiento repercutirá también sobre la capacidad de endeudamiento de la empresa, pues los eventuales prestamistas valorarán negativamente su solvencia financiera.

Por ello, una política de dividendos adecuada debe consolidar, razonablemente, la situación de la empresa en el mercado de capitales.

El dividendo satisfecho también incorpora un mensaje sobre la situación y expectativas de la empresa que, frecuentemente, es más importante que el propio dividendo en sí. En efecto, una empresa que paga dividendos aparece como un negocio que, en principio, es capaz de generar fondos. Por ello, es éste un medio, en general, eficaz para inspirar confianza en el mercado en cuanto al futuro de la empresa. En un entorno de incertidumbre, en donde las declaraciones de la dirección o sus informes a los accionistas pueden ser ignorados o malinterpretados, la distribución de dividendos se muestra como un método tangible de informar sobre la situación de la sociedad.

En este sentido es frecuente que la empresa que no es capaz de mantener al menos el dividendo de años anteriores vea descender drásticamente su valoración en el mercado. Esta conclusión coincide con los resultados obtenidos en estudios empíricos de los que se deduce que la respuesta del mercado ante un incremento del dividendo es sólo ligeramente positiva; por el contrario, la reacción experimentada por las cotizaciones ante una reducción o supresión del dividendo es muy acusada [8].

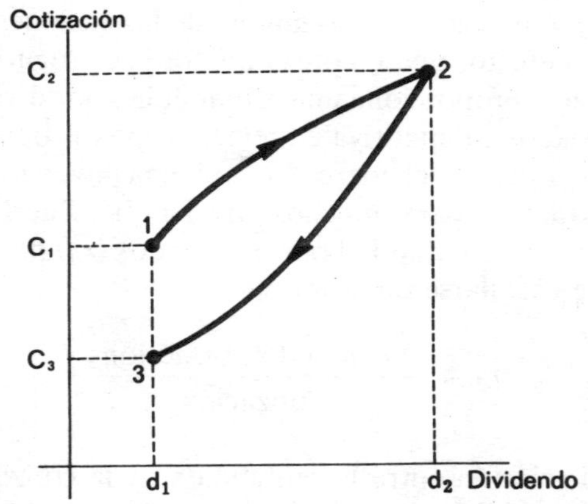

FIGURA 16.1. *Relación entre cotización y dividendo.*

En la figura 16.1 se indica un modelo explicativo de la senda que seguirá, previsiblemente, la cotización de la acción al variar el dividendo. Si se parte de un dividendo inicial d_1, al incrementar progresivamente el dividendo la cotización se irá incrementando paralelamente hasta C_2. Alcanzado el dividendo d_2, si éste disminuye, la cotización lo hará manteniéndose por debajo de la senda 1.2, alcanzándose una cotización C_3, que sería inferior a la de partida C_1 para un mismo dividendo d_1.

Además, se refuerza la relevancia de la decisión sobre dividendos cuando se considera que éstos inciden también sobre el endeudamimento de la empresa y, por tanto, sobre su riesgo financiero. Un factor de retención pequeño impide consolidar la autofinanciación de la empresa, por lo que ésta tendrá que acudir probablemente a un mayor endeudamiento, alterando su relación entre recursos propios y ajenos.

Desde el punto de vista del mercado de capitales, se considera que los dividendos

[8] A. SÁNCHEZ-REAL: «Influencia de los dividendos en el comportamiento presente del mercado», *AGECO,* 1978.

fijan una cotización mínima de las acciones. En efecto, una empresa que ofrezca seguridad y proporcione una rentabilidad por dividendos competitiva en relación con los tipos de interés del mercado será una inversión atractiva para muchos inversores. Puesto que la rentabilidad por dividendos (r_d) puede calcularse en la forma

$$r_d = \frac{\text{Dividendo por acción}}{\text{Cotización}}$$

la relación entre la rentabilidad y la cotización para una dividendo por acción fijo (d_1) será del tipo que se indica en la figura 16.2.

Si el dividendo se reduce (d_2), la rentabilidad para una misma cotización bajará y muchos poseedores de acciones las venderán para adquirir otras más rentables. Este proceso de venta provoca una progresiva caída de la cotización hasta alcanzar una lo suficientemente baja como para que la nueva rentabilidad, en términos de dividendo sobre cotización, sea admisible por el mercado dadas las características de liquidez y riesgo que incorpore la empresa. La cotización habrá descendido desde la inicial a la de equilibrio, según se indica en la figura 16.2.

Por ello, en un proceso de disminución de las cotizaciones, cuando se alcance el nivel fijado por la rentabilidad aceptada por el mercado, parece lógico suponer que habrá inversores interesados en mantener o adquirir acciones de la empresa. Esta tendencia frenará el descenso de la cotización, definiendo una cotización de equilibrio. Este ha sido el comportamiento del sector eléctrico en las crisis bursátiles de los últimos años.

16.4. FACTORES QUE CONDICIONAN LAS DECISIONES DE DIVIDENDOS

A la hora de fijar la política de dividendos se deben contemplar las siguientes restricciones externas:

- PREFERENCIA DE LOS ACCIONISTAS

La razón fundamental por la que el accionista invierte en la empresa consiste en la búsqueda de un nivel de rentabilidad, soportando un nivel de riesgo determinado. Esta rentabilidad puede alcanzarse de dos formas, fundamentalmente:

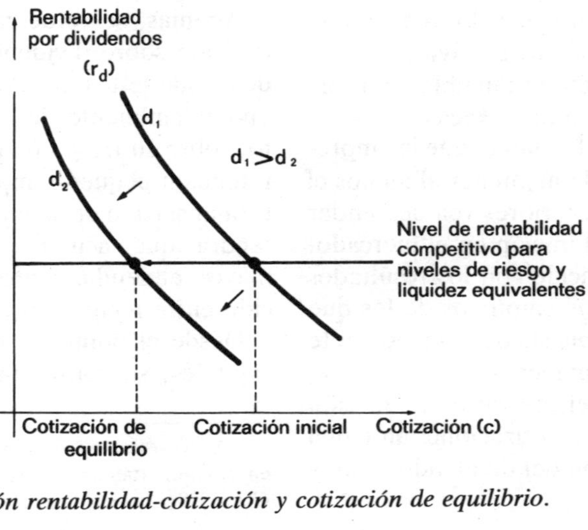

FIGURA 16.2. *Relación rentabilidad-cotización y cotización de equilibrio.*

— Por la obtención de una plusvalía, que se realiza al vender las acciones.
— Por la percepción de dividendos.

En general, el inversor no especulador se inclinará por la segunda forma de rentabilidad, y ello por tres razones fundamentales:

— Menor incertidumbre: el dividendo recibido es más tangible y menos arriesgado que una eventual revalorización del precio de las acciones.
— Mayor confianza: el pago de un dividendo sugiere una situación de liquidez, rentabilidad y buenas expectativas de cara al futuro, pues en caso contrario la empresa debería tomar medidas, recortando el dividendo para evitar la descapitalización de la compañía.
— Percepción de ingresos: el accionista contempla el dividendo como una fuente de ingresos que le permite satisfacer sus necesidades sin tener que reducir su patrimonio mediante la venta de parte de su cartera. En la práctica se observa una cierta aversión a liquidar parte del patrimonio.

- LIMITACIONES PARA EL PAGO DE DIVIDENDOS

Si bien las empresas reconocen la preferencia por los dividendos de sus accionistas, en la práctica existe una serie de restricciones sobre el pago de los mismos. Estas son las siguientes:

— Liquidez: aunque la empresa sea rentable, es posible que carezca de los fondos líquidos para abonar el dividendo. Esto suele ser especialmente cierto en empresas en períodos de fuerte crecimiento, donde las exigencias de financiación son muy fuertes.
— Restricciones legales: existen disposiciones legales que limitan la distribución de dividendos [9].
— Condiciones de los prestamistas: en la negociación de un préstamo, una de las cláusulas contractuales puede ser la limitación del pago de dividendos. De este modo el acreedor protege sus intereses, controlando los fondos que salen de la empresa.
— Restricciones sobre la constitución de reservas: respecto a este tema hay que señalar la necesidad que tienen las empresas de dotar las reservas legales, así como las que señalen sus estatutos, con prelación al abono de dividendos.

16.5. VARIABLES A CONSIDERAR PARA LA DEFINICION DE UNA POLITICA DE DIVIDENDOS

Para fijar el dividendo a repartir no existe ninguna fórmula expresa que proporcione el pay-out adecuado, pues son muchas las variables que intervienen y bastante complicadas las relaciones entre ellas. En la práctica, sin embargo, aunque no se puede determinar matemáticamente el dividendo a distribuir, sí se deben tener en cuenta los siguientes factores a la hora de tomar una decisión.

- COMPORTAMIENTO DEL MERCADO

Cada sector de actividad sigue unas pautas diferentes de comportamiento en función de sus características. La curva tradicional que representa el ciclo de vida de un producto, y que se recoge en la figura 16.3, puede completarse con la evolución de las principales magnitudes económico-financieras que se señalan en la misma. Las empresas maduras y estables ofrecen en general un dividendo alto y constante. Por el contrario, las empresas en crecimiento tienden a reinvertir su beneficio, repartiendo un dividendo pequeño o nulo. Los inversores en estas últimas empresas lo hacen con la

[9] Como es natural, cuando una empresa se halla sujeta a un expediente de suspensión de pagos está incapacitada para repartir dividendos. También si ha obtenido pérdidas en ejercicios anteriores y se hallan pendientes de amortizar.

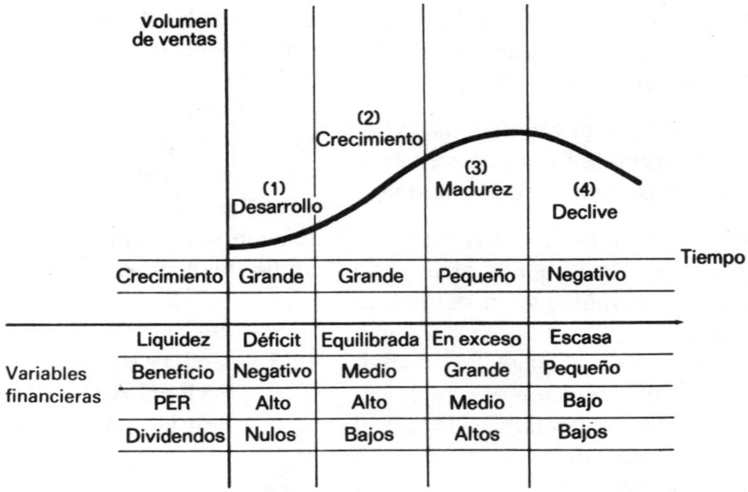

FIGURA 16.3. *Ciclo de vida del producto y evolución de las variables financieras.*

esperanza de obtener una rentabilidad a través de la revalorización de sus acciones. En sentido opuesto, los accionistas de empresas ya asentadas en el mercado esperan una renta más regular mediante la percepción de un dividendo.

En el cuadro 16.1 se recoge el pay-out medio, para varios sectores de actividad, incluyéndose sólo las empresas en beneficio que cotizan en Bolsa [10].

CUADRO 16.1. *Pay-out por sectores.*

Sector	Pay-out (en %)
1. Bancos	50,1
2. Eléctricas	77,2
3. Alimentación, Bebidas y Tabacos	76,9
4. Construcción, Inmobiliarias y Cementos	57,0
5. Siderometalúrgicas y Automóvil	51,6
6. Químicas	42,9

En consecuencia, un punto de referencia a la hora de fijar la política de dividendos consiste en valorar lo que hace el sector. Una política de dividendos que se salga de la norma genera interrogantes en la mente de los accionistas; en general, el mercado penaliza la incertidumbre infravalorando la cotización de las acciones. Por supuesto que la dirección puede intentar explicar su comportamiento en términos de «nuestros dividendos son inferiores a los del mercado porque tenemos una cartera de proyectos de inversión más rentables que los demás» [11]. Pero este razonamiento puede ser traducido por los accionistas en el sentido de que «no confían en que sus beneficios futuros puedan respaldar unos dividendos tan elevados como los de las empresas del sector».

- CRECIMIENTO

Ya se ha comentado que empresas que experimentan una fuerte tasa de crecimiento pueden verse obligadas a limitar sus dividendos con el fin de poder financiar adecuadamente su expansión.

[10] Bolsa de Madrid, marzo 1986.

[11] WARREN, A. LAW: *Investment Banking and Corporate Financing,* otoño 1969.

- DIMENSIÓN

Una empresa de mayor dimensión, en general, puede hallarse en mejor situación para hacer frente al pago de dividendos que una empresa pequeña. En principio dispondrá de una línea de productos más diversificada y gozará de una cuota de mercado mayor; en consecuencia, su beneficio será más estable que el de una empresa pequeña más sensible a las fluctuaciones del mercado en el que opera. Además, su situación de liquidez puede ser más favorable, puesto que tendrá, normalmente, un mayor acceso al mercado de capitales. Por ello, podrá financiar sus alternativas de inversión con recursos externos más fácilmente que la empresa pequeña.

- RENTABILIDAD

Lógicamente, si no se obtiene un beneficio contable no es posible repartir dividendos. Bien es cierto que en empresas con alta fluctuación del beneficio se puede reservar de un año a otro un remanente de modo que se mantenga constante el dividendo.

- SITUACIÓN DE LIQUIDEZ

El pago de dividendos exige efectuar un desembolso en efectivo, por lo que la situación de liquidez constituye una restricción básica en la decisión sobre la distribución del beneficio.

Al estudiar la liquidez también hay que considerar la capacidad de endeudamiento de la empresa. Empresas grandes, estabilizadas en el mercado y con poco endeudamiento pueden tener un fácil acceso al mercado crediticio, lo que mejoraría su situación de liquidez.

- EVOLUCIÓN HISTÓRICA DE LOS DIVIDENDOS

Si una empresa viene practicando una política de dividendos determinada, debe analizar cuidadosamente las implicaciones de introducir cualquier cambio en la misma. En efecto, una disminución brusca del dividendo como reacción a una reducción temporal del beneficio puede dar la impresión de que la empresa padece dificultades en sus operaciones. Por el contrario, un incremento del dividendo, cuando el beneficio haya experimentado un aumento coyuntural, puede ser desfavorable en la medida en que no pueda mantenerse en años posteriores, cuando el beneficio retorne a su nivel normal.

- CONTROL

Si se pagan dividendos elevados, probablemente se precise reponer recursos propios en el futuro mediante ampliaciones de capital, para financiar los proyectos de inversión rentables. En este caso puede suceder que los accionistas no suscriban las nuevas acciones y prefieran o precisen vender sus derechos a nuevos accionistas. Esta situación puede conducir a una reestructuración del control de la empresa. Para evitarla se podría optar por pagar un dividendo menor y financiar las nuevas inversiones con beneficios retenidos.

Sin embargo, también existe el peligro contrario. Si una empresa paga un dividendo pequeño, los accionistas pueden estar descontentos y propiciar la entrada de un grupo o empresa que prometa una rentabilidad mayor. Por ello es frecuente que las empresas con altos dividendos sean más difíciles de absorber.

- NATURALEZA DE LOS ACCIONISTAS

En este aspecto conviene distinguir entre una empresa en la que las acciones se hallan concentradas entre pocos accionistas y otra en la que la propiedad se encuentra muy diluida. En el primer caso es posible conocer las preferencias de los accionistas e incluso influir sobre las mismas actuando sobre los principales propietarios. En el segundo, la empresa deberá contemplar las tendencias del mercado para ofrecer una política de dividendos competitiva.

Estas dos situaciones se corresponden, en general, con el hecho de que la empresa cotice o no en el mercado de valores. En este último caso, la propiedad se halla menos diluida, por lo que los problemas de los propietarios adquieren una mayor relevancia. Por el contrario, si la empresa cotiza en bolsa las acciones estarán más repartidas, por lo que será más difícil y menos necesario conocer los intereses individuales de los accionistas.

- INCIDENCIA FISCAL

La consideración fiscal de los dividendos es otro aspecto a considerar. Si se distribuye un dividendo habrá que efectuar la retención en concepto de impuesto sobre renta de capital. Además, el accionista deberá abonar en su momento el correspondiente impuesto sobre la renta personal. Por el contrario, si la empresa retiene el beneficio y el inversor precisa fondos, podrá vender parte de sus acciones, lo que exigirá pagar el correspondiente impuesto sobre la plusvalía, si la hubiera.

16.6. TIPOS DE POLITICAS DE DIVIDENDOS APLICADAS

Un comportamiento ampliamente seguido por las empresas consiste en distribuir un dividendo relativamente estable.

La mayoría de las empresas tratan de alcanzar un determinado nivel de dividendo por acción; sin embargo, éste suele aumentar con cierto retraso sobre los incrementos experimentados por los beneficios. Sólo cuando se confirma el nuevo nivel del beneficio se decide aumentar el dividendo. Por el contrario, cuando el beneficio disminuye, sólo se reduce el dividendo cuando se piensa que el beneficio no se incrementará en el futuro. Existe, pues, un desfase entre las variaciones del beneficio y la reacción posterior del nivel de dividendos.

Esta pauta de comportamiento responde a la necesidad de acomodarse a las expectativas de los accionistas. En efecto, éstos contemplan un dividendo estable como una rentabilidad más segura que una evolución variable del dividendo. En este sentido, exigirán una rentabilidad menor, reduciéndose el coste de capital de la empresa.

Una alternativa a esta política consiste en mantener un factor de retención de beneficios constante. Ello implica que el dividendo fluctuará con el beneficio. Bajo esta orientación, la empresa tratará de mantener constante el pay-out, por lo que el dividendo tenderá a evolucionar proporcionalmente con el beneficio. Este criterio responde más a una perspectiva a largo plazo. Es decir, la empresa perseguirá mantenerse en un cierto intervalo medio de pay-out, aunque de un año a otro varíe en función del beneficio obtenido. Por ejemplo, un objetivo de la política de dividendos puede consistir en moverse en un intervalo de pay-out del 40 al 50 por 100.

Otra posibilidad consiste en distribuir un dividendo por acción pequeño, complementándolo anualmente con otro con el carácter explícito de extraordinario. Esta política resulta recomendable para aquellas empresas cuyo beneficio tiende a fluctuar de un año a otro.

De este modo la empresa puede remunerar más satisfactoriamente a los accionistas en los años más rentables, sin que los inversores puedan contemplar ese dividendo extraordinario como un ingreso seguro. Sin embargo, una compañía no puede practicar esta política continuamente sin que los accionistas dejen de diferenciar el dividendo normal del extraordinario.

16.7. INSTRUMENTOS ALTERNATIVOS A LOS DIVIDENDOS

El dividendo constituye uno entre los posibles medios para remunerar en efectivo a los accionistas. En este sentido existen otras formas sustitutivas o complementarias de alcanzar este objetivo. La más relevante de las cuales es la ampliación de capital en condiciones ventajosas para los accionistas. Las sucesivas leyes de regularización de balances han posibilitado a la empresa española constituir reservas especiales, que posteriormente se pueden capitalizar mediante la entrega de acciones total o parcialmente liberadas a los accionistas.

Supóngase, por ejemplo, una empresa hipotética con los siguientes recursos propios:

	Millones de ptas.
Capital (nominal 1.000 ptas./acción)	500
Reservas (beneficios retenidos)	300
Cuenta de regularización	50
Recursos propios	850

Si se decide repartir a los accionistas una acción nueva gratis por cada diez antiguas, con cargo a la cuenta de regularización, la nueva situación sería:

	Millones de ptas.
Capital	550
Reservas	300
Recursos propios	850

Aunque la operación ha consistido fundamentalmente en una mera anotación contable, las ventajas para el accionista son evidentes. Por un lado, dispondrá de más acciones, las cuales podrá negociar en el mercado de valores. En segundo lugar, aunque el dividendo por acción permanezca constante, como poseerá más acciones recibirá unos ingresos superiores. Con las ampliaciones de capital, el accionista disfruta, además, de la posibilidad de negociar el derecho de suscripción, por lo que puede generar unos ingresos adicionales.

BIBLIOGRAFIA

Parte VI

POLITICA DE FINANCIACION

LIBROS

ANDERSON, D.; SCHMIDT, L., y MCCOSH, A.: *Pracitcal Controllership,* Irwin, 1973.

BREALEY, R., y MYERS, S.: *Principles of corporate finance,* McGraw Hill, 1981.

CASTLE, J.: «Dividend policy and equity financing», *Financial Executives Handbook,* Dow Jones-Irwin, 1970.

DOHEN, J., y ROBBINS, S.: *The financial manager,* Harper & Row, 1966.

DÍEZ DE CASTRO, Luis y MASCAREÑAS, J.: «Ingeniería Financiera», McGraw-Hill, 1991.

FRANKS, J., y BROYLES, J.: *Modern managerial finance,* Wiley, 1979.

GALBRAITH, J.: *El nuevo estado industrial,* Ariel, 1972.

HUNT, Williams y Donaldson: *Financiación básica de los negocios,* UTEHA, 1970.

MAO, J.: *Quantitative analysis of financial decisions,* MacMillan, 1969.

ONTIVEROS, E., y otros: «Mercados financieros internacionales», Espasa-Calpe, Madrid, 1991.

PORTERFIELD, J.: *Decisiones de inversión y coste de capital,* Herreros Hnos., México, 1972.

SOLOMON, E.: *The theory of financial management,* Columbia University Press, 1962.

WALKER, E., y PETTY, J.: *Financial management of the small firm,* Prencie-Hall, 1976.

WESTON, J., y BRIGHAM, E.: *Essentials of managerial finance,* Dryden Press, 1974.

VAN HORNE, J. C.: *Financial management and policy,* 8.ª edición, 1990.

ARTICULOS

ARNOLD, J.: «Assesing capital risk», *Harvard Business Review,* septiembre-octubre 1986.

BHIDE, Amar: «¿Por qué no apalancan al máximo su empresa?, *Harvard Deusto,* 1989.

CUERVO, Alvaro: «Reflexiones sobre un proyecto de solución a los problemas financieros de la empresa», *Banca Española,* 1980.

MODIGLIANI y MILLER: «The cost of capital, corporation finance and the theory of investment», *American Economic Review,* junio 1958.

MODIGLIANI y MILLER: «Dividend policy, growth and the valuation of shares», *The Journal of Business,* octubre 1961.

PÉREZ-CARBALLO, Juan: «Revisión crítica de la tasa interna de rentabilidad como método de evaluación de inversiones», *Alta Dirección,* septiembre 1979.

RAPPAPORT, A.: «Measuring company growth capacity during inflation», *Harvard Business Review,* enero-febrero 1979.

SÁNCHEZ-REAL, A.: «Influencia de los dividendos en el comportamiento presente el mercado», *AGECO,* 1978.

TERMES, Rafael: «Lo que el empresario debe saber sobre el rendimiento de los activos y el coste de capital», *Esic-Market,* abril-junio 1984.

WALTER, J.: «Dividend policies and common stock prices», *Journal of Finance,* marzo 1956.

ZARON, A.: «Growth and financial strategies», The Boston Consulting Group, 1971.

ZIEHA y CHEG: «Proposing a more appropriate dividend policy», *Management Accounting,* septiembre 1979.

Parte VII

GESTION DE CAPITAL CIRCULANTE

CAPITULO 17

EL CAPITAL CIRCULANTE Y LA GESTION DE LOS ACTIVOS LIQUIDOS

SUMARIO: 17.1. Introducción.—17.2. Activo y pasivo circulante: concepto y entidad.—17.3. Evolución temporal del capital circulante.—17.4. Gestión del capital circulante: 17.4.1. Nivel de eficiencia en la gestión de los activos circulantes. 17.4.2. Cobertura financiera. 17.4.3. Elección de instrumentos y medios financieros a corto plazo.—17.5. Inflación y capital circulante.—17.6. Aspectos organizativos de la gestión del capital circulante.—17.7. Gestión de los activos líquidos: 17.7.1. Concepto de activos líquidos. 17.7.2. Naturaleza del problema.—17.8. Gestión de cobros y pagos: 17.8.1. Planteamiento. 17.8.2. Instrumentos.—17.9. Presupuesto de caja, gestión de tesorería y coste de los recursos ociosos: 17.9.1. Presupuesto de caja. 17.9.2. Gestión de tesorería.—17.10. Factores que perfilan la política de caja: 17.10.1. Motivo de precaución. 17.10.2. Motivo de especulación o previsión de oportunidades. 17.10.3. Motivo de política de imagen y saldos de compensación.—17.11. Empleo de recursos en valores inmediatamente realizables. Apéndice.—Anexo 1: Período de maduración: 1.1. Definición y concepto. 1.2. Cálculo del fondo de maniobra mínimo.

17.1. INTRODUCCION

El activo y el pasivo circulantes suponen un porcentaje muy significativo de las utilizaciones y fuentes de fondos, respectivamente, y aunque su peso relativo sea muy variable con el sector de actividad de la empresa puede señalarse que, hoy día y por término medio, el activo circulante representa algo más del 45 por 100 del activo total y que el pasivo circulante resulta ser casi el 35 por 100 del pasivo total. En consecuencia, la adecuada gestión de activo y pasivo circulantes resulta crucial para la buena marcha de la empresa.

El primer capítulo de esta parte insiste en la importancia de activo y pasivo circulantes y aborda el tema de los activos líquidos, dedicándose, posteriormente, sendos capítulos a la política de cobros y crédito y a la gestión de stocks.

Esta parte se cierra con un capítulo que, además de discutir la naturaleza y características de los medios de financiación a corto, plantea, sintéticamente, las posibilidades y dificultades de la financiación bancaria.

17.2. ACTIVO Y PASIVO CIRCULANTES: CONCEPTO Y ENTIDAD

El funcionamiento de una empresa exige, como es sabido, un conjunto de recursos diferentes, que suelen clasificarse en función de su liquidez, es decir, con base en las posibilidades que ofrecen de materializarse en dinero con rapidez y sin pérdida apreciable de su valor real.

De esta manera la contabilidad distingue, habitualmente, entre el activo circulante y el activo fijo, cuya suma constituye el activo total de la empresa.

Entre los recursos que suelen conceptuarse como circulantes cabe destacar los siguientes [1]:

— Caja: dinero en efectivo existente en las cajas de la empresa.

— Bancos: dinero depositado en cuentas corrientes de bancos.

— Clientes, deudores y efectos a cobrar: derechos de cobro sobre deudores por operaciones habituales o no, sin documentar o documentadas con medios formales de pago.

— Existencias: mercaderías y stocks vinculados a la producción.

— Otras cuentas financieras: inversiones financieras a corto plazo.

La importancia relativa del activo circulante sobre el activo total es variable, como es natural, dependiendo, entre otros factores, de las características particulares de cada empresa y de la naturaleza del sector de actividad en que ésta desarrolla sus actividades. El explicable margen de variabilidad entre unas y otras empresas y sectores se ve incrementado, entre otras causas, por la distorsión que la inflación introduce en los datos estadísticos y por las diferentes políticas de revalorización de activos fijos que las empresas pueden adoptar. Así, para un mismo volumen de actividad, mientras que los activos circulantes se van actualizando al compás de la inflación, los activos fijos, valorados a precios de adquisición histórica, sólo lo hacen por la regularización expresa que la dirección financiera, dentro de los márgenes legales, decida aplicar. Por consiguiente, en un marco inflacionario como el actual, el activo circulante tiene una cierta tendencia espontánea de crecer relativamente en términos monetarios.

Por razones tecnológicas y comerciales puede señalarse, en líneas generales y por término medio, que el activo circulante tiene un menor peso específico en sectores como los servicios públicos de transporte, comunicaciones y energía, empresas de minería, papel y productos derivados, petróleo, carbón y metalurgia, sectores que cuentan con un volumen de inmovilizado muy grande. En estos sectores, el activo circulante oscila entre el 10 y el 45 por 100 del activo total.

Por el contrario, en sectores tales como distribución al detalle, textil y confección y construcción, la entidad relativa del circulante es mayor, pudiendo llegar a representar, como en el caso del comercio de detalle, el 90 por 100 del activo total. Cifras de este orden son muy frecuentes en el sector servicios.

Del lado del pasivo, las partidas que, por su carácter permanente de exigibles a corto plazo, tienen la consideración de circulantes son las siguientes:

— Proveedores y acreedores: obligaciones de pago respaldadas por instrumentos no formales de pago.

— Efectos a pagar: obligaciones de pago respaldadas con instrumentos formales de pago y que tienen su origen en operaciones habituales o no.

— Anticipos de clientes: cobros realizados a clientes a cuenta de un determinado pedido a suministrar.

— Créditos bancarios: préstamos a corto plazo.

— Pagos al personal: deudas pendientes con el personal.

— Impuestos a pagar: deudas pendientes con la administración fiscal.

Los datos estadísticos indican que la entidad del pasivo circulante se sitúa alrededor del 30 por 100 del pasivo total.

---

[1] Como puede comprobarse, los activos siguientes son más fácilmente divisibles que los que suelen integrarse bajo el título de activo fijo, por lo que ofrecen posibilidades de graduación superiores a los inmovilizados. De esta manera suele admitirse que los activos circulantes pueden variarse en cantidades tan pequeñas como se desee, mientras que los activos fijos, en general, sólo admiten determinados incrementos o decrementos (variación por «escalones»).

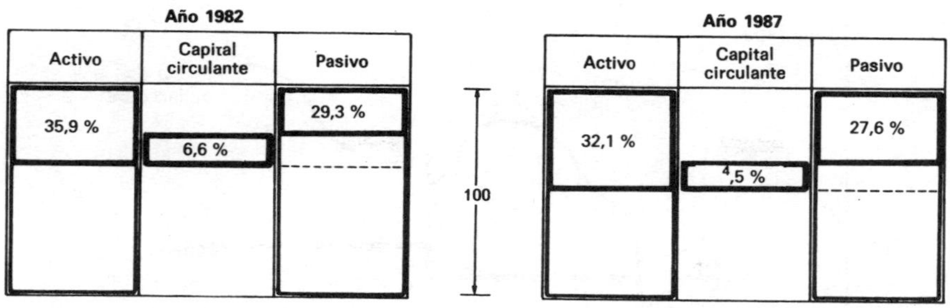

Fuente: Central de Balances del Banco de España.

FIGURA 17.1. *Entidad del capital circulante para una muestra de empresas españolas de diferentes sectores.* (Años 1982 y 1987.)

Si definimos, como se ha hecho en otra parte de esta obra, el capital circulante como la diferencia entre activo y pasivo circulantes, la situación media para una muestra de las empresas españolas es la indicada gráficamente en la figura 17.1.

17.3. EVOLUCION TEMPORAL DEL CAPITAL CIRCULANTE

La figura 17.2 representa en términos gráficos la evolución de los activos totales de una empresa cualquiera y su desglose en las dos categorías de fijos (*F*) y circulantes (*C*), a las que se hace referencia.

La línea *F*, variable por escalones, por la indivisibilidad de los activos fijos, con tendencia más o menos creciente según la política de crecimiento e inversiones de la empresa, recoge el valor total de recursos circulantes. Puede observarse que las tendencias de las líneas *C* y *F* son semejantes, admitiéndose que conforme aumentan las inversiones, y consecuentemente el volumen de operaciones, aumentan también las necesidades de circulante, aunque, en muchos casos, ni de forma proporcional ni simultáneamente, por lo que cabe esperar que la pendiente de la línea de tendencia *C* sea menor que la de *F* [2].

El total de los recursos necesarios para el funcionamiento de la empresa viene representado por la línea *T* de la figura 17.2, que es simplemente la suma vertical de las líneas *C* y *F*.

El carácter fluctuante de la línea de circulante pone de manifiesto la variabilidad de estos activos con la época del año en que se opera. La mayor o menor estacionalidad de las operaciones acentuará más o menos los «picos» y los «valles» de la línea *C* [3].

En cualquier caso, y a pesar de las fluctuaciones, puede observarse que la empresa requiere una cantidad fija de activos circulantes, pues, como se señaló al abordar el tema de inversiones, aunque los elementos del circulante se vayan renovando en un sentido físico, una proporción del circulante estará inmovilizada permanentemente, re-

---

[2] La tasa de crecimiento relativa de las necesidades de circulante, en términos reales, respecto a las necesidades de activos fijos, depende de factores tan diversos como la política de diversificación de la empresa, la influencia del crédito en el crecimiento de las ventas y el carácter de los productos/servicios vendidos.

[3] Estas oscilaciones pueden también presentarse en actividades económicas que, por su naturaleza, tienen un comportamiento cíclico con períodos de dos a cinco años, como es el caso de los sectores construcción y siderúrgico.

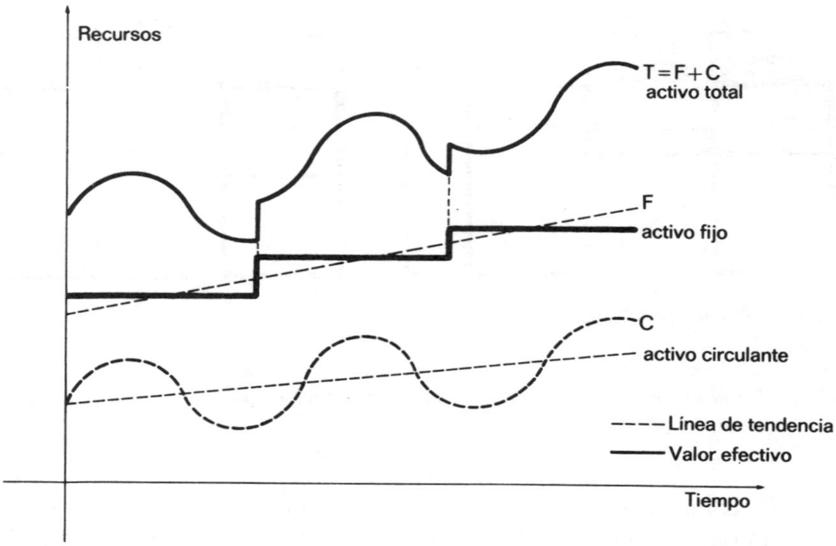

FIGURA 17.2. *Evolución temporal de los elementos fijos y circulantes del activo.*

sultando «tan fija» como la inversión en activo fijo [4].

17.4. GESTION DEL CAPITAL CIRCULANTE

Siendo el capital circulante la parte de activos circulantes financiados con recursos a largo y calculándose directamente por las expresiones equivalentes:

Capital circulante = pasivo total - activo fijo - pasivo circulante.

Capital circulante = recursos permanentes - activo fijo.

Capital circulante = activo circulante - pasivo circulante.

puede comprobarse, a partir de la última igualdad, que su gestión eficaz implica —si se admite como determinado adecuadamente el activo fijo— la del activo y del pasivo circulantes, por lo que la mayor parte de los aspectos financieros relacionados con la gestión de estos agregados del balance pueden y suelen reunirse bajo el título de gestión del capital circulante que encabeza este epígrafe.

En efecto, admitiendo que las decisiones en materia de activo fijo han sido las adecuadas, es decir, que la línea *F* de la figura 17.2 responde a los objetivos de la empresa, en torno a la línea *C* de las mismas figuras se plantean las siguientes cuestiones básicas: nivel de eficiencia en la gestión de los activos circulantes, cobertura financiera e instrumentación de la financiación a corto.

---

[4] En este sentido, los fondos aplicados en activos circulantes, que no son financiados con pasivos circulantes asociados, tales como proveedores, representan inmovilizaciones estables y son, por consiguiente, inversiones; estas inversiones en capital circulante se diferencian de las que se materializan en activos fijos en que son más líquidas y económicamente reversibles, es decir, resultan menos arriesgadas.

17.4.1. NIVEL DE EFICIENCIA EN LA GESTIÓN DE LOS ACTIVOS CIRCULANTES

La escasez y coste de los recursos que utiliza la empresa exige que éstos se mantengan al nivel mínimo posible para generar los resultados que se pretendan. Es decir, a igualdad de resultados y riesgo, una política de gestión del activo circulante será tanto más eficiente cuanto menor sea el nivel de recursos que utiliza.

Una gestión ineficaz de los recursos circulantes repercute inmediatamente sobre la rentabilidad de la inversión al disminuir la rotación del activo total. En el cuadro 17.1 se indica con un ejemplo las consecuencias financieras de mantener unos niveles de circulante crecientes, sin repercusión positiva alguna en los resultados y una vez que el riesgo ha sido suficientemente cubierto.

Dado que, como se ha señalado, el activo circulante integra partidas diferentes, su gestión eficaz comporta la de todos sus elementos; no obstante, las características funcionales que imponga el sector de actividad de la empresa o las circunstancias específicas que atraviese la empresa pueden aconsejar el centrar la atención en algún renglón particular.

17.4.2. COBERTURA FINANCIERA

Por su carácter líquido, divisible y de menor vida económica que los activos fijos, los activos circulantes admiten diferentes alternativas de financiación. La cuestión central a decidir es qué proporción del activo circulante debe financiarse con recursos a largo y medio plazo, en principio más caros y escasos, pero también más estables por su mayor vencimiento, y qué parte ha de financiarse con recursos a corto más baratos, pero también más arriesgados por representar vencimientos a plazos inferiores a un año.

CUADRO 17.1. *Consecuencias financieras de niveles crecientes de activos circulantes con el mismo activo fijo.*

	Nivel de circulante 1	Nivel de circulante 2	Nivel de circulante 3
Ventas	5.000	5.000	5.000
BAII	200	200	200
A. circulante	500	700	900
A. fijo	600	600	600
A. total	1.100	1.300	1.500
Rotación	4,54	3,85	3,33
Margen (%)	4,00	4,00	4,00
Rentabilidad sobre activo total	18,18	15,38	13,33

La figura 17.3 representa, en los mismos términos que las anteriores, tres de las posibles políticas de financiación del circulante.

La política P1, que financia todos los activos con recursos a largo, elimina cualquier posibilidad de insolvencia técnica al coste de mantener, durante ciertos períodos de tiempo, recursos financieros poco productivamente en términos relativos (zona recuadrada de la fig. 17.3). Se trata de la política más conservadora de las que se muestran en dicha figura.

La política P2 solamente financia con recursos a largo los activos circulantes permanentemente requeridos por el funcionamiento de la empresa, y exige préstamos a corto para financiar los «picos» que presenta la línea *T* de recursos totales (zona rayada de la fig. 17.3).

Finalmente, la política P3 es la más arriesgada de las que en este caso se presentan, por cuanto exige financiar con fondos a corto parte de los activos permanentes de la empresa; frente a su mayor riesgo de insolvencia técnica, esta política resulta ser también la más económica [5]. Así, como en otras

[5] Una política como ésta parece sólo viable a corto plazo; lógicamente, a medio plazo los prestamistas renunciarán a ceder fondos a corto para una utilización

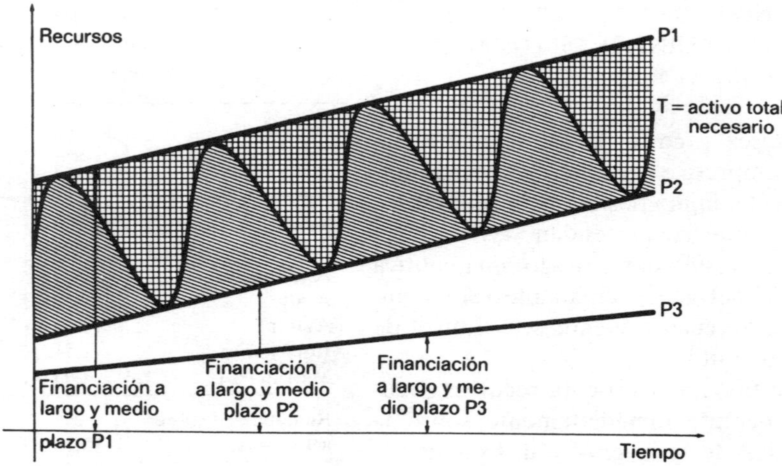

FIGURA 17.3. *Políticas de cobertura financiera.*

muchas situaciones de la gestión financiera, también en este caso la alternativa más rentable resulta ser la más arriesgada, y recíprocamente.

El mantenimiento de una cierta política de cobertura financiera exige, conforme crece la empresa, una captación proporcionada de nuevos recursos financieros a medio y largo plazo. En otro caso, y de forma progresiva, se irán desajustando los niveles de cobertura hasta niveles muy diferentes a los establecidos inicialmente, dando lugar, eventualmente, a capitales circulantes negativos, con situaciones potenciales de insolvencia técnica, e incluso, a la suspensión de pagos.

17.4.3. ELECCIÓN DE INSTRUMENTOS Y MEDIOS FINANCIEROS A CORTO PLAZO

Decididos el nivel de activo circulante más conveniente y la correspondiente política de cobertura, y determinadas las necesidades de recursos a corto, habrá que estudiar cuáles utilizar y en qué cantidad, teniendo en cuenta sus diferentes características, particularmente en lo que se refiere a:

— coste,
— disponibilidad,
— plazo de vencimiento.

En muchos casos es posible evaluar las diferentes políticas de capital circulante en términos de rentabilidad y riesgo, de manera que el decisor pueda elegir sobre la base de una comparación global de las alternativas de que dispone. El cuadro 17.2 recoge la evaluación de tres políticas alternativas de gestión de capital circulante. La más conservadora admite, relativamente, niveles superiores de activo circulante y deuda a largo; la más agresiva reduce los activos circulantes y

---

como la indicada o bien aumentarán los tipos para cubrir el mayor riesgo de la operación. La frecuencia con la que empresas españolas utilizaban en el pasado recursos a corto para financiar inmovilizados a largo, condicionadas por un mercado financiero dominado por el dinero a corto, partía de la supuesta renovación automática de tales créditos.

CUADRO 17.2. *Efecto de la política de capital circulante sobre la rentabilidad financiera y el riesgo de la empresa.*

	POLITICA		
	Conservadora: deuda a largo y activo circulante altos	Media	Agresiva: deuda a corto y activo circulante bajos
Activo circulante	700	500	350
Activo fijo	500	500	500
Activo total	1.200	1.000	850
Proveedores y otros	100	100	100
Deuda a corto (12 %)	0	162,5	325
Pasivo circulante	100	262,5	425
Deuda a largo (16 %)	500	237,5	0
Deuda total (deuda/activo = 50 %)	600	500	425
Recursos propios	600	500	425
Ventas	1.000	1.000	1.000
BAII	200	200	200
— Intereses	80	57,5	39
Beneficio antes impuestos	120	142,5	161
— Impuestos (36 %)	43,2	51,3	58
Beneficio neto	76,8	91,2	103
Rentabilidad financiera	12,8 %	18,24	24,2 %
Ratio liquidez	7	1,9	0,82

sustituye recursos ajenos a largo, caros (16 por 100), por recursos a corto, más económicos (12 por 100). Como ya se ha adelantado, la política más conservadora es más segura (ratio de liquidez = 7), pero menos rentable (rentabilidad financiera = 12,8 por 100); la política más agresiva es mucho más arriesgada (ratio de liquidez = 0,82), pero también mucho más rentable (rentabilidad financiera = 24,2 por 100).

17.5. INFLACION Y CAPITAL CIRCULANTE

En condiciones de estabilidad de precios los incrementos de capital circulante vienen determinados —a igualdad de criterios de gestión del activo y pasivo circulantes— por el crecimiento de las ventas. En consecuencia, en una empresa en expansión se hacen necesarios recursos financieros, tanto para financiar los posibles incrementos de la capacidad instalada como para hacer frente a los mayores niveles de circulante.

Sin embargo, en un escenario inflacionario, aun manteniéndose la producción y las ventas constantes —igual número de unidades físicas producidas y vendidas—, serán precisos nuevos recursos con los que financiar el incremento automático que se produce, como consecuencia de las subidas de precios, en los niveles de capital circulante necesario. Así, si se considera el caso de una empresa hipotética, cuyas ventas en unidades físicas permanecen constantes, pero que en términos monetarios registran un aumento del 20 por 100, al incrementarse los precios de venta en ese mismo porcentaje para afrontar la inflación, puede suceder, de acuerdo con el cuadro 17.3, que el capital circulante experimente un crecimiento del mismo orden.

En este sentido, en un entorno fuertemente inflacionario, puede llegar a darse la circunstancia de que incluso una empresa vea disminuir sus ventas reales, expresadas en unidades físicas, y, sin embargo, requiera recursos crecientes para cubrir sus necesidades «infladas» de capital circulante.

CUADRO 17.3. *Inflación y capital circulante.*

Inflación = 20 %
Producción y ventas constantes

	AÑOS	
	1979	1980
Ventas	100	120
Coste ventas*	60	72
Gastos generales	15	18
Beneficio	25	30
Activo:		
Caja (10 % ventas)	10	12
Clientes (60 días)	16,7	20
Stocks de materias primas (90 días)	7,5	9
Activo circulante	34,2	41
Pasivo:		
Proveedores (30 días)	2,5	3
Pagos diferidos (45 días)**	6,9	8,2
Pasivo circulante	9,4	11,2
Capital circulante	24,8	29,8

* El 50 % de esta cifra corresponde a materias primas.
** (100 − 75 +30)/360 × 45 = 6,9
(120 − 90 + 36)/360 × 45 = 8,2

17.6. ASPECTOS ORGANIZATIVOS DE LA GESTION DEL CAPITAL CIRCULANTE

Posiblemente será en el área de la gestión del capital circulante donde con más frecuencia confluyen y se enfrentan los diferentes intereses funcionales, que conviven en el marco de la organización de la empresa.

Este hecho cabe atribuírselo a dos de las características que incorpora el capital circulante y que se sintetizan en su carácter interfuncional y en la naturaleza operacional de las decisiones que exige.

En efecto, por lo general, los problemas de capital circulante no aparecen localizados únicamente en un punto de la organización, sino que, más bien, como indica la figura 17.4, afectan a diferentes áreas de la organización, con sus correspondientes objetivos y políticas. Por ejemplo, un cambio en las condiciones de venta, decidida en el departamento de marketing, puede afectar simultáneamente a los departamentos financiero, de producción y personal o afectar a algunas de sus secciones.

La propia determinación del volumen de inversión mínimo en circulante es una expresión del conjunto de intereses y políticas —básicamente aprovisionamiento, producción y venta— que han de ser consideradas en la gestión del capital circulante.

El carácter interfuncional es común a otros muchos problemas de los que se dan en la empresa, y en los que, antes o después, ha de intervenir la dirección general; lo diferencial en los casos de capital circulante es la gran frecuencia con que las interferencias y fricciones surgen, debido a la estrecha relación que existe entre el capital circulante y la operación diaria de la empresa. Y, aun cuando la maximización del beneficio a largo plazo puede ser un objetivo de sintesis, como se expuso en el capítulo 1, éste puede y suele tener expresiones funcionales diferentes.

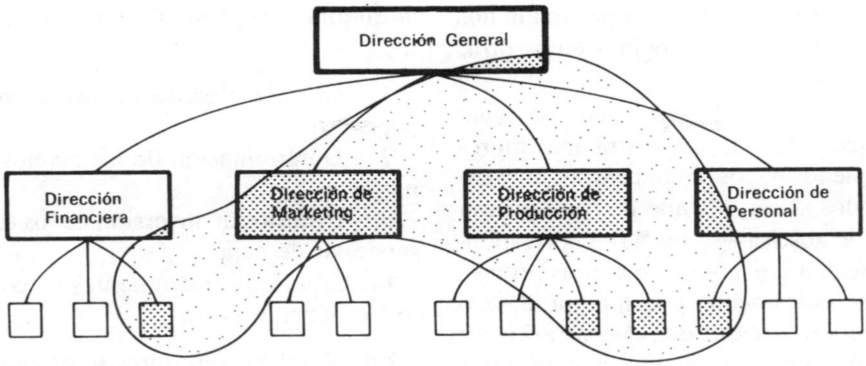

FIGURA 17.4. *Ambito de un problema hipotético de capital circulante.*

17.7. GESTION DE LOS ACTIVOS LIQUIDOS

17.7.1. CONCEPTO DE ACTIVOS LÍQUIDOS

Se suelen llamar «activos líquidos» los que resultan del empleo de recursos en caja y activos inmediatamente realizables.

Por «caja» hay que entender no sólo el dinero o efectivo que la empresa mantenga, sino también los saldos de sus cuentas bancarias libremente disponibles que, en general, además, resultan ser cuantitativamente bastante más importantes.

Por valores «inmediatamente realizables» se entiende aquellos valores mobiliarios que pueden ser vendidos para convertirlos en dinero de modo rápido y seguro y sin que tal venta dé lugar a una minusvalía para la empresa.

La gestión y el control de los activos líquidos es de la mayor importancia; son muchos los negocios rentables que fracasan por falta de tesorería y muchos más los casos de negocios renqueantes que sobreviven tenazmente, más allá de lo conveniente, por las perseverantes inyecciones de liquidez que reciben. Las constantes vitales de la empresa están, pues, ligadas, decisivamente, a su situación de caja, particularmente en condiciones de recesión, cuando lo que se plantea, básicamente, es la supervivencia a corto plazo.

17.7.2. NATURALEZA DEL PROBLEMA

Al final, de una u otra manera, todas las operaciones y actividades de la empresa se traducen en cobros y pagos que necesariamente sincronizados, como indica esquematicamente la figura 17.5 a, y los cobros de pago.

Si los cobros y los pagos necesarios para la actividad empresarial estuvieran estrictamente sincronizados, como indica esquemáticamente la figura 17.5 (a), y los cobros fueran iguales o superiores a los pagos, no habría necesidad de mantener recursos financieros en la forma de dinero, cuentas corrientes a la vista, movilizables mediante cheques, o en otros valores inmediatamente realizables.

La realidad es que las operaciones corrientes de las empresas no están perfectamente sincronizadas, ni los ingresos se adelantan sistemáticamente a los pagos; por el contrario, lo normal es que entre las entradas y salidas de efectivo se presenten desfases importantes, como los recogidos en las figuras 17.5 b y 17.5 c y que representan dos situaciones diferentes escogidas entre otras muchas posibles.

En la figura 17.5 b, construida de igual manera que la 17.5 a, se muestra una empresa en la que los pagos se concentran durante dos períodos al año —zonas de trazo grueso en el eje de abscisas—, quizá por corresponder esas fechas a pagos por materias primas, asequibles únicamente por temporadas, o por alguna otra razón; por el contrario, los cobros por ventas permanecen constantes durante todo el ejercicio.

Los desfases dan lugar a excesos o superávit de tesorería —zonas punteadas— y a déficit en determinados momentos.

Adicionalmente, y como también se indica en la figura 17.5 b, el pago de dividendos, la amortización de la deuda a medio-largo plazo, la liquidación de los impuestos, la adquisición de algunos elementos de equipo u otras razones, pueden dar lugar a «picos» —como *x* e *y* en la figura 17.5 b— que rompen las líneas de tendencia del movimiento de caja en fechas bien determinadas.

La figura 17.5 c presenta una situación diferente, pues, en este caso, son los ingresos los estacionales, mientras que los pagos permanecen prácticamente estables durante todo el período, con la excepción de ciertos pagos de cierre del ejercicio, como pueden ser los impuestos, los dividendos u otros.

Como puede comprobarse, en los tres casos analizados —figuras 17.5 a, 17.5 b y 17.5 c— los superávit de caja anuales son en conjunto superiores a los déficit, por lo que a final de año se habrá generado un superávit neto de caja, disponible para aplicar según el plan estratégico de la empresa. Un problema diferente lo plantea la figura 17.5 d, pues en este caso no sólo habrá que cubrir los picos de los pagos, sino que además se habrá de financiar el déficit de caja que se presentará a final de año [6].

Básicamente, pues, la gestión de los activos líquidos se plantea los objetivos siguientes:

1. Gestión efectiva de los cobros y los pagos.
2. Determinación de los niveles de caja mínimos.
3. Criterios de inversión de los excesos o superávit de caja.
4. Criterios e instrumentos de cobertura de los déficit a corto.

Los objetivos anteriores se pretenden cubrir de la manera más económica y segura posible; es decir, con el menor volumen de recursos inmovilizados por esta causa y reduciendo al máximo el riesgo de insolvencia técnica, de forma que la probabilidad de no poder efectuar un pago cuando se debe sea mínima.

17.8. GESTION DE COBROS Y PAGOS

17.8.1. PLANTEAMIENTO

La gestión de cobros y pagos tiene como objetivo inmediato el adelantar los primeros y retrasar los segundos convenientemente, de tal manera que los perfiles de ingresos y pagos se sincronicen en lo posible, reduciendo el volumen y la importancia de las operaciones de inversión y financiación a corto. La figura 17.6 muestra los resultados de tal proceso en un caso hipotético.

La figura 17.6 a describe la situación antes de aplicar una política adecuada de cobros y

[6] Se trata de un déficit de caja y no necesariamente de una pérdida, pues muchas de las salidas pueden responder a desembolsos de inversión en activos fijos, circulantes o en gastos amortizables. La misma consideración, aunque de diferente signo, se aplica a los casos precedentes: el superávit de caja puede traducirse en una pérdida contable en el ejercicio y no ser necesariamente, por tanto, la expresión de un beneficio.

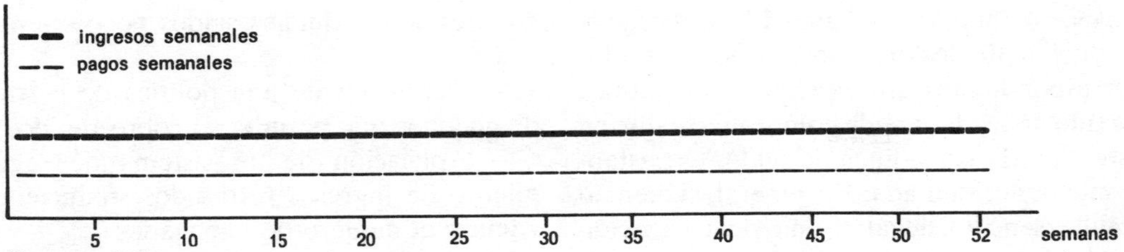

FIGURA 17.5 a.

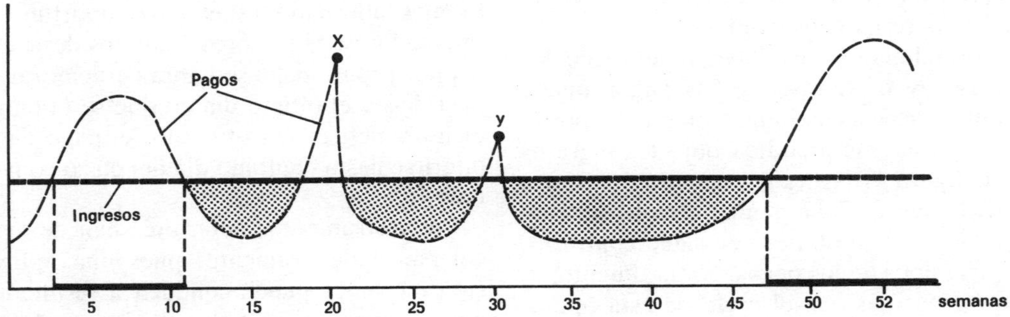

FIGURA 17.5 b.

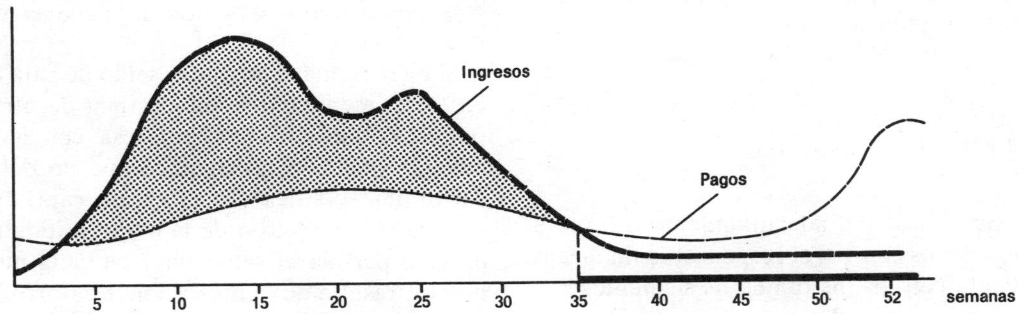

FIGURA 17.5 c.

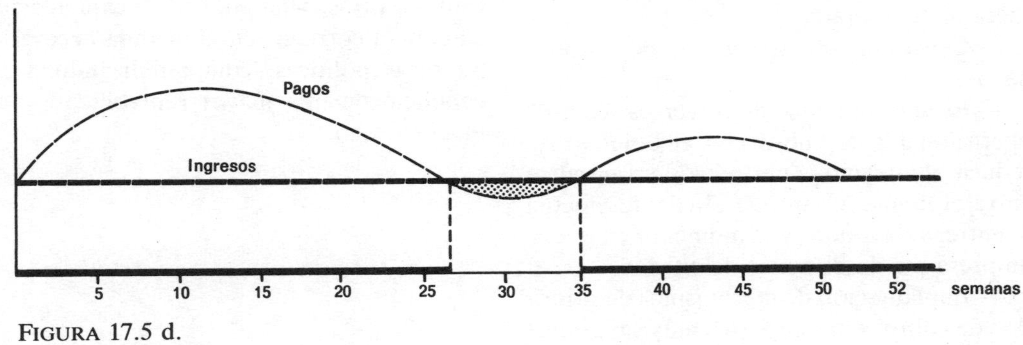

FIGURA 17.5 d.

FIGURA 17.5. *Diferentes patrones de comportamiento anual de ingresos y pagos semanales.*

pagos; por su parte, la figura 17.6 b recoge la evolución de los ingresos, pagos y saldos correspondientes una vez que esta política ha sido aplicada. Puede comprobarse que en este último caso la línea de saldos es bastante menos accidentada. En general, si bien no resulta sencillo llegar a una sincronización total, sí es posible frecuentemente obtener mejoras en los patrones de comportamiento de los ingresos y los pagos.

Normalmente, el adelantamiento de los ingresos y el retraso de los pagos puede suponer ciertos costes incrementales, por lo que el área comprendida bajo los ingresos en la figura 17.6 b es ligeramente inferior a la de la figura 17.6 a, pudiendo esperarse un cambio semejante, pero de signo contrario, en los saldos de los pagos. Naturalmente, lo conveniente es que el coste de esta operación de alisado sea mínimo, de manera que sea fácilmente compensable por los menores costes de financiación.

17.8.2. INSTRUMENTOS

En el área del adelantamiento o aceleración de los cobros, el responsable financiero cuenta con los instrumentos siguientes:

— Concesión de ventajas para pagos por adelantado, cantidades a cuenta o compras fuera de temporada.

— Concesión de descuentos por pronto pago.

— Establecimiento de diversos centros operacionales de cobro con el objetivo de reducir al máximo el período que transcurre entre el momento en que el cliente efectúa la entrega de fondos y el momento en que la empresa puede disponer de ellos.

— Implantación de mecanismos de prioridad de cobros para importes muy superiores a la media.

— Reducción del número de cuentas corrientes con pequeños saldos poco operativos.

— Definición de una política de gestión de cheques que permita su cobro rápido.

— Aplicación de un sistema de seguimiento de ingresos retrasados, reduciendo además el número de impagados.

En lo que se refiere a pagos, el instrumento más adecuado es el pago oportuno a proveedores. Si se aprovechan los descuentos por pronto pago se habrá de demorar el pago hasta el último día en que se obtenga dicho beneficio, en otro caso el pago debe diferirse hasta el último día del plazo convenido.

Los instrumentos anteriores han de articularse cuidadosamente, pues una aplicación mecánica puede conducir a resultados no económicos, al tener que conceder o pagar descuentos o comisiones considerables, perder ventas o deteriorar la imagen de la empresa.

Si bien es un hecho que el saldo de caja es en cierta medida el resultado final de otras políticas financieras de la empresa, conviene advertir que esto no significa que no deba existir una política específica de caja. En otro caso la dirección de la empresa tendrá en esta partida el saldo que, en cada momento, resulte de la aplicación y desarrollo de las operaciones financieras derivadas de sus políticas en las áreas de producción, ventas y otras. Una política de caja adecuada deberá corregir, en la medida necesaria, las otras políticas, compatibilizándolas en beneficio de una mayor rentabilidad y un menor riesgo.

[7] Véase también capítulo 8.

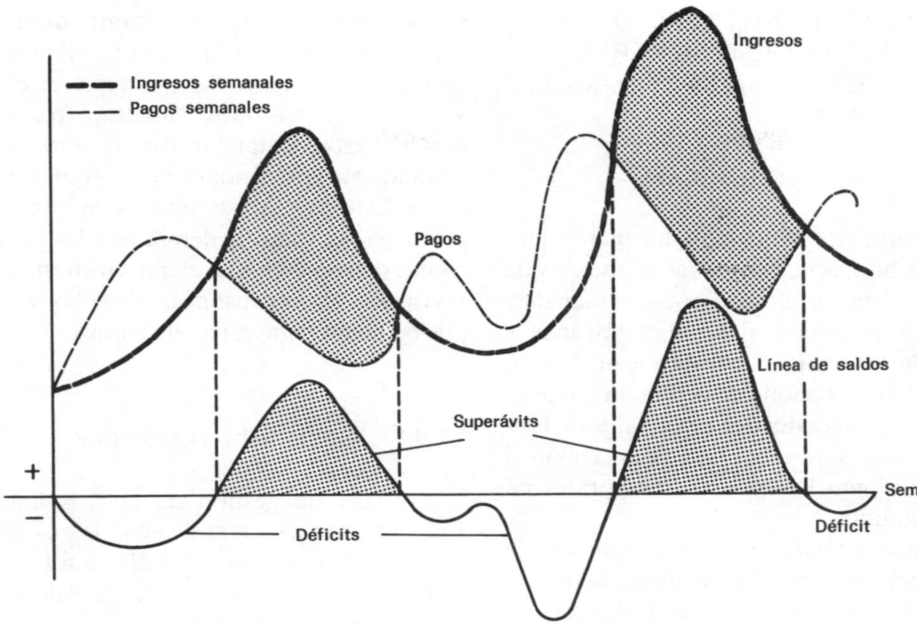

FIGURA 17.6 a. *Ingresos, pagos y saldos antes de aplicar una política de caja.*

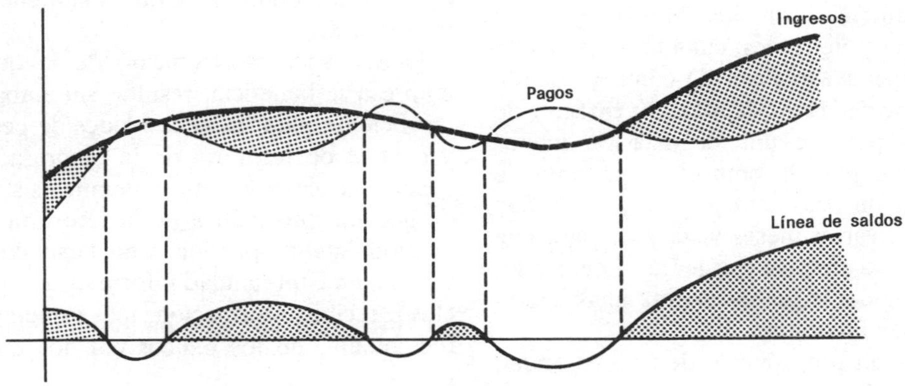

FIGURA 17.6 b. *Ingresos, pagos y saldos después de aplicar una política de caja.*

FIGURA 17.6. *Alteraciones en los patrones de comportamiento de los ingresos, pagos y saldos semanales después de la aplicación de una cierta política de cobros y pagos.*

17.9. PRESUPUESTO DE CAJA, GESTION DE TESORERIA Y COSTE DE LOS RECURSOS OCIOSOS

17.9.1. PRESUPUESTO DE CAJA

El presupuesto de caja es un plan financiero, de horizonte semestral o anual, que proyecta —en términos diarios, semanales, mensuales o trimestrales— las entradas y salidas de tesorería. Se trata de un instrumento de la dirección financiera que le ayuda a detectar necesidades eventuales de fondos a corto, a resolver vía financiación a corto, así como los excesos temporales de fondos líquidos [8].

Una vez elaborado, el presupuesto de caja constituye también un instrumento de control; las desviaciones que proporciona, como diferencia entre previsiones y balance efectivo de ingresos y pagos, constituyen avisos para la toma de medidas correctoras.

El presupuesto de caja es, además, el instrumento por excelencia para negociar adecuadamente con los bancos y otros acreedores potenciales, cuando proporciona una perspectiva realista de cómo y cuándo serán canceladas las deudas. Su carácter de previsión permite una negociación menos apremiante para la empresa —se trata de conseguir un préstamo para una necesidad prevista a varios meses vista y no para una necesidad ya efectiva y urgente—, de la que, por consiguiente, cabe esperar unas condiciones más favorables.

Cuando el presupuesto de caja es anual, puede desglosarse en cuatrimestres, trimestres o incluso meses, forma ésta última que resulta habitual.

En esta línea los presupuestos de caja pueden irse refiriendo a períodos cada vez más cortos, detallándose progresivamente conforme la fecha en que se hace la previsión y el período al que ésta se refiere se aproximan. Así, algunas empresas, a finales de ejercicio, preparan previsiones diarias de caja para el primer trimestre del próximo ejercicio, mensuales hasta completar el año y, luego, previsiones anuales, frecuentemente hasta completar tres o cinco años, ligando estas previsiones al programa financiero. Este proceso se repite, con una cierta periodicidad, para ir detallando las proyecciones diarias de los siguientes trimestres e ir revisando las previsiones, a medio y largo plazo, según transcurre el tiempo.

17.9.2. GESTIÓN DE TESORERÍA

Hoy día, la gestión de activos líquidos prácticamente se identifica con la gestión de la tesorería bancaria, es decir, con la administración y optimización de los saldos que se mantienen en bancos.

A tal fin, la banca suministra, a través de medios electrónicos y sistemas de teleproceso, abundante información sobre las transacciones, las liquidaciones bancarias y las operaciones financieras que mantiene con la empresa.

Esta «banca electrónica», de la que la empresa se beneficia, resulta, sin embargo, insuficiente para las necesidades de gestión y control de tesorería de la empresa, que desarrolla complementariamente sistemas de gestión informática de la tesorería, que ocasionalmente pueden vincularse con su sistema de contabilidad informatizado o, incluso, recibir información, más o menos directamente, de los bancos con los que se opera.

Un sistema de gestión informática de tesorería suele constar de varios módulos de tratamiento, entre los que pueden destacarse los siguientes:

— módulo de gestión del presupuesto de tesorería,
— módulo de gestión de las operaciones financieras,

— módulo de gestión de la tesorería diaria,

así como de los módulos complementarios siguientes:

— módulo de control de liquidaciones bancarias,
— módulo de optimización de saldos,
— módulo de control de operaciones y negocio mantenido con bancos.

17.9.3. Coste de los recursos ociosos

Normalmente, el dinero depositado en la caja y en los bancos no produce gastos. Sin embargo, esto no quiere decir que el mantenimiento de activos líquidos no tenga un coste, al igual que lo tiene el mantenimiento de otras partidas del activo. Desde luego que este coste no puede calcularse directamente por ser de oportunidad, pero sí puede calcularse indirectamente, atendiendo a la pérdida de rentabilidad derivada del hecho de emplear recursos, que cuestan dinero, en activos que no producen nada o producen menos de lo que producirían de emplearse de otra forma. Es decir, lo que se calcula es el coste de oportunidad o valor de la mejor alternativa perdida.

Para la determinación del coste de mantener recursos líquidos pueden seguirse dos criterios: el primero consistiría en imputar a estos fondos, prácticamente improductivos, la diferencia entre el coste medio de los recursos de terceros a corto plazo y la rentabilidad obtenida de los depósitos y valores sobre el total de activos líquidos. El segundo criterio nos llevaría a medir el coste que pretendemos determinar por la diferencia entre la rentabilidad media obtenida sobre el activo total, excluidos los activos líquidos, y la rentabilidad de estos últimos. Se considera, pues, que esta diferencia es la pérdida experimentada al emplear estos recursos en caja y bancos en vez de utilizarlos para sostener las partidas productivas del activo.

Desafortunadamente, no existe un criterio fácil, de aplicación mecánica, que permita fijar el nivel de efectivo adecuado —incluido un cierto stock de seguridad— para cada empresa. Sólo la valoración objetiva de los beneficios y los riesgos que cada nivel de caja comporta, junto con la práctica financiera de la dirección, permitirán establecer, dentro de ciertos márgenes, un nivel orientativo y variable según los casos.

17.10. FACTORES QUE PERFILAN LA POLITICA DE CAJA

Hasta ahora la política de caja se ha presentado como determinada por la dinámica de las transacciones necesarias para mantener en operación a la empresa; sin embargo, existen otros factores que perfilan la configuración definitiva que la política de caja vaya a adoptar y que, siendo en muchos casos de orden secundario, pueden llegar a tener bajo ciertas condiciones una gran importancia.

Suelen identificarse como razones genéricas para mantener dinero, además de la necesidad de pagar las operaciones de la empresa —motivo de transacciones—, el motivo de precaución y el motivo de especulación [9]. A éstos habría que añadir el motivo de política de imagen frente a bancos y otros acreedores, así como los saldos de compensación.

Los saldos de efectivo que la empresa mantenga para cubrir cada una de sus nece-

[8] Las necesidades permanentes de fondos, aun cuando hayan de financiar activos circulantes, lo que requieren es recursos permanentes, ya sean propios o ajenos, es decir, en su caso capital circulante. Los excesos crónicos de fondos requieren, por su parte, utilizarse en nuevas inversiones o distribuirse como dividendos.

[9] J. M. Keynes, *Teoría general de la ocupación, el interés y el dinero,* Fondo de Cultura Económica, México.

sidades no se comportan como fondos estancos, sino que todos ellos atienden, solidariamente, las demandas de cualquier tipo que pudieran presentarse.

17.10.1. MOTIVO DE PRECAUCIÓN

Una razón por la que las empresas pueden sentirse inclinadas a mantener un saldo en su caja, superior al mínimo que se requeriría por la simple función operativa, es la de previsión ante una eventual situación de iliquidez repentina. Un aumento brusco en la producción, una baja en las ventas, un impagado de un cliente importante, pueden hacer disminuir la cuenta de caja de modo radical.

En consecuencia, parece conveniente que cada empresa defina un cierto nivel de caja de seguridad, para cubrir imprevistos, por debajo del cual el efectivo no debería bajar, lo que moderará o eliminará el riesgo de insolvencia técnica con sus secuelas de consecuencias negativas, tales como interrupciones en la actividad productiva, retrasos en los suministros a clientes, pérdidas de ventas y coste gerencial de la búsqueda urgente de dinero, además de los naturales incrementos en los tipos de interés que los prestamistas cargan, con la lógica de cubrir los mayores riesgos de quienes parecen tener dificultades monetarias [10].

Por otra parte, el mantenimiento de otros recursos, menos líquidos, para afrontar situaciones imprevistas implicaría el riesgo de sufrir pérdidas de capital importantes, en los casos en que fuera urgente su realización.

17.10.2. MOTIVO DE ESPECULACIÓN O PREVISIÓN DE OPORTUNIDADES

Existen empresas que mantienen en caja un saldo superior al operativo, pensando en la posibilidad de aprovechar una oportunidad de beneficios al emplear o invertir este sobrante de caja en condiciones favorables.

Operaciones como una compra fuerte de materias primas, pagadas al contado y con notables reducciones en los precios de compra u otras semejantes, pueden suponer unos beneficios directos o indirectos muy importantes.

En definitiva, se trata de mantener inactiva una cierta cantidad del dinero, pensando en una inversión o en un empleo útil de la misma en algún momento futuro.

17.10.3. MOTIVO DE POLÍTICA DE IMAGEN Y SALDOS DE COMPENSACIÓN

Esta política se deriva del deseo de presentar un balance más líquido frente a los banqueros y los acreedores.

Como el exceso de saldo se mantiene en una cuenta bancaria y los bancos, normalmente, consideran buen cliente al que mantiene un saldo medio adecuado en su cuenta corriente, la empresa logra de este modo una mayor consideración frente a su banquero, lo cual le será probablemente útil en cualquier momento en que necesite contratar un crédito u otro servicio con el banco.

Consideraciones semejantes pueden establecerse para otros acreedores, particularmente para los proveedores, con los que será más sencillo acordar operaciones en cuenta abierta con límites de aprovisionamiento superiores.

Sin embargo, la creciente profesionaliza-

[10] Salvo en situaciones límite, la empresa siempre suele tener un cierto margen de maniobra a corto plazo, para cubrir pequeñas cantidades. Es el caso de los descubiertos en cuenta o, sin llegar a esa situación, la sobreutilización del saldo bancario aprovechando el tiempo que transcurre desde que se hace entrega de un talón y hasta que éste se cobra. En general, siempre hay un cierto «saldo flotante» o diferencia entre saldo real de la empresa, según figura en libros o en el talonario, y el oficial con el que trabaja el banco.

ción de banca y empresas ha ido cambiando la «imagen» del «buen» financiero, perfilándolo, cada vez más, como un gestor que sabe aquilatar al máximo los recursos que utiliza.

Por otra parte, bien como contrapartida directa de préstamos, o bien como contraprestación de otros servicios prestados, los bancos solían exigir, en el pasado, el mantenimiento de ciertos saldos en sus cuentas corrientes, que por su naturaleza se designaban por saldos de compensación.

Estos saldos podrían establecerse como:

1. Un mínimo absoluto por debajo del cual el saldo no puede descender.
2. Un mínimo, a calcular en términos medios, durante un cierto período de tiempo.

No obstante, hoy día, se practica crecientemente, sobre todo en las empresas de mayor tamaño, unas relaciones bancarias basadas en la transparencia y orientadas por la consideración del banco como un proveedor más; cualquier compensación cedida a un banco en la forma de saldos no utilizados —o en cualquier otra forma— es valorada e incluida en la negociación global con ese banco.

Naturalmente, la existencia de saldos de compensación alterará al alza el nivel mínimo necesario de caja.

17.11. EMPLEO DE RECURSOS EN VALORES INMEDIATAMENTE REALIZABLES

La seguridad y prestigio derivados del mantenimiento de una caja elevada tienen la contrapartida del menor rendimiento de los fondos empleados de tal forma.

Una política excesivamente conservadora, con el objetivo de eludir tensiones de liquidez, puede resultar —especialmente en tiempos de inflación— muy cara y conducir a decisiones equivocadas. En efecto, el mantenimiento de recursos ociosos tiene costes de oportunidad importantes, que repercuten sobre la rentabilidad de la empresa.

La empresa deberá compaginar, en lo posible, las ventajas de las disponibilidades líquidas con el objetivo del máximo rendimiento de todos y cada uno de sus activos.

Una primera medida, en orden a lograr este compromiso, consiste en emplear una parte de los fondos situados en caja y bancos en la adquisición de activos financieros, tales como certificados de depósito, bonos de caja, letras, obligaciones y acciones que, si están bien escogidos, proporcionarán un mayor rendimiento, de mayor o menor cuantía, según los casos, sin riesgo de inmovilización o pérdida.

Esta utilización de los fondos está especialmente indicada cuando se presentan excesos estacionales de caja o como vía de acumulación de recursos para necesidades próximas.

La búsqueda de un mayor rendimiento sin pérdida notable de disponibilidad es, pues, la causa de que haya empresas que mantengan en su activo una cartera de valores de reserva.

APENDICE

ANEXO 1. *Período de maduración*

1.1. DEFINICIÓN Y CONCEPTO

El período de maduración es el tiempo que transcurre entre la adquisición de materias primas y el cobro del producto de las ventas, y se determina, básicamente, a partir del ciclo de explotación siguiente [11]:

Por consiguiente, el período de maduración (PM) se calcula de la siguiente manera:

$$PM = P_1 + P_2 + P_3 + P_4$$

y viene a ser una expresión del ritmo de funcionamiento de la empresa. Las variaciones del PM implican un ritmo más o menos acelerado del proceso productivo; en este sentido, incrementos del PM suponen una menor «velocidad de giro», y recíprocamente.

El PM, aun cuando esté muy condicionado por las características de la empresa y del sector de actividad en que ésta opera, puede reducirse, por ejemplo, mediante:

— Ajuste de la política de compras (disminución de P_1).

— Mejoras del proceso de producción (disminución de P_2).

— Comercialización más rápida (disminución de P_3).

— Estímulos al pronto pago (disminución de P_4).

Normalmente, la empresa tiene como objetivo el conseguir un PM equilibrado, puesto que una «velocidad de giro» demasiado «lenta» da lugar, como verá, a una mayor inversión en circulante, mientras que una «velocidad de giro» demasiado «rápida» puede provocar desajustes por falta de materia prima, baja calidad de la producción, pérdida de ventas por frecuentes rupturas de stocks o menores facilidades de pago a clientes.

[11] El período de maduración se refiere a un ciclo empresarial «corto» frente al «largo» correspondiente al proceso de renovación de los equipos industriales a través de las amortizaciones.

1.2. CALCULO DEL PERIODO DE MADURACION

El valor concreto de los subperíodos P_1, P_2, P_3 y P_4 puede calcularse, a partir de datos contables o extracontables, de acuerdo con las siguientes expresiones:

Subperíodo de aprovisionamiento y almacenamiento

Días medios de almacenaje de materias primas

$$P_1 = \frac{\text{Stock medio materias primas}}{\text{Compras anuales/365}}$$

Subperíodo de producción

Días de duración del proceso

$$P_2 = \frac{\text{Stock medio productos en curso}}{\text{Coste total de producción anual/365}}$$

Subperíodo de venta

Días de permanencia del producto en stocks

$$P_3 = \frac{\text{Stock medio productos terminados}}{\text{Coste de las ventas anuales/365}}$$

Subperíodo de crédito a clientes

Días medios de crédito a clientes

$$P_4 = \frac{\text{Saldo medio de créditos comerciales}}{\text{Ventas anuales/365}}$$

Por consiguiente:

$$PM \text{ (en días)} = (P_1+P_2+P_3+P_4) \text{ días}$$

1.3. ANALISIS DE CASOS PARTICULARES

a) Empresas comerciales con ventas al contado:

$$PM = P_3 \text{ días}$$

b) Empresa manufacturera con venta sobre pedido y pago a la entrega:

$$PM = P_1 + P_2 \textit{ días}$$

c) Empresa comercial con ventas a crédito:

$$PM = P_3 + P_4 \textit{ días}$$

1.2. CALCULO DEL FONDO DE MANIOBRA MINIMO [12]

Para cada conjunto determinado de políticas funcionales en materia de aprovisionamiento, producción, venta y crédito, pagos diversos y financiación de proveedores, existirá un cierto fondo de maniobra mínimo o nivel mínimo necesario de capital circulante. Este valor no coincidirá, normalmente, con el calculado a partir de los valores del activo y pasivo circulantes, puesto que el valor de hecho del capital circulante, que se deriva del balance en un momento cualquiera, integrará, lógicamente, todas las desviaciones que se hayan producido en la aplicación de las políticas funcionales establecidas, así como aspectos relacionados de la financiación a corto. Resulta así que el fondo de maniobra mínimo puede servir de referencia, tanto a efectos de previsión de necesidades, como para el control de la ejecución de las

[12] Al fondo de maniobra también se le designa por fondo de rotación o, más frecuentemente, como se ha indicado ya, capital circulante (working capital, en la literatura anglosajona).

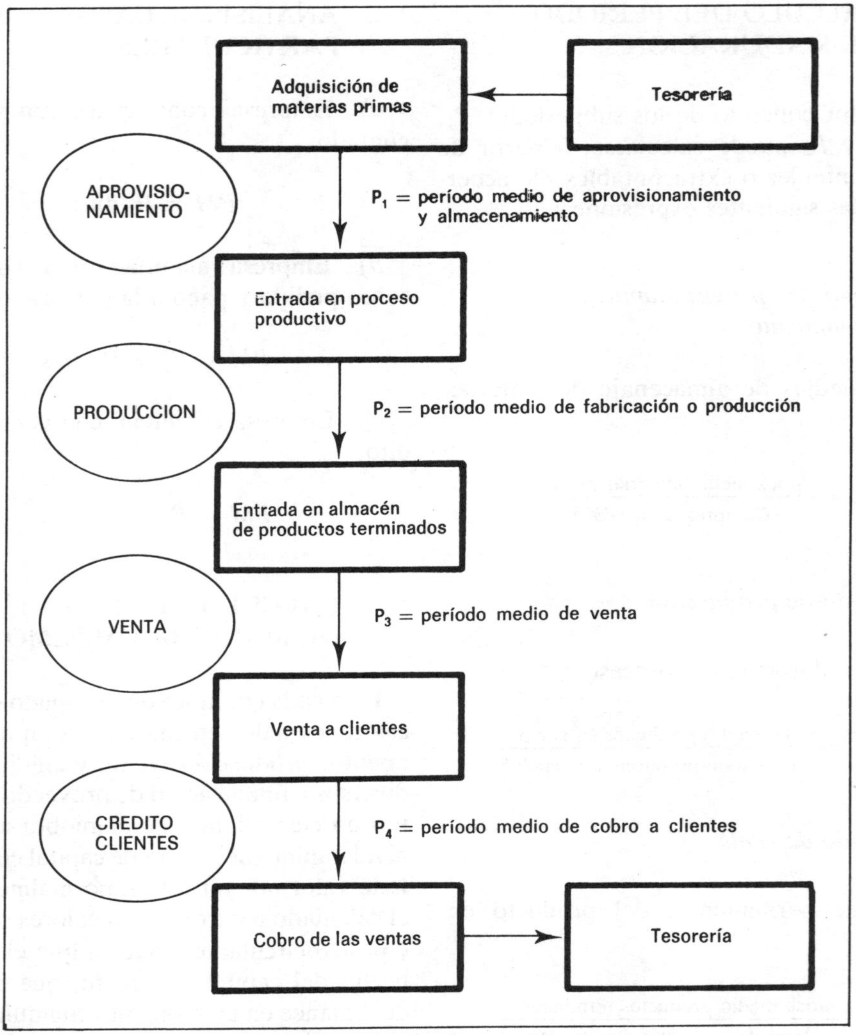

FIGURA 17.7. *Elementos del ciclo de explotación.*

mencionadas políticas. En este sentido, el cálculo del fondo de maniobra mínimo puede ser de interés cuando las condiciones de explotación sean modificadas, al establecer planes anuales, cuando se presenten dificultades de tesorería para diagnosticar su carácter coyuntural o estructural y ante cambios significativos en los niveles de ventas de la empresa.

El modelo de cálculo parte de la determinación de las inmovilizaciones positivas y negativas, calculando el capital circulante por diferencia.

Inmovilizaciones positivas
(Inversiones)

1. I1 = Inmovilización en materias primas = valor del inventario medio de mate-

rias primas = (compras anuales totales/365) × *P*1.

2. I2 = Inmovilización en fabricación = valor del inventario medio de productos en curso de fabricación = (valor de la producción anual al coste/365) × *P*2.

3. I3 = Inmovilización de productos acabados para venta = valor del inventario medio de productos acabados = (valor de las ventas al coste/365) × *P*3.

4. I4 = Inmovilización en cuentas a cobrar = (ventas anuales/365) × *P*4.

5. I5 = Inmovilización en disponible = inversión en disponible.

Inmovilizaciones negativas
(Créditos)

6. I6 = crédito concedido por proveedores = (compras anuales totales/365) × período medio de pago = (compras anuales totales/365) × *P*6.

7. I7 = crédito concedido por otros acreedores a corto = (salarios diarios × período medio de pago de salarios) + (gastos generales diarios × período medio de pago de gastos generales) + (acreedores varios diarios × período medio de pago de acreedores varios) = (salarios diarios × *P*7) + (gastos generales diarios × *P*8) + (acreedores varios diarios × *P*9).

Fondo de maniobra mínimo = (I1 + I2 + I3 + I4 + I5) − (I6 + I7).

CAPITULO 18

POLITICAS DE CREDITO Y COBRO

SUMARIO: 18.1. Modalidades de venta.—18.2. La inversión en cuenta a cobrar.—18.3. Elementos de una política de crédito: 18.3.1. Extensión y cuantía del crédito. 18.3.2. Definición de las normas de crédito. 18.3.3. Plazo concedido. 18.3.4. Descuentos por pronto pago. 18.3.5. Recursos asignados para cobrar.—18.4. Políticas de crédito.—18.5. Organización y administración del departamento de crédito: 18.5.1. Posición del departamento de crédito. 18.5.2. Objetivos y funciones del departamento de crédito.—18.6. La concesión de créditos.—18.7. Facturación y cobro: 18.7.1. Facturación. 18.7.2. Cobro.—18.8. Control: 18.8.1. Curva ABC de clientes. 18.8.2. Control de la antigüedad de las cuentas a cobrar. 18.8.3. Ratios de control.

18.1. MODALIDADES DE VENTA

Al cerrarse una operación de venta, una de las partes, el vendedor, se obliga a entregar un objeto o prestar un servicio determinado, y la otra, el comprador, a pagar por ella una cierta cantidad en el lugar y tiempo fijado por el contrato.

Desde el punto de vista del vendedor, el cobro efectivo y adecuado de la venta debe constituir una preocupación constante —y más en tiempo de crisis— que el director financiero habrá de transmitir a toda la organización y, especialmente, al departamento de marketing, pues no hay ingresos por ventas si éstas no se cobran en cantidad y plazo. Sólo el cobro realiza las cuentas de clientes y deudores y permite la libre disposición de los fondos correspondientes.

Una tipología de las operaciones de venta, de marcado interés financiero, puede establecerse relacionando en el tiempo el momento de la venta, el de la entrega de la mercancía y el del pago. En efecto, para cobrar el importe de los productos o servicios que venden, las empresas pueden utilizar, según los casos, modalidades diferentes, representadas en la figura 18.1 y cuya descripción es la siguiente:

a) *Venta al contado* [1]

Es, evidentemente, una de las más extendidas, hasta tal punto que el Código Civil establece que el precio ha de pagarse en el tiempo y lugar fijado por el contrato y, en su defecto, en el tiempo y lugar en que se haga «entrega de la cosa», es decir, al contado.

Esta forma de venta es muy frecuente en las ventas al por menor y en aquellos casos en que la naturaleza del mercado, la falta de solvencia del comprador o el desconocimiento del mismo por parte del vendedor inducen a este último a exigir el pago contra la entrega de la mercancía.

[1] Cuando una empresa vende sus productos al contado intercambia una mercancía por dinero, con el cual repone el valor de coste de la mercancia vendida, y, una vez satisfechas las cargas del período, libera el beneficio que inicialmente pasa a caja.

Con este criterio de cobro, en el pasivo del balance de la empresa no aparece ninguna partida relacionada directamente con las ventas, sino que éstas se reflejan a través de la cuenta de resultados.

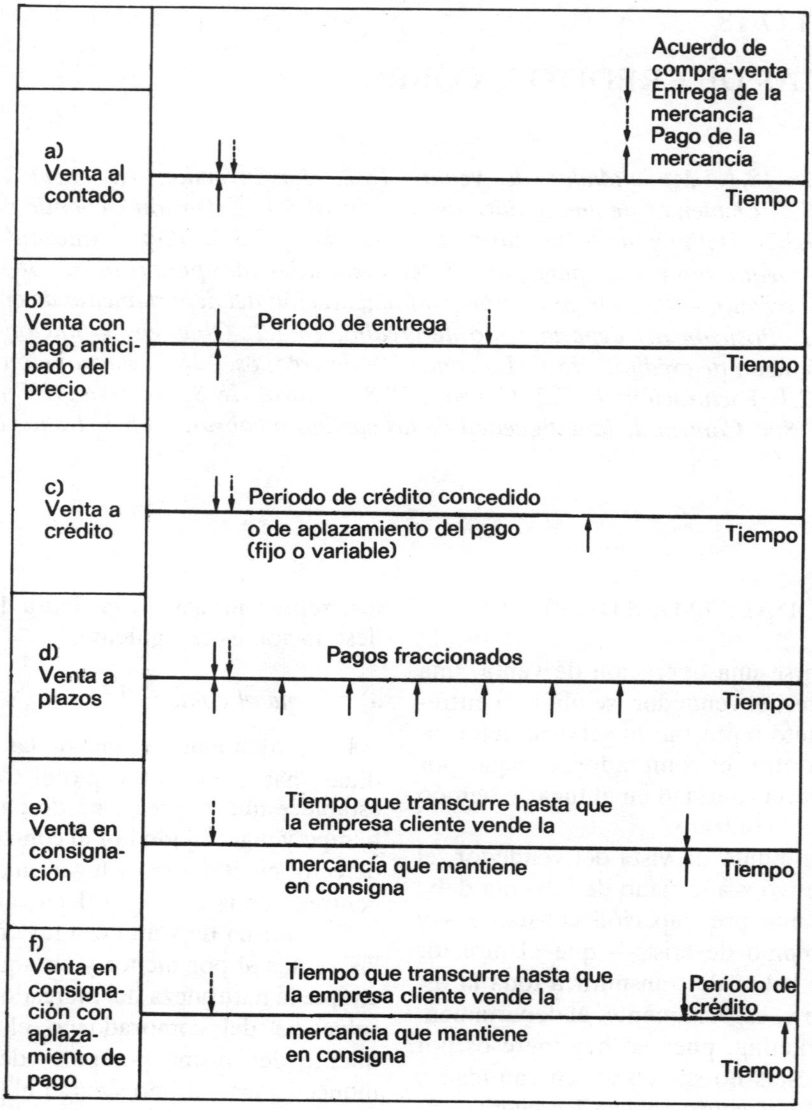

FIGURA 18.1. *Modalidades de venta según forma de pago.*

b) *Venta con pago anticipado del precio* [2]

Se produce cuando se está en un mercado de vendedores o cuando la naturaleza del producto —alto precio o prolongado proceso productivo— hace que sea habitual que el cliente anticipe todo o parte del precio.

[2] Si la empresa vende con pago anticipado, el importe de las cantidades a cuenta ingresa en caja y aparece en el pasivo, como contrapartida el saldo acreedor de los clientes; de esta forma, se convierte en una fuente de recursos para la empresa ayudándola a la financiación o sostenimiento del activo circulante —concretamente de los productos en curso de fabricación.

c) *Venta a crédito* [3]

Es quizá la fórmula más extendida entre empresas, pues es poco frecuente la empresa que no concede a sus clientes un plazo, más o menos largo, para que paguen el importe de sus compras. Al análisis en extensión de esta fórmula de venta se dedicará este capítulo.

d) *Venta a plazos*

Es conveniente destacar que en la venta a crédito pueden distinguirse dos modalidades: una llamada simplemente venta a crédito, con pago totalmente diferido, y otra, llamada venta a plazos, con pago fraccionado. En la primera el precio se paga de una sola vez dentro de un período de tiempo que, normalmente, no excede de noventa días, o, en casos más excepcionales, de ciento veinte o ciento ochenta días. En la venta a plazos el pago se efectúa mediante la entrega de cantidades iguales y periódicas, generalmente mensuales, a lo largo de un período que puede llegar a superar el año sin que, habitualmente, tratándose de bienes de consumo duradero, pase de los dos.

Los bienes de consumo duradero, tales como automóviles y electrodomésticos, se pagan a lo largo de varios meses, hasta 36, contra recibos o letras previamente aceptadas. En la venta a plazos de bienes de equipo, el período de pago suele alargarse hasta los tres años y, en algunas ocasiones, llega a alcanzar los cinco y hasta los diez años.

Normalmente, en las ventas a plazos, entre las condiciones de venta se encuentran cláusulas de reserva de dominio, según las cuales la compra no supone un traspaso de la propiedad, sino un mero usufructo; en tanto no se haya pagado la totalidad del precio convenido, el bien objeto de la compra-venta queda bajo la custodia del comprador.

Las consecuencias financieras de las ventas a plazos y a crédito son básicamente las mismas, y, por tanto, aunque en la venta a plazos la mecánica de cálculo difiera de la correspondiente a la venta a crédito, en lo sucesivo se hará referencia, solamente, a esta última.

e) *Venta en consignación*

En algunos tipos de actividades se utiliza la venta en consignación, es decir, la compraventa y el pago no se producen hasta que la empresa cliente no haya vendido las mercancías que tiene en depósito o consigna. De esta manera la empresa vendedora habrá de financiar los stocks del cliente [4]; en aquellos casos en que además se conceda aplazamiento de pago a la empresa cliente (esquema *f* de la fig. 18.1), el vendedor habrá de financiar también las cuentas a cobrar [5].

Las empresas pueden utilizar una o más de las fórmulas anteriores, lo que se reflejará en el valor y evolución de la partida de cuentas a cobrar.

No obstante, la utilización de unas u otras dependerá de las características del mercado en que desarrolle sus actividades, de la fuerza relativa de vendedores y compradores, así como de la naturaleza del producto.

Por su carácter general [6] y por las implica-

[3] El importe de los pagos diferidos aparece en el activo bajo el epígrafe de cuentas a cobrar a clientes. La contrapartida, en el pasivo, de la cuenta de clientes será una cuenta explícita o formará parte de la financiación total.

[4] Estas existencias figurarán en el activo de la empresa vendedora, cuando se produzca la venta los movimientos contables serán semejantes a los descritos en *a*) o *c*), según los casos.

[5] Una modalidad relacionada, en ciertas maneras, con las ventas en consignación es la venta condicionada por un período de prueba fijo, transcurrido el cual la mercancía deberá ser devuelta o abonada.

[6] Las ventas al contado (a) y a plazos (d) pueden considerarse como un caso particular y una variante, respectivamente, de la venta a crédito (c). La venta con pago anticipado del precio (b) no exige esfuerzo financiero al vendedor, pudiéndose considerar como un período de crédito negativo. Finalmente, la venta en

ciones financieras que presentan, en este capítulo se tratarán, específicamente, las ventas a crédito y, por consiguiente, la política de crédito que configura el volumen y la naturaleza de las cuentas a cobrar [7] y cuya orientación habrá de contribuir a los objetivos generales de beneficio y crecimiento que la empresa haya establecido.

18.2. LA INVERSION EN CUENTAS A COBRAR

La inversión en cuentas a cobrar vendrá determinada por la expresión:

Inversión en cuentas a cobrar = Ventas en unidades físicas × precio unitario × número medio de días de crédito concedido [1].

El crecimiento normal de las cuentas a cobrar suele responder a incrementos en los niveles de ventas físicas; no obstante, en condiciones de inflación la inversión en cuentas a cobrar puede aumentar, sin que las ventas lo hagan, como reflejo de los aumentos en los precios de venta.

Una empresa en rápido crecimiento, en un entorno inflacionario y que conceda períodos de crédito crecientes, o bien para estimular las ventas o bien como consecuencia de un control deteriorado de sus clientes, puede experimentar crecimientos «patológicos» en sus cuentas a cobrar, como consecuencia del efecto combinado de los incrementos simultáneos de las tres variables de la expresión [1].

La figura 18.2 presenta, gráficamente, un modelo de cálculo sencillo de las cuentas a cobrar. A partir de una situación inicial, caracterizada por un período medio de cobro *PMCo* y unas ventas diarias de v_0 que implican un nivel, I_0, de inversión en cuentas a cobrar, se estudia el impacto de incrementos en *PMCo,* en v_0 y en los dos simultáneamente. Como es natural, el crecimiento de las ventas, las mayores facilidades de pago o ambos factores conjuntamente conducen a niveles superiores de inversión en cuentas a cobrar.

18.3. ELEMENTOS DE UNA POLITICA DE CREDITO

La razón de ser de una venta a crédito es la de facilitar la transacción al diferir el pago correspondiente. En este sentido, cualquier política de crédito debe responder, sin ambigüedades, al menos a los interrogantes siguientes:

1a. ¿A quién se concede crédito y hasta qué limite?

2a. ¿Durante cuánto tiempo se difiere el pago?

3a. ¿Cómo se estimula a quienes no desean beneficiarse del crédito y pagan al contado?

4a. ¿Qué recursos administrativos y financieros se asignan para el desarrollo y control de las operaciones anteriores?

Por tanto, puede considerarse que la política crediticia de una empresa queda definida mediante la fijación de los cuatro elementos básicos siguientes:

1b. Extensión y cuantía del crédito.
2b. Plazo concedido.
3b. Descuentos por pronto pago [8].

---

consignación, mucho menos frecuente, tiene un tratamiento muy similar con intervención de las cuentas de existencias en vez de las de clientes, hasta que la venta no se haya producido.

[7] Los derechos de cobro de la empresa cubren también operaciones atípicas que no forman parte de su tráfico normal. Las consideraciones que se exponen a continuación se refieren únicamente a la gestión del crédito a clientes, es decir, a aquellos con los que la empresa mantiene transacciones normales propias de su actividad empresarial; el carácter individual y atípico de los deudores puede no exigir una «política de crédito a deudores», siendo suficiente un tratamiento individual, caso a caso.

[8] Además de los descuentos por pronto pago, la empresa puede aplicar descuentos por cantidad o des-

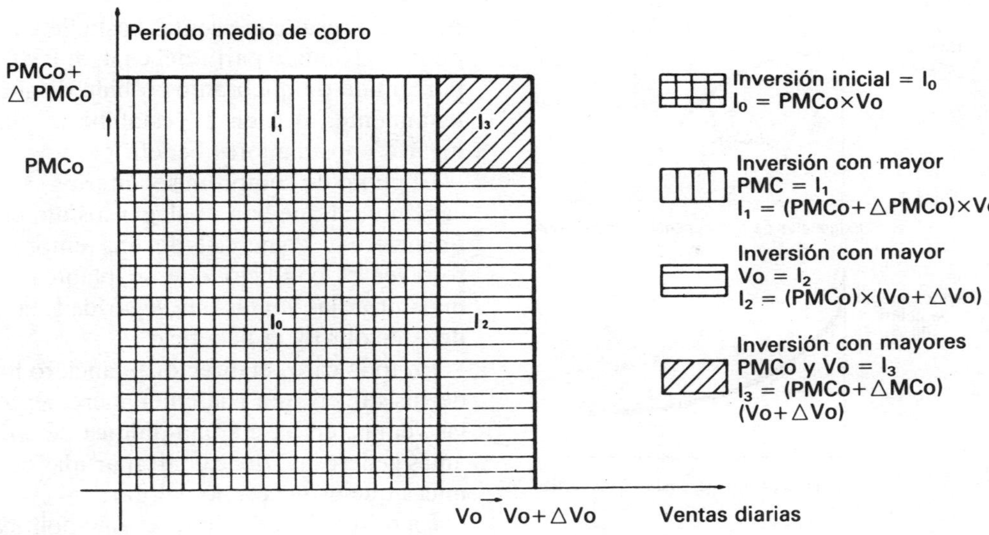

FIGURA 18.2. *Modelo gráfico para la determinación de la inversión en cuentas a cobrar.*

4b. Recursos asignados para realizar la función de cobrar.

18.3.1. EXTENSIÓN Y CUANTÍA DEL CRÉDITO

El grado de extensión de las operaciones de crédito viene lógicamente condicionado por el carácter más o menos restrictivo de las normas de crédito que se apliquen.

Las normas de crédito pueden referirse a aspectos tales como el tamaño, liquidez y solvencia de los clientes, o a cómo fue su comportamiento pasado en relación con créditos anteriores. Estas normas pueden, asimismo, establecer topes de crédito diferentes según las distintas características de los solicitantes, particularmente su liquidez y solvencia, y de acuerdo con la coyuntura que atraviese el sector en que operan.

De una manera general, cuanto más se extienda el crédito, mayor será el volumen de ventas; en este sentido, naturalmente, cuando se aceptan todos los pedidos, se maximizan las ventas. Esta maximización de las ventas supone también un máximo número de incobrados y un mayor período medio de cobro (PMC), como consecuencia natural de la peor posición financiera media de los clientes.

Por el contrario, una política de crédito restrictiva minimizaría los quebrantes y el PMC, pero posiblemente afectaría negativamente a los beneficios, al reducir sustancialmente las ventas.

Se trataría de encontrar, para las condiciones y convenciones comerciales de cada sector, un punto de equilibrio que supusiera unos beneficios máximos para la empresa.

La figura 18.3 representa gráficamente las consideraciones anteriores.

En el eje de abcisas se representa, en todos los casos, el valor de un cierto índice que mide el grado de exigencia que las nor-

cuentos comerciales a clientes con los que ya mantiene relaciones estrechas, o a los que desean captar. En algunos casos los efectos económicos de unos y otros descuentos pueden ser similares.

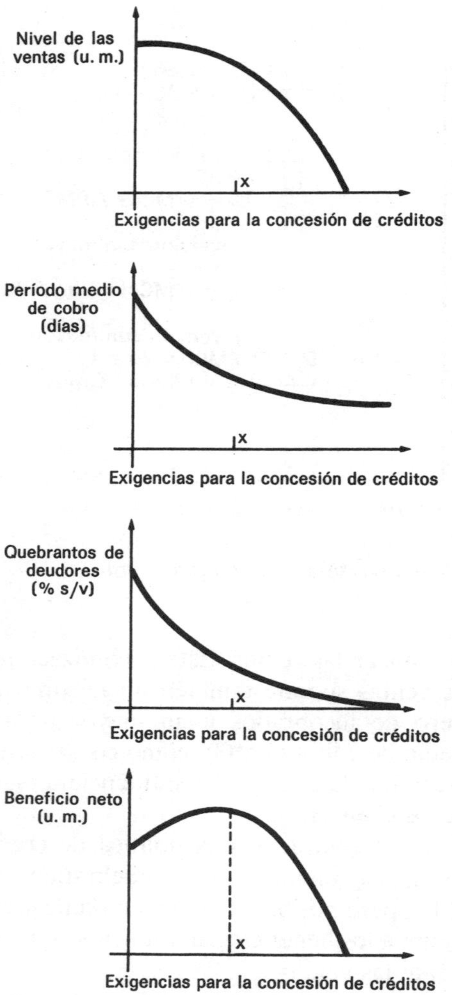

FIGURA 18.3. *Influencia del nivel de extensión del crédito sobre las ventas, el período medio de cobro y el beneficio neto* [9].

mas de crédito establecen para la concesión del mismo.

Como ha sido expuesto, a medida que se aplican normas de crédito más restrictivas, va disminuyendo el nivel de ventas, el PMC y el porcentaje de quebrantos; en la medida en que estas dos últimas variables disminuyan más rápidamente que las ventas, el beneficio resulta creciente, hasta llegar a un punto máximo, a partir del cual, el PMC y el porcentaje de quebrantos o bien disminuye lentamente, o bien se estabilizan, dando lugar a unos menores beneficios.

El punto de compromiso anterior es, lógicamente, al que han de llegar los directores financiero y comercial de una empresa al resolver el conflicto que se plantea entre maximizar las ventas o la seguridad, la rapidez de cobro y el beneficio.

En todo caso, el director financiero habrá de insistir en que cualquier incremento en las ventas, en base a una política de crédito «más generosa», tiene contrapartidas económicas que es necesario valorar.

En primer lugar, mantener una política de crédito exige un conjunto de recursos administrativos, que aumentan directamente con el número de clientes que se benefician del crédito. En segundo lugar, conforme se incrementan las cuentas a cobrar, aumenta también la inversión de la empresa en esta partida y, por tanto, las necesidades de financiación correspondientes. Finalmente, en tercer lugar, los clientes menos solventes representan un mayor volumen de quebrantos, tanto en términos absolutos como relativos.

La predicción del resultado final al que puede conducir una liberalización de la política de crédito de una empresa resulta, en la práctica, más complicada, pues no cabe descartar la existencia de efectos inducidos que pueden ser importantes.

En efecto, por ejemplo, un descenso en el nivel de exigencia para la concesión de créditos, en particular en mercados muy competitivos, puede verse neutralizado por subsiguientes descensos semejantes en otras empresas del sector, dando lugar a incrementos de las ventas inferiores a los previstos. Por otra parte, al liberalizar el crédito, los clientes antiguos más solventes tendrán

[9] JAMES C. VAN HORNE: *Administración Financiera.*

tendencia a «relajar» sus hábitos de pago amoldándose a las nuevas y menos exigentes condiciones.

18.3.2. Definición de las normas de crédito

Las normas de crédito deben partir de la base de que la empresa se enfrenta a un conjunto de clientes potenciales, de los cuales unos estarán en condiciones de pagar y pagarán al vencimiento del crédito y otros no llegarán a hacerlo; como es lógico, cabe pensar en la existencia de un tercer grupo —intermedio— que pagará o no, en función de la presión que la propia empresa ejerza sobre ellos, ajustándose más o menos, según los casos, a las condiciones de crédito pactadas.

Idealmente las normas de crédito deberán ser tales que, como consecuencia de su aplicación, se concediera crédito a todos los clientes potenciales que, en definitiva, vayan a pagar contribuyendo al beneficio de la empresa y que se excluyera, a priori, a todos los clientes que, finalmente, no fueran a pagar o pagaran en un plazo y condiciones tales que no resultará beneficioso para la empresa. Sin embargo, la discriminación perfecta entre clientes «buenos» y «malos» no es posible por varias razones. Una primera y fundamental es que muchos clientes potenciales «malos» presentan una o más de las características de los clientes «buenos». En segundo lugar, entre la concesión de crédito a una empresa y su vencimiento pueden ocurrir acontecimientos que trastornen su situación. Finalmente, no cabe excluir una componente de azar [10].

Por estas razones, la decisión final sobre la concesión o no de crédito a un cliente no es, ni mucho menos, automática y requiere que las normas de crédito establecidas sean interpretadas y confrontadas con la situación de la empresa por un analista de créditos, sobre cuyo informe habrá de tomarse la correspondiente decisión..

18.3.3. Plazo concedido

El plazo que una empresa concede para el pago de un crédito responde, en gran parte, a lo que sea habitual en su sector de actividad. No obstante, la empresa puede tener libertad para incrementar dicho plazo con la idea de facilitar las compras de sus clientes potenciales y, por tanto, de ver aumentado su nivel de ventas.

Si las normas de concesión de créditos se mantienen constantes, una extensión del plazo de pago no tiene por qué incrementar los incobrados, por lo que, en este caso, las ventajas derivadas del crecimiento de las ventas deberán sopesarse tan sólo con las contrapartidas que representan el incremento en los recursos administrativos y en el nivel de inversión de la empresa en cuentas a cobrar.

Una política de crédito que se traduzca en una financiación permanente de las empresas clientes, con bajos niveles de circulante, no es apropiada; la empresa no está desarrollando actividades financieras y sólo deberá participar con recursos propios en empresas en muy buena situación.

En ocasiones el plazo de pago previamente establecido puede ser alargado si ello garantiza la continuidad de las operaciones y el cobro de la cantidad pendiente. Esta política de flexibilidad no suele repercutir incrementando las ventas, pero puede resultar imprescindible si es practicada por la competencia de una manera general.

---

[10] Las técnicas de discriminación decisional proporcionan un instrumento útil para clasificar *a priori* a los clientes en un cierto número de categorías previamente definidas (véase James Van Horne, *Administración Financiera*).

18.3.4. DESCUENTOS POR PRONTO PAGO [11]

Los descuentos por pronto pago son un instrumento de la política crediticia tendente a acelerar los cobros de los créditos concedidos. Un ejemplo ayudará a valorar en qué casos puede resultar de interés.

Sea una empresa que concede créditos por valor de 6 millones de pesetas al año, con un PMC de dos meses. El saldo medio a cobrar es, por tanto, de un millón de pesetas.

Admítase que, ofreciendo un descuento del 2 por 100 por pago hasta los diez días, el PMC pasa a ser de un mes, al optar un 50 por 100 de los clientes por beneficiarse del mismo [12].

Desde la perspectiva del proveedor el tipo resultante de la operación será probablemente superior a su coste de capital, por lo que obtendrá un cierto beneficio financiero. Este beneficio será, desde luego, inferior a su valor nominal, puesto que tiene como contrapartidas una menor rotación de las cuentas y una complejización del control.

En otros términos, la concesión de los descuentos implica un coste en concepto de rebaja en ventas equivalente a:

$$6 \times 10^6 \times 0{,}5 \times 0{,}02 = 60.000 \text{ ptas./año}$$

Si se supone que los recursos administrativos no sufren variación, esta cantidad habrá de compararse con el menor nivel de inversión necesario en cuentas a cobrar.

Como el saldo medio en cuentas a cobrar se reduce a medio millón, y admitiendo que el 85 por 100 del precio de venta representa diferentes costes, la economía en la inversión de cuentas a cobrar es de 425.000 pesetas/año (500.000 × 0,85).

Si la tasa de reinversión alternativa de las 425.000 pesetas ahorradas es, por ejemplo, del 16 por 100, la reducción en el nivel de cuentas a cobrar implicará un rendimiento de 68.000 pesetas/año = (425.000 × 0,16), y la introducción del descuento será, por tanto, conveniente [13].

18.3.5. RECURSOS ASIGNADOS PARA COBRAR

Aun cuando el volumen de incobrados y el valor del PMC dependen en realidad de cómo articula cada empresa su política global de cobro, el problema puede reducirse, para simplificar, a la variable más relevante —o más condicionante— de la función de cobrar: el nivel de los recursos. Básicamente se trata de acercar las condiciones efectivas o reales de pago a las establecidas, de manera que se alcancen en cantidad y plazo los ingresos previstos [14].

---

[11] Este sistema es el más usual, aunque en algunos casos lo que se hace es cargar un cierto interés a quienes retrasan el pago, en lugar de hacer descuentos a quienes pagan en plazo.

[12] Desde la perspectiva del cliente, el coste de no acogerse al descuento puede ser muy elevado. En efecto, considérese que una empresa vende a treinta días, pero hace un 2 por 100 de descuento por pago antes de los diez días. Un cliente que compre por valor de 100 u. m. y no se beneficie del descuento está pagando 2 u. m. por utilizar 98 u. m. durante veinte días, es decir, un tipo de interés anual equivalente del:

$$36{,}7\ \% = \left(2/98 \times 100 \times \frac{360}{20} \right)$$

[13] No resulta igualmente sencillo determinar *a priori* el impacto global, sobre el PMC, de incrementar la longitud del período de descuento. El efecto positivo de los nuevos clientes que se acogen al descuento puede verse neutralizado, o incluso superado, por el efecto negativo de los clientes que, estando ya acogidos al descuento, alargan lógicamente su período de pago, aprovechando hasta el final las facilidades crediticias concedidas por la empresa.

[14] Como es natural, el nivel de los recursos ha de entenderse en el doble sentido de nivel cuantitativo y cualitativo de los mismos: plantilla y medios asignados, profesionalización de los responsables, grado de mecanización, calidad del software, etc.

18.4. POLITICA DE CREDITO

Una política de crédito puede definirse por las características y valores de los parámetros básicos, a cuyo estudio se han dedicado los epígrafes anteriores. Naturalmente, los parámetros de la política crediticia se relacionan unos con otros en distintas formas y constituyen vías alternativas para conseguir los objetivos de contribuir, directa o indirectamente, al beneficio y al crecimiento de la empresa, compaginando estas variables con sus necesidades de liquidez.

El diseño de la política crediticia de cualquier empresa habrá de atender, naturalmente, tanto a las características y hábitos comerciales del mercado [15] en que opera como a su situación financiera y tamaño. En muchos casos, incluso se pretenden equilibrar las condiciones ofrecidas a los clientes con las obtenidas de los proveedores [16].

La política de crédito que la empresa finalmente adopte ha de considerar no sólo los aspectos financieros del problema, sino también la respuesta previsible del mercado y la capacidad de adaptación de sus sistemas de producción.

La figura 18.4 presenta un esquema de evaluación orientado en el sentido anterior. Se trata de estudiar el interés de introducir o no un cierto descuento por pronto pago en dos situaciones de mercado y producción diferentes.

En la situación I la curva de demanda de productos de la empresa es muy rígida (figura 18.4), y al introducir el descuento, con la consiguiente disminución del precio de p_0 a $(p_0 - \varepsilon)$, el incremento en las cantidades vendidas —ω— es pequeño y se produce una disminución en los ingresos netos de la empresa. Además, la empresa está produciendo casi al 100 por 100 de su capacidad (fig. 18.4 b), y la absorción del incremento de producción necesario —ω— tiene también un impacto negativo sobre las ventas. Todo ello se traduce en que la introducción de un descuento por pronto pago no resultaría, en principio, interesante en esta situación, por cuanto que el beneficio disminuiría (fig. 18.4 c).

La situación II presenta unas características bien diferentes. Por una parte, la respuesta del mercado a un descuento en el precio, por pronto pago, es mucho más favorable, dado el carácter elástico de la curva de demanda correspondiente (fig. 18.4 d), lo que se traduce en un importante aumento de los ingresos netos. Por otra parte, del lado productivo, la empresa puede incrementar su producción, incluso con una reducción de los costes unitarios, al estirar más los costes fijos (fig. 18.4 e). Consiguientemente, el beneficio para la empresa aumenta (fig. 18.4 f) y la introducción del descuento es, en principio, recomendable.

El análisis anterior no puede considerarse ni completo ni definitivo, puesto que no ha considerado las variaciones que pudieran experimentar los quebrantos, los recursos anuales dedicados al cobro y la inversión en

---

[15] Aun cuando el mercado haya establecido como habituales unas ciertas condiciones de pago, no existe ninguna obligación formal, por parte de la empresa, de respetarlas a rajatabla; una mejora unilateral de las condiciones puede conducir a una «guerra de facilidades de pago», que, al igual que las «guerras de precios», pueden erosionar los márgenes y repercutir negativamente sobre los beneficios. La progresiva mejora de las condiciones de crédito que se conceden en un mercado, de manera relativamente general por todos los vendedores, puede dar lugar a un crecimiento más rápido del mismo.

En algunas ocasiones, cuando la empresa ocupa una posición de mercado dominante, la oferta escasea, se proporciona una calidad superior de servicio o producto, o los precios son inferiores, la empresa puede limitar las facilidades de pago sin sufrir un impacto negativo, que pudiera ser en otro caso prohibitivo, sobre el nivel de las ventas.

[16] La idea de flexibilidad es básica en la aplicación de la política de crédito. Por ejemplo, en un sector con fuerte estacionalidad el jefe de crédito puede ser más rígido durante la estación y más condescendiente fuera de temporada.

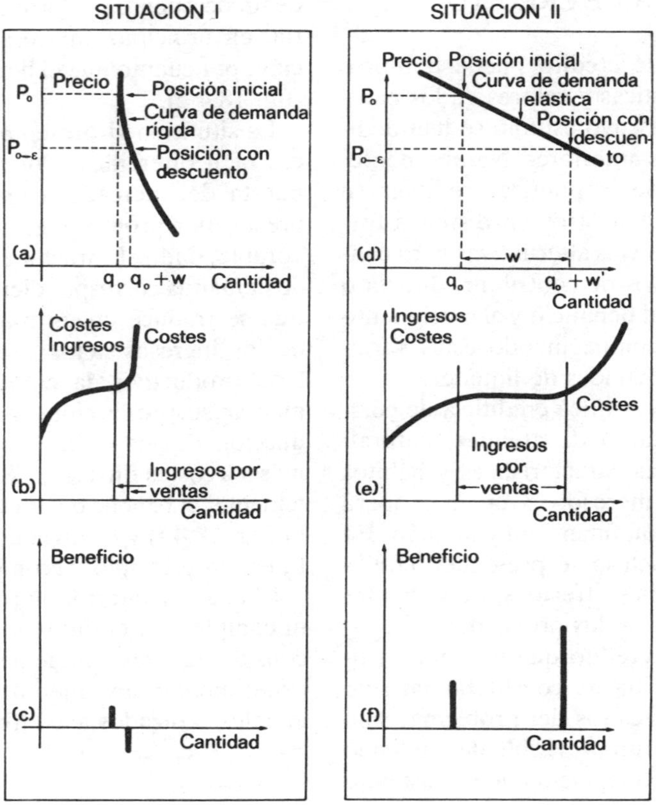

FIGURA 18.4. *La respuesta del mercado y las características del sistema productivo en la evaluación de un descuento por pronto pago.*

cuentas a cobrar, al pasar de una política sin descuento a otra que, por pronto pago, sí lo tuviera.

Cuando se dispone de datos o de estimaciones suficientemente aproximadas de los valores que toman las variables anteriores, es posible la evaluación económica completa de políticas de crédito alternativas, lo que resulta de gran utilidad; aunque, como en el caso de los proyectos de inversión, el resultado de la evaluación esté sujeto a consideraciones posteriores de carácter estratégico.

Por ello, aun cuando las decisiones en el campo crediticio sean de carácter táctico y, por tanto, menos irreversibles que las decisiones relacionadas, por ejemplo, con la inversión en activos fijos, la experimentación resulta igualmente cara y difícil. Lo más razonable parece ser que la empresa parta de una política crediticia «marco», para ir introduciendo los cambios progresivos necesarios que la vayan poniendo a punto y adaptándola a las condiciones del mercado y de la economía.

18.5. ORGANIZACION Y ADMINISTRACION DEL DEPARTAMENTO DE CREDITO

18.5.1. POSICIÓN DEL DEPARTAMENTO DE CRÉDITO

El volumen y las características de las ventas a crédito suelen exigir la creación de una sección o departamento específico con unos criterios similares a los empleados por otras organizaciones de crédito, como la banca, pero sin olvidar nunca los aspectos comerciales.

Por su función, el departamento de crédito se sitúa en la organización en un área de solape entre el departamento financiero y el de ventas. No obstante, suele integrarse en el área de influencia financiera de la empresa.

Aun cuando no existen datos precisos para España, es razonable pensar que, en términos agregados, aproximadamente, un 75 por 100 de los jefes del departamento de crédito dependen del departamento financiero.

La interrelación entre ventas y crédito es constante. El jefe de ventas, o incluso el director comercial, pueden llegar a justificar un fracaso en las ventas por una política de crédito muy restrictiva. Por el contrario, el departamento de crédito puede, a su vez, justificar el crecimiento de los incobrables por una inadecuada selección de clientes por parte de los vendedores.

En este sentido, el papel moderador del departamento financiero es fundamental: limitando las ventajas ofrecidas a los clientes; defendiendo la idea de equilibrio entre el interés de unas mayores ventas y el coste de oportunidad de la inversión en cuentas a cobrar [17]; estimulando y aprovechando la ayuda que, para cobrar, pueden ofrecer los vendedores como fuente de información y de presión directa cerca del cliente.

En algunas ocasiones puede existir un departamento central de créditos, con funciones staff, que asesora en estas materias a las unidades operativas (fig. 18.5 a), descentralizadas de las diferentes divisiones [18]. Otras empresas mantienen el criterio de que la función de cobrar corresponde a la unidad central y no la divisionalizan (fig. 18.5 b).

18.5.2. OBJETIVOS Y FUNCIONES DEL DEPARTAMENTO DE CRÉDITO

Además de contribuir a los objetivos generales de la empresa —como el resto de los departamentos—, el departamento de crédito tiene los siguientes objetivos específicos:

1. Contribuir al incremento de las ventas propiciando adecuadamente el pago.
2. Garantizar la regularidad del flujo de cobros protegiendo la liquidez de la empresa.
3. Salvaguardar la inversión de la empresa en cuentas a cobrar.

---

[17] Con objeto de limitar eficazmente la «prodigalidad» de los vendedores, en muchas empresas se consideran los descuentos y los intereses de la financiación como un gasto comercial más de las ventas y no como un gasto general de la empresa.

[18] Las áreas de responsabilidad del personal de crédito pueden estructurarse de la siguiente manera:

- — líneas de producto.
- — zonas geográficas,
- — niveles de riesgo,
- — escalones del canal de distribución:
  - — fabricantes,
  - — mayoristas,
  - — detallistas,
  - — clientes directos,
  - — gobierno.

Cada una de las estructuras anteriores presenta ventajas específicas, de conocimiento de clientes, mercados, productos, situación en la distribución o, incluso, operativas. Por ejemplo, una organización según niveles de riesgo permite que los ejecutivos más expertos asuman la gestión de los créditos más arriesgados y, recíprocamente, lo que puede ser muy beneficioso en muchas empresas, en particular si éstas son grandes.

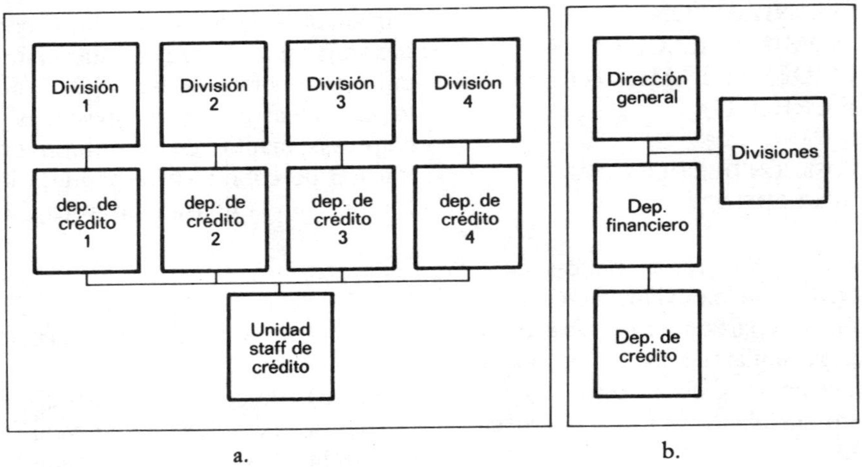

FIGURA 18.5. *Estructuras alternativas del departamento de crédito.*

La consecuencia de estos objetivos requiere que, básicamente, se cubran las siguientes funciones [19]:

— Crédito.
— Facturación.
— Cobro.
— Control.

18.6. LA CONCESION DE CREDITOS

El análisis de un cliente para la concesión o no de un crédito es siempre una tarea delicada que requiere gran atención y una cierta experiencia.

En un gran número de casos el planteamiento eficaz del problema parte de la consideración del cliente en relación con los cuatro elementos básicos siguientes [20]:

1. *Capital:* ¿Tiene el cliente potencial recursos propios suficientes como para hacer frente al préstamo si las operaciones van mal?

2. *Capacidad de devolución:* La misión y objetivos de la empresa no son, por supuesto, el acceder a bienes que cubran la mercancía servida. El interés de la empresa estriba en que el cliente pueda devolver el crédito —importe de la mercancía adquirida— con fondos procedentes de las operaciones.

3. *Carácter:* Se refiere al carácter de la dirección de la empresa cliente y a su voluntad de pagar.

4. *Condiciones:* Las condiciones del crédito, ¿son las adecuadas?

Por consiguiente, la base fundamental de aprobación o no de un crédito deberá ser la situación financiera del cliente [21]. Las ga-

[19] Sin incluir los incobrables, un presupuesto de referencia para el departamento de crédito puede ser el uno por mil de las ventas. Típicamente, en los Estados Unidos, un 70 por 100 del presupuesto lo constituye la nómina, un 8 por 100 la obtención de informes de crédito, un 4 por 100 agencias de cobro y gestiones jurídicas y el resto corresponde a varios.

[20] En el capítulo 19 sobre financiación a corto se vuelve a insistir en este tema.

[21] En el crédito comercial a particulares se han desarrollado técnicas de aplicación sistemática que con base en criterios tales como antigüedad en el empleo, profesión, propiedad de la vivienda, etc., conceden o no el crédito. Los créditos entre empresas no admiten, fácilmente, patrones tan rígidos.

rantías, por su parte, pueden ser útiles en caso de riesgo máximo como un elemento más de aprobación, jugando el papel de «seguro».

La concesión de créditos plantea la secuencia siguiente de operaciones:

1.ª *Investigar la solvencia de los posibles clientes para determinar su capacidad de crédito.* Para realizar esa función, la empresa cuenta con la información suministrada por las agencias de informes, por los bancos, proveedores y competidores del posible acreditado y, desde luego, en los casos en que sea posible lograrlo, con la información financiera facilitada por el propio interesado. Esta última información debe ser contrastada con la procedente de otras fuentes; en lo que respecta a bienes inmuebles, la investigación de la titularidad y estado de cargas en los Registros de la Propiedad puede ser útil, sobre todo, en el caso de tener que conceder facilidades importantes.

2.ª *Calificar y establecer límites de crédito para cada cliente.* Cuando el número de clientes es reducido es posible establecer los límites de crédito tras un análisis individual.

No obstante, cuando el número de clientes es normal o grande se hace necesario agilizar el proceso de calificación, para lo cual la empresa ha de definir unas categorías de riesgo, en base a algunas características observables de las empresas de manera que la calificación que una determinada empresa comporta sea casi automática.

Una vez calificados los clientes por categorías de riesgo, la empresa puede optar o bien por un tratamiento individual, cliente a cliente, o bien por la aplicación a cada empresa de unos límites de créditos estándares, según su nivel de riesgo.

Los riesgos que la empresa pueda afrontar al conceder crédito a sus clientes son función del margen bruto que obtiene en sus ventas. En efecto, si la empresa trabaja por encima del punto muerto, el margen obtenido en cualquier venta adicional es beneficio neto. Si trabaja por debajo, el margen contribuye a la absorción de las cargas de estructura y, por tanto, aminora las pérdidas.

Si una empresa trabaja, por ejemplo, con un margen del 20 por 100 y concede sesenta días de plazo a un cliente que se espera compre 100.000 pesetas mensuales, cuando el cliente haya comprado y pagado un millón de pesetas al margen sobre estas ventas habrán cubierto exactamente el riesgo de 200.000 pesetas asumido por la empresa sobre este cliente al concederle dos meses de plazo. Si la empresa gira sólo con un 5 por 100 de margen, el mismo cliente deberá haber comprado cuatro millones de pesetas o, lo que es lo mismo, deberá haber transcurrido cuarenta meses de buen cumplimiento para que quede cubierto el riesgo de que deje impagadas las compras de los dos últimos meses.

Los términos crediticios y en particular los límites que se conceden en cada categoría de riesgo no deben considerarse fijos, sino que pueden ser variables en el tiempo. Además resulta conveniente controlar la marcha de cada cuenta para deducir por experiencia el comportamiento financiero de cada cliente y, eventualmente, reclasificarlo según convenga.

Finalmente, en el análisis del riesgo, el decisor habrá de tener presente que el objetivo de la política de riesgo no es minimizar las pérdidas por quebrantos, sino contribuir al máximo a gastos generales y beneficio.

18.7. FACTURACION Y COBRO

18.7.1. FACTURACIÓN

Existen diferentes políticas de facturación. En unos casos se facturan todas y cada una de las transacciones, en otros a cada cliente se le factura cada cierto tiempo o cuando haya alcanzado una cantidad límite.

La primera política presenta la ventaja de que las cantidades no se acumulan, pero tiene la desventaja de que han de invertirse mayores recursos en la burocracia de la facturación. La segunda fórmula ahorra papeles pero, además de ser más arriesgada, alarga el período medio de cobro (PMC). Así, si el PMC establecido es de treinta días y aun suponiendo que todos los clientes cumplen estrictamente los términos pactados, si la empresa factura cada veinte días, el PMC efectivo asciende a cuarenta días, lo que se traduce en diez días más de inversión.

Cuando las cuentas a cobrar han sido formalizadas con letras de cambio, éstas presentan la ventaja de fijar una fecha de vencimiento y cobro.

18.7.2. Cobro

La responsabilidad del cobro es, como se ha indicado, del departamento de crédito, aunque el departamento de ventas pueda participar. Por otra parte, el rigor con que se aplique la política de crédito será igual para todos los clientes independientemente de los términos pactados con cada uno de ellos. El responsable de cobros no debe olvidar, aun en los cobros difíciles, que la firmeza en el cobro no implica, en ningún caso, la descortesía.

Los clientes que hayan superado los plazos de crédito que les hayan sido concedidos deberán ser avisados con rapidez y persistentemente.

En las situaciones límite ha de recurrirse a la acción legal. Sin embargo, antes de emprender ninguna acción de este tipo el departamento de crédito ha de considerar cuáles han sido las relaciones con el cliente en el pasado y cuál es su situación económica real. En ocasiones, un arreglo amistoso aun cuando no cubra la totalidad del descubierto, pudiera ser mejor solución que empujar al cliente a la suspensión de pagos o a la quiebra.

La actitud del cliente puede ayudar mucho a dosificar el rigor de la acción cuando el cliente se adelante a las reclamaciones y propone soluciones, expresa una voluntad de cumplir sus compromisos, lo que bien puede merecer que se le ayude renovando el crédito y manteniendo, en lo posible, el suministro.

18.8. CONTROL

La subfunción de control de las cuentas a cobrar es, también, responsabilidad del departamento de crédito, aun cuando pueda ser desarrollada, en paralelo, por otros departamentos utilizando técnicas similares a las indicadas a continuación.

18.8.1. Curva ABC de clientes

En las empresas que realizan múltiples transacciones, con un nutrido grupo de clientes, la implantación y gestión de un sistema de control que se ocupe de todas y cada una de las cuentas puede resultar poco operativo y frecuentemente es de dudosa rentabilidad. En estos casos resulta conveniente dar prioridad, en el control, a aquellos clientes —o cuentas a cobrar— que por su entidad relativa la merecen más.

Un procedimiento muy sencillo y extendido consiste en ordenar las cuentas, o los clientes, de mayor o menor valor o importancia, según créditos concedidos, con el objeto de construir la llamada curva ABC de cuentas a cobrar o clientes, de la cual se recoge un ejemplo en la figura 18.6.

En esta figura se comprueba que el 25 por 100 de las cuentas —cuentas tipo A— representa el 75 por 100 del total de los créditos vivos concedidos por la empresa a sus clientes. En el otro extremo, un 50 por 100 de las

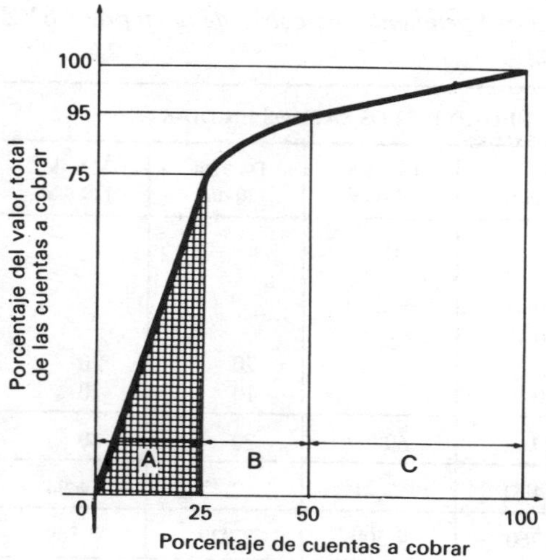

FIGURA 18.6. *Curva ABC de las cuentas a cobrar.*

cuentas, las de menor importancia —cuentas tipos C— representan un 5 por 100 únicamente del valor total de las cuentas a cobrar. Por consiguiente, la atención de la empresa deberá centrarse primero en las cuentas tipo A, si es posible, y en una segunda fase en las de tipo B, y, finalmente y más superficialmente, en las del grupo C.

Este modelo ABC es posible aplicarlo muy frecuentemente. Si bien puede resultar, según los casos, más o menos operativo. Organizativamente los analistas más experimentados pueden trabajar las cuentas A y B, quedando las cuentas tipo C al cuidado de los menos expertos.

18.8.2. CONTROL DE ANTIGÜEDAD DE LAS CUENTAS A COBRAR

Con el objeto de saber si la empresa está siendo muy estricta o muy laxa en la exigencia de las condiciones de pago que haya establecido, resulta conveniente que realice controles periódicos. Un procedimiento útil consiste en clasificar las facturas pendientes de cobro por antigüedad y contrastar el resultado con las condiciones de crédito que la empresa venga aplicando nominalmente. En el cuadro 18.1 se muestra el resultado de esta operación para una empresa hipotética BYZ. Si las condiciones de crédito de la empresa fuera 2/10 neto 60, el cuadro 18.1 indicaría que se están cumpliendo en un 85 por 100 de los casos; apenas un 8 por 100 —en valor— del total de las facturas sobrepasa en más de un mes las condiciones de pago establecidas. Si las condiciones de pago de BYZ fuera 2/10 neto 90, el cuadro 18.1 pone de manifiesto una política de crédito mucho más estricta. Por el contrario, si las condiciones de pago fueran 2/10 neto 30, el cuadro 18.1 revelaría gran tolerancia en el cobro a clientes.

La clasificación por antigüedad de las cuentas proporciona a la empresa, además, una idea del riesgo de incobrados que mantiene, puesto que al aumentar la antigüedad aumenta también el riesgo; así, clientes como el B3 del cuadro 18.1 podían contabilizarse, mejor que en cuentas a cobrar, en clientes de dudoso cobro.

El renglón «Días» del cuadro 18.1 muestra el resultado de multiplicar el importe de cada factura por su antigüedad, el cociente 30.670/810 = 37,8 días indica la antigüedad media de las facturas que la empresa tiene pendientes; la evolución de esta variable y su comparación con los períodos medios de cobro nominal y efectivo puede ser un buen índice sintético de la marcha de la política de crédito de la empresa.

La clasificación por antigüedad de las facturas pendientes en un momento dado proporciona también, a corto plazo, una guía de con qué energía y sobre qué clientes se debe actuar primero; a medio plazo, la clasificación por antigüedad puede, incluso, ayudar a remodelar la política de crédito establecida por la empresa.

Cuadro 18.1. *Clasificación por antigüedad de las facturas pendientes de cobro de la empresa BYZ a 1 de enero de 1980* (miles de pesetas)

Clientes	Saldo actual total	ANTIGÜEDAD DE LOS SALDOS EN DIAS				
		Menos de 30 días	De 30 a 60 días	De 61 a 90 días	De 91 a 120 días	Más de 120 días
A1	270	220		50		
A2	200	200				
B1	120	70	50			
B2	100	50	50			
B3	40				20	20
Resto	80	30	20		10	20
TOTALES	810	570	120	60	20	40
Porcentajes	100	70,97	14,81	7,41	2,47	4,94
Días	30.670	10.830	5.760	4.500	2.020	7.560

18.8.3. Ratios de control

Los ratios de control ya han sido descritos en la parte III y básicamente son el período medio de cobro y la rotación de cuentas a cobrar [22]. La evolución temporal de estos índices, que internamente pueden calcularse con toda exactitud, permite controlar el desarrollo de las ventas y los cobros de la empresa.

Cuando la empresa aplica las condiciones de pago usuales, en su sector de actividad o semejantes a las de otras empresas de la competencia, y tiene acceso a los estados financieros de éstas, podrá establecer comparaciones aproximadas mediante el cálculo de los ratios anteriores. Diferencias significativas en los valores de estos ratios aconsejarán una revisión en profundidad en búsqueda de las causas [23].

[22] La consideración como de cobradas de aquellas cuentas abonadas con efectos que han sido descontados, pero que aún no han vencido, puede conducir a reducciones equívocas del período medio de cobro e incrementos de la rotación de cuentas a cobrar.

[23] Entre ellas son frecuentes la estacionalidad de las ventas, alteraciones en el ritmo de las ventas o el mantenimiento como cuentas a cobrar de cuentas atrasadas y muy antiguas que no podrán cobrarse.

CAPITULO 19

GESTION DE LAS EXISTENCIAS

SUMARIO: 19.1. Las existencias como elemento de flexibilidad de la actividad empresarial.—19.2. Definición de las partidas que integran el apartado de existencias.—19.3. Factores técnicos y económicos determinantes de los niveles de los diferentes inventarios: 19.3.1. Ventas uniformes a lo largo del ejercicio. 19.3.2. Ventas estacionales. 19.3.3. Influencia de la política de productos y comercial sobre los stocks.—19.4. Valores de mercaderías.—19.5. Cálculo del coste de las ventas en empresas industriales.—Apéndice: Anexo 1: Planteamiento de los medios de gestión de stocks. Anexo 2: Dimensión económica de los pedidos.

19.1. LAS EXISTENCIAS COMO ELEMENTO DE FLEXIBILIDAD DE LA ACTIVIDAD EMPRESARIAL

De una manera general, la inversión en existencias es común a toda clase de empresas, tanto industriales como comerciales. No obstante, en el caso de las empresas de transformación, el concepto de existencias es más amplio, al referirse tanto a los productos terminados, listos para la venta —las mercaderías de las empresas comerciales— como a los productos semiterminados, a los subproductos y trabajos en curso y, finalmente, a las materias primas y auxiliares.

Idealmente, en sentido estricto, la única inversión absolutamente imprescindible en existencias es la que exige el proceso productivo de las empresas de transformación y que se designa por productos y trabajos en curso. Si bien el resto de las partidas que integran las existencias no son teóricamente necesarias, en la práctica resultan imprescindibles como base de la flexibilidad productiva y comercial de la empresa. Una empresa sin otras existencias que los productos en curso adquiriría únicamente aquellas materias primas que fueran a ser transformadas inmediatamente, tomando las medidas necesarias para que, exactamente, al concluir el proceso de producción, fueran vendidos todos los productos terminados, repitiéndose el proceso sucesivamente.

En esta misma hipótesis ideal, la empresa comercial sería un «intermediario perfecto» comprando, tan sólo, aquellas mercaderías que pudiera vender inmediatamente, sincronizando las operaciones de tal manera que nunca quedaran «restos» que dieran lugar a una partida de existencias en su balance de situación.

Un funcionamiento como el anterior exige una organización también ideal, orientada hacia la programación perfecta de las compras, los procesos de producción, las ventas y la expedición de las mercancías. Sin embargo, en un mundo incierto y con desfases de todo tipo, las empresas no pueden operar ni física ni, desde luego, económicamente, en las condiciones de rigidez total que exige una sincronización perfecta de las operaciones.

Las existencias proporcionan a la empresa

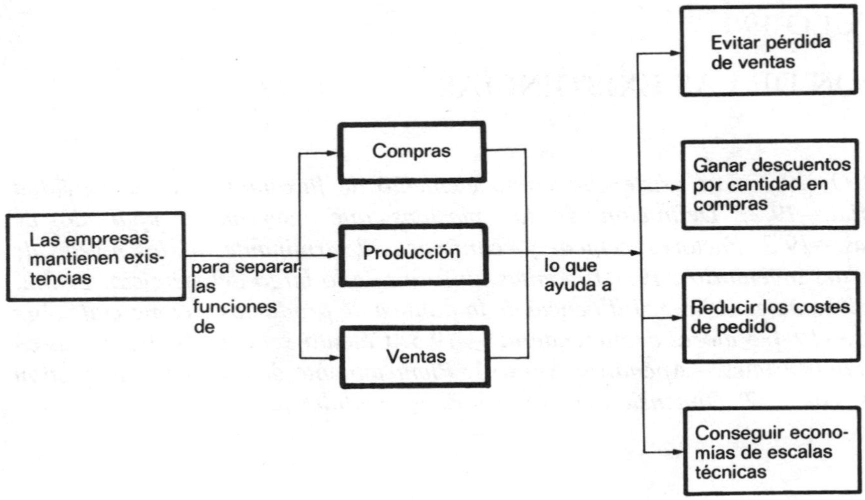

FIGURA 19.1. *Razones por las que las empresas mantienen inventarios.*

flexibilidad operativa al permitirle producir a un ritmo diferente al de compras de materias primas —existencias de materias primas y auxiliares—, al independizar unas etapas productivas de otras —existencias de productos semiterminados— y al hacer posible el vender a un ritmo distinto al de producción —existencias de productos terminados—. De esta manera, los stocks generan holguras en las diversas fases del proceso que relacionan las compras con las ventas, evitando toda clase de rupturas por fallos en los suministros, interrupciones en el proceso de producción, incremento súbito de las ventas u otras causas y proporcionando la continuidad necesaria a la actividad empresarial (fig. 19.1).

Como contrapartida, el mantenimiento de stocks exige la utilización de recursos financieros, siempre escasos y de uso alternativo, por lo que la gestión de las existencias habrá de orientarse a la determinación del punto de equilibrio adecuado entre la flexibilidad que proporcionan y los costes que suponen; ya sean éstos operativos, como los representados por las actividades de manipulación y almacenamiento; económicos, por obsolescencia o deterioro, o financieros, derivados del coste de oportunidad del capital invertido.

Como resulta general para los activos circulantes, un volumen excesivo de stocks reduce la rentabilidad del negocio al incrementar el activo total, con el consiguiente impacto negativo sobre la rotación. En sentido contrario, la simple mejora de la gestión de los stocks que la empresa mantiene, si las ventas permanecen constantes, puede representar una mejora de rentabilidad, incluso a corto plazo.

19.2. DEFINICION DE LAS PARTIDAS QUE INTEGRAN EL APARTADO DE EXISTENCIAS

Son muy numerosas y contradictorias las designaciones que se refieren a las partidas que integran las existencias, por lo que resulta conveniente establecer sintéticamente una descripción de las mismas:

Mercaderías: cosas adquiridas por la empresa y destinadas a la venta sin transformación.

Productos terminados: los fabricados por la empresa y destinados al consumo final o a su utilización por otras empresas.

Productos semiterminados: los fabricados por la empresa y no destinados normalmente a su venta hasta tanto sean objeto de elaboración, incorporación o transformación posterior [1].

Subproductos o residuos

Subproductos: los de carácter secundario o accesorio de la fabricación principal.

Residuos: los obtenidos inevitablemente y al mismo tiempo que los productos o subproductos, siempre que tengan valor intrínseco y puedan ser utilizados o vendidos.

Productos y trabajos en curso: los que se encuentran en fase de formación o transformación al cierre del ejercicio (o período) y que no sean productos semiterminados o subproductos y residuos.

Materias primas y auxiliares: las que, mediante elaboración o transformación, se destinan a formar parte de los productos fabricados.

Elementos y conjuntos incorporables: los fabricados normalmente fuera de la empresa y adquiridos por ésta para incorporarlos a su producción sin someterlos a transformación.

Materiales para consumo y reposición [2]

Combustibles: materias energéticas susceptibles de almacenamiento.

Materiales diversos: otras materias de consumo que no han de incorporarse al producto fabricado.

Repuestos: piezas destinadas a ser montadas en instalaciones, equipos o máquinas en sustitución de otras semejantes. Se incluirán las que tengan un ciclo de almacenamiento inferior a un año.

Embalajes y envases

Embalajes: cubiertas o envolturas, generalmente irrecuperables, destinadas a resguardar productos o mercancías que han de transportarse.

Envases: recipientes o vasijas, recuperables o no, normalmente destinados a la venta, juntamente con el producto que contienen.

En la figura 19.2 se recoge un esquema de flujo físico de los inventarios para el caso relativamente más complejo de una empresa de transformación. Básicamente este esquema de flujo puede leerse de la siguiente manera. Las previsiones de ventas proporcionan una estimación de la demanda para cada uno de los productos. Para cada perío-

[1] El stock de productos semiterminados puede alimentarse de dos fuentes diferentes; según los casos, lo hará tan sólo de una de ellas o de ambas.

Una primera fuente es el propio proceso de fabricación de la empresa. En efecto, puede resultar económico el hacer series más grandes de piezas o componentes y almacenarlas hasta que sea necesario. Obsérvese que no se trata de un stock de productos en curso de fabricación —de hecho han salido ya del proceso productivo— ni, por otra parte, resulta imprescindible el mantenerlos.

La segunda fuente del stock de productos semiterminados es el mercado, donde pueden ser directamente adquiridos por la empresa, bien de forma complementaria a los fabricados por ella, bien de forma exclusiva, si se ha llegado a la conclusión de que resulta más económico comprarlos que hacerlos. Los elementos procedentes de esta segunda fuente se designan por «conjuntos incorporables».

[2] Los materiales para consumo pueden contribuir tanto al desarrollo del proceso de fabricación como ser de utilidad en los servicios generales.

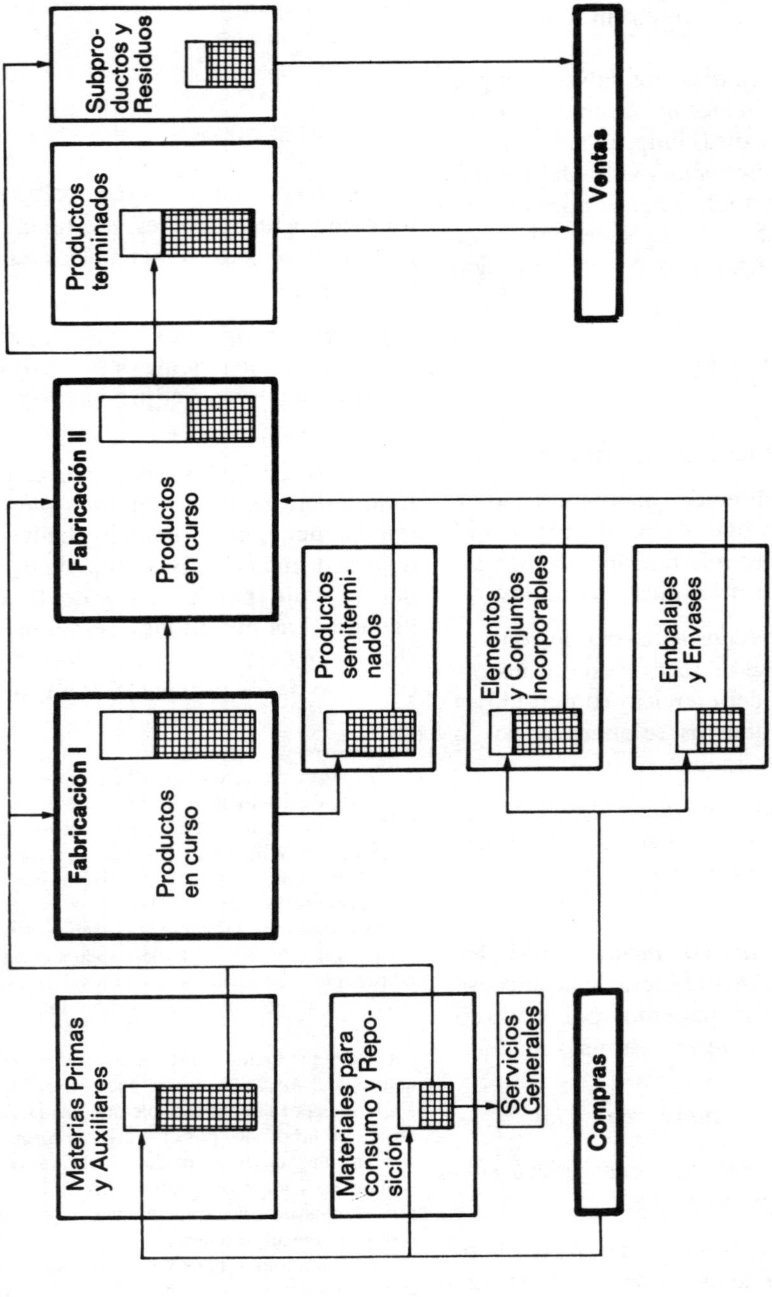

FIGURA 19.2. *El flujo físico de los inventarios en la empresa manufacturera.*

do operativo se obtienen pronósticos que, acumulados, dan una cifra total para el período de planificación; esta cifra es traducida por el departamento de producción en un programa de producción. Las unidades de venta requieren embalajes, envases y, sobre todo, productos terminados, y éstos a su vez materias primas y auxiliares, productos semiterminados, conjuntos incorporables y materiales de consumo. En consecuencia, la misión de la planificación y control de inventarios es la de establecer los procedimientos que garanticen económicamente la disponibilidad de los materiales necesarios para la producción y venta [3].

19.3. FACTORES TECNICOS Y ECONOMICOS DETERMINANTES DE LOS NIVELES DE LOS DIFERENTES INVENTARIOS

A continuación se analizarán los niveles de los inventarios bajo diferentes supuestos de comportamiento de las compras, de las ventas y del sistema productivo de la empresa que, en definitiva, transforma las materias primas en productos acabados. En general, en lo que sigue se hace abstracción del tipo de producto inventariado; en la práctica, sin embargo, este dato habrá de ser tenido en cuenta, pues condiciona mucho la lógica del comportamiento de los stocks, y no cabe actuar de la misma manera si el producto es perecedero o duradero, de consumo o de inversión, de importación o de exportación, destinado al mercado nacional o al interiacional, de alta o baja tecnología, de temporada o no, etcétera.

19.3.1. VENTAS UNIFORMES A LO LARGO DEL EJERCICIO

En el caso de que las ventas sean prácticamente uniformes a lo largo del ejercicio, las salidas de los stocks estarán determinadas por el nivel de las ventas y los condicionantes que introduzca la producción, por lo que cabe esperar que estén estabilizados alrededor de unos niveles medios relativamente bajos, particularmente el stock de productos terminados y de materias primas.

El stock de productos en curso depende mucho de la longitud temporal del proceso productivo. En el sector construcción naval, por ejemplo, el volumen en proceso es grande, dado que es normal que la construcción de un buque dure entre uno y dos años, mientras que en el sector de panadería la producción es diaria y el stock medio de productos en proceso corresponde, como mucho, a un día de producción.

Normalmente, los procesos de integración vertical, al «alargar» el proceso productivo, aun cuando éste tecnológicamente no varíe, tienden también a incrementar los stocks de productos en curso de fabricación, para un mismo volumen de ventas de los productos finales.

En el supuesto de ventas uniformes, las compras pueden ser la razón más importante de fluctuaciones en el stock de materias primas por las causas siguientes:

— Abastecimiento difícil con fluctuaciones en los períodos de reaprovisionamiento, lo que exige pedidos mayores por razones de seguridad; son los casos, por ejemplo, de materias primas de importación, número muy reducido de abastecedores o aprovisionamiento estacional, muy frecuente en las manufacturas de productos agrícolas.

— Incentivos importantes a la adquisición de grandes lotes de materias primas por la existencia de descuentos por tamaño de la partida.

---

[3] Como resulta lógico para empresas multiproducto y/o con muchos centros de adquisición y distribución el diagrama de la figura 18.2 se complejiza, siendo en esos casos necesarios un planteamiento logístico completo.

— En los mercados con fuertes fluctuaciones de precios puede resultar aconsejable, en determinados casos, adquirir una cantidad de materias primas superior a la que se habría comprado en condiciones normales con objeto de cubrirse ante posibles alzas de precios.

Si las ventas crecen o disminuyen suavemente los niveles de los stocks varían más o menos proporcionalmente y se irán ajustando lenta y progresivamente a los nuevos niveles que correspondan.

Los ajustes necesarios, para responder adecuadamente a las variaciones de las ventas, pueden entorpecerse en aquellos casos en que la empresa aplica procesos productivos poco flexibles que o bien requieren producir una cantidad *b,* más o menos constante, próxima a la capacidad para la que la planta ha sido construida (curva I de la figura 19.3) o bien han de producir por encima de *a* (curva III de la fig. 19.3) para aprovechar las economías de escala que el proceso incorpore. Salvo en situaciones de cierta flexibilidad operativa, como la reflejada por la curva II de la figura 19.3, la empresa deberá elegir entre producir económicamente, es decir, a costes unitarios competitivos, o ajustarse a los nuevos niveles de la demanda. Este conflicto se presenta, en situaciones de recesión, tanto para la curva I como la III, casos en los que habrá de optarse por reducir la producción elevando los costes unitarios o por acumular stocks de productos terminados. En condiciones de expansión, la alternativa entre producir más caro o romper stocks, con la eventual pérdida de clientes, sólo se presenta en el caso de la curva hipotética I.

El reajuste a corto plazo que permiten los stocks no excluye la necesidad que tiene la empresa de reajustar también la capacidad productiva de que disponga, aun cuando ello implique un plazo de reacción superior para las inversiones o desinversiones necesarias. Como es lógico, el reajuste de capacidad sólo habrá de acometerse cuando se estime que los cambios que se hayan producido serán relativamente permanentes.

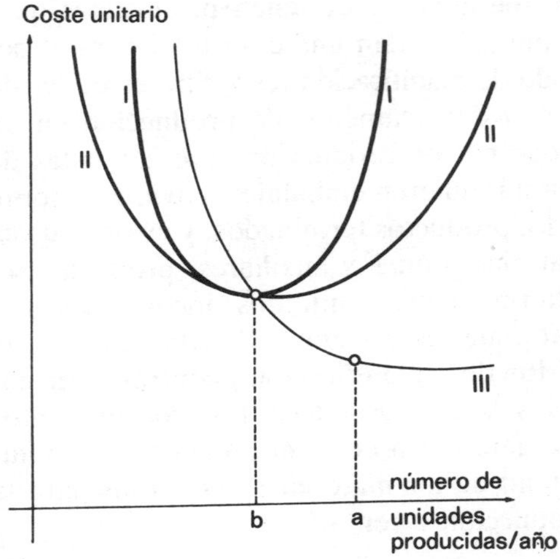

FIGURA 19.3. *Tres hipótesis diferentes de comportamiento de los costes unitarios*

19.3.2. VENTAS ESTACIONALES

Cuando las ventas son estacionales las políticas de producción pueden ser muy diferentes. Así, en la figura 19.4 a se representa el caso de una política, A, de producción uniforme a lo largo del año, mientras que en la figura 19.4 b la política de producción B se ajusta también a la estacionalidad existente. Las diferencias básicas entre una y otra política radican, en primer lugar, en que la capacidad instalada que exige B es el doble que la A, y en segundo lugar, en el comportamiento de los stocks; la política A acumula stocks de productos terminados y mantiene durante todo el año stocks de materias primas y productos en proceso, mientras que la B muestra unos niveles de stocks inferiores sólo en el caso de los productos terminados, pero concentrados en

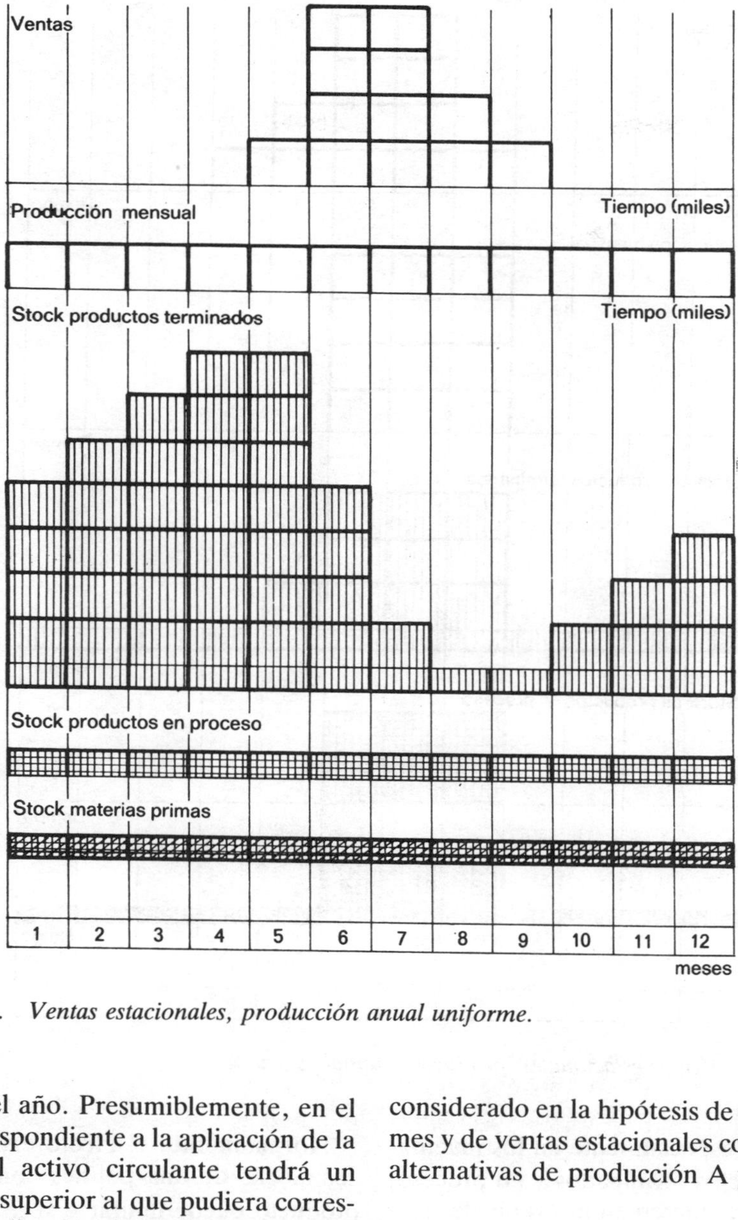

FIGURA 19.4 a. *Ventas estacionales, producción anual uniforme.*

tres meses del año. Presumiblemente, en el balance correspondiente a la aplicación de la política A el activo circulante tendrá un peso relativo superior al que pudiera corresponder por aplicación de la designada por B con un inmovilizado fijo mayor, lo que en ocasiones permitirá acceder a tecnologías que pueden incorporar importantes economías de escala técnicas. En la figura 19.4 c se comparan los patrones de comportamiento de los inventarios totales para el caso considerado en la hipótesis de ventas uniformes y de ventas estacionales con las políticas alternativas de producción A y B.

19.3.4. INFLUENCIA DE LA POLÍTICA DE PRODUCTOS Y COMERCIAL SOBRE LOS STOCKS

La política de productos de la empresa tiene ciertamente influencia sobre los nive-

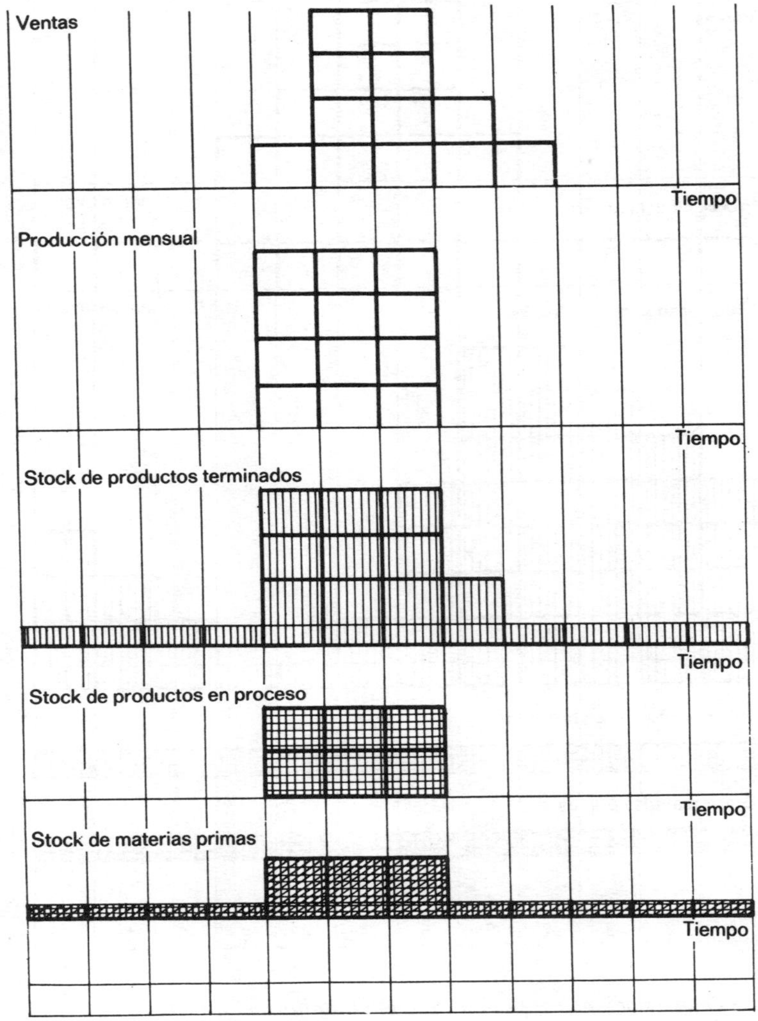

FIGURA 19.4 b. *Ventas estacionales, producción anual estacional.*

les de stocks, especialmente en los inventarios de productos terminados y en proceso, en el sentido de incrementar los niveles medios de estos últimos stocks conforme aumenta la cartera de productos de la empresa.

La similitud entre productos de la gama modera el crecimiento de los stocks medios de productos en proceso y puede reducir, comparativamente, los de materias primas.

Normalmente, el efecto expansivo sobre los stocks de una política comercial multiproducto puede limitarse si se trabaja, únicamente, sobre pedido para algunos de ellos, o se acepta el retrasar las entregas en ciertos casos.

En un sentido más amplio, en algunas situaciones es posible comercialmente traspasar parte de los stocks de productos terminados a los clientes, o bien ofrecer ventajas

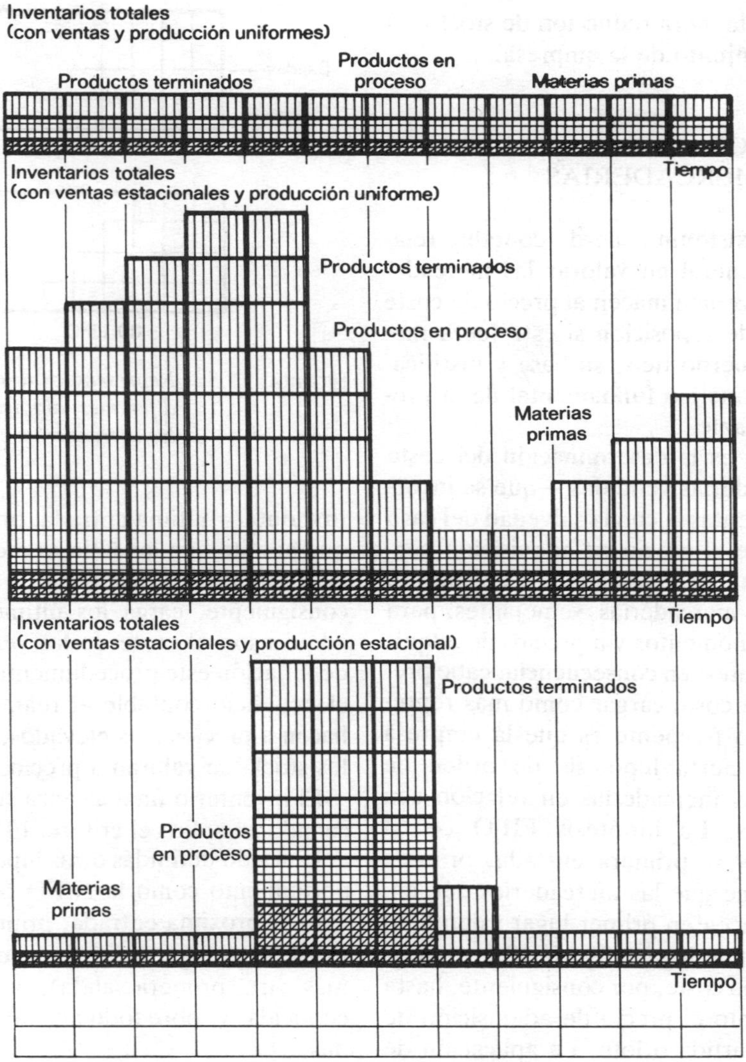

FIGURA 19.4 c. *Comparación de los inventarios totales para ventas uniformes y estacionales, con producción uniforme y estacional.*

que induzcan a éstos a adelantar sus compras.

En este sentido, un caso especial es aquel en que por haberse incrementado muy gravosamente los stocks de productos terminados de la empresa, como consecuencia de una recesión en las ventas, y resultando su financiación una carga importante, ésta decide reducir los precios de venta de los productos, explícita o implícitamente. En el sector del automóvil existen ejemplos bien conocidos de esta táctica de expresión comercial pero de orientación financiera, cuyas consecuencias suelen ser bastante más amplias que la mera reducción de stocks, al afectar al conjunto de la empresa.

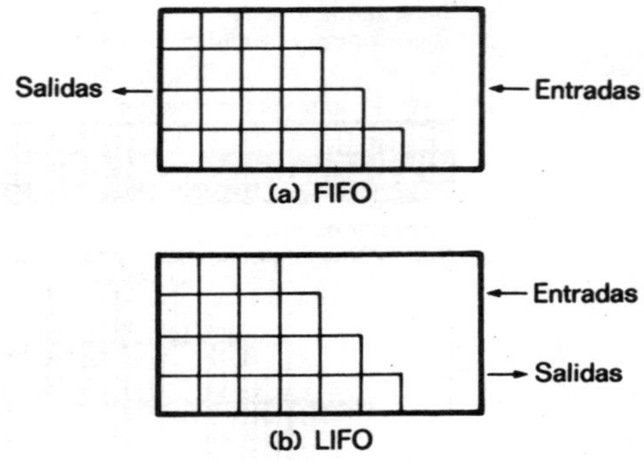

FIGURA 19.5. *Representación esquemática de diferentes hipótesis de flujo de las mercaderías en el almacén.*

19.4. VALORACION DE MERCADERIAS [4]

Hoy día existe un acuerdo contable relativamente general en valorar las mercaderías existentes en almacén al precio de coste o al precio de reposición si éste fuera menor. Este acuerdo tiene su base y justificación en el principio fundamental de la precaución contable.

Otro tema es la determinación del coste de las mercaderías vendidas —que se incorporan a las ventas— con la salvedad del caso trivial en que el precio de adquisición permanece constante. Normalmente la empresa ha adquirido mercaderías, semejantes, para su venta en momentos y a precios de adquisición diferentes; en consecuencia, cabe preguntarse qué coste cargar como más representativo. Lo frecuente es que la empresa asuma una cierta hipótesis de orden de salidas de las mercaderías en relación con las entradas. La hipótesis FIFO («first in, first out» = primera entrada, primera salida) supone que las mercaderías que entran en almacén en primer lugar salen también en primer lugar (figura 18.5 a), cargándose como coste, por consiguiente, hasta su agotamiento el precio de adquisición de la primera partida o lote. La aplicación de este criterio en situaciones de inflación produce unos resultados insatisfactorios, puesto que al dar salida a las unidades adquiridas a menor precio infla el beneficio con una componente ficticia que también tributa impuestos. El procedimiento se adecua más a los criterios conservadores, que deben informar la contabilidad, cuando los precios fluctúan sin tendencia definida o cuando descienden.

Una segunda hipótesis del movimiento de almacén para ventas es la LIFO («last in, first out» = última entrada, primera salida), que admite que las últimas mercaderías son las primeras en destinarse a ventas y, por consiguiente, carga los últimos precios de adquisición al coste de las ventas. En caso de inflación este procedimiento ajusta mejor el beneficio contable al real, las salidas se hacen a precios más elevados, mientras que los stocks se valoran a precios más bajos.

El inventario final alcanza su valor mayor cuando se aplica el criterio FIFO.

Han sido definidas otras hipótesis de comportamiento como la NIFO («next in, first out» = próxima entrada, primera salida), o la HIFO («highest in, first out» = entrada más cara, primera salida), pero son menos conocidas y sobre todo mucho menos aplicadas.

Más frecuente que estas dos últimas hipótesis es la aplicación, para la valoración de las mercaderías que se incorporarán al coste de las ventas, del coste promedio o de un cierto coste estándar predeterminado por la empresa.

---

[4] Véase capítulo 4 sobre valoración de activos.

19.5. CALCULO DEL COSTE DE LAS VENTAS EN EMPRESAS INDUSTRIALES

En general se admite que, tratándose de mercancías de fabricación propia, se computarán las materias primas, los consumos, la mano de obra y aquellos gastos que técnicamente corresponda, según el sistema de costes usualmente aplicado por la empresa.

El interés de la valoración de los productos terminados y en curso de fabricación se deriva de que ésta es una condición necesaria para determinar el coste de las ventas en empresas industriales. Existen numerosos sistemas convencionales de costes [5] que tienen entre sus objetivos, precisamente, la valoración de los mencionados inventarios con distintos niveles de agregación y exactitud.

Un primer factor de coste son las materias primas que se contabilizan de forma muy semejante a como se hace con las mercancías en una empresa comercial, es decir, existe una cuenta que determina los niveles inicial y final, otra para compras y otras asociadas a ésta para devoluciones, descuentos y mercancías en tránsito.

Las salidas de materias primas a producción podrán anotarse de acuerdo con criterios FIFO, LIFO, coste promedio o coste estándar. A efectos de coste de las ventas, el coste de las materias primas se calcula por diferencia entre la cantidad de materias primas disponibles durante el período (total del stock inicial más las compras) y el inventario final.

Un segundo factor de coste será la mano de obra directa, es decir, aquellos costes que varían tan proporcionalmente con el número de unidades producidas que se admite que existe una cierta relación directa.

El tercer concepto de coste que se incorpora al coste de las mercancías vendidas es el de gastos generales de producción; estos gastos incluyen todos aquellos que no perteneciendo a ninguna de las dos categorías anteriores están asociados a la transformación del producto como pueden ser el trabajo indirecto, la depreciación de la planta y el equipo y gastos de funcionamiento, como luz, energía, mantenimiento y materias auxiliares.

Conforme los productos terminados salen de stocks para su venta se carga la cantidad que corresponda al coste de mercancías vendidas, abonándose la misma cantidad en el stock de productos terminados.

No resulta fácil, en la práctica, decidir qué partidas deben ser consideradas como gastos generales de fabricación y que, por consiguiente, deberían incluirse en el valor del producto, formando parte de la valoración de los inventarios, y cuáles, costes del período, no deben formar parte del valor del inventario, habiendo de ser cargadas al ejercicio.

Las empresas que aplican el sistema llamado de «direct costing» sólo consideran las materias primas, la mano de obra y la parte variable de los gastos generales de fabricación como costes del producto. Con este método las existencias aparecerán en el balance relativamente infravaloradas, generando, sin embargo, un mayor beneficio contable en el momento de su venta.

La labor de control del departamento financiero puede apoyarse en el cálculo y comparación de los ratios referidos a stocks, con los correspondientes a otras empresas acreditadas de la competencia. El ratio de cálculo más frecuente es el de rotación de los stocks, definido como el cociente del coste de las mercancías vendidas y el stock medio anual. Un ratio de rotación comparativamente bajo puede indicar unos stocks excesivos o, incluso, la existencia de inventarios que no circulan por obsoletos y que deberán darse de baja; por su parte, una rotación alta, en principio conveniente des-

---

[5] Véase capítulo 7, «Contabilidad analítica».

de un punto de vista financiero, puede ser la expresión de unos inventarios bajos, poco operativos, con propensión a romperse, que no proporcionan a la empresa la holgura y la flexibilidad que debieran, con las consecuencias económicas negativas ya mencionadas.

La detección de problemas en los stocks puede obligar a calcular, a efectos de diagnóstico, las situaciones de cada uno de ellos. Fundamentalmente han de calcularse la rotación del stock de materias primas y auxiliares, la del stock de productos y trabajos en curso y la correspondiente a productos terminados. De esta manera el responsable financiero podrá ir localizando dónde se manifiesta y quizá también dónde se genera el problema, ya sea en compras, en producción, en ventas o en alguna de las muchas áreas de solape entre los correspondientes departamentos.

APENDICE

Anexo 1. *Planteamiento de los modelos de gestión de stocks*

Las distintas circunstancias que concurren en la gestión de stocks han dado lugar a la construcción de múltiples modelos de optimización de inventarios. En muchos casos, los modelos son de aplicación inmediata; en otros, requieren adaptaciones, y cuando los problemas son complejos es necesario construir modelos específicos ajustados estrictamente a las cuestiones planteadas.

Hoy día, la utilización de estos modelos se ha visto estimulada por la progresiva introducción de los métodos cuantitativos de gestión en la empresa, la mayor implantación de la informática de gestión y la creciente influencia de los sistemas de contabilidad analítica, cada vez más desarrollados, que proporcionan los datos y métodos de tratamiento para la aplicación de los modelos.

Cualquier problema de inventario suele incluir:

1.º Una demanda de ciertos productos o artículos que puede ser determinada, aleatoria, estable, inestable o desconocida.

2.º Unas posibilidades de reaprovisionamiento del stock:

— Continuas.
— Periódicas.
— A intervalos diferentes.

3.º Un tiempo de reaprovisionamiento: que transcurre desde el momento en que se efectúa el pedido hasta que se recibe éste.

4.º Un conjunto de costes asociados a las operaciones de gestión del stock y del servicio, entre los que cabe destacar:

1. Coste de las mercancías y transporte hasta el almacén.
2. Costes de almacenaje y mantenimiento:

— Almacén.
— Movimiento de materiales dentro del almacén.
— Deterioro de materiales dentro del almacén.
— Deterioro, obsolescencia, pérdida y hurto.
— Seguros.

3. Costes de pedido:

— Negociación de los pedidos.

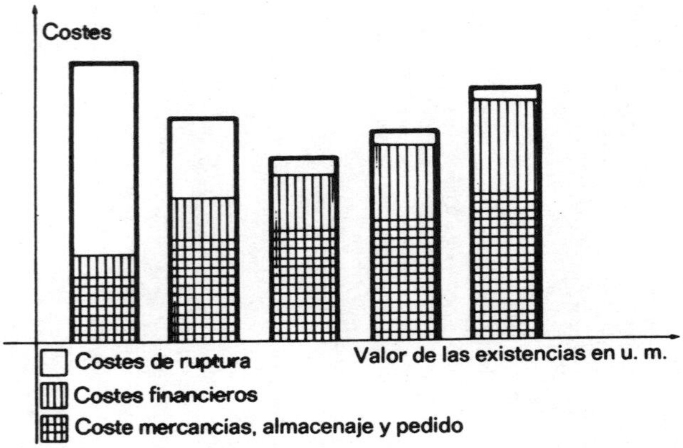

FIGURA 19.6. *Costes de inventarios según tamaño de los mismos.*

— Recursos administrativos.

4. Costes de ruptura:

— Interrupciones y retrasos en la producción.
— Pérdida de pedidos.
— Pérdida de imagen.

5. Costes financieros o costes de los recursos con que se financian las existencias que se mantienen en stock.

5.º Un conjunto de objetivos y restricciones.

En la figura 19.6 se representa, indicativamente, la importancia relativa de cada uno de los tipos de costes anteriores en función del valor de las existencias que la empresa mantiene. Mientras que los costes que pueden conceptuarse como directos —mercancías, almacenaje y pedido— crecen todos con el volumen de existencias, los indirectos —financiación y ruptura— tienen un comportamiento asimétrico, y si bien los costes de financiación, al igual que los costes directos, crecen proporcionalmente con el valor de las existencias, los costes de ruptura tienen un comportamiento inverso. Considerados globalmente, lo frecuente es que los costes indirectos decrezcan rápidamente, primero, a causa de la caída de los costes de ruptura, para recuperarse y crecer luego suavemente al incrementarse los costes de financiación.

De la misma manera que en el análisis de clientes, o cuentas a cobrar, no todos ellos merecían el mismo interés, en el estudio de optimización de inventarios son algunas partidas las que habrán de centrar la atención del analista; en particular conviene destacar:

— Artículos o elementos relativamente valiosos.
— Artículos que se venden mucho o producen grandes beneficios.
— Artículos que pueden dar lugar a «cuellos de botella» en el proceso productivo.

En este sentido, un enfoque basado en la curva *ABC*, discutida en el capítulo anterior, es de gran utilidad, pues serán los inventarios de los artículos tipo *A* los primeros que se habrán de optimizar. Una clasificación típica *ABC* podría ser la siguiente:

Artículos *A*: artículos de alto valor, que representan el 75 por 100 de la inversión total en inventarios, pero únicamente el 10 por 100 del número de artículos que se mantienen en el inventario.

Artículos *B*: artículos de valor intermedio, que representan el 20 por 100 de la inversión total y el 30 por 100 de los artículos que se mantienen en inventario.

Artículos *C*: artículos de bajo valor, que representan únicamente el 5 por 100 de la inversión total en inventarios y el 60 por 100, en cambio, del número total de artículos que hay en inventario.

ANEXO 2. *Dimensión económica de los pedidos*

Se pretende determinar el tamaño del lote de pedido que implique un coste total, por pedidos y mantenimiento de stocks, que sea lo menor posible. Un número alto de pedidos supone un coste importante, pues cada pedido lleva asociado su correspondiente coste; un número demasiado bajo de pedidos se traduce en unos costes de almacenamiento y financieros más altos, pues los tamaños de cada pedido han de ser necesariamente mayores y mayor el stock medio existente. El analista habrá de llegar a un cierto tamaño de compromiso que resuelva el conflicto anterior.

Para el problema que se considera se hacen las siguientes hipótesis básicas:

a) La demanda es conocida y equivalente a D unidades para el lapso de T unidades de tiempo, es decir, D/T unidades por unidad de tiempo.

b) Las ventas se producen regularmente a lo largo del lapso T, al ritmo de D/T unidades por unidad de tiempo, no existiendo, por consiguiente, alteraciones cíclicas ni estacionales durante ese período.

c) No se consideran ni los costes derivados de la ruptura del stock, ni el stock de seguridad o stock mínimo que la empresa desea mantener para evitar quedarse sin mercancías.

d) Se admite que el coste del pedido, Cp, es independiente del tamaño del lote y del mayor o menor número de pedidos.

e) El coste de almacenamiento, Ca, se expresa por unidades de mercancía y de tiempo e incluye los costes correspondientes a la financiación de la mercancía inmovilizada.

La función objetivo a minimizar es:

Coste total por lote = coste de pedido + coste de almacenamiento = CT.

Coste de pedido = Cp.

Coste de almacenamiento = Stock medio × período de tiempo × Ca.

La figura 19.7 describe gráficamente el comportamiento del stock. Si n es el tamaño más económico de pedido, el espacio de

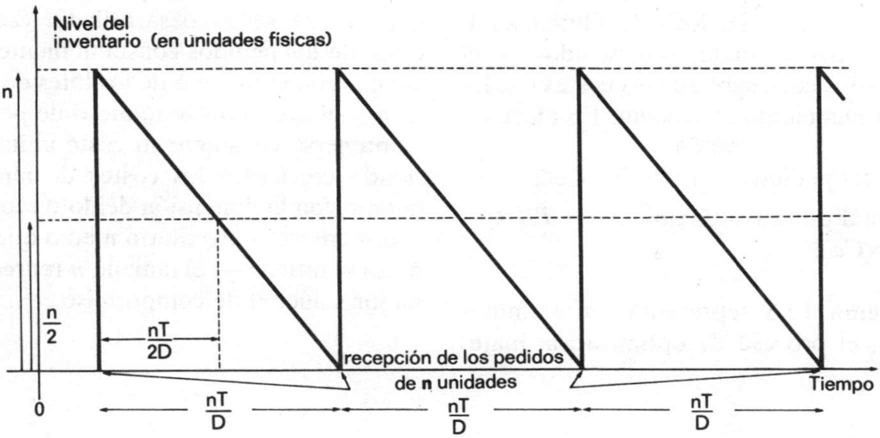

FIGURA 19.7. *Evolución de un inventario con demanda,* D, *conocida y uniforme y tamaño de los pedidos* n.

tiempo que transcurre entre pedido y pedido habrá de ser $n(D/T)$, es decir, nT/D. Al llegar un pedido el stock pasará de 0 unidades a n unidades; conforme transcurre el tiempo el stock baja uniformemente de nivel hasta agotarse, momento en el cual se recibe un nuevo pedido de n unidades. El inventario medio que la empresa mantiene será de $n/2$ unidades durante el período nT/D.

En consecuencia, la función objetivo para el lapso T puede expresarse de la siguiente manera:

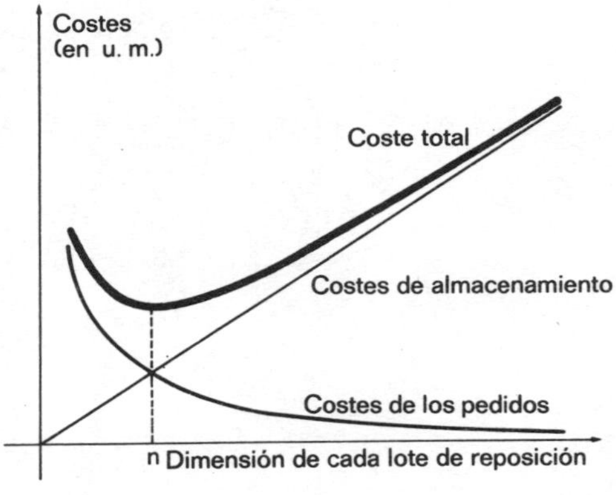

FIGURA 19.8. *Círculo del lote económico.*

$$CT = Cp \times D/n + n/2 \times nT/D \times Ca \times \times D/n = Cp \times C/n + 1/2 \times \times nT \times Ca \quad [1]$$

La determinación del valor mínimo de CT exige derivar la expresión [1] respecto al tamaño del lote n, que es la única variable de acción que se considera en dicha expresión [1]. Por tanto,

$$dCT/dn = 0 = -CpD/n^2 + CaT/2 \quad [2]$$

y resolviendo la ecuación [2] resulta:

$$n = \sqrt{2 \cdot Cp \cdot D/Ca \cdot T} \quad \text{unidades}$$ [6]

Puede comprobarse, a partir de los resultados anteriores, que para el tamaño óptimo

[6] En términos operativos, este valor será redondeado, razonablemente, ajustándolo lo más posible a las unidades de suministro disponibles. Por ejemplo, si el artículo se sirve en cajas de 36 unidades y $n = 2.495$ se pedirán 70 cajas. La diferencia en los costes totales entre el óptimo exacto y el óptimo redondeado dependerá de la forma de la curva de costes totales de la figura 22 cuanto más plana sea en el área del óptimo menos costoso será el efecto del redondeo.

de lote, que minimiza los *CT*, o lote económico, los costes totales por pedidos en el lapso *T* y los correspondientes costes totales de almacenamiento se igualan. En efecto:

Coste total pedidos = $TD \times Cp \times Ca/2$

Coste total por almacenamiento = $TD \times$ $\times Cp \times Ca/2$

La figura 19.8 representa, en términos gráficos, el proceso de optimización matemática que se ha desarrollado. Siendo el coste de los pedidos constantemente decrecientes con el tamaño de los lotes de reposición —al disminuir el número de pedidos y mantenerse constante su coste unitario— y siendo crecientes los costes de almacenamiento con la dimensión del lote económico —por crecer el inventario medio que la empresa mantiene—, el tamaño *n* representa la mejor solución de compromiso.

CAPITULO 20

FINANCIACION A CORTO

SUMARIO: 20.1. Necesidad e interés de la financiación a corto plazo.—20.2. Crédito de proveedores y otras fuentes espontáneas del fondo: 20.2.1. Consideraciones económicas. 20.2.2. Aspectos formales. 20.2.3. Evaluación del crédito comercial. 20.2.4. Otras fuentes espontáneas de crédito.—20.3. Préstamos bancarios a corto: 20.3.1. Planteamiento táctico de la negociación de un préstamo bancario. 20.3.2. Tácticas y prácticas bancarias. 20.3.3. Balances de compensación, tarifas y pagos a plazos.—20.4. Modalidades de los préstamos bancarios a corto: 20.4.1. Tipos generales. 20.4.2. Modalidades en España. 20.4.3. Garantías y avales.—20.5. Las financieras.—20.6. Financiación de cuentas a cobrar: factoring.—Apéndice: Anexo I: Sociedades de ventas a plazos.

20.1. NECESIDAD E INTERES DE LA FINANCIACION A CORTO PLAZO

Los conceptos expuestos en el capítulo 16 con que se inicia esta parte VII sirven de base para la consideración del tema de la financiación a corto plazo. En efecto, en la figura 20.1 se reproduce gráficamente la evolución de los recursos totales de una empresa cualquiera, señalándose con trazo grueso aquellos activos que por su naturaleza pueden considerarse como fijos. La zona rayada indica los recursos financieros que en cada momento tienen plazos de vencimiento superiores a doce meses [1]. En consecuencia, la zona punteada representa los recursos financieros a corto plazo, con los que la empresa ha de contar si desea poder operar.

Frente a los recursos de «financiamiento» o recursos cuya contrapartida es, fundamentalmente, el inmovilizado fijo del activo, los créditos a corto o de «funcionamiento» proporcionan la base financiera de los activos a corto. No obstante, y como ya ha sido señalado, por razones de operatividad y seguridad, es práctica habitual de las empresas financiar una cierta proporción de los activos a corto con recursos a largo; estos fondos constituyen el capital circulante y a su gestión y análisis se viene dedicando esta parte del libro.

La financiación a corto plazo plantea dos preguntas relevantes. En primer lugar, la relación o proporción que deberá darse entre financiación a corto y financiación a medio y largo plazo [2].

En este sentido, suele considerarse que frente a la financiación a largo la financiación a corto es más económica y accesible pero también más arriesgada. Como es natural, la proporción más adecuada, en cada caso, dependerá del sector, las condiciones económicas y la estructura temporal de los tipos de interés. Es más, en muchos casos, particularmente en situación de crisis, las

[1] Se trata de un período arbitrario, pero habitual.

[2] La financiación a medio y largo plazo se tratarán como equivalentes aun cuando sus vencimientos difieren notablemente. Así, suele considerarse deuda a medio plazo la que vence a un plazo entre los doce meses y los cinco años; los préstamos a plazos superiores se conceptúan como deuda y largo. (Véase también capítulo 13 y siguientes.)

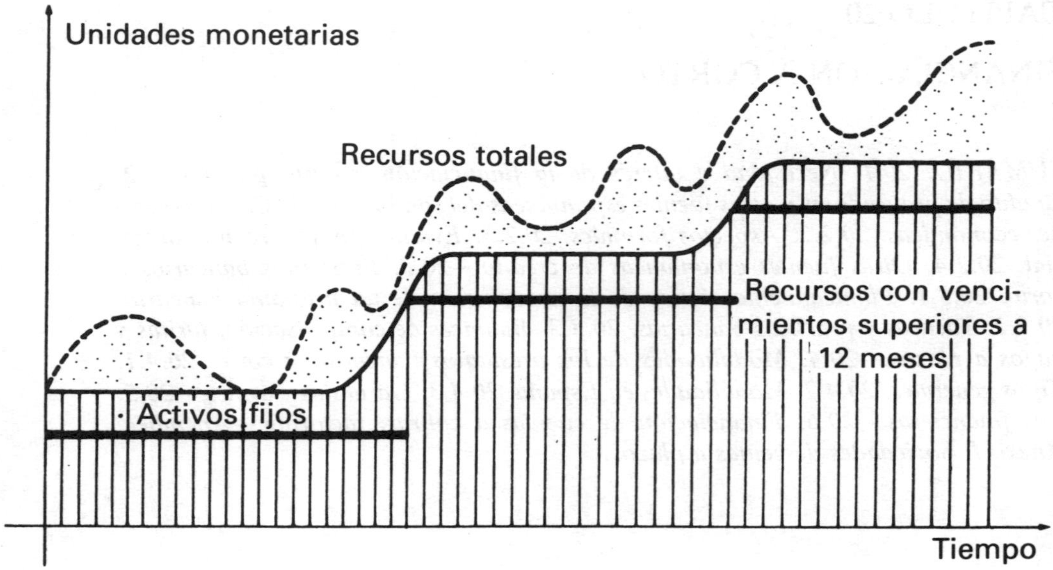

FIGURA 20.1.

decisiones «óptimas» de la empresa no podrán instrumentarse en la práctica, por lo que la relación recursos a corto/recursos a largo será más bien lo posible que lo deseable.

Una segunda cuestión ha de referirse, necesariamente, a las distintas fuentes disponibles de financiación a corto. El plazo, coste, gravámenes, flexibilidad y restricciones que presentan pueden ser otros tantos criterios más o menos explícitos de elección. No obstante, también en este caso sucede con frecuencia que son más las circunstancias que los criterios de conveniencia las que mandan, habiendo de conformarse la empresa con los recursos de que disponga en cada momento.

Una clasificación elemental de las fuentes de financiación a corto plazo las divide en dos categorías: fuentes espontáneas de crédito, que surgen más o menos en el curso natural de las operaciones, y fuentes negociadas explícitamente con los acreedores.

La clasificación que recoge el cuadro 20.1 presenta las diferentes fuentes y tipos de financiación a corto plazo de los que la empresa suele disponer y a cuyo análisis y conveniencia relativa se dedican los próximos epígrafes.

20.2. CREDITO DE PROVEEDORES Y OTRAS FUENTES ESPONTANEAS DE FONDOS

Por crédito suele entenderse la capacidad de obtener inmediatamente o en un plazo convenido un servicio o un producto bajo compromiso de pago posterior [3].

En consecuencia, la compra a crédito se diferencia sustancialmene, en lo que a flujo de fondos se refiere, de la compra al contado o con pago anticipado, permitiendo que las empresas contraigan, en el transcurso de sus operaciones, deudas con otras por la

[3] Véase capítulo 11.

CUADRO 20.1. *Clasificación de la financiación a corto.*

<table>
<tr><td rowspan="2">Origen de la financiación
Naturaleza del prestamista</td><td rowspan="2">Espontánea</td><td colspan="3">NEGOCIADA</td></tr>
<tr><td>Sin garantías</td><td>Con garantías</td><td>Otros</td></tr>
<tr><td>PROVEEDORES</td><td>Crédito mercantil normal</td><td colspan="3" rowspan="3">CREDITOS ESPECIALES</td></tr>
<tr><td>ACREEDORES</td><td>Gastos acumulados a pagar</td></tr>
<tr><td>FISCO</td><td>Impuestos acumulados</td></tr>
<tr><td rowspan="6">BANCOS Y CAJAS</td><td rowspan="6">Descubierto en cta.</td><td>Prefinanciación</td><td rowspan="4">(Las mismas que sin garantías pero con avales o contratos de subordinación)</td><td rowspan="6"></td></tr>
<tr><td>Campaña</td></tr>
<tr><td>Tesorería</td></tr>
<tr><td>Descuento comercial</td></tr>
<tr><td rowspan="2">Pólizas de crédito sin garantías</td><td>Pólizas de crédito con la garantía de efectos, valores mobiliarios del Estado, mercancías o imposiciones a plazo</td></tr>
<tr><td>Póliza de crédito con garantía hipotecaria</td></tr>
<tr><td>FINANCIERAS</td><td rowspan="4"></td><td rowspan="3"></td><td>Diversas garantías</td><td></td></tr>
<tr><td>PUBLICO</td><td rowspan="3"></td><td>Pagarés</td></tr>
<tr><td>FACTOR</td><td>Factoring</td></tr>
<tr><td>CLIENTES</td><td>Anticipos</td><td></td></tr>
</table>

adquisición de materias primas, bienes de equipo, servicios y otros suministros [4].

El crédito de proveedores —crédito comercial— es una fuente espontánea de financiación sujeta, en cierta medida, a la política de pago de la empresa. Por ejemplo, una empresa que compre por valor de 365 millones al año —una media de un millón de compras al día— y pague a los cuarenta y cinco días, tendrá una financiación equivalente a 45 millones. Lógicamente, el volumen de financiación se incrementa con el período de pago y con crecimiento de las ventas, según éste vaya repercutiendo en las compras [5].

[4] A partir de ahora se hará referencia únicamente a aquellas obligaciones de pago contraídas por la empresa con sus suministradores habituales. No obstante, el crédito de acreedores es semejante y puede analizarse con criterios similares a los que aquí se exponen.

[5] El carácter básicamente espontáneo del crédito comercial no excluye la posibilidad de que pueda llegarse a créditos negociados, particularmente en condiciones difíciles, negocios estacionales o situaciones en las

20.2.1. CONSIDERACIONES ECONÓMICAS

El coste del crédito de proveedores se relaciona directamente con las condiciones de pago, por lo que su evaluación económica suele partir del análisis de éstas.

Un modelo telegráfico, sencillo y frecuente de expresar las condiciones de pago es:

P %/*n* neto *m* días,

en donde:

P % = Porcentaje de descuento por pago dentro de los *n* días [6].
n = número de días durante los que se disfruta el descuento si el pago se efectúa en dicho período.
m = número máximo de días que se conceden para el pago.

Hay que señalar que estas condiciones dependen, en cada caso, básicamente, de los siguientes factores:

— Naturaleza del producto, en particular su nivel de rotación. Ejemplos: productos perecederos, de consumo no perecederos, duraderos e industriales [7].
— Características de los vendedores y de los compradores y, en particular, la capacidad financiera relativa de cada uno de ellos.

Los descuentos que se aplican por pronto pago representan normalmente tipos anuales elevados, incentivando su aprovechamiento. Es más, en general, el coste de no aprovechar los descuentos suele ser superior a las tasas de interés corrientes aplicables a corto plazo. En el siguiente cuadro 20.2 se indican algunas condiciones de crédito usuales y el coste equivalente de financiación caso de no ser utilizados.

La figura 20.2 representa el interés anual equivalente en función del número de días que transcurren desde la fecha de la factura hasta la fecha de pago, para una factura a sesenta días, con un 2 por 100 de descuento por pago a los diez días. Así, pagando a los sesenta días el interés anual equivalente será de:

CUADRO 20.2

Condiciones del crédito	Coste de financiación anual (%)
1/10, neto 20 días	36,36
1/10, neto 30 días	18,18
1/10, neto 45 días	10,39
2/10, neto 15 días	146,93
2/10, neto 20 días	73,47
2/10, neto 30 días	36,73
2/10, neto 60 días	14,69
3/10, neto 90 días	13,92 [8]

$$\frac{2}{98} \times \frac{360}{50} \times 100 = 14,69\ \%$$

Se trata del coste mínimo una vez que la empresa ha decidido no beneficiarse del descuento, siendo absurdo pagar antes por cuanto la bonificación ha sido ya perdida; por ejemplo, pagar a los treinta días supone un coste anual equivalente del 36,73 por 100.

20.2.2. ASPECTOS FORMALES

El crédito comercial puede instrumentarse de diferentes maneras. La más formal es a

que el proveedor pretende una promoción de sus ventas (capítulo 17).

[6] Un cliente deudor debería asegurarse que los descuentos son efectivamente tales, pues, en ocasiones, el proveedor «infla» los precios de venta, concediendo un descuento efectivo menor o inexistente.

[7] En algunas industrias, en general muy estacionales, se expiden facturas con valor a partir de una cierta fecha, lo que implica otorgar crédito por plazo superior al normal.

[8] Indicativamente: 13,92 = (3/97) × (360/80) × 100; esta expresión puede leerse de la siguiente manera: por utilizar durante 80 días unos fondos de 97 u. m. se han de pagar 3 u. m. de intereses, lo que en términos anuales (360 días) implica un coste de financiación del 13,92 por 100 anual.

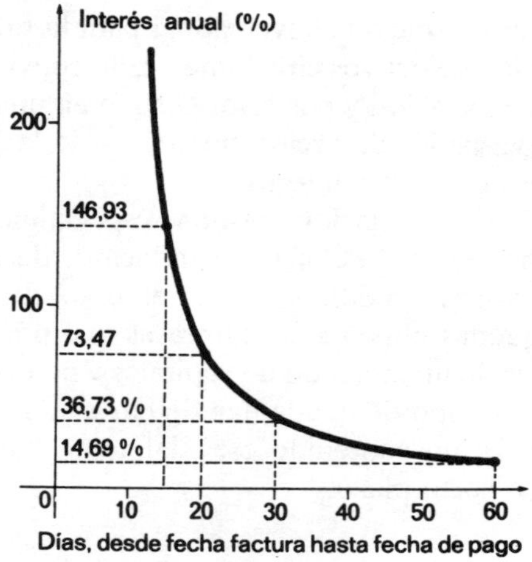

FIGURA 20.2. *Tasa real de interés, en una factura a sesenta días, con 2 % a diez días* [9].

través de efectos o letras que, por ser susceptibles de ser descontados y por las ventajas jurídicas que proporcionan, en caso de litigio, suele ser la preferida por el proveedor, particularmente en pedidos de importancia o cuando las transacciones no son frecuentes o el grado de relación entre las partes es pequeño.

Cuando las transacciones son muy frecuentes y representan pequeñas partidas y, por tanto, poco riesgo para el proveedor, lo habitual es instrumentar el crédito en cuenta corriente o abierta, que es el procedimiento menos formal.

Entre el efecto y la cuenta abierta existen numerosas vías intermedias, que cubren las diferentes necesidades que pudieran presentarse y que adoptan, en general, la forma de presupuestos aceptados o documentos de distinto tipo firmados por el beneficiario del crédito y en los que se reconoce implícita o explícitamente la existencia de la deuda.

20.2.3. EVALUACIÓN DEL CRÉDITO COMERCIAL

El carácter espontáneo y en muchos casos informal del crédito comercial lo hace atractivo a la dirección financiera de la empresa a pesar de ser, con frecuencia, un medio de financiación relativamente caro.

La política de pago de la empresa, si bien orientada por razones económicas, debe responder a un abanico de factores más amplio, tales como el ciclo de producción establecido y el consiguiente plan de compras, la situación de liquidez de la empresa y las prácticas del sector.

Una misma política de pago puede tener aplicaciones tácticas diferentes que conducen, finalmente, a resultados distintos.

El planteamiento selectivo de los pagos, manteniendo informados a los proveedores sobre las causas de posibles retrasos y con apertura de negociaciones cuando sea necesario, puede constituir un procedimiento flexible de abaratar los fondos utilizados sin pérdida de imagen.

Cuando se presentan dificultades reales es imprescindible asegurar la continuidad de los suministros dando confianza al proveedor respecto a que el riesgo de quebranto es mínimo y evitando cualquier repercusión futura en los precios.

Tácticamente no es recomendable el practicar, de manera habitual, el alargamiento de pagos, abusando del carácter informal de los préstamos, pues además del coste de los descuentos perdidos hay que considerar el posible deterioro de la calificación crediticia; la pérdida de imagen, aun cuando sea difícil de valorar, tiene un indiscutible coste de oportunidad. Al final, el estar considerado como un buen cliente es casi siempre lo más rentable.

[9] J. VAN HORNE, *Administración Financiera de la Empresa, op. cit.*

20.2.4. OTRAS FUENTES ESPONTÁNEAS DE CRÉDITO

El crédito comercial, si bien constituye la fuente espontánea de fondos más importante, no es la única, pudiendo citarse además:

— Gastos aplazados por muy diversos acreedores.
— Impuestos pendientes de pago al fisco.
— Pagos pendientes al personal.

— Anticipos o pagos adelantados de los clientes, particularmente a productores de equipo grande, especializado y con largos ciclos de producción.

Como es natural, estas fuentes pueden calificarse de espontáneas en la medida en que se presenten sin que medie negociación explícita y específica, es decir, de manera cuasi automática; en otro caso habría que considerarlas como fuentes negociadas, aun cuando los instrumentos de formalización fueran sencillos.

Como desventaja operativa de las fuentes espontáneas, y particularmente de los impuestos aplazados, hay que señalar que, al igual que se consiguen, han de devolverse —cuasi automáticamente—, lo que puede llegar a suponer un trastorno financiero en determinados momentos; por ejemplo, si la empresa tiene pérdidas en el ejercicio corriente, no tendrá que pagar impuestos sobre esos resultados, pero sí los impuestos, diferidos y acumulados, correspondientes a beneficios de ejercicios anteriores, es decir, que además de financiar las pérdidas se habrán de pagar impuestos atrasados.

20.3. PRESTAMOS BANCARIOS A CORTO

El habitual déficit de financiación a medio y largo plazo hace del crédito a corto un recurso más crítico de lo que cabría esperar de su utilización convencional para la financiación de activos circulantes. Ello convierte su negociación y posterior gestión en una de las variables de acción financiera de la empresa de mayor interés.

Esa financiación resulta especialmente crítica en condiciones de inflación, de restricciones crediticias y en el caso de las pequeñas y medianas empresas que por carecer de un mercado de capitales y no emitir ningún tipo de deuda han de dar a su financiación un contenido esencialmente bancario a corto plazo.

20.3.1. PLANTEAMIENTO TÁCTICO DE LA NEGOCIACIÓN DE UN PRÉSTAMO BANCARIO

a) *Buscar el punto de vista del banco*

Quizá el aspecto más importante a considerar en el planteamiento de una operación de negociación de un préstamo bancario a corto plazo sea el valorar exactamente cuál es el papel y la función que el banco quiere cumplir y cuáles son básicamente las condiciones que el banquero pone a la concesión de un préstamo.

El prestatario ha de ponerse, auténticamente, en la posición del banquero. Esto significa, en primer lugar, el asumir que el banco es un prestamista, con interés y comisiones fijas independientemente del resultado de las operaciones que colabore a financiar y que, por tanto, no está interesado en compartir como socio el riesgo de la operación. La recuperación del principal y el cobro de los intereses y comisiones que hayan sido devengados constituye la preocupación primordial del banco.

Cuando el banquero estudia la concesión o no de un crédito lo somete, fundamentalmente, a un test de cuatro consideraciones básicas, que es conocido como test o regla de «las cuatro ces»:

1. *Capital.* ¿Tiene el prestatario recursos propios suficientes como para hacer frente al préstamo si las operaciones van mal.

2. *Capacidad de devolución.* La misión y objetivos del banco no son, por supuesto, el liquidar o acceder por cuenta del prestatario a bienes de distinta naturaleza que cubran el préstamo concedido, sin recuperar el principal y cobrar los intereses; por ello, el banquero estudiará siempre la capacidad de autocancelación que presenten las actividades a cuya financiación se destina el crédito.

3. *Carácter.* Se refiere al carácter de los directivos de la empresa cliente y evalúa su capacidad de gestión pasada y la que probablemente pueden presentar en el futuro.

4. *Condiciones.* ¿Son el plazo, comisiones y formalización del préstamo las adecuadas? ¿Podrían destinarse los recursos solicitados a otros empleos más rentables? ¿El acuerdo incorpora algún tipo de garantía?

b) *Elección de un banco adecuado*

La primera preocupación de la empresa consistirá en la elección del banco más adecuado a sus posibles necesidades, pues ni los criterios ni los procedimientos funcionales de los bancos son homogéneos. En particular:

1. Las políticas básicas de los bancos hacia la asunción de riesgos difieren entre sí, según sus objetivos, directivos, naturaleza y tasa de crecimiento de su pasivo y necesidades de liquidez.
2. Los bancos tienen conceptos diferentes de la lealtad que deben hacia sus clientes de activo y respecto en dónde empieza y acaba su responsabilidad.
3. Los bancos tienden a especializarse en determinados tipos de préstamos; así pueden encontrarse bancos sectoriales, regionales, orientados a empresas que crecen, dedicados a empresas que se establecen por primera vez o, por el contrario, a empresas grandes y de solera.
4. Aspectos tales como coyuntura económica, regulación legal, crisis de liquidez u otros influyen en modo diferente sobre los bancos.

c) *La negociación del préstamo comienza mucho antes de que sea necesario*

Elegido un banco, la labor de construir un clima favorable para el futuro préstamo ha de comenzar inmediatamente, pues esta actividad no puede improvisarse. La seriedad del comportamiento actual de la empresa será una referencia para la evaluación que, en el futuro, el banco haga. El mantener informado al banco de la marcha de las operaciones ofreciéndole condiciones razonables y dándole muestras de confianza son otras tantas vías para la construcción de una relación continuada favorable. Es más, algunas empresas abren líneas de crédito y las comprometen cuando aún no son necesarias; esta política conservadora puede resultar cara, pero es tremendamente eficaz en condiciones adversas.

d) *Planteamiento adecuado de la solicitud de crédito*

La solicitud de crédito deberá asumir la perspectiva del analista de operaciones de activo del banco, anticipando, al menos, la contestación a las preguntas siguientes que, típicamente, le serán hechas:

1. ¿Por qué necesita fondos el negocio?
2. ¿Cuánto se necesita?
3. ¿Cómo y cuándo será liquidado el préstamo?
4. ¿Cuáles son las posibilidades de que los planes de la empresa fracasen? En ese

caso, ¿cómo cumplirá la empresa con el banco?

5. ¿Quiénes dirigen la empresa?

6. ¿Cuál es la historia financiera de la empresa? ¿Qué perspectivas tiene?

7. Si, eventualmente, la empresa ha cambiado de banco, ¿cuáles han sido los motivos?

e) *La negociación del préstamo no se cierra con su concesión*

Una vez concedido el préstamo, es igualmente importante el mantenimiento de unas buenas relaciones bancarias de cara al futuro lejano y al más próximo de la ventual renovación del crédito. En particular, cuando los compromisos adquiridos no vayan a poder cumplirse deben realizarse todos los esfuerzos para prevenir por adelantado al banco de los problemas más probables.

20.3.2. TÁTICAS Y PRÁCTICAS BANCARIAS

a) *El préstamo «ideal»*

Si nos preguntamos qué clases de préstamos buscan los banqueros, concluiremos que desean prestar a menos de doce meses y que procurarán que el préstamo sea autoliquidable, tratando de evitar, en general, el quedar «congelado» o atrapado en las operaciones normales y continuas de la empresa al satisfacer necesidades de financiación permanentes.

Desafortunadamente para los bancos, el volumen de operaciones que justifican los préstamos «ideales» no es suficiente como para ser rentable y deben de conceder otros préstamos a más largo plazo y de mayor riesgo.

b) *Control de la naturaleza del préstamo*

Si el banco quiere controlar que los préstamos a corto plazo se utilizan efectivamente para financiar operaciones a corto (de temporada y/o de circulante) puede llegar a exigir que éstos sean devueltos durante unos meses —«limpieza anual»— y no figuren, por tanto, permanentemente en el pasivo del cliente. Si éste es incapaz de su devolución ello puede indicar que fondos a corto están financiando activos a medio o largo plazo. En ese caso lo que se da es un problema de financiación a medio y/o largo plazo.

En todo caso, la renovación da una oportunidad de revisar la situación de la empresa y de modificar los tipos y las condiciones.

20.3.3. BALANCES DE COMPENSACIÓN, TARIFAS Y PAGOS A PLAZOS

Era habitual que los bancos exigieran que los clientes inmovilizaran una cierta proporción de la cantidad que les es prestada, lo que de hecho representa un encarecimiento del crédito y una cierta garantía de liquidez para el banco.

Estas partidas inmovilizadas se conocían como balances de compensación y podían instrumentarse según diferentes modalidades, más o menos costosas para la empresa. Por ejemplo, el balance de compensación podía establecerse como depósito inamovible o como una media mensual, lo que resulta, evidentemente, más favorable para la empresa.

Hoy día, la exigencia de balances de compensación no es frecuente y la relación empresa-banco se ha hecho bastante más transparente.

En ocasiones, además de los balances de compensación el banco podía requerir el pago por adelantado de los intereses del préstamo, lo que suele designarse por intereses de «tirón». Por ejemplo, un préstamo que asciende a 15.000 u.m., con interés nominal del 10 por 100, devengaría unos intereses de 1.500 u. m./año. Si los intereses se exigen por anticipado —intereses de «tirón», el interés real sería el siguiente:

$$\text{interés real} = \frac{1.500}{15.000 - 1.500} \times 100 = 11{,}11\ \%$$

Finalmente, un práctica relativamente extendida, denominada interés financiero [10], es la de exigir el pago de intereses sobre la totalidad del principal durante toda la vida del préstamo, aunque una parte del préstamo haya sido ya amortizada. Por ejemplo, si el préstamo es de 12.000 u. m., a amortizar 1.000 u. m./mes, con un interés nominal del 5 por 100 sobre la totalidad del crédito.

El interés efectivo sería:

$$\underset{\text{(sin tirón)}}{\text{interés efectivo}} = \frac{\text{coste financiero}}{\text{préstamo medio}} = \frac{600}{6.000} \times 100 = 10\ \%$$

La aplicación conjunta de las prácticas bancarias anteriores podía llegar a encarecer muy significativamente el coste del crédito. Así por ejemplo, un cliente requiere 132.000 u. m. a corto plazo, el banco al que acude le concede un préstamo de 171.428 u. m., exigiéndole un balance de compensación del 15 por 100, intereses de «tirón» sobre la totalidad del crédito a un tipo nominal del 8 por 100 y amortización del préstamo en 12 plazos mensuales de 11.000 u. m. El interés real o efectivo de la operación sería:

Interés efectivo con tirón = (coste financiero/recursos medios disponibles) × 100 = (13.714/66.000) × 100 = 20,78 por 100.

20.4. MODALIDADES DE LOS PRESTAMOS BANCARIOS A CORTO

20.4.1. TIPOS GENERALES

Clasificaremos los préstamos bancarios en dos modalidades o tipos generales, cuya denominación y características son las siguientes:

a) *Línea de crédito*

Es un acuerdo formal o informal entre el banco y el prestatario en relación con la cantidad máxima o límite que el banco está dispuesto a prestar. La línea de crédito presenta la ventaja de que el cliente sólo utiliza aquella parte de la línea que necesita, no regulándose, normalmente, la aplicación específica de las cantidades retiradas.

Los intereses pueden irse pagando por adelantado («tirón») o a su vencimiento. En ocasiones se paga también un tipo de interés significativamente más pequeño por la parte disponible no utilizada [11].

El crédito puede formalizarse mediante un contrato designado «póliza de crédito», en el que constan el beneficiario del crédito, el importe máximo, el vencimiento de la operación, el tipo de interés estipulado, las obligaciones de las partes y las cláusulas especiales de garantía, de haberlas.

b) *Préstamos*

Se establece un compromiso legal por parte del banco de otorgar crédito hasta una

---

[10] Esta práctica es habitual en los préstamos concedidos por sociedades financieras; también se designa por tipo «flat». (Véase Anexo I y nota correspondiente.)

[11] Es decir, la empresa ha de pagar unos intereses relativamente bajos por asegurar la disponibilidad de recursos financieros.

suma determinada, habiendo de pagar el cliente intereses sobre la totalidad de esta suma, aun cuando sólo utilice una parte.

Se trata de operaciones de préstamo diseñadas y acordadas con fines muy específicos.

20.4.2. MODALIDADES EN ESPAÑA [12]

a) *Créditos de prefinanciación*

Son aquellos que se concedan: 1) a cuenta del crédito oficial que ha de otorgarse a una empresa; 2) en espera de una ocasión propicia para la colocación de sus títulos en el mercado, o 3) hasta que la empresa cobre el importe de una venta que, por su naturaleza, exija un largo plazo de cobro. El reembolso se efectúa mediante: 1) la concesión del crédito definitivo; 2) con los recursos captados en el mercado de capitales por la emisión de títulos, o 3) por autofinanciación.

Estos créditos pueden designarse también créditos «puente» al proporcionar los recursos que ligan la necesidad de fondos de la empresa con la tramitación y consecución del crédito a medio-largo plazo adecuado a los fondos alternativos necesarios.

b) *Créditos de campaña y tesorería*

Tienen como finalidad cubrir las necesidades de efectivo que las empresas requieren coyunturalmente.

Cuando las necesidades se experimentan con una cierta regularidad ligada al ciclo económico de la empresa se habla de créditos de campaña, cubriendo los créditos de tesorería necesidades más generales.

El crédito suele formalizarse mediante letras aceptadas que son descontadas —descuento financiero—. La amortización de las letras se produce cuando las características estacionales de la campaña lo permiten o bien cuando la liquidez de la empresa recupera su nivel habitual.

El plazo normal de estos créditos es de noventa días, aunque son suceptibles de renovación.

c) *Descuento comercial*

Tiene como objeto el permitir contar a la empresa con el importe de las ventas materializadas en letras de cambio. Los bancos suelen fijar un límite de descuento y plazo concedido mediante la clasificación del cliente según la calidad de los efectos y los riesgos que presente, reservándose, normalmente, el derecho de no descontar todas las letras que componen cada remesa.

20.4.3. GARANTÍAS Y AVALES

La formalización de los préstamos, en sus diferentes modalidades, incluye con frecuencia la inclusión de garantías que, ofrecidas por el prestatario —a iniciativa propia o a petición del prestamista—, respaldan el préstamo. Con ello los prestatarios buscan ofrecer condiciones crediticias más favorables y los prestamistas cubren su riesgo al establecer su mayor prioridad sobre el valor de realización del activo que sirve de garantía.

Estas garantías, para ser adecuadas, habrán de ser legales, su control y renovación no deberá ser gravoso y su vida económica deberá ser semejante al horizonte temporal del préstamo.

Desde la perspectiva del prestatario, un uso inadecuado de las garantías disminuye la capacidad de endeudamiento de la empresa y puede debilitar su posición comercial.

Son garantías usuales las hipotecarias es-

---

[12] No se pretende una exposición exhaustiva sino, únicamente, señalar las fórmulas más frecuentes.

tablecidas sobre solares e inmuebles, los valores mobiliarios, las cuentas a cobrar, los elementos del activo fijo y los inventarios.

Otro instrumento que tiende a favorecer las operaciones de crédito, al reducir el riesgo que comporta el préstamo, son los avales. En este caso, el uso del aval da al prestamista derecho a una reclamación general sobre dos o más entidades, no dando, sin embargo, prelación jurídica sobre otros acreedores generales.

20.5. LAS FINANCIERAS

Las empresas financieras son intermediarios financieros que prestan servicios de financiación sin ser instituciones bancarias u otras instituciones financieras de carácter más tradicional.

Las financieras ofrecen financiación —más cara— a empresas a las que su banco razonablemente diría que no, con la garantía de las cuentas a cobrar, los stocks o el equipo.

20.6. FINANCIACION DE CUENTAS A COBRAR: FACTORING

La financiación de cuentas a cobrar de utilización creciente, particularmente en las industrias textil, de zapatos y muebles, presenta diferentes modalidades.

Bajo contrato típico de préstamo con el respaldo de las cuentas a cobrar, el prestatario conserva el título de propiedad de sus cuentas y el prestamista espera que sea el prestatario quien absorba las pérdidas que se produzcan de no cobrarse todas las cuentas.

El prestatario que pignora sus cuentas a cobrar las luce en el balance, aun cuando lo haga constar en nota a pie de página. Es más, las empresas que adeudan las cuentas no son normalmente notificadas de la pignoración y pagarán al prestatario.

Bajo contrato factorial el factor o agente compra cuentas a cobrar sin derecho a reclamación, sufriendo, en su caso, la pérdida. El prestatario no las luce, en el balance, salvo por su contrapartida monetaria en caja.

En este caso los deudores son notificados y suelen pagar al factor. Como es natural, éste tamiza y selecciona las cuentas a cobrar antes de adquirirlas, de manera que las cuentas inaceptadas siguen figurando, lógicamente, en el activo del prestatario.

Aun cuando es difícil establecer una comparación, la financiación factorial es considerada como más cara.

Los servicios del factor son, pues, de tres clases:

— Analista de riesgo (credit-checking),
— Prestamista (lending).
— Riesgo-aceptante (risk-taking).

El prestatario puede utilizar todos o algunos de los servicios anteriores, variando según los casos los intereses y comisiones del factor.

Puede establecerse el siguiente balance de ventajas y desventajas de la financiación de las cuentas a cobrar:

Ventajas

— La financiación crece con las ventas.
— El factoring proporciona un servicio de análisis de créditos, credit-checking, relativamente barato.

Desventajas

— Si las facturas son numerosas y de pequeño valor, los costes administrativos pueden ser muy importantes.
— Históricamente se considera que una

empresa que no financie sus cuentas a cobrar está en débil posición financiera.

— Las ventas de cuentas a cobrar con la posible desaparición de los fondos debilita la posición financiera y de liquidez de la empresa.

Hoy día, la tendencia parece indicar que se acrecienta la importancia del factoring, en particular, por la capacidad de control y reducción de costes que ofrecen los ordenadores.

APENDICE

ANEXO 1. *Sociedades de ventas a plazos*

Las operaciones que realizan son las siguientes:

1. Concesión de préstamos de financiación a comprador o a vendedor, destinados a facilitar la adquisición a plazos de todo tipo de bienes.
2. Descuento y negociación de efectos de comercio.
3. Concesión de créditos destinados al pago de obras, servicios e instalaciones.
4. Anticipo de fondos a cuenta de créditos cuya gestión de cobro se asume por la entidad.

En las operaciones de compras a plazos son habituales las siguientes condiciones:

1. La cantidad inicial a entregar es del orden del 20 al 35 por 100.
2. Los plazos son mensuales, normalmente de doce a veinticuatro meses.
3. Las cantidades que han de pagarse por plazo suelen ser iguales.
4. La cantidad total a pagar integra los conceptos siguientes:

— Precio.
— Recargo por intereses.
— Comisión de cobranza.
— Seguro de crédito.
— Impuestos.
— Otros gastos.

5. Los tipos de interés que se aplican son «flat», es decir, sobre la cantidad inicialmente pactada [13].

[13] El tipo «flat» se relaciona con el tipo «bancario» —tipo efectivo sobre cantidad viva en cada momento— de acuerdo con la fórmula:

$$e = (2fn)/(n + 1).$$

En donde:

e = tipo efectivo anual.
f = tipo «flat» anual.
n = número de meses de la operación.

BIBLIOGRAFIA

Parte VII

GESTION DEL CAPITAL CIRCULANTE

1. GENERAL

LIBROS

CUERVO, Alvaro y RIVERO, Pedro: *Examen económico-financiero de la empresa española* (tercer análisis), Asociación para el Progreso de la Dirección, 1983.

DAVIDSON, S., Y WEIL, R. L.: *Handbook in modern accounting,* 2.ª edición, 1977.

DONALDSON, G.: *Estrategia financiera de la empresa,* Ediciones Pirámide, 1974.

DOW JONES-IRWIN, Inc.: *Financial exeutive's handbook,* eidtado por Richard F. Vancil.

ECHÁVARRY, Alberto: *Gestión económica de los recursos financieros,* Asociación para el Progreso de la Dirección, 1974.

FERNÁNDEZ BAU, C.: *La gestión de tesorería y las relaciones bancarias,* Editorial Ibérico Europea, Madrid, 1976.

HAMPTON, John J.: *Financial decision making: concepts, problems and cases,* Reston Publishing Company, Inc. (Prentice-Hall).

SMITH, K. V.: *Guía del capital circulante,* Ediciones Deusto, Bilbao, 1984.

SUÁREZ SUÁREZ, A.: *Economía financiera de la empresa,* Ediciones Pirámide, 1985.

VAN HORNE, James C.: *Administración Financiera,* Ediciones Contabilidad Moderna, Buenos Aires, 1976.

VELA SASTRE, E.: *Cómo gestionar el capital circulante,* Manuales IMPI, n.º 19, 1988.

ARTÍCULOS

HARRISON, D. D., y HERNÁNDEZ, W. H.: «Medición del efecto de la inflación sobre el capital circulante», *Harvard-Deusto Business Review,* 3.er trimestre, 1983.

ZAPICO ALVAREZ, J. A.: «La elaboración del presupuesto financiero (I y II)», *Estrategia Financiera,* n.os 55 y 56, septiembre-octubre 1990.

2. GETION DE LOS ACTIVOS LIQUIDOS

LIBROS

HARTLEY, W. C. F.: *Cash Flow: su planificación y control,* Ediciones Deusto, Bilbao, 1985.

HUNAULT, P.: *Gestión de tesorería día a día,* Ediciones Deusto, Bilbao, 1986.

KEYNES, J. M.: *Teoría general de la ocupación, el interés y el dinero,* Fondo de Cultura Económica, México.

MEUNIER, H.; BAROLET, F., y BOULMER, P.: *La tesorería de las empresas,* TGP Tecnologías de Gerencia y Producción, 1989.

ARTÍCULOS

ARELLANO SALAFRANCA, I.: «La información de control y gestión de la tesorería», *Estrategia Financiera,* n.º 61, marzo 1991.

BAUMOL, William J.: «The transactions demand for cash: An inventory theoretic approach», *Quaterly Journal of Economics,* LXV (noviembre 1952).

BUDIN, M., y EAPEN, A. T.: «Generación de caja en operaciones comerciales. Algunos modelos de simulación», *Journal of Finance,* n.º 5, diciembre 1970.

ERNST, H. B.: «Un nuevo balance para controlar la liquidez y el crecimiento», *Harvard-Deusto Business Review,* 4.º trimestre, 1986.

3. POLITICAS DE CREDITO

LIBROS

PÉREZ-CARBALLO Y VEIGA, Juan: *Cómo comprar mejor,* Manuales IMPI, n.º 4, Madrid, 1984.

PREGEL, G.; SUÑOL, R., y NUENO, P.: *Instrumentos financieros al servicio de la empresa,* Ediciones Deusto, Bilbao, 1990.

ROIG SANCHO, L.: *Cómo eliminar los impagados,* Ediciones Deusto, Bilbao, 1983.

SANTANDREU MARTÍNEZ, E.: *Gestión de Crédito a Clientes,* EADA, 1989.

URÍA, Rodrigo: *Derecho Mercantil,* Madrid, 1970. *¿Qué es la letra de cambio?*, Ediciones Nauta, Barcelona, 1970.

ARTÍCULOS

MEHTA, Dileep: «The formulation of credit policy models», *Managements Science,* vol. 15, n.º 2, octubre 1968.

POPELL, Steven D.: «Gestión eficaz de las cuentas a cobrar», *Harvard-Deusto Business Review,* 1.er trimestre, 1982.

ROJO ALEJOS, M.: «El crédito comercial», *Cuadernos Universitarios de Planificación Empresarial,* vol. VI, 1980.

SOTOMAYOR, A.: «Gestión de impagados. Un modelo de planificación y control», *Estrategia Financiera,* n.º 54, julio 1990.

WELSHANS, Merle T.: «Using credit for Profit Making», *HBR,* junio-febrero 1967.

4. GESTION DE LOS STOCKS

LIBROS

ALCAÍN, Ramón: *Cómo gestionar la producción,* Manuales IMPI, n.º 13, Madrid, 1986.

DUDICK, T. S., y CORNELL, R.: *Inventory control for the financial executive,* Ronald Press Publication.

KENNETH STARR, Martin: *Dirección de producción, sistemas y síntesis,* Herrero Hermanos Sucesores, S. A., México, 1968.

MIZE, J., y otros: *Planificación y control de operaciones,* Editorial Prentice-Hall Internacional.

RAMOS DÍAZ, R.: *Cómo gestionar stocks,* Manuales IMPI, n.º 5, Madrid, 1985.

ARTÍCULOS

KRALJIC, P.: «De la gestión de compras a la gestión de aprovisionamientos», *Harvard-Deusto Business Review,* 3.er trimestre, 1984.

TERMES CARRERÓ, R.: «Lo que el empresario debe saber sobre el rendimiento de los activos y elc oste de capital». *ESIC-Market,* abril-junio 1984.

5. FINANCIACION A CORTO Y GESTION DE LA LIQUIDEZ

LIBROS

GUILLÓN, J.: *Cómo negociar con sus banqueros,* Editorial Tecnibán, Madrid, 1975.

LÓPEZ NAVARRETE, Gregorio: *La inversión de la Banca y de las Cajas de Ahorro,* Barcelona, 2.ª edición, juniol 1978.

PÉREZ-CARBALLO Y VEIGA, Angel, y SOTOMAYOR CERDEÑO, Angel: *Cómo pedir un préstamo,* Manuales IMPI, n.º 2, Madrid, 1984.

PÉREZ-CARBALLO Y VEIGA, Angel, y SOTOMAYOR CERDEÑO, Angel: *Cómo negociar con la banca,* Servicio de Asesoría Financiera, Asociación para el Progreso de la Dirección (APD), junio 1982.

Parte VIII

CONTROL FINANCIERO

CAPITULO 21

EL CONTROL ECONOMICO-FINANCIERO

SUMARIO: 21.1. La función de control.—21.2. El sistema de control de gestión.—21.3. Los factores críticos de gestión.—21.4. Niveles de control.—21.5. Control presupuestario: 21.5.1. Desarrollo del sistema. 21.5.2. La elaboración del presupuesto. 21.5.3. El presupuesto de operaciones. 21.5.4. El presupuesto de inversiones. 21.5.5. El presupuesto financiero. 21.5.6. Calendario de elaboración del presupuesto. 21.5.7. Ventajas de la gestión presupuestaria.—21.6. Análisis de desviaciones.—21.7. Control integrado de la rentabilidad.—21.8. Control y comportamiento de la organización.

21.1. LA FUNCION DE CONTROL

El propósito del control en el ámbito de la gestión empresarial consiste en asegurar que se alcanzan los objetivos, se cumplen los planes y se aplican las políticas aprobadas por la Dirección de la empresa. Desde un punto de vista formal, el control constituye la última de las fases del ciclo gerencial: primero se planifican y organizan los recursos, después se ejecuta y finalmente se controlan los resultados obtenidos de modo que se pueda neutralizar cualquier divergencia no deseada. En la práctica, estas cuatro fases tienen lugar de una manera integrada, siendo todas ellas necesarias para el desarrollo satisfactorio de la empresa.

La acción de controlar se materializa mediante la adopción de acciones correctoras. Para ello, se utiliza, con carácter general, el método del análisis de desviaciones, que consiste en comparar la situación deseada con la obtenida para cada una de las áreas controladas. De este modo se pueden identificar aquellas parcelas de la gestión que exigen la toma de medidas de ajuste para solventar situaciones desfavorables o potenciar desviaciones favorables para la marcha de la empresa.

Este proceso de control puede realizarse con grados de formalización diferentes. En el extremo, podemos diferenciar el control formal del informal. El primero se ejecuta conforme a unos patrones establecidos que tienen lugar de modo sistemático, periódico y organizado. Por el contrario, el control informal no aplica procedimientos predefinidos, sino que se basa en la discrecionalidad y en la observación espontánea de los hechos y situaciones.

Ambos sistemas, formal e informal, conviven en el seno de cualquier organización en la medida en que se complementan y refuerzan mutuamente. La mera aplicación del control informal, carente de diseño específico, incorpora un alto nivel de riesgo, puesto que es fácil que omita aspectos claves y estructurales de la gestión. En sentido contrario, la sola aplicación del control formal puede originar un distanciamiento de la realidad de la Dirección de la empresa. El conocimiento de esta realidad le vendrá filtrada por la interpretación de informes de resultados y de opiniones de sus inmediatos colaboradores. Es más, se podrán omitir aspectos emergentes, no contemplados aún en los procesos regulares de control. Por ello, uno y otro sistema de control son precisos para asegurar el seguimiento veraz de la evolución de la empresa.

En lo que hace referencia al objeto del control, cabe diferenciar dos grandes apartados. El primero pretende evaluar la calidad de la gestión de los diferentes niveles de responsabilidad de la empresa, es decir, se centra en la actuación de las personas. Su fin más inmediato consiste en tratar de influir sobre el comportamiento de los responsables de manera que se involucren activamente en la consecución de los objetivos de la empresa.

El segundo, persigue evaluar el comportamiento de las actividades, esto es, estudiar en qué medida son de interés para la compañía. A este respecto, una actividad puede ser, por ejemplo, un producto, un mercado o un centro de servicio interno de la empresa. La evaluación del interés de una actividad debe contemplar, por supuesto, aspectos muy dispares y no sólo los estrictamente económicos de corto plazo.

Lógicamente, los criterios e instrumentos

CUADRO 21.1. *Instrumentos de control.*

INSTRUMENTOS	DESCRIPCION
• Manuales organizativos y de procedimientos	Incluyen funciones, responsabilidades y decisiones de las unidades de actividad y políticas para la toma de decisiones.
• Intervención	Autorización individualizada de gastos y pagos con énfasis en aspectos formales.
• Inspección	Revisión *a posteriori* de actuaciones individuales.
• Control interno	Fijación de procedimientos *a priori,* con asignación previa de autorizaciones, segregación de funciones y limitación de importes.
• Auditoría interna	Revisión de la razonabilidad de la información y comprobación de procedimientos mediante personal de la propia empresa.
• Auditoría externa	Examen por firma externa de la razonabilidad de los estados financieros.
• Auditoría operativa	Evaluación de la calidad de la gestión.
• Contabilidad analítica	Informa sobre los costes e ingresos por producto y centro de responsabilidad a efectos de planificación, control y toma de decisiones.
• Control presupuestario	Comparación de los resultados obtenidos con los presupuestados, con desglose de desviaciones por causas y responsables.
• Análisis por ratios	Comparación de indicadores seleccionados con los valores fijados como objetivos.
• Cuadro de mando	Documento que sintetiza la marcha de la empresa (o de una de sus áreas) en relación con sus objetivos más relevantes.

Fuente: JUAN PÉREZ-CARBALLO, *Control de la Gestión Empresarial,* Editorial ESIC, 1990.

a aplicar en ambos procesos de control (de la gestión y de actividades) y las acciones que de cada uno de ellos se deriven habrán de ser específicos. Así, una actividad bien gestionada puede perder atractivo por sucesos ajenos al ámbito interno de la empresa. Igualmente, una actividad de interés y rentable puede estar insatisfactoriamente gestionada, exigiendo la adopción de acciones correctoras en este campo.

La práctica del control formal en la empresa dispone de herramientas alternativas para practicarlo. El cuadro 21.1 recoge una sínteis de los principales instrumentos disponibles. Desde luego que, junto a éstos de carácter genérico, existen otros más específicos de cada área de gestión. Este es el caso, por ejemplo, de los sistemas de control de producción, de control de inventarios o de la situación de la tesorería.

21.2. EL SISTEMA DE CONTROL DE GESTION

El control de gestión es el método que utiliza la Dirección de la empresa para garantizar que se desarrollan las estrategias que permiten alcanzar los objetivos prefijados. Esto exige que los recursos sean obtenidos y empleados eficaz y eficientemente en relación a esos objetivos. Por eficacia entendemos el grado en que se contribuye a alcanzar un objetivo. La eficiencia, por el contrario, hace referencia a la relación existente entre resultados y recursos consumidos para obtenerlos, medidos éstos últimos, en general, en términos de coste.

La aplicación del control de gestión exige la definición de criterios y la implantación de un conjunto de acciones y procedimientos que, en su interrelación, conforman el sistema de control. Este sistema se compone de tres elementos principales, y que son: su estructura, su proceso y su sistema de información.

La ESTRUCTURA DE CONTROL se refiere al ámbito organizativo en el que tiene lugar la función de control. Su unidad de referencia es el centro de responsabilidad o el centro de actividad, según se trate del control de la gestión o del control de actividades.

Un centro de responsabilidad es una unidad de la empresa que tiene una misión específica, dispone de unos recursos propios y está dirigida por un responsable de su funcionamiento. Para evaluar la gestión del responsable del centro es preciso considerar, únicamente, aquellos aspectos de la gestión sobre los que ejerce control, ignorando aquellos otros que se derivan de decisiones y sucesos externos al centro.

El cuadro 21.2 describe los principales centros de responsabilidad que pueden encontrarse en cualquier estructura de control.

El centro de actividad hace referencia a una unidad operativa de la empresa que desarrolla una función económica diferenciada, como es el caso de una división o un servicio de mantenimiento interno. Para evaluar el comportamiento de un centro de actividad es preciso considerar todos los aspectos relacionados con el mismo, sean o no controlables por su responsable.

La exigencia de definir una estructura de control nace de la creciente complejidad y dimensión de las empresas. Cuanto mayores sean éstas, más elaborada habrá de ser la estructura de control. En organizaciones simples y reducidas, mayor será la sencillez de su estructura de control en cuanto que mayor es la facilidad de concentrar el conocimiento de la marcha de las operaciones. Es en organizaciones más complejas donde se precisa delegar responsabilidades y parcelar los resultados por actividades, lo que comporta medir la calidad de la gestión delegada y el comportamiento individual de las actividades acometidas.

En términos generales, una estructura de control ha de definir:

CUADRO 21.2. *Centros de responsabilidad.*

Tipo	Responsabilidad sobre objetivos	Criterios de evaluación	Ejemplo
Centro de producción	Costes Cantidad producida Calidad	Desviaciones en costes Cumplimiento de programas de producción Factor de calidad	Sección de producción de una fábrica
Centro de servicio	Eficacia y eficiencia del servicio	Desviaciones sobre presupuesto Calidad del servicio	Unidad de mantenimiento industrial
Centro de ingresos	Ventas en unidades	Desviación en los ingresos Cumplimiento del presupuesto de gastos	Delegación comercial sin autoridad sobre el precio de venta
Centro de gastos discrecionales	Calidad del servicio adecuada a los recursos aplicados	Satisfacción usuarios Desviaciones sobre presupuesto	Departamento de asesoría jurídica
Centro de beneficio	Cuenta de resultados Posición competitiva	Desviaciones sobre planes a corto y largo	División de empresa
Centro de inversión	Cuenta de resultados Activos empleados Posición competitiva	Desviaciones sobre planes a corto y largo Rentabilidad de la inversión	División de empresa filial

Fuente: JUAN PÉREZ-CARBALLO, *Control de la Gestión Empresarial,* Editorial ESIC, 1990.

— los centros de responsabilidad y las unidades de actividad a controlar,
— los objetivos asignados a cada unidad,
— las responsabilidades de cada centro y
— los criterios a aplicar para evaluar los resultados.

La estructura de control depende de una serie de características de la empresa como, por ejemplo: la naturaleza de sus actividades, los condicionantes del entorno en el que opera, su estrategia específica o el estilo de dirección que se aplique. Por ello, la estructura de control exige un diseño específico para cada empresa que incorpore sus singularidades propias.

En concreto, el sistema de control diferirá en función de la estructura de organización de la empresa. La figura 21.1 muestra una organización funcional en la que de la dirección general dependen las direcciones de producción, marketing, personal y finanzas. En este tipo de estructuras las diversas unidades serán centros de coste en cuanto que no son responsables del beneficio de la empresa. Unicamente la dirección de marketing podrá ser un centro de beneficio y ello sólo si puede influir sobre el coste de los productos vendidos. Para ello será preciso establecer un precio de transferencia de los productos fabricados, basado en el mercado o en una negociación con la dirección de producción.

Una estructura como la descrita por la figura 21.1 puede contener varios centros de coste, puesto que de producción pueden

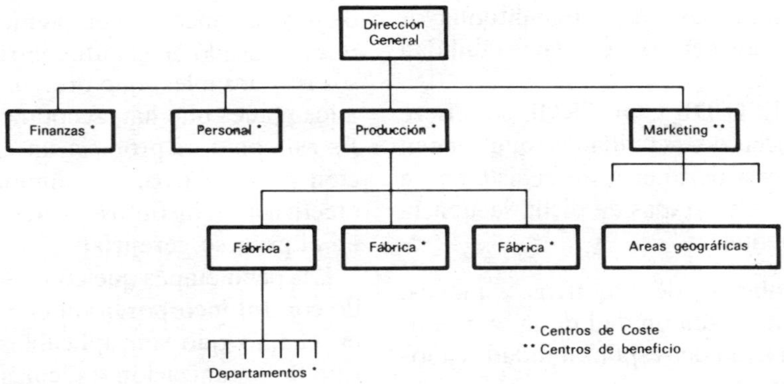

FIGURA 21.1. *Estructura funcional y centros de responsabilidad.*

depender varias fábricas, por ejemplo, cada una de ellas integrada por varios centros de producción y servicios.

Por el contrario, la figura 21.2 responde a una organización basada en divisiones y con un staff corporativo (finanzas, administración, personal, relaciones externas, etc.) que presta servicios a todas ellas. Cada una de las divisiones se compone de dos unidades: producción y marketing. En esta organización conviven centros de coste con otros de beneficio e inversión. Así, mientras cada división puede ser un centro de inversión, las unidades de marketing pueden serlo de beneficios y los centros fabriles de coste.

Como se desprende de las dos figuras anteriores, el grado de responsabilidad se va concentrando según se asciende por el organigrama. De igual modo, la información de control irá formando, en su agregación, una pirámide: la información de los departamentos se resumirá para generar la información de la fábrica y el conjunto de datos de las fábricas integrará la información de la dirección de producción. Razonablemente, los informes de control diferirán en su grado

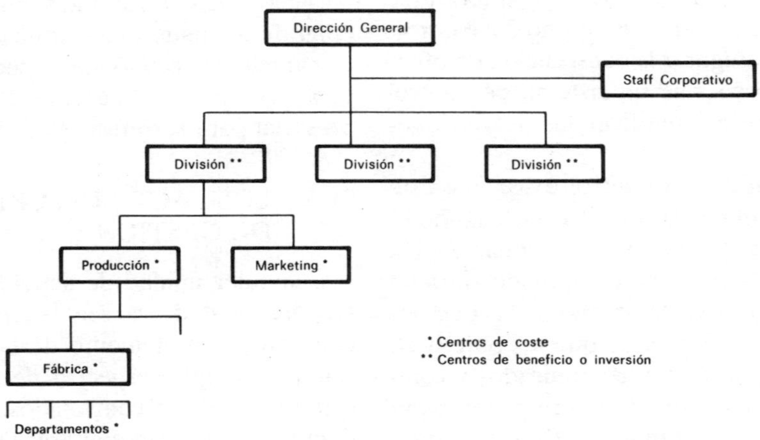

FIGURA 21.2. *Estructura con divisiones.*

de detalle, siendo éste menor cuanto mayor sea el nivel del centro de responsabilidad correspondiente.

El PROCESO DE CONTROL se refiere a la secuencia de actividades que tienen lugar, de forma periódica, en el sistema de control. Las ocho etapas de dicha secuencia son las siguientes:

1. Formulación de objetivos y planes, detallados para cada unidad de la empresa.
2. Asignación de responsabilidades a los distintos niveles de gestión.
3. Registro y medición de los resultados obtenidos.
4. Análisis de los resultados y comparación con los objetivos mediante el cálculo de las desviaciones producidas.
5. Investigación de las desviaciones más significativas a fin de determinar sus causas y los responsables de corregirlas.
6. Identificación de opciones viables para subsanar las desviaciones adversas o potenciar las favorables.
7. Evaluación de las alternativas contempladas y selección de aquellas acciones de ajuste más convenientes.
8. Puesta en práctica de las acciones escogidas y control y seguimiento de su implantación.

Sólo rematando el proceso anterior se conseguirá alcanzar el fin último del control: actuar para asegurar la consecución de objetivos. De poco vale un sistema de control que se limite a identificar las desviaciones obtenidas.

La naturaleza del control exige que éste no se desarrolle sólo *a posteriori,* cuando el efecto de la gestión sea irreversible. Un control efectivo debe ser ejercido durante todo el período de desarrollo de las decisiones; para ello, es preciso que los objetivos, planes y políticas sean comunicados y compartidos por los responsables respectivos antes de su puesta en marcha. De este modo, el control *a posteriori* (basado en la técnica de desviaciones) se complementa con otro *a priori,* basado en el autocontrol de los diversos responsables, que pretenderán ajustarse a los planes que han aceptado previamente. Es así como se propicia un estilo de dirección participativo, que implique de forma efectiva a los distintos niveles de la dirección en el proceso gerencial.

Las ocho etapas que componen el proceso de control incorporan un carácter genérico, en cuanto que son aplicables en cualquier tipo de organización y técnica de control.

Finalmente, el tercer elemento que integra el sistema de control es el denominado SISTEMA DE INFORMACION de la empresa, que fluye por su estructura y alimenta al proceso de control según se ha descrito éste anteriormente.

El sistema de información se concreta en la emisión de informes de resultados, que por supuesto no deben limitarse a recoger datos contables. Han de incluir información externa a la empresa y también información de índole operativa y cualitativa. Es un hecho que la información contable es sólo una parte del sistema de información para el control y, con frecuencia, no la más importante.

Más significativos parecen los denominados factores críticos de gestión y las variables clave de control que se presentan en el epígrafe siguiente y cuya utilización refuerza el carácter selectivo que, necesariamente, debe incorporar el sistema de control empresarial para ser eficaz y eficiente.

21.3. LOS FACTORES CRITICOS DE GESTION

Cualquier unidad de actividad o área de responsabilidad, ya sea la empresa en su conjunto o un elemento de la misma, presenta un amplio espectro de aspectos susceptibles de ser controlados. La práctica demuestra que, sin embargo, no es ni posible ni necesario controlarlos todos a efectos de control de gestión. Más bien al contrario, el sistema de control será más eficaz si se limita al seguimiento de aquellas variables más relevantes. Para identificarlas es preciso analizar aquellos factores críticos de la gestión, es decir, aquellos aspectos que si se ejecutan correctamente es previsible esperar que el conjunto de la gestión sea favorable, con independencia del comportamiento de otras cuestiones de segundo orden. En sentido contrario, con que uno solo de los factores críticos se comporte desfavorablemente, es muy probable que los resultados que se obtengan difieran de los objetivos.

A título de ejemplo, el cuadro 21.3 recoge los factores críticos de gestión de dos empresas hipotéticas de fabricación y venta de automóviles. Como se desprende de dicho cuadro, las estrategias de ambas empresas son marcadamente diferenciadas. La primera opera en la gama baja del mercado, mientras que la segunda se orienta a vehículos de precio alto.

Del análisis de los factores seleccionados por las empresas del ejemplo del mencionado cuadro se desprenden las siguientes peculiaridades intrínsecas a los factores críticos de gestión:

— Están relacionados con el tipo de actividad que desarrolla la empresa o la unidad de gestión. Son específicos aunque no exclusivos del sector de actividad en el que se opera.

— Responden a la estrategia seleccionada por la unidad, convirtiéndose, por eso mismo, en objetivos de síntesis.

CUADRO 21.3. *Factores críticos de gestión.*

EMPRESA A	EMPRESA B
Cuota de mercado	Cuota de mercado
Coste de producción	Diseño y acabado
Resistencia de la mecánica	Fidelidad de los clientes
Consumo	Servicio posventa
Cobertura de la red de ventas	Actuación de concesionarios
Fórmulas de financiación	Estabilidad de la plantilla

— Son factores cuya relevancia es permanente; no son coyunturales.

— Marcan criterios útiles para la toma de decisiones y su comunicación al conjunto de la organización transmite mensajes precisos respecto a las prioridades de gestión.

— Son factores que evolucionan lentamente, sin cambios bruscos.

— Están más relacionados con las operaciones internas de la empresa y con las actividades derivadas del mercado que con la magnitudes contables. En general, los factores críticos no son de índole financiera, aunque en algunos casos puedan serlo; por ejemplo, para una empresa de leasing un factor crítico puede ser el diferencial entre el interés repercutido a las operaciones y el coste de financiación de la propia empresa,

— Explican, anticipadamente, el comportamiento económico financiero de la actividad y, en consecuencia, el éxito o fracaso de la empresa. Habitualmente, el deterioro de alguno de los factores críticos de gestión explica el posterior deterioro de los parámetros financieros de la empresa.

Es precisamente por su relevancia y capacidad de síntesis por lo que los factores críticos de gestión son prioritarios a efectos de control. Pero para poder controlarlos es necesario medirlos, y aquí surge el concepto de variable clave de control. Por ejemplo, para la empresa B del cuadro 21.3, las variables susceptibles de medir cada factor crítico son las siguientes:

FACTOR CRITICO DE GESTION	VARIABLE CLAVE DE CONTROL
Cuota de mercado	Participación en el mercado por líneas o gamas
Diseño y acabado	Tasa de reprocesos
Fidelidad de los clientes	Tasa de repetición de compra
Actuación de concesionarios	Reclamaciones al servicio prestado por el canal
Servicio posventa	Porcentaje de roturas en almacén
Estabilidad de la plantilla	Rotación del personal

La definición de objetivos cuantificados para las variables clave y el análisis de su evolución temporal permite controlar, en lo sustancial, la marcha de la unidad de gestión a la que se refieran. En este sentido, aunque el ejemplo del cuadro 21.3 se refiere a una empresa en su conjunto, el método expuesto es fácilmente extrapolable a unidades de rango inferior o a un centro de responsabilidad.

21.4. NIVELES DE CONTROL

El sistema de control contempla tres áreas de actuación en cuanto al enfoque y periodicidad que aplican:

— El *control de la estrategia* persigue evaluar, con carácter global e integrado, el grado de cumplimiento de los objetivos formulados en la estrategia de la empresa o de alguna de sus unidades. En este caso, los indicadores a contemplar se asocian, con prioridad, con los factores críticos de gestión de la unidad de referencia. El proceso de control coincide con el descrito anteriormente: se parte de la elaboración de objetivos para las variables clave y se culminará con la implantación y seguimiento de las acciones de ajuste.

El control estratégico tendrá lugar, al menos, al inicio de todo proceso de planificación a largo plazo, aunque una periodicidad trimestral parece una opción más conveniente. En el primer caso se tratará de incorporar las conclusiones del análisis en la nueva estrategia; en el segundo, se posibilita la adopción de acciones de ajuste dentro del horizonte más inmediato del plan.

— El *control estructural* pretende evaluar la conveniencia de las políticas y criterios de gestión de la unidad controlada. En concreto, su finalidad consiste en valorar la eficacia de la gestión y la eficiencia en la utilización de medios y revisar la rentabilidad de las distintas actividades desarrolladas por la unidad.

Este tipo de control se puede realizar, aisladamente, para áreas de gestión individuales y tiene lugar de forma puntual y programada con el objeto de proponer cambios en las políticas a aplicar y en la asignación de recursos.

— Por último, el *control presupuestario*, que se aborda con mayor detalle en el epígrafe que sigue, acomete el seguimiento de los objetivos y planes incluidos en el presupuesto anual de la compañía. De los tres tipos de control, éste es el que se apoya más en magnitudes económico-contables, aunque también ha de contemplar otras de tipo operativo y cualitativo. Además, incluye el seguimiento de programas y acciones en cuanto a plazos, costes y cumplimiento de fines.

El período de control en este caso es, habitualmente, mensual.

21.5. CONTROL PRESUPUESTARIO

21.5.1. DESARROLLO DEL SISTEMA

Una de las herramientas más utilizadas para desarrollar la función de control de la gestión empresarial es la denominada control-presupuestario. La operación de un sistema de esta naturaleza se apoya en la información contable de la empresa y, una vez diseñado e implantado, exige realizar, cíclicamente, las tres siguientes fases básicas, propias de cualquier sistema de control:

- Formulación de objetivos y planes concretados en un presupuesto: en esta fase se persigue establecer los objetivos y planes de actuación y desarrollarlos en un presupuesto expresado en términos monetarios. Este contempla, habitualmente, un horizonte de un año, que a su vez, y a efectos de hacer más operativo su seguimiento, se subdivide en períodos intermedios (mensual o trimestral). También a efectos de control, los presupuestos se preparan por áreas de responsabilidad; al consolidarse estos presupuestos parciales, se obtiene el presupuesto global de la empresa.

- Medición y análisis de resultados: según avanza el período presupuestado, se obtienen los resultados reales de la actividad, mediante los sistemas de información de contabilidad general y analítica. Periódicamente, se contrastan los resultados obtenidos con los presupuestados, por concepto y áreas de responsabilidad, obteniéndose, por diferencia entre ambos, la desviación para cada partida contemplada. Lógicamente, los sistemas contables y presupuestarios han de aplicar criterios de clasificación e imputación de ingresos y costes homogéneos e incorporar en su estructura las mismas áreas de responsabilidad de gestión.
- Aplicación de acciones correctoras: el cálculo y análisis de desviaciones sólo es relevante si constituyen la base para la adopción de medidas tendentes a corregir situaciones desfavorables. Este es el objetivo de esta última fase del proceso: la identificación, evaluación, selección e implantación de nuevas acciones que permitan superar desviaciones adversas. Sin embargo, esto sólo no es suficiente, sino que será preciso, también, realizar el seguimiento de la ejecución de las medidas adoptadas. Por ello, el control no es sólo la última de las fases de las funciones gerenciales, sino que, con frecuencia, es la que desencadena el proceso al exigir la planificación, organización y ejecución de medidas derivadas del análisis de resultados.

Como resumen de lo anterior, puede comprobarse que un sistema de control presupuestario es un instrumento de gestión orientado, prioritariamente, a la acción: en la fase de elaboración del presupuesto, porque exige formular objetivos y definir criterios operativos que guíen la acción futura a los distintos niveles de organización de la empresa; en la fase de control, porque obliga a actuar para corregir situaciones desfavorables.

A continuación se describen, brevemente, las fases anteriormente citadas.

21.5.2. La elaboración del presupuesto

Un presupuesto expresa un plan de actuación para el futuro, en cuanto que formula objetivos y asigna medios para alcanzarlos. Por ello, un presupuesto es sustancialmente distinto a una previsión, en la medida que incorpora unos objetivos deseados y un compromiso de la organización para alcanzarlos, con independencia de que se produzcan situaciones imprevistas en el presupuesto. Los distintos participantes en la ejecución de un presupuesto deberán actuar, no sólo según los criterios contemplados inicialmente en el plan, sino también corrigiendo su actuación en el sentido necesario para alcanzar los objetivos fijados cuando las condiciones reales divergen de las presupuestadas.

En general, los presupuestos cuantifican en términos monetarios las actividades que se prevén acometer en el período presupuestado. Precisamente, en función de la naturaleza de estas actividades se distinguen tres tipos diferenciados de presupuestos. El primero, según el orden secuencial de elaboración en un ciclo presupuestario, es el denominado de operaciones. Este contempla sólo aquellas actividades de explotación propias de la naturaleza de la empresa; incluye, pues, las actividades comerciales, de producción, aprovisionamiento, almacenaje, distribución y las funciones administrativas que dan soporte de gestión a las anteriores.

El presupuesto de inversiones fija el volumen y periodifica los desembolsos de las inversiones necesarias para acometer las operaciones del período presupuestado y las previstas para futuros períodos, según el plan estratégico de la empresa.

El conjunto de estos dos presupuestos constituye el presupuesto económico, en la medida que excluye la componente financiera.

Finalmente, el presupuesto financiero cuantifica las necesidades de financiación que se derivan del presupuesto económico y establece un plan de financiación que armonice las disponibilidades de fondos con las necesidades identificadas.

Lógicamente, los tres presupuestos descritos se encuentran estrechamente relacionados entre sí. El presupuesto de operaciones establecerá las necesidades de inversión que permitan alcanzar el nivel de actividad previsto. Por ejemplo, un incremento presupuestado de las ventas comportará, eventualmente, un aumento de la capacidad de producción, de almacenaje y de distribución física. En sentido contrario, la dimensión actual de las instalaciones productivas y el tiempo requerido para modificarla puede condicionar los planes comerciales de expansión.

Análogamente sucede con el presupuesto financiero. Si bien, habitualmente, las necesidades de fondos se derivan del presupuesto económico, éste puede verse condicionado por limitaciones de tipo financiero. Por ejemplo, si existen restricciones de fondos o si el coste marginal de los mismos es muy elevado, puede ser recomendable no acometer nuevas actividades o inversiones.

21.5.3. EL PRESUPUESTO DE OPERACIONES

En casi la totalidad de las situaciones, el presupuesto de operaciones arranca con la elaboración del presupuesto, no previsión, de ventas. Este presupuesto se elaborará a partir del análisis del mercado, en su doble vertiente de oferta y demanda, de la interpretación que se formule de las tendencias generales de la economía, del estudio de las capacidades y limitaciones de la propia empresa y de sus productos y de las estimaciones del personal del área comercial que, a fin de cuentas, es el que mantiene contacto regular con los clientes de la compañía. Las estimaciones obtenidas a la finalización de los análisis anteriores, o de otros que se puedan realizar, serán corregidas para compatibilizarlas con los objetivos generales en este área; para ello, se deberán planificar medidas de carácter comercial. Al final, se obtendrán unos presupuestos de unidades vendidas por cada producto y de precios de venta. El producto de ambos dará lugar al presupuesto de la cifra de ventas que aparecerá desglosado por períodos intermedios.

El presupuesto de ventas se presentará por áreas geográficas, líneas de productos, tipo de clientes o por cualquier otra clasificación que permita, posteriormente, aplicar un control de resultados eficaz.

Este presupuesto es, probablemente, el más crítico, puesto que de él se derivarán el resto de los presupuestos de la empresa. Además, es también el que incorpora una mayor incertidumbre, pues se basa en gran cantidad de hipótesis sobre el comportamiento del entorno. En buena medida, los resultados que se obtengan vendrán influidos por factores económicos externos, no controlables por la empresa. La coyuntura económica o las acciones de la competencia escapan al control del responsable del área comercial, aunque éste, sin embargo, sí dispone de mecanismos (acciones de marketing) para paliar eventuales influencias adversas.

Finalizado el presupuesto de ventas y definidos unos objetivos de existencias de productos terminados, es posible preparar un presupuesto de stocks en unidades, periodificado, por ejemplo, por meses. De ambos presupuestos se deducen las unidades a producir por tipo de producto y mes. Puede suceder que la capacidad de producción no permita alcanzar las previsiones obtenidas, por lo que habrá que revisar los presupuestos de ventas o de stocks o presupuestar nuevas inversiones.

El presupuesto de producción determinará, también, el coste de producción, el cual se utilizará para valorar los stocks y estimar el coste de las ventas presupuestadas. Para calcular el coste de producción, por tipo de producto, se estimarán los costes específicos y los costes generales de producción.

Los costes específicos son aquellos relacionados directamente con el nivel de producción; su presupuestación exige calcular los costes de los materiales consumidos y de la mano de obra, desglosados ambos en sus componentes técnica (consumo por unidad de producto) y económica (expresada en unidades monetarias por unidad de consumo).

A continuación, es preciso presupuestar los costes generales de producción, contemplando todos los conceptos que los integran. A efectos de facilitar el control posterior de resultados, es recomendable diferenciar sus componentes fijas y variables. Con ello, se persigue formular una función de costes generales dependiente del volumen de producción. Puesto que la producción real no coincidirá, en general, con el volumen presupuestado, la mecánica descrita permitirá, *a posteriori,* calcular los costes generales presupuestados para la producción real, pudiéndose así comparar con los costes generales de producción reales. Los costes fijos presupuestados no se modificarán, pero los variables se ajustarán al nivel de actividad real, lo que facilitará, posteriormente, desglosar las desviaciones según se deban a una variación de actividad o a causas relacionadas con la gestión. Esta metodología se denomina de *presupuesto flexible*.

Análogamente al presupuesto de ventas, para evaluar en su momento la calidad de la gestión de cada responsable, es preciso distinguir entre conceptos controlables y no controlables. Entre estos últimos se encuentran, por ejemplo, costes generales que se reparten entre las distintas secciones de producción y de servicio en que se organice la actividad productiva de la empresa. En congruencia con lo anterior, los informes de resultados que se emitan en la fase de control deben contemplar y diferenciar ambas categorías de costes.

A continuación, se preparará el presupuesto de existencias de materiales que incorporará los objetivos que se marquen en este área en cuanto a nivel de stocks y rotaciones. Del anterior y del presupuesto de producción, en cuanto que éste fija las necesidades de consumos de materiales, se calculará el presupuesto de compras por tipo de material. Al multiplicar las unidades a comprar por el precio de compra respectivo, se obtendrá el presupuesto económico de compras.

El presupuesto de operaciones se culminará con la presupuestación de los gastos generales de la empresa. Aunque éstos pueden incorporar componentes variables, dependientes de la actividad, en general se estiman en base a decisiones discrecionales de la Dirección, una vez consideradas las propuestas de los distintos responsables. Este tipo de presupuestos se establece, entre otros objetivos, para autorizar un determinado importe de gastos.

Una vez obtenidos los presupuestos parciales anteriores se consolidan para generar el resultado económico presupuestado para el ejercicio y desglosado en los períodos intermedios que se hayan contemplado en el proceso de presupuestación. Este resultado no incluye los gastos financieros, pues para estimarlos es preciso, previamente, presupuestar las necesidades de financiación y su coste.

En resumen, el presupuesto de operaciones se utiliza, básicamente, para:

• Autorizar la aplicación de fondos por conceptos y áreas de responsabilidad.

• Coordinar entre sí las actividades programadas de las distintas áreas y funciones de la empresa (por ejemplo, ventas con producción o ésta con compras).

• Comprobar la razonabilidad de los presupuestos por funciones y áreas, para alcanzar los objetivos generales de la empresa. Por ejemplo, aunque los gastos de los presupuestos por áreas hayan sido aprobados, al consolidarlos y obtener el beneficio presupuestado puede ser preciso revisarlos para ajustarlos al presupuesto de ventas.

• Asignar responsabilidades concretas por cada partida presupuestada. De este modo, se comunicará a cada responsable su contribución al presupuesto y, en la fase de control, se le imputarán las desviaciones correspondientes.

21.5.4. El presupuesto de inversiones

Este presupuesto contempla todas las inversiones en activos fijos que se programa desarrollar durante el período presupuestado. En él se incluyen tanto los proyectos que se encuentran en curso, procedentes de ejercicios anteriores, como aquellos otros que se vayan a iniciar en el período al que se refiere el presupuesto, aunque no se vayan a finalizar en el mismo.

En general, los proyectos de inversión se desglosan en dos categorías, según el importe que impliquen. Los de mayor cuantía se denominan, habitualmente, proyectos principales y se presupuestan en términos individualizados, lo que facilita su control posterior.

Los proyectos menores, de importe reducido, se pueden presentar, por el contrario, de forma agregada.

21.5.5. El presupuesto financiero

Este presupuesto cuantifica las necesidades financieras que se derivan de las actividades e inversiones incluidas en el presupuesto económico. Su objetivo consiste en anticipar las necesidades de financiación o los excedentes de tesorería. En el primer caso, para contrastar la viabilidad de obtenerlas y poder negociarlas con antelación suficiente. En el segundo, para planificar su colocación al objeto de rentabilizarlos. En ambos casos, se revisará el presupuesto económico para adaptarlo a las limitaciones o capacidades que se identifiquen del análisis del presupuesto financiero.

Además, este presupuesto estimará también el importe de ingresos y cargas financieros, con el fin de ultimar el cálculo del presupuesto de resultados. Para ello, habrá que planificar la utilización de fuentes de financiación ajena onerosa y estimar el coste efectivo de cada una de ellas. Lógicamente, se considerarán tanto las fuentes ya contratadas como las de contratación prevista.

Formalmente, el presupuesto financiero se compondrá de:

• Presupuesto de tesorería, por meses, con detalle de ingresos y pagos derivados de las operaciones, inversiones, impuestos, dividendos, amortización de deudas y acciones de financiación para equilibrar el presupuesto.

• Balances de situación mensuales con detalle de la estructura del activo y pasivo.

• Cuentas de resultados incorporando los gastos financieros.

21.5.6. Calendario de elaboración del presupuesto

La preparación del presupuesto tiene lugar, en general, de acuerdo con la siguiente secuencia:

• Distribución de los objetivos generales para el ejercicio próximo: si éste se inicia el 1 de enero, cuatro meses antes, por ejemplo, la Dirección General remitirá a los distintos responsables operacionales el contenido de los objetivos, en términos globales de crecimiento, rentabilidad, inversiones, etcétera, que se contemplan para el próximo ejercicio. Con ello se pretende orientar la elaboración de los presupuestos por áreas de modo que el presupuesto final que se obtenga, en su primera propuesta, se acerque a lo que pretende la Dirección. Razonablemente, el paquete de objetivos que se fije debe ser congruente con el plan estratégico de la empresa.

• Preparación y envío del manual de presupuestación: el Departamento de Control presupuestario, o quien desempeñe esta función, elaborará la mecánica y criterios a aplicar en la elaboración de los distintos presupuestos, con detalle de los impresos a cumplimentar. Distribuirá un juego de esta documentación a cada responsable, adjuntando también un cuadro con los valores estimados para las variables del entorno que haya que considerar en los presupuestos (tasa de inflación prevista, cotización de divisas, etc.), así como información sobre los datos históricos de cada área.

• Preparación de los presupuestos económicos: en esta fase se elaborarán, por áreas de responsabilidad, los presupuestos de ventas, producción, compras, inversiones, etc., en los términos descritos en epígrafes anteriores. Es importante que los presupuestos que se preparen incorporen objetivos realistas, que se puedan alcanzar, pero que, simultáneamente, exijan un esfuerzo significativo. En cualquier caso, es preciso huir de efectuar meras extrapolaciones del pasado.

• Consolidación de los presupuestos económicos: aunque durante todo el ciclo presupuestario el Departamento de Control presupuestario deberá apoyar a las áreas operacionales en la formulación de sus presupuestos (aportando datos históricos, asesorando en la aplicación de criterios y coordinando a las distintas áreas entre sí), en una fecha determinada, por ejemplo, dos meses antes de que comience el ejercicio a presupuestar, reclamará todos los presupuestos para, una vez consolidados, preparar un borrador del presupuesto anual. En este proceso de consolidación se depurarán las posibles deficiencias e inconsistencias que se identifiquen. Finalmente, se confeccionará el presupuesto financiero de la empresa.

• Revisión por la Dirección: la Dirección revisará el contenido de la propuesta de presupuesto al objeto de contrastar su congruencia con los objetivos generales formulados en la fase inicial. De este análisis se derivarán, probablemente, correcciones a introducir en los presupuestos de detalle. Transmitidos a los responsables de área respectivos, se iniciará un proceso negociador, tendente a acercar los objetivos de la Dirección con los presupuestos de las áreas. Es importante eludir, en la medida de lo posible, imposiciones de la Dirección, al objeto de evitar que el presupuesto pierda su carácter de compromiso asumido por el conjunto de la organización.

• Edición del presupuesto: superada la fase anterior, se incorporarán las correcciones que proceda, editándose y distribuyendo el presupuesto definitivo que regirá el comportamiento de la empresa en el próximo ejercicio.

21.5.7. VENTAJAS DE LA GESTIÓN PRESUPUESTARIA

El control presupuestario, entendido como un instrumento de gestión que mejora la planificación, contribuye a la coordinación entre áreas operacionales y permite un control de resultados orientado a la mejora de resultados, presenta las siguientes ventajas:

1. Como instrumento de planificación exige establecer y evaluar políticas de gestión básicas que orienten, en la fase de ejecución, el comportamiento de la organización para alcanzar los objetivos generales de la empresa. En este sentido, el control presupuestario se apoya en la participación de los distintos niveles de responsabilidad en el establecimiento de objetivos y planes. Permite, además, elaborar planes de emergencia que anticipen soluciones a posibles escenarios alternativos. La preparación del presupuesto ayuda a identificar problemas potenciales y exige explorar soluciones para resolverlos.

2. La gestión presupuestaria ayuda a coordinar las operaciones de las distintas áreas de la empresa, pues en el proceso de preparación del presupuesto se armonizarán los distintos planes. Su elaboración y ejecución precisa de una estructura organizativa definida donde se expliciten los niveles de responsabilidad, dependencias y autorizaciones. Es también un instrumento de comunicación de los planes de la Dirección y de formación de la organización en una gestión más técnica.

3. Finalmente, como instrumento de control, la gestión presupuestaria proporciona unos estándares de referencia para comparar los resultados reales, permite calcular, con el nivel de detalle necesario, las desviaciones entre ambos y facilita el análisis de las causas que han inducido dichas desviaciones. Pero, lo que es más importante, el control presupuestario, exige tomar acciones correctoras para superar las desviaciones negativas que se hayan producido.

Probablemente, sin embargo, la mayor ventaja de un sistema eficaz de control presupuestario consista en su capacidad para desarrollar un estilo de gestión participativo, capaz de aprovechar y aunar las capacidades del conjunto de la organización.

La operación eficaz de un sistema de control presupuestario precisa, como requisitos, que se cumplan las siguientes condiciones:

- Compromiso de la Dirección con el sistema, lo que comporta su intervención efectiva en la fase de elaboración del presupuesto y la revisión de resultados.
- Adaptación organizativa para considerar el centro de responsabilidad como unidad de control.
- Sistema de información contable que recoja puntualmente las transacciones por áreas de responsabilidad y comunique los resultados mediante informes de gestión fiables, oportunos y con el detalle adecuado para cada nivel jerárquico.
- Presupuestos elaborados con criterios exigentes pero que sean factibles y en cuya definición interviene el responsable respectivo.
- Aplicación flexible del presupuesto para aislar las desviaciones originadas por mayor o menor actividad.
- Utilización del principio de control por excepción, según se describe más adelante.
- Seguimiento riguroso de las acciones correctoras que se adopten.

21.6. ANALISIS DE DESVIACIONES

Los varios tipos de control formal que se han descrito en este capítulo se apoyan en la obtención de desviaciones, calculadas como diferencia entre el resultado obtenido y su valor objetivo. Una desviación puede expresarse en importe absoluto o, lo que resulta más significativo en ocasiones, como porcentaje sobre el valor planeado.

Aunque el sistema de control debe calcular la desviación correspondiente a cada uno de los objetivos cuantitativos, el sistema debe destacar aquellas de mayor importancia, al objeto de aplicar el concepto de *control por excepción*. Este principio señala que las desviaciones de mayor entidad deben centrar la atención preferente en cuanto al análisis de sus causas y la adopción de medidas de ajuste.

Los criterios que permiten valorar la importancia de una desviación son los siguientes:

— Materialidad: mide la entidad de una desviación en términos absolutos. Así, una desviación de cinco millones de ptas. en una partida de coste será más crítica, en principio, que otra de sólo un millón.

— Recurrencia: aquellas desviaciones que se repiten de forma sistemática parecen, en principio, más importantes que aquellas otras que se producen esporádicamente. Por un lado, su importe acumulado puede llegar a ser material. Por otro, probablemente sean indicio de un problema sostenido pendiente de resolución.

— Naturaleza: las desviaciones que se produzcan en variables clave de control serán siempre más importantes, en igualdad de condiciones, que las que surjan en conceptos secundarios.

— Evolución: la evolución que presente una desviación es un elemento relevante para juzgar su importancia. Así, una desviación reducida que tienda a crecer puede ser más crítica que otra de mayor importe que tienda a compensarse en el futuro.

Además, para que sea eficaz la información proporcionada por el cálculo de desviaciones, debe ser capaz de asociar cada desviación a un responsable. De este modo, se facilitará el conocimiento respecto a quién puede explicar su origen y adoptar las medidas correctoras que procedan. Igualmente, es preciso distinguir aquellas desviaciones que obedecen a conceptos controlables por el responsable respectivo de aquellas otras que se explican por el comportamiento de variables del entorno. Por ejemplo, una desviación desfavorable en el coste medio de la financiación ajena de la empresa puede obedecer a una gestión deficiente del área financiera de la empresa o a una evolución adversa de los tipos de interés del mercado. Sólo aislando las causas controlables de las que no lo son se sentarán bases sólidas para corregir las situaciones no deseadas.

En el capítulo 7 se describieron las principales desviaciones presupuestarias del área de producción. En el área comercial, también dentro del ámbito del control presupuestario, se pueden calcular las siguientes desviaciones:

— Desviación por precio: calcula el efecto sobre el beneficio debido a haber aplicado precios de venta distintos a los previstos.

— Desviación por cantidad: mide la repercusión sobre el beneficio originada por haberse vendido un número de unidades diferente al presupuestado.

— Desviación por composición: en este caso el importe de la desviación responde a haberse obtenido una mezcla de ventas no coincidente con el plan. Lógicamente, si se vende más o menos proporción de los productos de mayor margen, el resultado que se obtenga variará por esta causa.

— Desviación por tamaño de mercado: estima la repercusión sobre el beneficio de variaciones en la dimensión del mercado total en relación al previsto. Si, por ejemplo, el mercado crece más de lo estimado en el plan anual, las cantidades vendidas, y en consecuencia el beneficio, podrán superar los valores presupuestados.

— Desviación por cuota de mercado: la información que suministra esta desviación se refiere a la incidencia sobre el beneficio de variaciones en la cuota de mercado en relación al objetivo fijado.

Además, dentro del ámbito comercial, es útil calcular las desviaciones correspondientes a cada uno de los conceptos de gastos de ventas que sean significativos. Para ello, se deben diferenciar los gastos que sean fijos de aquellos otros que sigan un comportamiento variable. Para estos últimos, a efectos de control, deberán compararse los gastos reales con los presupuestados al nivel de actividad real, en los términos que establece la técnica del presupuesto flexible.

La utilización del análisis de desviaciones es igualmente aplicable a magnitudes operativas (producción horaria o ventas por metro cuadrado, por ejemplo) y a las denominadas variables clave de control. El procedimiento es similar al descrito para los procesos de control presupuestario.

Finalmente, el análisis de desviaciones exige objetividad en cuanto a la interpretación del origen de cada una de ellas. Si bien son los responsables operativos los que han de facilitar estas causas y proponer las acciones correctoras, no cabe duda de que el área de control de la empresa debe servir de contraste y apoyo a las propuestas de los responsables de las unidades de gestión.

21.7. EL CONTROL INTEGRADO DE LA RENTABILIDAD

Un aspecto importante del control es que permita ofrecer información de resultados adecuada a cada nivel de responsabilidad. En este sentido, se presenta en la figura 21.3 una pirámide de ratios que puede ser aplicada a nivel de Alta Dirección para controlar el comportamiento económico-financiero de la empresa con un enfoque global e integrado.

La cúspide de la pirámide es el índice de crecimiento interno definido como la capacidad de financiación adicional de la empresa generada como consecuencia del beneficio retenido y para una estructura de financiación determinada. Este índice se calcula como producto de la rentabilidad financiera y del factor de retención del beneficio, según se explicó en el capítulo 14.

A su vez, la rentabilidad financiera, según se expuso en dicho capítulo, se expresa como función de cuatro variables fundamentales: rentabilidad económica, endeudamiento, coste de la deuda y tipo impositivo. De una forma similar y gradual se puede ir descomponiendo cada uno de los ratios y variables en sus respectivos componentes.

En particular, la rentabilidad económica, producto del margen y la rotación, se puede descomponer del modo que se indica en la figura 21.3, obteniéndose el desglose final que aparece en la última columna de la derecha. En esta columna de políticas aparecen, de forma general, las decisiones económico-financieras que adopta periódicamente cualquier empresa. Estas decisiones corresponden a áreas funcionales diferentes y todas ellas se agregan y complementan dando lugar a una determinada rentabilidad económica, que es uno de los factores de la rentabilidad financiera, la que a su vez interviene en el índice de crecimiento interno, variable de síntesis del conjunto de decisiones económicas de la empresa.

Esta pirámide de ratios constituye el esqueleto del cuadro de mando económico-financiero de la empresa. Para ello será preciso definir objetivos para cada una de las variables consideradas e ir recogiendo, periódicamente, los valores reales de cada una de ellas.

La utilización de este cuadro facilita además el análisis y diagnóstico de problemas, en la medida que permite identificar la causa de una determinada desviación.

El cuadro 21.4 recoge un formato simplificado para aplicar el control económico financiero al nivel global de la empresa. En él se incluyen una serie de ratios y variables económicas, jerarquizados, referentes a la rentabilidad, endeudamiento y rotación de activos. Para cada ratio se incluye el concepto que evalúa, su fórmula de cálculo y criterios de desarrollo para ayudar en la fase de explicación de desviaciones.

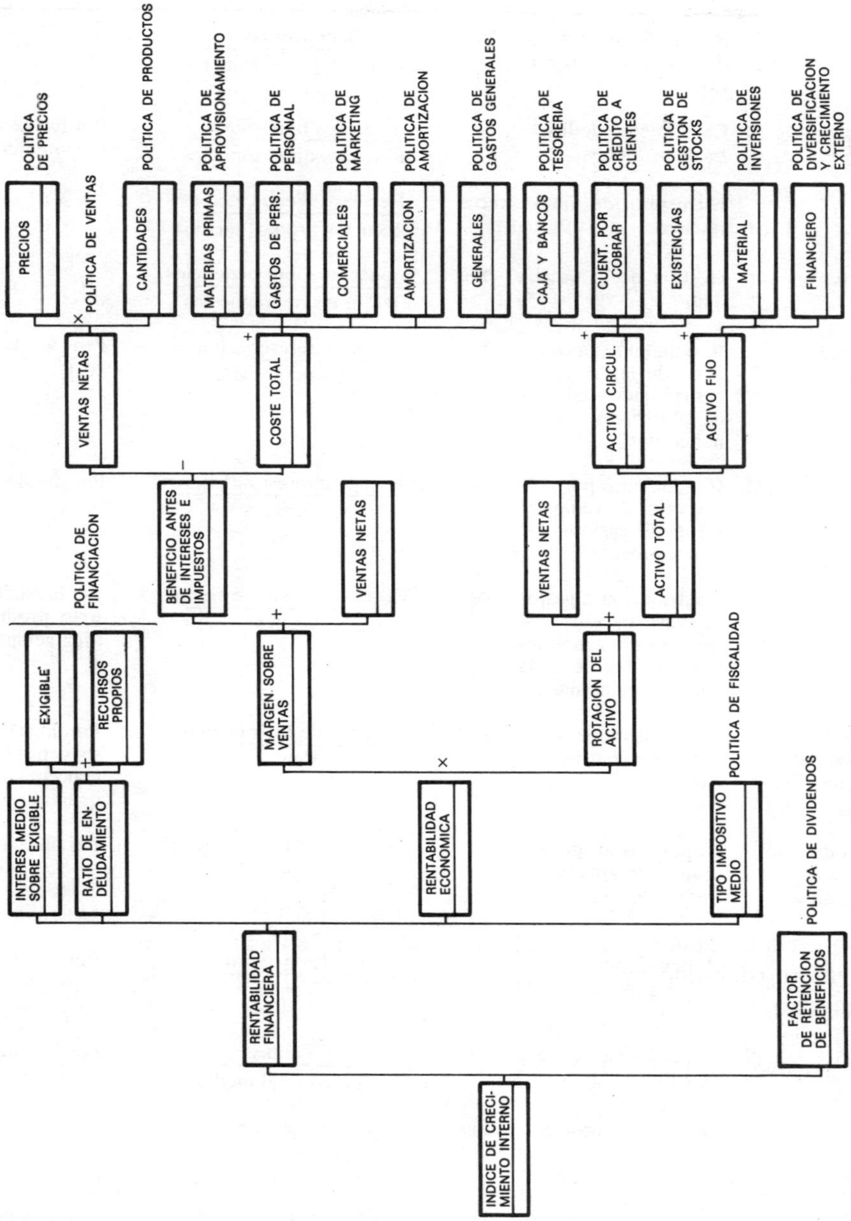

FIGURA 21.3. *Pirámide de ratios para el control económico financiero.*

CUADRO 21.4. *Análisis integrado de la rentabilidad.*

RATIO		Concepto que evalúa	Expresado en:	Fórmula	Desarrollo del ratio
1. Rentabilidad financiera	RF	Rentabilidad obtenida por los propietarios.	%	$\frac{\text{Beneficio neto}}{\text{Recursos propios medios}}$	
2. Tipo de interés medio	i	Coste medio de los recursos ajenos.	%	$\frac{\text{Gastos financieros}}{\text{Recursos ajenos medios}}$	Por fuente de financiación ajena.
2. Endeudamiento	e	Estructura de financiación.	veces	$\frac{\text{Recursos ajenos medios}}{\text{Recursos propios medios}}$	
2. Tipo impositivo	z	Gestión de la fiscalidad.	%	$\frac{\text{Impuestos sobre beneficios}}{\text{B.º antes de impuestos}}$	
2. Rentabilidad económica	RE	Rendimiento económico de las inversiones con independencia de la estructura de financiación.	%	$\frac{\text{B.º antes intereses e imptos.}}{\text{Activo total medio}}$	Por áreas de negocio.
3. Margen	M	Rendimiento por 100 ptas. de venta sin medir gastos financieros.	%	$\frac{\text{B.º antes intereses e imptos.}}{\text{Ventas}}$	Por división.
4. Margen bruto		Contribución a gastos de distribución, comerciales, generales y resultados de cada 100 ptas. vendidas.	%	$\frac{\text{Ventas} - \text{Coste de ventas}}{\text{Ventas}}$	Por línea de producto o producto, por área geográfica.
4. Tasa de gastos de distribución		Repercusión de los gastos de distribución.	%	$\frac{\text{Gastos de distribución}}{\text{Ventas}}$	Por línea de producto o producto, por concepto, por área geográfica.
4. Tasa de gastos comerciales		Repercusión de los gastos comerciales.	%	$\frac{\text{Gastos comerciales}}{\text{Ventas}}$	Por línea de producto o producto, por concepto, por área geográfica.
4. Tasa de gastos generales		Repercusión de los gastos generales.	%	$\frac{\text{Gastos generales}}{\text{Ventas}}$	Por concepto.
3. Rotación	R	Veces que se «vende» el activo total.	veces	$\frac{\text{Ventas}}{\text{Activo total medio}}$	Por división.
4. Días de venta en tesorería		Gestión de tesorería.	días	$\frac{\text{Ctas. financieras} \times 30}{\text{Ventas del mes}}$	
4. Período medio de cobro		Eficacia de la función de crédito y cobro.	días	$\frac{\text{Ctas. a cobrar} \times 90}{\text{Ventas a crédito trimestre}}$	Por producto, por área geográfica, por cliente.

CUADRO 21.4. (Continuación.)

RATIO	Concepto que evalúa	Expresado en:	Fórmula	Desarrollo del ratio
4. Rotación de stocks	Eficacia de la gestión de stocks.	veces	$\frac{\text{Coste de ventas}}{\text{Existencias medias}}$	Por producto.
4. Rotación del inmovilizado material	Grado de utilización de las instalaciones y maquinaria.	veces	$\frac{\text{Valor de la producción}}{\text{Inmovilizado mat. neto}}$	Por línea de producción.

21.8. CONTROL Y COMPORTAMIENTO DE LA ORGANIZACION

Si bien es frecuente que se inviertan grandes recursos en diseñar, implantar y actualizar el sistema de control, se presta, en general, poca atención a formar a los directivos para que lo utilicen eficazmente. Esta insuficiencia puede generar graves problemas de funcionamiento, pues no son los sistemas los que controlan las organizaciones, sino las personas que los aplican. Sólo en la medida en que la organización utilice adecuadamente la información, el sistema de control será eficaz; en caso contrario se pueden derivar incluso efectos perjudiciales, al producir, frecuentemente, tensiones en la organización que generan perturbaciones en la marcha de la empresa. En este sentido cabe destacar:

1. Puesto que los sistemas de control comportan la valoración de los responsables de las actividades controladas y exigen establecer objetivos, en base a los cuales evaluar a las personas, es habitual que se generen conflictos si dichos objetivos no son aceptados por los responsables de alcanzarlos o si se les responsabiliza de conceptos que no pueden controlar.
2. En la medida en que los sistemas de control se hallan documentados, son susceptibles de utilizarse como instrumentos, aparentemente objetivos, para juzgar la actuación de las personas. En este sentido, el sistema de control no será tanto un instrumento para mejorar la gestión, como un medio para justificar «premios o castigos».
3. Los sistemas de control constituyen elementos de presión que pueden generar, como todo instrumento de esta naturaleza, reacciones desfavorables.
4. Si los sistemas de control llegan al extremo de fomentar que cada responsable se aísle en su departamento o área de responsabilidad, operando por separado, se perderá el beneficio de unas relaciones interdepartamentales coordinadas. Probablemente en una organización que funcione así, surgirán conflictos entre departamentos cuando se obtengan desviaciones desfavorables: cada responsable tratará de buscar el culpable en otros departamentos.
5. Uno de los problemas más frecuentes que surgen en la implantación y funcionamiento de un sistema de control se basa en el conflicto entre los departamentos operativos y los responsables del sistema de control. En efecto, si la misión de éstos consiste en revisar propuestas de presupuestos, investigar desviaciones, vigilar que se cumplen los procedimientos contables establecidos y mantener informada a la Alta Dirección, la evaluación de los responsables del sistema de control se basa en su capacidad para detectar fallos en el funcionamiento de los departamentos operativos. Por ello, con fre-

cuencia, se contempla al *controler* como un adversario, más interesado en criticar los resultados y señalar e informar de las desviaciones que en respaldar a los departamentos operativos.

Una posibilidad para resolver este conflicto consiste en hacer que los miembros del Departamento de Control colaboren estrechamente con el resto de los departamentos. Por ejemplo, a la hora de preparar los presupuestos, el departamento de contabilidad puede prestar una ayuda inestimable a los departamentos técnicos, de modo que los presupuestos que presenten éstos sean coherentes y sin errores de método.

6. Para que un sistema de control cumpla su cometido de ser un instrumento de gestión, es preciso que consiga la congruencia de los diversos objetivos, que conviven en el seno de la organización, y que incentive a los responsables de alcanzarlos.

La congruencia de objetivos se consigue cuando las decisiones que se adoptan en las diversas partes de la organización, siempre influidas por intereses personales, colaboran, aunadamente, a la consecución de los objetivos generales de la empresa. Para ello, es preciso que estos objetivos hayan sido explicitados con claridad por la dirección general y transmitidos a los diversos niveles de la organización que deban conocerlos, para tomar decisiones. Sin esta información no será factible que los responsables de las diversas unidades de la empresa colaboren eficazmente en la consecución de los objetivos generales y se limitarán, probablemente, a tratar de conseguir sus objetivos parciales.

Además, es preciso que se incentive a la organización para lograr los objetivos establecidos. Es este un problema de comportamiento, en la medida en que no basta con formular y comunicar los objetivos, sino que, además, hay que motivar a los responsables de las divisiones para que traten de cumplirlos.

Por todo ello, es importante que se evalúe la repercusión de los sistemas de control sobre el comportamiento de las personas. A continuación se comentan dos de las estrategias de control posibles, la de control externo y la de motivación, que exigen, por su diferente naturaleza, un comportamiento diferenciado por parte de la Dirección.

El *control externo* se basa en la hipótesis de que las personas están motivadas por recompensas externas debiendo, pues, ser controladas por sus superiores. Para ello se fijarán unos objetivos que obliguen a las personas a esforzarse; se seleccionarán unos criterios de evaluación que impidan la manipulación de los resultados y se incentivará en base a éstos. Así, por ejemplo, al responsable de un centro de inversión se le podría evaluar por la rentabilidad económica que obtenga.

Los inconvenientes de este procedimiento de control pueden concretarse en los siguientes:

- Los controlados tenderán a centrarse prioritariamente en las áreas que se controlan puesto que es en base a éstas como se les evalúa. Esto, además de fomentar que se abandonen otras áreas importantes, puede inducir incluso a tratar de manipular las cifras o a fijar objetivos fáciles de alcanzar.
- Se pueden producir efectos nocivos a largo plazo por no prestar atención sobre otras áreas no controladas. Por ejemplo, si se evalúa a una división por su rentabilidad económica únicamente, su responsable puede tender a reducir gastos, en capítulos que operan sólo a largo plazo (mantenimiento, calidad o investigación y desarrollo), mejorando el beneficio a corto, pero comprometiendo el futuro de la división.
- El sistema puede perturbar el flujo de información, bien alterando datos o no transmitiendo información que ponga en duda los resultados controlados. Por ejemplo, el director de una fábrica puede alterar los

datos de producción de un período de alta productividad, para protegerse de eventuales reducciones de producción en períodos futuros.

• En la cuantificación de objetivos y en la elaboración de presupuestos, el responsable de una división puede adoptar una actitud conservadora para no asumir riesgos que incidan negativamente sobre sus resultados.

La segunda estrategia, la de *motivación*, persigue, por el contrario, involucrar a los subordinados en la consecución de los objetivos generales de la empresa de modo que contribuyan más eficazmente al mejor trabajo conjunto de la organización. Bajo esta hipótesis, la aplicación del control se basa en criterios diferentes a los expuestos anteriormente y que pueden sintetizarse en los siguientes:

• Los objetivos se fijan contando con la participación de los responsables de alcanzarlos.

• Los resultados se utilizan como elementos de análisis e identificación de problemas más que como medio de recompensa o castigo. Cuando se observa una desviación significativa se trata de identificar el problema y la forma de resolverlo.

• El sistema de recompensa contempla el trabajo de conjunto realizado por cada persona y no se basa sólo en unos indicadores limitados. Esto propicia que se contemple también el futuro no limitándose simplemente a valorar el comportamiento pasado, el cual ya no es posible modificar.

Esta estrategia de control tiene algunos efectos favorables, como, por ejemplo:

• Fomentar la colaboración del personal en la consecución de los objetivos generales de la empresa en la medida en que han participado en su formulación. De este modo, probablemente, se consiga aunar esfuerzos en una dirección común, evitando que surjan conflictos entre intereses excesivamente locales y específicos.

• Propicia suministrar información correcta en cuanto que posibilita detectar problemas anticipadamente, que es precisamente lo que se estimula.

Como puntos débiles pueden señalarse los siguientes:

• Los objetivos pueden fijarse a un nivel inferior a lo que se debieron.

• Se controla menos al subordinado en la medida en que el sistema presiona menos.

• Es más difícil disponer de criterios «objetivos» para valorar el rendimiento.

• Puede generar el rechazo en algunos colectivos que no deseen la participación en las tareas de gestión.

BIBLIOGRAFIA

Parte VIII

CONTROL FINANCIERO

LIBROS

ANTHONY: *Management control function,* Harvard, 1988.

ANTHONY, DEARDEN y BEDFORD: *Management Control Systems,* Richard Irwin, 1989.

ASOCIACIÓN ESPAÑOLA DE PLANIFICACIÓN: *Experiencias españolas de planificación*, 1985.

BLANCO ILLESCAS, F.: *El control guía de la gestión empresarial,* Manuales IMPI, 1985.

BOER, G.: *Direct cost and contribution accounting,* John Wiley & Sons, 1974.

BOYCE, R., y CHRISTIE, N.: *Integrated managerial Controls,* Longman, 1984.

DAVIDSON, S., y WEIL, R.: *Handbook and Modern Accounting,* McGraw-Hill, 1977.

DEARDEN, J.: *Management Accounting,* Prentice-Hall, 1988.

DICKINSON, G., y LEWIS, J.: *Planificación, inversión y control financiero,* Ediciones Deusto, 1984.

HORNGREN, C. T.: *Introduction to management accounting,* Prentice-Hall, 1978.

PÉREZ-CARBALLO, Juan: *Control de la Gestión Empresarial,* ESIC Editorial, Madrid, 1990.

SHILLINGLAW, C.: *Managerial cost accounting,* Richard Irwin, 1977.

SOLOMONS, D.: *Divisional Performance: measurement and Control,* Richard Irwin, 1965.

WELSCH, G.: *Presupuestos: planificación y control de utilidades,* Prentice-Hall, In., 1979.

ARTÍCULOS

ARGYRIS CHRIS: «Los presupuestos y los problemas humanos que ocasiones», traducido de la *Harvard Business Review* por Ediciones Deusto.

CAMMANN, C., y NADLER, D.: «Fit control Systems to your managerial Style», *Harvard Business Review,* enero-febrero 1976.

DEARDEN, J.: «Una crítica al sistema ROI de control», traducido de la *Harvard Business Review* por Ediciones Deusto.

PÉREZ-CARBALLO, Juan: «La función directiva del control», *ESIC-Market,* 1991.

ROCKART, J.: «Un nuevo sistema de información de gestión: los factores críticos para el éxito», *Harvard-Deusto,* 2.º trimestre, 1981.

VANCIL, R. F.: «¿Qué tipo de control de gestión necesitamos?», traducido de la *Harvard Business Review* por Ediciones Deusto.

GLOSARIO DE TERMINOS CONTABLES Y FINANCIEROS

ACTIVO *(ASSET)*: Conjunto de bienes y derechos poseídos por la empresa en un determinado momento y expresados en unidades monetarias. Se clasifican en activo circulante y fijo, según que se conviertan o no en dinero antes del plazo de un año y en el transcurso de la actividad propia de la empresa. Las principales cuentas del activo son:

— Activo circulante *(Current assets)*.
— Caja y Bancos *(Cash)*.
— Cartera de valores *(Marketable securities)*.
— Deudores *(Accounts receivable)*.
— Clientes *(Trade accounts receivable)*.
— Almacenes *(Inventories)*.
— Materiales *(Raw materials)*.
— En curso *(In process)*.
— Productos terminados *(Finished goods)*.
— Pagos anticipados *(Prepaid expenses)*.
— Activo fijo *(Fixed assets)*.
— Amortización acumulada *(Accumulated depreciation)*.
— Inmovilizado financiero *(Investments)*.
— Inmovilizado intangible *(Intagible assets)*.

ACTIVO CIRCULANTE *(CURRENT ASSETS)*: Activos que la empresa piensa convertir en liquidez en un plazo inferior a dieciocho meses, aunque con frecuencia se utiliza el plazo de doce meses.

ADQUISICION *(ACQUISITION)*: Compra de una empresa por otra de mayor dimensión.

AMORTIZACION *(DEPRECIATION)*: Expresión contable del proceso de depreciación económica, mediante el cual se repercute el coste de un activo sobre el beneficio de los ejercicios a lo largo de los cuales se extiende la vida útil de dicho activo. Es sólo una anotación contable y no implica ninguna salida de fondos. Existen diversos métodos de amortización.

AMORTIZACION ACELERADA *(ACCELERATED DEPRECIATION)*: Cualquier método de amortización que genera cuotas mayores en los primeros años de vida de un activo, tales como suma de dígitos o saldos decreciente.

ANALISIS DE SENSIBILIDAD *(SENSITIVITY ANALYSIS)*: Estimación de la variabilidad de un resultado a cambios en las variables que lo determinan.

ANUALIDAD *(ANNUITY)*: Conjunto de pagos o ingresos idénticos efectuados durante un número determinado de años.

APALANCAMIENTO FINANCIERO *(FINANCIAL LEVERAGE)*: Impacto sobre la rentabilidad financiera por la introducción de deuda en la estructura financiera de la empresa. Se dice que el apalancamiento es positivo si la rentabilidad financiera se incrementa al aumentar la proporción de la deuda; en caso contrario, el apalancamiento es negativo.

APALANCAMIENTO OPERATIVO *(OPERATING LEVERAGE)*: Existencia de costes fijos en la estructura de costes de la empresa. Cuanto mayor sea la proporción de costes fijos, mayor será la variación que experimentará el beneficio a cambios de las ventas.

ARBITRAJE *(ARBITRAGE):* Mecanismo que anula las diferencias existentes entre los precios de un mismo bien o valor.

BALANCE *(BALANCE SHEET):* Estado financiero que sintetiza, en términos monetarios, el patrimonio empresarial, en un determinado momento, desglosándolo en bienes y derechos poseídos por la empresa (ACTIVO) y obligaciones y deudas contraídas con terceros y con los propietarios (PASIVO). Un balance consolidado recoge la situación financiera de la empresa y sus filiales de forma conjunta.

BANCARROTA *(BANKRUPTCY):* Situación que se origina cuando las deudas contraídas por la empresa superan a su activo real.

CAPACIDAD DE ENDEUDAMIENTO *(DEBT CAPACITY):* Cantidad máxima de deuda que puede mantener una empresa en un momento determinado. También, posibilidad de acudir a un mayor endeudamiento.

CAPITAL CIRCULANTE *(WORKING CAPITAL):* Diferencia entre el activo y pasivo circulantes. También se le denomina fondo de maniobra o capital de trabajo.

CAPITAL SOCIAL *(CAPITAL STOCK):* Aportaciones de los propietarios de la empresa materializadas en acciones que confieren derecho de propiedad en parte alícuota sobre la misma. En caso de liquidación de la empresa, ésta ha de satisfacer primero a sus deudores y luego a sus accionistas, si es posible. Estos corren, pues, mayor riesgo, pero también disfrutan, en general, de mayor rentabilidad (dividendos más plusvalías de capital).

CASH-FLOW *(CASH-FLOW):* En un período, es la suma del beneficio y la amortización. Si no cambian otras cuentas, el cash-flow coincide con la caja generada en el período por la compañía por medio de sus operaciones habituales. También se denomina cash-flow al flujo de fondos generados por una inversión.

CENTRO DE COSTES *(COST CENTER):* Area de la empresa con responsabilidad sobre los costes.

CERTIFICADO DE DEPOSITO: Documento emitido por un banco que reconoce un depósito a un plazo determinado y que es endosable, es decir, negociable en un mercado secundario.

COEFICIENTE DE CORRELACION *(CORRELATION COEFFICIENT):* Medida del grado de relación entre dos o más variables.

COSTE DE CAPITAL *(COST OF CAPITAL):* Coste medio de la financiación de la empresa o tasa mínima de rentabilidad necesaria para justificar el uso de fondos.

COSTE DE LAS VENTAS *(COST OF GOODS SOLD):* Coste para la empresa de los productos o servicios vendidos en un período. Suele figurar en la cuenta de resultados minorando las ventas para originar el beneficio bruto o margen bruto de explotación. También se denomina con frecuencia «coste de los bienes vendidos».

COSTE FIJO *(FIXED COST):* Coste que no varía con el nivel de actividad.

COSTE MARGINAL *(MARGINAL COST):* Coste de una unidad adicional. El coste marginal del capital es en el que se incurre por obtener una unidad monetaria adicional.

COSTE DE OPORTUNIDAD *(OPPORTUNITY COST):* Rentabilidad de la mejor alternativa de inversión disponible.

COSTE VARIABLE *(VARIABLE COST):* Coste que varía con el volumen de actividad.

COSTES HUNDIDOS *(SUNK COSTS):* Costes en que se ha incurrido y que no pueden recuperarse.

CUENTA DE PERDIDAS Y GANANCIAS *(INCOME STATEMENT):* Documento que resume los resultados financieros de una empresa durante un período.

- Ventas netas *(Net sales)*.
- Costes de las mercancías vendidas *(Cost of goods sold)*.
- Beneficio bruto *(Gross profit)*.
- Gastos de explotación *(Operating expenses)*.
- Beneficio ordinario *(Operating profit)*.
- Ingresos y gastos ordinarios *(Other revenue and expenses)*.
- Beneficio antes de impuestos *(Income before taxes)*.
- Previsión de impuestos *(Provision for income tax)*.
- Beneficio neto *(Net income)*.

CUENTAS A PAGAR *(ACCOUNTS PAYABLE):* Importes adeudados a los proveedores.

CUOTA DE RIESGO *(RISK PREMIUM):* Rentabilidad adicional exigida a un proyecto por el mayor riesgo que comporta frente a otras alternativas más seguras.

DERECHOS DE SUSCRIPCION *(RIGHTS):* Privilegio que se ofrece a los accionistas para que adquieran con prioridad las nuevas acciones que emita la empresa.

DISTRIBUCION NORMAL *(NORMAL DISTRIBUTION):* Cualquier distribución de probabilidad simétrica que pueda ser definida por su media y su desviación típica.

DIVERSIFICACION *(DIVERSIFICATION)*: Inversión en más de un proyecto a la vez. Iniciación de nuevas actividades distintas de las ya existentes.

DIVIDENDO *(DIVIDEND)*: Parte de los beneficios que se distribuyen proporcionalmente entre los accionistas. El dividendo de las acciones ordinarias depende, fundamentalmente, de los resultados del ejercicio, de la liquidez de la empresa y de la política al respecto adoptada por la dirección. El dividendo puede ser nulo si no ha habido beneficios o si sigue una política de fuerte autofinanciación. En ocasiones, se distribuyen dividendos a pesar de haberse producido pérdidas a cuenta de beneficios de años anteriores. El dividendo puede consistir en acciones en vez de dinero. Se habla entonces de dividendos en capital que puede ser de la propia empresa o de una filial.

ESTRUCTURA DE CAPITAL *(CAPITAL STRUCTURE)*: Composición de la financiación de la empresa según su origen y plazo.

ESTRUCTURA FINANCIERA *(FINANCIAL STRUCTURE)*: Distribución de la financiación total de la empresa entre las diversas fuentes de financiación.

EFECTOS A COBRAR *(NOTES RECEIVABLE)*: Derechos de cobro de la empresa documentados con instrumentos formales de pago (letra de cambio, etc.). Cuando no existen éstos, se habla de cuentas de clientes o deudores.

EFECTOS A PAGAR *(NOTES PAYABLE)*: Deudas contraídas por la empresa en el curso de su actividad específica.

ESTADO FINANCIERO *(FINANCIAL STATEMENT)*: Cualquier documento que sintetice la situación o los resultados financieros de una empresa en un momento determinado o durante un período.

ESTADOS FINANCIEROS CONSOLIDADOS *(CONSOLIDATED FINANCIAL STATEMENTS)*: Integración de los estados financieros de la sociedad matriz y de sus filiales en unos informes financieros únicos, como si se tratase de una unidad empresarial única.

FACTORING *(FACTORING)*: Acuerdo mediante el cual una entidad financiera adquiere cuentas a cobrar de una empresa y se encarga de su cobro.

FACTOR DE DESCUENTO *(DISCOUNT FACTOR)*: Valor actual de una peseta recibida en un período futuro.

FACTOR DE RETENCION *(RETENTION RATE)*: Cociente entre el beneficio retenido y el beneficio después de impuestos. Es complementario del *pay-out*.

FINANCIACION EXTERNA *(EXTERNAL FINANCE)*: Financiación que no es generada internamente por la empresa, sino captada en el mercado de capitales por ampliaciones de capital, emisión de obligaciones o negociación de nuevos préstamos.

FINANCIACION INTERNA *(INTERNAL FINANCE)*: Financiación generada por la empresa como consecuencia de sus operaciones. Se compone de la amortización y el beneficio retenido.

FONDO DE COMERCIO *(GOOD-WILL)*: Es el exceso de valor de la empresa sobre la suma algebraica de los elementos que integran su patrimonio. Sólo debe figurar en el activo del balance cuando se ha pagado por él.

FUSION *(MERGER)*: Unión de dos empresas que se integran en una sola.

GARANTIA *(COLLATERAL)*: Activos que se ofrecen en garantía por la concesión de un préstamo.

HOLDING *(HOLDING COMPANY)*: Empresa cuyos activos consisten en acciones de empresas filiales.

INTERES COMPUESTO *(COMPOUND INTEREST)*: El interés se aplica sobre el principal y los intereses acumulados de períodos anteriores, reinvirtiéndose, pues, los intereses intermedios. Se diferencia del interés simple en que este último se aplica sobre el principal.

INDICE COSTE-BENEFICIO *(BENEFIT-COST RATIO)*: Cociente entre la suma de los ingresos actualizados de una inversión y el desembolso inicial.

INTERES SIMPLE *(SIMPLE INTEREST)*: Interés calculado sólo sobre la inversión inicial.

LINEA DE CREDITO *(LINE OF CREDIT)*: Acuerdo con un banco mediante el cual una empresa puede tomar prestado dinero, en cualquier momento, hasta el máximo establecido por la línea de crédito.

LIQUIDEZ *(LIQUIDITY)*: Capacidad para disponer de recursos monetarios al objeto de hacer frente a los pagos necesarios para desarrollar la actividad propia de la empresa. Suele medirse mediante ratios que relacionan el activo circulante con el pasivo circulante.

LOTE ECONOMICO *(ECONOMIC ORDER QUANTITY)*: Cantidad que se compra de una mercancía y que minimiza el coste de las existencias.

MARGEN DE CONTRIBUCION *(CONTRIBUTION MARGIN)*: Diferencia entre los ingresos por ventas y los costes variables. Puede expresarse en términos absolutos, en relación a las ventas o por unidad de producto vendido.

METODO DE MONTE CARLO *(MONTE CARLO SIMULATION)*: Procedimiento para estimar la distribución de probabilidad de un proyecto en función de sus resultados previsibles.

MERCADO EFICIENTE *(EFFICIENT MARKET)*: Mercado en que los precios de los valores incorporan instantáneamente la información sobre la empresa.

OBLIGACION *(BOND)*: Documento que obliga a la empresa a pagar a su propietario una cierta suma de dinero en un determinado momento y a un interés fijo. Se dice que una obligación es convertible cuando puede cambiarse por acciones de la empresa en las condiciones que se estipulen en las cláusulas de emisión.

PASIVO *(LIABILITIES)*: Recoge todas las obligaciones y deudas contraídas por la empresa con sus propietarios y acreedores (bancos, obligacionistas, proveedores, estado, etc.). Se divide en exigible (pasivo circulante más pasivo fijo) y recursos propios (capital social más reservas). Las principales cuentas del pasivo son:

— Pasivo circulante *(Current liabilities)*.
— Acreedores *(Accounts payable)*.
— Efectos a pagar *(Notes payable)*.
— Impuestos a pagar *(Tax liabilities)*.
— Anticipos de clientes *(Deferred income)*.
— Exigible a largo plazo *(Long term liabilities)*.
— Recursos propios *(Owner's equity)*.
— Capital social *(Capital stock)*.
— Reservas por prima de emisión *(Paid-in surplus)*.
— Reservas generadas *(Retained earnings)*.

PASIVO CIRCULANTE *(CURRENT LIABILITIES)*: Deudas y obligaciones que la empresa tiene que satisfacer en un plazo inferior a dieciocho meses, aunque con bastante generalidad se emplea el plazo de doce meses.

PAY-OUT *(PAY-OUT)*: Cociente entre el dividendo y el beneficio después de impuestos.

PER *(PRICE EARNING RATIO)*: Relación existente en un momento determinado entre la cotización y el beneficio por acción.

PERIODO DE RECUPERACION *(PAYBACK PERIOD)*: Tiempo requerido para que los cash-flows generados por una inversión igualen al desembolso necesario para desarrollarla.

PUNTO MUERTO *(BREAK-EVEN POINT)*: Es aquel nivel de actividad (ventas) a partir del cual se generan beneficios. También se denomina umbral de beneficios.

PRESTAMO PUENTE *(BRIDGING LOAN)*: Préstamo a corto plazo que cubre temporalmente las necesidades de financiación de una inversión hasta que se dispone de recursos a mayor plazo.

PRESUPUESTO DE TESORERIA *(CASH BUDGET)*: Previsión de las entradas y salidas de fondos por períodos.

RENTABILIDAD CONTABLE *(ACCOUNTING RATE OF RETURN)*: Beneficio anual neto después de impuestos generado por una inversión, expresado como porcentaje de los fondos monetarios inmovilizados en la misma.

RENTABILIDAD POR DIVIDENDOS *(DIVIDEND YIELD)*: Cociente entre el dividendo por acción y su cotización.

RENTABILIDAD ESPERADA *(EXPECTED RETURN)*: Media de las rentabilidades posibles ponderadas por sus probabilidades respectivas.

RENTABILIDAD FINANCIERA *(RETURN ON EQUITY)*: Cociente entre el beneficio después de impuestos y el valor contable de los recursos propios.

RENTABILIDAD SOBRE LA INVERSION *(RETURN ON INVESTMENT, ROI)*: Cociente entre el beneficio antes de intereses e impuestos y el valor contable del activo.

RESERVAS *(SURPLUS)*: Diferencia entre el activo total y las deudas más el capital social. Pueden ser generados a partir de beneficios no distribuidos *(earned surplus)* o de otras fuentes *(capital surplus)*, tales como primas por emisión de acciones.

RIESGO ECONOMICO *(ECONOMIC RISK)*: Riesgo derivado de la naturaleza de las inversiones de la empresa. Consiste en la variabilidad esperada de la rentabilidad sobre la inversión.

RIESGO ESPECIFICO *(UNSYSTEMATIC RISK)*: Riesgo que puede reducirse por medio de la diversificación.

RIESGO FINANCIERO *(FINANCIAL RISK):* Riesgo derivado de la estructura de financiación de la empresa. Aumenta al hacerlo la proporción de deuda. Consiste en la variabilidad esperada de la rentabilidad financiera como consecuencia de la existencia de deuda.

RIESGO SISTEMATICO *(SYSTEMATIC RISK):* Riesgo que no puede ser eliminado por la diversificación. Constituye el riesgo del mercado.

ROTACION DEL ACTIVO *(ASSET TURNOVER RATIO):* Relación entre las ventas y el activo total.

SALDO DE COMPENSACION *(COMPENSATING BALANCE):* Saldos no retribuidos que mantiene una empresa en un banco como compensación por la concesión de un préstamo o la realización de un servicio.

SIMULACION *(SIMULATION):* Utilización de un modelo matemático que reproduce las relaciones que describen a un sistema.

SINERGIA *(SYNERGY):* Situación en la cual el conjunto es más que la suma de las partes. Se habla de sinergia negativa en la situación contraria.

SUSPENSION DE PAGOS *(INSOLVENCY):* Situación que aparece cuando una empresa no puede hacer frente a sus pagos. En esta circunstancia el pasivo circulante suele ser superior al activo circulante.

TASA DE CAPITALIZACION *(CAPITALIZATION RATE):* Tipo de interés que se aplica al beneficio neto de una empresa para determinar su valor.

TASA INTERNA DE RENTABILIDAD *(INTERNAL RATE OF RETURN):* Tasa de descuento que iguala al cash-flow actualizado con los desembolsos actualizados de una inversión.

TASA DE CORTE *(HURDLE RATE):* Rentabilidad mínima que se exige a un proyecto de inversión para ser aceptado. Incorpora el coste de capital más una cuota de riesgo.

VALOR ACTUAL NETO *(NET PRESENT VALUE):* Diferencia entre los cash-flows actualizados a una tasa de descuento y los desembolsos actualizados de una inversión.

VALOR CONTABLE *(BOOK VALUE):* Valor de una acción o de una empresa determinado a partir de sus anotaciones contables. A la suma de todos los activos (excepto los intangibles) se restan las deudas. El valor contable, generalmente, tiene poca relación con el valor de mercado.

VALOR RESIDUAL *(SALVAGE VALUE):* Valor de mercado de un activo después de haber sido utilizado durante un período determinado, al final del cual se desea venderlo.